U0673853

"十二五"国家重点图书出版规划项目

中国森林生态网络体系建设出版工程

国家出版基金项目
NATIONAL PUBLICATION FOUNDATION

北京现代林业发展战略

Modern Forestry Development Strategy for Beijing

彭镇华 等著

Peng Zhenhua etc.

中国林业出版社

China Forestry Publishing House

图书在版编目（CIP）数据

北京现代林业发展战略 / 彭镇华等著 . —北京：
中国林业出版社，2014.12
"十二五"国家重点图书出版规划项目
中国森林生态网络体系建设出版工程
ISBN 978-7-5038-7744-5

Ⅰ. ①北…　Ⅱ. ①彭…　Ⅲ. ①林业经济 – 经济发展
战略 – 研究 – 北京市　Ⅳ . ①F326.271

中国版本图书馆 CIP 数据核字（2014）第 275647 号

出版人 : 金　旻
中国森林生态网络体系建设出版工程
选题策划　刘先银　策划编辑　徐小英　李　伟

北京现代林业发展战略

统　　筹　刘国华　马艳军
责任编辑　李　伟　刘先银

出版发行　中国林业出版社
地　　址　北京西城区刘海胡同 7 号
邮　　编　100009
E - mail　896049158@qq.com
电　　话　（010）83143525　83143544
制　　作　北京大汉方圆文化发展中心
印　　刷　北京中科印刷有限公司
版　　次　2014 年 12 月第 1 版
印　　次　2014 年 12 月第 1 次
开　　本　889mm×1194mm　1/16
字　　数　640 千字
印　　张　26.5
彩　　插　24
定　　价　179.00 元

序 一
PREWORD ONE

　　随着我国城市化进程的快速发展，越来越多的人生活、工作、居住在城市，人们对改善人居环境的要求越来越迫切。城市林业建设与人的身心健康、生命安全紧密相关，也是体现以人为本，落实科学发展观，建设生态文明社会的一个重要方面。

　　我国城市林业的快速发展是城市发展的必然要求。2002 年在温家宝总理直接指导的"中国可持续发展林业战略研究"中，中国森林生态网络体系建设的林业建设理念被吸纳为国家林业战略的重要内容，城市林业在国家战略层面首次系统开展了中国城市林业发展战略的研究，城市林业战略被列为十二大战略之一。2004 年以来举办的"中国城市森林论坛"和"亚欧城市林业国际研讨会"对我国城市林业产生了巨大的影响，极大地推进了中国城市森林建设，各地把加强城市绿化和生态环境建设作为提高城市品位、改善投资环境、促进城市化进程的重要举措。

　　城市森林在我国还处于起始发展阶段，这方面的研究基础相对薄弱，实践经验还不够丰富，可以直接服务于生产实践的技术储备不足，特别城市林业规划的制定非常迫切。在这种情况下，急需要通过典型城市的城市林业发展战略与规划研究探路子、出经验。2002年以来，以挂靠在中国林业科学研究院的国家林业局城市林业研究中心为主，组织专家先后在北京、上海、广州、扬州开展了城市林业建设规划研究与建设实践，取得了明显成效，并被纳入到各地政府的城市规划之中，极大地推动了城市林业建设事业在我国的发展。

　　本论著是以彭镇华教授为首，中国林业科学研究院、北京林业大学及北京市有关部门的几十位专家，经过近 2 年的深入研究的成果荟萃，是全体项目领导和专家集体智慧的结晶，无论是对北京市林业绿化建设，还是对其他地区城市林业发展都具有重要的指导意义。

　　在我国，发展城市林业，建设城市森林还是一项新兴的事业，很多问题都需要研究探索，城市林业发展战略研究与规划是一项理论与实践相结合的工作，具有很大的挑战性。希望这部论著的出版能够对我国广大城市林业研究者、建设者和参与者提供借鉴，为发展我国城市林业，建设美好的生态文明家园贡献力量。

江泽慧

2007 年 7 月

序 二

PREWORD TWO

建设宜居城市，加快首都现代林业发展，是北京市委、市政府以科学发展观为指导，贯彻党的十六大精神和《中共中央　国务院关于加快林业发展的决定》，实施可持续发展战略的重大决策，也是北京林业抢抓新机遇、谋求新发展、再创新辉煌的一项战略举措。对构建和谐社会首善之区，促进首都经济社会的全面、协调、可持续发展具有重要的现实意义和深远的历史意义。

新中国成立以来，特别是改革开放以来，北京全面贯彻党中央、国务院关于加强北京生态建设的重要指示，把植树造林作为改善生态环境的战略措施。有力地促进了林业发展。全民生态意识不断加强，义务植树运动深入开展，全社会办林业、全民搞绿化的积极性不断提高。近年来，北京市相继实施了山区、平原、城市绿化隔离地区三道绿色生态屏障等一批重点林业生态工程。目前，全市三道绿色生态屏障基本完成，林业生态体系、产业体系和森林资源安全保障体系基本建成，生态环境质量明显改善，城市面貌显著改观，林业在首都经济社会发展中发挥着越来越重要的作用。

随着首都经济发展、社会进步和人民生活水平的提高，社会对加快林业发展、改善生态状况的要求更加迫切，林业在经济社会发展中的地位和作用更加突出。特别是面对北京市率先基本实现现代化的目标，面对市民对生态环境质量更高的要求，我们必须高度重视和加强林业工作，进一步增加森林资源总量，提升林业整体水平和森林生态体系整体功能，加强森林资源保护管理，创新林业管理体制和经管机制，拓展林业富民工程内容。

林业发展离不开科学的指导，新形势下的首都林业绿化建设更需要强有力的科技支撑，研究制定科学的发展战略与规划，是保持林业绿化事业健康发展的基础。受北京市政府委托，以中国林业科学研究院首席科学家、国家林业局城市林业研究中心主任彭镇华教授为组长，组织相关专家经多年研究，完成了北京市林业发展战略研究与规划，这项研究成果已经为北京市城市总体规划修编提供了支撑，也成为北京林业绿化发展的重要指导。

牛 有 成
2007 年 7 月

前　言
PREFACE

　　建设绿色北京，构筑生态城市，加快首都现代林业发展，是北京市委、市政府以科学发展观为指导，贯彻党的十六大精神和《中共中央　国务院关于加快林业发展的决定》，实施可持续发展战略的重大决策，也是北京林业抢抓新机遇、谋求新发展、再创新辉煌的一项战略举措，对建设宜居城市，构建和谐社会，促进首都经济社会的全面、协调、可持续发展具有重要的现实意义和深远的历史意义。

　　新中国成立以来，特别是改革开放以来，北京全面贯彻党中央、国务院关于加强北京生态建设的重要指示，把植树造林作为改善生态环境的战略措施，有力地促进了林业发展。全民生态意识不断加强，义务植树运动深入开展，全社会办林业、全民搞绿化的积极性不断提高。近年来，北京市相继实施了山区、平原、城市绿化隔离地区三道绿色生态屏障等一批重点林业生态工程。目前，全市三道绿色生态屏障基本形成，林业生态体系、产业体系和森林资源安全保障体系基本建成，生态环境质量明显改善，城市面貌显著改观，林业在首都经济社会发展中发挥着越来越重要的作用。

　　随着首都经济发展、社会进步和人民生活水平的提高，社会对加快林业发展、改善生态状况的要求更加迫切，林业在经济社会发展中的地位和作用更加突出。特别是面对北京市率先基本实现现代化的目标，面对市民对生态环境质量更高的要求，我们必须高度重视和加强林业工作，进一步增加森林资源总量，提升林业整体水平和森林生态体系整体功能，加强森林资源保护管理，创新林业管理体制和经营机制，拓展林业富民工程内容。

　　为了科学指导北京林业发展，2004年3月北京市政府与中国林业科学研究院签订"北京林业发展战略研究与规划"协议书，并成立了领导小组，国家林业局党组成员、中国林业科学研究院院长江泽慧和北京市人民政府副市长牛有成担任组长，由中国林业科学研究院牵头，北京市林业局协调，会同北京林业大学、北京市林业勘察设计院、北京市农林科学院林业果树研究所、北京市林业局信息中心、北京市环境科学研究院等单位，组成以中国林业科学研究院首席科学家彭镇华教授和北京林业大学尹伟伦教授为组长的专家组，分列定位与理念、发展指标、总体规划、生态建设关键技术、产业发展关键技术、数字林业和保障体系七个专题开展了研究，在此基础上编制了本专著。

本专著以 2002 年为基期，以 2004 年第六次森林资源清查数据为基础，2005~2010 年为规划期，并提出了 2020 年远景目标。重点明确规划期内林业发展的指导思想、建设原则、发展目标、总体布局、重点工程、关键技术、数字林业及保障措施，并就与林业相关的一些问题进行了探讨。

著　者
2007 年 7 月

目　录
CONTENTS

第二篇　北京林业发展指标

第五篇 北京林业产业发展的关键技术

第六篇 "数字首都林业"建设规划与发展战略

第七篇　北京林业发展保障体系

第一篇　北京林业发展定位与理念

第一章　北京林业发展的自然经济社会背景

一、自然条件概述

（一）地理位置

北京市位于华北平原的北端，东南与天津市接壤，其余边界均与河北省相邻。在地理上，西以太行山与山西高原毗连，北以燕山山地与内蒙古高原接壤，东北与松辽大平原相通，东南距渤海约 150 公里，往南与黄淮海平原连片。地理坐标为北纬 39°28′~41°05′，东经 115°25′~117°30′，南北横跨纬度 1°37′，东西经度相间 2°05′。东西宽约 160 公里，南北长约 176 公里。总面积 1.68 万平方公里，其中山区面积 1.04 万平方公里，规划城市建成区面积 1097 平方公里。山地约占北京市总面积的 62%，平原约占 38%。

北京市的四界是：北接河北省滦平、丰宁、赤城和承德等地；西临河北怀来、涿鹿等地；南临河北涞水、涿县、永清、固安、廊坊及天津市的武清等地；东与河北省大厂、香河、三河、兴隆和天津市的蓟县等地为邻。

（二）地形地貌

北京背山近海，位于我国地貌的第一、第二阶梯的过渡地段，处于内蒙古高原和华北平原的交接地带，地貌是由西北山地和东南平原两大地貌单元组成，地势呈现西北高东南低的特点（图 1-1）。

西部山地，从南口的关沟到拒马河一带统称西山，属太行山余脉，由一系列东北—西南走向，大致平行的褶皱山脉组成。北部山地统称军都山，属燕山山脉，是一个有着若干山间盆地的断块山地，其地势由南而北呈阶梯状逐级上升，而后进入蒙古高原。这两条山脉在南口附近交会，形成一个向东南展开的半圆形大山弯，环抱着北京小平原。海拔最高的东灵山为 2303 米，平原最低处仅为 10 米。总体上由西部山地、北部山地和东南部平原三大单元构成。受地质条件、气候条件及人为作用的影响，形成了丰富多样的地貌类型。

北京市地貌按成因类型、形态成因类型两级划分，第一级为成因类型，第二级为形态成因类型。共分为 3 个一级类型，10 个二级类型，分布及面积情况见表 1-1 和图 1-2。

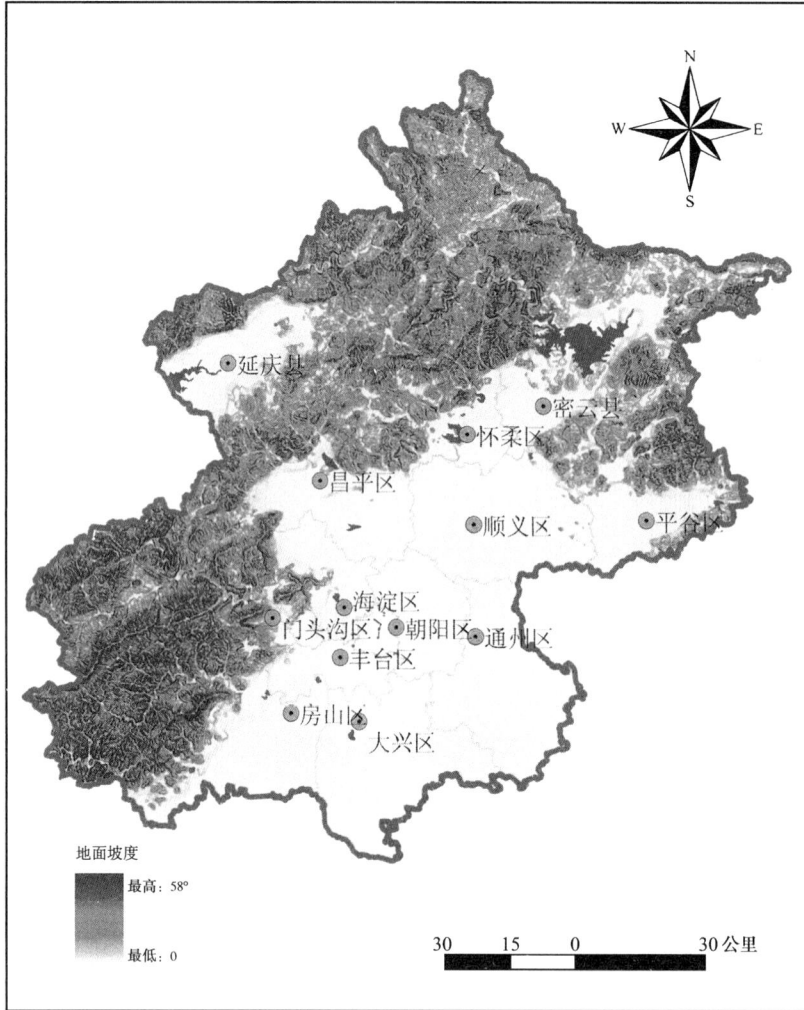

图 1-1 北京市地势图

表 1-1 北京地貌类型面积统计表

一级类型	二级类型	面积（平方公里）		占北京市面积（%）	
Ⅰ. 侵蚀构造地貌	Ⅰ1 中山带	2289.33	9070.99	13.94	55.22
	Ⅰ2 低山带	5704.14		34.72	
	Ⅰ3 山间沟谷	1077.52		6.56	
Ⅱ. 剥蚀构造地貌	Ⅱ1 丘陵	279.76	408.81	1.70	2.48
	Ⅱ2 台地	1290.05		0.78	
Ⅲ. 堆积构造地貌	Ⅲ1 洪积扇	1443.81	6808.97	8.79	41.45
	Ⅲ2 洪冲积平原	4299.50		26.17	
	Ⅲ3 洼地	240.36		1.46	
	Ⅲ4 决口扇及砂丘	271.96		1.66	
	Ⅲ5 平原河道	553.34		3.37	
水库	官厅、密云水库	138.43	16427.20	0.84	0.84
总计	各级类型	16427.20		100	100

注：延庆盆地归属堆积地貌中，山地中不含之；北京平原中丘陵归属剥蚀构造地貌中。

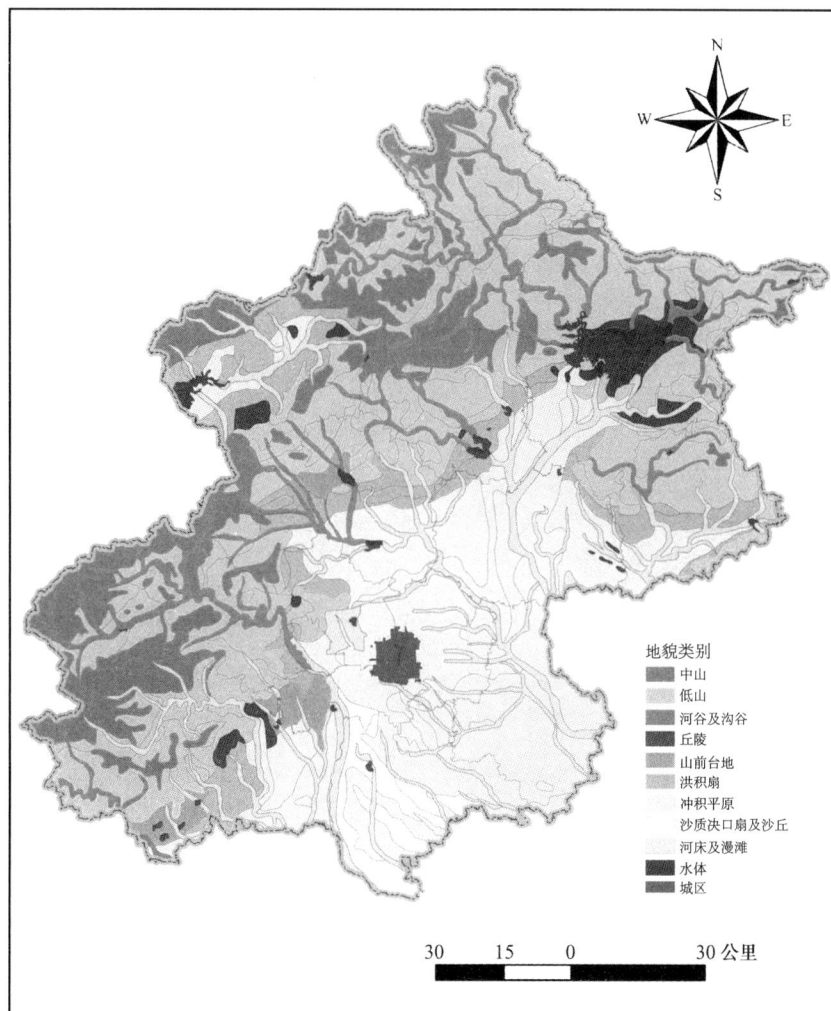

图 1-2　北京市地貌类型图

（三）气候

北京气候属于暖温带半湿润季风气候，气候总的特点是四季分明，降水集中，风向有明显的季节变化。

1. 温度

北京地区年平均气温 11.9℃，一年之中温度最高的月份为 7 月，历年平均气温 25.97℃，最冷的月份为 1 月，历年平均气温 –4.05℃（图 1-3）。气温自 3 月份回升，至 7 月份达到最高值；8 月份开始下降，到次年的 1 月份达到最低，变化过程曲线呈现出单峰型变化特点。

由于北京地势总的特点是西北向东南倾斜，受气温垂直递减的规律影响，其气温变化呈现出与地势相反的规律，即由东南向西北递减。平原地区年平均气温在 10~20℃之间，随海拔高度的增加，年均气温不断下降，至海拔 2000 米的东灵山、海坨山一带，年均气温仅在 2℃左右。在夏季，平原地区与山区气温较差 7℃左右，到了冬季气温的较差值可达到 10℃左右。

从气温的历年变化来看（图 1-4），其年较差可达 30.4℃，同时其也与全球气候变化趋

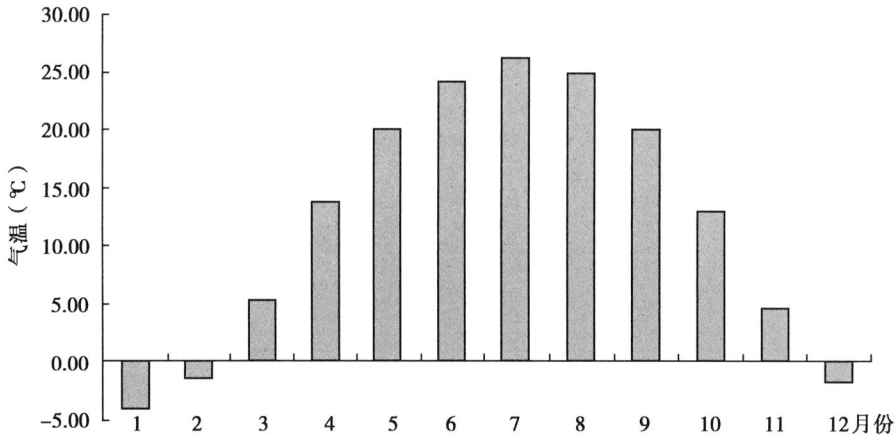

图 1-3　北京市气温的年内变化

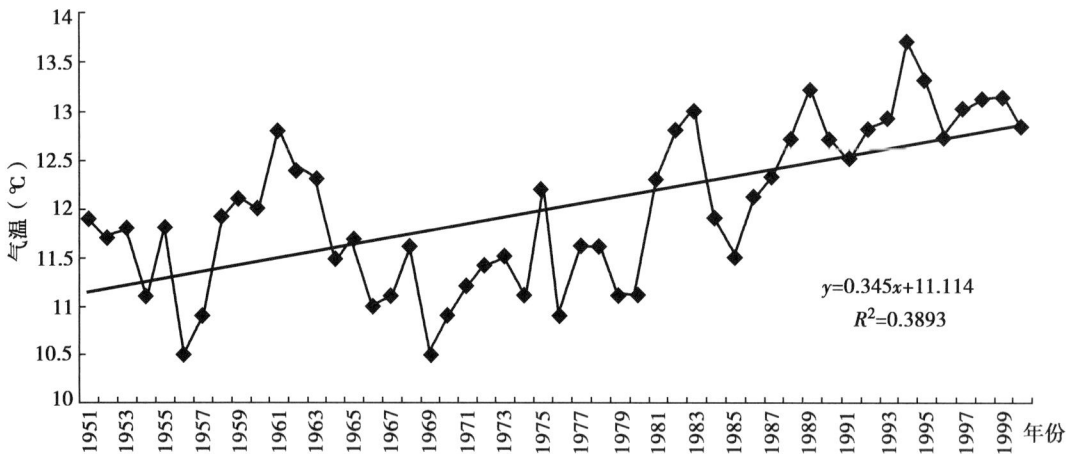

$y=0.345x+11.114$
$R^2=0.3893$

图 1-4　北京市气温的历年变化及其发展趋势

势一致，虽然年际之间有一定波动，但总体呈现出逐渐上升的变化趋势。

2. 降水

北京地区年降水量多年平均（1951~2000 年）为 616.4 毫米，远较同纬度的其他地区为多。但其年际与年内分布不均，暴雨较多，而且降水受地形的影响明显。从图 1-5 可以看出，北京市的降水主要集中在夏半年（4~9 月），该时段内的降水量占全年降水量的 92%。夏季（6~8 月）降水量占年降水量的 74.3%，其中 7~8 月的降水量占夏季降水量的 83.7%。冬半年的降水总量不到年降水量的 10%。

降水的年际变化（图 1-6），从新中国成立后 50 多年的降水记录来看，年际波动相当大，最多的为 1959 年，降水量达到了 1406 毫米，最少年仅 261.8 毫米（1965 年），二者相差 1140 毫米。从多年的变化趋势来看，降水量呈现出逐年减小的变化趋势。

（四）土壤

北京地区成土因素复杂，形成了多种多样的土壤类型。依据发生学、自然土壤与农业土壤相统一的分类原则，将北京市土壤划分为 9 个土类，20 个亚类，64 个土属。其空

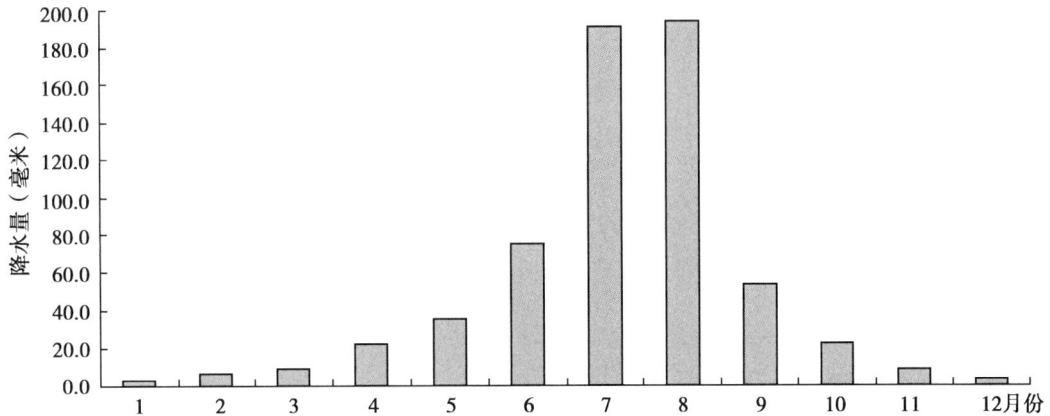

图 1-5 北京市降水的年内变化

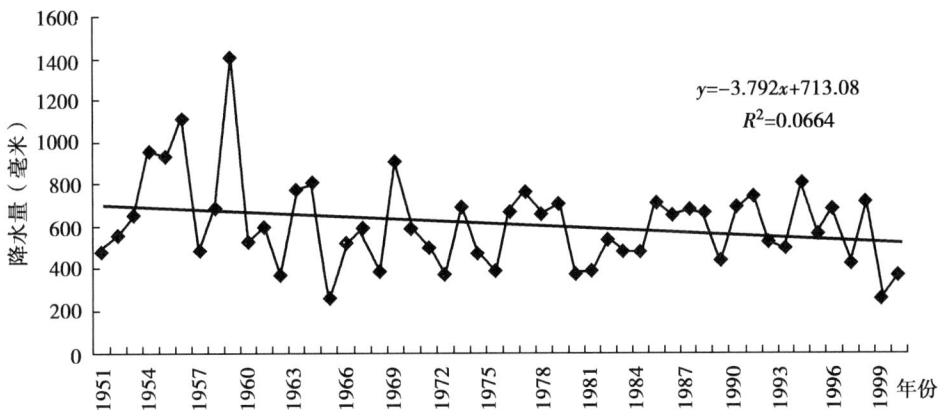

$$y=-3.792x+713.08$$
$$R^2=0.0664$$

图 1-6 北京市年降水量及其变化趋势

间分布特点是，随海拔由高到低表现出明显的垂直分布规律，各土壤亚类之间反映了较明显的过渡性。其分布规律是：山地草甸土—山地棕壤（间有山地粗骨棕壤）—山地淋溶褐土（间有山地粗骨褐土）—山地普通褐土（间有山地粗骨褐土、山地碳酸盐褐土）—普通褐土、碳酸盐褐土—潮褐土—褐潮土—砂姜潮土—潮土—盐潮土—湿潮土—草甸沼泽土。

（五）水系

1. 河流水系

北京分布着大小河流 200 余条，它们分属于海河流域的五大水系，即大清河、永定河、温榆北运河、潮白河及蓟运河等水系，这些河流总的流向是自西北向东南。

北京市西部为大清河及永定河水系，中部是温榆北运河水系，东部有潮白河及蓟运河水系。只有温榆北运河水系发源于本市境内，其他四大水系均来自市区以外，为过境河流。本市水系流域分布情况见表 1-2。

表 1-2　各水系山区、平原流域面积

水系名称	流域面积（平方公里）			占北京市面积（%）
	山区	平原	合计	
大清河	1583	585	2168	13.2
永定河	2453	652	3105	18.9
北运河	994	3326	4320	26.3
潮白河	4499	988	5487	33.4
蓟运河	674	673	1347	8.2
北京市	10203	6224	19427	100

2. 湖泊与水库

新中国成立后，北京先后在上述各河流上先后修建了大、中、小型水库 85 座，其中大型水库 4 座，中型水库 15 座，小型水库 66 座，总库容达 72 亿立方米，60% 以上的山区面积得到了控制。其中较大的水库有密云水库、官厅水库、海子水库、怀柔水库、白河堡水库、十三陵水库等。在建设水库的同时，建成水电站 119 座，总装机容量 26.33 万千瓦；并开挖了永定河引水渠、京密引水渠、潮河总干渠和白河堡引水工程等四条大型引水渠，建成了 44 处大中型灌区，使河湖连成一体，已初步建立起比较完善的河湖水网。

（六）植被

1. 主要植被类型

北京的原始植被类型为暖温带落叶阔叶林和温带针叶林，由于早期人为破坏，现已不多见。中山上部原生植被为落叶松林和云杉林，已演替为山顶杂草草甸和桦、山杨、栎类及混生次生林。中山中下部，阴坡分布着大面积的辽东栎、蒙古栎萌生丛和灌丛，仅在局部地区生长有辽东栎、蒙古栎、山杨和油松次生林；阳坡主要有侧柏、臭椿、山杏等。低山区原生植被被破坏后，演替为各类灌丛，种类以酸枣、荆条为主；草本有白草、黄草、蒿类等。山间盆地及沟谷地带生长有杨、柳、榆、桑、核桃楸、板栗、柿树等。北京地区人工栽植的树种主要有油松、侧柏、落叶松、刺槐、杨、柳、槐树、椿树、栾树、黄栌、火炬树、元宝枫等。

依据植物群落学—生态学原则，并结合植物群落本身特征以及群落的生态关系，以群落的优势种和建群种作为分类的主要标志可将将北京自然植被划分为针叶林（油松林、侧柏林），落叶阔叶林（栎林、沟谷杂木林、椴树林、杨桦林），落叶阔叶灌丛（荆条灌丛、蚂蚱腿子—溲疏—三桠绣线菊杂灌丛、绣线菊灌丛、北鹅耳枥灌丛、山杏灌丛、平榛灌丛），灌草丛，草甸（山顶杂类草草甸、林间杂类草草甸），水生植被 6 个植被型组 7 个植被型。

2. 植被特点

（1）植被种类组成比较丰富，区系成分比较复杂。据《北京植物志》记载，北京地区有维管束植物 158 科 759 属 1482 种及 151 个变种和亚种（包括部分栽培植物）。其中蕨类植物有 18 科 25 属 63 种和两个变种；裸子植物有 7 科 14 属 18 种；被子植物有 133 科 720 属 1401 种。

根据植物区系分析，北京自生被子植物中以菊种、禾本科、豆科和蔷薇科的种类最多，其次是百合科、莎草科、伞形科、毛茛科和十字花科，反映了区系成分以北温带成分为主。此外，在平原地区还具有欧亚大陆草原成分，反映了组成北京植被区系成分的复杂多样。

（2）植被类型多样，以各类次生植物群落占优势。山区海拔 800 米以下的低山，代表性的植被类型是栓皮栎林、槲树林、油松林和侧柏林。由于受人为破坏严重，目前这些群落主要分布在寺庙、名胜古迹附近，为残存的次生林或经人工抚育的半自然林。广大低山地区占优势的群落是次生落叶灌丛或灌草丛。海拔 400 米以下的低山丘陵区，土层较深厚处多数已开辟为果园或果粮间作地；土壤侵蚀严重的阳坡以荆条、酸枣、白羊草灌草丛占优势，海拔 400 米以上的阳坡以荆条灌丛占优势；阴坡以蚂蚱腿子 *Myripnois dioica*、大花溲疏 *Deutzia grandiflora*、三桠绣线菊 *Spiraea trilobata* 等中生落叶灌木组成的杂灌丛占优势。

海拔 800 米以上的中山，森林覆盖率增大，其下部以辽东栎林为主，林内常见有槭属、椴属、大叶白蜡 *Frarinus rhynchophylla*、山杨等树种混生；海拔 1000~2000 米，桦树增多，常见有白桦 *Betula platyphylla* var. *mandshu rica*、棘皮桦 *B. davuuica*、红桦 *B. albo-sinensis* 等组成的森林，林内常混生有山杨、黄花柳 *Salix cap rea*、辽东栎 *Quercus liaotungensis*、蒙古栎 *Q. mongolica*、色木槭 *Acer mono* 等。在森林群落屡遭破坏的地段，是二色胡枝子 *Lespedeza bicolor*、榛属 *Corylus*、绣线菊属 *Spiraea* 占优势的灌丛。海拔 1800~1900 米以上的山顶发育着山地杂类草草甸。

平原地区，由于农业生产历史悠久，对植被影响深刻，目前大部分地区已成为农田和城镇。只在河岸两旁局部洼地发育着以芦苇 *Phragmites com-munis*、香蒲 *Typha amgustifolia*、慈姑 *Sagittaria trifolia* var. *sinensis* 等为主的沼生植被。

（3）山地植被具有明显的垂直分异。北京山地相对高差大，随着海拔高度的增加，气候、土壤有明显的垂直分异，故植被也表现一定的垂直分布规律。从植被现状看，山地植被垂直分布可分为四个带：

① 低山落叶阔叶灌丛和灌草丛带。阳坡从山麓到海拔 800~1000 米，阴坡为海拔 600~800 米。本带目前是以荆条灌丛、山杏灌丛、杂灌丛和灌草丛等次生落叶阔叶灌丛占优势，以栓皮栎、槲树、油松等占优势的原生植被大部分已遭破坏，仅在局部地区有零星残留。

② 中山下部松栎林带。其下限为落叶阔叶灌丛带，上限到海拔 1600（阴坡）~1800 米（阳坡），以辽东栎林、油松林为主，破坏后有次生山杨林、桦树林及二色胡枝子灌丛、榛灌丛和绣线菊灌丛。此带是森林分支的主要部分，多数分布在阴坡。

③ 中山上部桦树林带。此带下接松栎林带，上与山顶草甸相连，分布在海拔 1600（阴坡）~1800 米（阳坡）至海拔 1900~2000 米。以桦属的几个种组成的次生林占优势。此外，还可见到山柳灌丛、丁香灌丛。其原生植被应是山地寒温性针叶林。以华北落叶松、云杉为优势种。目前仅在局部地区有个别植株存在。

④ 山顶草甸带。只见于东灵山、海坨山、百花山和百草畔海拔 1900 米以上的山顶，它的存在可能是由于山地针叶林受破坏，山顶寒冷风大森林不易恢复而形成的。

二、社会经济概况

（一）行政区划

自新中国成立以来，北京市市域范围经过了几次调整。1952 年，河北省宛平县被划归北京市。1956 年，昌平县划归北京市。1958 年 3 月 7 日，将通县、顺义、大兴、良乡、房山 5 个县（区）划归北京市。同年 10 月 20 日，又将怀柔、密云、平谷、延庆 4 个县划归北京市。

目前，北京市共划分 18 个市辖区（县），其中城区有东城、西城、崇文、宣武 4 个区，近郊有丰台、朝阳、海淀、石景山 4 个区。远郊有门头沟、大兴、通县、顺义、昌平、房山、怀柔、平谷等 8 个区和密云、延庆两县（图 1-7）。

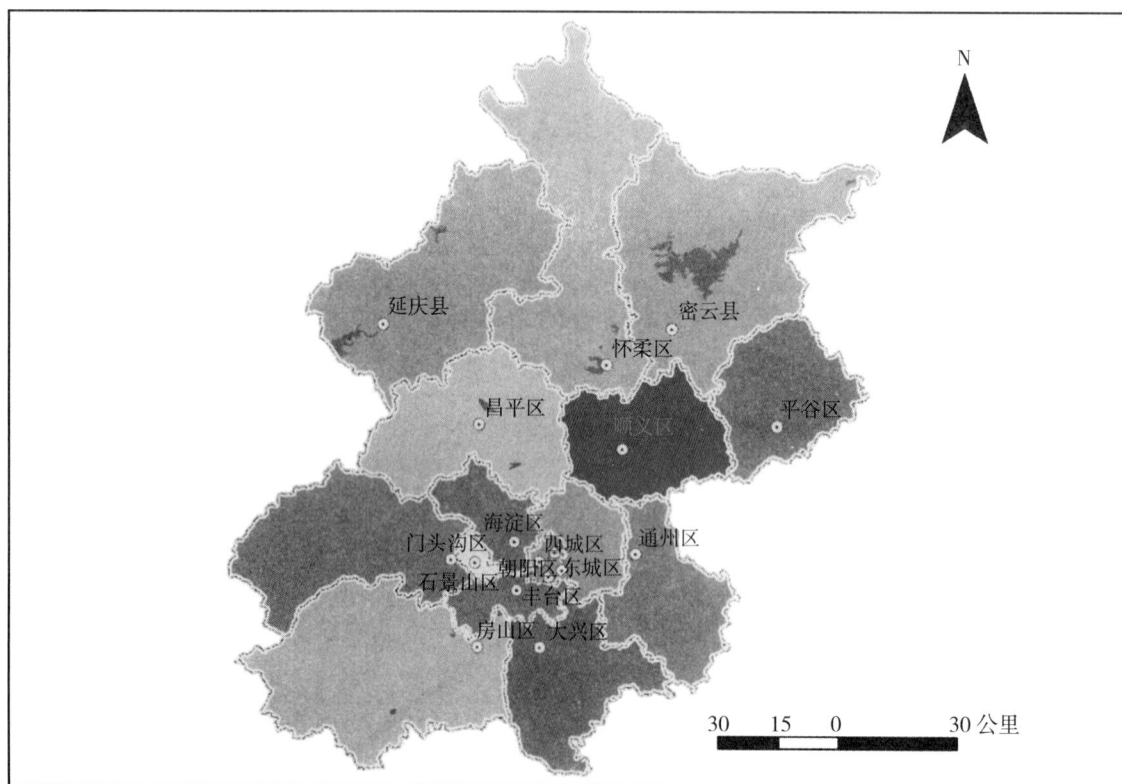

图 1-7　北京市行政分区图

（二）经济发展

初步统计，2003 年北京市实现生产总值 3611.9 亿元，比上年增长 10.5%，实现了预期增长目标，经济增长率连续 5 年保持在 10% 以上。人均生产总值达到 31613 元，比上年增长 9.2%，按当前汇率折算，约合 3819 美元。

"三、二、一"产业格局稳固。第一产业实现增加值 95.3 亿元，比上年增长 3.3%；第二产业 1298.5 亿元，增长 11.9%；第三产业 2218.2 亿元，增长 10%。三次产业比重分别为 2.6%、36.0% 和 61.4%（图 1-8），其中第二产业比重比上年提高 1.2 个百分点。三次产业对经济增长的贡献率分别为 0.93%、41.74% 和 57.33%。

财政收入保持较快增长，调控能力不断增强。全年完成地方财政一般预算收入 592.5 亿元，其中，增值税、营业税分别为 75.3 亿元和 263.7 亿元，比上年增长 12.8% 和 15.8%；企业所得税、个人所得税分别为 93.7 亿元和 57.2 亿元，地方财政一般预算支出 737.2 亿元（含中央追加支出 36.1 亿元），增长 17.3%。其中，科教文卫事业费 175.5 亿元，增长 19.6%；基建、挖潜支出 121.7 亿元，增长 15.1%。

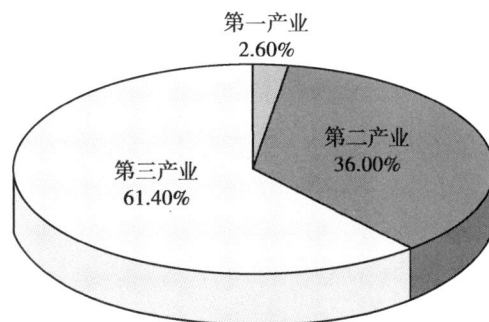

图 1-8　GDP 分产业结构图

全年完成全社会固定资产投资 2157.1 亿元。投资重点集中于住宅和基础设施两个方面。全年完成住宅投资 692.4 亿元；住宅投资占全社会固定资产投资的比重为 32.1%。全年完成基础设施投资 417.8 亿元，占全社会固定资产投资的比重为 19.4%。

社会投资趋于活跃，非国有单位投资成为带动北京市投资快速增长的主要力量。全年非国有单位完成投资 1412.0 亿元，增长 35.4%，占全社会固定资产投资的比重达到 65.5%。其中非国有单位完成投资 1135.2 亿元，占全社会投资的比重为 52.6%。

（三）人口发展

截至 2002 年，北京市有常住人口 1423 万人，北京户籍人口 1136.3 万人。按常住人口计算，人口密度为 847 人 / 平方公里，根据 2000 年第五次人口普查资料推算的北京市人口平均预期寿命为 76.7 岁。北京市人口中拥有全国所有 56 个民族，除汉族外，回、满、蒙古、朝鲜族均超过万人。

根据 1982 年、1990 年和 2000 年 3 次人口普查的结果看，北京市人口的出生率和自然增长率降低幅度很大，分别从 1982 年时的千分之十七点六和千分之十一点八降至 2000 年时的千分之六点二和千分之零点九（图 1-9）。

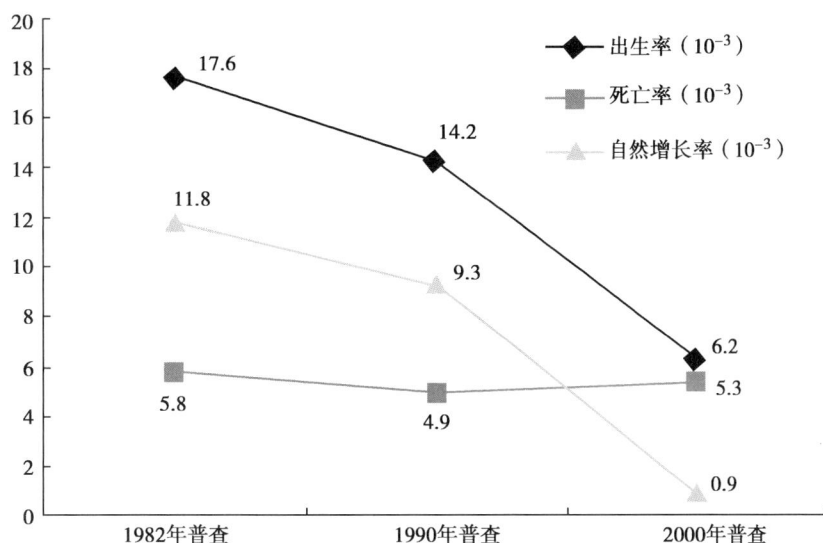

图 1-9　北京市人口出生率、死亡率和自然增长率变化

在人口数量发生巨大变化的同时，人口的素质也在发生着巨大变化。首先从人口平均受教育年限来看（图 1-10），1964 年时，人均受教育年限仅 5.3 年，到了 2000 年时，这一指标达到了 10 年，差不多翻了 1 倍。

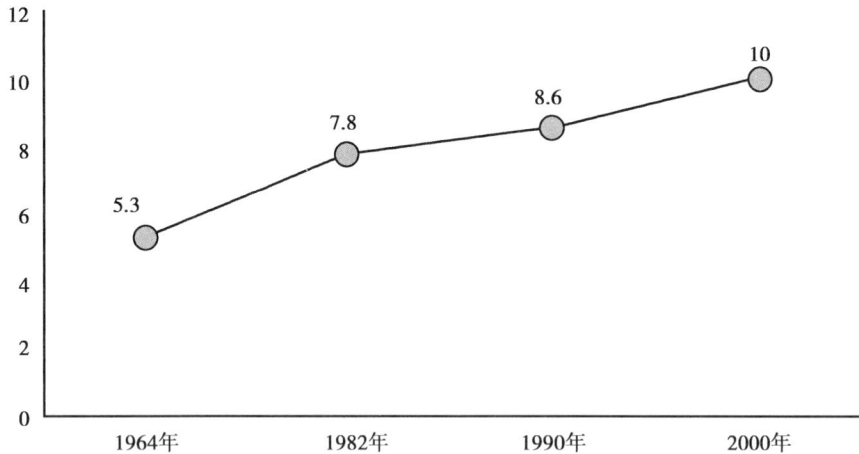

图 1-10　北京市人口平均受教育年限

与此同时，人口的受教育程度也发生了很大变化。由图 1-11 可以看出，2000 年与 1990 年相比，总人口中大专以上文化程度的人口数量已经由 1990 年的 9300 人 /10 万人猛增到 16839 人 /10 万人；而小学文化程度的人口数量有 1990 年时的 22579 人 /10 万人降低到了 16963 人 /10 万人。

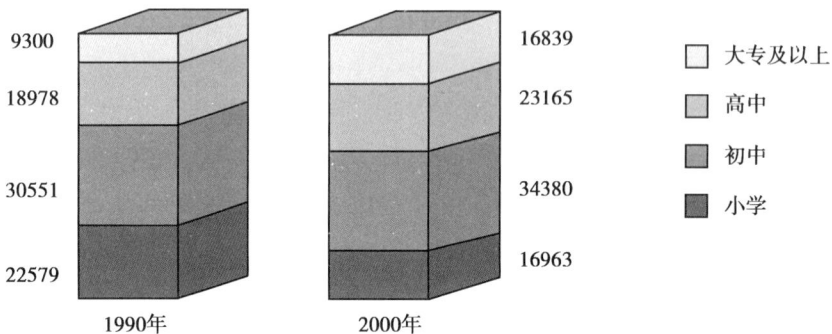

图 1-11　每十万人口拥有各种受教育程度人口

（四）城市化进程

北京作为我国的首都，其城市化进程集中表现在以下几个方面。

首先是城市规模的不断扩大，尤其是城市建成区的变化最为显著。根据相关的统计资料，2002 年的城市建成区面积与 1991 年时相比，由 397 平方公里增加到 654.5 平方公里，增加了 248.5 平方公里（图 1-12）。

其次是常住人口与非农业人口的快速增加。北京市的常住人口由 1978 年的 872 万人，增加到了 2002 年的 1423 万人，增幅达 63%；非农业人口从 1978 年的 479 万人增加到了

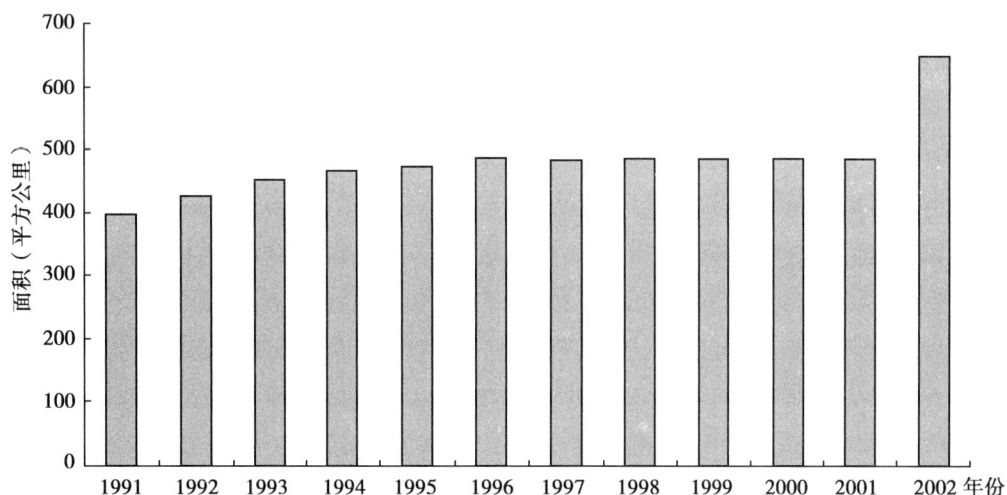

图 1-12　北京市建成区面积变化情况统计

2002 年的 1011 万人；而农业人口的变化不大，基本上维持在 400 万上下。

　　除了常住人口与非农业人口的变化外，城市化的另外一个显著特点是暂住人口的变化。从 2000~2002 年的相关人口统计情况来看，北京市的暂住人口发展速度是十分惊人的。从北京市来看，在 3 年的时间之内，暂住人口的数量翻了一番，由 170.4 万人猛增到了 358.9 万人（表 1-3）。暂住人口的增加主要集中在城近郊区，这一区域的暂住人口数量占到了北京市暂住人口数量的 72%（2000 年）~81%（2002 年）。

表 1-3　北京市人口变化情况（万人）

年份	北京市				其中：城近郊区			
	合计	常住人口		暂住人口	合计	常住人口		暂住人口
		小计	非农业人口			小计	非农业人口	
2000 年	1277.9	1107.5	760.7	170.4	829.2	690.9	635.8	138.3
2001 年	1366.6	1122.3	780.1	244.3	868.9	678.6	632.0	190.3
2002 年	1495.2	1136.3	806.9	358.9	948.9	689.3	645.5	259.6

三、历史文化概况

（一）建都文化

　　北京以悠久的历史、灿烂的文化和光荣的革命传统著称于世。这里曾经是历史上蓟、燕、辽、金、元、明、清等古国或朝代的都城。早在大约 50 万年前，北京周口店出现了最初的人类——举世闻名的"北京人"。在西周时期（公元前 1057 年）北京一带开始建立城市。元朝兴建了新都城——大都。明成祖朱棣 1421 年将国都从南京迁至北京。以后，清代也定都北京。从 1949 年 10 月 1 日开始，北京成为中华人民共和国的首都。

许多朝代在北京建都，除了有政治、军事等方面的因素外，与这里优越的地理位置和自然环境密不可分。从北京所处的地理环境来看，西、北有太行山、燕山依靠，左有潮白河、右有永定河，东南面向平原、大海，符合传统风水理论"背山面水"的城址选择标准，彰显了中国古代"左青龙、右白虎、前朱雀、后玄武"的人居生态（风水）文化，因此，是理想的建都之所。宋代哲学家朱熹曾概括北京形势："冀都天地间好个大风水。山脉从云中发来，前面黄河环绕。泰山耸左为龙，华山耸右为虎。嵩山为前案，淮南诸山为第二重案，江南五岭诸山为三重案。故古今建都之地皆莫过于冀都。"而且在元、明、清等历史时期，北京森林资源、水资源都相当丰富，加之气候上四季分明，适宜人类的居住。

在当代，研究并继承传统的建都文化，汲取其中的精华，并将其运用到林业建设之中，有利于在北京创造出新的宜居城市。

（二）园林文化

北京的皇家园林是中国古典园林的一个重要类型，在中国园林史上占有重要席位。北京大规模的园林建设开始于金代。在金代营建了西苑、同乐园、太液池、南苑、广乐园、芳园、北苑、万宁宫（今北海公园地段），并在郊外建玉泉山芙蓉殿、香山行宫、樱桃沟观花台、潭柘寺附近的金章宗弹雀处、玉渊潭钓鱼台等，由此奠定了北京园林的基础。元代，大规模兴建琼华岛，以万岁山（今景山）、太液池（北海）为中心修建宫苑。将太液池南扩，使北海、中海、南海连为一体。在宫廷内建有宫后苑，宫外有东苑、西苑、北果园、南花园、玉熙宫等，近郊有猎场、南海子、上林苑、聚燕台等，形成北京皇家园林格局。明代在西郊兴建清华园、勺园等别墅，还大建祭坛园林，如圜丘坛（今天坛）、方泽坛（地坛）、日坛、月坛、先农坛、社稷坛等，庙宇园林也开始盛行。清代是北京园林集大成的时代，最著名的是建设"三山五园"，即在清华园旧址上建的畅春园，万春园（含圆明园、长春园、绮春园），瓮山（万寿山）建的清漪园（颐和园），玉泉山建的静明园，香山建设的静宜园。尤其是在园林当中至今仍保存着许多古树名木，其中蕴涵着丰富的园林、树木文化。保护并传承北京古典园林艺术的精髓，加大古树名木和园林人文资源保护力度，保护森林文化遗产，对于建设人文林业、弘扬生态文明具有重要意义。

（三）旅游文化

中国历史文化名城北京，以旅游资源丰富、名胜古迹众多著称于世。北京市共有对外开放的旅游景点达200多处，文物古迹7309项，其中国家重点文物保护单位有42处，居全国第二位，市级文物保护单位222个。有八达岭、十三陵国家重点风景名胜区。举世闻名的长城（八达岭、慕田峪、司马台）创始于战国，建于明代，蜿蜒于北方崇山峻岭之中，总长5000多公里。北京城中央的故宫（原名紫禁城），是明清二十四代帝王的皇宫，世界最大的宫殿群，我国最大的博物院。天安门原是古代帝王颁诏书的地方，1949年中国人民共和国开国大典在此举行，被誉为新中国的象征。天安门广场是世界最大的城市中心广场。北郊十三陵是明代十三个帝王的陵墓，其中定陵地宫已开放。西郊颐和园、市内的北海及天坛分别为古代皇家园林和帝王祭天的坛庙。大观园再现了古典名著《红楼梦》典型环境，与故宫、十三陵、颐和园、长城均于 1991 年评选为中国旅游胜地。北京寺庙众多，以西郊卧佛寺、潭柘寺、戒台寺、云居寺和市内雍和宫、白云观最著名。游览地还有中国历史博物馆、人民大会堂、世界公园、香山、动物园等。

北京深厚的历史文化底蕴，将极大地丰富城市林业的内涵。北京是古老的，但同时又是一座焕发美丽青春的城市，北京正以一个雄伟、奇丽、新鲜、现代化的姿态呈现着。

第二章　北京林业发展的国际国内背景

　　科学地分析国内外林业发展的现状与趋势，将有助于我们正确认识北京现代林业发展的宏观环境，准确把握北京现代林业发展的历史机遇和所面临的挑战，以利于顺应潮流，发挥优势，努力实现"建设绿色北京，构筑生态城市"的宏伟目标。

一、北京林业发展的国际背景

　　纵观世界城市发展历程和林业发展现状，可以从以下五个方面来把握今后世界城市生态建设和林业发展的总体趋势。

（一）可持续发展与森林可持续经营

　　可持续发展已经成为人类共同遵循的理念和追求的目标。20 世纪人类最突出的认识成果是对"发展"有了新的解读，其重要标志就是提出和逐步完善了可持续发展理论并付诸实践。人口增加、资源紧缺、环境恶化等问题，日益威胁着人类的生存，迫使人类不得不重新审视自己的行为和后果，以寻求经济发展与生态环境保护的正确途径。

　　1972 年，联合国人类环境会议通过的《斯德哥尔摩人类环境宣言》指出："为这一代和将来的世世代代保护和改善人类环境，已经成为人类一个紧迫的目标，这个目标将同争取和平和全世界的经济与社会发展这两个既定的基本目标共同和协调地实现。"这是可持续发展思想的体现。1987 年，布兰特林夫人主持起草并经联合国与世界环境发展委员会通过的长篇报告《我们共同的未来》中首次系统阐述了可持续发展概念和思想。提出："人类有能力使发展持续下去，也能保证使之满足当前的需要，而不危及下一代满足其需要的能力。"1992年里约联合国环境与发展大会以"可持续发展"为指导，制定并通过了《里约环境与发展宣言》《21 世纪议程》《关于森林问题的原则声明》等重要文件，并签署了联合国《气候变化框架公约》《生物多样性公约》，充分体现了当今人类社会可持续发展的新思想，反映了关于环境与发展领域合作的全球共识和最高级别的政治承诺。《21 世纪议程》成为全球可持续发展的行动指南。

　　第二届地球峰会——可持续发展世界首脑会议于 2002 年在南非约翰内斯堡召开。各国领导人就环境与发展问题阐述各自立场，共商全球未来可持续发展大计。大会通过了两份主要文件——《执行计划》和题为《约翰内斯堡可持续发展承诺》的政治宣言。《执行计划》被认为是关系到全球未来 10~20 年环境与发展进程走向的路线图，是国际社会在可持续发展领域积极努力的最新结晶，其重要性不容低估。这份文件的最主要价值，在于它就"在促进经济发展的同时保护生态环境"发出了行动信号。《执行计划》针对过去 10 年来被忽视和未得到解决的一些最紧迫生态问题提出了诸多明确目标，并设立了相应的时间表，其中包括到 2020 年最大限度地减少有毒化学物质的危害；到 2015 年将全球绝大多数受损渔业资源恢复到可持续利用的最高水平；在 2015 年之前，将全球无法得到足够卫生设施的人口降低一半以及到 2005 年开始实施下一代人资源保护战略等。并将重点集中在水、生物多样性、健康、农业、能源等几大具体领域，体现了务实态度。这些时间表能得到各国认可，充分表明走可持续发展之路，在全球范围内已是大势所趋，且这一趋势不会因暂时的阻力而逆转。各国领导人在政治宣言中表示，将联合采取行动以"拯救我们的星球，促进人类发展，并实现共同的繁荣与和平"。总之，可持续发展已成为世界各国共同遵循的理念和追求的目标。

在世界范围内，与可持续发展理论相同步，人类开始对森林功能和价值做出重新定位，森林可持续经营也逐渐成为世界林业发展的重要途径。

18 世纪开始的工业文明为人类创造了丰富的物质财富的同时，也由于人类干预大自然的能力和规模空前增长和扩大，使人类自身陷入了始料不及的严重困境。在人口、资源、环境与经济发展关系上，出现了一系列尖锐的矛盾，而且这些矛盾随着时间的推移愈演愈烈。当人们对工业文明带来的后果进行反思时，开始认识到森林作为陆地生态系统的主体对人类生存和发展的重要意义。

森林以其复杂的系统结构、丰富的物质生产功能和强大的生态环境服务功能而成为人类及其他各种生物赖以生存和发展的基础。一是森林的生态价值巨大。如涵养水源、保持水土、防风固沙、保护生物多样性、巨大的碳库和汇等。二是森林具有重要的经济价值。森林作为可更新的特殊自然资源，除为人类提供独特的木材资源外，还生产丰富的非木质林产品，如干鲜果品、油料、香料、药材及食品等。它们是社会生产和人民生活用品的重要来源，是山区和林区经济发展的重要支柱。三是森林社会价值不断扩展和深化。森林丰富的历史文化内涵、独特的健康疗养功能和美学游憩价值越来越引起人们的重视。

对森林价值的认识取决于森林生态系统自身的功能和人类对森林产品和服务的认知水平及其需求的变化。林业解决的是森林和人类的关系问题。森林作为一种客观存在，它的价值和作用不以人的意志为转移，但是，人类对森林的认识水平却随着历史和社会的进步而发展。在不同的历史阶段，人们对森林的要求也不相同。人类历史已经跨入 21 世纪，社会经济的巨大发展与人类需求的变化，使人们对森林的价值和功能有了重新认识和定位。当前，人们对森林环境和社会价值的需求要远远大于对其经济价值的需求，而且可以清楚地预见，未来人类的这种需求将更加旺盛。人类森林价值观的转变极大影响甚至可以说决定了当代世界林业的发展态势。

森林是人类向生态文明社会迈进的重要载体。有人说，当人类砍伐了森林的第一棵大树时，文明开始诞生；在人类砍伐了森林的最后一棵大树之后，文明就正式结束了。这句话告诉我们，人类文明的进步与森林息息相关。回顾人类历史已走过的农业文明和工业文明，人类成为森林的主宰，肆意砍伐森林、过度放牧、无休止地垦耕等，破坏了人与自然的亲合性，人们在享受生产力大幅度提高、生活快速富裕的同时，却忽视了生态灾难的隐患。

正如恩格斯在《自然辩证法》中指出："美索不达米亚、希腊、小亚细亚以及其他各地居民，为了想得到耕地，把森林都砍完了，但他们梦想不到，这些地方今天正因此成为荒芜不毛之地。"

21世纪是继农业文明和工业文明的生态文明的世纪，也应该是绿色的世纪。森林是人与自然和谐相处的主要载体，林业的地位必将得到回归。对此，国际社会对林业在可持续发展中不可替代的作用形成共识。1992年环境与发展大会的《气候变化公约》和《生物多样性公约》中，"赋予林业以首要地位"，并指出："在世界最高级别会议要解决的问题中，没有任何问题比林业更重要了。"人们已经清醒地认识到，当今世界的林业问题不再仅仅是林业自身的问题，而是与全球环境与人类的生存和文明紧紧地联系在一起。

鉴于对森林功能和价值的重新定位，在国际上森林经营逐渐由木材生产为主向可持续经营以主要发挥森林的生态效益转变。1990年，国际热带木材组织率先制定了森林可持续经营方案，将"可持续发展"概念第一次转化为行动。世界范围内木材和木材产品严重短缺，生物多样性急剧下降，温室效应加剧，全球气候变暖过程加快是森林可持续经营理论和实践发展的现实基础。可以说，人们已经深刻认识到森林可持续经营是世界可持续发展的重要基础。

可持续森林经营是指对森林、林地进行经营和利用时，以某种方式，一定的速度，在现在和将来保持生物多样性、生产力、更新能力、活力、实现自我恢复的能力，在地区、国家和全球水平上保持森林的生态、经济和社会功能，同时又不损害其他生态系统。森林可持续经营的宗旨是保证森林连续有效地满足当代人的物质生活、文化精神生活和无形的利益需求，而且有利于长期的经济与社会发展。

1992年的环境与发展大会，明确提出森林可持续经营概念和思想，并在《关于森林问题的原则声明》中加以详细阐述。该文件共有15条原则、要点，它不具有法律约束力，主要是促进各类森林的经营、保护和可持续发展，并使它们具有多种多样和互相配合的功能和用途，并且尊重各国利用其森林资源的主权。声明指出，"森林与所有的环境与发展问题和机会有关，承认各国在可持续的基础上发展社会经济的权利"，"森林资源和林地应以可持续的方式管理，以满足当代人和子孙后代在社会、经济、生态、文化和精神方面的需要，这些需要包括森林产品和服务功能，如木材和木材产品、水、食物、饲料、药材、燃料、住所、就业、游憩、野生动物生境、景观多样性、碳的汇和库以及其他森林产品"。该声明还系统全面地论述了森林在人类可持续发展中的关键作用，以及世界各国为了保护和可持续地利用森林和林地所应采取的措施、国际技术资金援助与合作以及国际林产品贸易等领域的重大问题，并在诸多方面达成了主要共识。

1992年联合国环境与发展大会以后，有关国际组织召开了一系列国际会议，对森林保护与可持续经营问题进行了讨论。其中主要是提出了森林可持续经营的一系列的标准与指标体系框架和积极开展森林可持续经营认证工作。目前，包括中国在内的一些国家，在制定了国家水平的森林可持续经营标准指标体系以后，还在制定地区水平和森林经营单位水平的标准指标，以更加科学地指导森林可持续经营的实践。

森林认证是森林可持续经营认证的简称，它是伴随着人们对消费产品进行"生态标签"应运而生的。它力图通过对森林经营活动进行独立的评估，以达到将"绿色消费者"与寻求提高森林经营水平和扩大市场份额以求获得更高收益的生产者相联系的目的。森林认证是促进森林可持续经营的一种市场机制，这一点已经得到国际社会的普遍认可。

（二）生态城市与城市森林建设

进入 20 世纪，城市建设中的生态思想逐步清晰并得到更广泛的运用。20 世纪初，英国生物学家盖迪斯在他 1904 年所写的《城市开发》和《进化中的城市》中，把生态学的原理和方法应用于城市研究。1971 年，联合国教科文组织在第 16 届会议上，提出了"关于人类聚居地的生态综合研究""生态城市"等概念。

"生态城市"是城市生态化发展的结果，就是社会和谐、经济高效、生态良好的人类居住区形式。这一崭新的城市概念和发展模式一提出，就受到全球的广泛关注。到 20 世纪后期，"生态城市"已经被公认为是 21 世纪城市建设模式。1999 年 10 月，美国世界观察研究所在一份题为《为人类和地球彻底改造城市》的调查报告中指出，无论是发达国家还是发展中国家，都必须将本国城市放在协调发展的战略地位，实现"人—社会—自然"的和谐发展，走生态化的城市发展道路。

自从 20 世纪 60 年代美国和加拿大提出"城市森林"和"城市林业"的概念以来，世界城市林业发展势头极为强劲。随着社会经济的飞速发展和城市化进程的不断加快，城市生态环境问题，如大气污染、水资源短缺、热岛效应等日益突出，城市森林作为城市生态系统的重要组成部分，为改善城市生态环境、减少空气污染、缓解交通和工业及居民生活噪音、调节小气候、提供优美生活环境和游憩娱乐休闲场所、开展林业科普教育等方面起着越来越重要的作用。发展城市林业已经成为世界城市建设的重要内容之一。

进入 21 世纪，"让森林走进城市、让城市融入森林"已成为提升城市形象和竞争力、推动区域经济持续健康发展的新理念。在许多国家，城市森林已经被视为现代化城市和城市竞争力的重要标志之一。譬如，华盛顿的环境局长基姆·道泽提呼吁：缺少树木的城市是没有竞争力的城市。1998 年当选为华盛顿市市长的安东尼·威廉姆斯提出的竞选纲领就是"必须改变首都缺林少树的面貌"。可见，从某种意义上说，没有城市林业可持续的管理和发展，就不可能有城市自身的可持续发展。

21 世纪，城市规模扩大、人口增加、生态环境压力加大，是世界城市发展的一个共同特点。加快城市森林建设，建设生态结构合理、生态服务功能高效的城市生态系统，推动生态化城市建设，已成为世界城市发展的新潮流。

城市林业在国内外还是一项新兴事业。发展城市林业和建设城市森林，已经成为当今世界城市建设和林业发展的重要趋势。美国纽约市的中央公园，就是一个"把森林引入城市"的典型；澳大利亚首都堪培拉，被誉为"森林中的首都"；瑞典首都斯德哥尔摩，是"林网与水网一体化"的典范；日本东京市的绿化覆盖率达到了 64.5%（包括草地）；莫斯科也是一个建在茂密森林之中的城市。莫斯科市区有 100 条林荫大道，98 个市、区级林木繁茂的公园，800 多个街心花园；郊外的 18 万公顷防护林带以及森林公园从 8 个方向楔入城市，将城市公园与周围的森林公园相连，构成了城市森林的基本格局。

综观世界城市林业发展，表现出八大趋势：①城市森林建设以建设生态城市，促进城市可持续发展为目标。②突破城市建成区范围，向郊区扩展，辐射城市周边地区。③追求城市森林布局与结构的自然化，实现城市与森林的完美融合。④注重林水结合，发挥水体在改善城市环境的作用。⑤强调以人为本，满足城市居民身心健康的环境需求。⑥塑造城市文脉，丰富和升华民族城市森林文化。⑦以 GIS、信息技术为代表的高新技术在城市林业建设和管理中发挥着日益重要的作用。⑧城市林业发展理念出现东西方文化互相融合趋势，城市林业领域国际合作的内容和程度日益广泛和密切。

（三）循环经济与林业产业发展

循环经济所倡导的是一种建立在物质不断循环利用基础上的经济发展模式。其特征是自然资源的低投入、高利用和废弃物的低排放，从而逐步消解长期以来环境与发展之间的尖锐冲突。循环经济是北京实施可持续发展战略的必然选择和重要保证。根据国际方面的经验，北京发展循环经济主要可归纳为：确立生态环境优先的理念，坚持预防为主、防治结合、重在建设、综合治理的方针，努力在发展中解决环境问题，在建设中优化生态环境。坚决摒弃以牺牲环境、破坏资源为代价的粗放型经济增长模式，走科技含量高、经济效益好、资源消耗低、环境污染少、人力资源优势得到充分发挥的新型工业化道路。积极探索"资源—产品—再生资源—再生产品"的循环经济发展模式，在生产和消费的过程中追求资源、能源利用效率最大化和废弃物最小（少）化，做到物尽其用。抓紧编制北京市循环经济发展计划，并将其纳入生态建设总体规划，认真组织实施。制定鼓励发展循环经济的政策措施，逐步建立和完善促进循环经济发展的机制和体制，从企业产品生产小循环试点开始，向区域经济包括工业小区、开发区乃至城乡建设延伸，实现整个社会的大循环。

发展循环经济，离不开林业产业的发展和国际化。森林不仅提供木材，还能够提供多种多样的非木质产品和服务。来自森林的非木材产品包括竹产品、藤条、化学制剂和其他工业原料，还包括水果、食用油、蘑菇、野菜、茶类、饮料、传统中草药、调味品以及其他许多产品。如在中国，森林产出的最重要的化学原料是松节油、树脂、松香、丹宁酸和紫胶。其中松香产量约占世界总产量的 40%。近年来，中国非木材林产品的总出口价值约为 230 亿元。森林旅游和娱乐在林业产业的发展中的位置越来越重要。据国际旅行组织预测，到 2020 年全世界旅游总收入将为 165000 亿元，崇尚绿色和回归自然的现代思想将使森林生态旅游越来越受到人们的欢迎。

林业兼顾生态环境和产业发展两大特点。在当代，世界经济的迅猛发展迫切要求更大范围和更宽领域的国际合作，经济全球化和贸易自由化浪潮此起彼伏，不可阻挡。世界银行、世界贸易组织等国际组织以及各种地区性合作组织如欧盟、亚太经合组织等对经济全球化进程作用巨大。这些组织为森林产品和服务的国际经贸合作提供了重要的框架机制，如减免关税、国民待遇等，这极大地刺激和加速了世界森林产品和服务的贸易自由化进程。

在经济全球化和贸易自由化浪潮的冲击下，世界林产品贸易快速发展。以中国林产品为例，根据亚太经合组织要求，中国政府从 1999 年 1 月 1 日起，原木、锯材和废纸的关税降为 0，单板降到约 5%~8%，胶合板降到 15%，纸浆和纸制品的关税也有很大幅度的降低。关税降幅最大的是家具产品，平均关税在 20 世纪 90 年代早期高达 78%，从 1999 年 1 月 1 日起降到了 22%。从 2000 年起，林产品的关税每年都有所降低。可见，林业产业国际化和森林产品和服务贸易自由化进程发展更为迅猛。

（四）生物多样性保护与荒漠化防治

生物多样性的概念最早是于 1987 年由联合国环境规划署正式引用的。生物多样性是指地球上一切生命形式的总和，包括数以百万计的植物、动物、微生物种类而后它们拥有的遗传基因，以及由这些生命物质组成的极为复杂的生态系统的总称。其内涵包括生物物种多样性、生态系统多样性和种内基因多样性。随着人口的迅速增长，人类活动的不断加剧，作为人类生存最为重要基础的生物多样性受到了严重的威胁。人们吃惊地发现，目前物种数量的灭绝速率高出自然灭绝率的 1000 倍以上。

大自然的多样性是人类社会生物学财富的源泉和物质财富的基础。它首先是工业、农业和医药行业的原始输入和基因材料，这些作用的价值每年就有上亿美元；另外，它是美学、娱乐、文化和精神灵感以及知识的源泉，是人类创造力的基础，人们每年通过旅游欣赏大自然及其多样性的花费就达几十亿美元。以上仅仅是生物多样性的经济利用价值，而生物多样性最重要的价值却是其生态价值，它是人类赖以生存的最重要的物质基础。

森林生物多样性是生物多样性的重要组成部分，是森林可持续经营的基础和保证，它的破坏给森林可持续经营带来了一系列的生态灾难，如森林病虫害日益加剧、森林生产力下降、林地地力衰退、水土流失加剧等。

同时，林业的发展与生物多样性保护息息相关。森林是最宝贵的生物资源，是生物多样性宝库，它蕴藏着丰富的物种，森林是地球上 50% 以上的植物和动物的生境。由于掠夺式的开发，森林面积不断锐减，致使动植物赖以生存的空间和生活气息、繁衍的环境遭到破坏，导致物种的大量丧失，森林的破坏使生物多样性降低。因此，林业要持续发展，必须保护森林，保护生物多样性。生物多样性保护可以影响一个国家、一个地区乃至全球的发展和促进经济的繁荣，因此，它引起了国际社会性关注，成为全球环境问题的热点。森林生物多样性保护和持续利用已经成为当代林业发展的趋势。

在国际上，除了生物多样性保护以外，对荒漠化防治问题也尤为关注。根据《联合国防治荒漠化公约》定义："荒漠化是指包括气候变异和人类活动在内的种种因素造成的干旱、半干旱和亚湿润干旱地区的土地退化。"荒漠化的核心是指一种土地退化，但并未限定这种退化一定要出现沙漠或类似沙漠那样的景观；荒漠化的成因是气候变异和人类活动以及其他种种因素，并未规定只有人类活动才能造成荒漠化；这些退化只有发生在干旱、半干旱及亚湿润干旱区，才是荒漠化，从而清楚地揭示出荒漠化是干旱地区的产物。

人们常常将荒漠比作地球肌体上的"恶性肿瘤"，它一点一点吞噬着肥沃的农田、广袤的草牧场和成片的林地，甚至人类的生命。目前，全世界 2/3 的国家和地区，1/4 的陆地面积，近 10 亿人口受其危害。据估计，全世界每年有 5 万~7 万平方公里的土地沦为荒漠化土地，由于荒漠化每年将损失耕地 600 万公顷。全球由于荒漠化所造成的经济损失，估计每年为

423 亿美元。荒漠化已经成为严重的全球性生态、社会和民族问题,直接影响人们的生活生存环境、国土安全、民族团结、社会稳定。

造成土地荒漠化的原因既有气候因素,更有人为原因。造成荒漠化的主要人为因素是人口快速增长、土地过度耕种、草原过度放牧和乱砍滥伐森林,使土地变得贫瘠,植被遭到破坏,水土流失严重。国际社会对荒漠化的严重后果及扩张趋势给予极大关注。早在 1977 年联合国在肯尼亚首都内罗毕召开的世界荒漠化问题会议,就提出了《全球防治荒漠化行动纲领》。1992 年联合国环境与发展大会将防治荒漠化作为全球环境治理的国际优先行动领域列入《21 世纪议程》,要求世界各国把防治荒漠化列入国家环境与发展计划,采取共同行动,防治土地的荒漠化,以求得可持续发展。1994 年 10 月 14 日,包括中国在内的 112 个国家在巴黎签署了《国际防治荒漠化公约》,要求世界各国"动员足够的资金开展防沙化斗争"。1995 年 12 月,第 49 届联合国大会正式通过决议,将每年的 6 月 17 日定为"世界防治荒漠化和干旱日"。这标志着人类共同采取行动与荒漠化斗争揭开了新的篇章。

世界各国面对荒漠化肆虐的严峻形势,纷纷采取各种措施进行荒漠化防治。虽然结果并不尽人意,如荒漠化问题严重的非洲国家由于缺乏资金和技术,荒漠化治理几乎没有什么成效,但是仍然有许多国家取得了较大的成就。如以色列、美国、中国等。以色列政府和人民几十年来一直非常重视对荒漠的开发和治理,根据本国荒漠化特点,采取了稀树草原化、内盖夫行动计划、水资源开发利用、太阳能利用、植物资源的引种、发展资源效用型农业及治沙造林等措施使荒漠化防治工作取得了令世人瞩目的业绩。美国自 20 世纪 30 年代发生大范围的黑风暴以来,对荒漠化和土地退化十分重视,通过天然封育、保护当地植被种类、采取了许多生态恢复和生态重建的措施,实行开放式经营、封闭式管理,将自然规律和市场规律有机结合,发展荒漠旅游,建设荒漠新型城市,基本遏制了荒漠化的发展。在中国,以重点林业生态工程建设为核心的荒漠化防治成效显著。截至 2000 年,三北防护林累计完成造林 2375.7 万公顷,防沙治沙工程累计完成治理任务 890 万公顷,三北地区森林覆盖率已由 20 世纪 70 年代末的 5.05% 提高到近 10%,有效地减缓了沙化扩展速度。

(五)林业的社会参与及国际合作

人们越来越认识到,森林与人类的生活和生存密切相关。社会的发展离不开森林的存在,同样森林的保护与发展也离不开社会,特别是社区的广泛参与。

在世界人口不断增长、森林资源锐减、生态环境日益恶化的形势下,人口增长与农村贫困正成为世界两大社会问题。而森林遭到进一步的破坏、林地不断转为农地,正在引起经济与生态的恶性循环,它同样给农业带来严峻的形势与挑战。显然,传统林业中的那种以生产木材为中心,片面强调追求经济效益增长的经营方式,已不能适应当代林业发展的需要。要实现这种转变,需要社区居民的广泛理解、支持和合作。

社区林业明确地指出:林业对于缓和乡村地区的贫穷落后和左右社会变革有很重要的作用,为了将以林业为基础的活动转变为社会经济变革有效的动力,林业的政策必须调整,林业发展战略必须建立在人们积极自愿的基础上。所有这些,都突出强调了人文社会科学对林业发展的重大意义。

所谓社区林业，就是在农村社区发展中，以林业为对象，以农民为主体，研究如何吸引广大农民参与到森林资源管理中来的一种社会组织形式与管理方式。其目的是为了促进农村经济发展、提高农民生活水平、改善农村生态环境，最终是为实现农村的可持续发展服务。

社区林业强调为实现农村的可持续发展所进行的一系列社会改革，它突破了传统林业发展局限于生物技术领域，从传统林业以木材为中心，转向以森林的可持续经营与林业的可持续发展；突出林业发展中人的主体性与社会性，强调在协调人和自然同时，注意协调人和人之间的关系，从而把林业研究的对象定位在人类生态系统的基础上；改变传统林业那种自上而下行政领导式的森林经营方式，强调了非政府组织的作用、社会与群众的广泛参与和民主管理；强调林业应更多地从生物的、技术的方面转向人文社会方面的研究，并把两者结合起来。

当前，国际社区林业发展的主要形式包括：利用国有土地开展社区林业项目，由林业部门提供资金和技术，农民出劳力，双方合同经营；在集体的土地上开展社区林业项目由林业部门提供资金和技术，由村庄或农民自己成立的组织负责经营管理，农民出劳力；在私有土地上植树造林，由银行提供贴息贷款，林业部门提供技术，农民单独经营或联户经营；林业部门和村庄共同提供土地和资金，由林业部门出技术，村庄出劳力，以合同的方式协作经营。

社区林业是农村社会经济可持续发展的不可缺少的重要组成部分，目前，世界社区林业已经发展为包括林业政策和规划、先进的农林业技术与乡土知识紧密结合的技术体系，以及水土保持、农村卫生、基础教育和金融保险等社会事业在内的农村社会经济综合发展计划。社区林业被广泛认为是森林可持续经营和农村可持续发展的有效策略，随着政府寻找有效方式以保护或扩展其资源，并向农村社区提供经济机会，这种由当地管理自然资源的策略将得到进一步研究和发展。

森林问题的解决，不仅要求社会的广泛参与，还要求日益广泛和深入的国际合作。

森林问题是全球气候变化控制中一个热点问题。近两个世纪以来，人类不断燃烧石油产品、天然气和煤炭，部分地区的森林遭到了过度砍伐。自 1750 年以来，地球大气中的二氧化碳浓度总共增加了约 1/3，而在近 20 年来大气中的二氧化碳浓度提高了近 2/3，达到了近 42 万年以来的最高值。地球气候也正经历以全球变暖为特征的显著变化。科学研究显示，近 100 年来，地球表面的年平均气温上升了约 0.6℃，北半球的气温升高趋势为 1000 年来所罕见。按照人口增长、经济增长和技术进步等各种可能情况，未来 100 年全球平均气温将再升高 1.4~5.8℃，并导致海平面上升 0.09~0.88 米。

观测表明，全球气候变暖对全球许多地区的自然生态系统已经产生了影响，如海平面升高、冰川退缩、冻土融化、河（湖）封冻期缩短、中高纬生长季节延长、动植物分布范围向南、北极区和高海拔区延伸、某些动植物数量减少、一些植物开花期提前等。虽然人类活动对气候与气候变化的影响在科学上还有一定程度上的不确定性和地区差异，但温室效应正在加强，全球正在变暖，气候变化开始影响到人类社会生活的各个方面已是不争的事实。因此，气候变化及其影响已成为世界各国可持续发展的核心问题之一。

气温的上升在多数情况下均与大气中二氧化碳等温室气体的浓度升高有关。森林作为碳的"储存器"或"吸碳物",对影响气候变化起码存在 3 个方面的作用。首先,森林被砍伐时要释放碳,若目前森林被完全砍伐后,将占全球碳排放量的 1/5。其次,在森林可持续经营条件下,用森林生物量作为能源替代化石燃料,可以减少温室气体的排放。最后,森林有潜力将预计全球碳排放量的大约 1/10 吸收到其生物量、土壤和产品中,并在原则上永远储存起来。

森林是陆地生态系统的主体,保护和发展森林资源对解决全球面临的环境问题至关重要,国际社会明确认识到这一点并基本达成共识。在有关环境问题的国际公约和国际进程当中充分突出森林毁坏和减少对全球环境带来的严重影响和危害,强调保护和发展森林的重要性,明确指出林业可持续发展在全球可持续发展中的重要性及其战略地位,并要求以可持续方式保护和发展森林。譬如,强调森林作为温室气体汇和库在遏制全球气候变暖方面及森林植被在防治荒漠化方面的重要作用。因此,从某种意义上讲,正是环境问题的全球化和国际化呼声的日益高涨促进了当代世界林业国际合作的快速发展。当前,国际社会在与林业相关的环境问题方面的合作,主要是以一系列国际公约和国际进程加以体现。虽然目前世界上还没有专门的国际森林公约,但许多环境公约和文件与森林问题密切相关。

经过国际社会的共同努力,虽然各国在国际森林问题的核心议题方面分歧很大,但各国在某些问题上达成了共识,取得了一定的成果。

一是在政治上,联合国森林论坛进一步引起了国际社会,尤其是各国政府的广泛重视。各国政府纷纷将联合国森林论坛所涉及的内容,纳入国家发展计划的重要领域,通过政治承诺,促进各国和国际社会关于森林保护与可持续经营的活动。

二是在技术上,森林保护与可持续经营已经成为全球研究与发展的热点问题。研究领域广泛涉及森林保护与可持续经营的基本理论体系、模式、标准与指标、森林认证、相关政策、法规、森林价值分析及环境经济理论的研究与发展、传统知识等。

三是在社会上,森林保护与可持续经营问题,进一步引起社会的广泛关注和重视,极大地促进了国际社会对森林价值和作用的再认识,以及人们生态与环境价值观、思想和意识的转变。

四是在经济上,伴随森林保护与可持续经营问题的深入发展,林产品国际贸易与森林可持续经营的准则越来越严格,市场准入和绿色贸易壁垒等极大地推动了森林认证的发展。

二、北京林业发展的国内背景

(一)科学发展观和"三生态"林业发展战略思想

中国共产党十六届三中全会提出了科学发展观。要求"坚持以人为本,树立全面、协调、可持续的发展观,促进经济社会和人的全面发展",按照"统筹城乡发展、统筹区域发展、统筹经济社会发展、统筹人与自然和谐发展、统筹国内发展和对外开放"的要求推进各项事业的改革和发展。这是总结中国当代经济社会发展尤其是改革开放以来的建设经验,并对古今中外发展观的批判继承和综合创新的产物。科学发展观对于指导我国的林业建设,具有重要意义。

2005 年 2 月，中共中央向全社会提出构建社会主义和谐社会的战略任务。中共中央总书记胡锦涛同志指出："我们所要建设的社会主义和谐社会，应该是民主法治、公平正义、诚信友爱、充满活力、安定有序、人与自然和谐相处的社会。"而"人与自然和谐相处，就是生产发展，生活富裕，生态良好"。构建和谐社会离不开统筹人与自然和谐发展，而林业是统筹人与自然和谐发展的关键。由此可见，建设社会主义和谐社会，要求加强生态建设，发展现代林业。

加强生态建设，维护生态安全，建设生态文明，是 21 世纪人类面临的共同主题，也是我国经济社会可持续发展的重要基础。全面建设小康社会，加快推进社会主义现代化，必须走生产发展、生活富裕、生态良好的文明发展道路，实现经济发展与人口、资源、环境的协调，实现人与自然的和谐相处。森林是陆地生态系统的主体，林业是一项重要的公益事业和基础产业，承担着生态建设和林产品供给的重要任务，做好林业工作意义十分重大。

新中国成立以来，特别是改革开放以来，党中央、国务院对林业工作十分重视，采取了一系列政策措施，有力地促进了林业发展。全民义务植树运动深入开展，全社会办林业、全民搞绿化的局面正在形成。"三北"防护林等生态工程建设成效明显，近几年实施的天然林资源保护、退耕还林、防沙治沙等重点工程进展顺利,部分地区的生态状况明显改善。森林、湿地和野生动植物资源保护得到加强。林业产业结构调整取得进展，各类商品林基地建设方兴未艾，林产工业得到加强，经济林、竹藤花卉产业和生态旅游快速发展，山区综合开发向纵深推进。森林资源的培育、管护和利用逐渐形成较为完整的组织、法制和工作体系。目前，林业累计提供木材 50 多亿立方米，全国森林覆盖率已达到 18.21%，人工林面积居世界第一位。林业为国家经济建设和生态状况改善做出了重要贡献，对促进新阶段农业和农村经济的发展，扩大城乡就业，增加农民收入，发挥着越来越重要的作用。

随着经济发展、社会进步和人民生活水平的提高，社会对加快林业发展、改善生态状况的要求越来越迫切，林业在经济社会发展中的地位和作用越来越突出。林业不仅要满足社会对木材等林产品的多样化需求，更要满足改善生态状况、保障国土生态安全的需要，生态需求已成为社会对林业的第一需求。我国林业正处在一个重要的变革和转折时期，正经历着由以木材生产为主向以生态建设为主的历史性转变。

目前，我国生态状况局部改善、整体恶化的趋势尚未根本扭转，土地沙化、湿地减少、生物多样性遭破坏等仍呈加剧趋势。乱砍滥伐林木、乱垦滥占林地、乱捕滥猎野生动物、乱采滥挖野生植物等现象屡禁不止，森林火灾和病虫害对林业的威胁仍很严重。林业管理和经营体制还不适应形势发展的需要。林业产业规模小、科技含量低、结构不合理，木材供需矛盾突出，林业职工和林区群众的收入增长缓慢，社会事业发展滞后。从整体上讲，我国仍然是一个林业资源缺乏的国家，森林资源总量严重不足，森林生态系统的整体功能还非常脆弱，与社会需求之间的矛盾日益尖锐，林业改革和发展的任务比以往任何时候都更加繁重。

2003 年 6 月 25 日，《中共中央 国务院关于加快林业发展的决定》，明确了新世纪林业发展的重要地位、指导思想、战略目标和政策措施。《决定》确立了"以邓小平理论和'三个代表'重要思想为指导，深入贯彻十六大精神，确立以生态建设为主的了林业可持续发展道路，建立以森林植被为主体、林草结合的国土生态安全体系，建设山川秀美的生态文明社会，大力保护、培育和合理利用森林资源，实现林业跨越式发展，使林业更好地为国民经济和社会发展服务"的指导思想。加快林业发展的基本方针是："坚持全国动员，全民动手，全社会办林业；坚持生态效益、经济效益和社会效益相统一，生态效益优先；坚持严格保护、积极发展、科学经营、持续利用森林资源；坚持政府主导和市场调节相结合，实行林业分类经营和管理；坚持尊重自然和经济规律，因地制宜，乔灌草合理配置，城乡林业协调发展；坚持科教兴林；坚持依法治林"。

2003 年 9 月 27 日，国务院召开全国林业工作会议，对推进林业历史性转变、实现林业跨越式发展作出了全面部署。这是中国林业发展史上一个新的里程碑，标志着林业开始进入了以生态建设为主的新的历史阶段。在全面建设小康社会、加快推进社会主义现代化的进程中，必须高度重视和加强林业工作，努力使我国林业有一个大的发展。在贯彻可持续发展战略中，要赋予林业以重要地位；在生态建设中，要赋予林业以首要地位；在西部大开发中，要赋予林业以基础地位。

（二）林业的六大重点工程、五大转变和跨越式发展

实施六大工程、推进五大转变、实现跨越式发展，是新世纪中国林业的历史性任务，它们的有机结合，形成了新世纪林业发展理论的基本框架，标志着中国林业从此进入了在明晰思路指导下加快发展的新阶段。这就是：以可持续发展理论为指导，以满足全面建设小康社会对林业的新需求为目标，坚定不移地推进中国林业由以木材生产为主向以生态建设为主的历史性转变，以六大工程为重点，推动林业跨越式发展。

六大林业重点工程指的是天然林资源保护工程、退耕还林工程、京津风沙源治理工程、三北和长江中下游地区等重点防护林工程、野生动植物保护及自然保护区建设工程、重点地区速生丰产用材林基地建设工程。这六大林业重点工程，是在对原有 17 个林业工程项目进行系统整合的基础上形成的，是对新时期林业生产力布局的一次战略性调整，是当前和今后一个时期林业建设的主战场。工程覆盖了我国 97% 以上的县，规划造林任务超过 11 亿亩，工程规划总投资达 7000 多亿元。其投资之巨、规模之大、周期之长，堪称"世界生态工程之最"。其对完善我国林业生产力总体结构和区域布局、推进林业发展将要发挥的巨大作用及在国内外产生的巨大影响是前所未有的。

"五大转变"，指的是由以木材生产为主向以生态建设为主的转变、由以采伐天然林为主向以采伐人工林为主的转变、由毁林开荒向退耕还林的转变、由无偿使用森林生态效益向有偿使用森林生态效益的转变、由部门办林业向全社会办林业的转变。这"五大转变"是我国林业发展史上的重大转变，是新时期我国林业发展阶段特征的集中体现和总体要求，是顺利实施六大工程、加快林业发展的可靠保证。当然，这五大转变也不是并列的，其中最重要、最根本的转变是由以木材生产为主向以生态建设为主的转变。

以六大工程建设为途径，以五大转变为标志，加快林业发展步伐，缩短在常规状态下恢复和发展森林资源所需的时间，使我国林业早日跨入可持续发展的新阶段。其具体内涵包括阶段跨越、速度提升、科技升级等多个方面。其中，最本质的跨越是发展阶段的跨越。这是因为，按照常规的林业发展模式，通常要经历森林原始利用阶段、木材过度利用阶段、森林恢复发展阶段、多功能利用阶段、可持续发展阶段这样五个大的阶段。其中森林恢复发展阶段通常又分为治理小于破坏、治理与破坏相持、治理大于破坏这样三个小的阶段。而我国林业目前正处于森林恢复发展阶段中治理小于破坏，即所谓"局部好转、总体恶化"的阶段。在这种情况下，如果我们选择常规的发展模式，重复发达国家走过的边治理边破坏的全部历程，我们就将经历一个十分漫长的恢复发展时期，从而使我国林业长期滞后于国家经济和社会发展的步伐，而徘徊在可持续发展的大门之外。这无疑是每一个致力于振兴中华的中国人都不愿意看到的结果。我国林业要实现的阶段跨越，即由目前所处的森林恢复发展阶段中的治理小于破坏阶段直接跨入多功能利用阶段。其中被跨越的阶段是治理与破坏相持的阶段以及治理大于破坏的阶段。这正好与"由以木材生产为主向以生态建设为主的转变"所体现的阶段跨越完全一致。而在常规状态下，仅仅这两个小的阶段就需要经历上百年甚至几个世纪的时间。这就是说，实现林业的跨越式发展，是我国林业为赶上世界林业发达国家的发展水平，更好地满足国家经济和社会可持续发展需要的一种必然选择。除此之外，我们没有别的路可走。

综上所述，"六大工程""五大转变""跨越式发展"，构成一个有机、统一的整体。这是我国历代务林人智慧的结晶，是对新中国50多年来林业建设经验教训的深刻总结，是根据新形势新任务对传统林业进行深刻变革的审慎选择。

（三）城市林业成为林业发展的重要战略之一

我国是世界上城市最多的国家之一，现有城市680多座，建制镇17000多个。随着社会经济的迅速发展，我国城市化进程也在不断加快。虽然城市化发展极大推动了我国社会进步和经济繁荣，但同时也带来了严重的环境问题，使城市生态环境不断恶化。在世界卫生组织1999年评出的全球十大污染城市中，我国的太原、兰州等8个城市榜上有名，并被划入不适于人类居住的城市。因此，大力发展我国的城市林业具有十分重要的意义。

虽然我国引入和认识城市林业较晚，仅始于20世纪80年代末和90年代初，但其在各级政府和有关部门的积极推动下，城市林业的理论研究与实践都取得了积极的进展和显著的成效。在全国范围内的发展与建设是非常迅速的。1989年中国林业科学研究院开始研究国外城市林业发展状况；1992年中国林学会召开首届城市林业学术研讨会；1994年成立中国林学会城市林业研究会，中国林业科学研究院设立城市林业研究室；1995年全国林业厅局长会议确定城市林业为"九五"期间林业工作的两个重点之一，林业部部长徐有芳指出，大力发展城市林业势在必行；1996年北京市林业局和林业部共同下达"北京市城市林业研究"项目，由北京林业大学、北京市林业局共同承担，研究北京市城市林业可持续发展战略，主要包括北京市城市林业概念与范畴的界定、北京市城市林业的结构与功能、北京市城市林业的发展模式、21世纪北京城市林业发展规划设想等。这些研究为我国城市林业的发展起到了奠基性和开拓性的推动作用。从1995年开始，北京林业大学陆续招收了一批研究城市林业的硕士和博士研究生。内蒙古农业大学林学院从 1996 年起开始为林学、生态环境工程等专业的本科生开设"城市林业"专业课程。1978 年，在我国台湾大学森林系开设城市森林课，1984 年该校高清教授著《都市森林学》并正式出版。其最显著的成果莫过于以下两个方面：

一是把城市林业建设纳入了中国森林生态网络体系建设。中国森林生态网络体系建设研究成果，从整个国土生态安全角度，提出了点、线、面相结合的我国森林生态网络体系科学布局的框架、建设技术和综合评价体系。

城市作为中国森林生态网络体系建设中的"点"，其核心内容就是发展城市林业。通过在全国 12 示范点的城市林业建设，对城市林业建设的理论、发展规划、构建模式、树种选择、城市森林功能与效益、城市森林评价指标等方面进行了系统研究，为我国城市林业的发展提供了厚实的技术储备和示范模式，有力地推动了我国城市林业建设。其中上海、大连、合肥、珠海、深圳等城市林业建设的规划与工程实施都取得了显著成效。

二是推动了典型区域的城市林业建设的规划与实践和我国城市林业建设的规划与实践。它们既借鉴了国外城市林业发展的成功模式，也继承了中国古典园林"师法自然""天人合一"的精髓。

从长春第一个森林城的构建，到上海现代城市林业发展规划与实施，体现了中国城市林业建设蓬勃兴起的发展势头。

1. 长春市

长春市 1989 年正式实施"森林城"建设规划，是我国首例将"森林城"确立为建设目标的城市。在北京市的 5 个县（市），开展了公共绿地、绿色长廊、风景林、农田防护林、村屯绿化、森林卫生城镇等工程建设。

2. 上海市

上海市在制定城市林业发展规划中，按照"林网化与水网化"的城市林业建设理念，提出了"三网、一区、多核"的上海城市林业发展布局。其中三网是指水系林网、道路林网和农田林网；一区是指在淀山湖、黄浦江上游及太浦河等支干流、佘山集中连片的重点生态建设区；多核是指在林网水网中构建达到一定规模、能构成森林环境的各种核心林地。上海市现代城市林业的科学规划，为新世纪上海生态环境建设创造了良好的发展条件。

3. 怀宁市

2002 年，中国林科院与安徽农业大学以安徽省怀宁新县城建设为契机，共同开展县级城市林业建设规划研究，对城区 235 平方公里的范围进行了全面规划，提出了一城、一湖、两片、三网的总体布局。在城区以乔木可拥有量及城市森林覆盖率来规划绿地面积，强调溶解城市边界、建设开放性的立体绿色空间，为我国县级城市开展城市林业建设提供了范例。

第三章　北京林业发展的现状与问题

一、北京林业建设的现状和成就

2004 年，北京市林业生态体系、产业体系和森林资源安全保障体系基本建成，三道绿色生态屏障（山区、平原、城市绿化隔离地区）基本形成。北京生态质量明显改善，环境面貌显著改观，林业在北京经济建设和社会发展中发挥了重要作用。为把北京建设成为国际化的大都市，北京市以建设高标准的绿色生态体系、高效益的绿色产业体系、高水平的森林资源安全保障体系为目标，以大工程带动大发展，构筑山区、平原、城市绿化隔离地区三道绿色生态屏障以加快加大绿化美化的步伐，全面提升城乡绿化美化水平，高质量地完成绿化任务。

（一）森林资源概况

根据有关规定，2004 年北京市全面开展了"十五"森林资源规划设计调查工作。经调查，截至 2004 年 9 月，北京市森林资源的现状如下（表 3-1）：

表 3-1　北京市"十五"与"九五"森林资源状况比较表

| 清查时间 | 总面积（公顷） | 林地（公顷） | | | | | | | 四旁树占地（公顷） | 森林覆盖率（％） | 林木绿化率（％） |
		合计（公顷）	乔木林地（公顷）	疏林地（公顷）	灌木林地（公顷）	未成林地（公顷）	苗圃地（公顷）	宜林地及其他（公顷）			
"九五"	1680780.0	930467.8	515121.9	8262.5	257452.7	14054.0	3396.3	132180.4	32179.3	30.65	41.90
"十五"	1680780.0	1054280.8	619243.2	4833.8	321455.6	33316.0	19570.4	55861.8	35602.4	35.47	49.99

1. 林木绿化率与森林覆盖率

北京市的林木绿化率（即林木覆盖率，下同）为 49.99％，森林覆盖率为 35.47％。其中，山区林木绿化率为 67.85％，森林覆盖率为 46.55％；平原林木绿化率为 23.57％，森林覆盖率为 19.10％；规划市区森林覆盖率为 23.75％；四城区森林覆盖率 14.77％。

2. 林地面积

北京市林地总面积为 1054280.8 公顷(1581.4 万亩)。其中乔木林地为 619243.2 公顷(928.8 万亩)；灌木林地为 321455.6 公顷（482.2 万亩）；未成林地为 33316.0 公顷（50.0 万亩）；苗圃地为 19570.4 公顷（29.4 万亩）；宜林荒山荒地为 51837.1 公顷（77.8 万亩）；四旁树占地折合面积为 35602.4 公顷（53.4 万亩）。

3. 地区分布

山区林地面积为 880907.3 公顷（1321.4 万亩）。其中，乔木林地 469023.1 公顷（703.5 万亩）；灌木林地 320974.8 公顷（481.5 万亩），其中，植被盖度大于 70%、参加林木绿化率计算的灌木林地为 208229.2 公顷（312.3 万亩）；未成林地 33235.6 公顷（49.9 万亩），宜林荒山 49130.4 公顷（73.7 万亩），四旁树占地折合面积 5578 公顷（8.3 万亩）。

平原地区林地面积为 173373.5 公顷（260.0 万亩）。其中，乔木林地 150220.1 公顷（225.3 万亩），未参加森林覆盖率和林木绿化率计算的非规划林地面积为 20755.2 公顷（31.1 万亩）；未成林地 80.4 公顷（0.1 万亩），宜林沙荒地 2706.7 公顷（4.1 万亩），四旁树占地折合面积 30024.4 公顷（45.0 万亩）。

规划市区总面积为 104000 公顷（156.0 万亩），林地面积为 24702.5 公顷（37.1 万亩）。

四城区总面积为 9254.0 公顷（13.88 万亩）。林地面积 1367.1 公顷（2.05 万亩）。

4. 活立木蓄积量（不含四城区）

截至 2002 年，北京市活立木总蓄积 14279884 立方米。其中林分蓄积 10705846 立方米，占北京市活立木总蓄积的 75.0%；疏林地蓄积 12150 立方米，占北京市活立木总蓄积的 0.1%；散生木蓄积 710554 立方米，占北京市活立木总蓄积的 5.0%；四旁树蓄积 2851334 立方米，占北京市活立木总蓄积的 19.9%。北京市人均占有林木蓄积 1.047 立方米，为全国人均占有林木蓄积 9.048 立方米的 1/9。

到 2004 年 9 月，活立木总蓄积量由 1428 万立方米增加到 1521.3 万立方米，"十五"期间北京市共采伐活立木 79.77 万立方米，5 年净增加 93.3 万立方米。

北京市活立木可划分为九大优势树种（组），各优势树种（组）蓄积分别如下：侧柏 341835 立方米，占北京市活立木总蓄积的 2.4%；落叶松 263604 立方米，占北京市活立木总蓄积的 1.8%；油松 1314065 立方米，占北京市活立木总蓄积的 9.2%；蒙古栎 1705446 立方米，占北京市活立木总蓄积的 11.9%；桦树 370789 立方米，占北京市活立木总蓄积的 2.6%；山杨 487729 立方米；占北京市活立木总蓄积的 3.4%；刺槐 1159827 立方米，占北京市活立木总蓄积的 8.1%；杨树 6544376 立方米，占北京市活立木总蓄积的 45.9%；其他阔叶树蓄积 2092213 立方米，占北京市活立木总蓄积的 14.7%（表 3-2）。

表 3-2 北京市活立木优势树种（组）蓄积统计表

树种	合计	侧柏	落叶松	油松	蒙古栎	桦树	山杨	刺槐	杨树	阔叶树
蓄积	1428.0	34.2	26.4	131.4	170.5	37.1	48.8	116.0	654.4	209.2
比例（%）	100.0	2.4	1.8	9.2	11.9	2.6	3.4	8.1	45.9	14.7

（二）林业建设成就

1. 林业生态体系建设

与"九五"二类调查结果相比，北京市的林业建设取得很大成就，同时也表明，近年来北京市森林资源的保护和发展呈良好态势，突出表现在以下方面：

（1）林木绿化率、森林覆盖率大幅增加。北京市林木绿化率由 41.9% 增加到 49.99%，5年增加 8.09 个百分点，平均每年增加 1.62 个百分点。尚有覆盖度 70% 以下的 112913.0 公顷（169.4 万亩）灌木林地和非规划林地 23160.9 公顷（34.7 万亩）未参加覆盖率计算，其中山区林木绿化率由 57.23% 增加到 67.85%，增加 10.62 个百分点；平原林木绿化率由 21.87% 增加到 23.57%，增加 1.7 个百分点。

森林覆盖率由"九五"期间的 30.65% 增加到 35.47%，5年增加 4.82 个百分点，平均每年增加 0.97 个百分点。其中山区由 41.71% 增加到 46.55%，增加 4.84 个百分点；平原由 16.8% 增加到 19.10%，增加 2.30 个百分点。

森林面积、蓄积稳步增长。乔木林地面积从 515121.9 公顷（772.7 万亩）增加到 619243.2 公顷（928.9 万亩），5年增加 104121.3 公顷（156.2 万亩）。活立木总蓄积量由 1428 万立方米增加到 1521.3 万立方米，"十五"期间北京市共采伐活立木 79.77 万立方米，5年净增加 93.3 万立方米。

（2）重点造林工程成效显著。完成重点工程造林 14.1 万公顷（211.5 万亩）。其中城市绿化隔离地区建设工程造林 7400 公顷（11.1 万亩）、"五河十路"绿化工程造林 2.53 万公顷（38.0 万亩），这些重点工程的造林成活率平均都在 90% 以上，且造林质量较过去明显提高。苗木规格大、品种多、质量好，许多地段造林后一次成林，立地成景。完成中幼林抚育 20 万公顷（300 万亩），使风景区、公路两侧、前山脸等重点地区的林分质量提高，林相得到显著改善。

绿化隔离地区绿化建设工程效果显著。城市绿化隔离地区绿化建设主体工程基本完成，工程造林 7400 公顷（11.1 万亩），超额完成了市委、市政府提出的"用三年时间完成 100 平方公里绿化任务"的预定目标。形成了 7 块万亩以上的绿色板块，创建了一批森林公园、文化体育公园共八种类型的绿色产业。绿化隔离效果显著、环境面貌焕然一新。同时，按照市委、市政府的要求，开展了第二道绿化隔离地区绿化建设工程。

以"五河十路"为主体的绿色通道建设工程基本完成。"五河十路"绿色通道建设工程是首都平原生态环境建设的重点工程。"五河"是指永定河、潮白河、大沙河、温榆河、北运河；"十路"是指京石路、京开路、京津塘路、京沈路、京张路、顺平路、京承路、六环路等 8 条主要公路和京九、大秦 2 条主要铁路。2001 年开始实施的"五河十路"工程，总长 1000 余公里，经过 4 年的建设完成造林 2.53 万公顷（38.0 万亩）。目前，"五河十路"绿色通道建设工程完成了 2000 年市政府提出的"用 3~5 年时间新增 2.3 万公顷（35 万亩）绿化面积"的任务指标，共栽植各类树木 3100 多万株，基本完成了市政府提出的任务目标。与此同时，其他市级以上公路、河道 900% 基本实现了绿化，并形成了各 200 米宽的绿化带，其中 20 米至 50 米将成为永久绿化带。在永久绿化带外侧发展了经济林、速生丰产林和林木种苗等绿色产业。在京郊平原，初步形成了色彩浓重、气势浑厚的绿色生态走廊。

中幼林抚育工程效果明显。从 2002 年开始，按照市政府"用 3 年时间基本完成本市山区主要公路、铁路、河流两侧和重点风景区 300 万亩的中幼林抚育工作"的要求，在全国率先开展中幼林抚育工作。到 2003 年底，已完成 165 万亩的抚育任务。改善了林木生长环境，优化了林分结构，促进了林木生长，更好地发挥其生态、社会和景观效益。

以植树造林为主体的防沙治沙工程水平不断提高。特别是国家开展京津风沙源治理工程以来，开展了大规模的治沙造林活动，以"三河、两滩"（永定河、大沙河、潮白河、康庄、南口）为重点的核心区共营造防风固沙林 110 多万亩，实施沙地播草覆盖 10 万亩，五大风沙危害区得到有效治理。同时，市委、市政府把退耕还林作为一项生态工程、德政工程、民心工程，到目前已完成退耕还林 77 万亩，占总任务的 92.8%。实施退耕还林工程，有效地改善了环境质量，增加了农民收入，取得了明显效果。

以创建园林城镇为目标，郊区卫星城、小城镇环境面貌发生了巨大变化。北京市有 9 个远郊区县建成园林卫星城，15 个中心镇建成园林城镇。在郊区城镇绿化美化建设中，创建了一批生态功能显著、文化内涵丰富、深受百姓喜爱的绿化精品工程，使郊区城镇的环境面貌发生了极大的变化。

（3）山区绿色生态屏障建设步伐明显加快。山区的绿色生态建设对防尘治沙、涵养水源、保持水土，从根本上改善首都生态环境都发挥着重要的作用。永定河、大沙河、潮白河、康庄、南口是北京的五大风沙危害区，沙荒地面积约 120 多万亩。山区生态建设以三北防护林工程和太行山绿化工程为重点，通过人工造林、封山育林、飞播造林、爆破造林等多种方式，大力开展植树造林活动。经过努力，现已营造防风固沙林约 105 万亩，使山区有林地面积达到了 1006 万亩。七个山区县按照国家生态环境建设综合治理重点县的要求，加大生态建设力度。到目前，山区林木绿化率为 67.85%，森林覆盖率为 46.55%，90% 以上的宜林荒山实现了造林绿化。山区生态建设对涵养水源、保持水土，从根本上改善首都生态环境发挥着重要作用。

由于措施得力，城市近郊降尘量由每月每平方公里 21 吨降到 15 吨，下降了 28.6%，远郊区县下降了 50.5%；空气中的总悬浮颗粒物由每立方米 494 微克下降到 384 微克，降低 30%；五大风沙危害区风速降低了 40%，扬沙日数减少了 34%。

为进一步增强景观效果，从西起房山区十渡、东至平谷县金海湖 230 平方公里的前山脸地区，通过爆破整地造林等方式，共营造各种景观林近 10 万亩，大量增加了针阔叶树种混交比例和红叶系列等彩叶乔灌木树种的栽植。截至 2004 年 9 月，北京市山区林地面积为 880907.3 公顷（1321.4 万亩），林木绿化率高达 67.85%，森林覆盖率 46.55%。

为把剩余的约 15 万多亩裸露沙荒地治理好，市林业局 2003 年还引进了沙生、抗旱草本植物，并开始实行播草盖沙工程，目前，播草盖沙工程已完成 5 万亩。

（4）宜林荒山荒滩大幅度减少。宜林荒山荒滩从 126391.1 公顷（189.6 万亩）减少到 51837.1 公顷（77.8 万亩），5 年减少 74554.0 公顷（111.8 万亩）。其中山区的荒山荒地从 123277.4 公顷（184.9 万亩）减少到 49130.4 公顷（73.7 万亩）；平原荒滩从 3113.7 公顷（4.7 万亩）减少到 2706.7 公顷（4.1 万亩）。

（5）林种结构趋于合理。生态公益林比重增加，体现了北京市林业是以生态建设为主体的公益林业的定位。北京市生态林达到 751151.1 公顷（1126.7 万亩），占林地总面积的 71.25%，生态林的比重比"九五"末增加了 7.06%。其中，山区 684352.0 公顷（1026.5 万亩）；

平原66799.1公顷（100.2万亩）。按权属划分，国有生态林80196.3公顷（120.3万亩）；集体生态林670954.8公顷（1006.4万亩）。在山区生态林中（含疏林地和未成林地），国有生态林67200.5公顷（100.8万亩）；集体生态林655003.3公顷（982.5万亩），纳入了北京市生态补偿的为62.2万公顷（933万亩）。

（6）自然保护区和森林公园建设稳步发展。北京市自然保护区和森林公园面积达161425.9公顷（242.2万亩），占北京市国土面积的9.6%。其中，自然保护区14处（国家级1处，市级7处，县级6处），保护面积120313公顷（180.5万亩），占北京市国土面积的7.16%；建设森林公园20个（国家级8个），面积41112.9公顷（61.7万亩）。

（7）积极开展国际合作与交流。目前，北京市已同德国、美国、日本、韩国等20多个国际和地区及国际组织开展了各种形式的合作与交流，共引进11个国际合作项目，涉及人工造林、森林经营、调查规划等多个领域，引进外援资金及设备价值约7610万元人民币。

（8）全民义务植树工作运动深入广泛、健康发展。开展全民义务植树运动以来，义务植树成为了首都生态建设的重要形式。20多年来，共植树2.5亿多株；建成义务植树基地90多个，其中建成绿化、生产和休养"三结合"基地42个。

2．林业产业体系建设

大力发展绿色产业，实施林业富民工程，建设高效益的绿色产业体系是首都生态环境建设的重要方面。为此，北京坚持把绿化造林与产业发展相结合，与农业产业结构调整相结合，促进经济发展、农民致富。近年来，林业建设推动了果品、林木种苗、速生丰产林、花卉（蜂业）和森林旅游休闲等五大绿色产业的发展，促进了农村经济的可持续发展和农民增收致富的进程。森林旅游、果品、林木种苗、速生丰产林和花卉（蜂业）等五大绿色产业发展已初具规模，2003年五大产业总产值达34亿元。

随着城市化进程的加快和人民生活水平的提高，森林旅游业具有了广阔的发展前景。北京森林旅游资源景区面积46516公顷，其中已开发景区面积23260公顷，占景区面积的50%。按景点计共353个，已开发景点314个，其中森林景观118个，自然景观125个，人文景观71个；未开发景点39个，其中森林景观16个，自然景观4个，人文景观19个。建成森林公园23个。森林旅游是旅游业的一个重要组成部分，是深化林业改革的成功之路，森林旅游是林业经济的一个新的增长点，是北京林业的支柱产业之一，同时也会带动区域经济的繁荣与社会进步。位于北京朝阳区的将府花园为了增强绿色经济的活力，把绿化建设与农民致富有机的结合起来，按照"生态优先、产业优化、景观优美、优质高效"的原则，建成的以具有较强观赏性和应用示范性的新优品种示范园和丁香园两个市级精品工程为重点的将府花园千亩观赏林，园内修建了开放性广场，设有群众健身设施，为周围群众创造了一个清新、自然、舒适的生活居住环境。如今，这里已成为附近百姓休闲观光的一个重要场所。

特别是果品产业发展势头强劲，北京市以山区、半山区为重点，以桃、苹果、梨、柿子、板栗五大果品为主体的果树发展面积，至2004年达163304.8公顷（245.0万亩），较"九五"末增加40279.6公顷（60.4万亩）。新增加的果树，主要是近年新培育、引进的名、特、优、新树（品）种，果树品种结构明显改善。2003 年，果品产量达 7.6 亿公斤，实现产值 17.2 亿元。速生丰产林、花卉业发展迅猛，速生丰产林 28.7 万亩、花卉种植面积达到 4 万余亩。目前，北京市正努力推进昌平苹果、平谷的大桃，怀柔、密云的板栗，顺义的梨等特色果品基地的建设。"现在老百姓就喜爱林业局的干部下乡，自实施了林业富民工程后，他们的生活比以前富裕了。"怀柔县林业局喻士文副局长介绍说。

林木种苗业快速发展。过去五年是北京市林木种苗业快速发展的时期。到 2004 年，苗圃面积较"九五"末增加了 16174.1 公顷（24.3 万亩），达到 19570.4 公顷（29.4 万亩）。不仅为北京市的造林绿化提供了优质的苗木，同时也促进了农村经济的发展。

3. 森林安全体系建设

北京市坚持依法治林，认真贯彻并严格实施国家《中华人民共和国森林法》《中华人民共和国野生动物保护法》《中华人民共和国防沙治沙法》等林业法律、法规；制订了《北京市森林资源保护管理条例》等 4 项地方性法规和 6 项政府规章。森林、野生动植物和湿地资源得到了有效保护。2000 年以来，共受理各类林业案件 1402 起；已查处 1234 起，其中刑事案件 106 起，治安处罚 80 起，行政处罚 963 起。对涉及使用林地和伐移林木的建设项目始终坚持了严格的审批制度。对乱砍滥伐，损毁侵占林木绿地的行为进行了坚决的查处和有力的打击。

为了加快高水平的森林资源安全保障体系建设，确保生态安全，北京市林业局以建立现代化的森林防火基础设施和林火防控手段、林病虫害防治机制为重点，构筑起林火及林病虫害预警和监控体系、林火指挥扑救体系等，实现森林防火正规化、专业化、现代化，不断提高森林病虫害的监测预警和防治水平，逐步形成完善的预测预报和防治网络，积极推进生物防治，加强森林病虫害检疫工作，严防危险性森林病虫害入侵。

目前，北京市已利用卫星监测林火，山区建成了防火瞭望塔 89 座，自动监控设备 28 套，重点林区新建了 9 座防火瞭望塔，配备了电视监测系统，初步实现自动监控，山区瞭望监测面由 1997 年的 30% 提高到 60% 以上。市林业局和 8 个区县分别建立了现代化的森林防火指挥中心，组建了 1000 人的市森林消防总队，北京市现有区县所属专业森林消防队 19 支。2002 年正式启动了直升机灭火工作，基本实现了林火的预测预报、接报警、扑火指挥手段的现代化。同时，制定了以监测和预测预报为基础，生物防治为重点的综合防治技术措施，建立了国家级中心测报点 13 个、市级测报点 402 个、区级测报点 456 个，基本形成反应灵敏、高效可靠的防灾控灾体系，严防主要危险性病虫害的侵入。

加强了对森林病虫害的防治。病虫害是森林树木的大敌，被称之为森林的无烟火灾。据 1982 年普查，郊区林木病害 124 种，虫害 368 种；干果病害 28 种，虫害 45 种。为害比较严重的种类有松毛虫、舞毒蛾、春尺蠖、杨扇舟蛾、柳毒蛾、草履蚧、落叶松红腹叶蜂、油松腮扁叶蜂、黄连木尺蠖、栎掌舟蛾等 20 余种，近 5 年来，每年发生面积在 3 万公顷左右。近年来，主要采取地面防治和飞机撒药防治，使用化学药剂和生物制剂相结合的办法防治病虫害，生物防治的范围逐年扩大，取得了很大的成效。累计防治面积 48 万公顷，其中飞机撒药防治 20.3 万公顷；生物防治 12.3 万公顷。2003 年森林病虫害发生面积 3.3 万公顷，防治面积 3.1 万公顷，防治率 92.80%，成灾率千分之一，控制住了松毛虫、舞毒蛾、黄连木尺蠖等林木病虫害。果树病虫害累计防治面积 604.3 万公顷（次），苹果腐烂病、桃小食心虫、梨小食心虫、桃潜叶蛾等十几种果树病虫害得到控制。

在依法治林方面取得成绩的同时，市林业局也清醒地认识到，林业执法工作要继续保持严打态势，依法严厉打击乱砍滥伐林木、乱垦滥占林地等违法犯罪行为，严禁随意采挖野生植物，并逐步完善林业公安情报信息网络，提高对违法毁林行为的发现控制能力。力争到 2005 年，在有条件的区县建立稽查分队，以形成北京市的林业执法体系。同时，进一步理顺森林病虫害防治机制，全面推行生物防治。

实施三个体系建设，全方位满足首都发展对环境、休闲、林产品等多方面的需求，以实现荒山绿化、城市美化、平原大地园林化为发展目标，为首都的生态屏障建设担负起北京林业应尽的责任和义务。

（三）林业建设的特点

通过对森林资源调查结果进行分析认为，今后一个时期北京林业建设将具有以下特点：

1. 北京市林业建设已进入了由"造林"向"管林"转变的历史阶段

北京市林木面积达到 976301.2 公顷（1464.4 万亩），其中未进入覆盖率计算的面积为 136073.9 公顷（204.1 万亩），宜林荒山面积为 51837.1 公顷（77.8 万亩），可实施造林绿化的空间已经很小，但管护任务却十分繁重。

2. 北京市林分质量不高，林地生产率低，营林任务十分艰巨

北京市乔木林面积（不含经济林和四城区）为 453418.5 公顷（680.1 万亩），森林蓄积量为 1295.3 万立方米，平均每公顷蓄积量仅为 28.47 立方米（每亩 1.90 立方米），大大低于全国平均水平（平均每公顷 78.1 立方米，即每亩 5.21 立方米），和世界平均水平（平均每公顷 114 立方米，即每亩 7.6 立方米）相比差距更大。这说明北京市森林的总体质量较低，生态功能不强。加强营林工程建设，提高森林质量，改善森林结构，增强森林生态功能的发挥，是今后相当长一个时期北京市林业建设的重点，其任务十分艰巨。

3. 宜林荒山荒地绿化进入攻坚阶段

北京市尚有 51837.1 公顷（77.8 万亩）荒山荒地，但都是多年造林剩下的难啃的"硬骨头"，必须以科技为先导，采用非常规手段，实施绿化攻坚。平原地区尚有 2706.7 公顷（4.1 万亩）沙荒滩，多是挖沙、取土、采石遗留下来的大沙坑，是主要的沙源地，地貌景观差，绿化难度大。

4. 低效灌木林地需要改造提高

北京市灌木林地面积高达 321455.6 公顷（482.2 万亩），其中灌木覆盖度小于 70% 的为 112913.0 公顷（169.4 万亩），为实现生态环境一流的国际化大都市的目标，需要对其采取补植补造、封山育林等措施进行改造提高，使其发展成为针阔混交乔木林或高质量的灌木林。

5. 数字林业建设任务还很艰巨

林业发展日新月异，需要及时掌握森林资源状况，每 5 年开展一次的森林资源二类调查不能满足北京市林业发展的要求，通过本次二类调查，建立了北京市森林资源数据库，摸清了林业家底，为建立森林资源动态监测体系打下了坚实的基础。但要对北京市森林资源进行动态监测和科学管理，要建立森林生长变化模型，要开发森林资源动态监测系统，特别是要实现北京市"数字林业"的目标，任务还十分繁重艰巨，还有大量的工作要做。

二、北京林业存在的主要问题

北京林业建设虽然取得的成绩是显著的，但与世界上其他国际大都市以及自身的需求相比还存在着一些问题和差距，主要表现在如下几个方面：

（一）森林资源总量需要进一步增加

北京市森林资源虽有较高的覆盖率，但从满足城市生态环境改善需求而言，森林资源总量仍相对不足，特别是随着城市化进程的加快，城区的森林资源更显不足，有待于进一步增加。

北京的森林资源总量不足，生态环境脆弱，林业发展的速度和水平还不能完全适应北京作为国际化大都市、举办 2008 年奥运会对生态环境的需要。只有加快宜林荒山荒地、困难立地的绿化造林步伐，才能有效改善生态环境。北京市房山区（全区总面积 2019 平方公里，其中山区和丘陵占全区总面积的 62%）、怀柔区（全区总面积 2128.7 平方公里，其中山区占全区总面积的 89%），山区丘陵面积大，适合发展公益林和林果产业，但这一地区的立地条件极差，困难立地多，绿化造林的任务非常艰巨。此外，森林资源主要集中在西部和北部山区，森林面积占北京市森林总面积的 75%，而人口最为集中的城区、平原区的森林资源明显不足。

（二）森林生态功能需要进一步提升

现有森林分布不均，结构不尽合理，林分质量不高，尤其人工林，大多为低矮的单层林结构，空间利用不充分，导致森林生态功能未能充分发挥。因此，通过调整森林布局，加强低效林改造，提高森林营造和经营管理水平，进一步提升森林生态系统的整体功能。

目前，北京造林绿化已进入攻坚阶段，在加快绿化速度、增加新的绿化面积的同时，将工作重点转移到现有森林的保护、经营和管理上来，按照近自然森林经营的要求进行林分改造，通过增加树种配置，努力提高林地和林分质量，提高森林生态系统的整体功能。遵循生态群落演化规律，强化政府行为，提高保护水平，切实保护和利用好野生动植物资源、湿地资源，合理扩大自然保护区范围，加快野生动植物保护、救护、繁育的网络体系建设，实现生物多样性。

（三）人工造林树种需要进一步丰富

目前，北京人工造林树种主要集中于侧柏、油松、槐树、杨、柳等树种上，造林树种相对单调，物种多样性低，林分结构单一，稳定性较差，应根据造林地条件增加北京乡土树种造林，提高林分质量。

在生态体系建设中，个别林地上存在着林种结构不合理，造林树种单一，林相单调的问题，如侧柏纯林较多。一方面，这不利于发挥生态林的景观效应，另外也给森林防火和病虫害防治带来诸多的不利。建议在今后的绿化中坚持"五多""四好"的原则，"五多"即多林种、多树种、多植物、多色彩、多层次；"四好"即好种、好活、好管、好看；在今后的造林中要因地制宜地加大阔叶树种的比例，优化树种和林种结构，提升生态功能。对已造的纯林，要结合中幼林抚育、补植防火树种等措施进行改良、完善。

（四）森林资源管护需要进一步加强

北京市目前森林火灾形势较为严峻，加强森林防火工作仍是一项重要任务。由于树种单一，森林病虫害危害仍较为严重，需要进一步加强病虫防治工作。外来物种入侵，也是影响森林生态系统健康的一个突出问题，需要在技术上加强研究并采取有力措施加以解决。加强林政管理，尤其是严格对林地、生态公益林的保护和管理，防止乱砍滥伐的发生。受传统密植思想的影响，北京市森林存在一定面积的高密度林分，由于抚育间伐不及时，森林质量差，需进一步加强管理。此外，林畜矛盾在个别地方还很严重，传统的野外放牧式养羊与造林护林之间，形成极大的林牧矛盾，林木被毁事件时有发生。建议抓紧制定相应的政策法规，加大封山禁牧的工作力度，杜绝放牧毁林现象发生，巩固绿化成果。

（五）林业管理体制需要进一步创新

针对北京林业经营部门税费负担重、林业生态补偿不足、投融资机制不活，基层林业站任务繁重，但体制不健全，人员不稳定，经费不落实等问题，应对目前林业税费、管理体制及相关政策机制进一步深化改革，创新林业机制。

生态公益林缺乏有效的效益补偿机制。北京林业是以生态建设为主体的公益林业。生态公益林主要体现为生态效益和社会效益，不能直接产生明显的经济效益，若没有有效的生态效益补偿机制，就会影响国有林场职工、林区的群众常年护林、育林、营林的积极性。建议尽快启动森林生态效益补偿基金制度，增加补偿范围提高补偿标准。安排山区更多的劳动力就业，形成生态产业；尽快出台关于密云、延庆、怀柔等首都饮用水源区特有的林业扶持政策，给以林农必要的扶持，切实解决好林农的长远生计问题，以确保首都饮用水源的安全；提高造林和抚育护林管林的补助标准，确保造林质量；建立生态林业资源交易市场，推行绿色排污许可证制度，开征生态税。

林业产业化程度有待加强，社会化服务组织还需健全。林果加工企业还没有建成规范、有序、合理的产、加、销系列服务体系，不能很好地为林农、果农提供产品加工、销售等信息服务和加工服务，林产品进入市场的途径还没有从根本上得到解决，林业产业化发展有待于进一步加强。

基层林业站是送科技下乡，促进科技成果转化和基层森林资源管护的最关键的环节。经过历次机构改革，某些区县基层林业站虽然保住了，但大多数林业站因经费不足，职工待遇相对较低，影响到职能作用的发挥和人员的稳定。建议政府加大对林业产业的扶持力度，加强林业机构建设，逐步完善社会化服务体系，提高生产经营管理水平。

（六）林业科技含量需要进一步提高

目前北京市林业科技贡献率为33%，虽高于全国30.3%的水平，但远低于发达国家林业科技45%的贡献率，有待于进一步挖掘北京科研院所密集的潜力，加强新品种、新技术的研究，完善林业推广体系，提高林业科技含量。

困难立地的植被恢复难度大。门头沟区多年来，虽然狠抓造林绿化工作，使山区的面貌发生了巨大变化,生态环境出现了可持续发展的良好态势,但林业发展仍面临着严峻挑战,自然生态环境仍比较脆弱。仍有部分山地存在风沙化土地,有大面积的卵石荒滩地需要治理,部分沟壑农业用地冬春沙土裸露,雨季山区水土流失严重。这严重制约了林业的发展。

森林资源保护管理的压力很大,特别是防火和林木管护,林业生态安全保障体系现代化、科技化程度不足。一是科技手段不足,很多工作还处于人工处理的初级阶段,没能及时利用高科技信息服务手段;二是生物资源利用不足,对林木危险性病虫害的侵害的防治、监测等还没能做到充分利用生物资源,有待于进一步加强。建议林业生态安全保障体系的建设需要进一步形成专业化、信息化和制度化。通过各项措施全面提高预防扑救森林火险和病虫害的反应速度,做到以"防"为主。要充分依靠和利用科技优势,强化现代化指挥防控系统和专业队伍建设,建设高标准的林业生态安全保障体系。

(七)林业富民工程需要进一步拓展

近年来,北京的林果业、林产品加工业、花卉种苗等林业产业得到一定发展。随着北京旅游业的发展,在山区大力发展森林旅游产业和实施山区生态林补偿政策;在平原区,发展集观光、采摘、休闲于一体的生态旅游业,将有利于进一步拓展林业致富途径。

在林业产业体系建设中,整个经果业发展不平衡。从整个经果业发展来看,苹果等水果产业发展成效显著,板栗、核桃等干果以及十三陵的枣等传统珍稀小果品产业发展相对滞后。另外,从苹果业内部发展来看,也存在着发展不平衡。一方面,苹果的产前产中管理已取得了明显效益,但产后开发还有待于进一步提高;另一方面,标准化栽培技术没能得到很好的落实,有的果园已经通过"提质增效"获得了效益,但也有的果园管理上仍存在着种种问题。建议进一步加强对果农的科技培训,通过科技带动产业,延长产业链,更好地满足人民群众对果品越来越多的个性化需求;要发挥市场的作用,利用价值规律刺激果和提高果农发展干果及小果品的积极性,为他们培育市场,同时,争取各级政府的扶持补助,帮助果农发展;优化产业结构,抓好林业五大产业,加快高效益的林业产业体系建设,实现林业富民。

第四章　北京林业建设的必要性和潜力

一、加快北京林业建设的必要性

北京是中国的首都，加快北京林业发展是实现首都经济社会全面、协调、可持续发展的迫切要求，具体体现在以下方面。

（一）经济社会可持续发展的基本要求

自从 20 世纪 90 年代以来，在世界范围内，可持续发展已经成为人类共同遵循的理念和追求的目标。要实现经济社会的可持续发展，必须保护自然再生产的能力，确保自然生态系统结构的完整性，保证其自我恢复和调节的能力。为了适应这种形势，森林经营理论已经从传统的永续利用发展为可持续经营，以追求林业的可持续发展。与此同时，重视城市森林建设，走生态城市建设道路已成为世界大都市发展的重要内容。高新技术在城市林业中的广泛应用正加快传统城市林业向现代城市林业的转变。

改革开放以来，北京林业建设成就显著。北京全面贯彻党中央、国务院关于加强北京生态建设的重要指示，把植树造林作为改善生态环境的战略措施，有力地促进了林业发展。全民绿化意识、环境意识、生态意识不断加强，义务植树运动深入开展，全社会办林业、全民搞绿化的积极性不断提高。目前，北京市林业生态体系、产业体系和森林资源安全保障体系基本建成，山区、平原、城市绿化隔离地区三道绿色生态屏障基本形成，生态环境质量明显改善，城市面貌显著改观，林业在北京市经济社会发展中发挥着越来越重要的作用。

由于历史开发悠久，人多地少，加上近年来城市化的加速发展，北京市森林资源质量较低，林业基础有待加强，水土流失、耕地退化、湿地缩减、水资源污染、大气污染等生态环境问题仍较突出。北京资源环境问题突出。人均水资源占有量不足 300 立方米，仅为全国人均占有量的 1/6，为全世界人均占有量的 1/25。北京林业建设中也存在一些问题：主要是森林资源总量需要进一步增加，林业的整体水平和森林生态体系的整体功能需要进一步提升，森林资源的保护管理需要进一步加强，林业体制和机制需要进一步创新，林业科技含量需要进一步提高，林业富民工程需要进一步拓展。

森林生态系统是地球上覆盖面积最大、结构最复杂、生物多样性最丰富、功能最强大的自然生态系统，在维护自然生态平衡和国土安全中处于其他任何生态系统都无可替代的主体地位。建设以森林植被为主体、乔灌草相结合的国土生态安全体系，减缓温室效应，治理水土流失，遏制荒漠化，保护生物多样性，是国家可持续发展赋予新世纪林业的重大历史使命。通过实施北京现代林业工程，改善北京市生态环境状况，改变北京经济和生态发展不平衡的局面，是我们追求的重要目标。林业是生态环境建设的主体，现代林业建设是改善北京生态环境状况的迫切要求。

必须把林业建设放在更加突出的位置。随着经济发展、社会进步和人民生活水平的提高，社会对加快林业发展、改善生态状况的要求更加迫切，林业在经济社会发展中的地位和作用更加突出。特别是面对北京市率先基本实现现代化的目标，面对市民对生态环境质量更高的要求，我们必须高度重视和加强林业工作，进一步增加森林资源总量，提升林业整体水平和森林生态体系整体功能，加强森林资源保护管理，创新林业管理体制和经营机制，提高林业科技含量，拓展林业富民工程内容。

（二）建设宜居城市的重要内容

重视城市森林建设，走生态化城市道路已经成为世界大都市发展的趋势。新世纪之初，我国提出了以"生态建设、生态安全、生态文明"为核心的林业发展指导思想，城市林业是今后林业发展的重要内容。北京是一座享誉世界的历史文化名城，又正向国际化大都市的目标迈进，面临许多新的机遇，国际交往日益频繁。绿色是城市美好形象的基础和象征，首都林业是向全世界展示中国现代化和生态文明发展水平的重要窗口。北京凭借首都的区位优势、坚实的经济基础、优越的自然条件和众多的人才资源，经济快速持续发展，林业发展具有很大的潜力。发展城市林业，创造良好的生态环境，既是首都发挥城市功能的重要基础，也是建设生态城市，统筹人与自然和谐发展的一项基础工作。

《北京城市总体规划（2004~2020年）》明确了北京的发展目标为"国家首都、国际城市、文化名城、宜居城市"。关于"宜居城市"的概念，根据谈绪祥专家的解释，"蓝天绿水的园林城市，充分的创业机会与就业环境，再加上安全感共同构筑考量一个城市是否宜居的三项标准。"

创建宜居城市要求打造森林城市环境。旧城保护、生态环境在规划中被提到前所未有的高度。规划要求，从整体上加强旧城保护，重点保护古树名木及大树，突出旧城以绿树衬托建筑和城市的传统特色。根据规划，2010年以前为生态城市的起步阶段，2010~2020年为生态城市的成型阶段。促进经济从资源消耗型向生态友好型转变，即从传统产品经济向服务经济、循环经济和知识经济转型；促进城市及区域生态环境向绿化、净化、美化、活化的可持续生态系统演变。本项目前期的研究成果，已被部分纳入城市绿地系统规划，到2020年，北京市林木覆盖率达到55%，森林覆盖率达到38%；城市绿地率达到44%~48%；人均绿地面积40~45平方米；人均公共绿地面积15~18平方米。北京人的居住环境进一步向森林城市迈进。

（三）贯彻中央《决定》和建设社会主义新农村的重大行动

"中国可持续发展林业战略研究"提出了以"生态建设，生态安全、生态文明"为核心的新时期中国林业发展的指导思想；确立了以六大林业重点工程为载体，推进林业跨越式发展，实现从木材生产为主向以生态建设为主的历史性转变的战略途径；明确了到本世纪中叶，基本建成资源丰富、功能完善、效益显著、生态良好的现代林业，最大限度地满足国民经济和社会发展对林业的生态、经济和社会需求，实现林业可持续发展的战略目标。

《中共中央　国务院关于加快林业发展的决定》明确提出了"森林是陆地生态系统的主体，林业是一项重要的公益事业和基础产业，承担着生态建设和林产品供给的重要任务"，做出了"在贯彻可持续发展战略中，要赋予林业以重要地位；在生态建设中，要赋予林业以首要地位；在西部大开发中，要赋予林业以基础地位"的重大决策，在赋予林业在社会主义现代化建设进程中的重要地位的同时，更赋予了林业改善生态环境的历史使命。

同时，党的十六届五中全会提出要建设生产发展、生活宽裕、乡风文明、村容整洁、管理民主的社会主义新农村。推进北京林业建设，加强乡村绿化、林果产业、森林旅游、花卉林木种苗、山区森林保育、森林资源综合利用等方面建设，促进乡村林业发展，发挥林业富民、绿化美化改善农村人居环境的作用，是建设社会主义新农村的必要保障，也是建设社会主义新农村的重要内容。

《决定》是指导当前和今后一个时期林业改革和发展的纲领性文件，也为加快北京林业发展提供了良好的机遇；而党的十六届五中全会做出的社会主义新农村建设决策，对指导乡村林业发展具有重要的现实意义。在此基础上实施北京林业建设工程是非常及时的，也是非常必要的。

（四）弘扬森林文化的重要途径

森林是人类文明的摇篮，森林的盛衰与人类文明的进程息息相关。发达的林业是国家强盛、经济繁荣、民族兴旺、社会文明的重要标志。北京是世界闻名的历史文化名城，荟萃了中国灿烂的皇家园林艺术，蕴涵了深厚的森林文化。

例如，颐和园、圆明园、香山地区与香山静宜园、玉泉山静明园、万寿山清漪园、圆明园、畅春园曾被统称为"三山五园"。这些园林自清代以来闻名世界，是中国园林文化精华，也是世界重要的历史文化遗产。然而，由于历史的原因，现在的"三山五园"地区体制多元化矛盾突出，道路系统不畅，旅游配套设施匮乏，严重影响了皇家园林旅游区功能的完整性，制约了该地区旅游经济的发展和城市功能的发挥。因此，加快皇家园林旅游区的建设，有利于弘扬我国优秀的园林文化。

北京市共有古树 29 种，22637 株，其中 300 年以上的一级古树有 3804 株。北京是世界上古树最多的城市。古树是历史的见证。北海公园画舫斋的唐槐和唐武德年间所建戒台寺内的九龙松，其树龄都已超过千年。中山公园社稷坛南门外的几株老柏，为辽代兴国寺旧物。潭柘寺毗卢阁前的"帝王树"，其树龄也已千年。其后如金代团城上的"白袍将军"，孔庙的元代古柏，天坛的明代柏林，清朝颐和园内的油松……它们都历尽了世间风云，经历了沧桑巨变。北京现存的许多古树名木，如紫禁城的"连理柏"，戒台寺的"抱塔松"，香山寺的"听法松"都各具独特风韵。

以北京深厚的历史文化底蕴为依托，融入现代林业理论和生态文明的理念，发挥森林的文化功能，提高人们的生态意识和审美能力，构建历史文化与现代文明交相辉映的新型的绿色生态文化，是传承北京历史文化遗产的重要组成部分，也是建设生态文明社会的必然要求。

（五）有效发挥首都林业的窗口和示范作用

北京市是一座享誉世界的历史文化名城，同时又正在向国际化大都市的目标迈进。面临"努力率先基本实现现代化"带来的机遇，将来到北京投资，进行文化、经贸、科技等各方面交流的境外人士会越来越多。绿色是城市美好形象的基础和象征，首都林业是北京向世界展示中国社会主义政治、经济、文化现代化发展水平的窗口。

北京凭借首都的区位优势、较好的经济基础、优越的自然条件和众多的人才资源，经济快速持续发展。在北京发展城市林业具有很大的潜力。城市林业的大发展，不仅在全国可为其他邻近省市发挥一定的生态功能，更重要的是还可以为其他城市的城市林业建设发挥巨大的示范作用。

首都林业要实施精品战略，造林绿化既要有恢宏的气势，又要为城市发展增辉添彩。认真学习和借鉴国内外城市绿化美化的先进经验，努力创造一流的城市生态环境、一流的绿化美化水平、一流的绿色文化氛围。要在城市绿化美化上出精品，要在产业发展上创名牌，努力创造优质苗木，优质果园，优质花卉，各类林产品都要力争发展成为高档次、高水平、高品味、高效益的精品。北京现代林业发展应与深厚的历史文化底蕴相结合，以丰富北京森林文化的内涵，使北京林业为全国生态建设和林业发展发挥良好的示范作用。

这种示范作用可以是多方面的。一是产业示范。北京作为自然条件良好、经济与科技发达、人口高度密集的大都市，相对于其他城市而言，发展包括经济林、森林旅游业在内的绿色产业具有很大的优势和潜力。挖掘这种潜力使之成为现实，就会以其有力的区位优势在很大程度上带动相邻省份森林资源培育业、粗产品加工业的发展，发挥龙头企业、优势产业对周边地区巨大的带动、辐射作用。二是科技示范。与全国大多数市相比，北京市的人才、科技资源优势比较明显，今后这种优势局面可能更加突出，在林业和生态建设方面也不例外。现代林业是高科技人才、技术、装备、管理都实现现代化的林业，包括林业生产的各方面、各环节都将充分体现出来，如生物技术的应用，管理的信息化、生产的自动化等。因此，北京现代林业的加快建设，必将对全国的林业发展起到科技示范作用。当然，除了产业与科技示范外，还可以发挥政策、管理方面的示范作用。

二、北京林业发展的优势和潜力

作为中国的首都，北京在林业建设方面具有巨大的发展优势和潜力。这可以从自然条件、已有基础、社会需求、经济发展、科技教育、历史文化、社会参与及政府重视等方面得到说明。

（一）自然环境对北京林业发展而言尚属有利

北京历史上一直是森林茂密之区，可见北京的自然条件适合森林正常生长。虽然这里已接近森林草原的过渡地区，从森林生物种类的多样性程度上与南方地区相比有一定差距，但与它的西部、北部广大地区相比，气候、土壤、水文、植被等自然条件要优越得多。

北京属暖温带半湿润大陆性季风气候，地貌类型多样，与毗邻的西部、北部广大地区相比，自然条件相对优越。北京市属暖温带半湿润大陆性季风气候，具有四季分明的特点。

由于地貌的差异，山地和平原年平均气温不一。平原地区年平均气温为 11.5℃，浅山区年平均气温为 10℃，往西、北部年平均气温逐渐降到 8.0℃。无霜期也随着海拔增高而缩短，平原无霜期为 180~200 天，低山区（海拔 800 米以下）无霜期为 150~180 天，中山区（海拔 800 米以上）一般为 90~160 天。降水量年际变化大，多年平均降水量为 630 毫米。另外，本市春季多北风和西北风，春旱现象严重，对造林成活率影响较大。北京地区土壤带性处于暖温带半湿润地区的褐土地带，由于地形的差异和地下水位的影响，山区土壤垂直分布从高到低是山地草甸土（个别山顶局部地带）、山地棕壤和山地褐土；由山麓至冲击平原，其土壤类型变化是褐土、碳酸盐褐土和潮土类及部分水稻土，局部区域又有盐碱土和沼泽类型的土壤。北京的原始植被类型为暖温带落叶阔叶林和温带针叶林。

北京地区历史上，以暖温带落叶阔叶林和温带针叶林为主的森林资源十分丰富。尽管由于长期的人为干扰和环境变化，森林资源发生了很大变化，但发展潜力巨大。尽管森林在人类活动的干扰下而逐渐减少，但到元朝建都之时，北京附近仍有大面积森林。明代初期，朱元璋为了边防需要实行了保护北京北部山区森林的政策，在一定程度上延缓了森林破坏的进程。但明中叶以后一直到清代，随着城市的发展，对木材、薪炭消耗越来越多，致使北京的森林资源日益减少，中华民国时期，军阀混战，林木资源继续破坏。到新中国成立前夕，森林覆盖率降至 1.3%。虽然经过 60 多年的恢复，森林资源面积得到了根本恢复，但森林质量还亟需提高。

（二）北京林业发展拥有良好的物质基础和建设经验

北京林业建设成就显著。特别是改革开放以来，北京全面贯彻党中央、国务院关于加强北京生态建设的重要指示，把植树造林作为改善生态环境的战略措施，有力地促进了林业发展。全民绿化意识、环境意识、生态意识不断加强，义务植树运动深入开展，全社会办林业、全民搞绿化的积极性不断提高。目前，北京市的林木绿化率为 49.99%，森林覆盖率为 35.47%。规划宜林荒山荒地的 90% 已实现绿化；城市绿化隔离地区有林面积 100 平方公里；2003 年五大产业总产值达 34 亿元。北京市林业生态体系、产业体系和森林资源安全保障体系基本建成，山区、平原、城市绿化隔离地区三道绿色生态屏障基本形成，生态环境质量明显改善，城市面貌显著改观，林业在北京市经济社会发展中发挥着越来越重要的作用。

在长期的林业建设中，北京林业积累起了许多宝贵的经验，如领导重视、社会参与义务植树、瘠薄荒山爆破造林、城区绿化、城市绿化隔离地区林业建设、经果林基地建设、自然保护区建设、森林旅游开发等。这些经验既有技术层面的，也有政策管理层面的。良好的林业基础可为北京林业快速健康发展提供有力的经验借鉴。

（三）迅猛的城市发展是北京林业发展的强大动力

近年来，北京地区的城市化进程明显加快。城市规模的不断扩大，常住人口与非农业人口快速增加。据相关的资料统计，2002 年的城市建成区面积与 1991 年时相比，由 397 平方公里增加到 654.5 平方公里，增加了 248.5 平方公里，增幅达 62.6%；北京市的常住人口从 1978 年的 872 万人，增加到了 2002 年的 1423 万人，增幅达 63%；非农业人口从 1978 年的 479 万人增加到了 2002 年的 1011 万人。随着城市化进程的快速发展，公众对改善城市人居环境的呼声越来越高，社会对林业的需求日趋多样化，消费层次进一步提升，这为北京林业的全面发展提供了不竭动力。

此外，对林产品的需求也是丰富而多样的，如果品、花卉、木材产品、蜂蜜产品、药材、森林食品等。发展绿色产业，与农业产业结构调整相结合，将促进经济发展、农民致富。目前，果品、林木种苗、速生丰产林、花卉（蜂业）和森林旅游休闲等五大绿色产业发展已初具规模。特别是果品产业发展势头强劲，北京市以山区、半山区为重点，以大桃、苹果、梨、柿子、板栗五大果品为主体的果树发展面积近 200 万亩，果品产量达 7.6 亿公斤，实现产值 17.2 亿元。林木种苗业、速生丰产林、花卉业发展迅猛，苗圃面积已达 30 多万亩、速生丰产林 28.7 万亩、花卉种植面积达到 3.3 万亩。建成森林公园 23 个，北京市开展森林旅游的面积已达 59 万亩。2003 年五大产业总产值达 34 亿元。今后，社会对城市林业的需求将更趋多样化，而且消费层次将进一步提升，这为北京林业的全面发展提供了市场及公共需求的不竭动力。

（四）经济的快速发展是北京林业发展的有力保障

林业是一项公益事业，林业的发展，尤其是生态公益林建设，需要政府提供持续稳定的财政支持。比如昌平县、房山区等地的荒山爆破造林，包括工程、客土、苗木、管护在内，平均每亩地约需 2000 元以上的费用。改革开放以后，北京市国民经济持续快速健康增长，综合经济实力保持在全国前列。北京经济的快速发展为林业建设提供了有力的保障。北京是全国的政治、文化与国际交往中心，又是生机勃勃、充满活力的综合性产业城市。改革开放以后特别是"九五"时期，中共北京市委、市政府提出了"首都经济"的概念。循着北京经济发展要立足北京、服务全国、面向世界的思路，对经济结构和布局进行调整，经济增长方式的加速转变，使北京市国民经济持续快速健康增长，综合经济实力保持在全国前列。2002 年国内生产总值排名，北京在全国次于上海市居第二位。

2003 年，北京市生产总值（GDP）达到 3611.9 亿元。其中，第一产业实现增加值 95.3 亿元，第二产业实现增加值 1298.5 亿元，第三产业实现增加值 2218.2 亿元。经济结构调整优化，以汽车制造为代表的现代制造业异军突起，高新技术产业稳步回升，工业成为拉动经济增长的重要力量，对经济增长的贡献率达到 33.2%。

北京市已形成了全方位、多层次、宽领域的对外开放格局。据海关统计，2003 年市海关进出口贸易总值 684.6 亿美元，其中进口总值 516.1 亿美元，出口总值 168.5 亿美元。地方企业进出口贸易总值为 189.3 亿美元，其中进口 115.7 亿美元，出口 73.7 亿美元。北京经济的快速发展为林业建设提出更高的要求，同时近年来，市政府加大了对林业建设的投入力度，为林业发展提供了有力的保障。

（五）繁荣的森林旅游市场是北京林业发展的迫切需求

森林旅游是旅游业的一个重要组成部分。随着北京旅游市场的蓬勃发展，森林旅游、观光林业等新兴产业在旅游市场中所占份额越来越高，目前成为首都林业经济的一个新的增长点，对带动区域经济的繁荣与社会进步发挥日益重要的作用。北京森林旅游资源景区面积 46516 公顷，已开发景区面积 23260 公顷，占景区面积的 50%。353 个景点中已开发 314 个，其中森林景观 118 个，占 37.6%；未开发景点 39 个，其中森林景观占 41.0%；北京市已建成森林公园 20 个。2003 年接待海外游客为 185.1 万人次，旅游外汇收入 19.0 亿美元，接待国内旅游者 8737.0 万人次，旅游收入 706 亿元。北京森林旅游迅猛发展，年接待游客由 1992 年的 8.4 万人增加到 2000 年的 218 万人，增加了近 26 倍，累计接待游客 845 万人次。年收入也相应的由 214 万元增加到 8396 万元，增加了 38 倍，累计收入 3 亿元。同时，抽样调查还表明，从事旅游村民的年收入在 5000~7000 元。今后发展森林旅游、农家乐、观光型林业等休闲度假方式的开发潜力仍有很大的空间。

（六）发达的科技和教育为北京林业发展提供着重要支撑

科学技术是第一生产力，而科技人才的培养基础在教育。林业既是国民经济的基础产业，又是重要的公益事业，肩负着优化环境和促进发展的双重使命，在实现可持续发展中具有不可替代的作用。林业教育事业和科学技术的发展是林业可持续发展的重要组成部分，决定着林业可持续发展的整体技术水平和队伍素质。教育和科技水平对一个地区的林业发展通常起着某种决定性作用。加强科学发展和人才培养是促进传统林业向现代林业转变的一项关键性的根本措施。"科教兴林""人才强林"是实现林业现代化的必由之路。

北京教育水平高，科技力量雄厚，在发展林业方面具有较强的人才优势。北京普通高等学校和研究生培养机构的数量皆居全国首位，2003 年北京有普通高等学校 74 所，本专科在校学生 45.08 万人。在林业科技教育方面，北京拥有全国一流的研究机构中国林业科学研究院，以及全国一流的林业教育部门北京林业大学。中国林业科学研究院、北京林业大学等林业专门研究与教育单位拥有本专科及研究生 2 万多人。此外，还有一批与生态建设相关的研究与教育单位，也都在北京，如中国科学院生态研究中心、植物所等。这些条件，无疑为北京林业的发展提供了强有力的科技和人才支撑。

北京市依靠其自然、经济和科技优势，已经拥有了一定的产业基础。如花卉产业，园林苗木产业，经果林产业等。还有一些发展潜力很大的产业，如蜂蜜产业、森林旅游产业等正在发展之中。发展现代林业生态产业，使产业化程度在更高水平上发展，不仅可以取得良好的经济效益，同时还可产生巨大的生态效益，有利于北京市绿色 GDP 的不断增长，实现生态与经济的协调发展。今后，加快荒山等困难立地造林绿化、建设优势经济林和林木种苗花卉基地、发展林特产品精深加工、发展森林旅游为主的服务业，都需要发达的科技、高素质的人才作支撑，这方面北京具有很大的发展优势和潜力。

（七）深厚的历史文化底蕴是北京林业发展的丰富内涵

北京是世界闻名的历史古城、文化名城。这里曾经是历史上蓟、燕、辽、金、元、明、清等古国或朝代的都城。

北京具有丰富的旅游资源，对外开放的旅游景点达 200 多处，有世界上最大的皇宫紫禁城、祭天神庙天坛、皇家花园北海、皇家园林颐和园、八达岭、慕田峪、司马台长城以及世界上最大的四合院恭王府等名胜古迹。北京市共有文物古迹 7309 项，其中国家文物单位 42 个，市级文物保护单位 222 个。森林旅游资源景区面积 46516 公顷，已开发景区面积 23260 公顷、占景区面积的 50%。按景点计共 353 个，已开发景点 314 个，其中森林景观

118 个，自然景观 125 个，人文景观 71 个；未开发景点 39 个，其中森林景观 16 个，自然景观 4 个，人文景观 19 个。北京是世界上古树最多的城市，共有古树 29 种，22637 株，其中 300 年以上的一级古树有 3804 株。森林旅游是旅游业的一个重要组成部分，是深化林业改革的成功之路，森林旅游是林业经济的一个新的增长点，是北京林业的支柱产业之一，同时也会带动区域经济的繁荣与社会进步。

林业是社会文明的载体，发展现代林业是丰富北京历史与生态文化内涵的必然选择。在北京建设现代林业，充分发挥自然与人文资源丰富的优势，按照以人为本的科学发展观指导林业建设，弘扬森林文化，改善生态环境，推进北京物质文明、政治文明和精神文明建设。可见，北京深厚的历史文化底蕴，将极大地丰富都市林业的内涵。

（八）社会的积极参与为北京林业发展注入了巨大活力

从世纪之交，林业正在发生深刻的历史性变化，已经由部门办林业向社会办林业转变。实践证明，林业的发展离不开全社会的积极参与。北京市公众的生态意识强，整体素质高，参与林业建设的积极性普遍高涨。自邓小平同志倡导开展全民义务植树运动以来，义务植树成为了首都生态建设的重要形式。20 多年来，共植树 2.5 亿多株；建成义务植树基地 90 多个，其中建成绿化、生产和休养"三结合"基地 42 个。

北京市全社会的积极广泛参与，为北京林业的发展带来了巨大的活力。《关于加快北京市林业发展的决定》要求，深入开展全民义务植树活动，动员社会力量关心和支持林业工作。采取多种形式宣传义务植树的法定性、全民性、公益性，不断丰富和完善义务植树的形式，提高适龄公民履行义务的覆盖面，提高义务植树的实际成效。义务植树实行属地管理，农村以乡镇为单位，城市以街道为单位，进一步建立健全义务植树登记制度和考核制度。各区县政府支持中央在京单位以及市属单位郊区义务植树基地建设。继续开展"门前三包"、林木绿地认建认养等活动。北京市各级工会、妇联、共青团组织及其他社会团体，发挥各自作用，动员社会各界力量，投身首都绿化事业。动员驻京解放军、武警部队，积极支援首都绿化。大力加强林业宣传教育工作，不断提高全体市民的生态安全意识。加强对中小学生的生态教育，普及林业和生态知识。新闻媒体将林业宣传纳入公益性宣传范围，大力加强林业宣传教育工作，不断提高全体市民的生态安全意识。

（九）政府的高度重视是北京林业发展的重要保证

北京市委和政府对建设"绿色北京"，发展首都林业十分重视。为贯彻落实《中共中央国务院关于加快林业发展的决定》（中发〔2003〕9 号），进一步加快北京市林业发展，北京市委市政府作出了《关于加快北京市林业发展的决定》。提出了加快林业发展的指导思想、基本方针和主要目标。决定提出：必须把林业建设放在更加突出的位置。要在贯彻可持续发展战略中，赋予林业以重要地位；在生态建设中，赋予林业以首要地位；在山区建设中，赋予林业以基础地位。到 2020 年，建成比较完备的高标准的林业生态体系、高效益的林业产业体系和高水平的森林资源安全保障体系，为建设山川秀美、空气清新、环境优美、生态良好、人与自然和谐、经济社会全面协调可持续发展的生态城市奠定基础。

同时北京市的决定还要求，各级党委和政府要高度重视林业工作，坚持并完善林业建设任期目标管理责任制。要充分认识加强林业建设对实施可持续发展战略、全面建设小康社会的重要性和紧迫性，并将其纳入国民经济和社会发展规划，做到认识到位、责任到位、政策到位、工作到位。各有关部门要认真履行职责，密切配合，支持林业发展。根据加快林业发展的需要，进一步强化林业行政管理体系，加强各级政府的林业行政机构建设。健全林业推广和服务体系，乡镇林业工作站是对林业生产经营实施组织管理的最基层机构，要充分发挥政策宣传、资源管护、林政执法、生产组织、科技推广和社会化服务等职能和作用。

林业的持续、快速和健康发展，领导是关键。各级政府要对本地区林业工作全面负责。政府主要负责同志是林业建设的第一责任人，分管负责同志是林业建设的主要责任人。林业建设的主要指标及各项任务要层层分解、层层落实、责任到人。实行任期目标管理，严格考核、严格奖惩，并接受同级人民代表大会监督。各级党委组织部门和纪检监察机关，要把责任制落实情况作为干部政绩考核、选拔任用和奖惩的重要依据。国家及市级林业重点工程建设，要坚持规划落实到区县、任务分解到区县、资金分配到区县、责任明确到区县的管理制度。工程建设进展情况要定期检查，定期通报。建立健全重大毁林案件、违规使用林业资金案件和重点工程质量事故责任追究制度，对违反规定的，要严肃追究有关领导人的责任。北京各级政府对生态建设和林业发展的高度重视，为北京发展城市林业提供了重要保证。

三、北京林业发展面临的挑战

北京林业建设既有许多有利条件、发展机遇，也存在一些不利因素，面临着许多挑战。深入地认识这些因素，可以帮助我们在林业建设中正确地恰当地处理各方面的关系。北京林业发展所面临的挑战性因素主要表现在：

（一）城市建设用地、农业用地与生态用地的矛盾

北京市的城市发展既为林业建设提供了难得的机遇，也产生了一些限制。主要表现为土地利用越来越紧张，城市建设用地、农业用地与生态用地的矛盾日益突出。以往，由于对土地功能定位欠科学，调整难度很大。传统的城郊土地农业利用定位已经不适应北京城市发展、人居环境、市场经济等对土地优化利用的要求，直接导致了农业用地、城市建设用地与生态用地的矛盾。需要以科学发展观为指导，从政策层面对土地利用结构进行更科学、灵活的调整。另一方面，如何提高已有生态用地的利用效率，提高单位土地面积上的生态效益，向空间要生态，是摆在林业、园林工作者面前的一个重要课题。

（二）城市用水、农业用水与生态用水的矛盾

由于城市的发展，对水资源的需求剧增，加之气候连年干旱，致使北京的水资源更趋紧张。水资源的严重匮乏已成为制约北京林业可持续发展的一个重要瓶颈因素。北京市人均水资源占有量不足 300 立方米，仅为全国人均占有量的 1/6，为全世界人均占有量的 1/25。在这种情况下，城市用水、农业用水与生态用水之间的矛盾就表现得更为突出。为了缓解水资源危机，国家不得不实施耗资巨大的南水北调工程。在某些干旱地区或干旱时期，要培育森林和林木并保证其正常的生长发育，或者在城区为了促进树木的健康生长、发挥更大的生态功能，就需要在水资源供给方面予以保障，适当加大水资源投入的力度。为了满足林业生态建设对水资源的需求，今后必须对水资源进行科学调配，同时研究和运用节水技术，使水资源与森林资源之间形成良性循环，共同为建设生态城市的目标服务。

（三）林业建设成本将越来越高

北京是经济、文化相对发达的地区。土地、人工等生产资料和劳动成本都相对较高。因此，林业建设成本也相应偏高，这就加大了政府的财政负担。林业要大发展，就需要政府进一步增加财政支持。此外，也要求在技术上更新，发展循环经济，减少资源浪费，降低劳动成本；在管理上创新，提高资金利用效率和劳动生产率。

（四）林业建设的技术难度将越来越大

经过多年的发展，北京林业建设已经进入了攻坚阶段，难度越来越大。目前尚未造林绿化的土地主要集中在相对干旱、土壤瘠薄的裸岩、沙荒地等困难地带。同时，加强现有林的经营管理，对提高林分质量，增强生态功能尤为必要。森林防火、病虫害防治等森林安全问题也越来越突出。因此，要实现困难立地的绿化、提高森林生态系统功能和保障森林资源安全，除了有充足的资金保障以外，还必须加强科技支撑力度。

（五）林业生产主体及客体自身条件的限制

森林资源的增长和生长、生态系统功能的提高，既取决于生产客体——森林自身的条件，也取决于生产主体——人的条件，它是两者在生产实践中结合关系协调与否及协调程度的集中体现。

一方面，北京森林生态系统的功能取决于森林自身（客体）的生长发育。森林的生长发育，是一个自然过程，它的健康生长要求具备适宜的内因和外因，内因包括种类组合、林分结构，外因包括气候、土壤、水分、微生物等环境条件。某些条件不具备，都会制约森林的正常生长。这种过程不会完全随人们的主观愿望而改变。这就造成森林现状与市民的需求之间的差距。

另一方面，林业生产主体自身的条件也会成为林业发展的限制因素。这些条件包括人才、管理、技术、建设生态型林业的经验、投入水平、生产积极性等等。随着人口的增加、居民生活水平的提高和国际交往的频繁，市民及来北京的人群对环境质量的要求越来越高，既有生态的，也有文化的。一般意义的绿化难以满足社会对林业的新的、全面的要求。因此，要满足这种需求，就必须从全方位提高林业的建设水平。更新林业建设的理念，提高林业经营者的综合素质（含业务、人文），强化林业科技实力。在林业生产中，必须提高管护、培育、经营的标准，优化森林、林种、林分、树种结构，提升系统功能，充实和丰富森林文化品味和内涵，以不断地满足社会对林业的生态与文化需求。

（六）林业管理体制与机制方面的限制

北京林业初步建立起了较为系统的林业保障体系，现行的林业政策在生态建设、资源培育与管护等方面发挥了较大的作用。但是也应看到，各项机制都还存在着一定的问题，并且机制间相互促进及协调能力还有待提高，这限制了北京林业的向着更高的水平发展，并影响了林业的国际化进程。北京林业的行政管理机构有待调整。林业政策在行业扶持和保障市场作用的发挥方面还存在着一些不完善性。有关林业产权机制、林地流转、林业融资的相关政策不完善，限制了非公有制林业的发展，阻碍着市场作用的发挥。有关林地开发、拍卖、租赁、承包、股份合作、流转、继承、抵押等的政策法规也无法保证投资者的利益，抑制了投资者的积极性。对生态公益林的补偿范围和标准有待提高。此外，对林业的扶持政策也不够，对果树产业、苗圃花卉产业在资金、信贷、税收等方面的优惠政策不够，无法有效地吸引社会资金进入林业行业，使得林业发展的资金与动力都不足。因此，现有的政策体系需要进一步调整，结合北京市的实际情况，充分发挥对林业的扶持作用和对市场机制运行的保障作用。

第五章　北京林业发展的战略定位

研究认为，北京林业发展的基本定位是：在生态城市建设中赋予林业以首要地位；在和谐社会构建中赋予林业以基础地位；在生态文明建设中赋予林业以重要地位。

一、在北京生态城市建设中赋予林业以首要地位

发展北京林业，对提高北京的生态环境质量，促进可持续发展，将进一步发挥重要作用。在《中共中央　国务院关于加快林业发展的决定》中指出："森林是陆地生态系统的主体，林业是一项重要的公益事业和基础产业，承担着生态建设和林产品供给的重要任务"，"在贯彻可持续发展战略中，要赋予林业以重要地位；在生态建设中，要赋予林业以首要地位；在西部大开发中，要赋予林业以基础地位。"根据决定精神，北京林业在北京生态城市建设中具有重要的基础性地位。城市森林建设是北京创建世界一流现代化国际大都市，建成生态城市的重要内容和基本要求。森林是北京生态系统的主体，构筑点、线、面结合的森林生态网络体系，是建设生态城市的基本骨架。发展北京森林，提升森林固碳释氧、减低噪音、减少热岛效应、净化空气、调节小气候、降低沙尘暴危害等生态功能，可以为北京人民提供适宜的人居环境。水资源问题是北京发展的一大瓶颈，发展北京森林，实现林网化、水网化，将有利于更好地发挥森林涵养水源功能，保障北京的水资源安全。北京山区面积占总面积的2/3，发展北京森林，将有利于增强森林保持水土的能力，维护国土生态安全。此外，发展森林，保护湿地，还将有利于北京生物多样性的保育。因此，发展北京林业，对提高北京的生态环境质量，促进经济社会可持续发展，将进一步发挥积极而重要的作用。

林业在北京生态城市建设中具有首要的地位，其根据具体包括以下方面：

（一）北京创建世界一流国际大都市的基本要求

当今世界一流的现代化国际大都市，如莫斯科、东京、纽约等，无一不是森林覆盖率高、古树参天、环境优美宜人，而且是生态型的森林城市。美国华盛顿森林覆盖率为33%；俄罗斯莫斯科森林覆盖率为35%；日本东京的森林覆盖率为37.8%；意大利罗马的森林覆盖率为74%；加拿大渥太华的森林覆盖率为35%；瑞典斯德哥尔摩的森林覆盖率为66%；德国柏林的森林覆盖率为42%；奥地利维也纳的森林覆盖率为52%。北京的森林覆盖率为34.3%（绿化覆盖率为47.5%）。与世界上的一些国际大城市相比，单从数量上看还算可以，但如果考虑森林的结构、质量等因素，那么北京还存在着不小的差距。城市森林建设不仅要体现提高城市环境质量、居民生活质量和可持续发展能力的要求，而且要体现城市生态环境建设

由绿化层面向生态层面提升的要求，以及人与自然和谐发展的要求。因此，为实现创建世界一流现代化国际大都市的战略目标，北京必须加强城市森林建设。

（二）建成生态城市需要健全的森林生态网络体系

根据"中国森林生态网络体系建设研究"的成果，森林生态体系建设，应针对地区生态环境特点和林业发展趋势，从整个国土生态安全的角度，突破传统的林业生态工程建设模式，把城镇、河流、公路、铁路与林区作为一个整体进行宏观建设布局，构筑点、线、面相结合的森林生态网络体系。所以，北京建设生态城市，应在现有森林的基础上，进一步按照点、线、面相结合的系统布局原则，构筑完善的森林生态网络体系，以有效地发挥森林生态系统的整体功能。以森林公园、野生动植物与湿地自然保护区、城区及村镇人居森林为重点，构建北京森林生态网络体系的"点"；以河湖防护林带、公路铁路防护林带以及农田林网为重点，构建北京森林生态网络体系的"线"；以山区水源涵养林、各类生态公益林、经果林基地为重点，构建北京森林生态网络体系的"面"，从而形成资源丰富、布局合理、结构稳定、功能完备、优质高效的现代林业生态网络体系。其目的在于建立起一种自然、经济、社会诸子系统内部及相互之间协调发展，立体多层次，具有一定格局动态的复合生态经济网络系统。该系统形成北京生态系统的基本骨架，具有整体性、多功能性、高效性和可操作性，有利于长期保持森林多功能、多效益、多方位的整体作用。

（三）改善大气质量，为北京人民提供适宜的人居环境

近年来，北京的气候和大气环境形势日益严峻。虽然 2002 年以来燃料结构经过煤改天然气，控制汽车尾气超标排放等措施，北京市空气质量有了显著改善，但气候春季干旱、风沙、沙尘暴、空气污染、噪音、热岛效应等危害仍相当严重，这不仅严重影响到人居环境质量的提高，而且损害和制约了首都的形象和全面发展。科学研究表明，森林具有固碳释氧、减低噪音、减少热岛效应、净化空气、调节小气候、降低沙尘暴危害等生态功能。例如，森林在缓解城市热岛效应方面，当城市森林面积达 30% 时，市区气温可降低 8%；当面积达 40% 时，气温可降低 10%；面积达 50% 时，可降低气温 13%。又如，城市森林具有减弱和消除噪声方面的功能，据北京的测定结果，在街道两侧，夏季时林带能减少噪声 3.25 分贝以上，在冬季时能减少噪声 1.3 分贝。因此，建设北京森林，无疑将为北京人民提供适宜的人居环境，尽快把北京建成公认的宜居城市。

（四）实现林网化、水网化，维护北京的水资源安全

我国北方尤其是黄淮海地区严重干旱缺水，20 世纪 90 年代以来黄河出现断流，水资源状况空前危机。作为人口密度高、需水量大的超大城市北京，水资源紧缺的问题已经成为制约今后发展的一大瓶颈。北京人均水资源占有量不足 300 立方米，仅为全国人均占有量的 1/6，为全世界人均占有量的 1/25；北京市平原区 1997 年地下水平均埋深 12.09 米，与 1980 年相比较，地下水位下降 4.85 米。水资源的严重匮乏制约着北京的可持续发展。因此，如何开发和利用水资源，就成为北京发展的一大战略性问题。"南水北调"固然是解决北京水资源紧缺问题的重要途径，但它主要是解决北京城区缺水的问题，还不能从根本上解决北京市面上缺水的问题。森林以其强大的生物量、枯落物、根系及土壤通透性，具有涵养水源、减洪增枯、净化水质的功能。植被加土壤一般每公顷可保蓄约 1000 立方米的水。发展北京森林，实现林网化、水网化，将更好地发挥森林涵养水源功能，维护北京的水资源安全。

（五）增强森林保持水土的能力，维护国土生态安全

北京背山近海，位于我国地貌的第一、二阶梯的过渡地段，处于内蒙古高原和华北平原的交接地带，地跨山区和平原两大地理区。西部山地属太行山余脉，北部山地属燕山山脉，两条山脉在南口附近交会形成一个向东南展开的半圆形大山弯，环抱着北京小平原。北京山区面积比重大，约占北京市总面积的 2/3。因此北京自古以来，无论是防治永定河的水患，还是治理其上游及周边地区的水土流失，都是北京地区必须解决的主要问题。在历史时期，由于人为原因，北京山地森林受到很大程度的破坏，致使水土流失严重发生。明代，北京浑河经常泛滥，几乎每 10 年泛滥一次，因此有"无定河"之称。清代就更加严重，平均 3 年发生一次。新中国成立后，北京林业建设取得巨大成就，从根本上防止和减少了因水土流失而造成的各种生态灾害。但是由于历史欠账太多，恢复北京山区的森林植被将是一项长期的任务。森林具有保持水土、涵养水源的作用，历史上永定河的泛滥就是上中游地区大范围的毁林所致，今天水资源的缺乏也与此有关。因此，根治河患、改善北京水环境之策在于恢复山地的森林植被，以达到"林土相辅"，维护国土的生态安全。

（六）发展森林，保护湿地，保育生物多样性

在长期的历史进程中，与其他地方一样，北京地区森林植被的破坏和资源总量的徘徊不前，还引起生物多样性减少、病虫害加剧等一系列生态灾害，对经济和社会可持续发展产生了不良影响。为此，保护和培育生物多样性，是发展北京林业的重要任务之一。

北京历史时期的野生动植物从总体上比今天要丰富得多，具体种类已难以确考。今天，据相关研究，北京有野生脊椎动物近 420 种，其中兽类 40 余种，鸟类 340 余种，爬行类 20 余种，两栖类约 10 种；维管束植物 169 科 898 属 2088 种和 171 变种、亚种及变型，其中栽培植物约占 1/5。北京的原始植被类型为暖温带落叶阔叶林和温带针叶林，由于早期人为破坏，现已不多见。中山上部原生植被为落叶松林和云杉林，已演替为山顶杂草草甸和桦、山杨、栎类及混生次生林。中山中下部，阴坡分布着大面积的辽东栎、蒙古栎萌生丛和灌丛，仅在局部地区生长有辽东栎、蒙古栎、山杨和油松次生林；阳坡主要有侧柏、臭椿、山杏等。低山区原生植被被破坏后，演替为各类灌丛，种类以酸枣、荆条为主；草本有白草、菅草、黄草等。山间盆地及沟谷地带生长有杨、柳、榆、桑、核桃楸、板栗、柿树等。同时，许多野生动植物大都以森林为其栖息地。

为了保护生物多样性，今后应进一步加强自然保护区建设。目前，北京共有自然保护区 11 个（其中，国家级 1 个、市级 2 个、县级 8 个），总面积 6.44 万公顷，占国土面积的 3.83%。2008 年前，计划再划建一批自然保护区和保护小区，扩大保护范围和保护类型，自然保护区面积占国土面积的比例超过 10%。制定自然保护区的保护标准和评价指标体系，提高国家级、市级自然保护区的管理水平。建成野生动物救护中心、繁育中心，形成保护、救护、繁育一体化。

湿地作为不同于陆地和水域的独特生态系统，被学术界誉称为"地球之肾"。它不仅为人类提供多种可直接利用的资源，而且在蓄洪防旱、调节河川径流、补充地下水、降解污染、调节气候、控制水土流失、维持生物多样性等诸多方面发挥着重要的为其他生态系统不可替代的生态功能。北京有 5 万余公顷湿地资源，生物多样性丰富，是许多鸟类的迁徙地和生息场所。全面保护湿地资源，维护湿地生态系统的特性和基本功能，保障北京湿地资源可持续利用。

（七）发挥北京林业的示范功能和窗口作用

绿色是城市美好形象的基础和象征，首都是向世界展示中国社会主义物质文明、政治文明、精神文明的窗口，北京林业是向国内展示城市生态环境建设和林业发展方向的重要示范基地。

首都林业要实施精品战略，造林绿化既要有恢宏的气势，又要为城市发展增辉添彩。认真学习和借鉴国内外城市生态建设及绿化美化的先进经验，努力创造一流的城市生态环境、一流的绿化美化水平、一流的绿色文化氛围。要在城市绿化美化上出精品，要在产业发展上创名牌，努力创造优质苗木，优质果园，优质花卉，各类林产品都要力争发展成为高档次、高水平、高品味、高效益的精品。北京现代林业发展应与深厚的历史文化底蕴相结合，以丰富北京森林文化的内涵，使北京林业为全国生态建设和林业发展发挥良好的示范作用。

北京是我国政治、文化中心，对外交往频繁，建设好北京森林，将更加有利于在开展国际交往中展示中国生态文明的良好形象，以发挥北京林业的示范和窗口作用。

二、在北京和谐社会构建中赋予林业以基础地位

在北京构建社会主义和谐社会，发展城市森林、改善生态环境是一项基础性的重要任务。2005 年初，中共中央向全社会提出构建社会主义和谐社会的战略任务。社会主义和谐社会，是民主法治、公平正义、诚信友爱、充满活力、安定有序、人与自然和谐相处的社会。构建和谐社会离不开统筹人与自然和谐发展，而林业是统筹人与自然和谐发展的关键。

根据北京市未来发展的形势和要求，北京林业将在北京绿色产业发展中发挥主导性作用。目前，果品、林木种苗、速生丰产林、花卉（蜂业）和森林旅游休闲等五大绿色产业发展已初具规模。但北京的林业产业体系与社会经济发展和人民群众的需求还不能够相适应。林业产业化进程缓慢，传统结构尚未得到有效改变；投资渠道不畅，筹资渠道偏窄；科技含量偏低，技术装备落后，市场开拓不力，产业素质和管理工作与日趋激烈的竞争和首都经济发展的要求不相适应。坚持绿化造林与产业发展相结合，与农业产业结构调整相结合，促进经济发展、农民致富。北京林业还有很大的发展空间，特别是在下列的绿色产业发展中具有举足轻重的地位。发展北京林业，对增加北京郊区人民的经济收入，兴林富民，在全国率先全面建成小康社会进程中将进一步做出重要贡献。

（一）森林旅游业将在北京绿色产业中发挥日益重要的作用

随着生活水平的不断提高，人们对绿色林产品和生态文化方面的需求将越来越迫切。作为旅游业的一个重要组成部分，森林旅游业已经成为林业经济发展的一个新的增长点，成为北京林业的支柱产业之一，也将带动区域经济的繁荣与社会进步。做大、做强森林旅游

产业，北京拥有得天独厚的优势。森林生态旅游业必将成为增加郊区人民经济收入的重要产业。

北京是全国的政治文化中心、国际交流中心和知识经济发展的重要基地，北京林业肩负着重要的使命。进入 21 世纪，随着城市化的不断发展，人们对改善生态环境的呼声越来越高，发展高质量的城市生态林业已是北京市人民的共同愿望。加强生态保护、加快生态建设，成为国家建设和人民生活对林业更加重要、更为紧迫的要求。保护和建设好北京的生态环境是发展首都经济的重要内容，首都林业将成为北京市生态环境建设与社会发展举足轻重的社会公益性事业，尤其是森林旅游业更成为方兴未艾、行业内外看好的朝阳产业。目前，北京市森林旅游资源景区面积达 46516 公顷，已开发景区面积 23260 公顷、占景区面积的 50%。按景点计共 353 个，已开发景点 314 个，其中森林景观 118 个，自然景观 125 个，人文景观 71 个；未开发景点 39 个，其中森林景观 16 个，自然景观 4 个，人文景观 19 个，建成森林公园 20 个。森林旅游作为旅游业的一个重要组成部分，是林业经济发展的一个新增长点，是北京林业发展的支柱产业之一，同时也会带动区域经济的繁荣与社会进步。因此，森林旅游、生态旅游等林业服务业将在北京绿色产业中发挥越来越重要的作用。

（二）经果林及其产品加工业，在北京绿色产业中占有重要份额

加快果树产业体系建设，加快果品市场信息、食品安全和质量标准体系建设，引导果农按市场需求，生产优质果品及其加工产品。发展区域经济主导产业，以优化品种，提高质量，增加效益为中心，大力推进科技服务和信息服务为重点的社会服务体系建设，支持科技创新和技术推广，使先进适用的技术进入更多的农户。

果品产业发展势头强劲，北京市以山区、半山区为重点，以桃、苹果、梨、柿子、板栗五大果品为主体的果树发展面积近 200 万亩，果品产量达 7.6 亿公斤，实现产值 17.2 亿元。今后发展果树、经济林及其产品加工业的的空间仍然很大。注重设施栽培的发展。果树设施栽培是拉开果品上市季节、增强竞争力、提高经济效益的重要途径。抓好高效优质果园的建设。充分利用高效优质果园的典型示范作用，带动和促进北京市果树产业整体水平的提高。

首都林业的社会功能和产业属性，要求必须高度重视和切实提升内部管理的现代化水平。特别是国有林场和林业企业，要以市场为导向，管改结合，建立科学合理的首都林业管理体制和经营机制。实现全社会广泛参与培育和保护森林资源，高效发挥森林的多种功能和多重价值，满足广大市民对首都林业日益增长的生态、经济和社会需求。

（三）花卉、苗木等林业产业，在北京的绿色产业中具有不可或缺的地位

北京市林木种苗业、速生丰产林、花卉业发展迅猛，苗圃面积已达 30 多万亩、速生丰产林 28.7 万亩、花卉种植面积达到 3.3 万亩。

花卉作为一个新兴的产业，近年发展迅速。种植花卉已成为郊区农民致富奔小康的重要途径，花卉生产已成为郊区农业结构调整的重要内容。种植花卉应以北京城市总体规划为依据，树立大市场、大流通、大生产观念，面向国内、国际两个市场，提高生产经营管理水平，创名牌、出精品，逐步完善花卉生产、加工、保鲜、贮运、销售的体系建设。根据市场需求和区域特点，花卉生产布局划分为城近郊区、远郊平原区、远郊山区三个层次。城近郊区重点发展优质种苗、种球、鲜切花;远郊平原区重点发展温室花卉，适当发展草坪草、花灌木与宿根花卉，带动周边农户的花卉生产;远郊山区重点发展种球、夏季切花与干燥花种植。

蜂业是北京林业产业的重要组成部分，是极具潜质的新兴产业和林业经济新的增长点，是京郊农民尤其是山区人民脱贫致富奔小康的重要途径。蜂产业规划以北京市蜂业公司为龙头，联合有关企业，组建北京蜂业集团公司，建立生产加工流水线，对蜂产品进行系统深加工，形成北京市范围内的蜂业生产、加工、技术研发、销售、出口于一体的产业化经营模式。

实施速生丰产工业原料林基地建设，是对生态公益林建设的促进和保障;也是在充分发挥林业生态效益的同时，提高林业经济效益，富裕农民的重要途径。北京市的自然环境、土地资源、政策规定、技术管理水平等方面已具备了大面积营造速生丰产工业原料林的条件。

由此可见，花卉、苗木、蜂蜜、木材加工、森林资源综合利用等林业产业，在北京林业优化产业结构，完善社会化服务体系，提高生产经营管理水平，推动产业升级，增强林业产业发展活力等绿色产业中具有不可或缺的地位。

（四）对北京的房地产及其他投资业必将产生重要影响

伴随着经济发展步伐的明显加快，生态问题的日渐突出，使国民经济社会发展对森林的需求发生重大变化。生态环境日趋恶化的现实，正在缩小着中华民族的生存空间，构成了对我国经济社会发展的严峻挑战，已经成为国家经济和社会发展所面临的最紧迫、最重要的问题之一。基于森林在维护生态平衡、保护自然生态、改善生态环境方面的巨大作用，保护、改善和治理生态环境，已逐步取代"木材生产"而成为国民经济和社会发展对林业的第一位要求。

北京林业是以兴林富民为目的的高效林业。社会对城市林业的多样化需求是城市林业发展的强大动力。林业的持续快速和优先发展，生态环境的巨大改善，必将对北京的房地产业、国际国内在京的投资业产生积极而重要的影响。

三、在北京生态文明建设中赋予林业以重要地位

发展北京林业，为北京人民提供优美而适宜的人居环境具有重要的意义。根据《中国可持续发展林业战略研究》成果，城市林业建设的战略目标是:按照保障城市生态安全、建设生态文明城市的战略要求，和"城在林中、路在绿中、房在园中、人在景中"的布局要求，建设以林木为主体，总量适宜、分布合理、植物多样、景观优美的城市森林生态网络体系，实现"空气清新、环境优美、生态良好、人居和谐"。北京作为中国首都，北京林业在城市未来的生态文明建设中将处于更加关键性的地位。如同世界上其他国际大都市一样，森林资源数量和质量的高低，现代林业产业的发达水平，将成为北京生态文明程度的重要标志。发挥森林的文化功能，增强北京人的生态意识，提高人的审美能力和促进人的全面发展，是北京生态文明建设的基本目标。优化配置森林资源，发挥林业的多种效益，提高北京人生活质量，是北京生态文明建设的基本要求。林业人才、政策、法律、科技、

教育等林业保障体系的完善程度，是北京生态文明程度的集中体现。公众积极参与保护和培育森林的各种活动，是北京生态文明建设的重要内容。由此可见，发展北京林业，对改善北京人民的生活质量、满足社会的生态和文化需求、提供优美而适宜的人居环境具有重要的意义。

研究认为，林业在北京生态文明建设中处于重要地位，这主要基于以下方面的考虑。

（一）林业发展水平是生态文明程度的重要标志

判断一个国家、一个地区、一个民族、一个城市的生态文明发达程度，会有很多指标和标准，有生态的、经济的、政治的，也有文化的，如工业污染、生态农业、绿色食品、生态产业、生态政策、人们的生活方式和消费理念，等等。其中，最重要的一个指标，就是看这个国家、地区、民族或城市，所拥有的森林资源数量和质量的高低，森林资源的兴衰，现代林业产业的发达程度如何。森林是陆地生态系统的主体。当今世界普遍关注的全球十大环境问题，包括温室效应、臭氧威胁、生物多样性危机、水土流失、荒漠化、土地退化、水资源短缺、大气污染和酸沉降、噪音污染以及热带林危机，都与森林资源锐减有直接或间接的关系。1992 年，世界环境与发展大会专门发表《关于森林问题的原则声明》，决不是偶然的巧合。因此，森林资源数量和质量的多少与高低，现代林业产业的发达水平，是北京生态文明程度的一个重要标志。

（二）发挥森林的文化功能，促进人的全面发展

森林文化是人类文明的重要内容，是传承北京历史文化遗产和建设生态文明社会的重要组成部分，也是北京全面建设小康社会的必然要求。随着城市化进程的加快和人民生活水平的提高，人们对改善生态环境、保护生物多样性、森林旅游观光等方面的要求也越来越高，以皇家园林、庙宇林、名胜古迹林等为代表的文化林发展模式，已经不能完全满足人们回归自然的愿望。建设城市森林，大力发展森林公园、自然保护区、动物园、植物园等集科普教育、休闲观光、旅游度假等多种功能为一体的文化传承林，正在成为林业建设的新领地。

以北京深厚的历史文化底蕴为依托，融入现代林业理论和生态文明的理念，通过加快自然保护区、森林公园及城乡人居森林建设，大力弘扬城市园林文化、森林旅游文化、花文化、竹文化、茶文化等，构建历史文化与现代文明交相辉映的新型的绿色生态文化，这是北京现代林业的丰富内涵。发挥森林的文化功能，增强北京人的生态意识，提高人的审美能力和促进人的全面发展，是北京生态文明建设的基本目标。

（三）发挥林业的多种效益，提高人民的生活质量

提高北京人的生活质量，是北京生态文明建设的基本要求。森林具有生态、经济和社会三大功能，林业是集生态、经济和社会三大效益于一身的行业。建设生态林，发展生态效益型公益林业，可以改善大气、水、土壤、生物资源等生态环境，提高人们的生存环境质量；建设社会效益林，发展社会效益型公益林业，可以绿化美化工作和生活环境，促进人民身体健康，提高人们的生命质量；培育经济果木林，发展经济效益型的商品林业，可以丰富林产品、森林食品、药品的种类的质量，增加城乡人民的经济收入，改善人们的衣、食、住、行条件，提高人们的生活质量。

（四）林业保障体系的完善程度，是生态文明程度的重要体现

生态文明建设是一项复杂而艰巨的系统工程。在生态文明建设中，除了生态环境和经济方面的建设（当然是主要的）外，还包括政治、文化方面的内容。与生态相应的政治、文化建设是生态文明的重要保障。由于"森林是陆地生态系统的主体，林业是一项重要的公益事业和基础产业，承担着生态建设和林产品供给的重要任务"，"在贯彻可持续发展战略中，要赋予林业以重要地位；在生态建设中，要赋予林业以首要地位；在西部大开发中，要赋予林业以基础地位。"因此，为了保障林业的健康和快速发展，就必须不断地完善林业人才、政策、法律、科技、教育等林业保障体系。这是北京生态文明程度的集中体现。

（五）公众积极参与林业活动，是生态文明建设的重要内容

生态文明建设是全民的任务，发展林业也是全民的责任。作为北京生态文明建设的一项重要内容，即倡导公众积极参与保护和培育森林的各种活动。自开展全民义务植树运动以来，义务植树成为了首都生态建设的重要形式。多年来，共植树 2.5 亿多株；建成义务植树基地 90 多个，其中建成绿化、生产和休养"三结合"基地 42 个。这项活动，从一个侧面反映了全民生态、林业意识的增强，同时也培养了公众积极参与生态建设的责任意识，对于全面建设生态文明社会起到了很好的带动作用。今后，我们还要进一步开展好这项活动，发挥它应有的教育、引导作用。

第六章 北京林业发展的基本理念

研究认为，北京林业发展应该树立的基本理念是：发展生态林业以保障生态安全，发展效益林业以满足多种需求，发展人文林业以弘扬绿色文明。

一、发展生态林业，保障生态安全

生态安全与国防军事安全、经济安全同等重要，都是国家安全的重要基石。为了保障北京的生态安全，北京林业最根本、最核心和最重要的任务是尽可能最大程度地发挥森林和林木的生态功能。不论是在城区，还是在山区、平原区都应该强调生态公益型林业的建设。

（一）生态林业是北京林业的核心和实质

北京林业是以生态建设为主体的公益林业。随着经济发展、社会进步和人民生活水平的提高，社会对加快林业发展、改善生态状况的要求更加迫切，林业在经济社会发展中的地位和作用更加突出。特别是面对北京率先基本实现现代化的目标，面对市民对生态环境质量更高的要求，我们必须从"生态建设、生态安全、生态文明"的高度重视和加强林业工作，进一步增加森林资源总量，提升森林生态体系整体功能。在生态城市建设中赋予林业以首要地位；在全面实现小康社会中赋予林业以基础地位；在生态文明建设中赋予林业以重要地位。

生态系统是构成社会经济发展的物质基础，人类的生存和发展，都离不开水、气、土、森林等生态环境要素的综合支持。但是，自然生态环境系统长期维护人类社会经济可持续发展是需要一定条件的，这就是任何自然生态系统都具有自身恢复能力的"阈值"，一旦对生态环境的破坏超出其阈值，就会出现生态安全问题。

长期以来，人们忽视了生态安全在整个国家安全中的地位。如果生态安全不牢固，就意味着大片国土失去对国民经济的承载能力，这与国土的割让一样会给国家造成无法衡量的损失；生态环境的破坏，会造成工农业生产能力和人民生活水平的下降，这与经济危机所带来的损失并无二致。从这个意义上说，生态安全与国防军事安全、经济安全同等重要，都是国家安全的重要基石。

随着国民经济的快速增长，生态环境破坏加剧，因生态环境破坏造成的经济损失也将正比增长。国内外的相关研究成果表明，因生态不安全造成的经济损失值，一般约占 GDP 的 5%~10%。需要指出的是，上述测算只是生态破坏的直接经济损失和部分间接经济损失，没有包括基因、物种消失等许多难以测算的潜在经济损失。据联合国环境规划署评估，这种损失远大于生态破坏造成的直接经济损失，有时为其 2~3 倍，甚至 10 倍。

北京是全国的政治文化中心、国际交流中心和知识经济发展的重要基地，肩负着"四个服务"的功能，进入 21 世纪，北京正努力创建一流生态城市。随着城市化的不断发展，人们对改善生态环境的呼声越来越高，发展高质量的城市生态林业已是北京市人民的共同愿望和任务。保护生态环境就是保护生产力，改善生态环境就是发展生产力，保护和建设好北京的生态环境是发展首都经济的重要内容。为了保障北京经济社会可持续发展，维护国土生态安全，尤其是为开发提供良好的投资环境，就必须按高标准构筑起"点、线、面"相结合的森林生态体系作为生态屏障，促进生态经济系统的良性循环，发挥森林生态系统的多种功能和综合效益，为北京经济社会的可持续发展提供强有力的绿色屏障。

目前，北京市林业生态体系、产业体系和森林资源安全保障体系基本建成，山区、平原、城市绿化隔离地区三道绿色生态屏障基本形成，生态环境质量明显改善，城市面貌显著改观，林业在北京市经济社会发展中发挥着越来越重要的作用。为了进一步提高北京林业的水平，强化森林生态系统的整体功能，今后应开展好以下方面的工作：①做好北京土地利用规划，增加林业用地比重，规划出并用法律手段加强对"基本林地"的保护。②加大对现有森林资源的管护力度，特别是护林防火能力，确保现有森林资源总量不减少。③加大培育新的森林资源的力度，使森林资源总量和质量不断提高。④加大林种、树种的改造力度，使公益林占有更大份额，林分结构更加合理，森林生态效益更高。

（二）城区园林绿化应该强调生态功能

城区是北京人口最为稠密的地区，大气污染、热岛效应、粉尘污染等城市生态环境问题相当突出。以往，受传统园林思想的影响，城市绿化更偏重于视觉效果，而对包括嗅觉效果、身心保健在内的城市森林生态功能有所忽视。为了达到建成生态城市的目标，城区园林绿化应该更加强调森林绿地系统的生态功能，将园林绿化与建设城市森林结合起来。

城区林业应以现代城市森林建设理论为指导，把城市地域内的建成区、近郊区、远郊区等地区的森林生态环境建设作为一个整体，进行系统布局设计，建立相对稳定而多样化的城市森林生态系统，有效控制和改善城市的生态环境问题，解决城市居民游憩休闲、生态保健等实际需要，全面提高城市环境质量，促进城市生态经济社会的协调和可持续发展。

以生态环境敏感区防护林、水系及道路林网和城市核心林地建设为重点，在市区森林公园、城市广场、主题公园、单位绿化、居民区绿化、道路绿化等景观建设单元上，增加绿量和森林比重，发挥森林绿地的生理保健功能、心理美学效能和森林景观效益，提高文化品位，挖掘文化内涵。优先建设森林公园、景观防护林带和多功能分隔林带，构造布局合理、功能完善、各具特色的城市森林绿地系统。

重视城市绿化隔离地区工程建设，推进城乡结合部环境整治和城市化进程，促进城市生态环境改善和经济社会可持续发展。绿化隔离地区建设的目标是：绿化达标、环境优美、秩序良好、经济繁荣、农民致富。在绿化隔离地区大力发展以森林公园、体育文化公园、旅游观光（采摘）园为主的独具特色的公益林业和绿色产业，使隔离地区的绿化建设与城市居民的休闲游乐以及农民致富有机结合起来。

在实施绿化工程中，按照中央领导对绿化隔离地区建设提出的"要多种树，种大树（乔木树种），绿树成荫"的要求，增加高大乔木树种栽种比例，向绿地空间要生态效益，形成以大面积近自然健康森林为主体的城市绿地系统。同时，适当考虑树种搭配和色彩变化，突出大型的绿色板块，突出怡人的生态景观效果，创作星罗棋布的精品工程，形成环绕城区的多层次绿化隔离带。

（三）山区应该将生态公益林放在首位

山区在北京占很大比重，约占北京市总面积的 62%，做好这一地区的林业工作，对于水土保持、涵养水源、实现生物多样性、促进生态旅游尤为重要。

随着现代林业的不断推进，按照分类经营原则，山区林业在整体上将分为公益林业和商品林业两部分。对北京而言，在山区应该将公益林业放在首位，将商品林业放在第二位。北京的荒山造林任务将很快完成，山区今后的主要任务是森林经营和管护。在深山区以增加植被、提高林分质量为主，建设水源涵养林和水土保持林，扩大自然保护区；在浅山区，以发展经济林为主，建设首都优质的果品基地；在前山地区，建设环绕市区的风景林带。

在生态公益林建设中，根据国际国内经验，建设"近自然、健康、可持续森林"应作为森林培育、林分改造、森林经营的方向和目标。北京山区的生态公益林包括野生动植物自然保护区、森林公园、水土保持林、水源涵养林、风景林、名胜古迹林、文化林、特种用途林，以及散布各地的古树名木等。

今后，在已有工程建设的基础上，继续实施山区风景区爆破整地造林绿化工程、水土保持林、水源涵养林建设工程、天然林资源保护工程、太行山绿化工程、"三北"防护林体系建设四期工程、中幼龄林抚育植被保护工程、退耕还林（草）工程，同时做好国有林场建设和自然保护区建设工作。实现生物多样性，改变造林绿化中树种少、结构单一，人工痕迹较强，与自然不够和谐的现象，提高绿化美化整体水平。增强林木管护和森林资源安全保障能力，特别是护林防火能力，确保森林资源安全。以保护为根本，以发展为目的，以野生动植物栖息地保护为基础，以保护工程为重点，以加快野生动植物及湿地自然保护区建设为突破口，以完善管理体系为保障措施，坚持加强资源环境保护、积极驯养繁育、大力恢复发展、合理开发利用的方针，坚持保护第一、科技先导、就地保护为主迁地保护为辅的原则，加大执法、宣传、科研和投资力度，保护生物多样性，实现野生动植物及湿地资源的良性循环和永续利用，为北京的经济发展和社会文明进步服务。

为了保障生态公益林建设，应逐步加大森林生态效益补偿的范围和标准，提高山区农民参与生态公益林管护的积极性。

（四）平原区应该强化林网化、水网化建设的力度和标准

北京平原区约占北京市总面积的 38%，城区位于这一区域，同时这里有众多新城散布其上，还有集中连片的农田、经果林、苗木、花卉等绿色生产基地。做好该地区的林业工作，对于构筑首都第二道生态屏障，发挥森林体系防护农田、道路、水系等生态功能，促进经济发展和美化环境、增进人民身心健康都具有重要意义。

为了构筑完善的生态体系、强化生态功能，平原区的生态建设，应该以实现"林网化、水网化"为目标，致力于"林水相依"，进一步强化生态体系建设的力度和标准。

林网化与水网化，是基于北京城区和平原区的特点，全面整合林地、林网、散生木等多种模式，有效增加城市和平原林木数量；恢复城市水体，改善水质，使森林与各种级别的河流、沟渠、塘坝、水库等连为一体；建立以核心林地为森林生态基地，以贯通性主干森林廊道为生态连接，以各种林带、林网为生态脉络，实现在整体上改善城市环境、提高城市活力的林水一体化城市森林生态系统。林网化和水网化的城市森林建设理念，就是要在城市范围内建立起一个能够最大限度地改善城市环境的森林生态网络体系。林网化和水网化是密不可分的统一体，具有"林水相依、林水相连、依水建林、以林涵水"的特点。

林网包括三类，即农田林网、道路（公路、铁路）林网和水系林网。"三网"与城区森林、新城村镇片林、经果林、用材林、森林公园等结合形成平原区复合防护林体系；同时，水网体系由河、湖、沟、渠等湿地相互交织而构成。

以现有森林和林业工程为基础，进一步完成好区县级以上的河流、公路、铁路两侧绿化为主的绿色通道建设工程、重点风沙危害区治理工程，以及潜在沙化土地保护与综合治理工程和平原绿化工程，高起点、高标准、高质量构筑首都的外环生态保护圈。

二、发展效益林业，满足多种需求

当前，北京林业除了生态效益外，必须把提高经济效益放在适当位置：一是发展森林旅游业；二是在适合的地方尽量种果树；三是发展花卉、草坪和种苗业；四是开发养蜂和山野资源。重点是做好沙区治理开发、山区综合开发、高标准果园建设、蜂产品优质高产、平原林业集约经营、林果主要病虫害综合防治、林果花卉良种及育苗等各项工作。

（一）发展森林旅游业，满足公众对生态旅游的需求

森林旅游是"绿色产业"的重要组成部分，是现代林业不可缺少的重要内容，是近年来发展起来的新兴产业，在北京有巨大的发展空间和潜力。大力发展北京的森林旅游产业，对满足广大市民追求自然、返璞归真、观光休闲的绿色消费需求，促进京郊农民脱贫致富，带动林业相关产业的发展，具有重要意义。

合理开发和充分利用北京丰富的自然景观、人文景观、历史遗址和动植物资源，积极发展森林旅游业。坚持"立足保护、适度开发、引资共建、突出特色"的方针，以市场为导向，整合资源、科学规划、加大宣传和营销力度，充分发挥森林资源优势，做好森林旅游线路和森林公园的基础设施建设，集中力量实施"六八十"工程。即建设京西、京西北、京东北、京东、京南、京西南6大森林旅游区；开发京密公路、顺平公路、京兰公路、京石公路、京开公路、八达岭高速公路、京丰公路、环西山公路等8条森林旅游线路；做好西山、蟒山、潮白河等10项重点工程。

（二）建设经果林基地，满足人民对干鲜果品的需求

果树发展要面向市场，依靠科技。以优化品种，提高质量，增加效益为中心，大力推进科技服务和信息服务为重点的社会服务体系建设，支持科技创新和技术推广，使先进适用的技术进入更多的农户。加快果树产业体系建设，加快果品市场信息、食品安全和质量标准体系建设，引导果农按市场需求，生产优质精品果。积极发展以银杏为代表的经济林果，

建立高品质的名特优新经济林产品生产和出口基地；大力发展森林食品和工业原料等名特优经济林种植基地；依靠技术进步，开发适销对路的经济林新品种，提高经济林产品的单产和品质。

以经济林产品深加工为龙头，带动经济林基地建设。加快建设一批带动面和辐射面广、技术含量高、产品附加值高的森林食品、森林药材系列产品加工龙头企业，扩大果品贮藏、加工、运输、保鲜和创汇能力，逐步形成产供销、贸工林一体化的经营格局。

大力引进、培育名优新品种，筛选优良乡土树种，完善良种繁育体系；加强苗木标准化建设，提高苗木质量；规范苗木市场管理；组建产业集团，逐步形成布局合理、运转高效的产业体系。其工作重点是：发展区域经济主导产业，注重设施栽培的发展，抓好高效优质果园的建设。充分利用高效优质果园的典型示范作用，带动和促进北京市果树产业整体水平的提高。

（三）建设花卉、苗木基地，满足城市和居民的绿化美化需求

充分发挥林业在培育花卉方面的资源、土地、人才、技术等方面的巨大优势和潜力，加强林业花卉的生产、流通、科技推广等方面的管理和信息服务。抓好花卉科研和新技术推广工作，建立花卉示范基地，提高栽培水平和单产效益；面向国内外市场，加快花卉生产基地建设，实行规模经营；增加盆景、干花生产能力，积极开发利用野生花卉资源。

花卉基地建设应以北京城市总体规划为依据，树立大市场、大流通、大生产观念，面向国内、国际两个市场，提高生产经营管理水平，创名牌、出精品，逐步完善花卉生产、加工、保鲜、贮运、销售的体系建设。根据市场需求和区域特点，花卉生产布局划分为城近郊区、远郊平原区、远郊山区3个层次。城近郊区重点发展优质种苗、种球、鲜切花。建设朝阳、丰台、海淀的花卉种苗与切花基地，建立花卉专业批发市场，完善环三环花卉交易带。

（四）发展森林资源综合利用，满足城市建设对森林产品的需求

随着北京森林资源的增加，经营过程中产生的森林剩余物，相关的林产品越来越丰富，为资源综合利用产业发展提供了物源基础。只要进行科学合理的开发，即可在维持森林生态环境稳定的前提下做到永续利用。大力发展林木资源综合利用工程，不仅有利于发展循环经济，提高森林资源的保护和利用水平，而且对于优化林业产业结构，促进农民致富奔小康具有现实而深远的意义。

蜂业是北京林业产业的重要组成部分，是极具潜质的新兴产业和林业经济新的增长点，是京郊农民尤其是山区人民脱贫致富奔小康的重要途径。蜂产业规划以北京市蜂业公司为龙头，组建北京蜂业集团公司，形成北京市范围内的蜂业生产、加工、技术研发、销售、出口于一体的产业化经营模式。充分利用北京丰富的蜜源植物，大力发展蜜蜂养殖和相关产品的开发。

利用林下空间，开展鹿、鹅、林蛙、蛇等经济动物养殖。充分利用山区林下生态环境和野生生物资源，大力开展山野菜、食用菌、药材等经济林产品的培育和开发。

北京市的自然环境、土地资源、政策规定、技术管理水平等方面已具备了大面积营造速生丰产工业原料林的条件。实施速生丰产工业原料林基地建设，是对生态公益林建设的

促进和保障；也是在充分发挥林业生态效益的同时，提高林业经济效益，富裕农民的重要途径。以北京市现有速生丰产林基地为依托，大力发展木材加工业；以山地森林经营剩余物为原料，开展综合利用。加大科技投入，加快新技术、新产品的开发力度，提高木材资源综合利用率。结合北京木材资源剩余物的特点，重点开发以其为原材料的生态垫、木材液化以及刨花板等产品。

（五）发展林业产业，满足当地农民致富奔小康的需求

依靠"绿色产业"，推动生态经济增长，拓展当地农民致富途径。在过去的几十年中，我国经济增长主要是一种粗放的外延式扩张。这种以高投入、高消耗为特征的粗放型经济，不仅大量消耗资源，而且造成生态的破坏和环境的污染，使我国经济增长的效率长期难以提高。由于资源承载力的限制，我们实际上已不具备继续沿用粗放外延扩张的发展模式，必须走出一条以提高效益和质量为中心的资源节约型和生态经济协调型的发展道路。

北京自然和经济社会条件优越，不仅具备生态产业的条件，而且已经有了一定的生态产业基础。如果树产业、花卉产业等，还有一些发展潜力很大的产业，如经济林产业、森林旅游产业等。结合北京经济发达和林业产业基础较好的特点，在加大森林资源培育力度，为北京绿色产业发展提供优质原料的基础上，要大力推动林业高新技术产业化。加快优质速生丰产林、优势经济林和林木种苗基地建设，进一步加强林业第一产业的基础地位；大力发展林特产品精深加工，提高综合利用水平，优化产品结构，强化产业素质；积极发展森林旅游为主的服务业，努力培育新的林业经济增长点。重点是在森林旅游业和林果业方面，提升北京绿色产业在经济社会可持续发展中的地位和作用。通过发展绿色产业，使产业化程度在更高水平上发展，不仅可以取得良好的经济效益，同时还可产生巨大的生态效益，实现生态与经济的协调发展。

三、发展人文林业，弘扬绿色文明

所谓人文林业，主要是指蕴含了以人为本这一人文精神的林业。森林与人类文明进程息息相关，是人类精神文化、艺术创作的重要源泉。森林与人类密不可分、共生共存。森林是人类的摇篮，人类的朋友，为人类提供生命、生产、生活、生态、精神的保障和资源；同样，人类也应成为森林的朋友，森林的建设者和保护神。在北京加快发展人文林业，丰富和弘扬江南森林文化，可起到传承悠久历史、提高公民素质、丰富文化生活等作用。

以人为本是科学发展观的核心。用科学发展观为指导，发展现代林业，可以满足全社会对生态、经济、文化等多样化需求。发展人文林业，主要是从人的文化需求出发，满足人们的旅游、休闲、保健、审美、心理等精神文化需求。发展人文林业，要求大力发展城市森林，改善城市人居生态环境，走生态化城市发展道路；加快森林公园建设，推进森林生态旅游；加大古树名木、珍稀濒危物种质资源和林区人文资源保护力度，保护森林文化遗产。开展全民义务植树，鼓励营建各类纪念林。大力发展林业科技、教育，提升林业科技水平，培养林业建设人才。加大宣传力度，普及现代林业生态知识，提高公众生态意识，提高生态伦理道德水平，弘扬绿色文明，繁荣森林文化，充分发挥浙江特有的自然景观和人文历史优势，建设人与自然和谐共处的生态文明社会。

（一）实施科教兴林战略，提高林业生态建设和产业发展的科技水平

实施科教兴林战略确保林业生态建设的质量和水平。紧紧围绕北京林业生态建设的目标和任务，加速推进林业新科技革命，不断提高科技进步水平和创新能力，源源不断地为林业生态建设提供强有力的科技支撑和动力，促使北京林业发展真正走上依靠科技创新促进发展的内涵式发展道路。加强科学研究，不断提高林业科技持续创新能力和总体水平；强化科技成果和技术的系统集成与推广应用，切实提高林业生态建设的科技含量；加速科学技术的培训与普及，努力提高林业行业的科技意识和整体科技水平。

以发展科技密集型林业提升北京林业产业的规模和效益。以技术跨越为途径，推动高新技术产业化，提高北京林业产业整体实力和市场竞争力，是新时期北京林业可持续发展赋予林业科技工作的另一项重要任务。在推进北京林业技术跨越的进程中，以增强市场竞争力为目标，加快企业技术创新体系的发展；以关键技术、核心技术为目标，推动林业高新技术产业化。坚持"有所为，有所不为"的方针，及时把握世界林业高新技术发展的方向，在充分借鉴国外先进技术的基础上，选择对北京林业产业发展有重大带动作用的关键技术和核心技术，协调攻关，重点突破。

（二）发展循环经济，提倡绿色消费，促进人与自然和谐共处

循环经济所倡导的是一种建立在物质不断循环利用基础上的经济发展模式。其特征是自然资源的低投入、高利用和废弃物的低排放，从而逐步消解长期以来环境与发展之间的尖锐冲突。循环经济是北京实施可持续发展战略的必然选择和重要保证。根据国际方面的经验，北京发展循环经济主要可归纳为：确立生态环境优先的理念，坚持预防为主、防治结合、重在建设、综合治理的方针，努力在发展中解决环境问题，在建设中优化生态环境。坚决摒弃以牺牲环境、破坏资源为代价的粗放型经济增长模式，走科技含量高、经济效益好、资源消耗低、环境污染少、人力资源优势得到充分发挥的新型工业化道路。积极探索"资源—产品—再生资源—再生产品"的循环经济发展模式，在生产和消费的过程中追求资源、能源利用效率最大化和废弃物最小化，做到物尽其用。抓紧编制北京市循环经济发展计划，并将其纳入生态建设总体规划，认真组织实施。制定鼓励发展循环经济的政策措施，逐步建立和完善促进循环经济发展的机制和体制，从企业产品生产小循环试点开始，向区域经济包括工业小区、开发区乃至城乡建设延伸，实现整个社会的大循环。用科学发展观为指导，通过多渠道、多方式，加强生态宣传力度，提倡公众的绿色消费意识，促进人与自然和谐发展。

（三）建立森林生态效益补偿机制，调动务林人的生产积极性

要建立利益均衡机制，充分调动各类利益主体保护生态的积极性和主动性。由于北京造林工程实施期长，范围大，现有的财政转移支付等手段难以补偿农户的全部经济损失，农户的生活生产受到不同程度的影响。

按照利益均衡的要求，建立生态补偿制度。①加大这些地区的政策倾斜，在森林生态效益补偿制度的基础上，提高补偿标准，规范补偿办法办法，并建立使农民直接受益的多种补偿渠道，使为保护环境而受到经济损失的农民得到相应的经济补偿，真正调动他们参

与生态建设的积极性，巩固林业生态建设的成果。②扶持发展替代产业，解决林业资源产地经济结构单一化的问题。③北京政府要从制度上解决破坏生态的人既得利又不承担责任，而保护和发展生态的人既要承担造林管护成本支出，又不得利的经济机制。要将资源和环境包括森林资源与生态服务价值纳入国民经济核算体系，建立绿色 GDP 的核算体系，提高经济增长的质量。同时要逐步建立损害生态者承担责任的机制。要逐步形成使高收入、高资源消耗人群支付生态补偿费的制度。

（四）实施依法治林战略，提高公众的森林法律意识

实行依法治林，是保障林业发展，维护林业正常秩序的需要，也是林业发展的一条重要经验。在市场经济体制下，更要把北京林业建设的全过程都纳入法制轨道，对各种生产经营行为以规范、引导和制约，强化与之相适应的法律，采取严格的法律手段保护森林，发展林业，保护林业建设者的合法权益，坚决打击一切破坏森林资源的违法犯罪行为。强化综合法律对林业的支持，加强林业专项立法；建立和执行破坏森林资源案件责任追究制度；加大违法犯罪的打击力度，有效遏制林业重大案件发生；严格执法监管，建立规范约束的执法机制；规范执法行为，提高林业行政执法队伍素质；强化林业普法，使公民知法懂法；改革林业行政审批制度。

（五）培育森林文化，提高公众参与森林保护的自觉性

森林与北京文明进程息息相关，是北京艺术创作的重要源泉。为实现首都绿化美化建设目标，要进一步提高广大市民的生态意识、环境意识、绿化意识，动员社会各界和更多的市民参与首都造林绿化。要通过电视、广播、报刊、网络等现代媒体和多种形式，大力宣传植树种草、水土保持、改善生态环境的重大意义，动员全民搞绿化、全社会办生态，形成自觉参与植树种花种草、爱绿护绿、保护生物多样性的良好社会风尚。积极建立起符合市场经济规律的全民义务植树新机制。要建立健全以市、区县绿化委员会为主的全民义务植树领导和组织体制，积极创建新的形式，继续推进林木绿地、古树名木的认建、认管、认养活动，动员、吸引社会力量投入生态环境建设。

第七章 北京林业建设的指导思想、原则和总体目标

一、指导思想

在邓小平理论和"三个代表"重要思想的指引下，以科学发展观为指导，确立生态建设、生态安全、生态文明的总体战略，在北京生态城市建设中赋予林业以首要地位，在和谐社会构建中赋予林业以基础地位，在生态文明建设中赋予林业以重要地位，以"建设绿色北京，构筑生态城市"为基本理念，发展生态林业以保障生态安全，发展效益林业以满足多种需求，发展人文林业以弘扬绿色文明，使北京林业更好地服务于首都经济社会的全面、协调、可持续发展。

二、建设原则

（一）以人为本，服务首都

北京是全国的政治、文化中心，是世界了解中国的窗口，肩负着"四个服务"的功能。北京林业建设要体现以人为本的原则，有效发挥森林在改善生态环境、提高人居环境质量中的重要作用，充分满足人们对森林的多种需求，促进人与自然和谐发展。同时，北京林业要服务于首都的城市发展和经济建设，在创建世界一流现代化国际大都市的过程中发挥重要作用。

（二）统一规划，突出重点

林业发展要与北京市的社会经济发展总体规划相适应，并结合各区县林业资源、生态环境的特点，进行统一规划，建设具有北京特色的生态林体系、产业林体系和文化林体系。同时，区别不同情况，突出重点，攻破难点，率先绿化和治理生态脆弱、生态地位重要的地区，全力抓好对城市发展和人民生活有重大影响的林业工程。

（三）生态优先，效益兼顾

森林是陆地生态系统的主体，是社会经济可持续发展的重要物质基础和生态保障。北京市要建设成为国际化大都市，必须在发展经济的同时，加快以林业为主的城市生态环境建设，按照生态优先的原则，构筑北京社会经济可持续发展的绿色屏障；同时以森林旅游业发展为龙头，积极发展特色林果产业、观光游憩林业等绿色产业，充分发挥森林的多种效

益以促进地方经济发展、增加农民收入，实现北京森林生态、经济与社会效益的协调统一。

（四）分类经营，协调发展

深化林业分类经营改革，按照森林主导功能分别建立相应的管理体制、经营机制、投入渠道和发展模式。生态公益林以政府财政投入为主，商品林以市场调控为主。加强分类指导，形成区域特色，使山区、平原、城市协调发展。

（五）科教兴林，依法治林

新时期的林业发展和生态建设，要靠政策、靠投入、靠机制，最根本的还是要靠科学技术。要不断吸收、引进和消化应用国内外高新技术成果，通过科技创新有效解决制约北京现代林业发展的技术"瓶颈"，以科技进步支撑绿色北京的生态建设和产业发展。同时，必须增强法制观念，依法治林，强化营造与管护并重的意识，加强和改进森林资源保护管理工作，巩固林业建设成果。

（六）政府主导，市场调节

进一步落实林业建设地方各级政府和部门负责制，生态公益林建设的资金投入坚持以政府财政为主，商品林发展要以市场为导向，通过制定相关的政策积极引导、培育林业投资市场，拓宽林业建设的投融资渠道。同时，加强宣传教育，增强全民生态意识，充分调动全社会参与林业建设的积极性。坚持全民搞绿化，全社会办林业。

三、总体目标

经过不懈努力，到 2020 年，建成功能完备的山区、平原、城市绿化隔离地区三道绿色生态屏障，形成城市青山环抱、市区森林环绕、郊区绿海田园的生态景观，实现强化生态安全保障，提升林业产业效益，弘扬古都绿色文明的总体目标，为建设山川秀美、人与自然和谐、经济社会可持续发展的生态城市奠定基础。

（一）强化生态安全保障

到 2020 年，北京林木覆盖率达到 55%，森林覆盖率达到 40%。通过加强林分改造、优化林种、树种结构等措施提高森林资源质量；加强野生动植物及湿地自然保护区建设，保护生物多样性；重点加强城市绿化隔离地区绿化建设，太行山燕山生态林建设，积极退耕造林；完善平原地区水系、道路和农田林网建设，构筑资源丰富、布局合理、功能完备、结构稳定、优质高效的森林生态网络。

加强林政执法、森林防火、病虫害防治装备和基础设施建设；加强森林资源林政管理，实施依法治林，保障森林资源有序利用，杜绝乱砍滥伐；建立和完善森林火险预测预报系统、林火信息管理系统、森林防火技术标准体系，依法治火，科学防火；认真贯彻"预防为主、综合治理"的方针，不断提高森林病虫害的监测和防治水平，积极推进生物防治，严防危险性病虫害入侵，保障森林与生态安全。

（二）提升林业产业效益

积极发展森林旅游产业，培育新的林业经济增长点；加快林果产业发展，培育名、特、优、新品种，打造"京果"品牌，延伸产业链条，提高产品竞争力；加强花卉林木种苗基地建设，满足北京绿化建设需要；大力发展森林产品精深加工，提高综合利用水平，优化产品结构，提升产业效益。

（三）弘扬古都绿色文明

通过林水结合的城区绿化建设，传承古典园林艺术精髓，营造"城在林中、路在绿中、房在园中、人在景中"的优美环境，发挥窗口和示范作用；加快森林公园建设，推进森林生态旅游，引领绿色消费；加大古树名木和林区人文资源保护力度，保护森林文化遗产；开展全民义务植树，鼓励营建各类纪念林，倡导生态文化；加强生态宣传教育，增强公众环境意识，提高生态伦理道德水平，弘扬绿色文明。

第二篇 北京林业发展指标

第八章 林业与林业发展指标

一、问题的提出

环境与发展是当今国际社会共同关注的重大问题，保护和发展森林已成为全球环境问题的主题，越来越受到国际社会的普遍关注。森林是陆地生态系统的主体，是人类赖以生存的重要资源，不仅能提供木材及其他林产品，而且，森林植被在参与生物地球化学循环的过程中，通过与土壤、大气、水源在多界面、多层次上进行物质与能量交换，改变和影响区域气候、土壤、水资源分布，调节气候、涵养水源、保持水土、防风固沙、抵御自然灾害，在维护自然生态环境中具有不可替代的作用，肩负着环境与发展的双重使命，是实现环境与发展相统一的关键和纽带。

与此相一致，世界林业发展战略、林业经营模式、林业管理模式都发生了十分重要的变化，林业发展逐步从以追求木材生产为主向多效益和可持续经营的方向发展。

针对我国森林资源严重不足、生态环境形势严峻的客观实际，改革开放以来，我国林业发展步入了多目标和可持续发展的新阶段，改变了过去单一生产木材的传统思维，充分发挥森林的生态、经济和社会效益，在加快林业产业体系建设的同时，狠抓林业生态体系建设，先后开展了以遏制水土流失、防治荒漠化、改善生态环境、扩大森林资源、保护天然林、自然保护区建设为主要目标的林业建设工程。在大力推进重点林业生态工程建设的同时，全国森林资源保护得到重视和加强，野生动植物及生物多样性保护体系初步形成；林业资源与生态环境监测体系形成了一定基础，并逐步向科学化、网络化方向发展。国家森林资源连续清查体系初步建立，全国共有 35 个总体，设置固定样地超过 22 万个，调查面积 578 万平方公里，占国土面积的 61.2%，建立了初级森林资源监测中心 25 个。已建立森林生态系统定位研究站 18 个，初步形成网络系统，国家林业局（原林业部）在"七五""八五"国家科技攻关项目中，分别在"三北"、长江、沿海、太行山等重点林业生态工程内建立 114 个试验监测点，"九五"期间，在上述站点中，筛选和确定了 10 个一级站和 10 个二级站为"九五"国家科技攻关项目监测站，主要监测防护林体系的功能和生态环境效益。建立了荒漠生态监测站 35 个，并初步建立了跨行业和跨部门的"荒漠生态监测网络"。国家林业局（原林业部）先后建立了中国森林生态系统研究专家小组和森林资源监测网络，并先后建立了林业部生态环境监测总站、湿地与野生动物监测中心、荒漠监测中心。20 多年来，在森林生态研究及监测理论、网络建设、信息管理、监测技术方法等方面有了一定的基础，并积累了宝贵的经验。

随着我国林业建设的逐步完善与整体迅速推进，林业发展评价与发展指标的界定与量化也就越来越重要，主要表现在：①林业发展指标的研究是林业规划的基本要求；②林业发展指标的研究是评价森林社会经济生态环境功能的客观要求；③林业发展指标的研究是林业自身发展以及与其他各相关行业发展的基本需要；④林业建设的迅速发展、林业资源与生态环境监测体系的逐步建立，为开展林业发展指标研究奠定了基础；⑤林业建设的发展对林业发展指标的研究、林业发展评价提出了更高的要求。

二、林业发展目标

从以上的论述可以看到，林业发展的主要特征是可持续发展，与此相适应，林业发展目标主要包括林业可持续发展的社会目标、经济目标和生态环境目标（中国可持续发展林业战略研究项目组，2002）。

（一）林业可持续发展的社会目标

满足人类基本需要和较高层次的社会、文化需求，持续不断地提供林产品以满足社会需要，这是持续林业的一个主要目标，作为社会经济大系统中的林业产业担负着为社会发展提供生活资料（燃料、食品等）与生产资料（原材料）的双重任务。随着全球范围内不可再生资源的不断消耗，森林作为主要的可再生资源，其满足人类社会物质需求的作用是不会消失的，人类对森林的社会、文化需求的不断扩大，是社会经济发展的总趋势。满足人对森林的多种需要和愿望，是林业的根本任务。在中国，林业可持续发展的社会目标的特殊意义，还在于为广大山区农民提供就业机会与生存条件，为脱贫致富提供经济来源。

（二）林业可持续发展的经济目标

它主要关注林业生产者的长期利益。这里必须明确的是林业经济可持续性的主体是林业生产经营者。当前就经济利益的实现方式考察，主要还是通过为社会提供物质产品的形式实现自身的利益，其中起主导作用的是林产品产量的持续产出。而林产品的产出，除了取决于林业生产力水平外，同时还受到自然生态环境的制约，更受制于非林业部门的影响。林业经营者经营的森林生态系统所提供的环境产品，具有经济利益的外部特征，必然造成林业利益难以在市场条件下完全实现。面对这种情况，林业可持续发展的经济目标，必须有其他实现途径。可行的方式，一是实行生态补偿；二是国家扶持。林业可持续发展的必要条件之一，是必须保障林业生产者的经济可持续性。

（三）林业可持续发展的生态环境目标

它关注的是森林生态系统的完整和稳定。通过退化系统的重建与已有森林生态系统的合理经营，保障森林生态系统在维护全球、国家、区域等不同层次上所发挥的环境服务功能的持续性。其中的关键是无退化地使用林地和保护生物多样性，保持森林生态系统的生产力和可再生能力以及长期健康。林业可持续发展的生态环境目标，不仅是保障林业自身社会经济可持续的基础，更重要的意义还在于持续发挥森林生态系统在维护全球生命支持系统中的重要性与不可替代性。可持续发展思想提出的主要背景是以水土流失、荒漠化、二氧化碳浓度增高、工业污染等为主的全球性环境问题，而森林生态系统的局部消失、退化是最重要的原因之一。因此，林业可持续发展的生态环境引示，从全人类根本利益来看，应当处于最重要地位，这也是森林问题成为全社会关注焦点的本质原因。

三、林业发展指标的概念与范畴

一定的发展指标是与一定的发展目标相联系的，林业发展以"生态建设、生态安全、生态文明、产业进步"为目标，因此，林业发展的主要指标包括：林地资源指标、林木资源指标、生态环境指标、经济发展指标、社会效益指标、科技发展及贡献指标。林业发展指标是指能够反映林业自身发展的特点，表征林业的社会效益、经济效益、生态环境效益可以量化的尺度。中国可持续发展林业战略研究总论提出的林业发展指标包括以下几个方面。

（一）林地资源指标

林地资源指标包括 9 个二级指标：有林地面积、林地利用率、宜林荒地利用率、用材林面积占有林地总面积的比例、防护林面积占有林地总面积的比例、经济林面积占有林地总面积的比例、薪炭林面积占有林地总面积的比例、特有林面积占有林地总面积的比例、不同起源（人工林、天然林）林地平均生产力。

（二）林木资源指标

林木资源指标包括 9 个二级指标：森林覆盖率，活立木总蓄积量，幼龄中龄林及成熟林的森林面积和蓄积的比例系数，人工林占森林（面积、蓄积）的比重，森林资源综合利用率，森林病虫害防治率，森林火灾发生率、发生面积、成灾率、损失金额，林道网密度，森林年生长量与采伐量。

（三）生态环境指标

生态环境指标包括 14 个二级指标：林区人口和土地承载力，年造林面积，荒漠化土地面积及其治理程度和治理率，水土流失面积、百分率、治理率，农田林网率，自然保护区占国土面积，生态公益林的比例，城市绿地面积城市面积比例，公众的环境意识，生态系统监测能力，林区每年生态旅游人数，濒危物种数量及其占已知物种的百分比，林业二氧化碳 GDP 排放量、减排量、人均排放量、总排放量，林区污染等级。

（四）经济发展指标

经济发展指标包括 13 个二级指标：第一产业、第二产业和第三产业的结构比值，林业产值占国民经济总产值的比重，林产工业产值占林业总产值的比重，木材资源综合利用率，林业产业各就业部门的劳动生产率、平均工资和工伤发生率，设备折旧率，技术改造能力，万元工业产值综合能耗，社会平均利税率，林产品出口额年增长率，林业投入占国家和地方投入的比例，林业投入中用于研究、教育、开发和推广的比例，林业投入的回收率。

（五）社会效益指标

社会效益指标包括 7 个二级指标：林业产业直接和间接就业人员总数及占全国就业人员的比例，每万名林业就业人员中科技人员的比例，林业就业人员和林区群众生活（收入）水平，全社会对林业重要性的认识程度和态度，全社会参与林业的程度，林产品供给能满足社会生产和人民生活需求的程度（即林产品贸易顺差或逆差的多少），国家林业政策法规对林业发展的影响程度。

（六）科技发展及贡献指标

科技发展及贡献指标包括8个二级指标：科技人员学科、专业结构、明确重点学科和专业、重点学科的人员比例（不低于科技人员数的60%），林业科技人员的总体学历结构，科技投入结构、年投入数量及其占林业总投入的百分数，科研成果总数量、国家级科研成果数量，技术成果转化的投入强度、成果推广率，仪器设备净值，科技图书拥有量，科技进步贡献率。

四、区域林业发展指标确定依据

由于林业发展受自然、社会、经济等多种因素的影响，因此，定量确定区域林业发展指标是一个十分复杂的问题。其中既涉及林业发展的需求指标，如防止土壤侵蚀的森林需求量、防治空气及水污染的森林需求量、涵养水源及减灾防灾的森林需求量等，又涉及林业发展的潜力指标，如水资源承载力、土地资源承载力、光热资源、资金财力等的限制。

同样林业发展的结构指标诸如林种数量指标、林种质量指标（林龄构成、蓄积量、生物量、健康林面积、各林种低效林面积）、林种分区空间结构布局指标、平面布局指标（如城市各屏障带各林种面积、各小城镇林种面积、各保护区及旅游景点已有与新建林地面积、以乡镇为单位的各林种面积）、垂直布局指标（不同海拔分级高度带各林种面积）；林业发展的产业指标，如林业一产指标（经济林果、花卉种植业、种苗、蜂蚕产业）；林业二产指标（林果产品加工业）；林业三产指标（森林旅游等服务业、咨询业）；林业发展的基础设施指标：林木种苗生产、森林防火体系、森林病虫害防治体系、林业信息网络系统、林业生态环境监测体系等等。也只有在结合林业发展需求、林业发展潜力分析的基础上，根据林业发展的自然规律和经济规律，才有可能加以确定。

目前国内外已经开展的研究主要是针对林业综合效益评价（在空间上可以是省级、县级）以及森林可持续经营管理指标的研究（主要是在森林经营单元或生态系统尺度上）。在区域林业综合效益评价（在空间上可以是省级、县级）方面，高兆蔚（2003）选定了16项林业生态环境评价指标，利用层次分析法结合福建省的16项指标中各项指标在全国所占的地位状况，进行合理地评分，得出福建省林业生态环境建设处于刚刚合格的程度。谢金生等(1999)在分析了国内外可持续林业评价指标体系和评价标准的基础上，提出了包括社会、经济和自然生态三类指标的区域可持续林业评价指标体系和标准。李宝银（2004）采用层次分析法，用以上三类指标进行专家评分的基础上，对福建省林业现代化程度进行了评价。总之，这类研究主要是在对三类指标的设定的基础上，采用层次分析法进行林业发展的综合评价。

在森林可持续经营管理指标方面，自从1992年联合国环境与发展大会后，对森林持续利用的标准与指标体系已展开了国际性广泛的研讨和协调行动，一些国家制定了国家级标准与指标，少数国家开展了示范区的实验性研究。目前世界上主要的森林经营指标与标准有：①蒙特利尔行动纲要（温带与北方森林保护与可持续经营标准与指标），提出了63个指标；

②亚马逊行动（Amaironia Process），分 3 个方面，即国家水平的 41 个指标，经营单位水平的 23 个指标，为全球服务水平的 7 个指标；③赫尔辛基行动，提出了 28 个指标；④国际热带木材组织（ITTO）指标，分两方面，即国际水平的指标 27 个；森林经营单位水平的指标 23 个。另外，还有森林政府间工作组（IWCF）、印度—英联邦活动、森林管理委员会（FSC）、森林和可持续发展的世界委员会（WSFSD）、国际林业研究中心（CIFOR）在 1994 年 12 月开展了森林可持续经营的国际对话，有世界各国 50 余名代表参加，发表了相应文件，还组织了在加拿大、印度尼西亚、巴西和非洲的森林可持续经营标准与指标的实施示范。

五、北京市林业发展指标的选择与研究思路

与林业发展评价（生态评价、社会评价、经济评价）不同，区域林业发展指标研究的方法主要是根据区域社会、经济、自然、地理、资源、环境、生态、人文方面的要求与可能，确定林业发展总体控制指标，其目的主要是为区域林业制定切实可行的发展目标，为林业发展总体规划的制订提供宏观控制指标，引导林业与其他行业协调发展。北京市林业发展指标的研究就是要确定符合北京市社会经济现代化发展要求，能够保障北京市环境安全，确保北京市区域生态健康，创造良好的首都人居环境，宏扬首都特色文化，传承中华人文精神等方面的林业发展的宏观控制指标，为北京林业发展规划提供基础依据。

根据以上的论述，结合北京市林业发展的主要功能与目标，我们从水土资源承载力、土地利用变化、水资源开发利用、大气环境保护、水环境保护、人居环境优化、林业发展、生态安全、社会经济发展、人口变化等综合分析与考虑，确定了林木绿化率、森林覆盖率、自然保护区、森林公园、公益林面积等 5 项指标，作为林业发展控制指标进行分析研究。

第九章 北京土地利用变化与林业发展指标

土地利用/覆被变化是目前全球变化研究的热点和前沿问题，也是目前全球变化研究的核心主题之一。

土地利用是人类根据土地的特点，按一定的经济和社会目的，采取一系列生物和技术措施，对土地进行的长期性或周期性的经营活动。土地利用变化是指由一种土地覆盖类型转变成另一种土地覆盖类型或土地覆盖类型内部的变化过程。

土地利用格局及其变化对水文环境、水文过程、水文通量、水量平衡、水文化学以及生态系统动态都可以产生十分重要的影响。1995年，国际地圈—生物圈计划（IGBP）和全球环境变化中的人文领域计划（HDP）联合提出了"土地利用变化和土地覆盖变化"（Land use and land cover change，LUCC）研究计划，在世界范围内开展了大量关于土地利用变化影响的研究，包括土地利用变化对水文响应的影响、土地利用变化对淡水资源影响、土地利用变化对洪水灾害的影响等。

北京位于华北平原的西北部，东与天津市毗邻，北与内蒙古高原接壤，是一个拥有3000多年建城史和800多年建都史的古城。全市面积16807.80平方公里，占全国土地总面积的0.18%。其中平原面积6390.30平方公里，占全市土地面积的38%，山区面积10417.50平方公里，占全市土地面积的62%；2004年末全市总人口1493万，占全国内地总人口的1.1%，人口密度为888人/平方公里。

北京历史悠久，文化底蕴丰厚。早在69万年前的洪荒时代，"北京人"就在这里劳动、繁衍、生息；四五千年前，北京地区已有固定的居民点。北京城市的历史最早可以追溯到大约3000年前的燕国，那时北京是区域性的政治、经济中心，到隋代和唐代（公元7~10世纪），北京已经发展成为国家级中心城市。13世纪，蒙古大军攻克中都，之后，忽必烈改中都为大都，自此确立了其中国首都的地位。此后，北京的行政区域又历经朝代更替和行政管理需要的变革而变化，1958年才确定了现在的行政区域范围。

20世纪是北京土地利用变化较剧烈的时期。1919~1949年间，经历了军阀混战、迁都南京、八国联军入侵以及内战等事件，由于当时经济较为薄弱，北京的城市化进程缓慢。1949年中华人民共和国的成立，是推动中国现代化的一大动力。之后，北京的土地利用变化很快，尤其是80年代改革开放以来，不仅市中心扩张迅速，北京的边缘区以及外围各县城市化发展也极为迅速。1953年，北京行政区域范围内只有38个建制镇；如今，已发展成为14个卫星城（包括县）、78个建制镇和26个开发区的大都市。

一、北京森林资源的变迁

（一）新中国成立前

原始社会时期：科学考察发现，延庆的硅化木化石出现在中生代中侏罗世地层。经鉴定属于异木属，是松柏、银杏等高大乔木形成的化石。这表明，距今 1.8 亿 ~1.3 亿年以前，北京北地区，气候温暖，雨量充沛，植物生长繁茂，森林密布，曾经是一个多林地区；尤其是原始社会后期，北京山地森林十分繁茂，树种与近代森林的树种组成没有太大差别。以松树、栎树为主的混交林分布很广，可能从平原一直延伸到广大山区。

到了奴隶社会时期，由于生产力水平不断提高，人们出于生产、生活的需要和不断发生的战争，给森林造成一定程度的破坏，但由于这一时期人口稀少，生产力不高，对森林的破坏和大片的林海相比是微乎其微的。

封建社会时期，北京地区的森林仍然很多，特别被政治家重视的是板栗、枣树等经济林。隋代由于大兴土木，穷兵黩武，导致森林资源的破坏；唐朝由于生产、生活的需要，已经开始采伐利用森林。尤其是到了辽代，北京地区的森林已经开始遭到大规模的破坏，其程度有逐渐加重的趋势。金代北京地区的森林还有不少，正处于由保存完好向逐渐加速毁灭过渡的过程中。人口稠密、交通便利的平坦地区和近山地带，破坏比较严重。高山、远山的森林保存较好；元代北京地区的森林已经遭到大规模的破坏，特别是交通要道、人口较多的地区更为严重，并开始出现岩石裸露的无林荒山；到了明代，由于统治阶级政治腐败，再加上经济萧条，人口不断增加，以及大规模的修筑长城，森林的破坏到了不可收拾的地步，平原地区只有星星点点的森林了；清代北京地区的森林在已经遭到严重摧残的情况下继续遭受破坏，山地森林所剩无几，平原森林则完全净绝。半封建半殖民地时期：从辛亥革命到中华民国成立，北京地区林业发展缓慢，原有的森林继续遭到破坏。到中华人民共和国成立前夕，北京地区只有密云、怀柔、延庆、平谷、房山约 2.13 万公顷森林。中高山地带有山杨、桦树、椴树、栎树等树种的次生林分布，林下常见平榛、胡枝子、六道木等灌木。低山地带主要为油松、侧柏、栎树、山杏、鹅耳枥等树种的片林，面积不大。

总的来说，北京地区曾经是一个森林较多的地方，由于长期连续破坏，才逐渐演变为森林资源缺乏的地区。大概在辽、金以前比较多，虽然时有破坏，但程度轻微。大约在元代以后，才开始受到大规模的破坏，到明代中叶发展到极其严重的地步，以后持续遭到破坏，直至中华人民共和国成立为止。因此，北京地区的森林史，是一部由到处是郁郁青山的多林地区逐步变为遍地是荒山秃岭的少林地区的历史。森林资源经历了由相当丰富转变为极其匮乏的过程，尽管其间曾经有过一些反复，但总的趋势是不断减少的（董智勇，1993）。

（二）新中国成立后

中华人民共和国成立后，林业建设逐步进入恢复时期。从 1950~1952 年 3 年造林 13023.8 公顷，平均每年造林 4341.4 公顷；1953~1957 年，五年内共造林 61786.3 公顷，平均每年造林 12357.3 公顷；1957 年，京郊实现农业合作化，农民的生产积极性很高，到 1960 年，三年造林 18666 公顷，为首都的绿化建设添上了重要的一笔；自 1962 年贯彻实施"调整、巩固、充实、提高"八字方针起，郊区林业建设逐步稳定前进，从 1962 年到 1976 年"文化大革命"结束，15 年共造林 89829 公顷；党的十一届三中全会以后，林业建设进入一个新的发展阶段。"六五"期间造林绿化 8000 公顷，到 1985 年，平原地区共有树木 9833.2 万株，林木绿化率达 14%。经过几十年的努力，以大面积的植树造林和封山育林、飞机播种造林相结合为手段，绿化建设取得巨大飞跃。"十五"森林资源规划设计调查表明：截至 2004 年 9 月底，北京市的林木绿化率（即林木覆盖率，下同）为 49.99%，森林覆盖率为 35.47%。其中，山区林木绿化率为 67.85%，森林覆盖率为 46.55%；平原林木绿化率为 23.57%，森林覆盖率为 19.10%。

二、北京土地利用现状

近年来，随着郊区工业化、城市化步伐的加快，土地问题已经成为各方面关注的焦点。《北京城市总体规划（2004~2020 年）》提出了"两轴—两带—多中心"的发展模式。城市布局从 1993 年的"分散集团式"到如今的"两轴—两带—多中心"，必然会引起土地利用格局的改变。

明确北京市土地资源利用现状及分布，是做好土地利用结构优化、控制城市无序扩张的前提和基础。2002 年北京土地利用现状情况见表 9-1。

表 9-1　2002 年北京市土地利用情况统计表（未调整）　　　　　单位：公顷

类型	合计	耕地	园地	林地	牧草地	居民点及工矿用地	交通用地	水域	未利用地
全市	1641054.88	317627.32	115273.07	673792.43	2102.14	248088.42	8315.59	78526.62	197329.29
山区	963845.58	40880.05	54601.49	621883.90	2023.25	39833.15	324.37	29220.18	175079.19
平原	677209.30	276747.27	60671.58	51908.53	78.89	208255.27	7991.22	49306.44	22250.10

注：表中数据是根据 2001~2002 年 1:1 万航空照片解译得到的，此次划分平原与山区边界线主要是在 DEM（75 米栅格数据）的基础上，先生成坡度图和等高线图，之后将其叠加在 SPOT 影像上进行边线确定，生成了平原与山区区界图，其中延庆盆地平原大致以 550 米等高线为界，北京南部平原区的边界大体以 100 米等高线为界。

据土地利用现状调查结果，2002 年全市土地总面积 1641054.88 公顷，其中耕地 317627.32 公顷，占 19.36%；园地 115273.07 公顷，占 7.02%；林地 673792.43 公顷，占 41.06%；牧草地 2102.14 公顷，占 0.13%；居民点及工矿用地 248088.42 公顷（含城四区面积为 9239.52 公顷），占 15.12%；交通用地 8315.59 公顷，占 0.51%；水域 78526.62 公顷，占 4.79%；未利用地 197329.29 公顷，占 12.02%。各土地利用类型占全市土地总面积的百分比如图 9-1。

各类土地利用现状分述如下：

（1）耕地：耕地是最重要的土地资源，也是生产粮、油、菜等农副产品的基地，耕地利

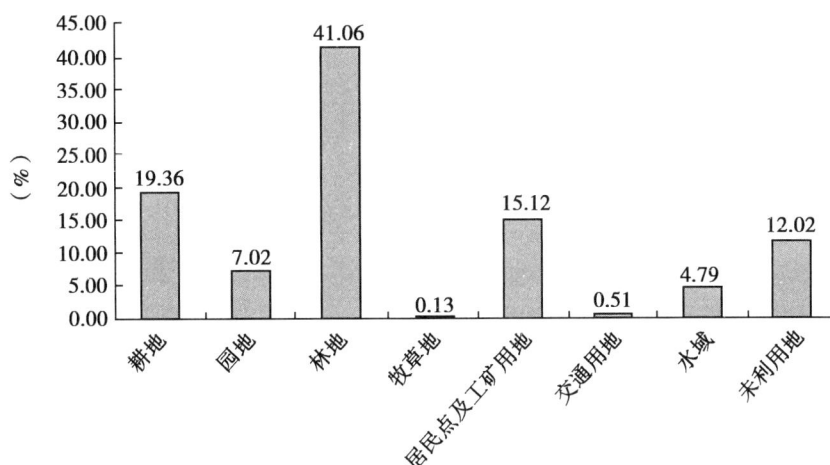

图 9-1　2002 年土地利用一级分类结果柱状图

用状况及其合理化程度，是反映土地利用结构优劣的主要标志之一。

根据 2001~2002 年航空照片（1∶1 万），2002 年全市耕地面积共 317627.32 公顷，占土地总面积的 19.36%。其中灌溉水田 15400.49 公顷，占全市耕地总面积的 4.85%；水浇地 218644.22 公顷，占 68.84%；旱地 57291.10 公顷，占 18.04%；菜地 26291.50 公顷，占 8.28%。耕地主要分布在平原地区，其面积为 276747.27 公顷，占全市耕地总面积的 87.13%；山区耕地面积为 40880.05 公顷，占全市耕地总面积的 12.87%。

（2）园地：2002 年全市园地面积共 115273.07 公顷，占土地总面积的 7.02%，而且全部是果园。平原区园地面积为 60671.58 公顷，占全市园地总面积的 52.63%；山区园地面积为 54601.49 公顷，占全市园地总面积的 47.37%。

（3）林地：北京市林业用地包括有林地、灌木林地、疏林地、苗圃地等。2002 年，全市共有林地面积 673792.43 公顷，占土地总面积的 41.06%。其中有林地 273483.38 公顷，占全市林业用地面积的 40.59%；灌木林地 273564.06 公顷，占 40.60%；疏林地 107995.50 公顷，占 16.03%；苗圃 18749.49 公顷，占 2.78%。林地主要分布在山区，其面积为 621883.90 公顷，占全市林地总面积的 92.30%；平原区林地面积为 51908.53 公顷，占全市林地总面积的 7.70%。

（4）牧草地：牧草地包括天然草地、改良草地和人工草地。2002 年全市牧草地面积共 2102.14 公顷，占土地总面积的 0.13%。其中天然草地 2095.19 公顷，占牧草地总面积的 99.67%；改良草地 6.96 公顷，占 0.33%。牧草地主要分布在山区，其面积为 2023.25 公顷，占全市牧草地总面积的 96.25%；平原牧草地面积为 78.89 公顷，占全市牧草地总面积的 3.75%。

（5）居民点及工矿用地：2002 年居民点及工矿用地面积共 248088.42 公顷，占土地总面积的 15.2%。城镇用地面积 38152.31 公顷，加上城四区面积 9239.52 公顷，共 47391.83 公顷，占 19.10%；农村居民点面积 92267.94 公顷，占 37.19%；独立工矿用地面积 108428.65 公顷，占 43.71%。居民点及工矿用地主要分布在平原地区，其面积为 208255.27 公顷，占全市居民点及工矿用地总面积的 83.94%；山区居民点及工矿用地面积为 39833.15 公顷，占全市居民点及工矿用地总面积的 16.06%。

（6）交通用地：交通用地包括铁路、公路、民用机场、农村道路和港口码头五个部分。铁路、公路、航空是构成北京对外交通系统的组成部分。根据航空照片解译结果，2002年交通用地面积共 8315.59 公顷，占土地总面积的 0.51%。其中铁路面积 1588.94 公顷，占交通用地面积的 19.11%；公路面积 5598.31 公顷，占 67.32%；农村道路面积 37.28 公顷，占 0.45%；农用机场面积 1091.08 公顷，占 13.12%。交通用地主要分布在平原地区，其面积为 7991.22 公顷，占全市交通用地总面积的 96.10%；山区交通用地面积很小，为 324.37公顷，占全市交通用地总面积的 3.90%。

（7）水域：水域是土地资源的重要组成部分。北京市水域包括河流、湖泊、水库、坑塘、滩涂、沟渠和水工建筑物等。2002 年全市水域面积共 78526.62 公顷，占土地总面积的4.79%。河流水面 17844.43 公顷，占水域面积的 22.72%；湖泊水面 66.23 公顷，占 0.08%；水库水面 23533.46 公顷，占 29.97%；坑塘水面 19535.86 公顷，占 24.88%；滩涂 14899.55 公顷，占 18.97%；沟渠 1271.70 公顷，占 1.62%；水工建筑物 1375.39 公顷，占 1.75%。水域主要分布在平原地区，其面积为 49306.44 公顷，占全市水域总面积的 62.79%；山区水域面积为 29220.18 公顷，占全市水域总面积的 37.21%。

（8）未利用地：未利用地包括荒草地、盐碱地、沼泽地、沙地、裸岩石砾地等。2002年全市未利用地面积共 197329.29 公顷，占土地总面积的 12.02%。其中荒草地 161223.84公顷，占未利用地面积的 81.70%；盐碱地 339.29 公顷，占 0.17%；沼泽地 76.78 公顷，占 0.04%；沙地 1467.45 公顷，占 0.74%；裸岩、石砾地 34221.93 公顷，占 17.34%。裸岩、石砾地是不易利用之地，本次优化将其作为不可造林地来处理。平原地区裸岩、石砾地 822.27 公顷，山区裸岩、石砾地 33399.66 公顷。未利用地主要分布在山区，其面积为 175079.19 公顷，占全市未利用土地总面积的 88.72%；平原未利用地面积为22250.10 公顷，占全市未利用土地总面积的 11.28%。具体各区（县）土地利用现状见表 9-2。

表 9-2 2002 年北京市土地利用现状　　　　　单位：公顷

类型	小计	耕地	园地	林地	牧草地	居民点及工矿用地	交通用地	水域	未利用地
朝阳区	45507.07	10956.07	850.66	3951.88		24059.74	1830.47	2807.51	1050.74
大兴区	103630.28	50988.34	14008.30	5956.83		23381.95	513.82	5039.93	3741.10
房山区	198954.06	34324.02	9541.85	72807.14	78.19	30202.83	339.47	6986.21	44674.34
丰台区	30579.70	5416.73	972.92	2898.03		17254.76	1289.90	1376.00	1371.37
海淀区	43072.25	6889.64	3455.51	10015.16	0.00	19805.83	809.31	1626.15	470.66
怀柔区	212259.46	12537.51	15793.41	128981.55	5.29	9529.30	71.97	5349.18	39991.25
门头沟区	145068.15	2643.39	3334.87	100827.25	1217.93	6682.22	109.39	2305.24	27947.86

（续）

类型	小计	耕地	园地	林地	牧草地	居民点及工矿用地	交通用地	水域	未利用地
密云县	222953.23	27889.39	16220.71	106931.20	768.07	12762.84	65.85	21942.39	36372.80
平谷区	95011.58	17562.40	19422.80	32222.19	15.94	9848.60	106.36	4031.25	11802.04
石景山区	8432.11	390.81	375.64	2735.28	0.00	4310.42	156.62	330.67	132.67
顺义区	101991.13	46541.54	7592.84	8833.05	0.00	23377.89	1576.55	7470.47	6598.77
通州区	90632.24	48485.69	5295.81	5213.64	0.00	21307.73	668.60	8528.68	1132.09
延庆县	199372.00	33689.16	8169.50	126181.54	13.64	9557.99	133.05	6003.52	15623.60
昌平区	134352.10	19312.63	10238.25	66237.70	3.08	26766.80	644.22	4729.43	6420.00
城四区	9239.52					9239.52			
合计	1641054.88	317627.32	115273.07	673792.43	2102.14	248088.42	8315.59	78526.62	197329.29

三、近10年北京土地利用变化情况分析

土地利用变化是自然、社会、经济、技术、历史等多种因素综合作用的结果，研究分析北京市的土地利用现状首先应全面掌握全市土地利用的特征及分布规律，揭示土地利用中存在的问题，才能为土地利用结构调整、发挥土地潜力提供依据。近10年来北京市土地利用变化情况统计见表9-3。

表9-3　10年来北京土地利用变化统计结果　　　　　　　　　　　　　单位：公顷

年份	合计	耕地	园地	林地	牧草地	居民点及工矿	交通用地	水域	未利用地
1992	1641053.70	408294.20	76495.09	622173.46	4152.11	194496.63	33677.65	86635.16	215129.40
2001	1641053.70	291609.65	109476.70	674164.72	2099.31	249586.00	40338.52	90375.67	183403.09
2002	1641054.88	317627.32	115273.07	673792.43	2102.14	248088.42	8315.59	78526.62	197329.29

从表9-3可以看出10年来土地利用变化趋势是：耕地总体上来说是减少了，园地、林地有所增加，居民点及工矿用地有一定增加。城市化进程的稳步推进、生态退耕、农业结构调整力度加大是引起变化的主要原因。

总之，从1992年一次土地详查到2001年更新调查，除耕地、牧草地和未利用地有所减少外，其余各类用地均有增加。其中耕地减少比例最高为28.58%，而居民及工矿用地增加最多达28.32%，反映出近年来土地利用变化中建设用地的增加是以耕地为主的土地类型面积不断减少为特征。

80年代以来，北京中心区对外的扩张出现了加速的趋势，1981年全市建成区面积

为 349 平方公里，到 1998 年达到 488 平方公里，平均每年以 8.2 平方公里的速率扩张。图 9-2 显示了 1981~1998 年北京市建成区土地利用结构变化情况。目前，我国正处于城市化和工业化的快速发展时期，人地矛盾仍然是制约我国社会经济可持续发展的重要因素。城乡交错带受城市辐射及扩展、乡村城市化的驱动，成为土地利用变化最为敏感的地方（表 9-4）。

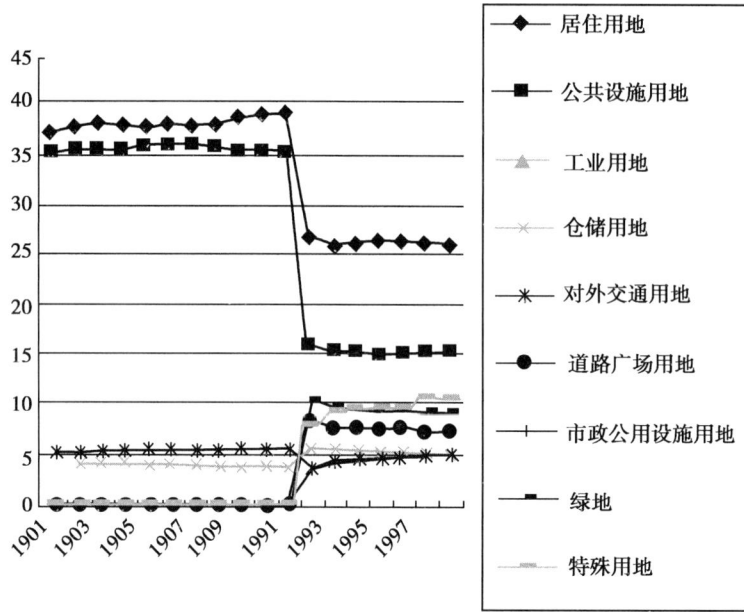

图 9-2 1981~1998 年北京市建成区土地利用结构变化

资料来自：曹建海，1981~1998 年北京市城市土地利用变化及评价

表 9-4 北京市城乡交错带土地利用变化　　　　　　单位：公顷、%

项目		耕地	园地	林地	牧草地	居民点及工矿	交通用地	水域	未利用地
1987	面积	46837	4810	8948	2142	42675	11237	7360	2845
	比重	36.92	3.79	7.05	1.69	33.64	8.86	5.8	2.24
1991	面积	42588	5786	9472	2074	44910	11672	7545	2806
	比重	33.57	4.56	7.47	1.64	35.4	9.2	15.95	2.11
1995	面积	37556	5969	10413	1870	48911	11999	7579	2557
	比重	30.76	4.65	7.72	1.47	38.04	9.36	5.97	2.02
2002	面积	32119	5987	10059	1928	54610	12190	7636	2321
	比重	25.32	4.72	7.93	1.52	43.05	9.61	6.02	1.83

资料来自：蔡玉梅，萧林，苏东袭，2004。

四、北京土地利用多目标优化研究

（一）优化方法

一般线性规划解决的是一个目标的优化问题。多目标优化是一种先进的优化方法。和单目标优化相比，多目标优化能解决同时满足多个目标要求这一类的优化问题。多目标优化问题的本质在于，需要研究的情况特别是指各个子目标存在着相互间的矛盾，在改变决策自变量的取值过程中，一个子目标的改善有可能会引起另一个子目标性能的降低，也就是说不存在最优解使所有目标函数同时最优化，只能在它们之间进行折衷和协调，使各子目标函数都尽可能地达到最优。

土地是农业生产的主要生产资料，是农作物生长发育的重要场所。土地利用优化是保证农业长期稳定、社会安定和谐和地区生态平衡的前提和基础。土地利用优化涉及到方方面面的因素，如经济发展、生态环境改善等，优化目标也多种多样。因此，我们在进行土地利用优化时，根据北京市的自然、社会、经济等条件，选择主要目标作为目标函数，采用多目标决策法，建立数学模型，形成合理、高效、集约的土地利用结构，增加有效耕地面积，提高土地利用效率，适应社会经济发展对土地的需求。

1. 技术路线

多目标优化方法的技术路线：①优化目标的确定，包括生态目标、经济目标和社会目标；②确定有关土地利用的各个决策变量；③确定优化目标值，包括由预测得到的各业用地数量；④确定与决策变量有关的约束条件：如总土地面积约束、耕地动态平衡约束、专项约束以及非负约束等；⑤建立总目标函数，确定各个目标的优先级及其权重，加和形成总目标函数；⑥求一系列非劣解，得到多个方案，根据决策者的要求进行多方案比较，从中选定一个较满意的优化方案，形成最终的优化方案。

2. 多目标函数模型

多目标优化中目标函数模型主要有以下五个方面构成：①决策变量；②目标函数；③约束方程；④参变常量；⑤变量参数。

约束条件： $\sum a_{ij}x_j = (\geq, \leq) b_j$ （$i=1, 2\cdots, m; j=1, 2\cdots, n$）；且 $x_j \geq 0$。

其中：x_j——各种类型土地面积（单位：公顷），决策变量；

$\quad\quad a_{ij}$——约束系数（单位依具体情况而定）；

$\quad\quad b_j$——约束常数（单位依具体情况而定）。

目标函数 $\max fL(x) = \sum_{j=1}^{n} C_j x_j$ （$L=1, 2\cdots, k$）

其中：x_j——各种类型土地面积（公顷），决策变量；

$\quad\quad C_j$——利益系数（单位依具体情况而定）；

$\quad\quad f(x)$——利益，即目标函数（单位依具体情况而定）。

它的一组解称为最优解，即最优的土地利用结构。

建立模型时要尽可能全面考虑，并找出主要因素，使问题尽可能地简化。考虑多目标函数时，也应使目标函数尽可能少，约束条件可因问题的需要而设。

3. 模型求解

多目标优化问题可用逐步法求解。逐步法是一种迭代法，在求解时，每进行一步，分析者把计算结果告诉决策者，决策者对计算结果作出评价。如果决策者认为满意，则迭代停止；否则分析者要根据决策者的意见进行修改和再计算，直至决策者认为满意为止。

设有 k 个目标的线性优化问题：$V - \dfrac{\text{Max}}{x \in R} Cx$

其中 $R = \{ x \mid Ax \leqslant b,\ x \geqslant 0 \}$，$A$ 为 $m \times n$ 矩阵。

C 为 $k \times n$ 矩阵，也可表示为：

$$C = \begin{pmatrix} c^1 \\ M \\ c^k \end{pmatrix} = \begin{pmatrix} c_1^2 & c_2^1 & \Lambda & c_n^1 \\ \Lambda & \Lambda & \Lambda & \Lambda \\ c_1^k & c_2^k & \Lambda & c_n^k \end{pmatrix}$$

求解的计算步骤如下：

第一步：分别求 k 个单项目标线性优化问题的解

$$\frac{\text{Max}}{x \in R} c^j \quad x,\ j = 1,\ 2,\ \cdots,\ k$$

得到最优解 $x^{(j)}$，$j = 1,\ 2,\ \cdots,\ k$ 及其相应 $c^j x^{(j)}$，并作表 $Z = (Z_i^j)$，其中 $z_i^j = c^i x^{(j)}$，$z_i^j = \dfrac{\text{Max}}{x \in R} c^j x = c^j x^{(j)} = m_j$

z 值列表

	z_1	z_2	z_3	z_4
$x^{(1)}$	z_1^1	z_2^1	$\cdots\cdots z_i^1 \cdots\cdots$	z_k^1
$\vdots$	$\vdots$	$\vdots$	$\vdots$	$\vdots$
$x^{(i)}$	z_1^i	z_2^i	$\cdots\cdots z_i^i \cdots\cdots$	z_k^i
$\vdots$	$\vdots$	$\vdots$	$\vdots$	$\vdots$
$x^{(k)}$	z_1^k	z_2^k	$\cdots\cdots z_i^k \cdots\cdots$	z_k^k
Mj	z_1^1	z_2^2	$\cdots\cdots z_i^i \cdots\cdots$	z_k^k

（表中 m_j 为第 j 个目标的最优值，z 为总目标函数）

第二步：求权系数

从上表中得到，M_j 及 $m_j = \min\limits_{1 < i < k} z_i^j$，$j = 1,\ 2,\ \cdots,\ k$

为了找出目标值的相对偏差以及消除不同目标值量纲不同的问题，进行如下处理。

当 $m_j \geqslant 0$，$a^i = \dfrac{M_j - m_j}{M_j} \cdot \dfrac{-1}{\sqrt{\sum\limits_{i=1}^{n} (c_i^j)^2}}$ ；当 $m_j < 0$，$a^i = \dfrac{m_j - M_j}{M_j} \cdot \dfrac{-1}{\sqrt{\sum\limits_{i=1}^{n} (c_i^j)^2}}$ 。

经归一化后，得权系数 $\pi_j = \dfrac{a^j}{k}$，$0 \leqslant \pi_j \leqslant 1$，$\sum \pi_j = 1$，$j=1, 2, \cdots, k$。

第三步：构造以下线性优化问题，并求解

假定求得的解为 $x^{-(1)}$，相应的 k 个目标值为 $c^1 x^{-(1)}, c^2 x^{-(1)}, \cdots, c^k x^{-(1)}$，若 $x^{-(1)}$ 为决策者的理想解，其相应的 k 个目标值为 $c^1 x^{(1)}, c^2 x^{(1)}, \cdots, c^k x^{(1)}$。这时决策者将 $x^{-(1)}$ 的目标值进行比较后，认为满意了可停止计算。如果相差太远，则进行适当修正。如考虑对 j 个目标宽容一下，减少或增加一个 Δc^j，并将约束集 R 改为

$$R^1: \begin{cases} c^j x \geqslant c x^{-(1)} - \Delta c^j \\ c^i x \geqslant c^i x^{-(1)} \qquad i \neq j \\ x \in \end{cases}$$

并令 j 个目标的权系数 $\pi_j = 0$，这表示降低这个目标的要求。再求解以下线性优化问题

$$\text{LP}（2）: \begin{cases} \text{Min}\lambda \\ \lambda \geqslant (M_i - c^i x)\, \pi_i \quad i=1, 2, \cdots, k, \ i \neq j \\ x \in R^1, \ \lambda \geqslant 0 \end{cases}$$

若求得的解为 $x^{-(2)}$，再与决策者进行对话，如此反复，直到决策者认为满意为止。

（二）土地利用现状调整

根据 2001~2002 年 1：1 万航空照片解译结果，2002 年北京市土地面积 1641054.88 公顷，与北京市国土资源局 1992 年一次土地详查、1996 年二次土地详查以及 2001 年变更调查结果一致。本次林业发展战略研究是从全北京市范围内来考虑的，20 世纪 50 年代北京市民政局代北京市行政区划调整后测算的数据是 1680780 公顷，该面积是经国务院认可并对外公布的北京市土地面积。按北京市域面积 1680780 公顷来调整，调整后的北京市 2002 年的土地利用情况见表 9-5。

表 9-5　2002 年山区、平原土地利用统计表（调整值）　　　　　单位：公顷

	合计	耕地	园地	林地	牧草地	居民点及工矿用地	交通用地	水域	未利用地
全市	1680780.00	325316.15	118063.49	690102.96	2153.03	254093.91	8516.89	80427.52	202106.05
山区	987177.45	41869.64	55923.23	636937.88	2072.23	40797.39	332.23	29927.51	179317.34
平原	693602.55	283446.51	62140.26	53165.08	80.80	213296.52	8184.66	50500.01	22788.71

注：按照与全市面积的差值调整。

（三）系统边界的设定

随着城市的发展，城市建设用地规模一定会逐渐增大。新开拓的建设用地既要适宜城市建设发展，又不能对生态环境构成威胁。在城市扩张的过程中，可用于城市发展的后备土地包括生态控制区内的一般耕地、园地和生态重建区内的闲置土地。以往城市建设占地大部分是地理位置优越、耕种条件较好的菜地和高产农田。今后建设用地要先占用质量较差的农用地，并通过耕地易地开发、低产田改造等方式补偿耕地数量。

根据近 10 年来（1992~2001）土地利用变化情况，考虑到城市建设用地扩张的实际，城市建设用地会占用部分耕地、园地，而且多是在平原地区，这和平原区的耕地、园地面积会有交叉，因此本优化研究按居民点及工矿用地、交通用地面积不变考虑；水域面积也保持不变。

（四）土地利用近期（2002~2010 年）优化研究

1. 变量设置

变量主要是根据现有土地利用类型，分山区和平原来设置，本优化方案共设 10 个变量。变量的意义如下：X_1 指山区耕地面积；X_2 指山区园地面积；X_3 指山区林地面积；X_4 指山区牧草地面积；X_5 指山区未利用地面积（不包括不可造林地）；X_6 指平原耕地面积；X_7 指平原园地面积；X_8 指平原林地面积；X_9 指平原牧草地面积；X_{10} 指平原未利用地面积（不包括不可造林地，即不含裸岩、石砾地），见表 9-6。

表 9-6 土地利用类型决策变量设置　　　　　　　　　　　　　单位：公顷

	合计	耕地	园地	林地	牧草地	未利用地（不含不可造林地）
山区	882720.66	41869.64	55923.23	636937.88	2072.23	145917.68
		X_1	X_2	X_3	X_4	X_5
平原	420799.09	283446.51	62140.26	53165.08	80.80	21966.44
		X_6	X_7	X_8	X_9	X_{10}

2. 土地约束分析

约束条件主要是根据各类土地资源的限制以及相关法令和社会经济发展战略来确定的（表 9-7）。

表 9-7 北京市地面坡度与土地的农业利用

坡度	面积（平方公里）	占全市 %	占山区 %	发展方向
<3°	7138	43.45		最宜发展农业
3~7°	636	3.86	6.31	较宜发展农业
8~15°	1844	11.22	18.30	宜发展果园、林地和农业
16~25°	2109	12.85	20.94	宜发展林业、果园
26~35°	2944	17.92	29.22	宜发展林业、牧业
>35°	1757	10.69	17.43	发展林业

注：1. 山区总面积 1007572 公顷；2. 坡度 <3° 的地区包括绝大部分平原和山区河谷。

数据来源：北京市规划委员会国土环保处，1988。

耕地：2003 年 11 月 18 日，国土资源部发出通知，要求各地进一步采取措施落实严格保护耕地制度，坚决守住基本农田这条红线。《北京市土地利用总体规划（1997~2010 年）》中基本农田保护面积为 299330 公顷。根据国家对耕地的保护政策，耕地面积应不小于基本农田面积。因此山区、平原耕地面积之和要不小于 299330 公顷。

北京还有一些不具备灌溉条件的耕地，用来种植农作物不但单产低，而且有些污染土地不适合种植粮食，这些中低产农田可以用来种植速生林木。从产木材的角度看，这些地方造林、栽树的经济效益比种粮大许多；从改善和保护生态环境的角度看，林地具有很好的防风固沙、涵养水源和净化空气的生态效益；同时也可以缓解北京水资源严重紧张的压力。

表 9-8　北京市农业基本情况

年份	年末实有耕地面积 （万公顷）	当年减少耕地面积 （万公顷）	减少比例（%）
1991	41.1	0.2	0.49
1992	40.9	0.2	0.49
1993	40.6	0.3	0.74
1994	40.2	0.4	1.00
1995	39.9	0.3	0.75
1996	39.9	0.3	0.75
1997	34.2	0.3	0.88
1998	34.1	0.3	0.88
1999	33.8	0.3	0.89
2000	32.9	1.1	3.34
2001	30.1	3.0	9.97
2002	24.9	3.4	13.65

整理自：《北京统计年鉴》，2003。

由表 9-8 可以看出，近几年北京耕地面积减小很快。尤其是近几年，比例都超过 3%。结合现有耕地的条件，以 2002 年为基础，按年均减少 1% 考虑，到 2010 年优化耕地面积要不小于现有耕地面积的 90%，得到以下约束方程：

$$X_1+X_6 \geqslant 299330; \quad 37682.68 \leqslant X_1 \leqslant 41869.64$$
$$255101.86 \leqslant X_6 \leqslant 283446.51$$

园地：园地产出是农村土地农业产出的主要来源。因此，考虑到品种改良、技术进步和农村经济增长的情况，园地面积应按收入需求来确定。这几年，北京市园地面积不断扩大。尤其是果园发展最快，果品产量、质量和生产水平均有较大提高。一些区县充分开发利用荒山丘陵、河滩、沙地，以及低产旱薄地开辟果园，增加果品产量（图 9-3）。

从图 9-4 可以看出，北京市的果园主要分布于远郊区县。平原区果园发展基本上做到了因地制宜，集约化经营；如果再增园地占用平原耕地、林地，特别是较好的耕地，则直接影响粮、菜生产，必须严加控制。园地的发展，除了受市场、资金、投入因素制约外，主要还受到果农技术力量、灌溉用水和土层较厚的土地面积的制约。平原地区除裸岩外，土层厚度基本满足园地要求；据统计山区 60%~70% 的土地坡度大于 25°，山区土层厚度小于 30 厘米的面积约占 50% 左右，30~50 厘米的占 20% 左右。坡陡、土层薄的地方，不适宜发展园地，尤其是果园。

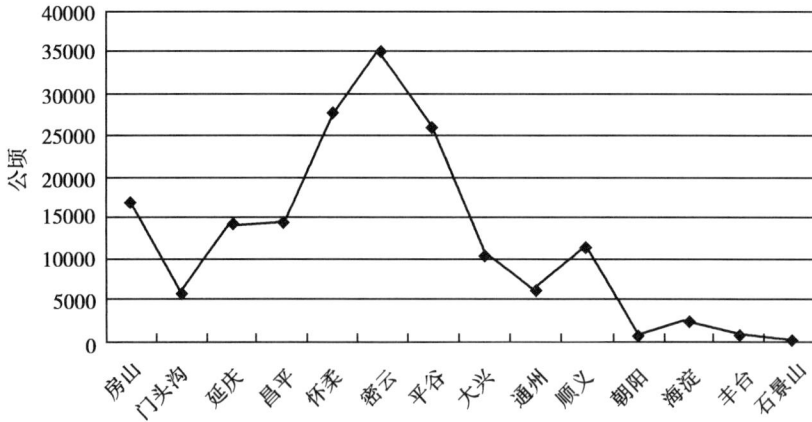

图 9-3 北京市各区县果树面积分布图

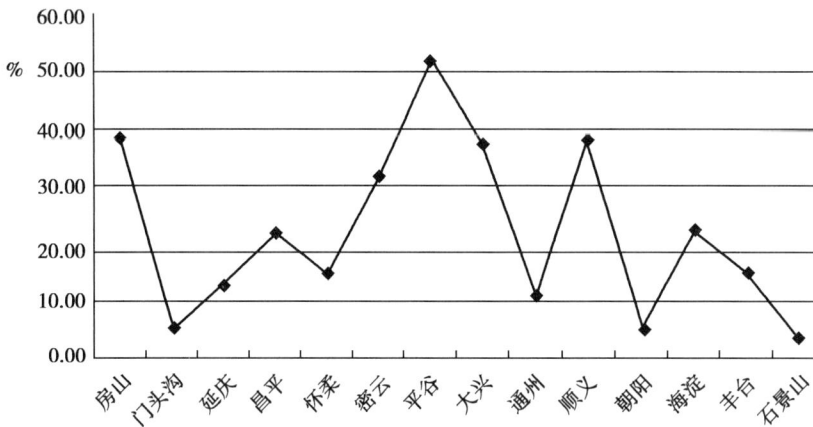

图 9-4 北京市各区县果树面积占林地面积比例

根据《北京统计年鉴》(2003),到 2000 年末,北京实有果园面积 85336.0 公顷,干鲜果总产量 609721 吨。2001 年末实有果园面积 85328.3 公顷,总产量 648973.0 吨;2002 年末实有果园面积 84940.3 公顷,总产量 700196.4 吨。由上述统计可以看出,果园面积在逐步减少,而果品总产量在逐步增加。2001 年比 2000 年果园面积减少 0.01%,果品产量增加 6.44%;2002 年比 2001 年果园面积减少 0.45%,但 2002 年果类生产比 2001 年增加 7.89%。由此可见,要提高果类收入,不能单纯依靠果园面积的增加,还要依靠科技兴果。北京土地资源十分宝贵,应考虑从提高技术水平方面来增加果品产量。根据目前统计数据,园地面积按每年减少不大于 0.25% 考虑,可以保证产量及果品收入的提高。则有以下约束:

$$54804.77 \leqslant X_2 \leqslant 55923.23$$

$$60897.45 \leqslant X_7 \leqslant 62140.26$$

林地:森林具有防止水土流失、调节气候、涵养水源、防风固沙、减少污染、美化环境等重要作用。城市中的森林,不仅是城市景观的重要组成部分,而且也是城市文化的重要载体。

通过对北京与几个世界大都市绿化建设的现状比较，可知北京现有的绿地指标并不算高（表9-9）。考虑到北京市要建设国际化大都市的需要，未来林地面积要大于现有林地面积690102.96公顷。

表9-9　北京与几个世界大都市的绿化建设情况比较

| 城市 | 用地（平方公里） | | 城市人口（万） | 绿地率（%） | | 城市公共绿地 | | 郊区森林绿地 | | 统计年代 |
	市域	市区		市区	市域	总面积（公顷）	人均（平方米）	总面积（公顷）	布局形式	
伦敦	6700	1580	717	13.8	34.8	21828	30.4	233100	环城森林绿带	1976
巴黎	12008	155	232	18.2	23	2821	12.4	276184	块状森林公园	1984
莫斯科	2678	878	890	18	64.5	15842	17.8	172700	环城森林公园	1990
北京	16808	422	512	10.5	28.2	3073	6	473986	远郊山区绿化	1990
东京	2156	592	835	5.32	39.6	3150	3.77	85300	近郊带状绿化	1980

因此，有：$X_3 \geq 636937.88$；$X_8 \geq 53165.08$。

牧草地：北京市的草地资源主要分布在山区，平原仅见于永定河和潮白河两岸的沙荒地及零散分布的"四边"（村边、路边、地边、水边）草地。从北京市的整体利益出发，植树造林，提高林木绿化率，改善生态环境，是必须坚持不变的。平原草地的用途，一是观赏，二是养殖。作为观赏草地，北京严重缺水，不应发展灌溉草地；作为养殖，主要是依靠青贮饲料而不是牧草，因此从总体上来说，不发展平原牧草地；山区草地多为土层较薄、坡度较大的草灌坡，对于保持水土具有重要意义，因此应保留现有牧草地面积。

得：$X_4 \geq 2072.23$；$X_9 \leq 80.80$。

未利用地：根据图像解译结果，北京市未利用地中的裸岩、石砾地有34221.93公顷，其中山区33399.66公顷，平原822.27公顷。这些未利用地中有些是可以作为林地；有些是不能利用的，如裸岩、石砾地。

考虑到土地数量有限性以及优化要留有余地的原则，方程约束中山区未利用地要不小于2002年山区未利用地（不包括不可造林地）的50%，平原未利用地要不小于2002年平原未利用地（不包括不可造林地）的40%。约束为：

$$72958.84 \leq X_5 \leq 145917.68;\ 8786.58 \leq X_{10} \leq 21966.44。$$

可利用土地总量不变约束：无论土地利用结构如何优化，土地总面积是保持不变的。

山区土地总面积保持不变，有：

$$X_1 + X_2 + X_3 + X_4 + X_5 = 882720.66;$$

平原区土地总面积保持不变，有：

$$X_6 + X_7 + X_8 + X_9 + X_{10} = 420799.09。$$

约束方程见表9-10。

表 9-10　约束方程

	X_1	X_2	X_3	X_4	X_5	X_6	X_7	X_8	X_9	X_{10}	约束	约束值
1	1										≤	41869.64（2002 年山区耕地面积）
2		1									≤	55923.23（2002 年山区园地面积）
3			1								≥	636937.88（2002 年山区林地面积）
4				1							≥	2072.23（2002 年山区牧草地面积）
5					1						≤	145917.68（2002 年山区未利用地（不含不可造林地）面积）
6						1					≤	283446.51（2002 年平原耕地面积）
7							1				≤	62140.26（2002 年平原园地面积）
8								1			≥	53165.08（2002 年平原林地面积）
9									1		≤	80.80（2002 年平原牧草地面积）
10										1	≤	21966.44（2002 年平原未利用地（不含不可造林地）面积）
11	1	1	1	1	1						=	882720.66（山区（1~5 项）面积之和）
12						1	1	1	1	1	=	420799.09（平原（6~10 项）面积之和）
14	1					1					≥	299330.00（基本农田保护面积红线）
15	1										≥	37682.68（2010 年山区耕地面积极小值）
16		1									≥	54804.77（2010 年山区园地面积极小值）
17					1						≥	72958.84（2010 年山区未利用地面积极小值）
18						1					≥	255101.86（2010 年平原耕地面积极小值）
19							1				≥	60897.45（2010 年平原园地面积极小值）
20										1	≥	8786.58（2010 年平原未利用地面积极小值）

3. 目标函数

目标的设定主要从生态目标和经济目标两个方面来考虑。经济目标可用产值最大化来设定，生态目标涉及的方面很多，本优化从水土流失、碳储量、绿量 3 个方面来考虑。

优化系数值的设置基于以下三点考虑：①现有相关文献结论的综合；②不同地区变动范围与平均值；③今后 20 年变化趋势。根据北京市土地利用优化的实际情况以及所能收集到的资料，拟采用以下四个目标函数。

（1）水土流失量最小。生态环境恶化是当今世界面临的重大问题，其主要特征就是水土流失严重。水土流失降低了土壤肥力，破坏了地貌完整，堵塞河道、淤积河塘，形成洪水、泥石流等自然灾害，严重流失的水土又会加剧环境的恶化。因此，减小水土流失，对恢复和改善北京生态环境以及北京经济社会的可持续发展具有重大意义。进行土地利用优化，减少水土流失是一个重要指标，也是保护和修复生态环境的一条途径。

北京山区水土流失严重，侵蚀形态主要表现为水力侵蚀、重力侵蚀，而且局部地区风蚀严重。从表 9-11 也可以看出，北京市河流水系的悬移质输沙量很大，平均约 200 吨 / 平方公里。

表 9-11　北京市主要水系特征表

水系名称	各河在京境内面积（平方公里）	径流量（亿立方米）	悬移质输沙量（吨）
蓟运河	798	1.31	159600
潮白河	4939	8.27	734478
北运河	952	1.49	191030
永定河	2390	2.33	727153
大清河	1418	2.74	283600
合计	10497	16.14	2095861

根据《水源涵养林效益研究》《水源保护林培育经营管理评价》《北京市水土保持生态环境管理信息系统专题报告》，以及许多小区监测数据等资料，拟定各地类侵蚀量见表 9-12。

表 9-12　不同土地利用类型土壤侵蚀量表　　　　　　　　　单位：吨 / 平方公里

山区					平原				
耕地	园地	林地	草地	未利用地（不包括不可造林地）	耕地	园地	林地	草地	未利用地（不含不可造林地）
100~2000	100~2000	50~400	100~800	300~1200	5~80	5~80	5~30	5~50	5~100

（2）碳储量最大。碳是自然界中与人类生存密切相关的最重要的物质之一。由于人类对自然资源的滥用、无节制地燃烧化石燃料、毁灭森林和改变土地利用方式，造成大气二氧化碳浓度的持续增高，进而影响到全球表面的生态平衡。增加土地碳储量，有利于环境稳定、减少水土流失、增加区域性降雨，亦可以减缓温室气体的快速增长，这对制定温室气体的排放量标准具有十分重要的意义。

1750 年之前，大气中二氧化碳含量基本维持在 280 毫克 / 公斤。工业革命后，大气中二氧化碳每年大约上升 1.8 毫克 / 公斤，到目前已上升到近 360 毫克 / 公斤。按照政府间气候变化小组（IPCC）的评估，在过去一个世纪里，全球表面平均温度已经上升了 0.3℃到 0.6℃，全球海平面上升了 10~25 厘米。许多学者的预测表明，到 21 世纪中叶，大气中二氧化碳的浓度将达到 560 毫克 / 公斤。据预测，如果二氧化碳浓度从工业革命前的 280 毫克 / 公斤增加到 560 毫克 / 公斤，全球平均温度可能上升 1.5~4℃。

植被作为地球上最大的绿色生命体，其突出表现就是可以有效地利用光、水、二氧化碳进行光合作用，合成有机物并储存能量。

本次优化碳密度系数主要取自李可让模型、并参照方精云等的研究结果，北京平原区耕地碳密度取上表中农田的碳密度，山区耕地取其 2/5；山区林地碳密度取上表中李可让模型混交林的碳密度，平原林地取有林地碳密度；园地取林地的 3/5；平原区草地碳密度取上表中草地碳密度，山区草地取其 2/3；未利用地按裸地处理。

（3）绿量最大。我国在 80 年代就出现了绿量这一名词，但那时的含义不明确，有的指城市绿化覆盖率、绿地率等指标，有的指环境，即绿色环境、生态环境指标。

绿量，简单的理解就是植物的生物量。以叶面积为主要标志的绿量，是决定园林绿化生态效益大小最具实质性的因素。因为植物的生理活动，主要是通过叶片进行的。绿量又称三维绿色生物量，指所有生长中植物茎叶所占据的空间体积，单位是立方米。由于绿量突破了二维绿地指标的局限性，可以用来反映绿地植物构成的合理性以及生态效益水平，所以越来越受到人们的重视。

北京园林学会常务理事、教授级高工陈自新认为：面向新世纪，发展首都的园林绿化，在对策的研讨方面，他认为合理增加城市绿量是提高城市绿化生态效益的重要出路，也是创建园林城市的关键。

《北京城市总体规划（2004~2020 年）》，明确了北京发展目标为"国家首都、国际城市、文化名城、宜居城市"。用绿化植物来增加城市绿量，增强环境绿化意识，对增加绿地使用功能、提高城市绿化质量和整体绿化水平、创造有特色的都市园林景观、发展和谐社会均具有重要意义。

陈自新等研究显示：北京城近郊 8 个区，建成区总绿量为 1956 平方公里，平均绿地的绿量为 106880 平方米 / 公顷（表 9-13，表 9-14）。

表 9-13   北京市建成区植被绿量

植被类型	株数（株）	绿量（平方米）	植被类型	株数（株）	绿量（平方米）
落叶乔木	1	165.7	草坪（平方米）	1	7
长绿乔木	1	12.6	花竹类	1	1.9
灌木类	1	8.8			

资料来源：陈自新等，1998。

表 9-14   北京城近郊八个区植被绿量状况

项目	东城区	西城区	崇文区	宣武区	朝阳区	海淀区	丰台区	石景山
植被面积（公顷）	601	263	533	313	4967	4752	2813	1835
绿量（平方米）	285×10^5	403×10^5	216×10^5	232×10^5	390×10^5	372×10^5	365×10^5	240×10^5
绿量均值（平方米 / 公顷）	47421	153232	40525	74121	7852	7828	12975	13079

资料来源：陈自新，苏雪痕，刘少宗等，1998。

参照陈自新和沈守云等的研究，结合北京平原山区的具体情况，确定各地类绿量目标系数。具体考虑如下：北京北部山区阔叶林、针叶林面积、灌木林面积为 3.37 : 1.14 : 1（见《水源涵养林效益研究》，1999），参照这个比例，按面积折算，山区林地绿量 119.74 平方米 / 株，较合理的林地株数 1200~1800（株 / 公顷），取 1500（株 / 公顷）计。按面积折算，山区林地叶面积指数 2.31，以农作物耕地与林地叶面积指数之比 0.7316。应该指出，尽管参考了南宁地区的叶面积指数，但对北京来说采用它的相对值，还是有实际使用价值的。参照这个比例，并考虑到北京山区农作物一般生长期为 5~9 月，这期间大部分时间的盖度小于 0.5。因此，取耕地 5.7×10^6 平方米 / 平方公里。山区园地绿量按阔叶乔木郁闭度 0.4，由于园地树木受到人工整修的影响，按叶面积指数 1.47 计，并与农作物叶面积指数相比，求得山区园地绿量。由于平原条件优于山区，特别是水分条件较好，因此平原显然高于山区，这里平原耕地、园地、林地、草地绿量均按平原山区各类地绿量之比为 1.5 的比例确定。

（4）经济效益最大。土地是人类赖以生存的最基本的自然资源。土地利用结构优化的主要标准就是使有限的土地生产出尽可能多的产品和服务。即让有限的投入生产出尽可能多的符合需要的产品和服务。

北京土地资源紧缺，十分宝贵。因此，必须合理利用土地资源，鼓励集约用地，提高土地产出率，提高土地的经济效益。特别是随着社会经济的发展，人类对土地资源开发利用强度加大，导致了严重的水土流失，生态环境恶化，农林牧生产质量降低。因此，进行土地利用现状及经济效益分析，对促进土地利用结构的调整与优化、保护土地、充分挖掘土地利用潜力以及国民经济持续发展具有重要意义。

根据经济产出情况，确定经济目标系数如下：

①耕地产出：耕地产出以粮食为代表，平原区为两熟地区，冬小麦单产为 4500~9000 公斤 / 公顷，夏玉米单产 7500~10500 公斤 / 公顷。粮食单产取 9000 公斤 / 公顷，收入 1 元 / 公斤，9000 元 / 公顷。山区以一熟为主，小麦单产为 1500~6000 公斤 / 公顷，玉米单产 3000~6000 公斤 / 公顷，粮食单产取 4500 公斤 / 公顷，收入 1 元 / 公斤，4500 元 / 公顷。②林果收入：根据北京市果树产业发展规划（2004~2010），2002 年北京市果树面积 173137 公顷，果类收入 146349 万元。平原地区果树面积 32926.8 公顷，果品收入 43181 万元，合 13114 元 / 公顷；山区果树面积 140210 公顷，果品收入 103168 万元，合 7358 元 / 公顷。园地以果树为代表，平原区年果品收入取 13500 元 / 公顷，山区年果品收入取 7500 元 / 公顷。③林地产出，主要考虑薪柴收入。山区取 750 元 / 公顷、平原取 1500 元 / 公顷。④草地产出按牧草地产草考虑，每公斤干草 0.6~1.0 元，山区 3375~7500 公斤 / 公顷干草，山区取 3000 元 / 公顷。平原 6000~11250 公斤 / 公顷干草，平原取 7500 元 / 公顷。

综合以上分析结果，确定目标函数的系数见表 9-15。

表 9-15 目标函数及参变系数

		山区					平原				
		耕地	园地	林地	草地	未利用地	耕地	园地	林地	草地	未利用地
		X_1	X_2	X_3	X_4	X_5	X_6	X_7	X_8	X_9	X_{10}
水土流失（吨/公顷·年）	min	15	15	3	8	10	0.5	0.5	0.1	0.3	0.5
碳储量（吨/公顷·年）	max	2.28	32.04	53.4	2.27	0	5.7	42.36	70.6	3.4	0
绿量（平方米/公顷）	max	57000	49710	176400	46666	0	85500	74565	264600	70000	0
经济（元/公顷·年）	max	4500	7500	750	3000	0	9000	13500	1500	7500	0

4. 求解

上述模型为多目标线性模型，可以利用逐步法求解该模型。先求单项目标，即分别按水土流失目标、碳储量目标和绿量目标、经济目标计算，结果见表 9-16。

表 9-16 单项目标土地利用优化结果（2010 年） 单位：公顷

单项目标	X_1	X_2	X_3	X_4	X_5	X_6	X_7	X_8	X_9	X_{10}
水土流失	37683	54805	715202	2072	72959	261647	60897	89468	0	8787
碳贮量	41870	54805	711015	2072	72959	257460	60897	93655	0	8787
绿量	41870	54805	711015	2072	72959	257460	60897	93655	0	8787
经济	41870	55923	636938	75031	72959	283447	62140	66345	81	8787

5. 求系数

①权系数；②α 系数；③π 系数。

输入参变常量系数和约束方程，启动程序，会自动求出上述系数，结果见表 9-17。

表 9-17 参变常量系数表

	目标 1 函数值	目标 2 函数值	目标 3 函数值	目标 4 函数值
目标 1 最优解	–4453696.859	50425787.73	1.81715E + 11	4434369195
目标 2 最优解	–4502265.595	50483484.04	1.81965E + 11	4418668095
目标 3 最优解	–4502265.595	50483484.04	1.81965E + 11	4418668095
目标 4 最优解	–4891389.059	45002180.39	1.67452E +11	4800669735
	目标（1）权系数	目标（2）权系数	目标（3）权系数	目标（4）权系数
	0.003934668	0.001049094	2.23981E-07	3.94033E-06
	目标（1）归一权系数	目标（2）归一权系数	目标（3）归一权系数	目标（4）归一权系数
	0.788838422	0.210326699	4.49046E-05	0.000789975

6. 新构造的优化问题（表 9-18）

新目标函数：$\text{Min}\lambda\,(X_{11})$：

表 9-18　新约束方程（松弛变量、剩余变量、人工变量未列出）

X_1	X_2	X_3	X_4	X_5	X_6	X_7	X_8	X_9	X_{10}	X_{11}		约束值 b
11.83258	11.83258	2.36652	6.31071	7.88838	0.39442	0.39442	0.07888	0.23665	0.39442	−1	≤	3513247.204
0.47954	6.73887	11.23145	0.47744	9.00000	1.19886	8.90944	14.84906	0.71511	0.00000	1	≥	10618024.53
2.55956	2.23221	7.92117	2.09552	0.00000	3.83934	3.34831	11.88176	3.14332	0.00000	1	≥	8171082.84
3.55489	5.92481	0.59248	2.36992	0.00000	7.10977	10.66466	1.18496	5.92481	0.00000	1	≥	3792407.113
1											≤	41869.64
	1										≤	55923.23
		1									≥	636937.88
			1								≥	2072.23
				1							≤	145917.68
					1						≤	283446.51
						1					≤	62140.26
							1				≥	53165.08
								1			≤	80.8
									1		≤	21966.44
1	1	1	1	1							=	882720.66
					1	1	1	1	1		=	420799.09
1					1						≥	299330
1											≥	37682.68
	1										≥	54804.77
				1							≥	72958.84
					1						≥	255101.86
						1					≥	60897.45
									1		≥	8786.58

7. 满意解（表 9-19）

表 9-19　土地利用多目标优化结果　　　　　　　　　　　　　　　　单位：公顷

	合计	耕地	园地	林地	草地	未利用地（不包括不可造林地）
山区	882720.66	37682.68	55923.23	714083.68	2072.23	72958.84
平原	420799.09	274269.59	62140.26	75602.66	0.00	8786.58
合计	1303519.75	311952.27	118063.49	789686.34	2072.23	81745.42

8. 优化结果分析

（1）结构优化分析。土地利用优化是一个极为纷繁复杂的问题，采用常规的优化方法，人为因素很强，而且也难以综合处理多方面的关系。多目标优化通过协调水土流失、碳储量、绿量以及经济效益各方面的平衡关系，优化了土地利用结构，为未来土地利用结构调整提供重要依据。

与现状相比，土地利用结构更趋于合理；水土保持、碳储量以及绿量效益、经济效益显著。与单目标线性规划相比，将多目标优化的结果与原约束下的四个不同目标函数的线性优化进行比较可以看出，线性优化只是一个目标最优，而没有考虑其他目标，这在实际问题中是不可行的。多目标优化，是对四个目标的综合，即同时权衡四个目标的重要性，进行重新优化。所以它比单目标优化更具优越性和合理性。

总的看来，多目标优化的结果，基本满足优化的原则，也满足了提高水土保持效益、碳储量效益等四个目标，因此，优化方案是可行的。

（2）影子价格分析（表9-20）。影子价格是现代经济学中的重要参量，广泛应用于宏观经济分析和微观经营活动。它是企业适应市场变化，优化配置人、财、物等资源，正确作出经营管理决策的有力工具。它是指某种资源或劳务被用于一种用途、放弃另一种用途时的价值。是资源利用问题的数学优化中，对偶模型的最优解。

表 9-20 影子价格分析

影子价格	（单位资源增量对目标贡献值）	影子价格	（单位资源增量对目标贡献值）
资源 1（目标 1 与单目标最优解的加权差值）	0	资源 13（平原草地第一约束）	0
资源 2（目标 2 与单目标最优解的加权差值）	0.296875	资源 14（平原未利用地第一约束）	0
资源 3（目标 3 与单目标最优解的加权差值）	0	资源 15（山区优化总面积）	−3.8125
资源 4（目标 4 与单目标最优解的加权差值）	0.703125	资源 16（平原优化总面积）	−5.328125
资源 5（山区耕地第一约束）	0	资源 17（山区耕地第二约束）	0
资源 6（山区园地第一约束）	2.358603631	资源 18（山区园地第二约束）	1.1875
资源 7（山区林地约束）	0	资源 19（山区草地第二约束）	0
资源 8（山区草地第一约束）	2.015625	资源 20（平原耕地第二约束）	3.8125
资源 9（山区未利用地约束）	0	资源 21（平原园地第二约束）	0
资源 10（平原耕地第一约束）	0	资源 22（平原草地第二约束）	0
资源 11（平原园地第一约束）	4.812697288	资源 23（平原未利用地第二约束）	5.328125
资源 12（平原林地约束）	0		

影子价格是衡量生产资源达到最优配合的一种尺度。计算结果表明：资源2、4、6、8等即山区园地、山区牧草地、平原耕地、平原林地所对应的影子价格为正，表明它们为限制性资源。资源1、3、5、7、9、10等即山区耕地、山区林地、山区未利用地、平原园地、平原牧草地以及平原未利用地所对应的影子价格为0，说明它们不是限制性资源，能够满足北京市国民经济发展的需要。

（3）灵敏度分析。灵敏度分析又称最优化后分析。是指系统或事物因周围条件发生变化而凸现出来的敏感程度的分析，即要分析为决策所用的数据可在多大范围内变动，原最优方案继续有效。在求出线性优化的最优解后，如果市场、资源发生变化，导致目标函数的系数 C_j、约束条件的右端项 b_i 或左边的系数 α_{ij} 发生变化，那么会使最优解发生什么样的变化，又如何用最简单的办法求出新的最优解，此类问题就是线性优化最优解的灵敏度分析。

北京市土地利用结构优化的线性优化模型的灵敏度分析分为：

① 对约束条件右端常数（即约束条件 b_j）范围的分析：从应用的角度出发，仅对松弛变量为 0 值的约束条件右端常数进行灵敏度分析，这类约束条件对应的影子价格不为 0（表 9-21）。

表 9-21　对约束条件右端常数值变化范围

b 值	现有值	可减少值	可增加值	最低值	最高值
$b(1)$	3513247.204	181875.8156	无限制	3331371.388	无限制
$b(2)$	10618024.53	94085.16306	247080.9937	10523939.36	10865105.52
$b(3)$	8171082.84	无限制	67131.9321	0	8238214.772
$b(4)$	3792407.113	234336.2392	179638.4159	3558070.874	3972045.529
$b(5)$	41869.64	4186.96	无限制	37682.68	无限制
$b(6)$	55923.23	1118.46	15589.85342	54804.77	71513.08342
$b(7)$	636937.88	无限制	77145.8	0	714083.68
$b(8)$	2072.23	2072.23	19716.87668	−1.09139E−11	21789.10668
$b(9)$	145917.68	72958.84	无限制	72958.84	无限制
$b(10)$	283446.51	9176.924862	无限制	274269.5851	无限制
$b(11)$	62140.26	1242.81	9575.094324	60897.45	71715.35432
$b(12)$	53165.08	无限制	22437.58486	0	75602.66486
$b(13)$	80.8	80.8	无限制	0	无限制
$b(14)$	21966.44	13179.86	无限制	8786.58	无限制
$b(15)$	882720.66	23224.15755	16884.95262	859496.5024	899605.6126
$b(16)$	420799.09	18082.48907	13146.74044	402716.6009	433945.8304
$b(17)$	299330	无限制	12622.26514	0	311952.2651
$b(18)$	37682.68	13098.61555	4186.96	24584.06445	41869.64
$b(19)$	54804.77	无限制	1118.46	0	55923.23
$b(20)$	72958.84	16884.95262	23224.15755	56073.88738	96182.99755
$b(21)$	255101.86	无限制	19167.72514	0	274269.5851
$b(22)$	60897.45	无限制	1242.81	0	62140.26
$b(23)$	8786.58	8786.58	13179.86	1.81899E−12	21966.44

② 对目标函数系数（即利益系数 c_j）的范围分析：是对非基变量的目标函数系数的灵敏度分析，既要合乎数学模型，又要合乎实际（表9-22）。

表9-22 目标函数值变化范围

决策变量	现有系数值	可减少值	可增加值	最低值	最高值
x（1）	0	1.188532518	1E+14	−1.188532518	1E+14
x（2）	0	无限制	2.358603631	无限制	2.358603631
x（3）	0	2.358603631	1.188532518	−2.358603631	1.188532518
x（4）	0	2.015476139	1E+14	−2.015476139	1E+14
x（5）	0	3.81259842	1E+14	−3.81259842	1E+14
x（6）	0	4.699250166	1.008864309	−4.699250166	1.008864309
x（7）	0	无限制	4.812697288	无限制	4.812697288
x（8）	0	1.696443063	4.699250166	−1.696443063	4.699250166
x（9）	0	0.97272506	无限制	−0.97272506	无限制
x（10）	0	5.320704223	1E+14	−5.320704223	1E+14
x（11）	1	1	1.87945E+13	0	1.87945E+13

（五）土地利用远期（2011~2020年）优化研究

优化方法、计算步骤均与2002~2010年土地利用优化研究相同，这里不再详细叙述。

1. 约束条件

耕地：以2010年优化的耕地面积为基础，按年均减少1%计算，到2020年优化耕地面积要不小于2010耕地面积的90%，且耕地面积之和要大于基本农田保护面积。得到以下约束方程：

$$X_1 + X_6 \geq 299330; \quad 33914.41 \leq X_1 \leq 37682.68;$$
$$246842.63 \leq X_6 \leq 274269.59。$$

园地：按照2010年园地优化面积，园地面积每年减少率不大于0.25%，则有以下约束：

$$54525.15 \leq X_2 \leq 55923.23;$$
$$60586.75 \leq X_7 \leq 62140.26。$$

林地：不限制林地的发展，有：$X_3 \geq 714083.68$；$X_8 \geq 75602.66$。

牧草地：山区草地要保持水土，因此优化面积不小于现有面积，平原地区2010年优化面积为0，因此不再发展平原牧草地。得：

$$X_4 \geq 2072.23; \quad X_9 = 0。$$

未利用地：按照优化留有余地的原则，2020年山区未利用地不小于2010年山区未利用地（不包括不可造林地）的25%，平原未利用地要不小于2010年平原未利用地（不包括不可造林地）的10%。约束为：

$$18239.71 \leq X_5 \leq 72958.84; \quad 878.66 \leq X_{10} \leq 8786.58。$$

可利用土地总量不变约束：山区、平原总面积保持不变，则有：

$$X_1 + X_2 + X_3 + X_4 + X_5 = 882720.66$$

$$X_6 + X_7 + X_8 + X_9 + X_{10} = 420799.09$$

2. 求解（表9-23，表9-24）

表9-23　按单项目标优化土地利用情况（2020年）　　　　　单位：公顷

目标	X_1	X_2	X_3	X_4	X_5
水土流失目标	33914.41	54525.15	773969.16	2072.23	18239.71
碳储量目标	37682.68	54525.15	770200.89	2072.23	18239.71
绿量目标	37682.68	54525.15	770200.89	2072.23	18239.71
经济目标	37682.68	55923.23	714083.68	56791.36	18239.71
目标	X_6	X_7	X_8	X_9	X_{10}
水土流失目标	265415.59	60586.75	93918.09	0.00	878.66
碳储量目标	261647.32	60586.75	97686.36	0.00	878.66
绿量目标	261647.32	60586.75	97686.36	0.00	878.66
经济目标	274269.58	62140，26	83510.59	0.00	878.66

表9-24　土地利用角度多目标优化结果　　　　　单位：公顷

	合计	耕地	园地	林地	草地	未利用地（不含不可造林地）
山区	882720.66	33914.41	55923.23	772571.08	2072.23	18239.71
平原	420799.09	272507.37	62140.26	85272.80	0.00	878.66
合计	1303519.75	306421.78	118063.49	857843.88	2072.23	19118.37

（六）优化结果分析

1. 耕地

2010年，北京市耕地面积为311952.27公顷，比2002年减少13363.88公顷，减小幅度为4.11%，年均减小幅度为0.05%。其中平原区耕地面积为274269.59公顷，占耕地总面积的87.92%；山区耕地面积为37682.68公顷，占12.08%。

到2020年耕地面积为306421.78公顷，比2010年减少5530.49公顷，减小幅度为1.77%，年均减小幅度为0.18%。其中平原区耕地面积为272507.37公顷，占88.93%，山区耕地面积33914.41公顷，占11.07%。由此可见，耕地越来越集中在土壤条件较好的平原地区；土地利用结构越趋合理化。

2. 园地

由优化结果可知：未来近20年北京市园地面积将保持不变。即2010年、2020年与2002年园地面积、比例结构均相同。园地面积为118063.49公顷，其中平原区园地面积为62140.26公顷，占园地面积的52.63%；山区园地面积为55923.23公顷，占47.37%。由此可见，园地各方面的效益还是很高的。

3. 林地

有林地的多少是一个国家或地区社会文明的重要标志。2010 年，北京市林地面积为 789686.34 公顷，比 2002 年增加 99583.38 公顷，增加幅度为 12.6%，年均增加幅度为 1.56%。其中平原区林地面积为 75602.66 公顷，占林地总面积的 9.57%；山区林地面积为 714083.68 公顷，占 90.43%。

到 2020 年林地面积为 857843.88 公顷，比 2010 年增加 68157.54 公顷，增加幅度为 8.63%，年均增加幅度为 0.86%。其中平原区林地面积为 85272.80 公顷，占林地总面积的 9.94%，山区林地面积 772571.08 公顷，占 90.06%。

4. 牧草地

北京牧草地面积很少，尤其是平原地区。2010 年，北京牧草地面积为 2072.23 公顷，且全部分布在山区。到 2020 年及以后，均保持在这个水平。

5. 未利用地

未利用地中包含可利用地和不可利用地。可以利用的部分一般条件较差，比较适合林地的发展。所以未利用地中的很大一部分将转变成林地。2010 年未利用总面积为 115967.35 公顷，其中山区未利用地面积为 106358.50 公顷，占 91.71%；平原区未利用地面积为 9608.85 公顷，占 8.29%。

到 2020 年，未利用总面积为 53340.30 公顷，其中山区未利用地面积为 51639.37 公顷，占 96.81%；平原区未利用地面积为 1700.93 公顷，占 3.19%。土地利用优化结果见表 9-25。

表 9-25 土地利用结构优化比较（2002~2020 年） 单位：公顷

类型	2002 年	2002~2010 年	2010 年	2010~2020 年	2020 年
耕地	325316.15	−13363.88	311952.27	−5530.49	306421.78
园地	118063.49	0.00	118063.49	0.00	118063.49
林地	690102.96	99583.38	789686.34	68157.54	857843.88
牧草地	2153.03	−80.80	2072.23	0.00	2072.23
未利用地	202106.05	−86138.70	115967.35	−62627.05	53340.30

优化面积与现状面积变化情况见图 9-5。

（七）林地覆盖率的计算

本次计算中，2002 年土地利用数据是根据《土地利用现状调查技术规程》利用 2001~2002 年 1∶1 万航空照片解译的结果，林地中不包含园地。如果参照林业统计口径，把园地计入林地范畴，林地覆盖率取林地与园地面积之和与总土地面积的比值，则有如下统计结果（表 9-26）：

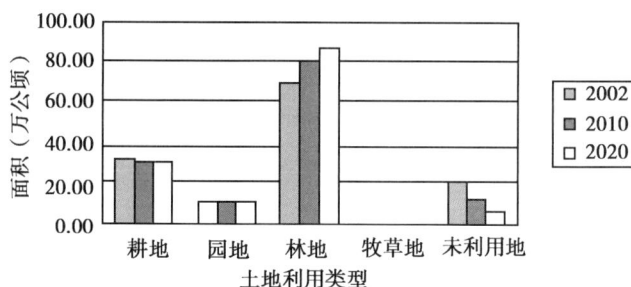

图 9-5 2002~2020 年土地利用结构变化图

表 9-26　2010 年林地面积、覆盖率指标值　　　　　　　　　　单位：公顷、%

	土地面积	林地合计	林地面积	园地面积	林地覆盖率
全市	1680780.00	907749.83	789686.34	118063.49	54.01
山区	987177.45	770006.91	714083.68	55923.23	78.00
平原	693602.55	137742.92	75602.66	62140.26	19.86

由表 9-27 可以看出，2010 年北京市全市、山区、平原林地覆盖率分别达到 54.01%、78.00%、19.86%；到 2020 年北京市全市、山区、平原林地覆盖率分别可以达到 58.06%、83.93%、21.25%。

表 9-27　2020 年预计林地面积、覆盖率指标值　　　　　　　　单位：公顷、%

	土地面积	林地合计	林地面积	园地面积	林地覆盖率
全市	1680780.00	975907.37	857843.88	118063.49	58.06
山区	987177.45	828494.31	772571.08	55923.23	83.93
平原	693602.55	147413.06	85272.80	62140.26	21.25

第十章 北京环境质量与林业发展指标

一、北京主要环境问题

（一）大气污染

根据《北京市环境质量报告书（2002 年）》的资料，2002 年全市工业废气排放总量为 2966 亿立方米，其中燃料燃烧废气排放量 1816 亿立方米，生产工艺废气排放量为 1150 亿立方米；工业废气中主要污染物 SO_2 排放量为 12.06 万吨，烟尘排放量 3.31 万吨，分别占全市 SO_2、烟尘排放量的 62.8% 和 40.9%。

树木等绿色植物能部分稀释、分解、吸收和固定大气中的有毒有害物质，减轻噪声污染，有效减少扬沙及沙尘暴天气，改善大气环境质量状况。因此，大力植树造林，增加绿色覆盖，对于维护和改善城市环境质量具有极其重要的作用。

（二）水土流失

北京市的水土流失主要是山区的水土流失。其主要的表现形式为：水力侵蚀、重力侵蚀。水力侵蚀又表现为面蚀和沟蚀，另外，山区坡面也有不同程度的鳞片状面蚀和耕地面状侵蚀。重力侵蚀主要表现为泥石流，集中地段主要在百花山、黑坨山、云蒙山、磨盘山和大石河低山河谷、清水河低山河谷和汤河的低山河谷等地区。全市多年平均土壤侵蚀模数为 1200~1600 吨 / 平方公里·年。

根据相关的统计资料，新中国成立初期北京共有水土流失面积 6640.92 平方公里，经过建国以来的 50 余年的综合治理，目前的水土流失面积为 4088.91 平方公里，其中轻度侵蚀面积为 2974.70 平方公里，中度侵蚀面积为 1114.21 平方公里。严重的水土流失不仅影响到了山区经济的发展，也带来了严重的生态环境问题。首先，严重的水土流失冲走了土地表土层降低了土壤的有效肥力。据有关测算，全市每年因水土流失而导致了 1528 万吨表土流失，仅此一项损失掉的氮、磷、钾约 28 万吨，致使坡耕地粮食产量仅为 1500~3000 公斤 / 公顷。其次，水土流失破坏了的完整性。侵蚀使得沟头前进、沟岸扩张，侵蚀农田，威胁村镇和道路安全。第三，水土流失淤积水库、堵塞河道、缩短了水库寿命。据不完全统计，自 1955 年官厅水库建成蓄水到 1990 年以来，已淤积 6 亿多立方米，按当时水库造价计算，损失资金达 1009 万元。官厅山峡地区 30 多年平均输沙总量为 259 万吨，造成永定河下游河床的淤积。数百年的日积月累，使北京段河床比堤外高出了 3~5 米，成了地上悬河。第四，造成洪水、泥石流危害，冲毁农田、村镇，威胁人民生命财产。新中国成立以来，北京地区有 22 个年

头发生了泥石流，1999 年调查，全市有泥石流沟 700 条，受山洪、泥石流、险石、滑坡等
灾害水文地质条件威胁的险村、险户还很多。第五，水土流失引起饮用水源水库富营养化，
恶化水质。

（三）土壤污染

北京市的土壤污染，除了化肥农药、城市垃圾之外，主要为污水灌溉污染。目前北京
市污水灌溉农田面积近 8 万公顷，占全市耕地面积的 19%，占灌溉农田面积的 24%。其中，
大部分分布在通州、朝阳、大兴、房山等北京城水流下游郊区县，特别是在东、南郊，由
于长期遭受过境污水的影响，对土壤造成严重污染，仅污灌就造成了上万公顷的连片农田
污染，对本地食品安全和生态环境构成了严重威胁（表 10-1 ）。

表 10-1　北京污灌区土壤重金属含量平均值变化状况　　　　　　　　毫克 / 公斤

灌区	时间	铜	铅	锌	镉	汞	铬	砷
东郊灌区	70 年代	49.2	40.4	112	0.195	0.649	66.2	8.33
	1999 年	38.2	48.3	125	0.145	0.510	61.4	7.61
南郊灌区	70 年代	31.3	32.3	68.6	0.069	0.235	63.1	8.40
	1999 年	30.3	39.8	154	0.222	0.653	57.6	6.69
北郊灌区	80 年代	37.6	16.2	89.8	0.225	0.681	65.0	9.53
	1999 年	40.1	60.1	350	0.70	0.78	50.6	7.84

来源：北京市环境质量报告书（1996~2000 年）。

根据灌溉水源，北京污灌区大致可分为东郊污灌区、南郊污灌区、北郊污灌区和房山
石化污灌区等主要灌区。主要污染物为重金属和有机物。

根据 1997~1999 年对东郊、南郊和北郊污灌区土壤重金属污染情况进行监测的结果，
北京各污灌区土壤中铜、镉、镍、铬、砷等项元素含量均低于国家《土壤环境质量标准》中
二级标准限值；锌、汞元素含量在部分监测点位有超标现象，超标率分别在 7.1%~50.0% 和
7.1%~33.3% 之间。各污灌区土壤重金属含量无明显差异。

1998 年对房山石化污灌区土壤矿物油、多环芳烃等有机污染物监测结果表明，各单项
有机污染物含量值与对照点相比，均无明显差异。

与八十年代的监测结果比较，随着燕山石化公司生产废水处理技术的提高和治理力度
的加大，该灌区内马刨泉河、东沙河等灌溉水源中的有机污染物浓度减小，从而使当地麦
田土壤中矿物油含量也有明显降低，其降低幅度在 24.5%~79.2%。

（四）水污染

1. 地表水环境质量

北京市的河流、湖泊、水库的水质总体上呈下降趋势。根据 2002 年《北京市环境质
量报告书》的结果，2002 年北京市城近郊区污水排放总量 227.34 万吨 / 天，其中生活污水
占 65.1%，工业废水占 32.2%。其中城近郊区入河污水量为 119.77 万吨 / 天，占污水总量的
52.68%。

由于大量未经处理的污水排入河道、渗坑，加之农田过量施用化肥、农药，使得河流与湖泊水体、地下水和城市下游河道受到污染。根据2002年的检测结果，在该年度监测的74条段有水河流中，仅有18条河段能符合相应功能水质标准要求，达标河段长度只占实测河流长度的36.4%。对水库与湖泊的同期检测结果表明，达标水库为58.8%，达标库容占实测总库容的66.9%。达标湖泊为21.1%，达标湖泊容量占实测总容量的49.3%。

（1）河流水质：达标河段长度占实测河流长的36.4%，其中，Ⅱ类、Ⅲ类功能水体达标河长分别占相应功能水体总长度的63.9%和59.9%；Ⅳ类功能水体达标河长百分比为12.6%；Ⅴ类功能水体100%不达标。北京市五大水系中，潮白河系水质较好，达标河段长度百分比为73.1%、蓟运河系41.1%、永定河系31.9%、大清河系27.3%、北运河系19.7%。北运河系有78%以上的河段水质为劣Ⅴ类。河流主要污染指标是氨氮、高锰酸盐指数和生化需氧量，其次是挥发酚和石油类，污染类型仍属有机污染型。

（2）水库水质：达标库容占实测总库容的66.9%，水库污染指标有生要需氧量、高锰酸盐指数、氨氮和石油类。2002年密云、怀柔水库18个项目的年均值符合Ⅱ类水质要求，但密云水库总磷、总氮年均值达到Ⅲ类，怀柔水库总磷、总氮年均值分别为Ⅱ类和Ⅲ类。密云、怀柔水库的高锰酸盐指数有超标现象，超标率分别为20.7%和17.6%。2002年度官厅水库氨氮、石油类年均值分别超Ⅱ类标准0.26倍和6倍，现状水质类别为Ⅳ类，仍不符合饮用水源水质要求。总磷、总氮现状水质类列为Ⅱ类和劣Ⅴ类。

（3）湖泊水质：达标湖泊容量占实测总容量的49.3%，主要污染指标是生化需氧量和高锰酸盐指数，其次是氨氮。

2. 地下水环境质量

《北京市环境质量报告书》2002年对地下水环境质量评价结果显示，北京市城近郊区地下水中优良、良好水质占监测井总数的60%，较差水质、极差水质占监测井总数的40%。与2001年相比，2002年北京市城近郊区地下水水质达标比例上升了19.88相百分点；地下水水质优良、良好监测井（Ⅰ、Ⅱ类）主要分布在北京市城近郊区西北、北部、东北部地区，而较差、极差水质的监测井（Ⅳ、Ⅴ类）主要分布于城市中心区及南部和东南部地区。远郊区地下水水质好于城近郊区，地下水监测井达标率相对较高。其中，平谷、密云、怀柔、顺义、昌平、延庆地区地下水水质较好，房山、大兴、通州地区水质一般。北京市远郊区（县）地下水微生物指标有超标现象。超标污染物主要是总硬度、溶解性总固体、氮化物超、高锰酸盐指数、氨氮、亚硝酸盐氮、氟化物等。根据2002年平原区地下水水质现状监测结果，大部分远郊区县地下水监测井达标率高于城近郊区，平谷、密云、怀柔、顺义、昌平、延庆地区地下水水质较好，房山、大兴、通州地区水质一般。

（五）城市热岛效应

城市热岛是城市气候中的典型特征。根据相关研究，北京市规划市区范围内共有10个热岛集中分布区，总面积占城市规划市区面积的23.91%。在城市热岛效应明显的区域，其气温平均高出5℃，近地面温度高出约10℃。随着城市规模的扩大与人口的急速增加，城市热岛问题将会愈加严重。要减弱这种效应，城市绿地与水体的增加便显得尤为必要与迫切。

城市森林的建成可有效地缓解热岛效应和温室效应。据研究，城市绿化覆盖率每增加一个百分点，夏季高温季节可降温 0.1℃。

根据从 2004 年 7 月 6 日 LandSat5 TM 卫星影像分析北京热场分析结果北京城市的整体热场现状特征表现为北部、中部山区的热辐射能量场低于东南部的平原区，山区森林植被覆盖率较高，平原地区森林植被覆盖率较低，人工构筑面积大、比例高。北京热场分级与北京市归一化植被指数的分布特征相一致。即北部和西部山区除水库和河流外，表现为 NDVI 高值区；东南部平原和西北部盆地表现为 NDVI 低值区。山区森林植被覆盖率较高，达到覆盖率 44.4%，其中林木绿化率 63.8%；平原地区森林植被覆盖率较低，约为 20.4%，其中林木绿化率 25%。

二、环境污染防治林业发展指标需求分析

（一）净化大气污染林业发展指标需求分析

树木等绿色植物能部分稀释、分解、吸收和固定大气中的有毒有害物质，减轻噪声污染，有效减少扬沙及沙尘暴天气，改善大气环境质量状况。

根据有关专家、科研单位的研究，绿地对许多污染物有去除和净化作用。1 公顷绿地一年可以吸收氮氧化物 380 公斤（余小萱，1999），25 平方米草坪可将一个人呼出的 CO_2 全部吸收并释放出同体积的 O_2（胡林，郑大玮，李敏，1999）。Смирнов и.и 研究了不同经济地理区的 90 个城市中污染气体与城市大小、建筑面积、企业数量及人口，城市内绿地、周围森林覆盖率及气象因子等 19 个因素的关系，从分析的结果中他认为城市周围地区的森林覆被率对降低空气中 SO_2 和 NO_2 等气体的平均浓度和最大浓度有显著影响，根据他发表的48 个城市的资料，可知，城市周围地区森林覆盖率达 35% 时。可使城市地区的 SO_2 浓度保持较低水平。

自然界的植物，一般具有较强的吸氟能力。氟化物和硫化物一样，通过植物叶片张开着的气孔进入细胞内，它不损伤气孔附细胞，而是溶解在叶组织内部的水溶液中，被叶肉吸收，并通过扩散方式或出微管束把氟化物从叶肉转移到其他细胞中。植物的茎中不含有叶绿素，一般不能吸收氟化物，但一些树木的树皮能吸收较多的氟化物（郁梦德，1981）。

（二）控制土壤侵蚀林业发展指标需求分析

森林是陆地上最重要的生态系统，以其高耸的树干和繁茂的枝叶组成的林冠层、林下茂密的灌草植物形成的灌草层和林地上富集的枯枝落叶层以及发育疏松而深厚的土壤层截持和蓄储大气降水，从而对大气降水进行重新分配和有效调节，发挥着森林生态系统特有的水文生态功能，即调节气候、改变降水的分布、涵养水源、净化水质、保持水土、减洪及抵御旱涝灾害等所发挥的巨大作用。另一方面，森林生态系统水循环作为全球物质循环中的重要环节，共同影响大气、土壤和植被的结构、功能、分布格局及动态变化，还影响地球能量收支、转换和分配，籍以在维持生物圈和地圈生态平衡过程中起重要作用（刘世荣等，1996）。森林植被一般可分为 3 个层次，即冠层、枯落物层和含根土壤层，这三个作用层在防止土壤侵蚀中各有其重要作用。

恢复植被减少土壤侵蚀的临界标准，国内外一些学者作过不少深入研究。一般认为当地表植被覆盖度在 70% 以上时，就能明显防止水土流失。澳大利亚的研究表明，70%~75% 的牧草覆盖度是土壤流失和地表径流的临界值，它使土壤的流失速率小于当地的成土速率（蔡强国等，1999）。吴钦孝等在黄土高原的研究结果表明：当植被覆盖度达到 60% 以上时，便可稳定的减少产沙作用，60% 的植被盖度可称为水土保持的有效盖度。蔡强国等通过模拟降雨试验得出，从保水保土的角度考虑，将 75% 的植被植被覆盖度作为作为陡坡水保治理的临界标准是有其实际意义的。然而，对于来自外界环境条件的干扰和胁迫，任何生态系统都具有一定的自我恢复能力。因此，森林植被系统在与土壤加速侵蚀的竞争中获得自我恢复能力的覆盖度最小值应该低于许多学者的试验研究结果。

森林涵养水源、保持水土、防止土壤侵蚀的机能，取决于森林的结构特性及所处的土壤、地形与气候条件。对于特定的立地条件，森林生态系统的结构对植被水土保持作用的发挥影响很大，而在植被个体生长和生态系统演替的不同阶段，它的水土保持功能差别更大。很多的研究结果也表明，林分树种组成不同。土壤侵蚀程度不同：混交林比纯林防护性能高。因此，应根据可持续发展的机制，依据不同的土壤侵蚀状况和地貌形态，适当的配置树种，通过调控森林的树种组成、林分层次和林分密度形成合理的林分结构，保持林分成熟期水土保持功能的持续发展和森林生态系统生态服务功能的充分发挥。

（三）地表水水环境质量保护林业发展指标需求分析

森林植被的存在，对溪流、河流中的泥沙悬移含量、水温、溶解氧（DO）、病原体及水化学性质都有很大影响（马雪华，1989；孙阁，1988；真岛征夫，1991；George，1994）。在水流过森林的过程中，林冠下的枯枝落叶层好似过滤器，对水中的各种污染物质进行过滤、吸收和净化，从而改善水质，防止非点源污染。森林植被是控制流域非点源污染最为有效的手段，一般认为当流域森林覆盖率达到 70% 以上，其地表水资源基本上可以达到二类地面水环境标准。因此，北京市北部山区作为北京市的水源涵养区，其森林覆盖率应力争达到 70% 以上。

（四）地下水与土壤污染防治林业发展指标需求分析

近年来，国际上采用生物措施，特别是采用森林植被进行土壤污染与地下水污染防治的技术（Phytoremediation，Bioremediation）得到了十分迅速的发展，并得到了广泛的应用。对已经污染的土壤可以采用造林并附以其他方法进行生物防治。生物整治是利用植物以净化被污染土壤和地下水的方法。它利用植物的"自然特性"来吸收、积聚，并（或者）降解植物周围土壤和水体环境中的各种要素。通过对生物整治方法及技术的研究表明：这种方法适用于很大范围的污染物，包括大量的重金属、放射性物质、各种有机化合物（如氯化性溶剂，BTEX，PCBs，PAHs，杀虫剂，爆炸性物质、营养素、表面活性剂等）。有关资料评论认为，从低层到一定表层土壤（0~3 英尺）具有污染物的大面积区域一般最适于采用生物整治方法，或者在很严格的处理标准下污染水平较低的大量水体也适于采用生物整治方法。进行现场处理时，地下水深度限制在 10 英尺左右，但对于建造的水槽或湿地，现场处理范围之外的区域也要进行地下水深度的调查。有 5 种基本的生物整治技术：①根茎过滤技术，通过植物根系吸收污染物进行水体净化；②植物吸取技术，从土壤里吸收污染物质；③植物转化技术，通过植物的新陈代谢降解污染物质，这种技术既适用于土壤也适用于水体；④植物刺激或称为植物辅助的生物整治技术，通过植物根系层微生物的活动，生物降解污染物，也既适用于土壤也适用于水体；⑤生物固化技术，使用植物来减少土壤中潜在污染物的移动和迁移。与传统的补救措施相比，生物整治方法产生较少的二次污染物，最低限度的减小了相关的环境干扰，并且土壤保留原样，对于今后的利用保持可使用状态。但这种方法也有一定的局限性，比如要求较长的时间（通常需要几个生长季）；适用范围也有局限（对于土壤为 3 英尺，而对于地下水为 10 英尺），并且可能通过动物食取植物增加了污染物进入食物链的可能性（表 10-2）（注：1 英尺 =0.3048 米）。

表 10-2　生物整治措施类型

处理方法	机理	媒介
根茎过滤	植物根系吸收重金属	地表水、渠水
植物转化	植物吸收、降解有机物	地表水、地下水
植物辅助生物措施	增强根系层微生物的降解作用	土壤，根系层的地下水
植物吸收	直接吸收到植物组织，随后植物挥发等	土壤
植物固化	根系分泌物使重金属淋溶，减少其生物可利用性	土壤，地下水，矿渣
植物挥发	植物使硒，水银，以及挥发性有机物蒸发散	土壤、地下水
清除大气有机物	植物叶片吸收挥发性有机物	大气
植物覆盖	植物借助雨水的蒸发散以防止污染物的淋溶	土壤

（五）城市热岛效应与绿化覆盖率需求分析

就绿化覆盖率而言，1967 年，波罗托波夫提出：森林覆盖率对附近地区的风力、温度、湿度均有影响。

当覆盖率从 30% 增至 70% 时，在生长期内林地的气温将比周围地区平均低 5%~13%。森林覆盖率每增加 10%，平均气温就降低 0.2℃。

国外许多学者的研究都认为，建设既有高度物质文明、又有自然气息、生态健全的现代化城市，应采取高绿地指标（绿化覆盖率在 50% 以上）。

近年来，我国的环保、林业与园林科技人员所做的多项专题研究也表明，从维持城市空气中的碳氧平衡，吸收有害气体、缓解"热岛效应"等生态功能要求出发，对于人均用地指标在 75~105 平方米的大城市地区，绿化覆盖率应争取达到 40%~50%，城市生态环境质量才能较佳（李敏，1999）。

第十一章　北京水资源（量）分布特征与林业发展指标

一、北京水系分布特征

北京地区从东到西分布有蓟运河、潮白河、北运河、永定河、大清河五大水系，隶属海河流域。这五大水系除北运河发源于本市外，蓟运河、潮白河、大清河三水系发源于河北省，永定河发源于山西省和内蒙古自治区。市界内各河流域面积见表11-1。5条水系下游均汇入永定新河和海河，经天津市入海。

表 11-1　北京市各河系流域面积表

水系	流域面积（平方公里）			占全市面积百分比（%）
	山区	平原	合计	
蓟运河	689	688	1377	8.19
潮白河	4605	1008	5613	33.41
北运河	1000	3423	4423	26.33
永定河	2491	677	3168	18.86
大清河	1615	604	2219	13.21
全　市	10400	6400	16800	100

（一）永定河水系

永定河全长650公里，本市境内长为165.5公里。其上游水土流失严重，是中国的多泥沙河之一；中游为中山峡谷区，水能资源丰富；下游段流入平原区，流速变小。永定河在境内的流域面积为3168平方公里，占全市总面积的18.86%，其中山区面积为2491平方公里，占流域面积的79%，平原为677平方公里，占流域面积的21%。

（二）潮白河水系

潮白河自北向南贯穿北京的东部，其上游是潮河与白河。潮白河在密云水库以上为上游段，多呈"V"形河谷，河床下降较大，水流湍急；密云水库至苏庄段为中游，地势平坦，平均坡降约0.11%；苏庄以下为下游，地势低洼，河谷开阔。潮白河在境内的流域面积为5613平方公里，占全市总面积的33.41%，其中山区面积4605平方公里，占流域面积的82%，平原1008平方公里，占流域面积的18%，是境内流域面积最大的水系。

（三）北运河水系

北运河水系以通州北关闸为界，以上称温榆河，以下称北运河。北运河是公元7世纪初隋朝时，由人工开凿的南北大运河的最北段，在历史上与北京的经济生活曾有过密切的关系。北运河水系在北京的流域面积为4423平方公里，占全市总面积的26.33%。其中山区1000平方公里，占流域面积的23%；平原3423平方公里，占流域面积的77%，为各流域平原面积之首。

（四）大清河水系

大清河水系在北京境内有拒马河、大石河、小清河3条支流，其中以拒马河最大。大清河水系在境内流域面积为2219平方公里，占全市总面积的13.21%，其中山区面积1615平方公里，占流域面积的73%，平原面积604平方公里，占流域面积的27%，拒马河水量丰沛、水质较好，是北京清洁地表水源之一。

（五）蓟运河水系

蓟运河水系在北京境内有拘河和错河，流域面积1377平方公里，占全市总面积的8.19%，其中山区面积689平方公里，平原面积688平方公里，各占流域面积50%，是境内流域面积最小的水系。

二、北京水资源态势

北京市水资源态势拟将降水、地表水、地下水等作为分析对象，进行水资源供需平衡及水量平衡分析。

（一）降水资源

1. 降水量与降水资源量

降水是水文循环过程中由大气向地面供水的主要来源。北京市境内多年平均年降水量为595毫米，市界内各流域多年平均年降水量及降水资源量统计成果见表11-2。

表11-2　北京各河系降水资源统计表

水系	山区		平原区		合计	
	降水量	降水资源量	降水量	降水资源量	降水量	降水资源量
	毫米	亿立方米	毫米	亿立方米	毫米	亿立方米
蓟运河	673	4.63	639	4.40	656	9.03
潮白河	604	27.81	637	6.42	610	34.23
北运河	606	6.06	593	20.30	596	26.36
永定河	521	12.98	557	3.77	529	16.75
大清河	615	9.93	592	3.58	609	13.51
全市	603.8	61.40	603.6	38.47	600	99.88

2. 降水的空间分布

北京山地面积约占全市面积的62%，因此，降水量除受大气环流的影响外，还受地形的影响，北京地区年平均降水量等值线走向大体与山脉走向一致。全市多年平均降水量在

470~660毫米之间，多雨中心沿燕山、西山迎风坡分布。700毫米以上的地区有怀柔县的八道河、房山区的漫水河、平谷县的将军关一带，其中八道河面积最大，量值也最大达到820毫米，枣树林为770毫米。由弧形面积向西北、东南降水量不断减少，延庆县康庄为416.9毫米，是全市降水量最少的地区，通县、大兴等平原地区年降水量不足600毫米。

在山区虽处同一区域，由于山脉的屏障作用，一山之隔降水量相差悬殊。如沿西山的百花山、老龙窝、青水尖、到妙峰山一线，山南史家营年降水量在700毫米以上，大安山接近650毫米，越过山岭处于背风坡的清水河流域的斋堂、杜家庄、燕家台、青白口和沿河城等地年降水量只有500毫米，为少雨区。

3. 降水的时间分配

北京降水集中在夏半年（4~9月），占雨量的90%以上。冬半年（10月~翌年3月）雨量不足10%。其中7月、8月的降水量占夏季降水量的84%，所以7月下旬到8月上旬为降雨高峰。北京一日降水量大于400毫米的日期均出现在此时期内，有时一日降水量就占全年降水量的60%~70%。降水不仅高度集中，还以暴雨的形式出现。冬季（12月~翌年2月）降水只占年降水的2%。春季（3~5月）多年平均降水量为85毫米左右，占年降水量的14%。

4. 降水的变率

因受水汽补充条件和地理位置、地形等条件影响，降水量在地区上和时程上具有变率大的特点：

（1）年际变化幅度大。全市平均降水量最充沛的1956年的年雨量为1085.5毫米，是1965年枯水年的年雨量311.2毫米的3.5倍。个别地区变化幅度更大，可达5.8倍。

（2）丰枯交替发生，亦可连续发生。连续出现的时间常为2~3年，个别地区连丰年最长可达6年，连枯年最长可达9年。北京地区约有55%的年份雨量小于多年平均值。

（二）地表水资源

地表水资源态势主要反映在水量和水质两方面。

1. 地表径流量

据统计分析，由北京境内降水而形成的地表径流量为23亿立方米（多年平均值），全市各分区（按水系划分）地表径流量统计成果详见表11-3。

表11-3　北京市各分区地表径流量统计成果表　　　　　　单位：亿立方米

统计地区	地表径流量			
	均值	50%	75%	95%
蓟运河山区	1.31	1.15	0.786	0.459
湖白河山区	8.27	6.62	0.438	0.306
北运河山区	1.49	1.19	0.626	0.179
永定河山区	2.33	1.68	0.909	0.536
北四河平原	6.30	5.10	3.15	1.700
大清河山区	2.74	1.97	1.07	0.630
大清河平原	0.583	0.426	0.239	0.134
全市	23.02	18.42	12.21	8.52

（1）基本特点。地表径流量变化特点总的来看与降水量大致相似，具体情况如下：

年际变幅大。山区最大水年年径流量是最小水年的 8 倍，平原最大水年年径流量是最小水年的 14 倍。

丰枯水年交替出现。小于多年平均值的年份占 60% 左右。1949 年以来，连续 3 年发生偏枯水年的有：1960~1962 年、1971~1972 年；80 年代 1980~1984 年连续 5 年偏枯等。连续偏丰年最长的为 3 年（1977~1979 年）。

年内变化也很大。汛期四个月地表径流水量占全年的 60%~70%，其中 8 月水量占全年的 1/3 左右，而最枯月份的水量仅占全年的 2%~4%，相差 7~16 倍。

地区分布有明显的规律。山区水量多于平原，分别占全市的 70% 和 30%。东部水量多于西部的水量;若按河系统计，以潮白河水量为最多，约占全市 40%，其他各河水量相差不多。

（2）态势分析。

水资源匮乏：北京市单位面积产水量为 13.7 万立方米／平方公里，相当于全国和全世界单位面积产水量的 48.6% 和 43.9%，即不及其一半。人均地表水资源量为 215 立方米／人（按 1995 年常住户籍人口 1070.30 万人计）相当于全国人均地表水资源量的 9%，由此可见，北京地区地表水资源是匮乏的。

境内地表产流呈现减少趋势：进入 80 年代以来，地表水资源量有较大幅度的减少见表 11-4。

表 11-4 北京市地表水资源计算成果表　　　　　　　　　　　单位：亿立方米

| 年份 | 降水量 | 山区地表水 | | 平原自产水 | 地表水总量 |
		入境水	自产水		
1964	131.11	37.23	24.25	17.46	78.94
1965	62.76	23.45	8.64	3.23	35.35
1978	111.53	19.47	17.45	12.14	49.06
1980	64.24	18.45	5.64	3.36	27.45
1981	71.18	10.51	3.75	2.06	16.32
1984	72.66	7.86	3.81	2.06	13.75
1995	68.88	8.50	3.82	2.03	14.35

地表水可利用量主要取自于密云、官厅两大水库，占地表水供水量 80% 以上，因此两大水库来水量的变化直接影响北京市地表水的保证程度。由表 11-5 可见 20 世纪 60 年代两大水库的合计来水量为 24.66 亿立方米，70 年代平均来水 21.25 亿立方米，而 80 年代平均来水仅为 10.79 亿立方米，与前 20 年相比几乎减少一半以上。因此地表水供水量也随之减少，这必然要加重地下水供水的负担。

表 11-5 官厅、密云水库年平均来水量变化一览表

| 年代 | 降水量（毫米） | 两大水库来水量（亿立方米） | | |
		官厅	密云	合计
20 世纪 60 年代	590.6	12.59	12.07	24.66
20 世纪 70 年代	585.5	8.32	12.83	21.15

（续）

年代	降水量（毫米）	两大水库来水量（亿立方米）		
		官厅	密云	合计
20 世纪 80 年代	544.4	5.65	5.14	10.79
20 世纪 90 年代	407.5	2.72	3.94	6.66

2. 入境水

入境水是北京市水资源的重要组成部分。北京的入境水量是指通过永定河、潮白河、蓟运河三条河流流入本市的水量。拒马河为边界河，其入境水暂按过境水量来考虑。

1956~1997 年北京市多年平均入境水量为 17.13 亿立方米，详见表 11-6。

表 11-6　北京市入境水量统计成果表

时段	入境水量（亿立方米）	增减率（%）
1956~1960	34.73	102.7
1961~1970	19.97	16.6
1971~1980	16.93	−1.2
1981~1990	8.24	−51.24
1991~1997	13.51	−21.1
1956~1997	17.13	−

注：增减率为各系列均值与多年均值比较所得。

北京市入境水量主要是永定河和潮白河的入境，占全市入境水量的 95%，其中永定河占全市入境水量的 52%，可见永定河和潮白河的上游境外来水状况，对本市水资源是至关重要的。表 11-7 反映了永定河、潮白河入境水量的变化趋势。

表 11-7　永定河、潮白河入境水量变化趋势分析表

统计时段	年入境量（亿立方米）		
	永定河	潮白河	合计
1956~1959	19.8	17.0	36.8
1960~1969	12.9	6.8	19.7
1970~1979	8.4	7.9	16.3
1980~1988	4.2	3.9	8.1

（1）定河入境水量越来越少，近 9 年年平均入境量比 20 世纪 50 年代、60 年代、70 年代、80 年代平均入境量分别减少 16.7、9.8、5.3、1.1 亿立方米。

（2）潮白河入境水量在 50 年代较多，达 17 亿立方米；60 年代以后至今，入境水量减至 4 亿~8 亿立方米，其中 80 年代为最少，为 3.9 亿立方米。

（3）定河和潮白河二河年平均入境水量呈衰减趋势，即 50 年代为 6.8 亿立方米，60 年

代和 70 年代为 19.7 亿立方米和 16.3 亿立方米，80 年代和 90 年代为 8 亿多立方米。

3. 出境水

北京出境水量系指北京市永定河、北运河、潮白河、句河、大石河五条河流排出境外，流入河北省、天津市境内的地表清水量和污水量。拒马河出境水按过境水量考虑。

1961~1997 年北京全市清水出境量多年平均为 11.6 亿立方米，污水多年平均出境量为 4.9 亿立方米，拒马河过境水为 4.1 亿立方米。

经分析，北京市出境水的态势变化主要表现在：

（1）年际变幅大。全市年最大出境水量是年最小出境水量的 20 倍，出境多水年与少水年亦丰枯交替，出境多水年一般持续 2 年，最长可达 4 年，出境少水年持续可达 14 年，发生在 1980~1993 年。

（2）80 年代以来全市的清水年平均出境量比 60~70 年代年平均出境量减少 8.1 亿立方米，减少了 53%；全市污水多年平均出境量同期却增加了 4.3 亿立方米，增加了约 1.5 倍。各时段多年平均出境量详见表 11-8。

表 11-8 北京市多年平均出境水统计成果表

多年平均	全市出境水（亿立方米）	
	清水	污水
1961~1979	15.4	2.9
1980~1997	7.3	7.2
1961~1997	11.6	4.9

注：未含拒马河过境水。

4. 地表水供水用水状况

北京市地表供水系统和地下水供水系统组成全市供水系统。地表供水系统水源为：官厅、密云等四座大型水库和 61 座中小型水库的蓄水（另外还有 19 座水库为调蓄水库）与平原洼地坑塘及山区塘坝等其他小型蓄水工程的蓄水；河道提引水。

1995 年北京全市地表供水 12.49 亿立方米，其中官厅、密云两水库供水 8.25 亿立方米，占地表供水总量的 66%；其他水库供水 1.86 亿立方米，占地表供水总量的 15%；提引水 2.38 亿立方米，占地表供水总量的 19%。

1995 年工业、城镇生活、城市水环境净用水量加输水损失，北京市城市总用水（毛水量）为 8.31 亿立方米，占全市地表用水量的 67%；农业用水为 4.18 亿立方米，占全市地表用水的 33%。

5. 地表水利用态势分析

（1）1981~1995 年北京地区利用地表水总量的多年平均为 13.8 亿立方米。

（2）全市地表用水总量在 80 年代初期急剧减少。1979、1980 年地表年总用水量为 26.4 亿立方米，1981~1990 年平均每年用地表水量为 13.73 亿立方米，比 1979~1980 年年平均用地表水量减少了 12.67 亿立方米；1991~1995 年年平均用地表水量为 14.04 亿立方米，比 1979、1980 年年平均用地表水量减少 12.36 亿立方米，减少了近一半。

（3）各部门地表用水 90 年代比 80 年代初期有了很大变化。图 11-1、图 11-2 分别为 1981 年、1995 年各部门利用地表水构成图。1981 年，城市生活用地表水量仅占全市地表总用水量的 1.6%，而 1995 年则上升为 32%；1981 年农业用地表水量占全市地表总用水量的 58%，而 1995 年则降为 33%；1981 年工业用地表水量占全市地表总用水量的 40.4%，1995 年则有所下降，降为 35%。1981 年城市用地表水量占全市地表总用水量的 42%，1995 年则上升为 67%，由此可见北京市的地表水已由 1980 年以前的为农业服务，转变到 80 年代以来直到今日以城市生活和工业用水为主，即北京市地表水源的主要服务对象已由农村转为城市。

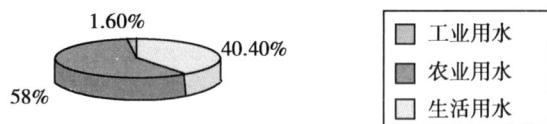

图 11-1　1981 年各部门地表水用水构成情况

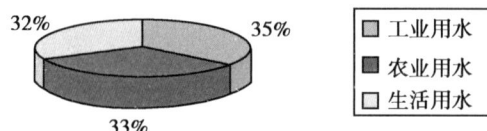

图 11-2　1995 年各部门地表水用水构成情况

6. 地表水资源可供水量预测

现有地表水供水设施包括地表蓄水工程和提水工程设施，蓄水工程含官厅、密云两大库及其他水库，提水工程系指从河道内提引水的设施。北京地区近期可供地表水预测结果见表 11-9。

表 11-9　北京地区地表可供水量预测成果表　　　　　　　　单位：亿立方米

名称		2005 年			2010 年		
		50%	75%	95%	50%	75%	95%
蓄水工程	官厅	2.95	1.45	0.6	2.5	1.2	0.5
	密云	9	8	6	9	8	6
	其他水库	1.94	1.13	0.54	1.94	1.13	0.54
	小计	13.89	10.58	7.14	13.44	10.33	7.04
提水工程		1.11	0.88	0.62	1.11	0.88	0.62
合　计		15	11.46	7.76	14.55	11.21	7.66

（三）地下水资源

根据 1995 年北京市用水调研报告，全市地下水总用水量 38.17 亿立方米，其中地表水 11.09 亿立方米，地下水 27.09 亿立方米，地下水占用水总量的 71%。山区开采量为 1.64 亿立方米，平原区为 25.46 亿立方米。

1. 地下水资源变化趋势

地下水资源多年变化趋势，反映在地下水位动态的趋势变化及储变量的盈亏变化上，北京平原区地下水位动态主要受降水的影响而出现年内及年际周期性的升降变化。然而，自 70 年代以来地下水开采量逐年增加，一些地区超量开采，使地下水位出现了趋势性下降，详见表 11-10。

表 11-10 北京市平原区储存变化量计算成果表 单位：亿立方米／年

		1961~1995	1961~1970	1971~1980	1981~1990	1991~1995	1961~1980	1981~1995
平原区	累计	−39.56	+0.23	−21.25	−18.40	−0.14	−21.02	−18.54
	年均	−1.13	+0.02	−2.13	−1.84	−0.03	−1.05	−1.24
城近郊	累计	−18.58	−1.29	−12.42	−4.66	−0.21	−13.71	−4.87
	年均	−0.53	−0.13	−1.24	−0.47	−0.04	−0.69	−0.32
年平均降水		565.7	584.0	567.8	579.9	636.4	575.9	598.7

2. 地下水资源量分析

地下水可采资源是在一定的技术经济条件下，可开采利用的地下水资源。地下水含水层可视作地下水库，具有多年调节作用，在枯水年可承受一定限度超量开采，动用部分贮存量，并在丰水年得到补充恢复，所以在进行地下水可采资源评价时，应按多年平均补给量进行考虑。地下水补给量中包括了各种重复量，如河水、渠道水入渗补给量，灌溉回归补给量等，所以在评价时应考虑现有水利设施状况。在一定技术经济条件下，地下水的补给量并不是全部可采，即存在一些尚难克服的自然消耗量，如地下水溢出量、潜水自然蒸发量、地下水径流侧向流出量等。

根据多种方法计算得到全市地下水可采资源量为 26.33 亿立方米／年，其中平原区地下水可采资源量 24.55 亿立方米／年，山区地下水可采资源量 1.78 亿立方米／年。实际地下水年开采量在 25 亿~27 亿立方米，与平原区可采资源 24.55 亿立方米相比每年超采 1 亿多立方米。平原区地下水储变量 1961~1995 年年平均亏损 1.13 亿立方米，1981~1995 年年平均亏损 1.24 亿立方米，见表 11-11。

表 11-11 北京市各地区地下水多年平均可采用量 单位：亿立方米／年

名称	可采资源量		合 计
	平原区	山区	
密云	0.70	0.37	1.07
怀柔	0.80	0.24	1.04
顺义	4.30	0	4.30
昌平	1.90	0.16	2.06
通州	1.90	0	1.90
大兴	2.80	0	2.80
房山	2.80	0.31	3.11
平谷	2.00	0.30	2.30
延庆	0.90	0.10	1.00
城近郊	6.05	0.15	6.20
丰台河西	0.10	0.15	0.25
海淀山后	0.30	0	0.30
总 计	24.55	1.78	26.33

北京平原区已不同程度地出现区域地下水位下降及地下水储存量亏损，这与平原区地下水开采量日益增大直接有关。全市平原区 1961~1995 年 35 年间地下水储存量累积亏损

39.56 亿立方米，平均亏损 1.13 亿立方米 / 年。70 年代以来开采量增加，一些地区补给条件发生变化，造成水位下降，资源亏损，70、80 年代地下水储存变化量累积亏损分别为 21.25 亿立方米、18.40 亿立方米。90 年代地下水亏损趋势减弱，前五年地下水储存变化量累积亏损仅为 0.14 亿立方米。

地下水过量开采是导致地下水储存量日愈亏损的主要原因，因此，有必要进一步加强地下水的管理，减少地下水的超量开采。同时本着"开源节流"并重的原则，增加地下水的补给，做到地下水长期稳定开采。

三、北京水资源存在的主要问题

水是生命之源，它不仅是一切生物赖以生存和发展的基本条件，也是人类生产活动不可缺少的重要资源，而且还是生态环境的控制性要素。随着人口增长和经济发展，社会对水资源的需求量不断增长，同时对水质的要求也越来越高。水资源紧缺程度不断加重，水资源已成为影响发展的主要制约因素。

新中国成立以来，北京地区多次出现比较严重的用水危机。特别是 80 年代初期连续 5 年的枯水时段导致的水资源危机，对北京发展造成极为严重的影响。北京地区水资源紧缺形势引起社会各界的高度重视，在中央的支持下，市政府采取多种措施克服水资源紧缺带来的重重困难，初步缓解了供需矛盾。但现状的表面平衡是以牺牲环境和制约发展为代价的，并没有从根本上解决水资源紧缺问题。概括起来北京水资源存在的问题表现出以下矛盾：

（一）水资源短缺和用水浪费的矛盾

目前，北京市可利用淡水资源人均占有量不足 300 立方米。作为北京市地表水主要供水水源的官厅、密云两大水库的来水越来越少，由于上游经济和社会发展，用水量急剧增加，流域内修建了大小 200 余座水库，使两库来水由 20 世纪五六十年代的 30 多亿立方米锐减到 20 世纪 90 年代的 12 亿立方米，两库来水减少的趋势很难逆转。据有关部门预测，2010 年北京可供水量为 34 亿~41 亿立方米，平水年将缺水 11.82 亿立方米，即使在最新的规划中，也只能在平水年基本实现供需平衡，偏枯水年仍将缺水 3.92 亿立方米，枯水年则缺水达 7.68 亿立方米。显然在 21 世纪北京将面临更加严峻的缺水局面。

一方面干旱缺水，另一方面又存在大量用水浪费现象。农业方面现在仍有相当数量的农田采用大水漫灌的方式，输水管道渗漏严重，浪费很大。工业方面每万元工业产值用水 100 立方米左右，是发达国家的 10~20 倍。工业用水的重复利用率不到 50%，而发达国家为 70%~80%。城市生活用水方面，自来水管网的跑、冒、滴、漏损失率至少达 20%。

（二）用水急剧增加和水质污染的矛盾

目前人类对水的利用以超过人口增长率 2 倍的速度增长，全球淡水需求量扶摇直上。本世纪以来世界淡水消费量增加了 7 倍。农业灌溉是淡水的使用大户，人口的增长迫使农业必须增产，而增产的主要手段是扩大耕地面积和灌溉面积，这又需要更多的水。另外随着社会经济的发展，工业化进程的加快，工业和城乡居民用水的需求量也呈迅速上升的趋势。由于过于注重满足用水需求，没有慎重考虑水资源的支撑能力，在整体发展中来能同时兼顾到人口、资源、环境的协调一致，用水过快增长超过了环境容量，造成地下水大量超采、河流长期断流、城市湖泊逐渐萎缩、湿地干涸和土壤沙化以及地面沉降等一系列的生态环境问题。

人口增长、城市化发展和工农业生产规模扩大，在大量消耗淡水的同时，又污染了有限的淡水资源，恶化了生存环境。全市每年约有 10 亿立方米未经处理的污水排入河道，加之过量使用化肥和农药以及垃圾的不合理堆放，使得河湖水体和地下水受到严重影响，据对81 条河流 2150 公里河段的监测，有 56.4% 的水体受到不同程度的污染。城近郊区地下水水质较差和极差的占测点总水量的 47.31%，郊区地下水符合饮用水标准的也仅占一半，地下水超采超过 40 亿立方米，东郊地面沉降面积已达 800 平方公里，累计最大沉降量 850 毫米，并仍在扩展之中。水污染加剧了水资源的危机，地面沉降又制约了深部地下水的开发。

（三）洪水肆虐与干旱缺水的矛盾

北京市是洪旱灾害频繁发生地区，新中国成立后曾发生两次较大的水灾，一次是官厅水库建成后的 1956 年，永定河在大兴境内的麻各庄决口，冲毁许多土地，使京广铁路中断行驶。另一次是 1963 年，温榆河决口、城市各主要排水河道也漫溢，市区及近郊区一片汪洋，公路、铁路中断，不少工厂停产，死亡近 30 人。除上述全市大面积的降雨灾害外，近20 年来，尽管面临着严重的干旱威胁，但局部区域的暴雨灾害仍然频频出现，1976 年，密云北部突降特大暴雨，山洪与泥石流爆发，数万株树木堵塞了田庄水库的溢洪道，以至漫坝溃决，冲垮淤平下游塘坝及辛庄大桥，暴雨区的交通、电力、通讯全部中断，造成百余人死亡，经济损失惨重。

另一方面，北京受干旱影响的事实有目共睹，虽然解放后修建了大量的水利工程，但干旱的影响依然存在，缺水的影响不断发展，致使北京地区出现水荒的间隔越来越短，据近 100 年的资料分析，平均约 7 年出现一次旱年，而近 20 年每隔 5 年出现一次水荒年，特别是 80 年代以后北京出现连续干旱，水资源危机几乎年年告警，干旱缺水已成为首都现代化建设中的严重问题。

（四）水污染十分严重

北京市的河流、湖泊、水库的水质总体上呈下降趋势。根据 2002 年《北京市环境质量报告书》的结果，2002 年北京市城近郊区污水排放总量 227.34 万吨 / 天，其中生活污水占 65.1%，工业废水占 32.2%。其中城近郊区入河污水量为 119.77 万吨 / 天，占污水总量的52.68%。

由于大量未经处理的污水排入河道、渗坑，加之农田过量施用化肥、农药，使得河流与湖泊水体、地下水和城市下游河道受到污染。根据 2002 年的检测结果，在该年度监测的74 条段有水河流中，仅有 18 条河段能符合相应功能水质标准要求，达标河段长度只占实测河流长度的 36.4%。对水库与湖泊的同期检测结果表明，达标水库为 58.8%，达标库容占实测总库容的 66.9%。达标湖泊为 21.1%，达标湖泊容量占实测总容量的 49.3%。

四、森林植被与水资源的关系

森林与水的相互作用关系是水文学领域极为重要的研究内容，是水文研究的中心议题。

特别是随着人类对自身生存来自环境的压力与日俱增的认识逐渐加深,森林作为工业社会的主要材料来源之一的生态学后果的突现,使人们对森林与林业对人类生存与发展显示的重要作用产生了新的认识,使得林业经营与发展进入更为注重生态与社会效益的经营利用观。而森林生态效益的产生与其对生物地球化学循环动力(能量)与介质(水文循环与大气循环)的影响密切相关,揭示森林植被变化(森林采伐、森林火灾、开垦、造林等)对水文循环的影响过程与影响结果,可以为森林经营、流域管理、景观管理、自然保护、山地防灾、水资源利用和土地利用优化等提供科学依据。

森林变化对水文循环的影响应当包括森林采伐对流域水文循环的影响和森林恢复对流域水文循环的影响两个方面,而森林采伐和森林恢复必然伴随着森林生态系统内水文循环物理环境的相应变化。森林变化对流域蒸发散的影响,特别是对水文循环起决定性作用的流域土壤水文特性的影响是认识森林变化对水文循环影响的关键。对土壤水文特性的影响最终表现在土壤水力传导度的变化和水分传输路径的影响,而这种影响将直接导致流域径流形成的水文响应模式的变化,其中包括:径流来源位置、地下水补给特征、径流产生机制、流域蒸发散的动力与补给机制等。另一方面,地形、地质、土壤类型、植被等的空间变异性以及气象通量诸如降雨、入渗和蒸发等的时空变化性又进一步增加了认识和定量描述森林流域径流形成机制和水文响应模式的难度。

一般认为,针叶林、硬木落叶林、灌木林、草本植物对流域产水量的影响呈递减趋势,针叶林覆盖率变化 10% 将引起流域年总产水量约 40 毫米的变化量,同样硬木阔叶林覆盖率变化 10% 将引起流域年总产水量约 25 毫米的变化量,而灌木林或草本植物覆盖率变化 10% 将引起流域年总产水量约 10 毫米的变化量(Bosch and Hewlett,1982)。

森林流域与无林或少林流域径流量随时间动态变化的研究,对于合理调节和利用水资源,确定合理的森林经营措施都是十分重要的。国内多数研究得出较为一致的结论,但是也有相反的研究结果:①森林可以调节径流的分配,增加旱季枯水流量。但在黑龙江省松花江水系冀克图河上游陡嘴子河的天然阔叶林中进行的研究表明,森林覆盖率与枯水径流量呈显著的负相关关系。②森林可以减少洪水流量、削弱洪峰流量,推迟或延长产汇流时间,但周光益等的研究结果认为,森林对洪水特性并无显著影响(周光益,1993)。从森林对径流组分分配的影响看,皆伐使林地的地表径流增加 7.8%,壤中流增加 3.3%,总径流量 14.46%,而下渗流形成的径流减少 12.1%(周晓峰,1991)。在江西修水县大坑流域 2 个相邻小流域对比研究中,采用基流分割的办法对比了多林沟、少林沟快速径流、基流在不同月份的组成。其结果指出,在雨水充沛的 4~8 月,土壤较湿润,快速径流占降水量的比率,少林沟大于多林沟,且都比其他月份高;在 8~11 月,由于降水量及降雨日数少,蒸发量远大于降雨量,土壤干燥,径流形成少,一般无快速径流产生,多林沟的基流量要比少林沟高(孙阁等,1989)。同样,在海南岛的研究亦表明,由于森林的破坏,快速径流增加,基流量变小。

综观国内外的研究结果可以看出,世界范围内的森林流域水文实验研究已经相当多,这些流域处于不同的生物地理气候区内,研究的结果总的来看是森林砍伐增加流域年产水量。但是，在不同研究区域增加量具有极大的变化性，显然这是由于影响水文循环的环境异质性所引起的。

五、北京北部山区森林覆盖率分析

一个地区的森林覆盖率究竟多少才算最佳，其确定方法和数值也是各不相同，众说纷纭，但一般认为森林覆盖率达 30% 以上，且分布均匀，结构合理，发挥着巨大的经济、社会和生态效益，是合理森林覆盖率的标志，所谓最佳森林覆盖率是指在一定的目的和条件下，充分利用现有条件而最好地达到特定目的的森林覆盖率。在自然状态下，森林防护效益的高低，从理论上分析应与森林自身属性即森林面积大小，森林内涵质量（如森林类型、层次、结构等）和森林的空间分布格局相关，亦受气候、地质、地貌和土壤等环境因子的深刻影响。在森林自身属性和环境因子中，前者具相对可变性，且易为人力调控，而后者则具有相对稳定性，人力难以干涉。同时，环境类因子对森林生态系统防护能力的影响，在很大程度上已经通过不同森林防护能力的差异得到了综合性的反映。据此，在特定区域内确定最佳期防护效益森林覆盖率时，应着力考虑调控森林自身属性，即森林面积数量，森林内涵选质量及其空间分布格局，使森林自身属性与环境因子达到最佳耦合状态，充分发挥森林的生态屏障作用。

由增强森林内涵质量和优化森林的分布格局带来的防护增益的大小，主要取决于现实森林自身属性状态，由于该区森林质量较低，因此，应着力于上述二者的改造，这必将产生显著的效果，同时也适合当地民情，又能缓和农、林、牧、副各业对土地的竞争矛盾，达到协调发展。森林面积数量、内涵质量和空间分布的防护能力迭加效应在防护林建设实践中已得到验证，如一些气候、地质、水文、土壤、社会经济和人口等条件相似的地区森林覆盖率很接近，但土壤侵蚀模数相差甚大，尤其引人注意的是，出现了森林覆盖率较低的地区的土壤侵蚀模数比森林覆盖率较高的地区土壤侵蚀模数要小得多的现象，这在很大程度上反映了森林量、质及分布状态对森林生态系统防护能力的综合影响。

本区最为常见、最基本的，也是危害最为严重的侵蚀类型产生水力侵蚀的原动力是降雨因子，降雨过程中，引发严重水力侵蚀的不是普通或常见的降雨，而是那种一次性特大暴雨过程，因其强度大，动能高，侵蚀力特强，因此确定该区最佳防护效益森林覆盖率时，应以该区历年一日出现频率较大暴雨量为基础，来求算能抵抗其侵蚀危害的森林覆盖率。多数的研究表明，森林保持水土、及涵养水源的功能主要是通过增强和维持林地下渗能力，缓和地表径流为主的提高防护能力来实现的。而这些能力的大小或强弱，是由森林土壤非毛管孔隙、土壤饱和蓄水能力、渗透系数及毛管与非毛管比值的量级变化而决定的。其中，土壤饱和蓄水能力是一个综合性较强的指标，它不但与林下土壤水分、物理、化学特性如土壤孔隙度、机械组成、土层厚度、有机质含量等高度相关，还与森林的内涵质量、地质地貌等因子紧密相联。据此，有理由认为，森林土壤饱和蓄水能力是森林自身属性及地质地貌等因子对森林生态系统在保持水土、涵养水源诸方面能力迭加影响的综合体现。将森林土壤饱和蓄水能力作为森林防护能力的指标具有科学性。因此，根据该区历年一日出现频率较大暴雨量与该区内森林土壤饱和蓄水能力值，便可计算出最佳防护效益的森林覆盖率（张健，宫渊波，陈林武，1996）。

设 $S_总$ 为区域总面积，P 为历年一日出现频率较大的暴雨量，S_1 为防护面积 $=S_总-S_2$（道路、居民点面积、工矿、农田、水体等），W 为森林土壤饱和蓄水量，W 值因林分不同而不同，则该区域抵御 P 量级降雨侵蚀（即不产生或极少产生地表径流）所需的森林面积为：

$$S_森 = \frac{P \times S_1}{W}$$

相应的森林覆盖率：

$$F\% = \frac{S_森}{S_总} \times 100\% = \frac{P \times S_1}{W \times S_总} \times 100\%$$

以全区域几百块标准地和实测资料对森林土壤饱和蓄水能力按面积进行加权处理得出不同林分内涵质量的 W 值。计算结果见表 11-12。

表 11-12　不同暴雨强度不同林地土壤饱和蓄水量下的相应最佳森林覆盖率

24 小时最大暴雨量（毫米）	200	200	200	220	220	220	240	240	240
最佳森林覆盖率（%）	92.45	61.48	46.68	101.69	67.63	51.34	110.94	73.78	56.01
土壤饱和蓄水量（毫米）	165.2	248.4	327.2	165.2	248.4	327.2	165.2	248.4	327.2
林分生长状况	一般	良好	优良	一般	良好	优良	一般	良好	优良

由于该区暴雨平均强度绝大多数属于 220 毫米以下范围，极个别地点暴雨中心可达更高，这些地点要采取特殊措施，特殊对待，尽可能增加森林覆盖率，且使森林内涵质量达到最优，才能达到防蚀防灾、涵养和保护水源的作用，而具有普遍意义的最佳森林覆盖率是暴雨强度在 220 毫米以下的森林覆盖率。根据计算结果及综合考虑该区暴雨平均强度绝大多数属于 220 毫米以下范围，确定该区的最佳森林覆盖率为 65% 左右，也可以说是 60%~70%。也就是说北部山区森林覆盖率达到 65% 左右就可以达到"林土相辅、林水相护"的目标。

六、北京森林生态用水分析

北京市北部山区林木绿化率达到 70% 以上，水土流失得到有效控制，根据在密云水库进行的对比流域实验以及参考类似地区森林植被增加对水资源量的影响综合指标为 8.9~15.5 毫米，取 12.5 毫米计算，则减少的降水径流（水资源量）或森林植被生态用水为：$10400 \times 10^6 \times 0.70 \times 12.5 \times 10^{-3} = 0.96$ 亿立方米。

当平原区目前林木绿化率为 30%（平原区总面积为 6400 平方公里），其中果树经济林比重按 75%，经济林采用目前比较先进的灌溉技术（如滴灌等），灌水定额为 1050 立方米 / 公顷，按照田间渗漏补给地下水 20% 计算，净消耗水量为 840 立方米 / 公顷，则总用水量为：$6400 \times 30\% \times 75\% \times 100 \times 840 = 1.2$ 亿立方米。其他防护林以消耗降水资源为主，并不对水资源构成影响。

第十二章　生物多样性保护、森林旅游与林业发展需求分析

一、北京自然保护区建设现状

截至 2003 年年底，北京市共建成 18 个自然保护区，其中国家级 1 个、市级 11 个，县级 6 个，面积为 128854 公顷，占全市国土面积的 7.67%。北京湿地类型自然保护区已批准 6 个，总面积 2.02 万公顷，其中包括水生野生动物保护区 2 个。

目前，北京市的自然保护区的主要类型有三大类：①以天然次生林保护为主的森林生态系统保护区和野生动物保护区；②以湿地类型、湿地动植物为主的湿地生态系统保护区；③自然景观和地质地貌类型的自然保护区等。由于北京市的自然地理和气候生物等的优越条件，在北京市域范围内仍然有许多区域具有丰富的自然资源，为了北京市的可持续发展，北京市的自然保护区建设工作仍然有较大的发展空间。

自然保护区的建立可以有效的保护北京市的现有宝贵的自然资源。将自然保护区内生长状况较好的森林、河流及陡坡上盖度较高的灌木林划为禁伐区，禁止一切采伐利用活动，运用高科技手段采取强制性措施保护好现有的野生动植物资源。同时切实加强对全市生物多样性的保护，要在建立保护区、加强对现有生物保护的同时，积极开展引种和育种等工作，进一步丰富生物多样性。

北京市湿地面积（100 公顷以上）约 5 万公顷，其中天然湿地 3.5 万公顷，人工湿地约 1.5 万公顷。北京的湿地生境类型较多，生长多样物种。据统计，湿地植物 69 科 183 属 312 种；野生动物 260 多种，其中鸟类 152 种，鱼类 81 种。北京密云水库湿地已列全国重要湿地名录。

2000 年末，全市已建各种类型的湿地自然保护区 6 处，总面积 20196 公顷，其中市级 3 处，面积 10236 公顷。仅野鸭湖湿地自然保护区就能有效保护鸟类 150 多种。

2005 年，湿地自然保护区总数达到 10 个，其中国家级自然保护区争取 3 个，市级 5 个，完成 5 个重要湿地自然保护区建设。重点开展湿地保护和合理利用示范工程 6 项。

二、自然保护区的建设指标研究

首先，自然保护区的建设对维持北京地区景观生态安全格局有重要的意义。

生态安全格局（Ecological Security Patterns），也称生态安全框架，指景观中存在某种潜

在的生态系统空间格局，它由景观中的某些关键的局部、其所处方位和空间联系共同构成。生态安全格局对维护或控制特定地段的某种生态过程有着重要的意义。

通过对生态过程潜在表面的空间分析，可以判别和设计景观生态安全格局，从而实现对生态过程的有效控制。不同区域具有不同特征的生态安全格局，对它的研究与设计依赖于对其空间结构的分析结果，以及研究者对其生态过程的了解程度。

自然保护区的建立可以有效的保护北京市的现有宝贵的自然资源。将自然保护区内生长状况较好的森林、河流及陡坡上盖度较高的灌木林划为禁伐区，禁止一切采伐利用活动，运用高科技手段采取强制性措施保护好现有的野生动植物资源。同时切实加强对全市生物多样性的保护，要在建立保护区、加强对现有生物保护的同时，积极开展引种和育种等工作，进一步丰富生物多样性。由于北京市的自然地理和气候生物等的优越条件，在北京市域范围内仍然有许多区域具有丰富的自然资源。这些自然资源的存在，对于保证北京市景观生态安全格局的稳定性和完整性具有非常重要的意义，建立自然保护区就可以有效的达到保护这些在北京市生态安全格局中起重要作用的自然资源。

目前，国际上对于自然保护区的如何建设更多的是集中于具体的一个自然保护区的建设范围、大小、格局的研究，以及这样的保护区能否达到自然保护的目的。而对于一个区域内自然保护区的到底建立多少以及如何布局的问题，国内外都没有系统的理论研究。一般认为，从生态安全角度考虑，越多越好，布局一般是根据自然资源的实际情况而定。

根据北京市的实际情况，从保证生态安全角度出发，北京市的自然保护区还应该在目前主要的三大类型自然保护区建设的基础上有较大的发展。

其次，自然保护区的建设对于保持北京地区的生物多样性具有重要的作用。

北京市的北部山区、西部山区具有良好的天然次生林资源、野生动物资源。全市域范围内具有丰富的湿地资源，同时还有一些重要的地质地貌等自然景观资源。自然保护区的建设可以有效地保护这些自然资源，尤其是生物多样性的保护具有重要的意义。

如目前全市有湿地资源约 5 万公顷，湿地内有高等植物 312 种，鸟类 152 种，鱼类 76 种；百花山内植物 842 种、动物 169 种，其中几棵原始次生华北落叶松非常珍贵。松山内最珍贵的是成片的天然油松草甸；喇叭沟门自然保护区，用以保护紫椴、黄波罗等天然次生林及菌类 125 种、苔藓 53 种，以及金钱豹等 57 种野生动物。但对于全市的植物种类 2000 余种，动物近千种的资源现状来看，保护区的建设还应加大力度，争取达到不低于 80% 的物种保护比例。

按照《国家生态环境中期标准》和《国家生态园林城市标准》自然保护区占区域总面积比例应为 12%，综合物种指数应为不小于 0.5，本地植物指数不小于 0.7。按此标准计算北京市的保护区面积应为 20 万公顷左右。

此外，自然保护区的建设，对于保证维持城市核心区碳氧平衡的重要的碳源地和氧源地具有重要的作用。尽管城市核心区具有保证城市的碳氧平衡的绿化隔离带，已经基本可以达到城市的氧平衡需要。但是，从区域角度和整个市域范围角度考虑，城市外围的保护区的建立对于维持区域的碳氧平衡具有重要的意义。

同时，更多保护区的设立可以保证自然资源的合理利用达到有序的释放。对于科研和教学的作用、科普教育、生态教育等都具有非常重要的作用。

三、森林公园指标研究

城市的经营是全方位的，它包括了绿色经营的含义。而城市的森林公园的建设在通往现代化建设的中国、尤其是首都北京，就显得尤为重要。

绿化空间能改善景观环境，提供游憩的场所。成片的相连的森林绿带，是中心城市边缘的重要风景线，加上优美的园林设计，种植不同的观赏树种、观赏果木，给市民提供路途不远就能接触大自然的游玩、休息的场所。

在国外一些大城市，如伦敦、莫斯科、巴黎、新加坡，中心城市外围都建设了森林保护带。把在城市外围建设绿化环境作为改善城市生态和城市风貌的重要手段，取得了成功的效果。

伴随着人类城市化的进程，越来越多的人生活在钢筋、水泥构筑的城市人工环境中，在城市里，保留的有限的自然的东西，除了蓝天。空气和水体就是绿化了。绿化在城市生态环境中作为可再生的自然因素，对远离自然的城市生活，发挥着新陈代谢、保持活力的作用。

城市中的森林公园和城市近郊的森林公园正是可以起到缓解城市环境和城市生活带给人们的种种压力。森林公园的建设早期更多得是强调它的对于城市的生态效益等作用，现在越来越强调它对于城市居民的心理安慰和治疗作用。随着交通条件和交通工具的改善，城市近郊及远郊的森林公园都成为一种城市的后花园了。

一般认为，从城市出发 2 小时路程可以到达的区域内的森林、绿地等绿色空间可以认为是大城市的休闲娱乐圈。因此，目前北京市的森林公园的建设还有较大的缺口，并且随着新一轮城市建设的开展，城市森林公园的需求将会越来越旺盛。北京市的现有植被条件非常优越，很多区域建设森林公园的基础都非常好。但是，从目前的北京市的森林公园的建设规格和数量还远远没有能够满足北京市民的需要，需要在今后大力发展。森林公园的建设和森林生态旅游的开展将是城市经济发展的一个新的绿色增长点。

森林生态旅游除了给人们提供一个观光、度假的空间外，其实也是一个环保教育的"大课堂"。旅游者通过观赏森林生态系统奇特的物种形态、群落结构，呼吸清新空气、饮用洁净的泉水，从而了解森林生态系统内部的物质、能量和信息流程与循环，认识森林保护物种、涵养水源、净化空气、美化和改良区域环境等多种功能。森林中的每棵树、每只动物、每条小溪，都是极具雄辩力的环保"活"教材。而只有环保意识深入人心，才能贯彻可持续发展战略，达到经济的良性循环。

根据森林公园主要为城市居民提供游憩场所进行生态旅游的主要功能来考虑，森林公园的发展指标按照如下标准进行计算。

1. 联合国生物圈与环境组织的标准

根据联合国生物圈与环境组织的标准建议，城市近郊城市森林公园的建设标准为 60 平方米 / 人。按此标准计算结合北京市总体规划的人口规划指标，城市森林公园的指标为，2020 年达到 10.2 万公顷。

2. 按照旅游者心理容量进行测算森林公园的发展面积指标

旅游者心理容量，是保证旅游者旅行和旅游舒适满意的极限游客接待量。超过这个极限则旅游者舒适感和满意程度就会下降。对旅游者心理容量的测算，一般是根据旅游资源容量计算公式来测算，因为在计算旅游资源容量时所采用的游览空间或间距标准，通常是按照最低极限来测算；但为了保证游客的舒适和满意，应按照合理标准来测算，而这个合理标准通常可根据问卷测试或经验估计而获得，也可以直接采用表 12-1 中的国际标准或其他国家的参考标准。

表 12-1 旅游活动基本空间标准

旅游活动及场所	世界旅游组织（WTO）标准	
	基本空间标准（平方米 / 人）	单位空间合理标准（人 / 公顷）
森林公园	667	15
郊区公园	143~667	15~70

根据世界旅游组织的标准可以反推测算北京市森林公园的发展指标。据此标准，按照北京市目前的旅游出行人口比例以及规划人口进行计算。到 2020 年每周单日出行人口约为最低 33 万人次，最高为 330 万人次，森林公园的面积应为 2 万 ~20 万公顷。

四、公益林指标的确定

生态公益林，按照国家林业局的规定，有 12 类森林、林木和林地列入公益林范围。其中包括江河源头，江河干流及一、二级支流两岸，重要湖泊和库容 1 亿立方米以上的大型水库周围自然地形第一层山脊以内或平地 1000 米范围内的森林、林木和林地，沿海岸线第一层山脊以内或平地 1000 米以内的森林、林木和林地，干旱荒漠化严重地区的天然林和郁闭度 0.2 以上的沙生灌丛植被、沙漠地区的绿洲人工生态防护林及周围 2 公里以内地段的大型防沙固沙林基干林带，雪线以下 500 米及冰川外围 2 公里以内地段的森林、林木和林地，山体坡度在 36 度以上、土层瘠薄、岩石裸露、森林采伐后难以更新或森林生态环境难以恢复的森林、林木和林地等。

由于生态公益林实施特殊的经营管理措施，客观上限制了其经营者或者所有者直接采伐木材，减少了林农的经济收入以及林地开发的创收。因此，生态补偿机制是建设生态公益林的一个有效的机制，是实现可持续发展的城市林业的有效、科学的途径。作为首都北京，其特殊的地理位置和形象地位，生态公益林的建设更应该在国家林业局规定的基础上扩大公益林建设范围。使得公益林的建设、保护、认证、任养等在多个方面广开思路、勇于开拓。

北京市现有公益林面积为 74.5 万公顷，根据重点防护区林业建设以及经营管理的需要，今后公益林面积预计可增加 10 万 ~15 万公顷左右。

第十三章 北京林业发展指标综合分析

一、指标选取依据

从水土资源承载力、土地利用变化、水资源开发利用、大气环境保护、水环境保护、人居环境优化、林业发展、生态安全、社会经济发展、人口变化等综合分析与考虑，确定了林木绿化率、森林覆盖率、自然保护区、森林公园、公益林面积等5项指标，作为林业发展控制指标。

二、指标确定依据综合分析

（一）土地资源承载力

根据土地利用多目标优化结果，2010年北京市全市、山区、平原林地覆盖率分别达到54.01%、78.00%、19.86%；到2020年北京市全市、山区、平原林地覆盖率分别可以达到58.06%、83.93%、21.25%。

2010年，北京市林地面积为789686.34公顷，比2002年增加99583.38公顷，增加幅度为12.6%，年均增加幅度为1.56%。其中平原区林地面积为75602.66公顷，比2002年增加22437.58公顷，占林地总面积的9.57%；山区林地面积为714083.68公顷，比2002年增加77145.80公顷，占林地总面积的90.43%。

到2020年，北京市林地面积为857843.88公顷，比2010年增加68157.54公顷，增加幅度为8.63%，年均增加幅度为0.86%。其中平原区林地面积为85272.80公顷，比2010年增加9670.14公顷，占林地总面积的9.94%；山区林地面积为772571.08公顷，比2010年增加58487.40公顷，占林地总面积的90.06%。

（二）水资源承载力

一般认为一个地区的森林覆盖率达30%以上，且分布均匀，结构合理，则基本达到合理森林覆盖率。根据该区历年一日出现频率较大暴雨量与该区内森林土壤饱和蓄水能力值，便可计算出最佳防护效益的森林覆盖率。

以全区域几百块标准地和实测资料对森林土壤饱和蓄水能力按面积进行加权处理，计算不同林分内涵质量的W值。根据计算结果及综合考虑该区暴雨平均强度绝大多数属于220毫米以下范围，确定该区的最佳森林覆盖率为65%左右，也可以说是60%~70%。也就是说北部山区森林覆盖率达到65%左右就可以达到"林土相辅、林水相护"的目标。

北京市北部山区林木绿化率达到 70% 以上，水土流失得到有效控制，森林植被增加对水资源量的影响综合指标取 12.5 毫米计算，则减少的降水径流（水资源量）或森林植被生态用水为 0.96 亿立方米；当平原区目前林木绿化率为 30%，灌水定额取净消耗水量为 840 立方米/公顷，则总用水量为 1.2 亿立方米。其他防护林以消耗降水资源为主，并不对水资源构成影响。

（三）林业自身转化潜力

根据第六次森林资源普查结果，截至 2004 年 9 月底，全市林地总面积为 1054280.8 公顷。其中乔木林地为 619243.2 公顷；灌木林地为 321455.6 公顷；未成林地为 33316.0 公顷；苗圃地为 19570.4 公顷；宜林荒山荒地为 51837.1 公顷；四旁树占地折合面积为 35602.4 公顷。

山区林地面积为 880907.3 公顷。其中，灌木林地 320974.8 公顷，其中，植被覆盖度大于 70%、参加林木绿化率计算的灌木林地 208229.2 公顷，未参加林木绿化率计算的灌木林地为 112745.6 公顷；未成林地 33235.6 公顷；宜林荒山 49130.4 公顷。如果考虑 1/3 未参加林木绿化率计算的灌木林地、1/2 未成林地、1/4 宜林荒山在未来 10~20 年内全部达到林木绿化率计算标准，山区林木绿化率可以达到 74.48%；根据北京山区有关不同灌木植被群落演替研究结果，预计目前灌木林地在人工促进封育条件下，经过近 20 年演替后，将有部分灌木林地、宜林荒山可以演替为森林群落，按照 1/3 植被盖度大于 70%、参加林木绿化率计算的灌木林地及 1/3 未成林地达到森林覆盖率计算标准，则山区森林覆盖度为 54.54%。

平原地区林地面积为 173373.5 公顷。其中，未参加林木绿化率计算的灌木林地 167.40 公顷，未成林地 80.4 公顷，宜林沙荒地 2706.7 公顷。如果考虑全部的未参加林木绿化率计算的灌木林地、未成林地、宜林荒地在未来 10~20 年内全部达到林木绿化率计算标准，平原区林木绿化率可以达到 24.01%；按照 1/2 未参加林木绿化率计算的灌木林地及全部的宜林荒地、未成林地达到森林覆盖率计算标准，则平原区森林覆盖率为 19.52%（表 13-1）。

表 13-1 北京市林业情况统计表 单位：公顷、%

项目	土地总面积	可转化林地					2004 年		2020 年	
		灌木林地			未成林地	宜林荒山荒地	森林覆盖率	林木绿化率	森林覆盖率	林木绿化率
		合计	计入绿化率（0.7 以上）	未计入绿化率						
全市	1680780.00	321455.60	208542.60	112913.00	33316.00	51837.10	35.47	49.99	40.41	54.12
山区	1002789.90	320974.80	208229.20	112745.60	33235.60	49103.40	46.55	67.85	54.54	74.48
平原	677990.10	480.80	313.40	167.40	80.40	2706.70	19.10	23.57	19.52	24.01

注：根据第六次森林资源普查结果分析得到。

根据 2004 年森林覆盖率和林木绿化率，加上可以通过转化增加的百分点数，即可得到 2020 年的森林覆盖率和林木绿化率。预计到 2020 年，全市森林覆盖率可以达到 40.41%，林木绿化率可以达到 54.12%。

（四）城市发展需求

按照《国家园林城市标准》（建城〔2005〕43 号），新建居住小区绿化面积占总用地面积的 30% 以上，辟有休息活动园地，旧居住区改造，绿化面积不少于总用地面积的 25%。研究表明，树林的生态效益大大优于草坪绿地，建议就居住区适当种植乔木，要充分发挥树木调节小气候的功能，改善人居环境。随着城市的快速发展以及园林绿化标准的实施，若 2010 年城镇和农村居民点林木绿地面积分别占总用地面积的 30% 和 25%，2020 年城镇和农村居民点的林木绿地面积分别占总用地面积的 35% 和 30%，则按该比例计算居民点的林木绿地面积见表 13-2。

表 13-2　北京平原区居住区绿化统计　　　　　　　　　　　单位：公顷

土地类型	东南部大平原	延庆盆地平原	城四区	面积合计	林木面积	
					2010 年	2020 年
城镇	34943.53	768.33	9239.52	44951.38	13485.41	15732.98
农村居民点	72154.94	3384		75538.93	18884.73	22661.68
合　计				120490.3	32370.15	38394.66

由上表可以计算出：2010 年平原地区居民点的林木绿化率达到 26.87%；则到 2020 年平原地区居民点的林木绿化率可以达到 31.87%。

（五）净化大气污染需求

绿色植物具有清洁环境、净化空气的功能，在一定程度上能够起到改善大气环境质量的作用。例如，Смирнов и.и 研究了不同经济地理区的 90 个城市中污染气体与城市大小、建筑面积、企业数量及人口，城市内绿地、周围森林覆盖率及气象因子等 19 个因素的关系，从分析的结果中他认为城市周围地区的森林覆被率对降低空气中 SO_2 和 NO_2 等气体的平均浓度和最大浓度有显著影响，根据他发表的 48 个城市的资料，可知，城市周围地区森林覆盖率达 35% 时。可使城市地区的 SO_2 浓度保持较低水平。2002 年北京市工业废气中 SO_2 排放量为 120566 吨，平均 1 公顷阔叶林和针叶林每年可以脱 $SO_2$100 公斤（余小萱，1999），如果完全吸收 $SO_2$120566 吨则需阔叶林和针叶林面积 12056.6 平方公里。全北京市阔叶林和针叶林覆盖率为 12056.6/16800=71.77%。

植物叶片表面特性和本身的湿润性决定植物具有很大的滞尘能力，绿地起着减少空气含尘量、净化空气的作用。张新献等通过测算定量估算北京城近郊 8 区居住区绿地滞尘量，结果表明：城八区绿地面积为 1639.37 平方公里，年滞尘 2177.97 吨。城八区绿地的平均滞尘量为 2177.97/1639.37=1.33 吨 / 平方公里·年（表 13-3）。

表 13-3　居住区绿地面积和 1995 年滞尘量

	东城区	西城区	崇文区	宣武区	朝阳区	海淀区	丰台区	石景山区	八区合计
绿地面积（平方公里）	172.6	185.24	69.02	55.46	470.74	272.02	281.93	132.36	1639.37
滞尘量（吨／年）	135.83	264	90.39	92.78	502.37	439.43	475.05	178.12	2177.97

资料来源：张新献、古润泽、陈自新等，1997。

2002 北京市工业废气中烟尘排放量为 33080 吨，如果按每平方公里绿地面积滞尘 1.33 吨／年来计算，要除去烟尘排放量的 1/3，即 11026.67 吨，则需绿地面积 11026.67/1.33=8290.73 平方公里绿地，北京的绿地覆盖率则要达到 8290.73/16807.8=49.33%。

不同绿地类型、不同植物截留粉尘的作用亦有差异。因此，在进行绿化时要针对不同的地方种植不同的植物，同时只有乔、灌、草组成合理的绿化结构，才能充分发挥较好的滞尘效益。

（六）碳氧平衡需求

绿地总量与碳氧平衡。生态系统维持平衡即在考虑某些环境因子的影响，基本维持一种动态的平衡状态，或是在偏离平衡态的附近上下波动。碳氧平衡论是利用植物的固氮释氧能力，将城市地区的 CO_2 排放量转化为 O_2，以维持城市基本的供氧需求，从区域角度减少 CO_2 等温室气体的排放量，具有可持续发展的理念。国内学者李敏利用生态系统维持平衡的阈值原理中的生态要素（如碳氧平衡）阈值法来进行生态绿地规划的总量阀值控制计算方法，并提出了利用风玫瑰图来布置城市郊区的氧源绿地的基本方法。对于指导目前的绿地系统规划的总量控制有重要意义。

现代城市维持氧平衡的绿地估算方法是，以每人需 10 平方米林地的 20 倍估计，为 200 平方米。假设城市中可以解决 30 平方米，则城外需要另有 170 平方米的林地。如果我国大城市的人均用地为 85 平方米（现在还没有达到这个水平），正好是其 2 倍。总之，按照氧平衡理论，每人的城市用地标准应该是 250 平方米左右，而且其中的 70% 是森林型绿地。世界上可以做到这个城市用地标准的国家不是没有，但也不多。依照我国的国情，总体上不可能为城市在近郊提供这么多的林地。据有关研究，城市郊区农田种植的绿色植物，可以补偿一部分的森林作用。然而，考虑到农田的休耕以及作物黄熟耗氧等因素，农作物的制氧功能宜采用较低的折算率。以农作物（主要为草本）的有效光合作用叶面积约为乔木的 1/5 来估算，则需要 170×5=850 平方米林地。再加上必须的城市人均 100 平方米建设用地，大约每个城市人口应该占地 950 平方米左右。结论：当一个城市居民用地约 100 平方米时，大约需要 10 倍于其城市用地面积的农田来维持大环境的氧平衡。这可称之为 10 倍面积论。如果其中有一部分是林地，则折换率可以减低，若全是森林，可减低为 2 倍面积论。这种"氧源绿地"的数值是一个具有临界性质的低标准（李敏，2002）。

利用生态系统维持平衡的阈值原理中的生态要素（碳氧平衡）阈值法进行生态绿地规划的总量阀值控制计算方法，对北京市所需近郊森林面积的计算结果见表 13-4。

表 13-4 按各区县人口和面积计算结果

统计单位	总人口（万人）	土地面积（平方公里）	所需近郊森林面积（低限值）（平方公里）
全市	1278.00	16807.80	830.70
城区	266.30	87.10	173.10
东城区	71.30	24.70	46.35
西城区	85.60	30.00	55.64
崇文区	46.20	15.90	30.03
宣武区	63.20	16.50	41.08
近郊区	537.30	1282.80	349.25
朝阳区	189.70	470.80	123.31
丰台区	110.30	304.20	71.70
石景山区	41.50	81.80	26.98
海淀区	195.80	426.00	127.27
远郊区县	474.40	15437.90	308.36
门头沟区	25.50	1331.30	16.58
房山区	78.30	1866.70	50.90
通州区	65.20	870.00	42.38
顺义区	59.30	980.00	38.55
昌平区	49.50	1430.00	32.18
大兴区	58.90	1012.00	38.29
平谷区	39.90	1075.00	25.94
怀柔区	28.30	2557.30	18.40
密云县	42.20	2335.60	27.43
延庆县	27.30	1980.00	17.75

就城郊森林带建设而言，为了保证城市生态环境质量的一流水平，世界上一些主要国家的首都城市，都辟有约两倍于城市建成区面积的城郊森林地带。按国际大都市的相关指标计算，北京的规划市区的建设用地为 650 平方公里，周围应有 1000 平方公里左右的城郊森林带才好（表 13-5）。

表 13-5 按空间范围统计计算的城近郊森林最低面积

区域范围	所需近郊森林面积（平方公里）	区域范围	所需近郊森林面积（平方公里）
二环路以内	80.60	六环路以内	802.75
三环路以内	227.50	城　区	634.56
四环路以内	367.25	郊　区	504.71
五环路以内	594.75	全　市	1137.50

（七）绿地的整体考虑

从城市整体考虑，大尺度布局可以减轻市内较大绿化覆被率在土地利用、经济和管理上的压力，而且近郊森林能在调节城市气候、净化城市空气、保持水土、净化水源以及供居民游憩等多方面发挥重要作用。从全局考虑，稳定包括市郊在内的大尺度功能系统可以克服建成区的局部小块绿地在功能上的不稳定性。根据相关国家资料计算，北京市城市市内绿化面积为40%左右时，则周围森林覆被率应该在15%左右。

三、北京林业发展指标的确定

北京市目前的森林状况还不能满足建设国际化大都市和生态城市的要求，需要进一步提高森林质量，扩大森林资源数量。根据以上从各种角度进行的分析计算，并结合北京市2004年森林资源二类清查结果进行综合分析比较，确定各项指标合理值见表13-6。结果表明：全市林木绿化率从2004年9月底的49.99%提高到2020年的55%，森林覆盖率从2004年9月底的35.47%提高到2020年的40%是必要的，也是可能的。

表 13-6 北京市林木绿化率分析汇总表　　　　　　　　　　　　　单位：%

项目	2010 年			2020 年		
	全市	山区	平原	全市	山区	平原
土地资源承载力	54.01	78.00	19.86	58.06	83.93	21.25
水资源承载力	54	70	30	>54	>70	>30
林业自身转化潜力				54.12	74.48	24.01
城市发展需求			26.87			31.87
净化大气污染	49.33			71.77		
热环境调节需求	40-50			>50		
综合分析结果	53	71	26	55	73	28

* 平原区转化潜力虽小，但平原区有 20755.2 公顷的非规划林地，对生态环境改善起到很大的作用，应该作为生态公益林来管理，计入林木绿化率计算。

表13-7是研究得到的北京市林业发展的分阶段指标结果。

表 13-7 北京市林业发展指标

指标		2002	2004	2010	2020
林木绿化率（%）	全市	45.5	49.99	53	55
	山区	60.8	67.85	71	73
	平原区	24.6	23.57	26	28
森林覆盖率（%）	全市	33.2	35.47	37	40
	山区	42.3	46.55	48	52
	平原区	20.1	19.10	21	22
自然保护区（万公顷）		12.0	—	16.6	23.5
森林公园（万公顷）		4.3	—	7.0	13.0
公益林面积（万公顷）		74.5	75.11	79.7	88.1

注：本规划指标以 2002 年数据为依据，2004 年为第六次森林资源普查数据。

第三篇　北京林业发展总体规划与布局

第十四章　总体规划与布局

一、规划依据

- 《中华人民共和国森林法》
- 《中华人民共和国城市规划法》
- 《中华人民共和国土地法》
- 《中华人民共和国环境保护法》
- 《中华人民共和国野生动物保护法》
- 《中华人民共和国水土保持法》
- 《中华人民共和国防沙治沙法》
- 《基本农田保护条例》
- 《中华人民共和国野生植物保护条例》
- 《城市绿化条例》
- 《森林防火条例》
- 《森林病虫害防治条例》
- 《中共中央　国务院关于加快林业发展的决定》（2003 年 6 月）
- 《关于加快北京市林业发展的决定》（2004 年 3 月）
- 《国务院办公厅关于加强湿地保护管理工作的通知》（2004 年）
- 《全国生态环境建设规划》
- 《北京市生态环境建设规划》
- 《北京城市总体规划（2004~2020）》
- 北京市政府批复建设的有关生态、林业等相关方面的规划

二、北京林业发展的战略构想

（一）国际大都市林业建设的启示

发达国家的大城市早在 20 世纪中叶就面临人口过度密集、环境严重污染、交通拥挤和住房困难等今天我们所面临的问题。经过长期的努力和实践，许多大城市的生态环境都有很大改善，在城市生态环境建设、管理和调控对策方面积累了许多成功的经验，特别是在

建设作为改善生态环境主体的森林方面，有重要的参考价值。

1. 城市发展模式的比较

世界国际化大都市发展的共同趋势为"对外进行区域联合，对内发展多中心城市体系"，这充分体现生态城市的发展理念。然而，北京目前的城市发展状况显示，城市"摊大饼"式的发展并没有得到根本改善。这极不利于生态环境的改善。

2. 森林的面积、类型比较

国际化大都市强调发展"近自然"的城市森林，强调空间布局的合理性，注重使用乡土树种和高大乔木。而北京现有的绿化状况表明，过分强调视觉效果，过度进行人为修剪，喜欢使用外来树种、地被植物和花灌木，在本来已经十分有限的绿地中绿化空间并没有得到充分利用，导致较弱的生态功能。目前北京的森林覆盖率虽然在整体上已经达到了一个比较高的水平，但质量较低，结构不尽合理，生态功能较差。

3. 城市周边环境的差异

许多国际化大都市城市周围都保存有大面积森林，对城区环境改善环境起到了重要的作用。而北京目前城市周围还主要以农田为主，境内西北山地虽有大面积森林，但东南平原森林资源严重不足。而且河北、天津、山西、内蒙古等相邻省市的森林资源也不丰富。

（二）北京生态环境的历史变迁

从北京所处的地理位置来看，西北有太行山燕山依靠，左有潮白河，右有永定河，东南面向平原、大海，地理位置十分优越，是理想的建都之所，彰显了中国古代的人居生态文化。

1. 人口

元代时期北京地区的人口为 95 万人。明、清时期，较元代又有较大的增长，由明代初期（1448 年）的 96 万人增加到清代末年（1910 年）的 172 万人。20 世纪北京人口增加更快，2002 年北京常住人口已经达到 1423 万人，与元代相比增加了 14 倍。同时，城市建设规模也越来越大，对生态环境产生了巨大压力。

2. 森林

北京地区历史上，森林资源十分丰富。尽管森林在人类活动的干扰下而逐渐减少，但到元朝建都之时，北京附近仍有大面积森林。明代初期，朱元璋为了边防需要实行了保护北京北部山区森林的政策，在一定程度上延缓了森林破坏的进程。但明中叶以后一直到清代，随着城市的发展，对木材、薪炭消耗越来越多，致使北京的森林资源日益减少。中华民国时期，军阀混战，林木资源继续破坏。到新中国成立前夕，森林覆盖率降至 1.3%。虽然经过多年的恢复，森林资源面积得到了根本恢复，但森林质量还亟需提高。

3. 水面

过去北京地区水网密集，湿地资源十分丰富，水质良好。随着城市的发展和人口的增加，对水资源的消耗越来越多，污染日益严重，湿地系统功能退化。

4. 环境污染

历史时期，北京城"天蓝、地绿、水清"，环境宜人。近代以来，工农业和城市的发展使大气、水体、土壤等环境污染问题越来越突出。

（三）北京林业发展的战略构想

基于上述对北京市生态环境和林业建设现状的综合分析，要建设国际一流现代化大都市，实现山川秀美、生态良好、人居和谐的生态城市的远景目标，就必须在发展思路、建设模式、宏观布局等方面进行超常规、前瞻性的战略思考。

1. 从区域尺度来看，北京的生态环境改善应该做好林水两方面的工作

在林的建设方面，西北山地要"林土相辅"。在现有森林的基础上，不仅要进一步绿化荒山，更要提高林分质量，发挥森林涵养水源、保水固土的作用。东南平原要"林水相依"，根据现有的森林格局、水体和土壤污染状况，结合产业结构调整，可考虑规划建设森林、湿地恢复工程，适当发展水产养殖业、多搞点喷泉、水面生态型的景观，少搞那种无生命的、花钱多的雕塑，或高大乔木、少植被的水泥、石料广场，增加花卉种苗、林果、森林旅游等产业。

在水的建设方面，要走出"就污治污"的误区，走向"引、治、排结合"，盘活现有水系，再现昔日北京水乡风貌。目前，官厅水库来水量少，水质差，已基本丧失对北京城市的供水功能。可以考虑在南水北调的同时，规划建设"引黄入桑济京"工程，在山西引黄河水经桑干河补给官厅水库，恢复水库功能，救活永定河。使"引黄入桑济京"工程多条水系贮水，成为灌溉、发电、养殖等改善环境、治理大系统生态工程。这不仅有利于补给北京的城市用水，而且还可以利用北京自然地势西北高、东南低的天然坡降条件，对早已亏空多年的北京市区地下水降落漏斗进行回灌恢复，进而对京西南，乃至京东南地区的水环境改善将产生重要的影响。曾经是湿地丰富、水清鱼跃的京东南地区，由于长期的来水不足和大量承接城市污水，导致了该地区水质恶化，土壤污染严重。结合南水北调工程，可考虑拓宽北运河，加强水岸防护林建设，新建一批森林公园、湿地公园，这不仅有利于扭转当地生态恶化的局面，为城市沿河发展提供适宜的环境条件，而且也可以为北京城区输送湿润、清新的空气，同时也能促进河北、天津等北京周边地区的环境改善。

因此，对土壤污染比较严重的城郊、水岸地带的土地利用类型，从保障食品安全与人体健康的角度，有必要调整土地利用结构，变菜园、作物等食品生产用地为非食品类生产的林业、湿地等生态用地，适当发展花卉、苗木产业，利用植物树木对污染物特别是重金属具有富集、降解的特殊功能，选择适宜的树种，通过营造林带、片林进行土壤、湿地的生物修复，也有助于改善北京城市生态环境。

2. 从京津都市圈一体化发展趋势来看，本地区的林业生态建设布局必须突破行政区界，进行跨区域的整体规划

实践表明，环境问题的产生与危害带有跨区域、跨时代的特点，这在客观上要求环境的治理也要跨区域、跨部门的协同与配合。然而，目前的环境治理规划与实践基本上局限在某个行政区和某个部门范围之内，条块分割，各自为战，难以形成有效合力，这也是造成我国生态环境"局部改善、总体恶化"现实的重要原因。

根据生态学"源—流—汇"原理，三者的协调统一是生态系统健康的基础，其中水是连接三者的纽带。从京津地区天然物流的空间结构分析，源在北京山区，汇在天津渤海，以水为核心的物流通道是该区域生态系统健康的根本保障。目前京津地区以水为载体环境的问题在很大程度上与"源"的不足和"流"的不畅有关。

北京要实现环境安全的保障必须开"源"通"流"。上述"引黄入桑济京"工程就是开"源"的一个具体措施。通"流"客观上要求在京津之间结合北京新城建设，实施"北运河拓宽绿化"工程，打造林水结合的绿色廊道，使北京突破"摊大饼"的发展困境，形成"串珠状"城市发展新格局，既可以达到通"流"效果，又有利于京津冀的一体化发展。历史上，天津被称为"天子的津渡"，即北京以天津为出海口，北运河自古以来就是联系京津的一条生命线，俗话说，北京是水上漂来的。从城市规划和发展的角度看，天津与北京有得天独厚的资源互补优势，因此，无论是从北京生态环境建设的视野，还是从北京一流国际化大都市建设的要求出发，客观上都要求打破京津冀的现有行政界限，将天津市以及河北的三河、香河、大厂、廊坊纳入北京市域范围，进行总体规划，融为一体，协调布局，把北京打造成与经济社会、生态环境和文化生活等方面发展相协调的结构合理、功能完善、布局优化的国际一流大都市。

三、规划布局原则

（一）服务城市发展，体现以人为本

北京市的林业建设就是要结合城市化发展为城市提供生态服务。北京市林业在定位上要突出服务型林业的特点，为环境建设服务，为经济发展服务，为首都市民服务，为旅游产业服务。以北京城区为重点，协调全市 11 个新城、33 个中心镇进行整体规划，充分发挥森林在改善城市生态环境当中的重要作用，加快城市森林建设，为北京的人居环境改善和生态化城市建设服务。

（二）立足北京市域，兼顾周边省市

北京林业是以生态建设为主体的公益林业，是以建设世界一流的现代化国际大都市为目标的城市林业，是以高科技为支撑的现代林业，是以兴林富民为目的的效益林业。因此，北京的林业是满足人们生态需求的重要手段，是实现建设生态城市的主要内容。林业建设规划要着眼整个京津地区，针对北京市域对林业的多种需求，突破行政边界，按照区域生态功能区划进行总体布局，并分区实施。

（三）统筹林水规划，构建生态网络

以大型水体、片林、森林公园和现有的森林、湿地等自然保护区主体斑块为依托，使之成为完备森林生态体系的核心，成为保护生物多样性的基础。完善道路、水系这些线状廊道沿线的防护林带建设，在主干水系、道路两侧形成比较宽的防护林带，并与上述林水主体斑块相连，共同构成北京林业的生态保障林，为北京生态环境提供长期而稳定的保障。

（四）遵循因地制宜，突出本土特色

北京的林业发展，要建设以地带性森林植被为主体的森林生态体系，提高森林生态系统的稳定性和景观多样性，促进生物多样性保育。在树种选择和模式配置方面不能过分强

调常绿、彩叶、花色等视觉效果，而更应该注重提高森林的生态功能，重视乡土树种的使用，按照北京的地带性植被特征进行森林植被的恢复，突出北京的本土特色。

（五）发挥比较优势，推动产业发展

林业产业是实现林业富民的根本途径。除了平原区以外，对于山地面积占62%的北京市来说，要全面建设小康社会，实现城乡共同富裕、协调发展，大力发展林业产业具有重要意义。从主导功能来看，产业林地以发挥生产功能为主，其生态功能是主体生态保障林的补充；从发展规模和方向来说，要根据北京的地域特点、不同地区的比较优势及市场需求变化确定合理的产业发展方向和规模。

（六）传承历史文化，弘扬绿色文明

北京是三朝古都，以颐和园为代表的皇家园林体现了中国古典园林师法自然、天人合一的建设精髓，也是独具特色的人类文化遗产；整个北京地域有许多名胜古迹，古树名木众多，是北京悠久历史的直接写照；林木与古代建筑交相辉映，使北京在具有现代都市风貌的同时，也充满了历史文化的神韵。因此北京林业发展必须与北京古老的园林文化相结合，与文化古迹保护相结合，传承悠久的历史文化，加强古树名木和各类名胜区森林的保护，同时顺应现代城市居民生态文化需求，大力发展以各类纪念林为代表的文化林建设，丰富森林文化内涵，弘扬绿色文明，把北京建设成为历史文化与现代文明交相辉映的国际化大都市。

四、林业发展总体布局

（一）结构布局

1. 布局依据

北京现代林业发展是以"建设绿色北京，构筑生态城市"为基本理念，并发展生态林业以保障生态安全，发展效益林业以满足多种需求，发展人文林业以弘扬绿色文明。因此，基于这种指导思想，可以根据森林的主导功能进行相对的划分。

在林业发展的结构布局上，要首先满足保障北京市生态安全的需要构建比较完备的生态保障林体系，在森林营造、培育、管理的各个环节都要把提高森林的生态功能放在首位，在这个森林生态安全体系的框架之下，根据现实状况和市场需求发展产业林体系，并加强与北京历史文化、环境科普教育等结合起来，增加森林的文化内涵。

2. 布局框架

根据上述北京林业发展理念和总体规划的基本原则，我们提出北京林业发展的森林资源总体规划结构布局：

——建立以山地森林、平原防护林、城区大型林地为主，片、带、网相连接的森林生态保障林体系，为北京生态环境的改善提供长期稳定的保障，满足北京城市可持续发展和改善人居环境的需要；

——形成以特色林果、森林旅游、花卉等优势产业为主，林农、林禽、林药等多种模式相配套的产业发展林体系，拓宽林业富民渠道，稳固生态保障林体系，促进北京包括林

业在内的绿色产业发展；

——建设以城市古典园林、名胜古迹、古树名木、森林公园、各类纪念林等为主，人文与森林景观相结合的文化传承林体系，增强人们的环境保护意识，传承北京古都的历史文化，实现人与自然协调发展。

核心是：生态保障林体系，产业发展林体系，文化传承林体系。

三大森林体系是根据国家林业发展战略提出的"三生态"思想，结合北京林业的现状和发展趋势，按照森林的主导功能进行定位划分的，是一种相对的划分，它们共同构成北京森林资源的整体。生态保障林体系是基础，体现了现代社会对林业"生态优先"的主导需求，是产业发展林体系和文化传承林体系实现持续、健康发展的保障，而产业发展林体系和文化传承林体系是对生态保障林体系生态功能的有效补充，可以满足人们的经济、文化需求，避免或延缓生态保障林体系可能面临的破坏压力，发展绿色产业和弘扬绿色文明，为北京林业的发展带来了巨大的活力。具体内涵是：

（1）生态保障林体系。生态保障体系是指以生态公益林为主，包括各类自然保护区在内的森林资源，其主体应该是以地带性植被为主的自然林，发挥生态功能是第一位的。它对全市的生态环境起着主要控制作用，是长期稳定的。主要以原有的山地森林资源为主，并针对城市周边地区和平原区的防灾需要、生态敏感区维护、人居环境需要等设置，具有保护生物多样性，减轻水土流失，降低风沙危害，净化河流水质，阻隔森林有害生物传播等多种生态功能。

（2）产业发展林体系。产业发展林体系主要是指市域范围内以提供果品、苗木花卉、林副产品、木材为主的经果林、苗圃等，是对生态保障林体系的补充，对改善全市的生态环境起着增强作用，但更主要受产业的经济效益左右，在一定的时期内是随市场波动的，但这部分林地面积、树种的波动不会对全市的生态环境产生大的影响。因此，北京产业发展体系建设要以服务北京市的居民消费需求为主，发挥比较优势，发展以观光林业为主、多种产业复合发展、具有北京特色的高效产业林体系。

（3）文化传承林体系。文化传承林体系是蕴藏在生态体系和产业体系当中的丰富森林文化，也是北京林业的一大特色，主要包括北京的皇家园林、名胜古迹林、庙宇林、古树名木、墓地林和各类纪念林，在发挥改善环境功能的同时，更主要的是对城市历史文化的反映，具有传承历史文化的功能。特别是近些年来，随着人们保护环境意识的增强，城市居民出现了一种新的消费趋势——环境消费，出资出力认养、营造各类纪念林。发展这类纪念林，有助于增强人们的环保意识，丰富森林文化内涵，弘扬首都的绿色文明。

因此，北京林业发展的结构布局可以概括为：通过构筑布局合理、长期稳定的生态保障林体系，为北京生态环境的改善提供保障，满足北京城市可持续发展和改善人居环境的需要；通过发展经济效益好、具有市场弹性的产业发展林体系，稳固生态保障林体系，促进北京包括林业在内的绿色产业发展；通过加强古典园林、古树名木、名胜古迹林的保护，大力发展各类纪念林，实现人文与森林景观的完美结合，传承北京古都的历史文化；从而建立以生态公益林为主的完备的生态保障林体系，以及依附于生态保障林体系之上的发达的产业林体系和丰富的文化林体系，为建设生态北京做贡献。

（二）空间布局

从北京市的自然生境条件、环境质量状况、生态敏感区的分布、城市化程度、社会文化需求等方面进行城市生态分区，同时根据水系及道路交通系统的等级，对北京森林的功能进行定位，提出布局的建议和依据。

1. 布局依据

（1）综合自然区划确定北京城市森林目标类型。北京市位于华北平原北端，属暖温带季风气候。根据自然地理的分异规律，并按照自然、农、林业经济条件的相对一致性与差异性，全市可划分为西山宜林—果—牧区、北山宜林—果—牧区、平原宜农—牧地区 3 个自然区和 13 个下级单位的自然片，这是进行林业布局规划的基本依据。

（2）综合环境质量区划确定防护林布局。

污染状况：综合分析影响北京市环境质量的空气质量、水系水质以及土壤重金属污染等主要因子的现状和分布特征，北京的环境污染主要集中在城区、工厂周围、京东南地区，此外，天津、河北等北京周边地区的外源污染物输入也很严重。在城郊、新城及工矿周边地带、京东南地区，建设绿化隔离带、森林公园、湿地公园、沿河绿色廊道等生态保护和恢复工程，可以起到缓解污染、改善生态、美化环境、满足休闲等作用。

风沙危害：北京风沙化土地总面积 247.5 万亩，占全市总面积的 9.8%，占平原总面积的25.8%。集中分布在昌平南口、延庆康庄地区和永定河、潮白河、大沙河流域"三河两滩"五大风沙危害区，此外，尚有潜在沙化土地（沙质耕地）164 万亩，在这些地带建设防风固沙林可以有效防止就地起沙问题。

结合北京市春季多北风和西北风、夏季盛行东南风、秋冬季盛行西北风的季风特征，北京有康庄—南口、古北口—潮白河、永定河官厅山峡河谷三条风沙入京廊道，地处北京城市的上风口，在这些地带加强森林建设，既可以抵御风沙进京，又可以对密云水库、怀柔水库、官厅水库和主要河流发挥水源涵养作用。除了西北部山地森林建设以外，要在京东南地区建立大规模的森林、水体生态体系，为城市发展提供良好的生态服务。

水患：在山地加强森林建设有利于保持水土，减轻洪水、泥石流危害；在平原河流、湖泊沿岸加强水岸林建设，有利于防洪固堤；在城市下方，加强林水结合的森林建设，有利于净化水质，改善土壤，提高蒸散，调节气候，改善人居环境。

（3）综合生态敏感区化确定生态保护林布局。是指用来分割城市组团、防止城市无序蔓延的绿色地带。城市生态敏感区是环境功能分区之一，是重要的城市空间资源，生态敏感区的划定是城市森林规划布局的重要依据之一。

根据北京市现有的调查资料以及实地调查，并结合北京市总体规划以及自然保护区建设设想，生态敏感区主要有城乡结合部、工矿区周边区、山地平原交错带、自然保护区、水体沿岸、公路干线两侧等。

（4）根据城市潜在发展态势预留生态建设空间。综合分析近年来北京市城市发展的趋势，城区向周边摊大饼的发展越来越严重，特别是北部地区城市化发展迅速，而这一地区是北京地下水的主要补给区，不适宜大规模进行城市建设。京东南地区地势平坦、交通便利、水资源相对丰富，新城、工业园区相对密集，适宜未来城市发展，而且可以沿水系、交通干线与河北、天津连为一体。根据城市生态学、景观生态学等原理，新城内部和周边地带应该预留充足的生态建设空间。基于这方面考虑，在京东南地区大力优先建设森林公园、湿地公园等生态工程，对未来城市发展尤为必要。

（5）综合考虑社会、历史、文化、心理、美学等因素。交通便利、休闲旅游、空间布局均衡性、风水文化、运河文化、森林美学、园林文化等因素，需求确定森林的类型、规模、空间布局、植物配置。鉴于目前森林资源主要分布于西北山地，而东南部森林相对不足，生态体系功能薄弱，在这一地区加强林水结合的生态建设十分重要。建成后，既能够充分发挥生态功能，又可以满足当地居民休闲娱乐需求，还符合森林美学对称性布局原则，也与公众传统的文化心理相协调。

2. 布局框架

以中国森林生态网络体系点、线、面布局理念为指导，按照"林网化—水网化"的林水结合规划理念，以城区为核心，以建设生态公益林为重点，全面整合山地森林、平原防护林和经果林、城区绿地、城镇村庄绿化等多种模式，建立山地森林为主，平原防护林相辅，五河十路绿色廊道相连，城镇村庄绿化镶嵌，"一城、两带、三网、多点"为一体的森林生态网络体系，实现森林资源空间布局上的均衡、合理配置。

（1）一城。北京城近郊区的绿化建设。

城近郊区是经济最为发达、人口最为密集的地带，是林业提供生态服务的核心。城市绿化建设既是改善城市生态环境，提高人居质量的重要途径，也是最能够体现都市林业特色，提高城市综合实力和国际竞争力的有效举措。城区的绿化建设既要与悠久的园林文化相结合，更要与时俱进，从过去比较注重视觉效果转移到既注重视觉效果又注重人的身心健康轨道上来，达到"林荫气爽，鸟语花香，清水长流，鱼跃草茂"的建设要求，实现城市人与自然的和谐。绿化建设主要是以现有建成区为核心，结合城市发展趋势，按照林网化—水网化的建设理念，加快以生态风景林为主的隔离地区绿化建设，发展花卉盆景、苗木等城市绿化产业，大力发展采摘、休闲为主的农林复合观光产业。

（2）两带。燕山太行山山地森林生态建设带和京东南林水结合生态保障带。

燕山太行山山地生态建设带：这一地区位于北京的西北部，与河北、山西、内蒙古地区的森林体系结合起来，共同构成北京生态安全的重要天然屏障，对防御风沙、涵养水源、保持水土发挥着重要作用，也是开展森林旅游的重点地区。根据地质地貌、土壤、植被等自然条件的差异，在北部燕山山区结合密云水库、官厅水库等水源保护建设水源涵养林，结合长城等旅游景区开发建设生态风景林，并在山前地区大力发展生态经济林；在太行山重点建设以水土保持为主的生态风景林和生态经济林。

京东南林水结合生态保障带：是指在北京城区东南部位于永定河、温榆河、潮白河之间的平原水网区林业建设。本地区地处北京城区的下方，地形平坦，水网密集，但水体、土壤、大气等环境污染问题尤为严重。从发展趋势来看，该地区是北京未来城市发展的潜在地区；从生态建设来看，该地区河流、湿地系统的生态功能亟待恢复。本地区的林业建设不仅有利于自身的环境改善，而且可以促进北京与河北、天津等周边地区生态环境的协调发展。通过林水结合重点规划建设多处森林公园、湿地公园，形成片、带、网的森林、湿地镶嵌发展格局，构建集生态改善、产业发展、旅游观光于一体，农、林、水相结合的生态保障带。

（3）三网。平原地区的水系林网、道路林网和农田林网建设。

水系林网即在河流、湖泊、水库等水体岸带建设防护林带。主要起到净化水质、保持水土、巩固堤岸、涵养水源等作用。重点建设永定河、潮白河、温榆河等水系防护林网。

道路林网是以道路系统为骨架，在道路两侧规划林带，形成道路林网系统。目的是保护路段，增强行车安全，防治污染、净化汽车尾气，防尘和减低噪声，美化景观，兼具廊道作用。

农田林网是农田基本建设的重要内容，也是增加北京森林资源总量的有效途径，能够利用较少的土地获得较高的生态经济效益，对于改善农业生态条件，防风固沙，保障农作物丰产稳收，提高农产品质量，增加农民收入，具有不可替代的重要作用。建立防护能力强、景观效果好和网格大小适宜的农田防护林，促进农业与林业的协调发展。

（4）多点。市域范围内的 11 个新城、33 个中心镇为主的城镇绿化建设。

城镇是人们工作、生活的主要场所。随着北京城镇化进程的加快，城区以外的新城、中心镇建设对于有效缓解北京城区人口、资源、环境压力，以及改善投资环境，促进城乡协调发展发挥着重要作用。通过加强这些地方的造林绿化建设，更好地发挥森林改善城镇生态环境的作用，满足人们休闲旅游、文化等多种需求，以利于实现区域协调发展和全面建设小康社会。

五、规划目标

（一）总体目标

2010 年，北京林木覆盖率达到 53%，森林覆盖率达到 37%。预计到 2020 年，北京林木覆盖率达到 55%，森林覆盖率达到 40%（表 14-1），建成功能完备的山区、平原、城市绿化隔离地区三道绿色生态屏障，形成城市青山环抱、市区森林环绕、郊区绿海田园的生态景观，实现强化森林系统功能，健全森林安全保障，提升林业产业效益，弘扬古都绿色文明的总体目标，为建设山川秀美、人与自然和谐、经济社会可持续发展的生态城市奠定基础。

规划建设的核心是"三区三绿三网三林"，具体可以表述为：

市域分三区——城区、平原区、山区，区域生态一体；

城区建三绿——绿岛镶嵌、绿廊相连、绿带环绕，绿中人居和谐；

平原造三网——水系林网、道路林网、农田林网，网中果茂粮丰；

山区育三林——水源涵养林、生态风景林、经济果木林，林中生物多样。

（二）发展指标

表 14-1 北京市林业发展指标

指标		2002 年	2004 年	2010 年	2020 年
林木绿化率 （%）	全市	45.5	49.99	53	55
	山区	60.8	67.85	71	73
	平原区	24.6	23.57	26	28
森林覆盖率 （%）	全市	33.2	35.47	37	40
	山区	42.3	46.55	48	52
	平原区	20.1	19.10	21	22
自然保护区（万公顷）		12.0	—	16.6	16.6
森林公园（万公顷）		4.3	—	7.0	7.0
公益林面积（万公顷）		74.5	75.11	79.7	79.7

注：本规划指标以 2002 年数据为依据，2004 年为第六次森林资源普查数据。

第十五章　北京林业重点工程建设规划

为贯彻中共北京市委、市政府《关于加快北京市林业发展的决定》,大力发展城市林业,巩固"十五"期间"绿化隔离地区建设"和其他林业建设工程成果,重点实施 12 大林业工程,其中,有城市森林、京东南生态保障带建设、林果产业、森林旅游、花卉林木种苗等 5 项工程;围绕建立完善的林业生态体系、发达的林业产业体系、健全的森林安全体系的目标,还应加强平原防护林与风沙治理、山区森林保育、湿地恢复与自然保护区建设、新城与村镇绿化、森林资源综合利用、森林防火、森林生物灾害防控等 7 项工程(各工程建设规划示意图见附件)。

一、城市森林工程

城市森林是城市中唯一有生命的基础设施建设,在改善城市生态环境和人居环境方面发挥着主体作用,是建设现代城市不可缺少的重要内容,是社会经济发展的重要指标和城市文明的重要标志。通过建立相对稳定而多样化的城市森林生态系统,能够有效控制和改善城市的大气污染、热岛效应、粉尘污染,解决城市居民游憩休闲、生态保健等实际需要,全面提高城市人居环境质量。城市森林工程建设是推进北京国际化大都市进程的有力举措,也是落实"一城"规划布局的重点工程。

(一)建设范围

以东城、西城、宣武、崇文城四区为核心,以朝阳、海淀、丰台、石景山为重点,并辐射位于六环路以内的房山、大兴、通州、顺义、昌平、门头沟等区县的部分地带,面积为 2273.33 平方公里。

(二)建设目标

以防护、分隔、优化为目标,按照"城在林中、路在绿中、房在园中、人在景中"的布局要求,初步建成以林木为主体,总量适宜、分布合理、植物多样、景观优美的城市森林生态网络体系,实现"天蓝、水清、地绿"和"空气清新、环境优美、生态良好、人居和谐"的战略目标。

(三)建设内容

在城区内部,以道路绿化、河湖水系绿化、公园绿地等为主体建设城市森林体系,增加乔木树种比重,提高绿地质量,加强已有森林和古树名木的保护;在城区周边生态敏感地带,建设以城市森林为主的绿色隔离带,避免城区范围的无限扩大,减少城市内人口过多和城市化进程给生态环境带来的压力。重点完成两道城市绿化隔离地区绿化建设任务，把该地区建设成为重要生态区、绿色产业区和旅游休闲区，形成市区森林环绕的生态景观。

二、平原防护林与风沙治理工程

平原地区经过多年绿化，一个以农田林网和片林为主体，以干线公路、主要河流两侧为骨干，带、网、片相结合的平原防护林体系已在京郊初步形成，对抵御风、沙、旱、涝、冰雹等自然灾害，改善农业生产条件，保障粮食稳产高产，特别是对遏制北京地区就地起沙发挥了重要作用，有效地改善了平原地区的生态环境。但是还应看到，北京风沙危害依然严重，平原防护林体系生态屏障功能需要进一步提高。因此，进一步完善北京平原防护林体系，对建设首都高标准林业生态体系，改善首都的生态环境，促进经济社会可持续发展具有十分重要的意义。该工程既是落实"三网"规划布局的重点工程，也是东南部林水结合生态保障带建设的重要内容。

（一）建设范围

建设范围为海拔 100 米以下的北京平原地区（不包括城乡建设用地），涉及大兴、通州、顺义、朝阳、海淀、丰台、平谷、密云、怀柔、昌平、房山等 11 个区县，以及延庆盆地，总面积约 4061 平方公里。

（二）建设目标

通过该工程建设，建成带、网、片相结合的高标准防护林体系。农田防护林建设结合农村产业结构调整和满足农民致富需求，发展生态经济型防护林；绿色通道工程建设要与道路建设和河渠整治统筹规划，同步实施，形成由北京通往外埠的生态走廊和绿色风景线；完善水系防护林建设，并重点提高永定河、潮白河、大沙河流域和康庄、南口等五大风沙危害区整治水平。2010 年，平原地区的林木覆盖率为 26%，森林覆盖率为 21%；到 2020 年，分别达到 28% 和 22%。

（三）建设内容

建设内容包括通道绿化、"三北"防护林四期建设、五大风沙危害区治理、平原防护林更新改造。工程建设任务为 3.9 万公顷（58.5 万亩）。其中人工造林 2.5 万公顷（37.5 万亩），成过熟林更新改造 1.4 万公顷（21 万亩）（表 15-1）。

表 15-1　平原防护林工程建设任务规划

工程名称	工程涉及范围	建设任务（万公顷）		
		总面积	2005~2010 年	2011~2020 年
通道绿化及"三北"防护林四期		1.5	1.5	
五大风沙危害区治理	延庆、密云、怀柔、昌平、大兴、通州、房山、顺义、丰台	1	1	
平原防护林更新改造		1.4	0.3	1.1

三、山区森林保育工程

山区林业建设是北京生态环境建设的重要组成部分，经过几十年的奋斗，造林绿化取得了很大成绩，对保持水土、涵养水源、改善生态环境起到了十分重要的作用。但山区现有森林资源质量还不高，需要加强抚育管理，补植补造，改造提高。还有7.4万公顷荒山尚未绿化，这些荒山多是造林剩下的硬骨头，土层瘠薄、岩石裸露、立地条件差，尤以前山脸地区的1.2万公顷岩石裸露地造林绿化条件最差。实施山区森林保育工程，对建设城市青山环抱、市区森林环绕的生态城市具有重大战略意义。该工程是落实燕山太行山山地森林生态建设带规划的主体工程。

（一）建设范围

山区森林保育工程建设范围为平谷、密云、怀柔、延庆、昌平、门头沟和房山7个区县，范围总面积1.04万平方公里。

（二）建设目标

在北京山地积极培育复层异龄林，大力发展针阔混交林，优化森林结构，提升林分质量，增强森林涵养水源、净化水质、减少水土流失的功能；建立一个稳定、高质、高效的森林生态系统，形成优美的山区自然生态景观，为发展生态旅游创造良好的环境，拓展山区农民致富途径。2010年，山区的林木覆盖率为71%，森林覆盖率达到48%，到2020年分别达到73%和52%。

（三）建设内容

包括京津风沙源治理、太行山绿化、水源保护林建设、前山脸地区爆破整地造林、山区生态林抚育管理和低质低效林改造。山区森林保育建设按照区域特点和主体目标的差异可以分为以下三个区域：

1. 燕山水源保护林建设区域

该区域为密云、怀柔、延庆、平谷山区及昌平关沟以东山区。密云水库是北京的重要生活水源，怀柔水库是密云水库调节水库，官厅水库、金海湖、白河堡水库功能也逐步向提供生活用水转变。因此，燕山地区林业建设的主要功能是涵养水源、净化水质。该区域主要实施水源保护林建设、京津风沙源治理、山区生态林抚育管理、低质低效林改造、飞播造林和封山育林等。

2. 太行山水土保持林建设区域

该区域为房山、门头沟和昌平关沟以西及海淀、丰台山区。太行山地区山高坡陡、岩石裸露、土层瘠薄。因此，太行山地区林业建设的主要功能是保持水土、改善生态环境条件。该区域灌木林地占有很大比例，要加强封育改造，提高生态功能。主要实施太行山绿化、山区生态林抚育管理、封山育林、低质低效林改造及人工造林补植补造等。

3. 前山脸景观生态林建设区域

前山脸范围涉及海淀、丰台、门头沟、房山、顺义、昌平、延庆、怀柔、密云和平谷10个区县的山前浅山地区，该地区有丰富的名胜古迹，著名的八达岭长城、居庸关、十三陵、上方山、云居寺、周口店、潭柘寺、戒台寺、香山、八大处等都在这一区域，这里是北京重要的风景旅游区。同时，该区域为山前生态缓冲带，是重要的生态敏感区。因此，前山脸地区林业建设的主要功能是改善景观和保护该地区脆弱的生态环境。主要实施前山脸地区爆破整地造林和山区生态林抚育管理等工程。

山区森林保育工程建设任务为：生态林管护 60.8 万公顷（912 万亩、每年都管护）、人工造林 5.53 万公顷（83 万亩）、飞播造林 6.93 万公顷（104 万亩）、封山育林 11.57 万公顷（173.5 万亩）、人工林补植补造 6 万公顷（90 万亩），低质低效林改造工程 10 万公顷（150万亩）（表 15-2）。

表 15-2 山区森林保育工程建设任务规划

工程名称	工程涉及范围	建设任务（万公顷）		
		总面积	2005~2010 年	2011~2020 年
山区生态林管护	平谷、密云、怀柔、延庆、昌平、门头沟、房山	60.8	60.8	70
京津风沙源治理（人工造林）	平谷、密云、怀柔、延庆、昌平、门头沟	2.6	2.6	
太行山绿化二期建设（人工造林）	房山、海淀、丰台、石景山	1	1	
水源保护林建设（人工造林）	延庆、密云、怀柔、昌平、平谷	0.8	0.8	
前山脸爆破整地造林	太行山、燕山与平原交界的浅山地区，西起房山，东至平谷，跨 11 个区县	1.13	1.13	
飞播造林	平谷、密云、怀柔、延庆、昌平、门头沟、房山	6.93	6.93	
封山育林	平谷、密云、怀柔、延庆、昌平、门头沟、房山	11.57	11.57	
低质低效林改造	平谷、密云、怀柔、延庆、昌平、门头沟、房山	10	3	7
山区人工林补植补造	平谷、密云、怀柔、延庆、昌平、门头沟、房山	6	2	4

四、湿地恢复与自然保护区建设工程

历史时期北京地区丰富的湿地资源，孕育了绵长的运河文化，对维持古都长期的经济繁荣和良好生态发挥了极其重要的作用。建设湿地自然保护区，抢救性地恢复一些退化的重要湿地，努力促进湿地生态系统的良性循环，对于建设历史文化与现代文明交相辉映的新北京具有重要意义。

保护野生动植物是保障生态系统持续健康发展的种质资源基础，也是体现首都生态文明的重要标志。实施野生动植物资源保护工程是保护野生动植物及其赖以生存的栖息环境的根本措施，也是保护自然资源与环境以及生物多样性的重要手段，对树立良好的公众形象，维护地区生态安全，具有重要意义。

（一）建设目标

以恢复和提高湿地生态系统整体功能为目标，扩大湿地保护面积，加大保护力度，使北京湿地下降和破坏的趋势得到遏制。到 2020 年，使湿地生态系统得到有效保护，建成 1 个国家级湿地保护与合理利用示范区，建立健全湿地保护和合理利用的机制。

以满足野生动植物保护为目标，在现有基础上，增加保护区面积和数量，提升保护区级别。2010 年，全市自然保护区总数为 25 个，其中国家级 5 个、市级 10 个、县级 10 个，总面积为 16.6 万公顷，占全市国土面积 10% 左右。到 2020 年，使自然保护区面积占北京国土面积的 14.0%，95% 以上的国家重点保护野生动植物和典型生态系统得到有效保护，形成完整的自然保护区保护和管理体系。

（二）建设内容

1. 湿地

根据北京湿地分布特点和实际，湿地保护和恢复建设工程包括潮白河湿地、永定河湿地、大清河湿地、蓟运河湿地等 4 个建设区域。

（1）潮白河上游湿地保护：该流域是首都北京主要饮用水源区，分布有北京生命之水的密云水库、怀柔水库和潮白河取水水源区。该流域雁鸭水禽资源丰富，属于北京重要湿地保护建设区域。目前已建怀沙河怀九河市级水生野生动物自然保护区和白河堡水库自然保护区。拟新建 4 个市级湿地自然保护区，其中密云水库湿地已列国家重要湿地名录，争取密云水库、潮白河湿地为国家级自然保护区。

（2）永定河湿地保护：该流域属于京西工农业用水水源区，也是北京备用综合用水区。其上游有官厅水库，门头沟储水区等，下游有良好的次生湿地发育或恢复湿地潜力。历史上房山东南部、大兴区有典型的湿地，由于上游水库截流，下游河流、水库、湖塘干涸。上游放水，下游众多坑塘，尤其多年挖沙地区形成"千岛湖"，候鸟翔集。目前，该流域已建野鸭湖市级、金牛湖县级 2 个湿地自然保护区。争取将野鸭湖湿地提升为国家级自然保护区，并在下游的大兴、房山、丰台、永定河段，包括崇潭水库等范围实施抢救性湿地恢复工程。

（3）北运河湿地保护：该流域中下游地区水体污染严重，结合温榆河、通惠河、凉水河等还清工程治理，开展中水利用，选择适宜地区建设湿地公园，在大兴区的南海子、通州区等地开展"绿肾"工程试验示范。在昌平、海淀等上游地区加强保护和治理，建立稻香湖湿地保护区，实施水稻田无害化种植。

（4）大清河、蓟运河湿地保护：两个流域地处市境外缘，在蓟运河有海子水库（金海湖），在大清河已建拒马河市级野生水生动物自然保护区。把金海湖湿地建成市级自然保护区。

2. 自然保护区

在加强已有自然保护区建设的基础上，再新建一批保护区。

（1）野生动物自然保护区及保护地建设：规划在西部山区和北部山区分别建设以褐马鸡和金钱豹为主要保护对象的野生动物类型自然保护区。为了使具有特殊意义的麋鹿能得到更好的保护，规划扩大南海子麋鹿苑，恢复其自然湿地属性；分散麋鹿种群，在东部平原区作野化实验，建立麋鹿湿地保护区，降低单一种群的风险和压力。

（2）森林生态系统自然保护区建设：北京市已建森林生态系统自然保护区 11 个，面积 6.35 万公顷。规划新建 5 个自然保护区，面积 4 万公顷。加强松山国家级自然保护区建设，并争取将雾灵山、八达岭、喇叭沟门列为国家级自然保护区。

（3）沙地生态系统自然保护区建设：规划新建1000公顷市级沙地生态系统保护区，主要保护沙地次生植被和原生地貌景观，加强基础设施建设，开展科学研究和动态监测。

五、京东南生态保障带建设工程

京东南地区地势平坦、交通便利、水资源相对丰富，是北京规划建设的通州、亦庄2个重点新城所在地。大力优先建设森林公园、湿地公园、沿河绿色廊道等生态保护和恢复工程，不仅可以改善当地的生态环境，满足居民休闲娱乐，在宏观上与西北部山地森林遥相呼应，符合森林美学对称性布局原则，促进北京未来城市发展，以及与河北、天津等周边地区生态环境的协调发展。

（一）建设范围

京东南生态保障带建设工程涉及北京城区东南部位于永定河、温榆河、潮白河之间的通州、大兴平原水网区。该地区土地利用现状分析表明，土地利用以农业用地为主，占50.1%，建筑用地占25.1%，从改善农业生态环境和满足未来该地区城市发展需求来看，目前占总面积22.1%的林业、水休等生态建设用地为建设京东南生态保障带打下了良好的基础，同时还有2.6%的未利用土地也可以成为生态建设用地的补充（表15-3）。因此，该地区要根据这种现状和未来发展趋势进行超前性的生态建设规划。

表15-3 京东南生态保障带2002年土地利用统计

地类	面积（公顷）	面积百分数（%）	土地斑块数目
灌溉水田	5798.12	2.985	173
水浇地	79084.51	40.715	1059
旱地	4294.88	2.211	703
菜地	8175.39	4.209	883
耕地合计	97352.90	50.120	2818
果园	19136.43	9.852	1395
有林地	7283.90	3.750	841
灌木林	1.48	0.001	1
疏林地	124.73	0.064	18
苗圃	3976.14	2.047	625
林地合计	30522.68	15.714	2880
城镇	6539.98	3.367	87
农村居民点	21764.33	11.205	1129
独立工矿用地	19362.46	9.968	1949
铁路	16.81	0.009	5
公路	1129.44	0.581	24
建设（交通）用地合计	48813.01	25.130	3194
河流水面	3848.90	1.982	30

（续）

地类	面积（公顷）	面积百分数（%）	土地斑块数目
水库水面	157.31	0.081	1
坑塘水面	5013.16	2.581	1367
滩涂	2837.40	1.461	72
沟渠	157.09	0.081	15
水工建筑物	418.17	0.215	26
水域合计	12432.03	6.400	1511
荒草地	4286.07	2.207	1183
盐碱地	339.27	0.175	16
沙地	492.94	0.254	85
未利用土地合计	5118.28	2.635	1284

除了保护现有的 4.29 万公顷林地、湿地等生态用地以外，规划新建设面积约 6.5 万公顷，其中沙地、盐碱地、荒草地等未利用土地 0.5 万公顷，污灌土地修复面积约 6 万公顷（主要包括分布在朝阳区、通州区和大兴区污灌历史在 40 年以上的污染土地）。这样可以使本地区的林水覆盖率由目前的 22.1% 提高到 55.6%。

（二）建设目标

通过林水结合重点规划建设多处森林公园、湿地公园，形成片、带、网的森林、湿地镶嵌发展格局，构建集生态改善、产业发展、旅游观光于一体，农、林、水相结合的生态保障带。

（三）建设内容

加强沙地、盐碱地、荒草地等未利用土地绿化和坑塘水面、滩涂等湿地恢复建设，建设内容主要是新城绿化隔离带、森林和湿地公园以及沿河绿色廊道建设。

1. 新城绿化隔离带建设

结合目前已有的通州、亦庄、大兴等新城及众多中心镇、工业园区发展，根据现实及潜在绿化需求，在其内部及周围建设一定规模的生态隔离林带、公园等。

2. 森林、湿地公园

根据本地区水体分布格局、土壤水体污染状况，结合水体、土地生态恢复、中水开发利用以及居民休闲游乐需求，进行森林、湿地公园的布局和建设。利用城市等污水还清治理后以及收集的雨水排水等中水，开发建设湿地公园，进一步生物治理净化，补充地下水，同时开展水上活动，发展旅游业；结合土壤污染修复，选择不适宜粮食、水果、蔬菜等食品生产的污染较重地带，开发建设森林公园，种植吸污能力强兼具美化作用的树种、地被，促进土壤净化。同时科学合理和有计划组织开展野生动物驯养、苗木花卉繁殖、森林旅游等项目。根据现实森林分布格局和水网特征，在现有大兴区的南海子麋鹿湿地公园、大兴半壁店森林公园、通州区运河生态公园等基础上，适当扩大建设规模，并规划建设大兴永定河沿岸生态防护与林果观光带、通州凉水河为中心的湿地功能恢复区。

3. 沿河绿色廊道

在永定河、温榆河、北运河、潮白河等水系沿岸，结合防护林建设，发展规模化的观光林业产业带，形成集净化美化、旅游休闲、科普教育等多功能于一体的绿色长廊。

六、新城与村镇绿化工程

从首都绿化的全局看，新城与村镇绿化美化建设是首都生态环境建设的重要组成部分，对实现北京绿化的总体规划目标，具有举足轻重的影响。城乡是市区功能的延伸，首都城市的性质、功能，决定了搞好新城与村镇绿化美化建设是发挥首都功能、搞好四个服务的需要，是为本地区人民生产、生活服务的需要，是实现城乡人与自然、区域经济与社会和谐发展的必然选择。该工程是落实"多点"规划布局的主体工程。

（一）建设范围

包括 11 个新城，33 个中心镇和众多乡镇。

（二）建设目标

通过新城与村镇绿化美化建设，构建布局合理、功能完备的城乡绿化系统，形成与城市中心区、边缘集团协调发展的城市绿化格局，促进郊区全面、协调发展。

2010 年前，10 个远郊区县政府所在地的新城达到园林城镇建设标准，绿化覆盖率达到 45%，人均公共绿地达到 15 平方米，人均绿地达到 50 平方米。33 个中心镇要达到园林小城镇建设标准，绿化覆盖率达到 50%，人均公共绿地达到 20 平方米，人均绿地达到 50 平方米。全市 85% 以上的村庄要建有一定规模的生态林，200 个重点村庄达到园林化标准。

到 2020 年，全市 11 个新城，33 个中心镇和建制镇的规划镇区要全部达到园林城镇的建设标准。要充分发挥郊区城乡绿化美化的示范和带动作用，整体提高全市所有建制镇和中心村的绿化美化水平。

（三）建设内容

1. 城镇之间隔离带建设

根据现实及潜在绿化需求，在城镇之间建设一定规模的生态隔离林带，控制城市无序扩张，改善城市周边环境。

2. 城区绿化

城镇公共绿地建设应多种树特别是乔木，乔灌木种植面积比例要达到 70% 以上，绿地率要确保达到 60% 以上；主干街道形成林荫路，各类分车带和步道外侧绿化带的乔灌木种植面积占绿地总面积的 80% 以上，沿街（路）实施拆墙透绿和垂直挂绿；居住区绿化植物配置以乔木为主，新建居住区绿化面积不得少于总建筑面积的 30%，按居住人口人均 2 平方米的标准建设公共绿地，居住小区按人均 1 平方米的标准建设公共绿地。

3. 村镇绿化

因地制宜地开展庭院绿化和建设村级街头小绿地，大力推广"门前三包"，切实改善老百姓的生活环境，提高村民的绿化意识和文化品味。

七、林果产业工程

林果产业是技术密集型和劳动密集型相结合，集产、供、销为一体的产业。随着北京农业产业结构的调整和生态旅游业的发展，有特色的林果产业已经成为北京林业的一大优势，对增加农民收入、活跃农村经济、丰富城乡市场等方面做出了积极贡献。实施林果产业工程，扩大总量、提高质量、优化结构，促进一批高经济价值果品的开发利用，提供丰富、优质的林果产品，增强北京林果产品的市场竞争力。

（一）发展目标

通过北京林果产业的区域规划的实施，提高林果产业化水平，逐步形成北京林果产业区域化、良种化、标准化和产销一体化的新格局，实现北京林果产业由数量型向质量效益型的转变，力争使北京林果产业化水平接近世界先进水平。

2010 年，新栽植果树 2.67 万公顷，果树面积达到 20 万公顷，果品产量达到 14 亿公斤，精品果率从现在的 30% 提高到 60% 以上，出口果品比例由现在的 4.7% 提高到 10%，果品收入 35 亿元；到 2020 年，果树面积稳定在 21.33 万公顷，果品产量达到 19 亿公斤，果品收入 47 亿元。

（二）发展重点

以发展优质高效园、特色果品园和无污染无公害的绿色果品为重点，大力发展旅游观光果园；突出特色、培育精品，按照"八带、百群、千园"的总体布局，加快桃、苹果、梨、柿子、板栗等果品产业带建设，健全果品营销市场体系。

1. 发展总体布局

建设山前暖区苹果、燕山板栗、永定河 — 温榆河 — 潮白河沙地梨、平原 — 丘陵大桃、丘陵黄土区柿子、平原 — 山区盆地葡萄、浅山沟谷核桃、深山区仁用杏等 8 大产业带，发展 100 个区域名特优品种群，建设 1000 个旅游观光果园。

2. 近期重点建设

①建立较完整的种质资源保存基地和种质资源库。②加强果树节水栽培管理，使果园灌溉用水量减至目前的 50%~70%。③提高冷藏保鲜能力，保鲜率由现在的 5.9% 提高到 30%。④果品产后商品化处理能力达到 60%，其中机械化选果率达到 30%。⑤在北京果品生产全部达到标准化、无公害生产的基础上，安全果品率达到 100%，绿色果品率达到 25% 以上，并实现一定规模的有机果品生产。

八、森林旅游工程

森林旅游是"绿色产业"的重要组成部分，是现代林业不可缺少的重要内容，是近年来发展起来的新兴产业，在北京有巨大的发展空间和潜力。大力发展北京的森林旅游产业，对满足广大市民追求自然、返璞归真、观光休闲的绿色消费需求，促进京郊农民脱贫致富，带动林业相关产业的发展，具有重要意义。

（一）发展目标

合理开发和充分利用北京丰富的自然景观、人文景观、历史遗址和动植物资源，积极发展森林旅游业。

2010 年，立足目前基础，加大对现有森林公园的规范化管理和建设，重点续建和开发一批景观特色突出、区位优势好、品位高的森林公园和森林旅游区。如：西山国家森林公园、蟒山国家森林公园、鹫峰国家森林公园、大兴古桑国家森林公园、云蒙山国家森林公园、大杨山国家森林公园、潮白河森林公园、八达岭森林公园、北宫森林公园、霞云岭森林公园。再建 30 个重点森林公园和森林旅游区，总面积达 8 万公顷，年接待量 300 万人次，总收入 3 亿元。

到 2020 年，力争森林公园和森林旅游区总数达到 100 个，总面积达 14 万公顷，年接待量 900 万人次，总收入 9 亿元。

（二）发展重点

坚持"立足保护、适度开发、引资共建、突出特色"的方针，以市场为导向，整合资源、科学规划、加大宣传和营销力度，充分发挥森林资源优势，做好森林旅游线路和森林公园的基础设施建设，集中力量实施"六八十"工程。

1. 建设六大森林休闲旅游区

以高山幽林、科普考察为主题，开发建设京西旅游区；以雄关巍岭、避暑疗养为主题，开发建设京西北旅游区；以山水奇观、康体度假为主题，开发建设京东北旅游区；以林水映辉、娱乐垂钓为主题，开发建设京东旅游区；以绿海花乡、休闲采摘为主题，开发建设京南旅游区；以古野神奇、探险求知为主题，开发建设京西南旅游区。

2. 开发八条森林旅游线路

重点培育京密公路、顺平公路、京兰公路、京石公路、京开公路以及北京八达岭高速公路、京丰公路、环西山公路等 8 条黄金森林旅游线路。

3. 做好十项重点工程建设

具体包括：西山国家级森林公园、蟒山国家级森林公园、鹫峰国家级森林公园、云蒙山国家级森林公园、上方山国家级森林公园、大兴古桑国家级森林公园、潮白河森林公园二期建设，小龙门国家级森林公园、大杨山国家级森林公园、北宫森林公园、霞云岭森林公园的景观改造、配套服务设施建设和管理水平的完善提高。

九、花卉林木种苗工程

花卉业是集经济、生态和社会效益为一体的绿色产业，其发达程度是国家经济发展水平和社会文明程度的标志之一。随着人们生活水平的提高，花卉在美化城市环境、调节室内氛围、丰富精神生活等方面发挥着日益重要的作用。高质量的种苗是首都绿化、美化的前提和基础。实施花卉林木种苗工程，推进北京花卉、种苗生产的良种化、规范化、规模化和集约化，对加快北京现代林业发展，实现农民增收，服务生态城市建设具有重要的战略意义。

（一）发展目标

1. 花卉

北京花卉业的发展以增加植物种类，美化城市景观；提高经济效益；发展花卉文化，丰富精神生活为目标。保障城市景观三季有花，提供足够的花卉品种和数量。商品花卉实现规模化、专业化生产，从粗放生产到精准生产过渡，产业融入国际市场。

2010 年，花卉生产面积达 6667 公顷，从业人员达 3.3 万人，产值达 11 亿元。切花产量 1.4 亿支；盆花 6000 万盆；花卉种球种苗 1500 万粒（株）；干燥花 1400 万支；花灌木 1.5 亿株；草坪 1200 万平方米。到 2020 年，花卉主导产品实现标准化生产，花卉生产面积稳定在 6667 公顷，产值 16 亿元。

2. 林木种苗

北京林木种苗产业建设立足本市绿化美化用苗，着眼整个北方苗木市场，挖掘本市种质资源，加强林木良种基地建设。以北方国家级林木种苗示范基地和林木良种基地为龙头，建设一批骨干苗圃，增加名特优新树种、乡土树种、抗逆性树种和速生丰产树种等种苗生产，培育种苗市场，带动周边地区产业结构的调整。

2010 年，完善和改扩建良繁中心及种子基地 40 处，年产种子 153.5 万公斤，优良穗条 1300 万条（根）；扶持 21 个重点苗圃，建立 10 个名、特、优、新苗木生产基地，年产各类苗木 3.6 亿株，Ⅰ级苗供应率达到 90%；建立健全 1 个市级、13 个区（县）级林木种苗质量监督检验站，使苗木受检率 80%，种子受检率 100%。

到 2020 年完成如下目标：使种苗体系更加规范、完善，使整体水平达到或接近世界发达林业国家水平；使Ⅰ级苗供应率达到 95%，苗木自给率达到 95%，林木良种使用率 80%，使苗木受检率达到 90%。

（二）发展重点

1. 花卉

重点发展高档盆花和露地用花；优先发展传统名花、宿根花卉、野生花卉的育种改良、品种培育和商品化生产；建立花卉生产和产品标准化体系，完善市场和信息服务体系；鼓励发展已有出口基础的花卉种类和适合北京气候的木本切花。根据市场需求和区域特点，花卉生产布局划分为城近郊区、远郊平原区、远郊山区 3 个层次和 7 个产区，形成各具特色的专业化、规模化生产区域：

城近郊区重点发展优质种苗、种球、鲜切花。建设朝阳、丰台、海淀的花卉种苗与切花基地，建立花卉专业批发市场，完善环三环花卉交易带。

远郊平原区重点发展温室花卉，适当发展草坪草、花灌木与宿根花卉。建设昌平、通州、顺义、大兴、房山的中高档盆花、切花、草坪草、花灌木及球根花卉基地，带动周边农户的花卉生产。

远郊山区重点发展种球、夏季切花与干燥花种植。建设门头沟、密云种球基地，延庆、怀柔夏季切花基地，昌平、平谷干燥花花材基地。

2. 林木种苗

完善部省合建的林木良种繁育中心，加强良种基地和采种基地建设。

近郊区县以发展城市绿化美化用苗及花卉为主；远郊区县山区以发展生态建设工程用苗为主，半山区以发展大规格常绿树苗木、干果苗木和乡土树种苗木为主，平原以发展果苗、速生树种苗木、特色阔叶树种苗木、花灌木为主。

建立一支林木种苗科技支撑队伍和良种推广体系，建立一批种苗科研基地和良种示范点，加快科技成果转化和良种推广应用，提高林木种苗的科技含量，提高林木良种使用率。

采取原地保存、异地保存等方式，陆续建立林木种质资源保存处 69 个，规模 12.46 万公顷。加强和完善林木种苗信息、市场、配套加工等项目建设。

十、森林资源综合利用工程

随着北京森林资源的增加，经营过程中产生的森林剩余物，相关的林产品越来越丰富，为资源综合利用产业发展提供了物源基础。只要进行科学合理的开发，即可在维持森林生态环境稳定的前提下做到永续利用。大力发展林木资源综合利用工程，不仅有利于发展循环经济，提高森林资源的保护和利用水平，而且对于优化林业产业结构，促进农民致富奔小康具有现实而深远的意义。

（一）发展目标

1. 林下养殖

充分利用北京丰富的蜜源植物，大力发展蜜蜂养殖和相关产品的开发；利用林下空间，开展鹿、鹅、林蛙、蛇等经济动物养殖。

2. 林下种植

充分利用山区林下生态环境和野生生物资源，大力开展山野菜、食用菌、药材等经济林产品的培育和开发。

3. 木质林产品加工

以北京市现有速生丰产林基地为依托，大力发展木材加工业；以山地森林经营剩余物为原料，开展综合利用。

（二）发展重点

1. 蜂业

发展 1000 群以上的大型养蜂基地 20 个，其中 5000 群以上的基地 5 个，万群以上的基地 2 个。以市蜂业公司为骨干，对蜂产品进行系统深加工。在平谷和延庆建两个具有国内先进水平的蜜蜂良种场，对蜜蜂良种进行选种、引种、保种和育种。建立养蜂技术培训推广中心、蜂产品质量监控中心和蜂产品营销中心。

2. 木材加工业

重点开发高附加值的新型复合产品，如单板层积材（LVL）、定向结构板（OSB）、木条状定成材（PSL）以及低甲醛绿色人造板等。以现有骨干企业为依托，以资本和技术为纽带，组建若干大型建材、木业、家具企业集团。

3. 森林资源剩余物的综合利用

加大科技投入，加快新技术、新产品的开发力度，提高木材资源综合利用率。结合北京木材资源剩余物的特点，重点开发以其为原材料的生态垫、木材液化以及刨花板等产品。

十一、森林防火工程

到 2020 年，北京市的森林防火要逐步过渡到基于现代科技、具有国际先进水平的林火综合管理阶段，基本建成林火预防、林火扑救和森林防火保障三大体系。

（一）建设目标

完成森林火灾预防、森林火灾扑救、森林防火保障三大系统的建设，基本建成北京市现代化的森林防火体系，基本实现林火综合管理。

到 2020 年，在近期建设的基础上，继续用国内外最新技术改进和完善各个系统的结构和功能，提升森林防火体系的总体水平，全面实现现代林火综合管理。使北京市的森林防火居于国内一流，并接近国际先进的水平，使火灾损失下降到最低限度，切实保护好首都森林资源的安全。

（二）建设内容

1. 林火预防系统

（1）林火预测预报子系统。在重点防火区域分阶段新建全自动林火气象站 50 处、移动林火气象站 15 处，在指挥中心新建数据处理中心，建立林火预测预报子系统，通过对各气象站的数据处理和分析，进行火险天气预报。采用一些先进的通信、传感设备，在火险季节发布长、中、短期的全市性森林火险预报。

（2）林火监测子系统。采取高空卫星监测、山头瞭望塔监测、低空航护和地面巡逻等 4 种形式进行林火监测。分阶段在重点防火区选定最佳位置新建瞭望塔 22 座，改建和完善现有瞭望塔 45 座，初步建成全方位、全天候、立体交叉的林火监测系统，做到实现及时发现火情，并能实时监控林火蔓延情况。

（3）林火阻隔子系统。采取开设防火隔离带和营造生物防火林带和相结合的方式加快林火阻隔带建设。开设防火隔离带 2000 万延长米，全市平均达到每公顷林地 25 延长米防火隔离带，使林区边界、一级火险区周围等重点地区形成封闭的林火阻隔带。

（4）防火检查站。分阶段增建永久性和临时性的防火检查站，到 2020 年，防火季高峰期检查站总数要达到 400 个（现有 52 个）。

（5）营林防火措施。主要是适当采用计划火烧，进行可燃物管理，推广合理抚育和营造针阔叶混交林等降低森林可燃性的营林措施。

2. 林火扑救系统

在本规划期限内（2005~2020 年）采取以地面扑火为主，以直升飞机吊桶灭火和机降灭火为辅的过渡性扑救模式。

（1）林火扑救指挥子系统。新建 7 个区县森林防火指挥室，使 14 个区县和京煤集团公司各有 1 个森林防火指挥室。2010 年前建成了市、区县两级林火扑救指挥系统，林火通讯、预测预报、监测、指挥决策等各项功能齐备，完全实现林火信息数字化管理。

（2）森林消防专业队伍。北京市森林消防总队由 33 支中队增加到 50 支中队，队员人数由现在的 1100 名增加到 1500 名。要求消防队人员基本稳定，并完善业务制度，消防队各种岗位人员都必须经过相应的专业培训，取得任职资格后方能上岗，提高队伍素质。

（3）森林消防装备与机具。消防队除配备足够的车辆、风力灭火机、灭火水枪外，加强消防水源基本建设，逐步推广水泵、长距离供水灭火系统、高压灭火水炮等水灭火和化学灭火技术。

（4）航空灭火子系统建设。除林区现有大小水库可作为直升飞机吊筒灭火取水点外，灭火直升飞机由现在的 1 架增加到 2 架，直升飞机机降点由现在的 2 处增加到 28 处，力争在 2020 年以前实现中型固定翼空中飞机投水灭火。

（5）消防水源设施。2010 年前在重点林区建成容量分别为 1500 立方米和 4500 立方米的蓄水池各 2 座，在重点保护林区有适当水源条件的地方修建容量在 100 立方米以下的消防水池 200 处。

3. 森林防火保障系统

（1）通讯子系统。与市公安局"110"和消防局"119"等警报系统联网，全面实现市与区县、区县与乡镇（重点林场）之间的通讯联络。分别在北京东西部各建中心中继站 1 处，分阶段新建中继台 26 座，控制台 58 个、基地台 40 个、车载台 40 个、插转台 15 个，购置便携台 200 个、保密机 15 个、微机 30 台等设备，增加 400 兆和 800 兆电台及卫星电话等设备。进一步完善森林防火计算机通信网络，并与国家林业局卫星监测联网，实现森林防火信息传递及共享。

（2）交通运输子系统。重点加强防火公路的建设。在重点保护林区新建防火公路 425 公里，连同地方公路在内，使重点保护林区的路网密度达到 4 米/公顷，2020 年达到 6~8 米/公顷。为改善森林防火交通运输条件，需分期增添货车、水罐车、指挥车等各种专用车辆。

（3）防火物资储备子系统。成建市级物资储备库 4 座，储备消防设备和器材、扑火工具、通讯器材、小型发电机组和照明器材、扑火队员防护装备和野外生活必需品等物资。

十二、森林生物灾害防控工程

（一）建设目标

从被动、消极的救灾型转向主动、积极的预防型转变；由治标向标本兼治，以治本为主转变；从一般防治向工程治理转变；从单一的、化学农药防治为主向综合的、生物制剂防治为主。建立以森林病虫预警、控灾和检疫系统为主体的森林有害生物预警控灾体系，实现对病虫灾害的实时监测、准确预报和有效控制，使常发性森林有害生物危害面积和危害程度大幅度下降，提高对重大检疫性森林有害生物的预防和扑灭能力，基本扭转北京市森林生物灾害严重发生的被动局面（表 15-4）。

表 15-4　森林生物灾害防控体系建设目标（2005~2010 年）

项目		2004 年	2010 年
1	四率指标	成灾率千分之三以下，测报准确率（无），无公害防治率 75% 以上，种苗产地检验检疫 90% 以上	成灾率千分之三以下，测报准确率 90% 以上，无公害防治率 85% 以上，种苗产地检验检疫 95% 以上
2	森林有害生物防治检疫标准站 14 个	森防基础设施设备多陈旧、过时，且不配套	扩充增建实验室、标本室、资料档案室、养虫室、库房以及现代化网络办公设备仪器等
3	国家级中心测报点	11	完善 11 个中心测报点，建成国内一流的国家级中心测报点
4	市级中心测报点	502	650
5	森林有害生物检疫检查站	12	12
6	有害生物风险分析中心	0	1
7	检疫检验实验室	0	1
8	检疫隔离试种苗圃	0	2
9	森林有害生物控制方面	新的森林有害生物不断出现；危险性林木病虫发生日益严峻	以应用生物制剂和仿生制剂农药为主要手段控制

充分利用现代高新技术，加大对测报、检疫、防治等森防基础设施的建设力度，综合运用生物、生态等多种技术手段，"预防为主，综合防治"，到 2020 年基本实现有虫不成灾，实现森林有害生物与天敌之间的基本平衡和森林有害生物的持续控制。

（二）建设内容

1. 森林有害生物监测预警体系

以市级预警中心为龙头，以国家级中心测报点和市级监测测报点为基础，区（县）级监测测报点为辅助，以遥感和其他信息源作补充，结合"一站三网"的森林有害生物预警体系，建设预测预报网络信息接收、处理、发布平台，对常发性森林有害生物的常发区、偶发区和监控区及危险性森林有害生物的除治区、预防区和监控区分门别类建点进行地面监测，实现北京市森林有害生物的实时监测和预警，为灾害的科学防治和领导宏观决策提供依据。

2. 林业外来有害生物风险分析与管理体系

（1）有害生物风险分析体系。在收集国内外可能对北京市森林资源构成潜在威胁的一些重要检疫性病虫害资料的基础上，结合北京市的气候特点和森林资源情况，建立有害生物信息系统，在此基础上建立科学合理的森林有害生物风险分析体系，实现对外来有害生物的快速检测、鉴定，并逐步实现标准化。

（2）森林植物检疫御灾体系。以对北京生态环境、林木资源构成严重威胁的森林有害生物为防御对象，以各级森林有害生物检疫机构为框架，以资源分布、林业区划、林种布局、灾情特点为依据，分类施策，因害设防，合理安排各项设施、设备，合理布设检疫检查哨卡，建立重大森林有害生物疫情监控体系。

检疫御灾体系由市级森林有害生物鉴定与风险评估中心 1 个、市级森林有害生物检疫检验中心实验室 1 个、标准化森林有害生物检疫站 12 个、市级隔离试种苗圃 2 个、检疫除害处理设施 12 个等构成。

3. 控灾减灾体系

加强生物制剂、生物产品的研制、开发和推广力度。结合现有生产基地的技术力量，发挥现有的技术优势，实现规模化生产，重点建设北京林业生物防治研究推广中心，使其成为我国北方地区的森林病虫害生物防治的基地，针对重大森林病虫害进行开发与应用研究。同时，通过抗性树种的选育和生物工程、基因工程等措施，建立优良种苗繁育基地，从根本上达到对森林有害生物的持续控制。引进国内外的先进喷洒技术及喷洒器械，应用和推广高效防治器械，并配备轻型飞机和地面施药器械，构筑地面和空中立体防治格局。

4. 野生动物传染疾病监控体系

由于人类活动范围的不断扩大，野生动物的生活范围在不断减少，造成野生动物的生存条件不断恶化，伤病死的野生动物种类、数量不断增加。加之野生动物本身可能是某些病原的天然宿主，对人类的生命安全造成巨大威胁。近年来，SARS、禽流感等人与野生动物共患的高致病性传染疾病的相继暴发，不仅给人们的生命造成危害，也对相关养殖业发展产生了巨大损害。因此，开展以禽类为主的野生动物栖息特征与规律研究，对保障北京市相关领域的公共安全具有重要意义。目前，在野生动物救护、监测、繁育、疫病防治等方面技术储备不足，硬件设施不完备，技术人员短缺。要加强野生动物传染疾病监控能力建设，并在野生动物的重点分布区域，在重要的湿地区域，特别是候鸟的重要迁徙路线、迁徙地、觅食地、集群活动的区域布局、构建监测防控体系，为传染性疾病的防控提供支撑。

第十六章 投资估算与效益分析

一、投资估算

（一）投资估算

全市 12 项重点建设工程总投资为 370.80 亿元，其中生态体系建设 6 项生态工程 156.56 亿元，产业体系建设四项工程 203.84 亿元，安全保障体系建设两项工程 10.40 亿元。按照投资期限划分，2005~2010 年需要投资 170.46 亿元，2011~2020 年需要投资 200.34 亿元。按具体工程划分：城市森林工程 23.46 亿元，平原防护林工程 9.6 亿元，山区森林保育工程 87.31 亿元，野生动植物和湿地保护工程 7.08 亿元，京东南生态保障带建设工程 5.25 亿元；新城与村镇绿化工程 19.36 亿元；林果产业工程 113.60 亿元，森林旅游工程 20.80 亿元，花卉林木种苗工程 61.44 亿元，森林资源综合利用工程 8.00 亿元；森林防火工程 8.00 亿元，森林生物灾害防控工程 2.4 亿元。具体情况见表 16-1。

表 16-1 北京城市林业建设投资概算（2005~2020 年）

序号	工程名称		建设任务（万公顷）		单价（万元/公顷）	投资金额（万元）					
			总任务 2005~2020 年	其中 2005~2010 年		总投资	2005~2010 年	2011~2020 年	生态体系	产业体系	安全体系
	合计					3707960	1704560	2003400	1565560	2038400	104000
1	城市森林工程	第一道城市绿化隔离地区建设	0.26	0.26	15	39000	39000	0	39000		
		第二道城市绿化隔离地区建设	1.63	1.63	12	195600	195600	0	195600		
2	平原防护林与风沙治理工程	通道绿化及"三北"防护林四期建设	1.5	1.5	3	45000	45000	0	45000		

（续）

序号	工程名称		建设任务（万公顷）		单价（万元/公顷）	投资金额（万元）					
			总任务2005~2020年	其中2005~2010年		总投资	2005~2010年	2011~2020年	生态体系	产业体系	安全体系
2	平原防护林与风沙治理工程	五大风沙危害区治理	1	1	3	30000	30000	0	30000		
		平原防护林更新改造	1.4	0.3	1.5	21000	4500	16500	21000		
3	山区森林保育工程	京津风沙源治理	2.6	2.6	1.5	39000	39000	0	39000		
		太行山绿化二期	1	1	1.5	15000	15000	0	15000		
		山区生态林抚育管理	60.8	60.8	2010年前每年1.92亿元，2011~2020年每年3.15亿元	430200	115200	315000	430200		
		水源保护林建设	0.8	0.8	1.5	12000	12000	0	12000		
		前山脸爆破整地造林	1.13	1.13	3	33900	33900	0	33900		
		飞播造林	6.93	6.93	0.45	31185	31185	0	31185		
		封山育林	11.57	11.57	0.75	86775	86775	0	86775		
		低质低效林改造	10	3	2.25	225000	67500	157500	225000		
		山区人工林补植补造	6	2	0.75	45000	15000	30000	45000		
4	湿地恢复与自然保护区建设工程				根据保护区建设2001~2050总体规划	70800	46400	24400	70800		
5	京东南生态保障带建设工程		1.75	1.75	3	52500	52500	0	52500		
6	新城与村镇绿化工程	新城	11个		500万元/个·年	88000	33000	55000	88000		
		中心镇	33个		200万元/个·年	105600	39600	66000	105600		

（续）

序号	工程名称		建设任务（万公顷）		单价（万元/公顷）	投资金额（万元）					
			总任务2005~2020年	其中2005~2010年		总投资	2005~2010年	2011~2020年	生态体系	产业体系	安全体系
7	林果产业工程				71000万元/年	1136000	426000	710000		1136000	
8	森林旅游工程				13000万元/年	208000	78000	130000		208000	
9	花卉林木种苗工程	花卉	0.67		30000万元/年	480000	180000	300000		480000	
		林木种苗			8400万元/年	134400	50400	84000		134400	
10	森林资源综合利用工程				5000万元/年	80000	30000	50000		80000	
11	森林防火工程				5000万元/年	80000	30000	50000			80000
12	森林生物灾害防控工程				1500万元/年	24000	9000	15000			24000

注：各工程年投资金额根据其总体规划确定或主管部门测算提供。

（二）资金筹措

工程投资的资金来源包括财政投资、社会融资、单位和个人自筹等方面。其中，中央和市级财政投入主要用于生态工程建设及产业工程中公益性基础设施建设，产业工程建设资金主要由地方配套及民营投资解决。投资来源按照中央、市、区县、其他2：4：2：2的比例，需要中央投入资金74.16亿元，市级需要投入资金148.32亿元，需要区县投入资金74.16亿元，社会融资、个人自筹等74.16亿元。

二、效益分析

工程实施后，将产生巨大的生态、经济和社会效益。

（一）生态效益

生态效益体现在森林的调节气候、涵养水源、保持水土、防风固沙、净化空气、美化环境等方面。据计算，工程实施后将增加林地857.21平方公里，其生态效益年产出价值为54.44亿元，依据《北京市森林资源价值》，现值按年产出价值的11倍计算，森林资源生态效益价值为598.9亿元。

1. 涵养水源的价值

森林涵养水源的价值包括森林拦蓄降水的价值、增加地表有效水的价值和净化水源的价值，年产出价值共计为15.83亿元，按现值计算，涵养水源的价值为174.13亿元。

（1）森林拦蓄降水的价值。

森林拦蓄降水的价值 = 森林拦蓄水量 × 单位用水成本（元/立方米）

森林拦蓄水量 = 森林拦蓄降水面积 ×（降水量 + 蒸散量 + 地表径流量）

工程实施后，全市林木覆盖率从49.9%增加到55%，新增林地857.21平方公里，年平均降水量为 651 毫米，据调查资料，林区蒸散量占年降水量的 60%。地表径流量很少，可忽略不计。

$$森林拦蓄水量 = 857.21 \times 10^6 \times (651-651 \times 60\%) \times 10^{-3} = 2.23 \times 10^8 \text{ 立方米}。$$

拦蓄水价格以单位库容建造成本 5.714 元 / 立方米计算。

因此，森林拦蓄降水的价值 =2.23 亿立方米 ×5.714 元 / 立方米 =12.74 亿元。

（2）森林增加地表有效水量的价值。

$$森林增加地表有效水量的价值 = 新增林地面积 \times 单位面积林地增加地表有效水量$$
$$\times 生活用水价格$$

据调查测算，单位面积林地增加地表有效水量为 34696 立方米 / 平方公里。生活用水价格按 3 元 / 立方米计算，因此：

$$森林增加地表有效水量的价值 = 857.21 \times 34696 \times 3=0.89 \text{ 亿元}$$

（3）森林净化水质的价值。

$$森林净化水质的价值 = 森林拦蓄水量 \times 林分净化水质的价格$$

据《北京市森林资源价值》测算，林分净化水质的价格为 0.9885 元 / 立方米。

因此，森林净化水质的价值 =$2.23 \times 10^8 \times 0.9885$=2.20 亿元。

2. 保育土壤的价值

保育土壤的价值包括林分减少土地损失的价值、减少土壤肥力损失的价值和减少泥沙滞留和淤积的价值。年产出价值共计为 0.063 亿元，按现值计算，保育土壤的价值为 0.69 亿元。

（1）林分减少土地损失的价值。据研究，每平方公里林地比无林地可减少的土壤流失量相当于减少土地废弃面积为 0.1017 公顷，新增林地 857.21 平方公里，可减少土地损失的面积为 87.18 公顷。林分减少土壤流失保护土地的价格用林地租赁最高价格 5480.5 元 / 公顷计算。

因此，林分减少土地损失的价值 = 87.18 公顷 ×5480.5 元 / 公顷 =47.78 万元。

（2）森林减少土壤肥力损失价值。北京市森林地表层土壤有机质含量平均为 3%，全氮、全磷和全钾分别为 0.19%、0.02% 和 0.08%。根据测算，单位面积林分减少土壤有机质损失和减少氮、磷、钾损失的价值分别为 0.1033 万元 / 平方公里和 0.5270 万元 / 平方公里。

因此，森林减少土壤肥力损失的价值 = 857.21 平方公里 ×0.63034 万元 / 平方公里 =540.30 万元。

（3）森林减少泥沙淤积和滞流的价值。森林减少泥沙淤积量是无林地水土流失量与林地水土流失量的差值。同无林地相比，有林地平均减沙效果为 335.57 吨 / 平方公里·年。根据测算，单位面积林分减少泥沙淤积和滞流的价值为 0.0480 万元 / 平方公里。

因此，森林减少泥沙淤积和滞流的价值 = 857.21 平方公里 ×0.0480 万元 / 平方公里 =41.15 万元。

3. 森林固碳制氧转化太阳能的价值

森林固定 CO_2 制造 O_2 转化太阳能的年产出价值为 0.5022 亿元，按现值计算，其价值为 5.52 亿元。

（1）森林固定 CO_2、提供 O_2 的价值。根据有关研究成果森林每年固定 CO_2 达 0.0091 万吨 / 平方公里，森林每年提供 O_2 达 0.0068 万吨 / 平方公里，若固定 CO_2 和提供 O_2 的单价分别为 273.3 元 / 吨和 369.7 元 / 吨，新增林地 857.21 平方公里，因此：

固定 CO_2 的价值 =857.21 平方公里 ×0.0091 万吨 / 平方公里 ×273.3 元 / 吨 =2131.91 万元

提供 O_2 的价值 =857.21 平方公里 ×0.0068 万吨 / 平方公里 ×369.7 元 / 吨 =2154.99 万元

（2）森林转化太阳能的价值计算。北京市主要树种平均热值为 20070.17 千焦 / 公斤，森林年吸收固化 11.30×10^8 千焦 / 平方公里，按煤炭热热值折算，森林年吸收转化太阳能的价值 0.8573 万元 / 平方公里，新增林地 857.21 平方公里，因此：

森林年吸收转化太阳能的价值 = 857.21 平方公里 ×0.8573 万元 / 平方公里 =734.89 万元

4. 森林净化环境的价值

森林净化环境年产出价值共计为 32.47 亿元，按现值计算，森林净化环境价值为 357.17 亿元。

（1）森林吸收 SO_2 的价值。

森林吸收 SO_2 的价值 = 单位面积森林吸收 SO_2 的价值 × 林分面积 =0.4155 万元 / 平方公里 ×857.21 平方公里 =356.17 万元

（2）森林吸收氟化物的价值。

森林吸收氟化物的价值 = 单位面积森林吸收氟化物的价值 × 林分面积 =0.0040 万元 / 平方公里 ×857.21 平方公里 =3.43 万元

（3）森林吸收氮氧化物的价值。根据有关资料测定，每公顷森林的吸收量为 6.0 公斤，可能的吸收率为 3.5%，森林吸收氮氧化物的平均价格为 1.34 元 / 公斤，新增林地 857.21 平方公里，计算得到森林吸收氮氧化物的价值为 68.92 万元。

（4）森林滞尘的价值。据测定，阔叶林的滞尘能力为 10.11 吨 / 公顷，针叶林的滞尘能力为 32.2 吨 / 公顷，滞尘的价格采用燃煤炉窑大气污染物排污收费等筹资型标准的平均值，即 0.0560 万元 / 吨。新增 857.21 平方公里林地按针叶林、阔叶林各一半计算。

因此，森林滞尘的价值 =0.056×（33.2×42860.5+10.11×42860.5）10^{-4}=10.3952 亿元

（5）森林杀菌的价值。据计算，新增林地 857.21 平方公里，其林木蓄积价值约为 9.27 亿元（见经济效益部分），若森林灭菌价值占森林生态价值的比例系数为 15%，森林直接实物性使用价值占森林全部价值的比例系数取作 10%，则森林灭菌价值为 12.52 亿元。

（6）森林减噪的价值。森林降低噪声的价值参照森林灭菌价值的计算方法，据有关资料，森林减噪价值占森林生态功能价值的比例系数为 10%，森林直接实物性使用价值占森林全部价值的比例系数取作 10%，计算结果森林减噪的价值为 8.35 亿元。

5. 防护效益

防护效益包括农田防护林增产的价值和防风固沙林的价值，年防护效益价值为 4804.7 万元，按现值计算，其效益为 5.29 亿元。

（1）农田防护林增产的价值。森林或林带对风速、温度、湿度等的调节，改善区域的

小气候。据测定，林网消弱 1 米 / 秒风速，每公顷可增加小麦产量 187.5 公斤，土壤湿度相对增加 1%，每公顷可增加小麦产量 172.5 公斤，林网消弱 1 米 / 秒风速，相当于提高土壤湿度 1.2%。据《北京市森林资源价值》一书测算值计算，每公顷农田防护林增产的价值为 1045 元。平原地区新增农田防护林面积 2.5 万公顷。

因此，农田防护林增产的价值 = 农田防护林面积 × 单位农田防护林增产的价值 =2.5 万公顷 ×1045 元 / 公顷 =2612.5 万元。

（2）防风固沙林的价值核算。工程实施后增加防风固沙林 1 万公顷。

防风固沙林的价值 = 防风固沙林面积 × 防风固沙林林地价格 =1 万公顷 ×2192.2 元 / 公顷 = 2192.2 万元。

6. 森林景观游憩效益

森林景观游憩效益的因变量不易测定，但它存在市场价值（如森林公园门票、旅行费、其他服务等）。目前，森林公园和森林旅游区年收入约 0.8 亿元，其发展速度十分快。规划到 2020 年，森林公园和森林旅游区总数达到 100 个，年接待量达 950 万人次，年总收入达 9.5 亿元。

按一半收入来自新建森林旅游工程，计算年平均收人为 2.56 亿元，以此作为森林游憩资源效益的估算值，其现值为 28.16 亿元。

7. 森林生物多样性的价值

根据《北京市森林资源价值》测算，全市森林生物多样性的价值为 27.36 亿元。按林地面积比例推算，规划建设工程实施后的森林生物多样性的价值为 2.54 亿元，其现值为 27.94 亿元。

（二）经济效益

森林资源分为物质形态资源和非物质形态资源，其中物质形态资源包括生物资源和土地资源。本项目的经济效益是指来源于森林物质形态资源中的林地、林木和经济林资源的直接收益（以下结果依据《北京市森林资源价值》的研究成果计算）。

1. 经济林价值核算

林果产业工程新增加 40000 公顷经济林，平均每公顷年产量按 6000 公斤，平均价格按 3 元 / 公斤，每年果品年产值 7.2 亿元。其价值为 79.2 亿元。

通过加强管理水平，提高果品质量，其经济效益巨大。

2. 林木资源价值核算

工程实施后增加林分 45721 公顷（不含经济林面积），每公顷蓄积量按现有近熟林、成熟林、过熟林平均值 73.45 立方米计算，林分蓄积为 335.84 万立方米，林木蓄积价格按目前均价 276.1 元 / 立方米计算，林木资源价值为 9.27 亿元。

3. 林地资源价值核算

根据研究成果，有林地平均价格 3852.8 元 / 公顷，规划实施后可新增林地资源价值 3.30 亿元。

（三）社会效益

规划实施后，社会效益体现为将建成比较完备的林业生态、产业、森林资源安全保障和森林文化四大体系，在全国率先基本实现林业现代化，为建设空气清新、环境优美、生态良好、人与自然和谐，经济社会全面协调可持续发展的生态城市奠定基础。

12 项重大工程的实施，将为社会提供大量就业机会，仅目前已开始实施的山区生态林管护项目，每年就有 4.3 万林农务林。果品生产带动果品加工业、运输业发展，森林旅游业的快速发展等，对加快地方经济发展，增加农民收入，解决"三农"问题，构筑和谐社会具有重大意义。此外，由于森林的增加，使投资环境大为改善，也吸引了国内外许多投资者。

第四篇　北京林业生态建设的关键技术

第十七章　北京林业生态建设的目标功能

北京是全国的政治文化中心、国际交流中心和知识经济发展的重要基地，肩负着"四个服务"的功能。进入 21 世纪，北京开始实施"新三步走"战略，努力创建一流生态城市，构建"和谐北京"。随着城市化的不断发展，城市人口急剧增长及工业污染，生态环境不断恶化。人们对改善生态环境的呼声越来越高，发展高质量的城市生态林业已是全市人民的共同愿望和任务。基于此，北京把提高城市绿化水平、改善生态环境质量、创建生态园林城市、推进生态建设的发展作为一项重要工作来抓。保护生态环境就是保护生产力，改善生态环境就是发展生产力，保护和建设好北京的生态环境是发展首都经济的重要内容。

正如《关于加快北京市林业发展的决定》所指出的，必须把林业建设放在更加突出的位置。面对市民对生态环境质量更高的要求，必须高度重视和加强林业工作，进一步增加森林资源总量，提升林业整体水平和森林生态体系整体功能，加强森林资源保护管理，创新林业管理体制和经营机制，提高林业科技含量，拓展林业富民工程内容。要在贯彻可持续发展战略中，赋予林业以重要地位；在生态建设中，赋予林业以首要地位；在山区建设中，赋予林业以基础地位。

森林以其复杂的系统结构、丰富的物质生产功能和强大的生态环境服务功能而成为人类及其他各种生物赖以生存和发展的基础。一是森林的生态价值巨大。如涵养水源、保持水土、防风固沙、保护生物多样性、巨大的碳库和汇等。二是森林具有重要的经济价值。森林作为可再生的特殊自然资源，除为人类提供独特的木材资源外，还生产丰富的非木质林产品，如干鲜果品、油料、香料、药材及食品等。它们是社会生产和人民生活用品的重要来源，是山区和林区经济发展的重要支柱。三是森林社会价值不断扩展和深化。森林丰富的历史文化内涵、独特的健康疗养功能和美学游憩价值越来越引起人们的重视。

对森林价值的认识取决于森林生态系统自身的功能和人类对森林产品和服务的认知水平及其需求的变化。林业解决的是森林和人类的关系问题。森林作为一种客观存在，它的价值和作用不以人的意志为转移，但是，人类对森林的认识水平却随着历史和社会的进步而发展。在不同的历史阶段，人们对森林的要求也不相同。人类历史已经跨入 21 世纪，社会经济的巨大发展与人类需求的变化，使人们对森林的价值和功能有了重新认识和定位。当前，人们对森林环境和社会价值的需求要远远大于对其经济价值的需求，而且可以清楚地预见，未来人类的这种需求将更加旺盛。人类森林价值观的转变极大地影响了甚至可以说决定了当代世界林业的发展态势。

一、北京自然环境类型分区与生态建设的目标

根据北京的气候、土壤和区域特点,以及独特的城市功能和目前的生态环境条件,可以依据区域的自然和社会经济条件、生态功能和主要的环境问题,把自然环境类型具体划分为以下8个区域:

(一) 水源保护区

本区是北京的主要水源地,承担着50%以上的城市工业和生活用水。本区造林绿化以水源涵养林建设为核心,积极开展天然林保护、中幼林抚育管理、小流域综合治理、山洪泥石流防治等生态建设工程,提高水源涵养林保护功能,保护密云水库、怀柔水库、官厅水库等重点生态功能保护区,防止生态破坏和生态功能退化,满足北京城市发展对水源和水质的需求。

(二) 深山水土保持区

该区域地形破碎,山洪、泥石流易发沟道多,水土流失严重,生态环境脆弱。本区域造林绿化重点是水土保持林建设,开展天然林保护、防护林营造、中幼龄林抚育管理、自然保护区建设、小流域治理、山洪泥石流治理、节水灌溉等生态环境建设工程,全面控制水土流失,防灾减灾,涵养水源,防风固少,建立起山区良性的生态系统,提高当地人民的环境质量和生活水平。

(三) 浅山景观生态区

前山、丘陵地带造林绿化重点是营建风景林,改造老、杂、劣景园,建设发展名特优果品生产和林果良种繁育基地,建设以生态旅游为特色的景观生态环境,实现生态经济可持续发展。

(四) 平原风沙区

本区特点是干旱多风,土壤沙化,严重水源短缺,植被稀少,条件恶劣,对大气环境和农业生产的影响大。本区要以防风固沙片林,沙区林网建设为基础,建立以保水固土、改良土壤、培肥地力、美化景观为目标的沙地良性生态系统。

(五) 平原生态农业区

本区以基本农田为主,造林以绿色通道建设、农田林网建设、村镇四旁绿化为主,有条件的地方积极发展商品林,形成带、网、片、点相结合的平原生态体系。

(六) 市区、卫星城镇重点绿化区

本区人口密,社会经济活动频繁。绿化的主攻方向是:建设城市隔离片林,建设城市中心大中型公共绿地,抓好居住小区、单位庭院、公共场所绿化,重点地区通过拆房建绿、穿墙透绿、见缝插绿等措施,不断提高绿化覆盖率。大力发展草坪、垂直绿化、增加花卉新品种,满足城市绿化美化需要。

(七) 重点污染源区

在市区、城镇和部分郊区分布着一些大型钢铁厂、化工厂、水泥厂、造纸厂、酿造厂

等工厂，它们产生的废气、废料、废渣、噪音和粉尘等对空气及周边地区造成污染。本区要栽植抗污染树种，大力营造防护片林，提高绿化覆盖率，减轻空气污染、土壤污染、水污染和噪音污染。

（八）重要生态功能和森林旅游区

包括湿地、森林公园、寺庙、古代园林、公墓区等，这些不仅具有重要的旅游价值和宣传教育作用，还具有重要的生态功能。要重视保护现有湿地生态系统，在适宜地区建设人工湿地；加强自然保护区建设，重视生物多样性保护，保护自然生态系统、野生动植物和基因资源。

二、林业生态建设工程现状和技术特点分析

北京市目前已经重点进行了 4 个方面的生态建设工程：

绿化隔离地区绿化建设工程。城市绿化以植树造林为主体，把美化环境与增强生态功能结合起来，逐步提高建设水平。全面完成城市绿化隔离地区 125 平方公里绿化建设任务，形成市区森林环绕的生态景观。第二道绿化隔离地区绿化建设工程，按照北京城市空间布局调整规划进行建设，实现绿化达标、生态良好、产业优化、农民增收，把该地区建设成为重要生态区、绿色产业区和旅游休闲区。

平原绿色生态屏障建设工程。与城市中心区、边缘集团、卫星城、小城镇协调发展的城市格局相结合，合理利用水、土等自然资源，建成了点、线、面相结合，网、片、带相协调的高标准防护林体系。绿色通道工程建设与道路建设和河渠整治统筹规划，同步实施，形成了由北京通往外埠的生态走廊和绿色风景线；治沙造林工程重点提高永定河、潮白河、大沙河流域以及康庄、南口等重点风沙危害区整治水平，基本消除境内沙尘源；加快卫星城、小城镇绿化建设，达到园林城镇建设标准；各乡镇政府所在地和重点村庄要按照规划营建一定规模的生态林，逐步实现园林化标准。

山区绿色生态屏障建设工程。结合国家实施的京津风沙源治理和太行山绿化等工程，采取多种造林绿化形式方法，加快绿化步伐，形成优美的自然生态景观。加快实施天然林保护工程、水源涵养林及水土保持林工程，充分发挥森林涵养水源、净化水质、减少水土流失的作用。认真抓好退耕还林工程，注重实效。继续推进各种景区景点绿化工程建设，为发展生态旅游创造良好的环境。切实搞好中幼林抚育工程，优化森林结构，增强生态功能。

野生动植物保护及自然保护区建设工程。始终遵循生态群落演化规律，强化政府行为，提高保护水平。切实保护和利用好野生动植物资源和湿地资源，合理扩大自然保护区范围，加快野生动植物保护、救护、繁育网络体系建设，实现生物多样性。

通过不懈努力，这些林业生态建设工程已几乎覆盖全部的环境类型区，并且根据工程特点和气候、土壤等自然条件，采用了不同的生态建设关键技术，大大改善了北京市的环境质量。

为了有针对性地提出今后北京林业生态建设的关键技术，下面分别对不同生态建设工程特点以及采用的关键技术做一评述。

（一）绿化隔离地区绿化建设工程

该工程涉及朝阳、海淀、丰台、石景山、昌平、大兴6个区，在城市与周边地区实施绿化隔离，实现"分散集团式"布局。让森林进城，为改善人们的生活和工作环境起重要作用，同时推进城乡结合部地区环境整治和城市化进程。

工程建设的内容是以营造乔木林为主，辅以建设绿地、草坪、体育公园、苗圃等绿色产业设施。

在工程建设中注重选用乡土树种和速生树种，采用良种壮苗，加大抚育管理措施，造林成活率大大提高，促进了林分生长和早日郁闭。

今后应加强抚育管理。造林以后，幼林的抗逆性弱，还没有形成良好的森林环境，受气候、土壤等影响较大。因此，应加强抚育管理，主要包括及时排灌、松土、除草、修枝、间伐、防治病虫害等。针对北京地区林木由于缺水而经常导致枯梢或死亡的现象，应铺设滴灌或微灌设备，改善土壤水分条件，以促进树木健康生长，防止林木枯梢和死亡，充分发挥林木的生态功能。

（二）平原绿色生态屏障建设工程

平原绿色生态屏障建设工程包括以下几项工程：

1. 农田林网建设工程

工程涉及大兴、通州、顺义、朝阳、海淀、丰台、平谷、密云、怀柔、延庆、昌平11个区县。以基本农田划定和中低产田改造为契机，广泛开展区域性农田林网建设，坚持"建骨架、配网格、改品种、调结构"的原则，实行田、林、水、电、路、渠统一规划，综合治理，农田林网建设工程充分利用空间资源，建立多层次、多树种、多效益的景观生态型防护林体系，形成带、网、片、点相结合的合理布局，即绿化美化环境，又促进农业持续稳定增产。

2. 绿色通道工程

绿色通道工程以"五河十路"为重点。"五河"是永定河、大沙河、潮白河、温榆河、北运河，"十路"是京石、京开、京张、京密、京津塘、京沈、顺平、外二环八条公路及京九、大秦两条铁路。"五河十路"工程涉及大兴、通州、顺义、平谷、密云、怀柔、延庆、昌平、房山、朝阳、海淀、丰台等12区县98个乡镇。规划在每侧营造200米左右的宽厚绿化带，其中通道内侧20~50米范围作为永久性绿化美化带，外侧发展速生丰产用材林为主的绿色产业。

在绿化中坚持以路为主，沿路造林；乔灌花草结合，突出生态景观。实现了生态、社会、经济效益协调统一。

3. "三河两滩"重点风沙危害区治理工程

"三河"是永定河、潮白河、大沙河，"两滩"是延庆康庄荒滩、昌平南口荒滩，总面积24万亩。长期以来，风沙危害重影响首都生态环境和人民生产生活。据统计，"三河两滩"重点风沙危害区尚有裸露沙地、卵石滩20万亩。治理的重点是永定河流域、昌平南口、延庆康庄地区。

根据沙化土壤贫瘠、有机质含量低的特点，采取间作方式，种植绿肥作物，实行秸秆还田，培肥土壤。在荒滩沙地营造防风固沙林，沿农田主要道路栽植以杨树为主的主林带，沿沟渠两侧栽植柳树，实行乔、灌、草、花相结合，落叶树与常绿树相结合，构建起完善的农田防护林体系。在部分地区以一株杨树、一株银杏、一墩冬青、一株紫薇为一组，建立强化与美化相结合的防护网络，使防风林带既能防风固沙，又能观赏，别具一格。这样的防护林体系既能降低风速、防风固沙，又能美化环境、提高效益。

（三）山区绿色生态屏障建设工程

山区绿色生态屏障建设工程包括以下几项工程：

1. 太行山水土保持林建设工程

工程涉及房山、门头沟、昌平、海淀、丰台、石景山六个区38个乡镇和8个国营林场，其中纯山区18个乡镇，半山区20个乡镇。经多年造林绿化，这些地区的生态环境有了明显改善，但水土流失仍较严重，山洪和泥石流时有发生。因此，加快该区域植树造林的步伐，治理水土流失，是北京市生态环境建设的一项重要内容。

在深山远山实施了全面封育，对保护和恢复森林植被发挥了积极作用，促进了天然更新。今后要注重对现有中幼林加强抚育管理，建立合理的林分结构。在低山、浅山风景林区和岩石裸露、土层瘠薄的干旱阳坡，造林前应尽可能整地，清除杂草，整修台田或条田，及时浇水。在部分近山区修建引水渠道或利用PVC胶管引水上山。有条件的地方或小面积造林，可以采取客土、改土措施，提高造林成活率。确定合理的造林密度。造林密度与林木生长有密切关系，与同一生物群落中的草本植物、微生物的生长、发育密切相关。确定合理的造林密度能够促进林木的正常生长和森林小环境的尽快形成。

2. 天然林资源保护工程

全市现有天然林总面积505万亩，其中森林269万亩，灌木林226.4万亩，具有通过封育可恢复天然林的疏林次生植被9.8万亩。这些天然林主要集中在五大水系及21条支流的中上游的7个山区县，它是北京最主要的水源源区，也是北京抵御外来风沙的天然屏障。主要树种以橡栎、桦树、山杨、椴树、鹅耳枥、油松、侧柏及其他灌丛为主。

对天然林的保护，要按照分类经营的原则，采用封、管、造相结合的方法，在划定禁伐区、限伐区和补植补造区的基础上，分别采取不同的经营方式。

将自然保护区、森林公园及深山区生长状况较好的森林，河流中上游、陡坡上盖度较高的灌木林划为禁伐区，禁止一切采伐利用活动，并保护好现有的野生动植物资源。

对交通较方便、密度较大的中幼龄林的林分划为限伐区，采取间伐、定株、修枝，病虫害防治等管理措施，使林分保持合理密度，促进林木生长。

对遭破坏后的天然次生植被，通过封山育林，依靠根蘖和天然下种，辅以人工补植补造及撒播恢复森林植被，促进林分尽早郁闭，保持林分的结构完整。

3. 水源保护林工程

鉴于北京严重缺水的形势和森林在涵养水源方面独特的作用，北京还开展了水源保护林工程。

工程范围主要是北京84座大、中、小型水库周围及其上游地区。建设重点是密云、怀柔、官厅水库上游区域。该地区生态环境需近一步改善，主要表现在：一是水土流失污染水质，堵塞河道，淤积水库。二是水土流失破坏了地貌的完整，侵蚀使沟头前进，沟岸扩展，吞蚀农田，威胁村镇、道路。三是水土流失降低了土壤肥力，坡耕地产量低。四是造成洪涝、泥石流危害、冲毁农田、村镇，威胁人民生命财产安全。

工程的主要目标是以保护和涵养密云、怀柔水库的水源条件，改善两水库的水质，建设一个充分发挥森林涵养水源，清洁水质功能的以森林为主休的区域生态系统，并为规划区的经济发展创造良好的条件。

结合工程特点，选用耐干旱、瘠薄树种，采用种子飞播、植苗、自然萌蘖等繁殖方法，乔灌草结合，提高了植被覆盖率，发挥了森林涵养水源、清洁水质的功能。

4. 前山脸爆破整地造林工程

前山脸地区是指太行山、燕山与平原交接的浅山地区，西起房山，东至平谷，为狭长的弧形地带。总长度 30 公里，跨 11 个区县 69 个乡镇。该地带集中了历代的名胜古迹，如周口店遗址、潭柘寺、戒台寺、香山、八大处，大觉寺、十三陵等，是著名的风景旅游区。

由于前山脸地区多属于干旱阳坡，土层薄，采用一般造林方法不易成活，造林保存率很低，难以成林。从 1990 年开始实施爆破整地的方法，采用大坑回坑回填土，大苗栽植，引水上山浇水的措施，取得了很好的绿化效果。已累计完成 6 万亩。

在这样的地区造林，春季造林宜早不宜迟。大部分树种都可以在此季节造林。有灌溉条件的地方，在造林后或土壤缺水时进行及时灌水。造林前对苗木进行截枝或截干处理，减少蒸腾；根部沾泥浆，草袋包根，既可以保水，又可以增加养分，能显著提高成活率。

5. 退耕还林工程

工程涉及平谷、密云、怀柔、延庆、昌平、房山、门头沟 7 个山区县 92 个山区、半山区乡镇。原则上对主要公路、河流两侧第一层山的坡耕地和土层薄、灌溉困难、自然灾害频繁的坡台地及沟谷川地进行退耕，按照适地适树原则，建设生态林、生态经济林。

不同树种、不同栽植方法、不同立地条件，造林密度不同。该地区的造林密度除考虑上述因素外，还要考虑林木对土壤的改良作用。为使幼林尽快郁闭，及早形成比较理想的群体结构，减少地面蒸发，抑制水土流失，应该合理密植，这样还能提高林分的产量、质量，发挥较大的防护作用和降低造林成本。

（四）野生动植物保护及自然保护区建设工程

目前,北京共有自然保护区 11 个（其中,国家级 1 个、市级 2 个、县级 8 个),总面积 6.44 万公顷，占国土面积的 3.83%。为了保护生物多样性，今后应进一步加强自然保护区建设。2008 年前，计划再划建一批自然保护区和保护小区，扩大保护范围和保护类型，使自然保护区面积占国土面积的比例超过 10%。

在增加自然保护区数量和面积的同时，要建立野生动物救护中心、繁育中心，形成保护、救护、繁育一体化。制定自然保护区的保护标准和评价指标体系，进一步提高国家级、市级自然保护区的管理水平。

在自然保护区的管理方面，要突出维护生物多样性的目的，改变造林绿化中树种少、结构单一，人工痕迹较强，与自然不够和谐的现象，提高绿化美化整体水平。增强林木管护和森林资源安全保障能力，特别是护林防火能力，确保森林资源安全，进而维护栖息生物的安全。

三、林业生态建设中存在的问题

北京目前开展的林业生态建设工程，在防治环境污染、完善城市基础设施的基础上，以造林绿化、合理利用水资源、建设生态农业为重点，基本构筑起了良好的首都生态基础，一些主要的环境类型得到整治和绿化。通过几年的努力，北京市林业生态建设工程已几乎覆盖全部的环境类型区，大大改善了环境质量。

太行山水土保持林建设工程、天然林资源保护工程和退耕还林工程主要涉及深山水土保持区，对全面控制水土流失，防灾减灾，涵养水源，防风固沙，建立起山区良性的生态系统，提高当地人民的环境质量和生活水平有重要意义。水源保护林工程基本涵盖了水源保护区，对涵养水源、净化水质，保护密云水库、怀柔水库、官厅水库等重点生态功能保护区，防止生态破坏和生态功能退化，发挥了积极作用。

前山脸爆破整地造林工程基本绿化了浅山景观生态区，营建了风景林，发展了名特优果品生产和林果良种繁育基地，对开展生态旅游，发展生态经济起着重要作用。

"三河两滩"重点风沙危害区治理工程、绿色通道工程、平原农田林网建设工程和城市隔离片林工程覆盖了平原风沙区及平原生态农业区，对治理平原风沙，改善平原农区的生态条件有着非常重要的意义。

绿色通道工程、城市隔离片林工程基本涉及市区、卫星城镇重点绿化区，为提高植被覆盖率，增加花卉新品种，满足城市绿化美化需求发挥了积极作用。

野生动植物保护及自然保护区建设工程在一定范围、一定程度上改善了重要生态功能和森林旅游区的环境质量，提高了生态功能，为森林旅游创造了较好的条件。

在上述各类型区的绿化取得重要进展的同时，林业生态重点工程中围绕重点污染源区开展的工作相对较少，该方面留下了一定缺口。

近年来北京市生态保护与建设工作取得较大进展，但由于自然地理、气候条件的限制和人为污染源的影响，以及在某些技术层面上的不足，造成北京市生态状况和环境质量与绿色奥运的要求还有一定差距。

总的来讲，林业生态建设中还存在下列问题：

1. 部分现有林林分结构不合理，质量不高

受树种选择、立地条件、种苗质量、管理水平等的影响，北京市部分现有林中存在林种单一、树种选择不当、林分结构不合理、林相不整、生长不良甚至衰退、病虫害严重、天然更新不良的低价值林分。这样，不仅森林景观不完整，而且森林的生态效益和经济价值也不理想。

2. 森林资源分布不均，区域生态系统仍较脆弱

根据普查，目前北京尚有14654公顷沙荒地未加利用。城区特别是中心区绿地不足，直接影响了城市生态系统的良性循环，如城市热岛效应比较突出。另外，作为城市生态系统重要组成部分的城乡结合部，在环境面貌、绿化美化、基础设施等方面的建设任务仍很繁重。北京市的森林覆盖率虽然高于全国平均水平，但是，与北京的首都地位相比，仍显不足，绿化总体水平有待进一步提高，尤其是风景游憩林和景观生态林的建设亟待加强。局部地区生态系统仍较脆弱，特别是风沙化土地和太行山水土流失严重的地区，还需要进一步加大绿化强度。

3. 水源保护区生态建设有待提高

北京是我国极度缺水的地区之一，建立水源保护林对涵养水源、净化水质具有重要作用。水源保护区仍有大面积宜林荒山和低效的灌木林地，建设任务艰巨；水源保护林缺乏科学经营，水源保护效益不能有效发挥；水源保护林的功能与评价体系不健全，缺乏完善的检测网络系统。规划区有 54264 公顷（占总面积的 9.4%）荒山荒地和部分生长较差不能完全发挥水源保护效益的低效灌木林，使水土流失进一步加剧，生态环境脆弱，易于发生涝、旱、山洪、泥石流等灾害，制约了水源保护林体系健康地发挥其水源保护功能，水源保护林体系的进一步完善与加强成为当务之急。

4. 优良种质资源开发利用不足

虽然北京依托教育、科研、人才集中的优势，培育了一些速生新品种或无性系，收集、引进和筛选了一些国内外抗逆性强的植物材料，并且应用在造林绿化中，但是，鉴于北京干旱缺水、风沙严重、山地瘠薄的立地条件，现有的植物材料还不能满足困难立地造林绿化的需要。此外，为了营建更多的生态风景林，也需要培育一些树形优美、叶色艳丽、用途广泛、生长快、抗性强的树种。

5. 困难立地造林技术和森林可持续经营技术尚需提高

针对特殊的立地条件，北京在造林营林技术方面采取了爆破造林技术、干旱半干旱地区丘陵山地集水保水贮水和节水造林技术、杨树伐根嫁接更新技术、封山育林技术、农田林网经营技术、农林复合生态系统经营、管理与效益监测评价技术等有效措施，收到了很好的效果。然而，现在仍有一些特殊困难立地尚未绿化，也是今后北京市造林的重点，需要对高新技术如菌根菌剂、抗旱保水剂的应用等涉及生物技术的提高特殊困难立地造林成活率的方法进行深入研究。在不同功能型人工林的结构配置、抚育管理、效益综合评价等配套技术和可持续经营技术方面仍有待进一步研究。

6. 森林资源监测和病虫害防治网络体系需要进一步健全

现有林中仍有一部分经常遭受病虫害危害，一些新的有害生物也可能入侵；森林防火体系虽然基本建立起来，但还有漏洞，尚不能完全应对森林防火安全的要求。因此，在病虫害防治持续控制技术、森林资源及林火监测管理技术和精准林业技术等信息技术的应用方面还需要重点研究，建立起健全的森林资源监测和病虫害防治网络体系。

7. 重点污染源区和重要生态功能区的绿化工作有待进一步加强

重点污染源区分布比较分散，并且大部分属于企业。因此，该区的绿化工作很少纳入绿化规划，绿化程度和水平不高，未能充分发挥树木在防治污染方面的作用。受行业管理体制的制约，重要生态功能区的绿化和管理水平参差不齐。自然保护区的数量和面积严重不足，管理水平和经营技术有待提高。生物多样性保护尚未得到应有的重视，有必要将其作为生态工程建设的重点内容之一，放在突出位置。

8. 湿地恢复工作应引起高度重视

湿地的功能是多方面的。目前，北京市湿地的面积尚未恢复到应有的规模，并且恢复进程缓慢。同时，湿地恢复与保育技术也需要进一步加强研究，尤其是如何协调土地用途相互矛盾、缺水与耗水相互矛盾、保护与利用相互矛盾的问题。

要从根本上解决上述问题，就要加强林业生态工程效益的监测。

目前，世界各国关于森林生态效益的研究都有明显的区域目的性特征，如日本着重于森林涵养水源和保护土壤的效益研究；我国也以森林水源涵养和保护土壤方面的研究较多，而且多是单一生态功能的评价；欧美等西方国家的研究则主要集中在森林游憩等方面。总体上说，国内外对森林生态效益的研究工作还处于起步阶段，还没有形成较科学的全面的监测体系和评价方法，处于探索理论上的正确性和实践的可行性。从研究范围来看，单项研究较多，综合研究较少，单因素分析较多，而系统分析较少。

森林生态效益的计量与评价是目前国内外林业科技界最复杂的问题之一。森林生态效益计量问题的复杂性是由于多方面的原因造成的，在评价森林生态效益经济价值时，人们会受到许多因素制约，评价误差很大，存在问题也很多。主要表现在以下几方面：

（1）替代的合理性问题。森林生态服务功能的价值计算基本上采用替代的方法。而替代的成功与否取决于一项生态服务与它的替代物之间在功能效果上是否具有全面的相似性。相似程度越高，则价值的可替代性越高。替代物定价法的科学性还没有得到科学论证，并不完全令人信服。

（2）结果的可加性问题。生态功能价值的计量一般是根据生态功能和作用，将生态功能价值分解为涵养水源价值、保持土壤价值、固碳持氧价值等等，并分别加以计算，然后再把各项功能价值加总起来，构成总的生态功能价值。由于森林生态功能价值的计量包含着众多的价值分量，这些分量的计算方法的理论基础有差异，表述方法有时也不同。用这些不同的方法所得的结果是否能够相加，目前还没有深入研究。

（3）计算的重复性问题。我们基本上是采用对每一种森林生态功能价值独立评估，然后累加起来的评估方法，这忽略了各种森林生态功能之间的复杂相关性。各种不同的森林效益计量方法中，或多或少都会存在重复计算。

（4）评价研究的尺度问题。目前对森林生态效益的计量评价研究大多是在较宏观的层次上以全球、国家、省、大流域等为统计单位，而采用的又是一些较粗略的数据资料。结果统计数据过粗，使得评价结果的实际操作性差，评价结果很难落实到实处，也就很难为政府提供科学的补偿依据。

（5）评价研究的技术问题。目前对森林生态效益评价研究的技术支持手段还较为落后，遥感、地理信息系统技术等高新技术的应用还不多。结果不仅速度慢，费工费时，而且不能很好地分析、管理和应用评价所需的数据信息。

（6）评价的动态性问题。目前对森林生态效益评价研究大多仅限于静态，动态评价研究还很少见。由于森林生态效益对森林资源的依赖性，森林资源的空间分布也决定着森林生态效益的空间分布和动态变化。因此，没有对森林资源的动态监测、管理，就无法做到对森林生态效益的动态评价。

四、北京林业生态建设总体目标功能

由于北京开发历史悠久，元、明、清以来一直是国都，人口增长迅速，而可利用土地面积不断减少，造成人多地少的局面；加上近年来城市化的加速发展，北京市对林业发展的需求日益迫切。为了保障北京经济社会可持续发展，维护国土生态安全，尤其是为开发提供良好的投资环境，就必须按高标准构筑起"点、线、面"相结合的绿色生态体系作为生态屏障，促进生态经济系统的良性循环，发挥森林生态系统的多种功能和综合效益，为北京经济社会的可持续发展提供强有力的绿色屏障。但是，受地理位置、自然条件的限制，北京人均水资源占有量不足300立方米，仅为全国人均占有量的1/6，为全世界人均占有量的1/25，成为制约社会经济发展的首要因素。从社会经济持续发展对林业的需求来看，北京的森林资源分布不均，质量较低，林业基础有待加强；水土流失、耕地退化、湿地缩减、水资源污染、大气污染等生态问题仍较突出。林业的整体水平和森林生态体系的整体功能需要进一步提升，森林资源的保护管理需要进一步加强，林业体制和机制需要进一步创新，林业科技含量需要进一步提高，林业富民工程需要进一步拓展。通过实施北京现代林业工程，改善北京市生态环境状况，改变北京经济和生态发展不平衡的局面，是我们追求的重要目标。林业是生态环境建设的主体，现代林业建设是改善北京生态环境状况的迫切要求。

为了进一步提高北京林业生态建设的水平，强化森林生态系统的整体功能，今后应开展好以下方面的工作：①做好北京土地利用规划，增加林业用地比重；②加大对现有森林资源的管护力度，特别是护林防火能力，促进现有森林资源持续经营；③加大林种、树种的改造力度，使公益林占有更大份额，林分结构更加合理，森林生态效益更高；④加大困难立地和重要生态功能区森林资源培育的力度，促进森林资源分布平衡和质量的不断提高。

综上所述，北京林业生态建设的总体目标功能为：

（一）加强城市森林建设

绿化美化作为现代化城市的重要标志，已为国际社会所公认。北京在现代化城市建设过程中，以"宜居城市"为目标，必须注重优化环境改善生态环境质量。这就要求将城乡融为一体，统一规划，分层布局，城乡绿化一体化，致力于城市大园林，大环境绿化，构建多林种、多树种、乔灌藤草结合的复合人工植被，逐步趋向建成具有城市和森林两种特点的生态园林城市。

（二）建设平原生态圈

平原地区以营造农田林网和村镇片林为主，建设农田防护林体系，初步形成首都的外环生态保护圈以及京东南生态保障带。完成好市级以上的河流、公路、铁路两侧绿化为主的绿色通道建设工程、重点风沙危害区治理工程和潜在沙化土地保护与综合治理工程和平原绿化工程。

（三）构建山区生态屏障

从林业生态建设的布局来看，山区今后的主要任务是荒山造林、水土保持。在深山区以增加植被、提高林分质量为主，建设水源涵养林和水土保持林，扩大自然保护区；在浅山区，以发展经济林为主，建设首都优质的果品基地；在前山地区，建设环绕市区的风景林带，进一步提高山区绿化水平。

顺利实施山区风景区爆破整地造林绿化工程、水土保持林、水源涵养林建设工程、天然林资源保护工程、太行山绿化工程、"三北"防护林体系建设四期工程、中幼龄林抚育植被保护工程、退耕还林（草）工程，同时做好国有林场建设和自然保护区建设工作。

为了满足改善生态环境、促进森林旅游的需求，要对北京的森林进行分类经营，加大生态公益林建设力度。生态公益林包括野生动植物自然保护区、森林公园、水土保持林、水源涵养林、风景林、名胜古迹林、文化林、特种用途林，以及散布各地的古树名木等。为了保障生态公益林建设，应逐步加大森林生态效益补偿的范围和标准，提高山区农民参与生态公益林管护的积极性。

（四）加强野生动植物保护及湿地、自然保护区建设

以野生动植物栖息地保护为基础，以保护工程为重点，以完善管理体系为保障措施，以保护为根本，以发展为目的，坚持加强资源环境保护、积极驯养繁育、大力恢复发展、合理开发利用的方针，坚持保护第一、科技先导、就地保护为主迁地保护为辅的原则，加大执法、宣传、科研和投资力度，保护生物多样性，实现野生动植物及湿地资源的良性循环和永续利用，为北京的经济发展和社会文明进步服务。

湿地作为不同于陆地和水域的独特生态系统，被称为"地球之肾"。它不仅为人类提供多种可直接利用的资源，而且在蓄洪防旱、调节河川径流、补充地下水、降解污染、调节气候、控制水土流失、维持生物多样性等诸多方面发挥着重要的为其他生态系统不可替代的生态功能。北京有 50 000 余公顷湿地资源，生物多样性丰富，是许多鸟类的迁徙地和生息场所。全面保护湿地资源，维护湿地生态系统的特性和基本功能，保障北京湿地资源可持续利用。

针对北京生态环境现状，为实现建设"宜居城市"的目标，北京市在林业生态建设中要努力构筑高标准的绿色生态体系，高效益的绿色产业体系和高水平的林木绿地资源安全保障体系，把北京建成空气清新、环境优美、生态良好的现代化国际大都市。实现此目标需要在科学研究和关键技术运用的基础上建立完善的森林生态体系。因此，北京林业生态建设关键技术研究必将有助于加快北京林业发展，推动北京生态建设，实现建设"宜居城市"的目标。

第十八章　北京林业生态建设的关键技术成果集成

　　北京是全国的政治、经济、文化中心，有3000多年的历史，辽、金、元、明、清5代在此建都；拥有文物古迹7309项，其中5项已列入"世界自然和文化遗产名录"，是世界闻名的东方古城。同时北京市水资源短缺、水污染问题和环境保护问题特别突出，是水资源严重短缺的城市。面对突出的城市环境污染、严重的风沙危害、短缺的水资源、强大的城市热岛效应、巨大的森林游憩需求。几代林业科技工作者不懈探索，取得了丰硕的成果，形成了比较完善的不同立地树种选择技术、林分建植与可持续经营技术、特殊立地植被恢复技术、湿地与生物多样性保护技术和森林保护与资源监测技术等技术体系，并在高新技术的应用方面进行了有益的尝试。以往取得的科技成果可汇集于图18-1。

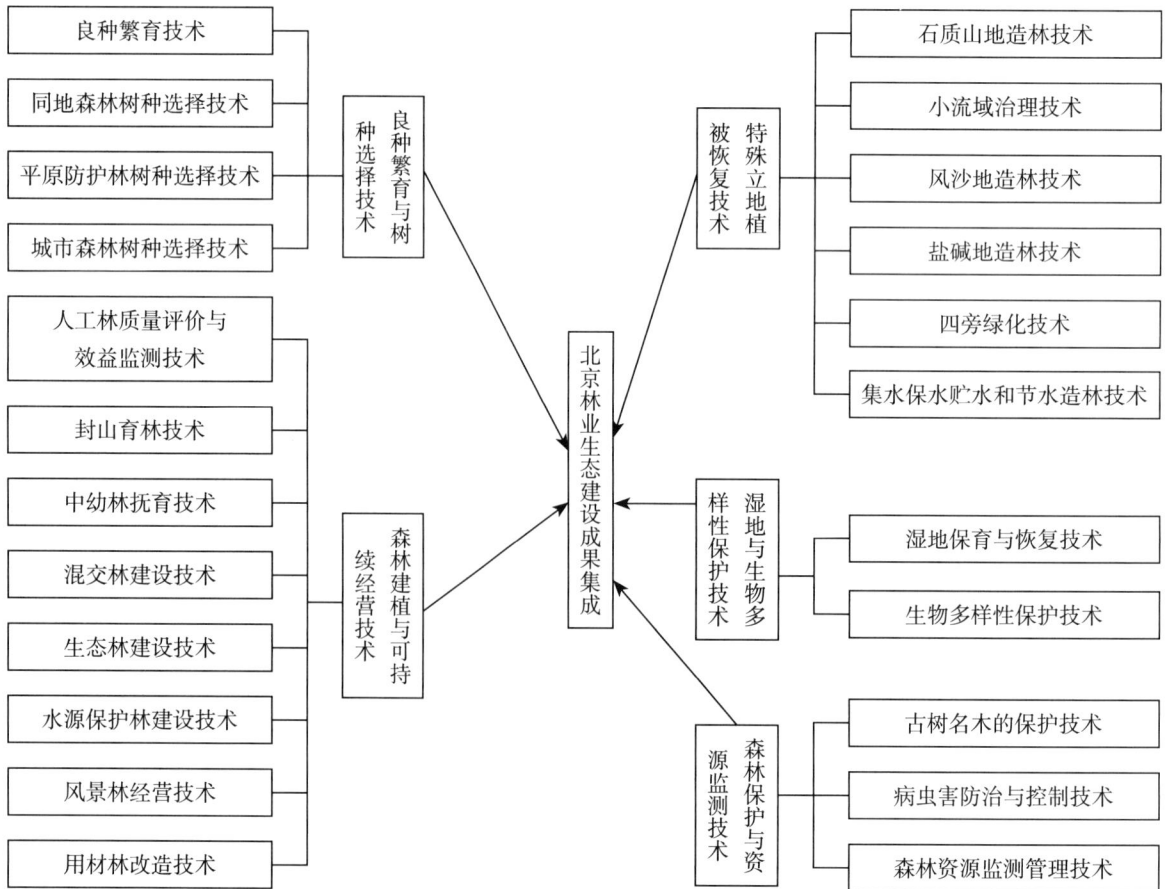

图18-1　北京林业生态建设科技成果集成

一、良种繁育与树种选择技术

良种的选育与驯化是林业生态建设的基础，树种选择的适当与否是林业生态建设的关键因子之一。造林树种选择不当，首先是造林后难以成活，浪费种苗、劳力和资金；即使造林成活，也将难以成材、成林，无法充分发挥其应有的效能。因此，林业生态建设中需要综合考虑林业生产的长期性、造林目标的多样性、自然条件的复杂性以及经营管理的差异性等多方面因素，坚持"因地制宜，适地适树"的树种选择原则，把握好树种（特别是抗逆树种）的选择。

北京市对林木良种选育与驯化进行了较为深入的研究，同时根据不同功能区自然、地理、生态条件的差异，系统地总结归纳出主要地类的造林树种（表18-1）。

表 18-1　北京山区主要造林树种选择

地域	主要树种
海拔 1500 米以上	大乔木：油松、华北落叶松、日本落叶松、云杉、元宝枫、茶条槭、北京花楸、辽东栎、蒙古栎、山杨、北京杨、小叶杨、旱柳等 小乔木和灌木：山杏、山桃、中国沙棘、胡枝子、黄栌等
海拔 1500 米以下	乔木：侧柏、油松、元宝枫、刺槐、旱榆（灰榆）、刺榆（大果榆）等 小乔木和灌木：山桃、山杏、黄栌、连翘、中国沙棘、荆条、锦鸡儿、野皂荚等
海拔 500 米以下	乔、灌木：欧美杨、北京杨、小叶杨、旱柳、刺槐、元宝枫、侧柏、油松、中国沙棘、连翘、紫穗槐、山桃、山杏、黄栌、锦鸡儿、臭椿、槐树、白榆等 经济树种：苹果、杏、桃、梨、花椒、红枣、葡萄、山楂、柿子、核桃、板栗、桑树、玫瑰等

（一）良种繁育技术

1. 良种选育技术

北京市良种繁育工作开展已久，主要研究集中在速生丰产林主要造林树种，如泡桐、杨树、刺槐、华北落叶松、樟子松、华山松、杜仲、黄檗等。此外，对三北地区防护林植物材料抗逆性进行了选育及栽培试验研究，建立了重要针阔叶树种种质资源库。

（1）大兴县苗圃建立了泡桐无毒良种繁育基地，并对栽培技术进行推广。

（2）北京林业大学通过运用细胞染色体加倍的染色体工程技术与杨树杂交育种技术相结合，培育出了6个新的单板类人造板材白杨三倍体无性系。对毛白杨及其杂种的花粉染色体加倍的途径、方法、诱导的时期、诱导剂量的大小、染色体未减数花粉粒的倍性鉴定、筛选及授粉杂交和杂交后代三倍体植株的染色体鉴定等进行了实验，建立了白杨三倍体培育及其鉴定的技术体系。在毛白杨木材品质性状遗传变异上，摸清了毛白杨木材基本密度和纤维性状的遗传变异规律。对新品种无性系木材品质有关的10余个木材品质性状指标进行了测定试验和选择，使新品种的木材抗弯强度、弹性模量、抗压强度、干缩性能、胶合强度等得到了不同程度的改良提高。

（3）1997~2002年北京林业大学通过四倍体刺槐区域性引种试验，选出具有"叶片肥大、营养丰富，根系发达、枝密叶茂，耐低、耐干旱瘠薄、耐盐碱，吸收二氧化硫等有害气体能力强，抗病虫害能力强"等特点的大叶饲料型四倍体刺槐和直杆速生型刺槐新品种。北京林业大学还筛选并收集综合抗逆性较强的刺槐优良家系 14 个：T164、T94、B18、J11、T69、T176、74011、T169、J5、X207、T53、T108、T88 和 T82，有效评价刺槐家系的抗旱能力；全面分析和认识了刺槐的耐盐性机理，建立起了刺槐耐盐碱能力测定的技术方法和指标体系，并有效进行了刺槐抗旱性和耐盐阈值的分析检测并建立了相应的技术体系。

（4）北京林业大学对华北落叶松的选育揭示了华北落叶松的授粉机制，用于指导种子园无性系再选择及第二代种子园的营建；揭示了华北落叶松的自交不亲和现象及种子败育机理，制定并采用降低自交率措施，提出利用自交不孕、低孕无性系营建杂种种子园的主张；揭示了可配性以基因加性效应为主的遗传模式，并提出了选择利用这一潜力的措施；揭示了成熟效应及插床温度分别是生根前期及生根期的主要制约因子，制定了采穗 — 扦插的配套优化技术；揭示了生根率等性状以基因加性效应为主的遗传模式，提出生根力的多世代改良应以一般配合力选择为主；华北落叶松采穗圃宜用的繁殖材料、适宜密度、更新年限，及总状二岐式回缩修剪法等。

防护林植物材料抗逆性选育北京林业大学在"三北"十余个省份选择、收集了锦鸡儿属、柽柳属和樟子松、刺槐以及新疆白榆等优良植物材料 315 个；创建了定量评价植物抗逆能力的技术体系；结合遗传材料的初选和抗逆能力的定量评价技术体系，筛选出生长量超过"三北"地区当地对照材料 15% 以上的优良抗逆材料 44 个；从光合性能、叶绿素荧光动力学、膜脂过氧化作用及逆境胁迫最敏感器官根尖超弱发光（UWL）和能荷水平等方面进行了植物材料抗逆机理的研究，在分子水平上进一步揭示了植物的抗逆性分子机理；利用双向电泳、RFLP 及 RAPD 分子标记检测技术，发现了干旱、盐诱导表达蛋白分子标记和盐胁迫相关基因，并从胡杨和藜科植物中克隆了抗逆性相关基因部分片段；建立了刺槐、柽柳和胡杨组织培养和悬浮培养细胞组织培养再生体系。

2. 优良无性系的筛选、繁殖及优化栽培技术

影响北京市林业生态建设的逆境条件主要包括干旱、盐碱和病虫害等。优良无性系的筛选、繁殖对加速北京林业生态建设具有不可估量的推动作用。近年来主要针对刺槐、杨树、柳树、构树等的优良无性系的筛选繁殖进行了研究。如按系统工程方法选育出 12 个北京地区城乡绿化美化雄性（不飞絮）毛白杨优良无性系和工农业用材优良无性系，并创造了"毛白杨组合繁育法"。对构树的滞粉尘、吸抗 SO_2、Cl_2 等能力进行了系统研究，总结了构树应用于园林和选材等方面的技术。

（二）山地森林树种选择

北京山地森林主要由西部山地和北部山地构成，主要林分类型为山区风景林、水土保持林、水源涵养林等，对保持水土、涵养水源、改善生态环境起到了十分重要的作用。北京山地立地条件恶劣，森林质量低下，山地森林的营造是北京市林业生态建设的重点与难点。

山地土壤瘠薄，尤其是石质山地，加之干旱、多风的气候条件，使得山地造林十分困难。因此，造林树种应以耐干旱，耐瘠薄土壤，抗风力强，根系分布深广的树种为主。在树种选择时，可以参考该地区的原生地带性植被的树种种类。这些树种多为乡土树种，与

造林区域的气候、土壤条件相适应，造林易成活且成长良好。而在山区风景林区，还可选择一些与当地树种种间关系协调的观赏树种，以增强山区风景林的景观效果。在确保造林树种生态效能的前提下，选择一些用材、经济林树种，还能取得一定的经济收益，促进山区经济的发展。对于山地立地条件类型的划分与适地适树应受到高度重视，基于海拔、坡向、坡位和土壤肥力等级的立地条件类型划分，用数量化方法确定"适地适树"的山地造林主要树种。

首先，北京的城市林业发展迅速，但是，在城市绿化中草坪等低绿量绿地占有相当大的比重，整体上表现为绿量不足，没有充分利用气候优势、自然地理优势，最大限度地发挥城市森林的生态功能和景观功能。第二，城市森林分布不均匀。城市森林主要分布在风景区、公园、主干道，而在人口密集的市中心、城区住宅区及商贸中心附近，缺少广场、草坪、公园、花坛等公共绿地。城郊结合部也缺乏供休憩、旅游等的公益林、防护林带等。第三，群落结构简单，树种单一。片面追求"四季常绿"，使适应性强、色彩丰富的落叶植物遭冷落；"一次成型"急功近利的做法，树种单一，结构简单，不仅景观单调，而且易发生大面积林业有害生物，降低生态效益，群落结构稳定性差。第四，未构建完整的生态绿地系统，城市风格不突出。城市的绿地规划只注重围绕城内做文章，市内绿化、公园绿化局部往往成为刻意求作的对象，而忽视了城郊、道路、河流绿化，未能按点、线、面结合的原则，构建完整的城市生态绿地系统。城市绿化风格不鲜明，未体现自然景观与人文景观的有机结合。

（三）平原防护林树种选择

平原防护林主要针对东南部平原地区。该地区有部分盐渍化土壤，树种的耐盐能力是树种选择的首要条件（表 18-2）。对于树种的耐盐性，尤其是新引进的树种，应了解该树种在何种盐分条件下的耐盐能力，与造林地的盐分状况进行比较，二者匹配方可。最好选用乡土树种，因为它适应性强，当地群众熟悉树木的生活习性和用途，掌握栽植与抚育管理技术。同时该区树种选择应突出生态防护效果，特别注意风沙危害区及潜在沙化土地上防风固沙林的树种选择，可选择耐干旱、耐地表高温、耐贫瘠、根系伸展广、落叶数量较多的树种。同时兼顾景观美化和生产等多种效能进行多样化选择。

表 18-2　北京平原防护林主要造林树种选择

类别	主要树种
平原造林绿化（隔离片林、农田防护林、工业用材林、五河十路带、行道树）	杨树（毛白杨、加杨、沙兰杨、中林 46 杨、意大利 214 杨、南毛新、欧美杨 107、欧美杨 108、欧美杨 110、三倍体毛白杨、中林系列杨、新疆杨）、刺槐（含四倍体刺槐）、旱柳、馒头柳、绦柳、千头椿、银杏、杜仲、泡桐、槐树、悬铃木、油松、侧柏、榆树、槲栎、椴树、白蜡、元宝枫、锦鸡儿（属）、山桃、山杏、紫穗槐、榆叶梅、黄刺玫、连翘等乔灌木树种

（四）城市森林树种选择

城市森林是由多种植物构成的有机复合体，具有一定的水平结构和垂直结构，植物种类和数量的变化使群落在外部景观特征和内部的生态学过程方面都有所变化。有的学者根据城市森林的生态功能和侧重面不同，把它划分成 6 种类型，即观赏型、环保型、保健型、科普知识型、生产型和文化环境型。城市森林最根本的目标是改善环境，为此要体现以人为本的思想，改善北京市民生产、生活环境，不仅要对光、热、水、气、土、视觉等环境条件得到改善，还要在身心健康方面发挥更大的作用，达到生态、景观、经济等各种效益的有机结合。

植物有丰富的文化内涵。不同民族和地区的人民，由于生活、文化和历史习俗的原因，对不同的植物常常形成带有一定思想感情的看法，甚至上升为某种概念上的象征。在北京城市森林树种选择中，尤其要根据北京的历史文化传统和不同社区的特点，慎重选择适宜的树种。城市森林建设要与北京城市悠久的人文历史相联系，尤其政治意义、历史意义、文化价值突出、广大劳动人民所情有独钟的植物群落及构成的主要树种。从而利于展示历史源远流长的中国文化，并使之不断得以延续与传播。

根据以往研究，北京城市森林建设中根据不同区域的需求和功能特点，主要选择的树种见表18-3、表18-4。

表18-3 北京城乡绿化美化的城市森林树种

类别	主要树种
阔叶乔木	各类杨树、银杏、馒头柳、绦柳、金丝垂柳、千头椿、槐树、龙爪槐、紫花刺槐、复叶槭、白蜡、梓树、楸树、悬铃木、七叶树、鹅掌楸、合欢
乔木	圆柏、雪松、水杉、龙柏、黑松、日本赤松、乔松、云杉、香柏、粗榧、花旗松、蜀桧、河南桧、洒金柏、沙地柏
花（灌）木类	丁香（白丁香、紫丁香、羽叶丁香）、海棠（西府海棠、垂丝海棠、贴梗海棠）、紫叶李、玉兰（白玉兰、紫玉兰、二乔玉兰）、樱花、樱桃、榆叶梅、碧桃、连翘、迎春、黄刺玫、月季、珍珠梅、棣棠、红瑞木、锦带花、杜鹃、蜡梅、木槿、蔷薇（白玉棠、十姐妹、花旗藤）、绣线菊、溲疏、荚迷、金银木、枸子、猬实、流苏、石榴、紫薇、紫珠、紫荆、木芙蓉、牡丹
绿篱	柏类、紫叶小檗、金叶女贞、黄杨（小叶黄杨、锦熟黄杨、大叶黄杨）
藤本植物	中国地锦、美国地锦、紫藤、凌霄、南蛇藤、葛藤、猕猴桃、蛇葡萄、常春藤、扶芳藤
竹类植物	刚竹、桂竹、淡竹、金镶玉竹、铺地竹等

表18-4 城市森林主要树种功能特色划分

类别		主要树种
吸硫树种	吸硫量高	加杨、新疆杨、水榆、卫矛、臭椿、玫瑰、水曲柳、雪柳、紫丁香、山楂、花曲柳
	吸硫量中等	刺槐、枣树、稠李、杉松、白桦、皂角、旱柳、赤杨、山梨、枫杨、暴马丁香
	吸硫量低	连翘、元宝槭、樟子松、白皮松、茶条槭、银杏
吸氯树种	吸氯量高	紫椴、卫矛、京桃、暴马丁香、山梨、水榆、山楂、山杏、白桦、榆树、糖槭、花曲柳
	吸氯量中等	连翘、糠椴、枣树、枫杨、文冠果、落叶松、桂香柳、皂荚
	吸氯量低	圆柏、赤杨、黄波罗、丁香、油松、茶条槭、稠李、银杏、杉松、日本赤松、旱柳、云杉、水曲柳、辽东栎、麻栎

（续）

类别		主要树种
吸氟树种	吸氟量高	枣树、榆树、山杏、白桦、桑树、杉松
	吸氟量中等	毛樱桃、紫丁香、元宝槭、卫矛、华山松、云杉、白皮松、茶条槭、皂角、雪柳、臭椿、落叶松、紫椴、旱柳
	吸氟量低	侧柏、红松、京桃、圆柏、新疆杨、加杨、刺槐、银杏、稠李、暴马丁香、樟子松、油松
滞尘减尘树种	常绿乔木类	侧柏、圆柏、洒金柏、油松、华山松、雪松、白皮松
	落叶乔木类	银杏、绒毛白蜡、槐树、元宝枫、构树、毛沟桐、栾树、臭椿、合欢
	常绿灌木类	矮紫杉、沙地柏、大叶黄杨、小叶黄杨
	落叶灌木类	榆叶梅、紫丁香、天目琼花、锦带花
	其他灌木类	金银木、珍珠梅、紫薇、紫荆、丰花月季、海洲常山、太平花、棣棠、鸡麻、迎春
杀菌、吸收 CO_2、降温增湿、滞尘、耐阴性	常绿乔木类	油松、洒金柏、白皮松、圆柏、雪松、华山松等
	落叶乔木类	银杏、核桃、槐树、栾树、臭椿、黄栌、杜仲、毛泡桐、馒头柳、桑树、绦柳、元宝枫
	常绿灌木类	大叶黄杨、矮紫杉、小叶黄杨、金叶女贞
	落叶灌木类	碧桃、金银木、紫丁香、紫穗槐、珍珠梅、丰花月季、平枝栒子、黄刺玫

二、森林建植与可持续经营技术

北京市自二十世纪五六十年代以来就开始了大规模的人工造林，全市森林覆盖率有了大幅度提高，根据 2004 年二类森林资源调查，全市的林木覆盖率已经达到 49.9%，在林分建植和森林可持续经营技术方面取得了可喜的成就。

（一）人工林质量评价与效益监测技术

北京的人工林面积很大。关于森林群落生长动态模型及其预测技术，世界各国都进行了广泛而深入的研究。森林群落生长动态模型从最早的正常收获表到现代的单木模型几乎形成了一个连续的模型统一体。目前，生长模型正朝两个方向发展，一是由于生理生态学理论的发展、实验测定仪器及分析方法的改进，建立可解释生长原因的机理性模型（过程模型）。二是从模型的分类研制而走向系统研究的林分整体模型。但很多最复杂的模型都出现于对最简单的森林生态系统（单一结构的人工林）的研究应用，而对最复杂的热带、亚热带森林的模型化研究却处于最原始的阶段或是空白。北京在森林生长动态模拟及预测技术领域的研究取得了很大成就。今后应加强对利用先进的地理信息系统技术，对土地利用、资源生长、更新抚育、木材生产、效益分析等进行动态模拟，使森林资源管理由粗放经营向集约化的方向发展，为森林资源的动态管理提供了一条全新的途径，最终实现森林可持续经营目的。

对人工林的质量进行准确科学的评价是调整优化人工林结构的前提与基础。北京市人工林质量评价研究以西山人工林质量评价为先导和代表，1994 年在市自然科学基金资助下，西山人工林质量评价从森林景观生态、人工林生物量和生产力、人工林营养元素含量及养分循环、人工林植物多样性等诸方面研究入手，全面评价了人工林的森林资源质量和景观效益，为北京市全面开展中幼林抚育、提高人工林集约经营水平提供了理论依据。

另一方面，北京还有一部分森林的健康形势十分严峻。由人工林品种单一化、针叶化和结构简单化造成的地力衰退与病虫害危害有可能进一步恶化。另外，森林破坏或采伐导致的风蚀、水土流失以及荒漠化危害在局部地区也会不断扩大和发展。随着全球气候变化的加剧，各种不利因素的复合作用，将会更加明显地影响森林的生存和发展。同时，缺乏有效的森林健康保护机制。生态定位研究和宏观监测、分析与评价不能有机结合，不能建立合理的森林健康与生态变化监测机制。

（二）封山育林技术

封山育林是一项恢复森林植被，促进植被演替的重要措施。北京市封山育林坚持了"封与育相结合，死封与活封相结合"，"乔、灌、草"相结合的原则。考察封山育林的效果，可以从封山育林林分结构的变化、封山育林对林地枯落物的影响和封山育林后生物多样性的变化三方面来评价。

封山育林林分结构的变化：测定封育后植被群落发生的变化、人工林的郁闭程度、整个植被群落水土保持和水源涵养等生态功能。

封山育林对林地枯落物的影响：设立固定观测站，分析测定枯落物的变化。

封山育林后生物多样性的变化：根据山区的立地条件和植被特征，以多样性指数、生态优势度和群落均匀度等为指标，进行封育前、后的对比分析，结合该地区次生演替的研究，探讨封山育林后生物多样性的变化。

（三）中幼林抚育技术

根据1999年森林资源清查，全市有中幼龄林481万亩，占森林面积的84.96%，主要分布在山区，以针叶林及针阔混交林为主。由于过去重造轻管，缺少抚育管理，造成林木分布不均、林分结构不良、林相不整齐、林木长势衰弱、防护与景观效果差，其质量很难承担改善北京生态环境的重任，北京市计划对全市中幼龄林进行全面抚育，通过间株、定株、补植补造、割灌、修枝，清除病腐木、弱势木及影响目的树种生长的灌木，以改善林分结构，提高生长速度。2002~2004年完成重点地区20万公顷，从2005年起纳入山区生态公益林管护。同时在国家林业局的资助下开展科学研究，已设立固定标准地50余块，开始了抚育效果的定位观测。

（四）混交林营造技术

混交林建设的目标是多林种、多树种、多层次布局，带、网、片、团、簇相协调，乔、灌、草相结合，全方位构建生物学稳定、结构合理、功能完备的人工林生态系统。混交林建设首先确定主栽树种，依据主栽树种生态学特性选择伴生树种。伴生树种选择应把握以下几点：一是在生态学特性上与主栽树种有一定差异，能够互补，具有一定的耐阴性；二是应有较强的抵御自然灾害的能力，特别是耐火性和抗虫性，不应与主栽树种有共同的病虫害或是转主寄生关系；三是有一定的经济和美学价值；四是在不良立地条件下有固氮改土作用；五是有较强的萌蘖力或繁殖能力。

混交林的混交方式主要有：带状混交、块状混交、植生组混交。近年来北京地区林业生态建设实践成功地探索出以下混交林营造模式：

1. 乔灌混交

该模式适用于北京的大部分地区，如侧柏或油松与野皂角混交林，侧柏或油松等乔木树种中隔行用小穴播种或栽植野皂角，也有的在野皂角占优势的灌丛地栽植侧柏或油松。适用于石质山地、土石山地或丘陵区的乔灌混交林主要有，侧柏或油松与山桃或山杏混交林；侧柏、元宝枫与锦鸡儿、荆条或野皂角混交林；刺槐与沙棘混交林。侧柏、黄栌与火炬树混交林适用于石质山地或土石山地营造防护风景林，供防护和观赏兼用。

2. 针阔混交

适用于石质山地或土石山地营造防护林或风景林。其优点是有利于防止森林火灾和病虫害蔓延，能更好地利用土壤肥力和林地空间，对改良土壤和涵养水源更为有利。主要的混交类型有：油松、橡栎混交林；油松、元宝枫混交林；油松、刺槐、侧柏混交林；华北落叶松或日本落叶松与元宝枫或北京花楸混交林；侧柏、元宝枫混交林；侧柏、刺槐混交林；油松、刺槐混交林等。

3. 灌木混交

在一些沙化土地和石质山地，立地条件太差，造乔木林确有困难，可营造灌木混交林。如在石质山地上以改善立地条件为主要目的营造野皂角、荆条混交林，在土层很薄的石质山地上以营造防护、经济兼用或防护、观赏兼用林为主的山桃、山杏、紫穗槐混交林，以及在海拔 1400 米以下的沙化地区和丘陵沟壑区营造黄栌、酸枣、锦鸡儿混交林等。

（五）生态林建设技术

1. 水土保持林

利用固定式径流泥沙实验系统、大型可移动式人工降雨模拟系统室内模拟土壤侵蚀动力学过程，结合区域土壤侵蚀调查数据，建立土壤侵蚀预测预报模型。根据不同区域土壤侵蚀分布特征、演变规律并预测变化趋势，建立全市统一的土壤侵蚀指标体系及信息采集、数据处理、图件编制等标准。生态环境变化和人类活动对水土流失的影响以及引起环境质量退化过程和滞后效应，建立水土流失环境效应的评价指标体系，科学评价水土流失所带来的经济损失。

2. 防护林

防护林体系建设的关键在于，农田防护林、防风固沙林、经济林等林种的配置和结构与减灾途径、方式和减灾效能的关系，与经济发展的关系等。

绿化隔离带和"五河十路"绿色通道，从北京市森林的功能和城市的发展进程来看，它既是生态防护林，也是具有观赏和游憩功能的主要城市森林，所以，其树种配置和结构模式，除了要符合生物学和林学的一般原则外，对美学和景观的要求逐步成为技术关键。其树种选择首先要避免"重引种，轻选择"的倾向，充分开发利用当地的乡土树种，开展优树选择和遗传改良，改进培育技术，提高栽培效果。尤其是要重视灌木树种的种质资源的收集和良种化工作，这些乡土树种资源是经过千万年自然选择并保留下来的，蕴藏着大量宝贵的物种，利用这些资源作为繁殖材料进行生态环境建设，可以取得事半功倍的效果。在此基础上，积极而慎重地引进新的植物材料作为补充。对于引进的外来物种，要经过长期的生产实践和科学研究，确定其适合生长的范围，确定其与乡土树种的相互关系。其中特别是要研究外来树种在不同立地条件下的树种间相互关系。使用可以与乡土树种和谐共处，可以形成多树种、多层次的多优群落而不是单优群落的外来树种。

村镇防护林建设中，以生态学和景观生态学的理论为指导，运用林业生态工程建设技术、景观生态型防护林体系建设技术、节水灌溉技术，在村镇空地或周边等地水土条件较好的地段，建成片、带、网相连接的防护林体系，增强其防护功能和景观效果。

3. 农林复合经营

农林复合经营已成为生态农林业的主要内容。把注意力转向探索农林业可持续发展的途径，是顺应农林复合经营了这一形势而得到更快的发展，经营模式越来越复杂，设计与评价也越来越合理，今后会有更广阔的前途。

农林复合经营把林业与农牧业作为一个整体，协调农业和林业发展的矛盾，正确处理农林业关系。在北京市地区，无论是平原地区还是山区，发展林业和发展农业必须并重，正确处理农业和林业之间的相互关系，根据不同条件分别确定农林业的地位、比重和配置模式，达到农林业的协调发展，农林复合经营是必由之路。北京市的农林复合经营业员关键在于：

（1）适合农林复合经营的优良树种的选用和培育，尤其是加强选育占地少，不胁地，防护效果好，经济效益高的多用途树种。

（2）选择最合理的农林复合经营系统的组合。不但要根据各地建立这一复合经营系统的目的和具体立地条件与社会经济条件，而且还要根据树种和混作的各种农作物及参与系统的养殖牲畜的特性来确定相适宜的成分和结构，尤其不可忽视这些成分之间的互助共生、生化相克的作用，协调林木和农作物之间的水分关系和养分关系，以及整体的经济效益和生态效益。完成植被建设优化模式（包括退耕还林草、林农（药、草）复合经营等）研究，为退耕还林还草等工程和该地区长期的科学经营提供技术支撑。尤其要注重提供木本豆科饲料树种栽培理论与技术方面的研究。

（3）制定不同农林复合经营系统相应的实施方案。每一个农林复合经营系统都应置于地区整体规划之中，其中包括对自然条件的调查，环境的评定、实施计划，设计及相应的组织机构等。

（4）以北京市的主要造林树种、有特色的经济林树种和农作物品种为主栽品种，筛选多用途树种，实行定位试验，深入不同组分间界面的理论研究和相互作用的机理研究，建立有地域特色的北京市农林复合经营体系。

4. 防沙治沙林

由于北京市沙化土地分布范围较广，风沙化土地主要分布在永定河、潮白河、温榆河、拒马河、泇河两岸、康庄地区、南口地区和密云、怀柔大沙河地区，涉及郊区 11 个县（区）129 个乡（镇），风沙化土地面积 360 万亩，占全市平原土地面积的 38%，占 129 个乡镇总面积的 41%。其中永定河、潮白河、大沙河、康庄及南口等重点风沙危害区总面积 247.5 万亩，涉及 9 个区县 54 个乡镇，占全市沙化土地面积的 69%。这些地区干旱少雨，土地瘠薄，植被稀疏，长期以来，风沙活动频繁，成为影响北京市工农业生产，制约地方经济发展，影响农民脱贫致富的主要因素。风沙治理是生态建设的重点。

防风固沙林中综合运用抗逆树种筛选技术、土壤改良技术、困难立地造林技术、生物材料地面覆盖技术、高效节水技术等，选择抗风沙、耐干旱、耐瘠薄、低耗水树种，营造以水分平衡为基础的高覆盖度的乔灌草混交防风固沙林体系。造林模式应以乔灌草相结合的疏透结构为主，注重层次结构和景观效果，既能防止风沙危害，又能成为居民游憩观光景点。对难以治理的、具有相当数量的卵石沙坑采用物理覆盖技术、土壤改良技术、沙地造林技术、节水灌溉技术相结合的方法，控制扬沙起沙。有条件的地方可以进行地下水回灌或建立湿地保护区。具体措施包括：①卵石覆盖压沙；②有土壤的地方通过卵石覆盖压沙并结合植灌、种藤、播草；③坡度较陡（直壁、反坡式陡壁或坡度小于 60°）的深大沙坑，通过降坡、修建螺旋式梯田，并结合卵石覆盖压沙和植被建设。

近代洪积—冲（风）积平原治理：主要以潜在沙化土地和零星沙地为主，治理模式以营造防风固沙林、村镇防护林、道路防护林、农田防护林建设为主要骨架，以生态经济林园区建设为突破口，形成网、带、片相联结，乔灌草相结合的防护林体系，保护沙地合理利用和村镇环境安全，实现生态效益优先，景观美化效果突出，经济效益明显的可持续发展管理模式目标。

现代河漫滩治理：主要以带状、片状沙地为主，治理模式以营造河岸防风生态景观林为目的。通过乔—灌—草合理配置，兼顾景观建设和植物色彩季相变化，加大地表防尘防沙生物覆盖技术应用，最终形成沿河绿色廊道景观的治理模式。

沙古坑和洼地治理沙石坑通过局部整地，土壤改良，物理压沙等方法，结合困难立地造林技术和喷播技术，形成乔灌藤草立体配置的治理模式；水分条件较好的洼地以保护为主，适当种植了一些水生植物，如芦苇、蒲蓬草、荷花等进行改造，形成湿地景观治理模式。

荒滩治理荒滩（包括石砾滩和沙砾滩）以植灌或播草为主，结合营造防风固沙林，在水、土、热条件适宜的地方，适当建设一定数量的生态经济林，形成乔灌草相结合的生态经济防护体系。

低效生态区改造：包括人工低效林分和生态功能较差的固定沙丘区。主要采用现有林的抚育管护、低效能林分更新改造、加强病虫害防治等措施，建立高效经营管护模式。

重要景点周边环境建设包括房山周口店，经丰台、海淀、昌平，到平谷金海湖沿线的前山脸浅山地带分布着的重点风景区周边区域。为了提高景点的景观观赏效果，加大该区域绿化美化的强度和力度十分必要。因此，结合防沙治沙工程建设，增加彩叶树种比例，达到"层林尽染"的景观效果。

（六）水源保护林建设技术

北京市水源保护林建设重点是在西北 5 区县（门头沟、延庆、昌平、怀柔、密云）和密云、官厅、怀柔等大中型水库区范围内。

在水源涵养树种选择的基础上，从不同的时空尺度上考虑森林的组成，合理组配乔—灌—草，不断改善其群落结构，确定最佳森林覆盖率，不断优化和充分发挥水源花涵养区植被蓄水、保水和调水功能。对重要水源区和工程区主要树种草种的耗水规律、水量平衡、水质影响的观测分析以及对群落结构与水源涵养功能之间关系的观测和分析，研究主要树种草种对水量平衡以及理水调洪、净水、节水、调水等功能的影响和作用；通过系统调查主要乡土林草植被和引进植物种类的群落系统的结构特征及动态变化规律，综合评价其相应的水源涵养效益，以低耗水、高效调水与净化水质为主要目标，筛选和提出适合当地土壤和气候等自然环境条件、符合水源涵养功能要求的优良树种和草种。建立主要林草植被类型的生态系统结构与水源涵养功能之间的数量关系，分别建立生态系统和小流域尺度上的森林水文机理模型，模拟、预测和定量分析各类植被的结构特征和空间配置格局对涵养水源功能的影响，综合评价相对应的水源涵养效益响应，优化和筛选更加合理的模式。水源涵养型植被建设树草种选择技术、水源涵养型林草植被空间配置与结构优化技术和低功能水源涵养林草植被更新改造与植被定向恢复技术，形成完备不同类型区的水源涵养型森林植被恢复与建设技术体系。

"水源保护林培育、经营、管理与效益监测评价综合配套技术"提出了华北土石山区水源保护林建设的综合配套技术体系。依据耗水规律筛选出 8 个低耗水造林树种；18 个节水型水源保护林造林设计类型；水源保护林高效空间格局配置结构，确定了林分最优比例、适宜林冠郁闭度、最佳覆盖率及最优林分层次结构；在核心试验区引进经济林优良品种 33 个，筛选出低污染经济林树种；水源保护区果园抗旱增温保水配套栽培技术；提出了天然植被定向恢复技术和油松林、刺槐林经营技术模式；建成了以水量、水质和侵蚀泥沙观测为主体的多尺度监测系统；构建了水文生态计量模型及保持水土、涵养水源和改善水质为主体的水源保护林功能评价、预测和动态监测模型；建立了水源保护林智能决策支持系统，实现了水源保护林体系智能化规划、设计、监评与控制。

北京市林业局等从 1991 年起历时四年对密云水库上游水源保护林工程综合效益及荒溪治理进行研究。确定了刺槐、油松等 8 个树种林分的土壤蓄水能力及入渗能力以及调洪增枯作用；水质成果表明有林流域水质状况优于无林流域；建立了密云县水域保护林涵养水源与防止土壤侵蚀效益信息系统；制定北京山区荒溪分类与危险区制图技术细则并推广应用；完成水源保护林示范区建设。

（七）风景林经营技术

隔离片林是北京城市森林的主体，在缓解北京城市热岛效应、减污降噪、美化市容等方面发挥着重要而无可替代的作用。隔离片林生态效益的发挥，关键是要提高单位面积绿量，即叶面积系数，筛选耐阴植物，完善城市隔离片林的种植结构，组成乔—灌—草、乔—草、乔—灌等多种垂直结构。"北京城市隔离片林种植结构及其生态效益研究""北京西山地区森林生态恢复的应用基础研究""世界著名景区八达岭的油松人工林密度与养分循环关系研究"等为北京地区的隔离片林风景林的生态效益评价、生态恢复、林分密度管理等提供了可借鉴的经验。

（八）用材林改造技术

由于盲目追求经济效益，用材林的营造一般是单树种的高密度纯林，成林后林木生长状况差，林分结构单一，病虫害严重，林分极不稳定。因此，急需对用材林进行改造，一方面应使改造后的林分能发挥良好的生态效益，另一方面还能有一定的经济产出。

用材林的改造是以生态学原理为基础，采用人工构建的方法，从林种规划、树种配置、林分结构等方面进行调整，利用自然力使改造后的林分逐步向树种多样、结构复杂、生态稳定的森林群落方向发展。

林种（树种）的调整：用材林存在最大问题就是树种单一、结构简单、林分稳定性差，因此首先调整林分的林种（树种）配置，除保留一部分用材林树种外，可以将原生地的地带性植被引入营造混交林，同时可以考虑引入与上述树种种间关系协调的其他一些珍贵树种，提高用材林的经济价值。

林分结构的调整：纯林的林分结构单一，病虫害不容易控制，且林分抵御火、风、雪等自然灾害的能力低。通过人工诱导的方法，逐步将林分结构调整为复层异龄林。

三、特殊立地植被恢复技术

（一）石质山地造林技术

石质山地地形破碎，山洪、泥石流易发，沟道多，水土流失严重，生态环境脆弱。其造林绿化重点是水土保持林建设，开展天然林保护、防护林营造、中幼龄林抚育管理、自然保护区建设、小流域治理、山洪泥石流治理、节水灌溉等生态环境建设工程，全面控制水土流失，防灾减灾，涵养水源，防风固沙，建立起山区良性的生态系统，提高当地人民的环境质量和生活水平。

1. 石质山地造林技术

在太行山（北京西山段）石质山地进行造林，可选择白皮松、华山松、樟子松、黄波罗等耐旱性较强的树种。造林过程中可应用吸水剂、菌根菌、细胞分裂素、成活剂、运苗箱等苗木保护和造林新技术。石质山地造林地的整地方法可采用窄沟整地和窄水平整地两种方法，整地机械可使用适用于石质山地的3Ws-5型手提式挖坑机主机和多种新型钻头。混交模式可采用侧柏与刺槐、落叶松与核桃楸、油松与灌木（黄栌、紫穗槐）等。

2. 爆破造林技术

在石质山地造林中，有些地段立地条件差，土层瘠薄，常规造林方法林木成活困难，严重地影响了这类地区的绿化美化。20世纪80年代末，北京地区开始采用爆破整地造林技术。随着爆破整地造林的广泛应用，此项造林技术也逐步发展成熟，其关键技术主要包括以下几个要点：

① 造林地选择：爆破造林地位于海拔应小于1000米的中低山。土壤厚度小于30厘米，植被生长中等。进行爆破整地地点的母岩应选择那些风化程度较高的花岗岩、页岩、片麻岩、砂岩等，而像安山岩、白云岩等风化程度较差的母岩则不适合进行爆破整地。其次，爆破造林的地点应尽量保证有充分的水源及良好的灌溉条件，因为爆破造林尤如花盆栽树，造

林后的灌溉是爆破造林成功的重要影响因素。另外，爆破造林需要大量的客土回填，这些客土应是就近取土，因此，在造林地点选择时还要充分考虑到客土的来源问题。

②造林树种：应选择根系发达、树冠浓密、落叶丰富、适应性强、抗性强、生长迅速的树种，以迅速覆盖林地，发挥生态效益。如侧柏、火炬树、刺槐、黄栌、油松、臭椿、白皮松、落叶松、黑松、云杉等。

③整地爆破的炸药用量与所设计的造林密度有直接联系：一般石质山地的立地条件差，树木较难成材，因此可以适当密植。当然密度过大，投资成本也相应提高，一般地以56穴/亩为宜。依据造林密度，用白石灰对爆破位置进行标记。按标记用钢钎或空压机打眼，深度1米左右，放入松动型的炸药管，点火起爆。确认爆破完成之后，清理石块。整地方式采用穴状或鱼鳞坑，坑的规格可一般为0.6米×0.6米×0.6米或1米×1米×1米。

④其他：林木栽植后必须透灌，在干旱、多坡地区可以修蓄水池，以便在天然降水不足的情况下，保证造林地内林木的水分供应。造林季节一般选择在春季进行，雨水充足的地区可以选择雨季造林。在爆破整地造林的过程中，尽量保护好当地生长的野生树种。栽植时宜采取针阔混交，植生组与单株栽植相搭配，以形成良好的林分层次结构。

（二）小流域治理技术

小流域治理技术是造林学、水土保持学、生态学等多学科综合运用的技术组合。北京市水利科学研究所、北京市气候中心、北京市林业局、北京林业大学、北京市房山区人民政府联合，于1991~1996年在北京市西南山区进行了小流域综合治理示范研究。该研究选择北京市西南石灰岩山区生态经济条件差的典型蒲洼小流域为综合治理攻关示范区，综合水利、水土保持、生态治理与农林牧发展，总体规划，开展综合治理优化配置模式和小流域林牧农业应用技术研究，进行气象、水文、水土保持效果的动态观测，组织技术培训，推广实用技术；完成了示范区建设，基本摸清了北方石灰岩山区水土流失和生态演变规律，提出了石灰岩山区综合治理和水土资源高效利用的农林牧增产的适用技术体系；首次提出干旱冷凉陡峭石灰岩山区的综合治理开发战略和相应的水土保持及林牧农各业综合配套技术体系；取得巨大社会、经济、生态效益，成为全市山区综合治理示范样板。小流域综合治理成果已在房山区七个乡镇推广165.7平方公里，其他单项技术已在门头沟、延庆、昌平、密云、通县等区县得到辐射推广。

（三）风沙地造林技术

北京的风沙化土地主要分布在平原，平原的风沙化土地集中分布在永定河、潮白河、温榆河三条河流域，特点是干旱多风、土壤沙化严重、水源严重短缺、植被稀少、条件恶劣，对大气环境和农业生产的影响大，本区以防风固沙片林、沙区林网建设为基础，建立沙地良性生态系统。

1. 喷播技术

喷播造林即模拟飞播造林，对于快速防治沙化蔓延，选择喷播造林是一种理想的造林方式。喷播造林具有速度快、省劳力、成本低、效果好等优点。喷播技术主要包括：

①树种的选择及种子处理：适于沙地造林的树种应具有种子吸水性强、发芽快、扎根

迅速；耐干旱、耐贫瘠、耐风蚀、耐沙埋；自然更新力强；具有一定的经济价值等。喷播前种子还需经过筛精选和包衣处理。

②整地：喷播造林对整地的要求较严，应把握好整地时间和整地深度，一般当年雨季整地，整地深度为20厘米左右，做到随整地随耙糖，表土细碎。

③播幅的选择：合理的播幅有利于落种均匀。应根据不同的喷播模式（带状纯播、隔带纯播、株间混播）确定合理的播幅。

④播种时间的确定：喷播时间关系到喷播成败的关键。它主要根据播种树种种子发芽所需的温度、湿度，以及苗木的生长条件等来确定合适的播种时间。

⑤喷播量的确定：既要力求保证播后单位面积的成苗、成林，又要以节省种子为原则。播种量过少，单位面积成苗（林）少，防风固沙效果差；播种量过多，单位面积成苗（林）密度大，会造成植物供水不足，苗木生长不良，出现大量干枝、枯梢现象，林分生长不稳定。应根据造林的目的及造林地的立地条件等因素确定合理的喷播量。

⑥播后镇压：播后镇压的目的，一是起到给种子覆土的作用，二是起到保墒的作用。合理的播后镇压有利于出土发芽。通常的方法是进行机械耙糖，也有畜力耙糖、牲畜踩踏或是直接依靠自然风力掩埋种子的。

2. 沙地造林

潮白河沿岸沙地杨树造林了、永定河沙地治理技术研究，在永定河沿岸沙地建立了综合开发试验示范区，结合生产实际形成了"永定河沙地农林生态系统建设技术"。具体包括：永定河沿岸沙荒地综合开发利用配套技术；低产果园改造；沙地农林生态系统建立及立体林业；沙地大农业综合开发；沙地多种经营；优质苗木大规模快速繁育技术；节水农业在沙地开发中的应用；稀土多元复合液肥对沙地苹果增产效益的研究。

（四）盐碱地造林技术

在盐碱地上栽植林木，其关键技术应把握以下3点：一是树种的选择；二是立地改良；三是栽植措施及栽后管理。

首先，应因地制宜选择合适的抗盐碱树种。选择时依据以土壤盐碱的轻重程度、盐碱地类型、地形地貌、土壤质地结构，同时考虑到树种的生物学特性，从而确定合适的栽植树种，并尽量选择乡土树种。对盐碱土抗性较强的树种有：柽柳、枸杞、侧柏、圆柏、紫穗槐、柳树、刺槐、臭椿、榆树、丁香、海棠等。其次，严格进行造林前的立地整地，改良土壤，改善立地条件。通过深耕晒垡，平整土地，筑畦，砌台等措施改善土壤的通透性，减少土壤中有害盐分，降低盐碱。栽植树木时，可在树穴底部填加有机肥、锯末或枝叶秸秆等，条件允许时，还可采用客土栽植树木。另外，还可在造林前先栽种抗盐碱力强的绿肥作物，长到一定程度后把绿肥作物翻入土中，以增加土壤肥力，降低盐碱含量，达到生物改土治碱的目的。最后，应严格把握好栽植过程中的每个环节，并注重栽后的管理。造林时间可根据水—盐的运动规律，选择在春季或雨季进行。栽植时，注意多留根、短截侧枝、挖大穴、深栽浅埋、根舒展、狠砸实、浇足水等技术措施。栽植后应加强抚育管理，及时浇水，雨后及时排水，林下间作豆科植物，以耕代抚，培肥地力。

另外，改良盐碱地的有效途径还有生物排盐，引种对硫酸盐、氯化物等盐类都有较强的忍耐力的盐碱地先锋植物，如柽柳每年可从土壤中带走 100~150 公斤 / 亩的粗盐；增加植物绿色覆盖，可以大大减少地面蒸发，减少盐分表聚，如用红豆草、毛苕子覆盖，盖度达 90% 时，耕作层土壤全盐降低 70%，盐分由原 0.83% 降到 0.15%；种植豆科耐盐植物培肥地力，土壤有机质增加，土壤容重降低，团粒结构改善；栽植抗盐转基因植物，通过基因工程，改善和提高作物抗逆性是培育耐盐作物的有效途径等。

（五）道路和四旁绿化技术

北京地区道路、村庄和房前屋后等地段绿化的环境日渐恶劣。为了加快这些地段绿化的步伐，提高绿化效果，四旁绿化中已形成了以下技术措施。

（1）修剪栽植。

树干：将要栽植的树木，先进行枝量修剪，并根据公路等级不同确定适宜的定干高度，一般胸径在 3 厘米以上的定干高度应 3 米左右，当定干高度确定后，就在此打头，从顶端以下 1 米之内的侧枝修剪时要留 5 厘米左右的保护橛，以利此处萌发新芽，1 米之外的侧枝一律从基部疏除。这样做的目的是为了降低蒸腾作用，减少水分散失。

根系：苗木的根系也要进行修剪，特别是在起树时，如使用的工具不够锋利，很容易造成根系劈裂、毛茬及搬运中的"伤皮掉肉"现象。可用专用的修枝剪进行根系修剪。凡是带有伤、裂的根系都要修剪，以露出新鲜干净的伤口，便于根部愈合，促发新根生长，提高抗旱能力，同时还有控制伤口腐烂的作用。

（2）蘸根栽植。

浸根，蘸浆：将应栽植的苗木，先在清水中浸泡苗木的根系 2~3 天，或把苗木的根在泥浆里蘸一下再栽，增加苗木的含水量，提高抗旱能力。栽植季节以春、秋两季为好。适宜的苗木有杨树类、柳树类及臭椿、刺槐、白蜡等阔叶树种。带土栽植的各类花灌木不宜应用此法。

施磷肥：磷肥是细胞分裂的必需物质。苗木根系多，生长点分裂活动旺盛，对磷的需要量也最多。苗木栽前用磷肥液蘸根，能满足树木生长初期对养分的需要，使新根增多，扩大吸收范围，有利于成活。其方法是用过磷酸钙 1.5 公斤、黄泥 12.5 公斤、加水 50 公斤，搅拌均匀，取澄清液浸根，然后立即栽种，效果很好。

施阿斯匹林：阿斯匹林是典型的苗木抗旱保护剂，它具有关闭保卫细胞，减少水分蒸发的作用。在实际应用中有粉剂和片剂两种，效果一样。

用 ABT 生根粉 ABT 生根粉是一种广谱、高效生根促进剂，具有补充外源激素与促进植物体内源激素合成的功能，能促进不定根形成，缩短生根时间，并能促使不定根原暴发性生根，北京市造林中使用较为普遍。根据各种植物的不同，市场上有 5 种型号在销售，要根据树种不同和处理部位进行选择。生根粉处理的特点是生根快、抗旱能力强，利于苗木成活。

（3）栽植技术。

深栽，浅埋：栽植在土壤干旱层比较深的地方，把坑挖到湿土层，深栽使苗木根系直接深入到土壤水分较充足的土层，无疑对苗木吸水非常有利。挖的深，要掌握浅埋，以不超过树木原土印 15 厘米为标准，这样挖的深，埋的浅，就自然形成一个"凹"字形坑槽。这种方法在盐碱地的土壤上更为实用，利用其盐碱上重下轻的分布特点深栽可以有效地减轻盐分对根系的伤害程度，浅埋后留有的"凹"字形坑槽，可以更好地蓄积雨水，有利于淋盐保墒，并且解决了深栽躲盐与因栽植过深，根系通气不良而影响幼树生长的矛盾。

带土栽植：在条件允许的情况下，各种苗木都要尽量带土栽植，以减少根的暴露时间和程度，这对大量栽植的各种乔木来说，一般做不到这一点，但对比较珍贵的常绿树及花卉因不适宜修剪枝叶，就必须在起苗时带有一定的土台，特别雨季需补植的苗木大都应带土栽植。其好处在于：一是根系保留完整；二是原土自带，减少了"水土不服"的现象，适应能力增强；三是没有缓苗期或缩短缓苗期，显著提高成活率。缺点是费时、费力，不便运输。

鱼鳞坑栽植：在山坡丘陵地带或平原公路边沟过深，搞绿化护坡工程，采用鱼鳞坑栽植效果好，它能改变光照角度和苗木温度条件，有利于苗木发芽、生根。其具体方法：一是在公路两侧的山坡或平原公路的边坡挖"品"字形的鱼鳞坑，并在坑内植树种草，这些鱼鳞坑就像无数的"小水库"，拦截坡面的降水，防止产生坡面径流，使公路免遭泥石流等水毁危害；二是在路基两侧的山坡或边坡上开沟，并在沟内植树种草，这样不仅能保证树苗的成活率，还能更有效地拦截坡面水流，提高水的利用率，增强抗旱能力。

水平沟栽植：在 25° 以上的山坡或边坡上用水平沟栽植，有较好的保持水土的作用。其方法：先把挖沟的表层土堆在上方，用沟底的土培埂，然后再把表土盖在斜坡上，把苗木栽在内斜坡的表土处，能较好地利用熟土层营养根系，再加上沟内土壤水分相对湿润，对苗木成活极为有利。

地膜覆盖：地膜覆盖可节省浇水次数和用水量，增加地下温度，有利苗木较早生根成活。其方法是将栽好后的苗木浇两遍水，然后用树坑周围 10 厘米的地膜覆盖在整个树坑中，随后用适量的土压住地膜，以防风刮，可持久保墒，提高抗旱能力。

TC 土壤保湿剂：在栽植中，提前将 TC 土壤保湿剂掺到土中，搅拌均匀，在栽植树木时，可减少用水量。保湿剂具有很强的吸附土壤水的作用，较长时间满足苗木用水。

通过上述有效措施，可以大大提高造林成活率，促进树木生长，节约绿化成本，改善绿化效果。

（六）集水保水贮水和节水造林技术

干旱半干旱地区制约森林植被恢复的关键因素是蒸散需求远远大于降水的情况，"充分、合理、高效"利用降水资源是北京地区丘陵山地造林的重要技术目标之一。"干旱半干旱地区丘陵山地集水保水贮水和节水造林与密度控制技术"对降水进行空间分配，重点开发了土内蓄水保墒技术、土壤局部深层防渗技术、连续供水技术。其中土内蓄水保墒技术包括有机材料、土壤改良剂、保水剂等 6 种材料及其多种配方与施用技术；土内局部深层防渗技术包括地膜、拒水粉两种材料；连续供水技术包括集、贮、供、节几个环节的关键技术，为最干旱期与关键需水期提供技术保障。以林木耗水规律、林木适宜的土壤水分范围、水分利用效率与生产潜力、降水资源承载力分析为基础，提出了干旱半干旱地区以降水资源环境容量为控制因素，以生物量、叶面积指数、水分利用效率为主要指标，确定造林密度的原则与方法、中幼林密度的调控技术措施。把集水、贮水、土内蓄水保墒、土壤水分消耗控制、林木水分利用等水分循环的关键环节与造林、林分管理的技术措施相结合，形成了综合配套的技术系统。

四、湿地保育与生物多样性保护技术

（一）湿地保育与恢复技术

湿地有利于净化环境，提高环境质量。大面积的芦苇、草甸和沼泽具有净化水质、降解内陆各河流污染物质的功能，从而减轻污染，提高生态功能，是一个天然的污水处理厂。沼泽芦苇对水中各种污染物质，如 BOD_5、SS，营养元素 N 和 P 等微量元素、难降解有机物以及病原菌等都有明显作用，其主要机理是物理沉降、过滤、吸附，化学沉淀、吸附、分解，生物代谢等。生长在湿地的一些植物具有较高的观赏价值，广袤的芦苇碧浪翻滚，水乡泽国，天空蔚蓝，百鸟竞翔，生机盎然，与丹顶鹤和黑嘴鸥等野生动物相映成趣，为人们提供了良好的旅游和疗养环境。

北京地区湿地生态系统面临的主要问题是：①水源不稳定。永定河、拒马河、温榆河、潮白河以及护城河等是北京地区湿地的塑造者，其状况和动态如泥沙淤积、改道、洪水泛滥等影响了湿地水源和生态系统演化的稳定。②植物群落建群种少，结构简单。木本植物很少，以草甸景观为主体，这样构成的生态系统不稳定。③湿地面积萎缩、质量下降。大量开荒、开发使耕地、建设用地等迅速增加，挤占了湿地导致对景观的较大破坏。

针对这种情形北京市主要采取以下措施，对湿地进行生态修复。

保障水源补给。北京地区属于半干旱、半湿润季风型气候区，天然降水量不高，且一年内分布不均匀：6、7、8 月的降水量占全年降雨量的 60% 以上；春秋季干旱多风，土壤蒸发量大。为了保证湿地的健康和生态功能的良好发挥，必须在干旱季节进行水源补给。主要措施是增加植被覆盖，减少土壤蒸发；改良土壤结构，增强土壤持水力；雨季多蓄水，旱季补充水。

保护原生植物群落。北京地区湿地生长有许多原生植物群落，如芦苇群落等。它们适应性强，对湿地的健康和生态功能的良好发挥有重要作用。但是，随着人类活动的加剧，这些原生植物群落受到不同程度的破坏，如过量放牧、土地开垦等，导致植被覆盖率降低，生长变差。因此，要采取严格措施，对这些原生植物群落进行保护。

原生植物群落人工辅助繁育更新。在保护原生植物群落的同时，为了提高植被覆盖率，还要对原生植物群落进行人工辅助繁育更新。自然条件下，植物繁育慢，生长差。通过采取人工辅助繁育更新措施，可大大提高植物繁育系数。

引种及选育高效植物材料。在保护原生植物群落的基础上，引进一些高效的乔、灌树种和草本植物，如单叶蔓荆、冰草等，以提高植被覆盖率；特别在干旱、滩涂地区，通过引进优质、抗性强的植物材料，着力构建植被体系，提高植被覆盖率。

（二）生物多样性保护技术

北京市近年来非常重视生物多样性保护，主要开展的科技项目有："北京灵山地区生物多样性保护与发展研究"（可持续发展部分），"灵山生物多样性保护与引种试验基地建设""灵山生物多样性保护的实施和促进技术"等，这些项目实施与完成推动了北京市生物多样性保护的研究科技示范与工程进度。

1996~1999年完成的北京灵山地区生物多样性保护与发展研究（可持续发展部分）主要研究了灵山的自然生态特点和生态环境保护，及生态旅游和经济的可持续发展等问题。在小区域范围内应用卫星遥感技术、计算机模拟技术、地理信息系统，建立了社会经济发展和生态环境与资源保护的数学模型；制作了计算机三维仿真模型；利用灰色系统方法预测社会经济的发展趋势；在给定的生态环境及资源约束条件下，利用线性规划模型的方式，规划区域经济的可持续发展规模。该项研究找到了区域生态环境保护、发展旅游等资源合理利用与区域经济可持续发展的结合点，解决了区域经济可持续发展的技术问题，找到了适合当地经济发展和保护生态环境资源的决策途径。使生物多样性保护与当地经济的可持续发展有机地结合在一起。使当地的社会经济活动有利于生态环境和生物多样性保护。

"灵山生物多样性保护的实施和促进技术"通过植树种草和移栽附近山地野生树木，在灵山海拔850米处建立了园林绿地和"华北山地树木园"，园林绿地总面积约5000平方米，华北山地树木园内含树木49种，对当地业已退化的植被亦采取了清除杂草和补水措施。实现了对灵山原有河谷荒地的改造；建立了"灵山生物多样性标本馆"，首次系统地展出介绍了灵山的自然地带、动植物种类及其保护意义，与华北山地树木园及周围环境和建筑共同组成生态旅游设施；引进西南地区珍贵植物资源并获成功，使灵山生态潜力得到进一步开发。同时基于灵山中部以上山体与西藏高原的生态相似性，我们致力于在灵山建成自然与文化结合的首都"西藏窗口"。3年来已引种成功西藏植物25种，内含景观植物、珍稀花卉、药用植物及水土保持植物。为我国植物资源的迁地保护利用提供了新的方法。同时，引种地与"西藏景观资源展览室"和藏式建筑相配合，构成"西藏博物园"。由于采用了生物多样性保护的技术和科普措施，加上从自然、人文两方面引入西藏风情因素，有效地促进了京西山区旅游业的发展。

五、森林保护与资源监测技术

（一）古树名木的保护技术

古树名木是一座城市文化的重要表现形式之一。对古树名木进行保护是城市森林文化建设的重要内容之一。京郊百年以上树龄的树木，稀有、珍贵树木，具有历史价值和重要纪念意义的树木共有18235株（涉及29科45属51种），其中长势优良的14442株，一般的3324株，较差的441株，濒危的28株。由于古树根部土壤表层以大量混凝土、砖石覆盖，导致地表和土壤保水性差，土质贫瘠，使一些古树出现树冠萎缩，部分树干腐烂。针对古树衰弱的这些问题，北京市于20世纪90年代末完成的"京郊古油松生长衰退原因、复壮措施及其树势探测技术研究"，为城市古树名木的保护提供了良好的经验借鉴。其主要技术包括：从改善土壤，修补腐朽树洞、树体支撑等方面进行养护。挖开坚硬的土壤表层，将棕榈裹激活剂及棒状肥埋入坑中，通过浇水将养分慢慢渗透到古树根部。改良土壤主要采取打透气孔，分层填陶砾、埋棕榈裹激活剂及埋棒状肥，水土流失严重地方铺地被植物等措施，有效改善土壤透气性，保水保肥性。修补树洞选取对树体本身无伤害，与树体能紧密结合的材料作填充物，做到有效阻止腐朽洞口的蔓延，封洞口也要做到美观实效。树体支撑在原来硬性支撑（双腿钢架）方法上进行改进，采取软性支撑，减小对树体的伤害和对景观的影响。

（二）病虫害防治与控制技术

病虫害防治与控制是林业生态建设的重要保障措施之一。北京市森林病虫害防治与控制研究工作以北京市森防中心、北京林业大学、中国林科院森保所等为主体，各区县林保站（所）为支撑的完整体系。先后对天牛、尺蠖、杨树溃疡等的防治控制进行了研究，同时积极探索利用生物手段进行生物防治，如北京市林业保护站、中国林业科学研究院森林保护研究所、昌平县林业植保站、通州区林保站、中科院动物研究所联合对"北京地区舞毒蛾天敌昆虫多样性及其自然控制"进行了攻关。北京林业大学、中国林科院森保所等先后完成了"防护林杨树天牛灾害持续控制技术""利用成虫取食习性防治3种杨树天牛的研究及推广""双条杉天牛生物学特性观察及综合防治技术研究与推广""杨树溃疡病防治技术"等研究，市森保站还对飞机防治林木害虫的技术进行了推广。这些项目和课题的完成为北京市森林病虫害防治与控制打下了良好基础。

"杨树溃疡病防治技术"提供了以预防为主，以抗病适生树种、无病壮苗、修枝去梢和截干埋根、提高抗病性措施等林业技术措施为中心的综合防治配套技术和防治技术规程，经推广应用，切实可行，防治效果达90%以上。首次确定了该病在我国主要杨树栽植地区的地理分布范围，病害流行有明显的区域分布，在同一分布区域内杨树的抗病性是病害发生和流行的主导因子，不同区域内生态因子是主导因子。以此为依据对华北和东北地区杨树溃疡病发生的危险等级划分为重发区、常发区、偶发区和安全区四级，为科学地选择造林树种、制定造林规划和营林措施、更有效地预防病害提供了可靠的依据。明确了我国当前主要杨树树种毛白杨、北京杨、613杨等的抗病适生区及其在防病上的意义。提供了毛白杨6种杂交无性系的抗病序列，筛选出613等8个抗病优良杨树品种。同时还根据杨树溃疡病菌具有弱寄生和潜伏侵染特点，研制的防病促生剂具有抑菌、促生根和伤口愈合及防病等效果，防病效果达70%以上。

（三）森林资源监测管理技术

森林资源监测管理技术是北京市林业生态环境建设的另一重要保障措施。北京市长期以来一直重视对森林资源监测管理技术的研究与开发工作。

"西山林场森林资源综合管理系统研究"运用计算机高技术对森林资源的综合管理进行探索，成果曾荣获2002度北京市林业局科技进步奖二等奖。目前北京市林业勘察设计院已完成全市森林资源监测管理系统，正在对全市森林资源进行有效的监管。

"基于可持续发展森林资源信息模型及超媒体技术的研究"项目根据新形势和森林资源及其信息管理的规律，运用多学科相关新理论、技术，探讨森林资源信息管理的新模式、方法和技术，在全面分析了国内外有关理论、技术发展动态的基础上，系统探讨了我国森林资源及其信息管理的现状与规律，进行了基于森林资源可持续、知识管理和信息技术应用的综合研究，利用多种技术开发了实用的系统软件。从森林资源管理出发，采用系统集成的思想，多学科的综合集成，解决了信息时代下的森林资源信息管理一系列的理论、方法和技术问题；系统、全面地提出了信息时代下的森林资源信息管理新概念、原理、原则和基本模型；提出实现森林资源复杂性管理的基本思想与技术——系统思想指导下的系统集成；探索了森林资源空间结构分析方法和技术；针对性地开发了实用软件。

"水源保护林培育、经营、管理与效益监测评价综合配套技术"项目对华北土石山区水源保护林建设中的关键问题进行研究，提出了经营方面的综合配套技术体系：依据耗水规律筛选出 8 个低耗水造林树种；提出了节水型水源保护林 18 个造林设计类型；提出水源保护林高效空间格局配置结构，确定了林分最优比例、适宜林冠郁闭度、最佳覆盖率及最优林分层次结构；在核心试验区引进经济林优良品种 33 个，测定根系分泌物，筛选出低污染经济林树种；提出了水源保护区果园抗旱增温保水配套栽培技术；提出了天然植被定向恢复技术和油松林、刺槐林经营技术模式；建成了以水量、水质和侵蚀泥沙观测为主体的多尺度监测系统；构建了水文生态计量模型及保持水土、涵养水源和改善水质为主体的水源保护林功能评价、预测和动态监测模型；建立了水源保护林智能决策支持系统，实现了水源保护林体系智能化规划、设计、监评与控。

"森林资源与生态环境广义'3S'技术体系研究"以森林资源为研究对象，以精准调查与监测为研究内容，以空间技术、信息技术、地面精准测量技术、计算机技术为工具，以测绘科学和非线性稳健估计理论为理论基础，采用具有多级分辨率的航天遥感和航空摄影、近景摄影、全站仪、GPS、电子罗盘、GIS、ES、DSS 等广义"3S"技术，通过重组、整合、升级、提高、创新和信息集成，实现森林资源集成化、数字化、实时化、自动化、精准化、三维化、工程化、智能化调查与监测目标，为森林资源管理和监测、林火监测与扑灭指挥、造林设计提供有力的技术支持，进而为建立数字林业、精准林业等现代林业技术系统，保障森林健康与安全，促进森林可持续经营和林业可持续发展提供基础信息。

"森林资源与生态环境'3S'技术应用基础研究"研究了森林环境与生态环境中空间数据获取的 8 种方法及其必要精度和研究创新；面向森林资源与环境的多功能 GPS 基础控制网的布网原则、等级、方案设计、实施及建立实例；差分 GPS 定位理论、方法及林冠、山地、测程对 DGPS 的影响程度和剥削对策，辅助定位手段（全站仪、电子罗盘）在林火监测中的应用；数字图像处理的一般过程、方法、原理；GIS 原理方法与空间分析，DTM 及内插，数字电子地图及基于"3S"技术的森林资源与生态环境监测体系的建立，建立以近景摄影、全站仪、电子罗盘、RS 数据为信息源和矢量数据采集工具的多级分辨率的森林资源与生态环境监测体系现森林资源与生态环境参数的精准确定与监测。

第十九章 北京林业生态建设重点研究的关键技术

北京林业生态建设的关键技术是林学学科、生态学科与其他学科技术的紧密结合、强强推进、相得益彰的前瞻性集成性技术（图 19-1）。

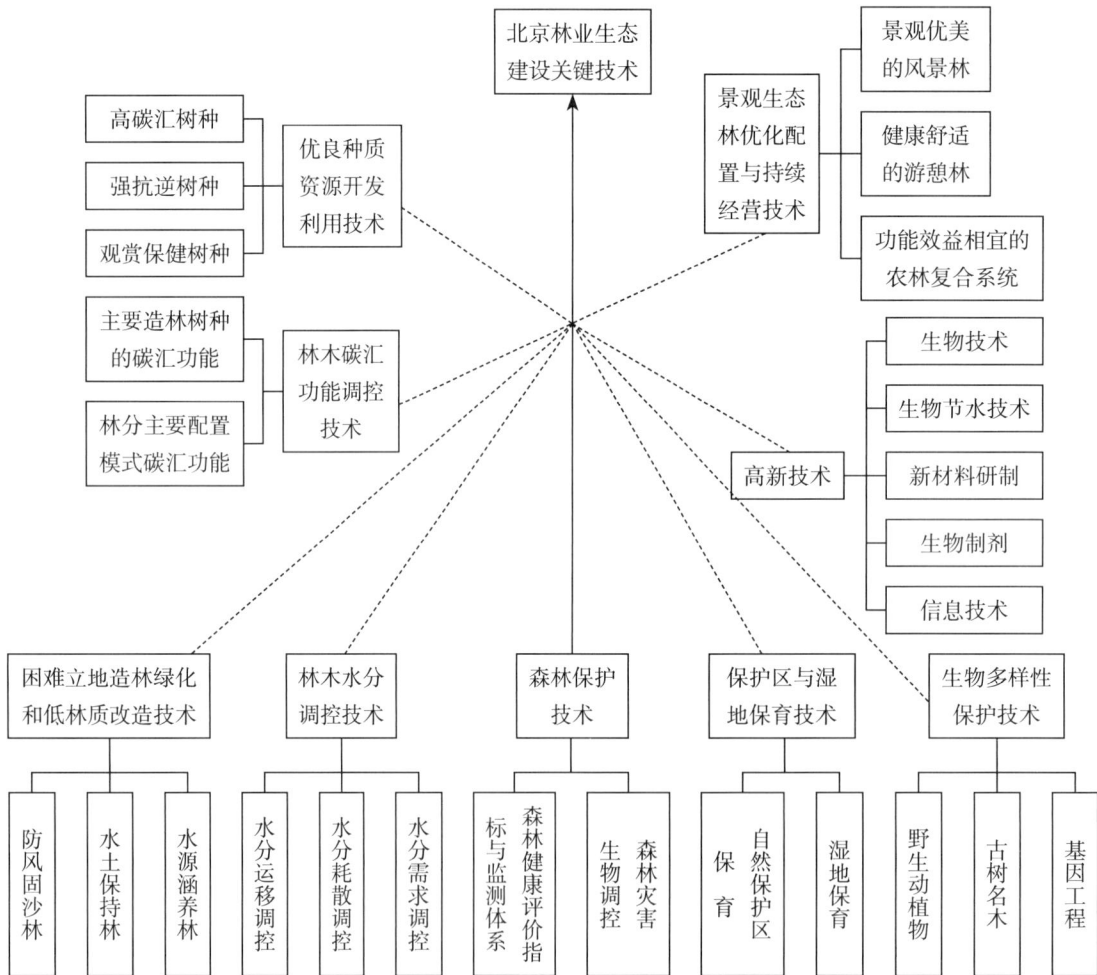

图 19-1 北京林业生态建设重点研究的关键技术

在"把北京建设成为'城在林中、林在城中''林水相依、林土相辅'的生态型宜居大都市"的背景下，北京林业生态建设的关键技术需要站在"大学科、大尺度、大功能、大景观"的高度，不断推进向宏观上的综合和微观上的深化方向发展；不断推进分子生物学、材料科学、化学、地球科学、管理科学、遥感和信息科学与林业生态科学的交叉融合；不断加强群体、个体、细胞和分子研究的相互结合和物种间的协同和相互作用；不断推进城市森林在保护城市环境与维持城市生态平衡方面的"结构、功能、效益"研究；不断推进城市植物生理生态学、城市植物种群生态学、尤其是实验生态学、景观生态学、区域生态学及城市生态安全等方面的研究；不断推进切合北京城市特征的城市森林树木生理学、林木遗传学、生物信息学等方面的创新研究；不断推进北京城市森林重大灾害（病、虫、火灾和逆境）的基础和应用基础研究；不断推进北京城市森林优异种质和优异基因源的发掘和分析；不断推进核技术航天技术等高新技术在良种选育资源监测等应用研究。形成切合北京城市特色的林木良种选育技术体系、优良城市森林林分配置技术体系、城市森林林木水分调控技术体系、城市森林林木碳汇功能调控技术体系、森林保护技术体系和城市自然保护区与湿地保育技术体系。

结合北京生态环境现状和现有的林业生态建设技术成果，以及今后林业生态建设的发展规划，本着服务于本次规划的林业生态建设工程，促进实现"宜居城市"的目标，今后在以下几个方面要进行重点研究，在技术上争取取得重大突破。

城市森林营建和经营技术。已经开展的绿化隔离带和"五河十路"绿色通道工程，从北京市森林的功能和城市的发展进程来看，它既是生态防护林，也是具有观赏和游憩功能的主要城市森林，所以，其树种配置和结构模式，除了要符合生物学和林学的一般原则外，对美学和景观的要求逐步成为技术关键。所以，首先要避免重引种轻选择的倾向，充分开发利用当地的乡土树种。

根据具体区域的自然条件和人文资源，建设多树种、多层次、多色彩和多功能的城市森林，特别是注重协调生态服务功能和社会服务功能并重的人与自然的和谐关系，体现近自然林业的科学思想，建设集绿色通道、休闲度假和科学普及教育等为一体的绿色城市绿岛，形成人文与自然交融的秀丽景色，力求景观优美、气势浑厚，设计方案突出个性化，尽量减少人工雕琢的痕迹。注重植物的空间立体配置、季相配置、色彩配置，形成四季有绿，三季有花的优美景观效果。

平原生态圈建设技术。在平原地区主要是进行农田防护林建设、防沙治沙和绿色通道建设关键技术研究。

防护林体系建设种的关键技术包括：农田防护林、防风固沙林、经济林等林种的配置和结构与减灾途径、方式和减灾效能的关系，与经济社会的关系。

北京市有5大风沙危害区，风沙化土地面积达360万亩，占全市平原面积的38%。风沙治理是生态建设的重点。其关键技术是：在抗逆优良植物材料选育和使用高新材料的基础上，划分生态类型区，根据不同类型区的特点，确定乔、灌、草种的配置技术，并与沙区产业综合开发技术相衔接，提高区域的产业化水平。

确定北京平原地区主要造林树种的最佳造林密度。在研究掌握北京地区主要造林树种对水分的基本需求的基础上，筛选出具有低耗水和生长稳定特点的节水型绿化树种，筛选出具有选择性使用价值的高耗水树种（如在低洼易发生次生盐渍化地段，应选用高耗水树种）。

配合隔离带建设工程，通过进一步优化筛选出北京市平原区及通道主要绿化造林树种、确定主要树种的耗水特性和适宜造林密度、探索适应未来缺水城市的工程集水造林营林技术、景观优化的林种和树种多功能配置及树种搭配，建立符合北京地区平原绿化要求的景观格局分析模型从建立景观格局分析模型入手，探寻符合未来北京林业发展特色的绿化通道建设模式和平原绿化空间配置模式。

山区生态屏障建设技术。北京山地森林主要由西部山地和北部山地构成，主要林分类型为山区风景林、水土保持林、水源涵养林等。它构成了北京地区第一道绿色生态屏障，对保持水土、涵养水源、改善生态环境起到了十分重要的作用。目前，北京山区的森林覆盖率已达到比较高的水平，今后主要的任务是加强困难立地造林和低质、低效林分改造。其中一条重要途径是选择优良树种。实践证明，北京市优良的乡土树种非常多，可以用于生态公益林的建设，例如油松、侧柏、栓皮栎、辽东栎、蒙古栎、槲树、槲栎、椴树、元宝枫、锦鸡儿（属）、山桃、山杏等乔灌木树种，关键是开展优树选择和遗传改良，改进培育技术，提高栽培效果。尤其是要重视灌木树种的种质资源的收集和良种化工作，这些乡土树种资源是经过千万年自然选择并保留下来的，蕴藏着大量宝贵的物种，利用这些资源作为繁殖材料进行生态环境建设，可以取得事半功倍的效果。在此基础上，积极而慎重地引进新的植物材料作为补充。对于引进的外来物种，要经过长期的生产实践和科学研究，确定其适合生长的范围，确定其与乡土树种的相互关系。其中特别是要研究外来树种在不同立地条件下的树种间相互关系。使用可以与乡土树种和谐共处，可以形成多树种、多层次的多优群落而不是单优群落的外来树种。这些方面的基础研究极其薄弱，在北京市才刚刚开始。对于像火炬树这样的外来树种究竟应该如何评价，是生物入侵种，还是优良的外来种，专家和社会各界的认识各不相同，其原因就在于此。

鉴于北京山区今后侧重发展森林旅游，培育生态公益林的经营目标，从美观度、有无花絮和落果等无不良环境影响，病虫害，生态功能，抗性等角度筛选、类比、总结，形成最符合北京地区林业建设发展需要的广谱造林树种名录。

森林保护技术。森林在北京市"宜居城市"建设中发挥着非常重要的作用，保护现有的森林资源是十分必要的。通过树种选择、结构配置等生物措施防治林木病虫害是治本之策，如利用天敌昆虫的多样性进行病虫害自然控制等，研究森林健康、人工林近自然化、模式林业等理念在中国的应用技术。

抗旱节水造林技术。目前，北京未绿化的地区主要是平原风沙地和土壤瘠薄的山地。它们的共同特点是干旱多风，尤其是石质山地，使得造林成功十分困难。因此，造林树种应以耐干旱，耐瘠薄土壤，抗风力强，根系分布深广的树种为主。在确定林木耗水量的基础上，以水分承载原理，研究确定北京平原地区主要造林树种的最佳造林密度。

面对北京市水资源供给日趋紧张的形势，配合城建工程，有机地利用建筑物和路面排水工程，解决部分地区绿地林木用水和土壤保墒问题（如秋水春用），减少或尽可能地免除人工灌溉，解决由于水分不足造成的林分生长不稳定。此外，保水剂等新型造林材料的科学合理使用也是一个重要课题。

研究符合北京人文景观要求的林木景观空间格局配置；突出城市绿化的防护林局部区段个性化，特殊区段的功能性，以研究建设生态城市、开展节水型城市绿化工程为特色；以通过研究树种混交的空间结构来实现城市绿化的最佳景观配置为特色。

一、优良种质资源开发利用技术

良种的选育与驯化是林业生态建设的基础，北京林木良种选育与驯化研究工作应以"高碳汇树种、强抗逆树种、观赏保健树种"为主攻方向，运用"分子生物学、基因工程、核技术、航天技术"等手段，以乡土树种为主资源，选育出富有特色的"高碳汇树种、抗气体污染良种、抗土壤污染良种、耐旱低耗水良种、防风固沙良种、降解城市热岛效应的散热良种、观赏保健树种的选育"。乡土树种在抗逆性研究中具有一定的优势，可作为首选材料树种，同时为了不致树种过于单一，病虫害蔓延，生物多样性下降，还应该拓宽树种选择范围。应着重做好下列工作：

组织开展对乡土树种种质资源的清查。在以前种质资源清查工作的基础上深入系统清查，进一步摸清家底，使更多的优良乡土树种及种内的优良群体和个体被认识、被挖掘，为乡土树种种质资源的有效保存和合理利用提供实物基础和技术依据。

开展高功效绿化植物材料选择与推广。北京属于暖温带半湿润地区，秋冬季干燥，春季多风，空气污染严重，应有目的地开展树种生态防护效能研究，选择高效能生态树种。同时，开展不同繁殖材料生态特性、景观效果差异性研究，根据城市森林培育目标，选择和推广优良繁殖材料。据观察，雪松、悬铃木等常见绿化树种的扦插苗与实生苗所形成的树木，其形态特性有所不同。同一树种扦插苗与实生苗形成的林木相比，生命力较弱、寿命较短，同时扦插苗的林木树冠较不完整，叶量较少，形态上也不如实生苗的美观，因此，城市中绿化苗尽量采用实生苗，同时加强林木不同繁殖材料特性研究，为城市绿化提供优质材料。

建立乡土树种种质资源库，研究不同树种保存方式。根据资源繁殖方式和种子类型的不同及群体变异的自然规律，研究选择就地保存、迁地保存、离体保存（包括种子贮藏和组织培养，其中后者又包括培养物的反复继代培养和超低温保存）、基因文库保存（包括叶片或其他组织的液氮保存，珍稀野生濒危具有特殊性状种质资源 DNA 的提取分离与保存及其他形式或植物基因材料的保存）等；研究不同乡土树种种质资源分类保存的样本策略。

森林遗传资源保存与评价、管理与利用的技术体系。如遗传多样性测定技术、表型多样性测定技术等。

生物技术在乡土树种种质资源研究中的应用包括：

① 乡土树种种质鉴定与群体遗传研究。

② 物种品种亲缘关系分析。应用分子标记进行亲缘关系分析，在分子水平上阐明生物系统演化及分类情况，为育种亲本的选配和种质资源的合理有效利用提供依据。

③ 数量性状的基因定位（QTL）与分子遗传图谱构建。构建林木遗传连锁图谱，对控制林木重要经济性状（如树高、胸径、材积、材质）、生物胁迫和非生物胁迫的基因进行数量性状和质量性状的 QTL 定位，为分子标记辅助选择育种奠定基础，从而使林木早期选择成为可能。

④ 林木遗传改良。用可施以操作的标识基因或 DNA 片段，通过连锁分析，来标记不能直接识别的微效基因组，从而对这些基因加以鉴别和选择；通过树木个别或几个有利基因识别、分离或合成克隆，利用分子生物技术将其转移到目标树木的基因组中，产生转特定基因树木，加快林木数量性状的育种速度。

⑤ 分子标记辅助育种将分子标记技术应用在杂交亲本的选配、杂种实生苗的早期预选、染色体片段的去向追踪、遗传转化中目的基因的检测、多个抗病性状的同时筛选等及对病原菌群体分化的遗传分析上，建立分子标记辅助选择系统，使亲本的选配更具可控性，一些不易区分的性状通过间接选择来达到目的，同时还可能对其杂交后代进行早期选择与预测，从而加速育种进程。

⑥ 珍稀、优良乡土树种的发掘及繁殖技术研究在基本摸清全市乡土树种资源的基础上，从中筛选出具有较高经济和科研价值的优良乡土树种。并根据其生物学及生态学特性，进行繁殖技术研究。

⑦ 加速优良乡土树种的培育在收集、保存评价鉴定的基础上，积极挖掘和扩大育种范围，针对抗逆性强的生态乡土树种、速生丰产乡土树种、优质经济乡土树种，开展育种科技攻关，培育优良乡土树种或品种用于生产，产生效益。

良种工程化扩繁技术，主要包括确定主栽树种的抗旱、抗瘠薄种源和优良的供种群体；各种高抗逆性良种特点和相应的有性或无性繁殖丰产技术；规模化工程化扩繁技术等。建设现代化苗木生产基地，组织培养、容器育苗、常规育苗等工厂化、产业化、规模化育种壮苗培育技术及苗术培育，提供林业生态工程建设要求的良种壮苗。

树种选择的适当与否是林业生态建设的关键因子之一。北京市对林木良种选育与驯化进行了较为深入的研究，同时根据不同功能区自然、地理、生态条件的差异，系统地总结归纳出主要地类的造林树种（表 19-1）。

表 19-1 北京林业生态建设主要造林树种

编号	树种	科名	类型	适用范围			生态特性				功能			
				山地	平原	城区	耐瘠薄	耐盐碱	耐干旱	抗污染	生态防护	观赏景观	经济生产	其他
1	侧柏	柏科	乔木	√	√		√	√	√	√	√	√		吸氟滞尘
2	圆柏	柏科	乔木	√		√	√	√	√	√	√	√		吸氯、杀菌
3	龙柏	柏科	乔木			√	√	√	√			√		
4	沙地柏	柏科	乔木			√	√	√	√	√		√		吸尘
5	北美香柏	柏科	乔木			√						√		
6	柽柳	柽柳科	乔木	√			√	√	√	√	√	√		

（续）

编号	树种	科名	类型	适用范围			生态特性				功能			其他
				山地	平原	城区	耐瘠薄	耐盐碱	耐干旱	抗污染	生态防护	观赏景观	经济生产	
7	紫穗槐	蝶形花科	灌木	√	√		√	√		√	√			杀菌滞尘
8	胡枝子	蝶形花科	灌木	√							√			
9	葛藤	蝶形花科	藤本	√			√		√		√			
10	刺槐	蝶形花科	乔木	√	√	√	√	√	√	√	√			吸硫
11	槐树	蝶形花科	乔木	√			√	√	√	√			√	吸硫、氯、烟尘
12	龙爪槐	蝶形花科	乔木			√						√		
13	紫藤	蝶形花科	藤本			√						√		
14	锦鸡儿	豆科	灌木	√	√		√	√	√		√			
15	杜鹃	杜鹃花科	灌木	√		√						√		
16	杜仲	杜仲科	乔木		√					√			√	杀菌
17	紫椴	椴树科	乔木			√				√		√		吸氯、氟
18	椴树	椴树科	乔木		√						√			
19	合欢	含羞草科	乔木			√				√		√		吸尘
20	竹类	禾本科	竹类			√								
21	核桃楸	胡桃科	乔木	√									√	
22	核桃	胡桃科	乔木	√			√			√			√	杀菌
23	沙棘	胡颓子科	乔木	√	√		√	√	√		√		√	
24	白桦	桦木科	乔木			√				√		√		吸硫、氯、氟
25	大叶黄杨	黄杨科	灌木			√					√			杀菌滞尘
26	黄杨	黄杨科	乔木			√	√			√		√		吸尘
27	板栗	壳斗科	乔木	√			√						√	
28	麻栎	壳斗科	乔木	√			√						√	吸氯
29	槲栎	壳斗科	乔木	√			√		√		√			
30	槲树	壳斗科	乔木	√	√		√	√						吸烟
31	辽东栎	壳斗科	乔木	√										吸氯
32	蒙古栎	壳斗科	乔木	√			√		√		√		√	
33	栓皮栎	壳斗科	乔木	√	√		√	√	√		√		√	
34	臭椿	苦木科	乔木	√			√	√	√					吸硫、烟尘
35	荆条	马鞭草科	灌木	√							√			
36	猕猴桃	猕猴科	藤本	√		√						√	√	
37	鹅掌楸	木兰科	乔木			√				√		√		吸硫
38	玉兰	木兰科	乔木			√			√	√		√	√	吸有毒气体

（续）

编号	树种	科名	类型	适用范围			生态特性				功能			其他
				山地	平原	城区	耐瘠薄	耐盐碱	耐干旱	抗污染	生态防护	观赏景观	经济生产	
39	紫玉兰	木兰科	灌木			√						√		
40	二乔玉兰	木兰科	乔木			√						√		
41	连翘	木犀科	灌木	√						√	√		√	吸硫
42	白蜡树	木犀科	乔木		√	√					√		√	
43	水曲柳	木犀科	乔木	√							√	√	√	吸硫
44	迎春	木犀科	灌木			√			√	√		√		吸尘
45	金叶女贞	木犀科	乔木			√				√		√		杀菌
46	紫丁香	木犀科	灌乔			√				√		√		吸硫杀菌滞尘
47	北京丁香	木犀科	灌乔	√		√			√		√			
48	暴马丁香	木犀科	乔木	√		√		√	√	√	√	√		吸硫、氯、氟
49	蛇葡萄	葡萄科	藤本			√						√		
50	爬山虎	葡萄科	藤本			√						√		
51	茶条槭	槭树科	乔木	√					√	√	√			吸硫、氯、烟
52	复叶槭	槭树科				√						√		
53	元宝槭	槭树科	乔木	√	√	√	√	√		√				吸硫氟、杀菌滞尘
54	黄栌	漆树科	乔木	√		√	√		√		√	√		杀菌滞尘
55	黄连木	漆树科	乔木	√	√		√	√			√		√	
56	火炬树	漆树科	乔木	√			√		√		√	√		
57	山楂	蔷薇科	乔木	√		√			√	√			√	吸硫、氯
58	棣棠	蔷薇科	灌木	√		√	√			√		√		滞尘减尘
59	苹果	蔷薇科	乔木	√									√	
60	海棠	蔷薇科	乔木	√		√			√			√		
61	杏	蔷薇科	乔木	√			√	√	√				√	
62	山杏	蔷薇科	乔木	√	√						√		√	吸氯
63	山桃	蔷薇科	乔木	√	√				√		√	√		
64	梅	蔷薇科	乔木			√	√					√		
65	桃	蔷薇科	乔木	√									√	
66	樱桃	蔷薇科	乔木	√			√							
67	榆叶梅	蔷薇科	乔木			√	√	√	√	√		√		杀菌滞尘
68	日本樱花	蔷薇科	乔木			√						√		
69	梨	蔷薇科	乔木	√									√	
70	月季	蔷薇科	灌木			√						√		

（续）

编号	树种	科名	类型	适用范围			生态特性				功能			其他
				山地	平原	城区	耐瘠薄	耐盐碱	耐干旱	抗污染	生态防护	观赏景观	经济生产	
71	蔷薇	蔷薇科	灌木			√	√		√			√		
72	玫瑰	蔷薇科	灌木	√		√	√	√	√	√	√	√		吸硫
73	黄刺玫	蔷薇科	灌木	√		√	√		√		√	√		杀菌滞尘
74	珍珠梅	蔷薇科	灌木			√	√			√		√		杀菌
75	北京花楸	蔷薇科	乔木	√							√			
76	花楸树	蔷薇科	乔木	√					√			√		
77	绣线菊	蔷薇科	灌木			√						√		
78	粗榧	三尖杉科	乔木	√		√						√		
79	桑树	桑科	乔木	√					√	√			√	杀菌滞尘
80	溲疏	山梅花科	灌木			√					√			
81	红瑞木	山茱萸科	乔木			√						√		
82	水杉	杉科	乔木			√					√			
83	牡丹	芍药科	灌木			√						√		
84	石榴	石榴科	乔木		√	√	√					√	√	
85	枣树	鼠李科	乔木	√			√	√	√				√	
86	雪松	松科	乔木			√					√			吸尘
87	日本落叶松	松科	乔木	√							√			
88	华北落叶松	松科	乔木	√		√	√		√	√	√			吸氯
89	云杉	松科	乔木	√					√		√			
90	华山松	松科	乔木		√					√	√			吸氟滞尘
91	白皮松	松科	乔木	√		√	√		√		√	√		吸硫氟滞尘
92	日本赤松	松科	乔木			√					√			
93	乔松	松科	乔木			√					√			
94	红松	松科	乔木	√							√			
95	樟子松	松科	乔木	√			√		√		√			吸硫氟
96	油松	松科	乔木	√	√	√					√			吸氯、杀菌
97	黑松	松科	乔木			√		√			√			
98	花旗松	松科	乔木			√						√		
99	野皂荚	苏木科	乔木	√			√				√			
100	皂荚	苏木科	乔木	√					√		√		√	
101	卫矛	卫矛科	灌木			√	√			√		√		吸硫、氯

（续）

编号	树种	科名	类型	适用范围			生态特性				功能			其他
				山地	平原	城区	耐瘠薄	耐盐碱	耐干旱	抗污染	生态防护	观赏景观	经济生产	
102	栾树	无患子科	乔木	√			√		√		√	√		
103	梧桐	梧桐科	乔木			√	√	√			√	√		
104	常春藤	五加科	藤本			√	√					√		
105	紫叶小檗	小檗科	灌木			√	√		√			√		
106	泡桐	玄参科	乔木		√	√				√	√			吸硫、氯
107	悬铃木	悬铃木科	乔木			√				√	√	√		吸烟尘、毒气
108	新疆杨	杨柳科	乔木		√						√			吸硫
109	山杨	杨柳科	乔木	√			√		√		√		√	
110	小叶杨	杨柳科	乔木	√		√	√		√		√			
111	毛白杨	杨柳科	乔木		√			√		√	√		√	吸烟滞尘
112	北京杨	杨柳科	乔木	√		√					√			
113	意大利杨	杨柳科	乔木		√						√			
114	沙兰杨	杨柳科	乔木		√						√		√	
115	加拿大杨	杨柳科	乔木	√		√		√			√		√	吸硫
116	垂柳	杨柳科	乔木			√					√			
117	旱柳	杨柳科	乔木	√		√		√	√	√	√			吸硫、氯、氟
118	绦柳	杨柳科	乔木			√						√		
119	馒头柳	杨柳科	乔木			√				√		√		杀菌、吸尘
120	银杏	银杏科	乔木		√				√			√		吸硫、氯
121	小叶朴	榆科	乔木	√					√				√	
122	刺榆	榆科	乔木	√			√		√		√			
123	旱榆	榆科	乔木	√					√					
124	榆树	榆科	乔木	√			√	√	√				√	抗烟尘、毒气
125	黄波罗	芸香科	乔木	√							√			
126	花椒	芸香科	乔木	√				√	√				√	
127	凌霄	紫葳科	藤本			√						√		
128	楸树	紫葳科	乔木		√	√		√		√	√	√		吸硫、氯
129	梓树	紫葳科	乔木			√						√		

二、景观生态林的优化配置与持续经营技术

城市林业生态建设的最终目标是建立"健康、稳定、高效、优美"的城市森林，根据北京的城市定位，北京市要加快研究"景观优美的风景林、健康舒适的游憩林、结构科学

的防风固沙水土保持林、功能强大的水源涵养林、功能效益相宜的农林复合林"的配置技术。通过森林抚育、封山育林、定位观测、跟踪调查、示验示范等研究，系统提出各种功能区的低质林更新改造技术，系统提出增加地表覆盖、改善土壤理化性质、提高土壤缓冲容量的综合措施；把低质低效森林植被尽快转化为系统结构稳定、功能高效的生态防护林或风景游憩林的成套综合的植被建设改造技术，提高低质低效森林植被的防护与景观功能，系统提出植被定向恢复技术。

（一）风景林优化配置

研究符合北京人文景观要求的林木景观空间格局配置；突出城市绿化的防护林局部区段个性化，特殊区段的功能性，以研究建设生态城市、开展节水型城市绿化工程为特色；以通过研究树种混交的空间结构来实现城市绿化的最佳景观配置为特色。林木景观优化配置和功能优化配置：研究不同特点通道、城郊区域的林木景观优化配置、功能优化配置。体现北京特色、四季美观、文化休憩和生态多功能。如，聚居区周边的防风滤尘减噪绿化配置；高速通道两边的隔音滤尘绿化配置；典型通道的标志性林木景观配置（如假设有银杏大道、金柿走廊等）；城郊厂区周边（特别是垃圾处理区）的绿化隔离配置等等。

林分结构配置：贯彻人工林近自然管理和模式林业的理念，研究各个主要造林树种的混交方式、混交方法和混交比例，既研究不同树种间的相容性，也讲究树种搭配的景观功能，主要包括研究常绿树种与落叶树种的搭配；不同生长节律（早期速生型与后期速生型）树种的搭配；不同林冠特点（林冠松散与紧束、窄冠与宽冠、圆锥、倒卵形与柱形等、枝叶的坚硬与柔顺、叶量的多与少、花期与秋叶色彩等）树种的搭配；不同根型（深根型与浅根型）树种的搭配；不同营养吸收特点（嗜氮型和嗜磷型）树种的搭配等。

（二）游憩林优化配置

北京是特大型城市，同是又是一座严重缺水的干旱城市，健康舒适的游憩林建设尤显重要。因此要建立树种耗水量与水分利用系数的关系表，简化耗水量复杂的计算方法，可以供应生产单位直接使用；在水分环境容量分析的基础之上，建立主要树种的水分生长模型、以水量平衡为基础的水分—林分密度控制模型；通过优良树种的选育，研究示范各种不同特色的健康舒适的游憩林配置技术。北京已营建了一道、二道城市绿化隔离带，还要建设京东南生态绿化带。这些以改善环境、发挥林木生态功能为主的人工林，其树种选择、结构配置、抚育管理、持续经营等技术都是急待研究的新课题。根据北京城市的自然条件和文化资源，建设多树种、多层次、多景观的城市森林，建设集绿色通道、休闲度假和科学普及教育等为一体的绿色城市绿岛，形成人文与自然交融的秀丽景色，力求景观优美、气势浑厚，设计方案突出个性化，注重植物的空间立体配置、季相配置、色彩配置。

进一步优化筛选出北京市平原区及通道主要绿化造林树种、确定主要树种的耗水特性和适宜造林密度，探索适应未来缺水城市的工程集水造林营林技术、景观优化的林种和树种多功能配置及树种搭配，建立符合北京地区平原绿化要求的景观格局分析模型，从建立景观格局分析模型入手，探寻符合未来北京林业发展特色的城市风景林建设模式和平原绿化空间配置模式。

（三）农林复合经营系统

农林复合经营已成为生态农林业和观光农业的主要内容。是与农田防护林、防风固沙林、经济林果紧密结合的重要城市森林经营类型。北京市农林复合经营研究应集中在以下方面：

（1）适合农林复合经营的优良树种的选用和培育，尤其是加强选育占地少，不胁地，防护效果好，经济效益高的多用途树种方面的研究。

（2）选择最合理的农林复合经营系统的组合。不但要根据各地建立这一复合经营系统的目的和具体立地条件与社会经济条件，而且还要根据树种和混作的各种农作物及参与系统的养殖牲畜的特性来确定相适宜的成分和结构，尤其不可忽视这些成分之间的互助共生、生化相克的作用，协调林木和农作物之间的水分关系和养分关系，以及整体的经济效益和生态效益。完成植被建设优化模式〔包括退耕还林草、林农（药、草）复合经营等〕研究，为退耕还林还草等工程和该地区长期的科学经营提供技术支撑。尤其要注重提供木本豆科饲料树种栽培理论与技术方面的研究。

（3）不同农林复合经营系统相应的实施方案的研究。每一个农林复合经营系统都应置于地区整体规划之中，其中包括对自然条件的调查，环境的评定、实施计划，设计及相应的组织机构等。

以北京市的主要造林树种、有特色的经济林树种和农作物品种为主栽品种，筛选多用途树种，实行定位试验，深入不同组分间界面的理论研究和相互作用的机理研究，建立有地域特色的标志北京市农林复合经营科学研究水平的体系。

三、困难立地造林绿化和低质林改造技术

（一）防风固沙林

研究以生态经济林园区建设为突破口，形成网、带、片相联结，乔灌草相结合的防护林配置技术，保护沙地合理利用和村镇环境安全，实现生态效益优先，景观美化效果突出，经济效益明显的可持续发展管理模式目标。

研究乔、灌、草合理结构设计，兼顾景观建设和植物色彩季相变化，加大地表防尘防沙生物覆盖技术应用，最终形成沿河绿色廊道景观的配置技术。

研究以局部整地、土壤改良、物理压沙、结合困难立地造林技术和喷播技术为主的乔灌藤草立体配置的治理模式；研究以保护为主，适当种植一些水生植物，如芦苇、蒲蓬草、荷花等进行改造的洼地治理模式，形成沙石坑和洼地植被配置技术。

荒滩的治理技术研究：荒滩包括石砾滩（主要是康庄）和沙砾滩（以南口为主）。研究如何以植灌或播草为主，结合营造防风固沙林，在水、土、热条件适宜的地方，适当建设一定数量的生态经济林，形成乔灌草相结合的生态经济防护体系。

加大防风固沙林配置技术中的研究：沙漠化过程中自然与人为影响因素指标的确定与量化方法；多场耦合的近地层风沙流运动力学模型；土壤风蚀因子参数化及风蚀容忍量的确定；

沙地植被受损与恢复的动因及其稳定性机理。

防风固沙林中综合运用抗逆树种筛选技术、土壤改良技术、困难立地造林技术、生物材料地面覆盖技术、高效节水技术等，选择抗风沙、耐干旱、耐瘠薄、低耗水树种，营造以水分平衡为基础的高覆盖度的乔灌草混交防风固沙林体系。

各类型区可以根据实际情况，因地制宜进行适当的乔灌草、灌草或乔草的有机结合，以充分发挥其防风固沙功能。

乔灌草不同配置模式的防护功效及景观功效是，既能防止风沙危害，又能成为居民游憩观光景点。

（二）水土保持林

通过模拟实验重点建设固定式径流泥沙实验系统、大型可移动式人工降雨模拟系统等研究设施，利用山坡水文学、河流泥沙运动学、土力学的理论和方法，研究降水、径流、侵蚀产沙、泥沙搬运、沉积过程和河流泥沙输移的关系。

通过模拟实验结合区域土壤侵蚀调查数据，利用计算机模拟技术建立土壤侵蚀预测预报模型。

研究"3S"技术和元素示踪法等新技术和新方法在水土流失研究中的应用，研究土壤侵蚀模拟技术和理论，引进和研制适合我国野外及室内研究的测试设备。

研究不同区域土壤侵蚀分布特征、演变规律并预测变化趋势，建立全市统一的土壤侵蚀指标体系及信息采集、数据处理、图件编制等标准。

通过研究生态环境变化和人类活动对水土流失的影响以及引起环境质量退化过程和滞后效应，建立水土流失环境效应的评价指标体系。

北京丘陵区坡面较长、土层薄、岩石裸露、气候干旱、植被缺乏、以洪灾为主的水土流失严重。集中径流形成强烈的面蚀和沟蚀对坡耕地农业发展形成严重威胁，部分石质山地植被遭到严重破坏，土层瘠薄，生态恢复困难。因此，水土保持林体系高效空间配置技术主要包括：坡面多林种、多树种、乔灌草、不规则斑块状、镶嵌复合的高效空间配置技术、沟道农林复合及护岸护滩防护林配置技术缓坡丘陵区的坡面林草复合结构设计与管理技术，侵蚀沟固沟拦沙滤水型水土保持林生物工程技术，石质山地复层林构建技术等。

稳定林分结构调控技术主要包括时空调水提高水资源利用率、保持水资源生态平衡、达到林水平衡为主要目标，以改土、降雨集流贮水、适度胁迫节水补灌为中心的树种选择、适度造林、合理配置条件下的林分密度控制等技术。根据区域自然特点，充分发挥水土保持林体系的生态、经济和社会等综合效益为主要目标的树种选择及其搭配、混交比例和密度控制等技术。

（三）水源涵养林

水源保护是北京城市可持续发展经营的重中之重。北京水源涵养林重点是在门头沟、延庆、昌平、怀柔、密云五县和密云、官厅、怀柔等大中型水库区范围内。进一步研究水源涵养树种的选择，从不同的时空尺度上研究乔、灌、草种的配置比例与模式，不断改善优化其群落结构，确定最佳森林覆盖率，研究水源花涵养区植被恢复与建设的定向培育技术。

深入研究水土保持和水文功能的持续提高、山地植被的科学恢复技术、水源涵养型植被建设技术，组织科技攻关，开展工程区生态工程构建技术的研究与示范。

对重要水源区和工程区主要树种草种的耗水规律、水量平衡、水质影响的观测分析以及对群落结构与水源涵养功能之间关系的观测和分析，研究主要树种草种对水量平衡以及理水调洪、净水、节水、调水等功能的影响和作用；通过系统调查主要乡土林草植被和引进植物种类的群落系统的结构特征及动态变化规律，综合评价其相应的水源涵养效益，以低耗水、高效调水与净化水质为主要目标，筛选和提出适合当地土壤和气候等自然环境条件、符合水源涵养功能要求的优良树种和草种。

研究主要森林植被类型的系统格局与结构特征对水文过程和水源涵养功能的影响，通过系统调查主要森林植被类型的有关生态系统格局与结构特征动态变化规律和空间配置形式，在林分和小流域的尺度上研究林分结构及其空间配置的水文调节作用。建立主要林草植被类型的生态系统结构与水源涵养功能之间的数量关系，分别建立生态系统和小流域尺度上的森林水文机理模型，模拟、预测和定量分析各类植被的结构特征和空间配置格局对涵养水源功能的影响，综合评价相对应的水源涵养效益响应，优化和筛选更加合理的模式。

针对重要水源区自然地理、经济、社会和森林资源的状况，建立多个综合和单项技术试验示范区，重点研究水源涵养型植被建设树草种选择技术、水源涵养型林草植被空间配置与结构优化技术和低功能水源涵养林草植被更新改造与植被定向恢复技术，形成完备的水源涵养型森林植被恢复与建设技术体系，提出不同类型区退耕还林还草工程区水源涵养森林植被建设技术。主要包括江河集水区水源保护林体系多林种、多树种、低耗水、高效调水供水型空间配置技术，集水区水源保护林低耗水、低污染、高效调水净水型为主要目标的树种选择、树种搭配、密度控制等水源保护稳定林分结构设计与调控技术，集水区调水净水型水源保护林造林营林技术，如高效调水净水型整地、种植点配置、抚育更新等技术。

库区水源保护林体系高效空间配置及稳定林分结构设计与调控技术，主要包括低耗水、低污染、高效调水净水护岸护库拦沙滤水型水源保护林体系空间配置技术，以及稳定林分或林带结构设计与调控技术；库区护岸护库拦沙滤水型林分或林带的造林技术；库区以护岸护库为主要目标的植被定向恢复技术等。

（四）低效能林分改造复壮技术

根据北京市林业工作由以"造林"为主向以"营林"为主转变的情况，在营林工作中要注重低效林分的改造复壮工作。

低效林分的改造复壮技术主要包括低效林分类型划分、成因与判定指标；低效低效林分改造复壮技术，如通过对林分的密度与结构进行合理调整以及树种更替、不同配置方式、抚育间伐（包括补植、施肥、林地土壤改良、病虫害防治及其他先进技术措施等）等现代化综合配套科学技术，人工封育、人工促进天然更新定向植被复壮水土保持效益提高技术；低效林分更新改造配套技术，如树种选择及其合理搭配、林分合理结构、密度控制及优化等。

四、森林保护技术

针对北京森林资源现状和林业发展规划，在森林保护技术方面还需要在如下几个方面进行重点研究：

① 森林健康评价指标体系与监测体系研究。

② 森林灾害的生物调控技术研究。

③ 环北京荒漠化治理灌木林的生物防治技术研究。

④ 重点易发病虫害预测预报方法的研究。

⑤ 天敌昆虫多样性及其自然控制技术的研究。

⑥ 利用飞机防治林木害虫技术的研究。

⑦ 利用成虫取食习性防治杨树天牛的研究。

⑧ 生物农药的研制开发。

五、林木水分管理技术

林木水分管理技术集中体现在对主要树种草种及其不同配置模式下的水分需求、运移、耗散的观测分析与调控。

（一）水分运移调控技术

通过对林木水分的运移过程、运移特点与规律的探索与研究，根据不同时空特征对不同模式的林分中林木水分的运移进行有效适时适量的调控。

（二）水分耗散调控技术

通过植物水分生理和土壤、大气关系的研究，根据植物对水分的吸收、运转、消耗等过程的监测，通过试验、模拟、跟踪林木水分的耗散，研究林木水分利用效率的生理遗传基础，开展林木水分利用效率基因工程的改良研究，探索出有效可行的水分调控技术，实现定量、适量、精准供水，使林木水分的利用率最大化。

（三）水分需求调控技术

研究主要造林树种草种的水量需求机理和不同时空的需求量，研究林木抗旱节水机理和分子生物学基础；研究与抗旱节水相关性状的基因定位、分子标记、基因克隆和转基因技术；研究北京主要树种根系行为在抗旱反应调节中的重要作用，从分子遗传水平上揭示林木整体抗旱性的机理，运用遗传工程手段标记克隆耐旱低耗基因，并把该基因转到目标树体中去，从而选育具有低耗水耐干旱的树种。

（四）抗旱节水林业技术

北京是严重缺水的城市之一，发展抗旱节水林业是促进林业工作的重要途径。在抗旱节水林业中，一是农艺节水，采用选择抗旱品种，秋后翻地保墒，地膜覆盖等；二是工程节水，如坡改梯，微型水利工程、雨水集流工程，进行喷灌、渗灌和畦灌和滴灌；三是化学节水，采用黄腐酸、高效吸水性树脂、抗旱剂等处理种子，达到抗旱保苗。抗旱节水林业技术主要包括以提高水资源利用效率为核心的径流林业、蓄水保墒、保水剂应用、耐旱植物选择、造林苗木规格、造林季节等半干旱地区防护林特殊营造技术；以及增强半干旱地区植被稳定的水资源高教利用管理与植被恢复技术等。在干瘠石质山地造林，节水技术主要包括岩石裸露、土壤缺乏的石质山地造林技术，封山育林育草人工促进植被恢复技术，如整地技术、蓄水保墒技术、集水技术、防渗技术等林草植被基本生态环境人工改造技术。

六、林木碳汇功能调控技术

当前令世界科学家困惑的问题是全球碳汇与碳源不能达到平衡。北京林业生态建设的关键技术之一就是要研究北京市碳源/碳汇的时空格局，研究在碳循环过程中的控制因素及其相互作用机理，研究北京市碳循环的动力过程及趋势。特别是要加强北京地区主要造林树种的碳汇功能和林分主要配置模式的碳汇功能的调控技术研究。通过碳通量、储量和过程的综合观测对比、各种干扰对碳循环的影响等的研究，建立起北京城市森林碳过程的科学数据。

七、自然保护区与湿地保育技术

（一）自然保护区保育技术

自然保护区的保育是维护生物多样性、资源多样性、生态文化多样性的极为重要的手段。通过自然保护区的建立和维护，研究保护区内景观斑块与廊道特征，研究生态系统结构特征及景观的多样性，分析与评估保护区景观格局，探索自然保护区的旅游规划和景观生态规划，研究不同干扰对生物多样、景观多样性的影响机理，研究保护区生物多样性与生态服务功能的关系，探讨保护区生态服务功能的价值评估，研究保护区生态服务功能损失的物种补偿途径。建立自然保护区生态系统的自运行机制、生物多样性自平衡机制、植被景观的自形成机制。

（二）湿地恢复与保育技术

北京地区湿地生态系统面临的主要问题是：水源不稳定；植物群落建群种少，结构简单。湿地面积萎缩、质量下降。在湿地保育研究中，主要内容有：①湿地植物资源调查和特征分析；②湿地生态功能观测（净化污染物能力、吸收重金属能力、蓄水能力、调节小气候的能力、维持生物多样性的能力等）；③湿地健康状况评价；④湿地生物修复技术（针对某种污染物或重金属的植物修复和微生物修复，选育该种或几种植物和微生物）。

2005 年完成野生植物及湿地资源监测体系等工程的建设，2008 年完成野生动物救护中心和水生野生动物保护中心的建设。开展动物"再引入"工程相关技术的研究，加强珍稀物种回归自然栖息环境的技术研究。恢复和建设妫水流域、温榆河、汉石桥等湿地保护区。在各类城市绿地的建设中，注重植物多样性配置，建立大面积、物种多样的人工绿地生态系统，加强城市地区野生鸟类的保护，开展相关的基因工程方面的研究与应用。

八、生物多样性保护技术

根据山区、平原、城市的地理特点，区别各个地区相对独立的生态系统，制订实施针对性的生态保护和建设计划。完善围绕市区的绿化放射状系统，重视平原过渡地带的生态建设，初步形成城市中心与外部联系的自然及半自然的生态廊道。

抓好重点保护野生动植物保护和全市古树名木保护工作，结合保护区建设保护和恢复珍稀动植物栖息地。2005 年完成林业生物防治研究推广中心、野生植物及湿地资源监测体系、野生动植物检测中心等工程的建设，2008 年完成野生动物救护中心和水生野生动物保护中心的建设。开展动物"再引入"工程相关技术的研究，加强珍稀物种回归自然栖息环境的技术研究。恢复和建设妫水流域、温榆河、汉石桥等湿地保护区。在各类城市绿地的建设中，注重植物多样性配置，建立大面积、物种多样的人工绿地生态系统。加强城市地区野生鸟类的保护。建立野生动物救护中心、繁育中心，形成保护、救护、繁育一体化。维护生物多样性，改变造林绿化中树种少、结构单一，人工痕迹较强，与自然不够和谐的现象，提高绿化美化整体水平。增强林木管护和森林资源安全保障能力，特别是护林防火能力，确保森林资源安全。

根据山区、平原、城市的地理特点，区别各个地区相对独立的生态系统，制订实施针对性的生态保护和建设计划。完善围绕市区的绿化放射状系统，重视平原过渡地带的生态建设，形成城市中心与外部联系的自然及半自然的生态廊道。

重点抓好以下几项工作：

① 维持对周边和下游地区有价值的生态系统服务功能，提供环境的弹性，例如保护土壤和流域，减少污染。

② 保护天然环境中的动植物种群，保证它们的自然选择和进化的延续。

③ 保护典型的、有代表性的生态系统，如古典园林、寺庙、湿地等。

④ 保护迁徙性物种的重要停留地，防止人为破坏，如改变土地用途等。

⑤ 为那些扩散物种或在一些情况下在其他地区被可持续性捕获的物种，提供安全的繁殖地。

⑥ 保护动植物资源，为当地自然资源的可持续性利用提供机会。

⑦ 保护具有巨大潜在价值的基因资源的源泉。

在保护的同时，提倡使用当地物种：加强当地物种的可持续利用，加强当地物种的种源培育研究，发动民众采集和培育当地物种种子。建立入侵种预警系统：建立中国和北京外来物种信息系统，在共享信息和经验的基础上建立全球信息系统，建立和更新最危险的入侵物种名录，并建立公约限制这些物种的扩散。对有可能产生巨大危害的物种如森林害虫、病菌等建立预测预报系统，并研究有效的防治措施。

九、高新技术的应用

高新技术是最具生命力与广阔前景的科学技术领域，是林业可持续发展的科技源泉。在林业生态建设中应用的现代高新技术主要分为生物技术、信息技术、新材料、综合技术等。

（一）生物技术

生物技术是林业科技创新的重要领域，是本世纪高新技术的核心。在林业生态工程建设中发展潜力很大。林业生物技术研究的重点领域是：运用 DNA 重组技术、基因转移技术、植物再生技术、细胞工程与常规育种技术相结合等手段，在选育抗干旱、防风固沙、风沙治理、耐盐碱、抗污染、低耗水等优质、抗逆、生态适应性能好的新品种方面开展了研究工作；加快林木品种改良的研究与开发。

（二）"生物节水"技术

通过植物水分生理和土壤、大气关系的研究，根据植物对水分的吸收、运转、消耗等过程的监测，真正按照植物对水分的需求定量供水，做到对水分的最大利用率。"植物水分活力测试仪"等仪器的研制成功初步解决了生物节水技术手段，开创了新的途径。

（三）新材料的研制

新材料的研制开发与应用是未来林业尤其是未来旱区城市林业研究的重要领域之一。正在向功能型、复合型、智能型方向发展，在林业生态工程建设中应用前景广阔，为林业发展提供重要的服务和支持。北京是缺水的北方城市，积极开发"成本低、投劳少、寿命短、维护保养易"的新材料更是当务之急。为了适应这一特点，近年来在北京市林业生态建设中，营养袋、根宝、ABT 生根粉、保水剂、地膜、"生态垫"等新材料不断得到应用与推广。

（四）生物制剂

生物制剂具有自然、环保等特征，在林业生态建设中具有广阔的应用前景，北京市在生物农药（杀虫剂、杀菌剂）、菌根制剂、生物保鲜剂、生长调节剂、细菌病原菌及高效低毒杀虫剂、微生物制剂等方面进行了研究与开发。并取得了可喜的进展，如"菌根菌剂在针叶树育苗上的应用研究"。

（五）信息技术

以计算机技术、"3S"技术、电子技术等为核心的信息技术在林业生态环境建设中具有极为重要的作用，为林业生产、林业管理、林业资源以及流通过程进行管理和服务。

今后，随着社会经济的发展，北京的城市建成区面积、人口数量、能源与资源消耗总量、机动车保有量、城市需水量、建设规模等影响环境质量的诸多因素将会有较大增长或维持在较高水平，北京林业生态环境建设必须根据其自身的自然环境状况与社会发展趋势，要着眼全局、着眼未来、科学规划、统筹安排，研究城市化推进对区域生态系统的胁迫效应、城市森林生态服务功能运转机制与评估方法，探讨森林生态服务功能的风险减缓措施和系统监测技术，探讨城市化进程中对林业需求的演变机制、人类活动胁迫下区域森林服务功能评价方法、城市森林服务功能监测与控制机理。

　　总之，在生态工程建设中，采取各种有效举措，一方面最大限度地运用已有的科学技术成果，提高生态工程建设的科技含量；另一方面针对工程建设中出现的新问题，加大科技投入力度，重点研究生态工程建设所需的新技术、新材料。依靠科学技术水平的提高从根本上改善首都的生态环境状况。

第五篇　北京林业产业发展的关键技术

第二十章　北京林业产业的现状与问题

根据首都的特点、大城市的特色以及北京市民的特殊需要，北京市从人口多、人均土地少、水资源紧缺、郊区和山区比例大的实际出发，充分发挥高科技优势、人才优势以及林业资源优势，大力发展林业产业，现已初步成型的林业产业有森林旅游业、果业、花卉业、林木种苗业、蜂业及速丰林产业等。

一、森林旅游业

（一）现状

北京的历史悠久，是全国的政治、文化中心。其山区面积 1.04 万平方公里，占全市总面积的 62%，西部为太行山，北部为燕山，两脉相连，由房山的张坊镇到平谷的金海湖，绵延 230 公里，山形地貌复杂多姿，历史文化悠久，生态环境幽静，森林生态旅游资源丰富多彩。

近 20 年，全市已先后建成森林公园和森林旅游区总数 22 个，其中，国家级森林公园 8 处，市级和区县级森林公园 12 处，另有两处自然保护区（国家级、市级各 1 个）。山区以森林、山石、洞穴、溪湖等自然山水类型为主，体现淳朴、自然、山清水秀的山野风光；平原以人工林造景为主，如郊野公园、绿地、观光果园等。庙宇、石刻等文物古迹，大都分布在森林旅游点中。

北京 14 个郊区县（含国有林场），目前已开发建设了森林生态旅游景区、景点 380 余处；建设以森林景观为依托的狩猎场、滑雪场、特色游乐园以及休闲度假山庄等 140 余处；为适应城里人的需要，京郊农民利用优美的自然环境和传统文化，开展以"住农家院、吃农家饭、观农家景、赏农家民俗"为内容的民俗旅游接待点 3000 多处；建成观光采摘果园 450 多个，1.3 万公顷。据 2002 年统计，北京郊区森林生态旅游共接待游客 5000 多万人，旅游收入达 49.7 亿元，其中观光度假、民俗旅游接待 3618 万人次，接待收入 22.8 亿元，参加果园采摘的达 335 万人次，采果 2098 万公斤，果园收入 9730.4 万元。

通过问卷调查显示：城区人愿到郊区旅游的占 99.09%，愿欣赏自然风光的占 77.45%，愿回归大自然的占 67.53%。大力开发京郊的森林生态旅游，是久居城内的广大市民的生活需要；是京郊农民发挥天然优势发展经济、脱贫致富的需要；也是首都林业转换机制、调整林业结构的需要。

（二）问题

1. 带来环境污染，管理不力

有些景区游客超过设计数量，管理不到位，旅游时乱扔垃圾、毁坏树木、花草、狩猎、滥挖药材、汽车尾气排放，导致环境污染，生态受损，损害林地土壤的理化性状，污染大气，森林遭到破坏，水土流失加剧，影响野生动物的保护和野生动物的栖息环境条件。在旅游设施建设上，很多没有做到与环境保护的设施配套，造成宾馆、饭店排放污水、废气、废渣；各种生活垃圾和废弃物给旅游区带来污染。

2. 缺乏整体规划，旅游产品结构单一

旅游景区的建设缺乏规划设计，滥造人工景观，修房、建庙等，造成对自然景观的破坏。旅游地区的多头开发，盲目建设，不仅形式雷同，造成浪费，而且随意开山修路、平地建房，会破坏森林植被，影响山体稳定，造成水土流失，洪水泛滥，山体滑坡等灾害。在旅游产品结构上，总体表现在静景多、观光型多、娱乐型少；单一性多、参与性少，这种结构一定程度上限制了客源的稳定和增长。

3. 法规、制度不健全

缺乏森林生态旅游的相关法规、制度和管理办法。管理机构人员不足，出现不少漏洞。有些地方尚未制定出引资共建的优惠政策和机制，影响继续开发建设。

4. 旅游从业人员文化和业务素质低

许多旅游企业，特别是个别服务业的从业人员文化水平普遍较低，需要加大人力资源的开发力度，通过培训和引进人才，不断壮大高素质的旅游人才队伍。另外，旅游景点的宣传和税法宣传力度不够，需要不断增加、改进宣传的内容、方式和方法。

二、果业

（一）现状

近20年来，由于京郊农业种植结构的调整和农产品市场化的形成，北京郊区果树的栽培面积和果品产量逐年增加。随着市民生活水平的提高，人们对环境条件改善和休闲观光需求的日益迫切，京郊的果树栽培面积还会增加。

尽管果树生产发展速度很快，但由于其独特的地理位置，较之果树大省仍然面积小、规模小；且产量、品质在总体上也存在着一定的差距。但是，北京具有自己的特色品种，具备多样性的市场，具有不可比拟的首都科技信息优势和经济优势，具有国内最大的消费市场和消费群体、特别是高档消费市场和群体，具有自身鲜明而闻名的主导产业区域，具有相对良好的基础设施配套，较大力度的扶持政策，从而使北京市的果树生产和果品产业具有良好的基础和发展空间。

2002年，北京市经济林面积已达到20.9万公顷，除散生果树687万株、其他经济林1.14万公顷外，成片果园面积已达19.7万公顷；比1990年的11.4万公顷增加8.4万公顷，增长74%。

2002年，北京市果品产量已达69000万公斤，比1990年增长120.6%。果品产值已达

146000万元，其中鲜果产值占79.2%，干果产值占20.8%。1997年至2000年，北京市累计出口果品及加工品13243.9万公斤，其中果品9472.1万公斤；累计创汇19725.7万美元，其中果品创汇12042万美元。2000年全市果品及加工品出口3928万公斤，创汇7349万美元，其中鲜果出口2170.3万公斤，干果出口777.7万公斤。2000年全市果品加工品10500万公斤，加工品出口980万公斤，产值12.5亿元。

（二）问题

1. 对本地传统优良品种的恢复和利用重视不够

在北京果树生产中，"九五"期间各区县十分重视优良品种的引进，曾先后从日本、韩国、美国、欧洲国家引进了许多优良品种，在生产中发挥了极大的作用。但是，相比之下，对北京自身特色品种的选育与恢复发展不足，如燕山板栗、大磨盘柿、北京鸭梨、京白梨、朗家圆枣，长期沿用老品种，一些良好的变异没有得到调研、开发，更没有进行品种认定；这些品种本应成为自己的优势当家品种，应该在最佳适栽区发挥应有效益，但没有充分挖掘。因此，果品产业自身亟待更新换代、提升层次。

2. 尚未全面贯彻适地适树、区域化栽培

适地适树、实行区域化栽培，是根据最大限度的挖掘多年生果树资源以及充分发挥树种品种效益而提出的，它是果树生产的发展规划、措施制定的基本依据与原则。但是，该问题尚未引起足够的重视，郊区部分地区仍存在着盲目引种、盲目建园的现象，致使一些果园未见效益，就变成老劣杂果园。同时在主导产业区仍存在着品种数量过大、品种比例不适、优势品种和应淘汰品种鱼目混杂的现象，使得品种的整体效益得不到充分的发挥。

3. 果品采后处理链条不健全

"九五"期间，尽管各级政府加大扶持力度，投资果品产后处理设施建设；但发展建设速度十分缓慢，采后选果、分级、包装落后，多数靠人工，很难保证商品的一致性。贮藏能力不足，果品贮藏量只占总产量的10%，导致果品上市过于集中，造成季节性过剩；果品加工能力低，不足总产量的10%，明显低于发达国家30%~90%的加工比例。产后产业化的程度很低，不能有效的实现果品供应的周年化和多样化。随着全市果树面积的迅猛增加，果品产后处理设备数量更显不足，现代化、规模化的产后贮藏保鲜设备尚未建立，产品运输、包装、保鲜技术的开发力度不大，严重影响了果树产业的发展。

4. 老劣杂果园改造力度不够、技术服务体系不健全

由于历史的原因，北京市果树业在"八五"之前的发展一直遵循"上山下滩""不与粮棉争地"的策略，果园多建在土壤瘠薄的坡地、河滩地、山区旱地、沙荒地上，立地条件差，缺水少肥；加上投入不足，管理粗放，重栽轻管现象普遍，造成了产量低、效益差。这些果园严重地制约着北京市果树整体水平的提高和效益的发挥。"九五"期间，北京市各级政府以提高果品专业化经营为指导思想，组织果农进行果树生产，培植农民合作组织，取得明显的成绩。但是，全市果树产业化、农民合作组织的管理没有章程，运作尚不规范，全市的技术服务体系不够健全，没有形成网络化的果树生产技术推广组织，市场信息、技术信息、产前、产中、产后生产资料的供应规范性差。而这些方面恰恰是应对WTO规则、提高果品市场竞争力应加以高度重视的方面。

5. 果品生产基础设施差、生产规模化和专业化程度低

北京属季节性干旱地区，尤其是山区果树大多处于干旱条件下。虽然北京市政府"九五"期间实施水利富民工程，使果园的水利设施得到明显改善。但是，目前全市果园可灌溉面积仅 7.7 万公顷（90% 以上分布在平原果园），而且主要是传统的开沟漫灌，果园管灌面积仅占产片果园面积的 15.8%，节水灌溉面积仅占产片果园面积的 2.3%；滴灌面积占 0.7%；渗灌面积 0.009%；微喷面积 0.003%。此外，与现代化果园生产管理相比，北京的果园生产规模小，专业化和机械化程度低，包括机械除草、打药、灌水、辅助人修剪和采摘等。

三、花卉业

（一）现状

截至 2002 年年底，全市花卉产业在生产面积方面，达到 3377 公顷，其中：露地面积 3162 公顷；设施面积 215 公顷。现代化温室 45 公顷。在年产量方面，鲜切花 7234 万枝，盆花 2383 万盆，种苗、种球 1412 万株，花灌木 4336 万株，草坪草 1567 万平方米，干燥花 784 万件。总产值为 55751 万元，其中鲜切花 10111 万元，盆花 18618 万元，种苗、种球 2924 万元，花灌木 14840 万元，草坪草 7065 万元，干燥花 2453 万元（图 20-1）；出口 253 万美元。花卉生产基地和企业 215 个，其中大中型基地 67 个；花卉生产专业户 999 户。全市有花卉市场 20 个，1500 家销售网点，年销售额 5.5 亿元以上。花卉从业人员 2 万余人。

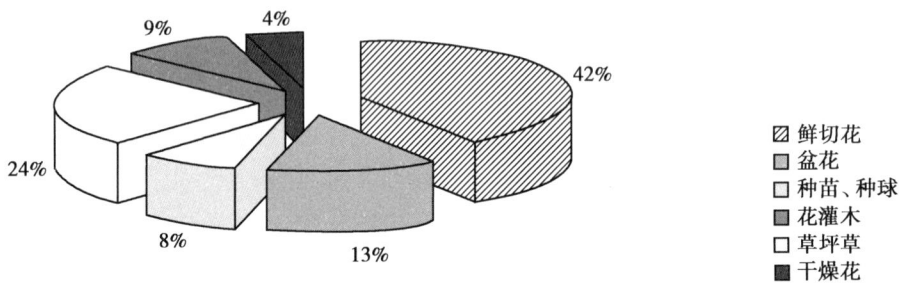

图 20-1　各种花卉产量比例

（二）问题

1. 缺乏具有自主知识产权的品种和技术

每年需要的优质种子、种苗、种球主要依赖进口。目前我国花卉进口产品的种类很多、除稀有品种和高档花靠进口外，过去引进的许多花开始国内生产，但种苗、种球、种子要靠进口。目前北京种植的高档盆花和切花品种苗全部由国外进口，耗资近亿元，花费大量外汇。

花卉业的制高点是育种技术，新品种则是育种技术的结晶。在世界花卉业迅速发展的新世纪，如何利用我国丰富的花卉资源，开展科研和必要的资金投入，获得拥有自主知识产权的产品，是制约我国花卉产业发展的突出问题。

2. 没有形成特色产品，生产技术体系不规范，缺乏品牌品种

虽然北京市花卉业发展迅速，但缺乏地域特色，如闽粤地区的阴生盆栽观叶植物、云南的鲜切花、江浙的园林绿化苗木等，他们都有自己的拳头产品，形成各自鲜明的特色。规模化、专业化的花卉生产，带动了优质高产，形成本地区的特色和品牌，也有利于出口，荷兰的郁金香种球生产就证明了这一点。在花卉生产过程没有建立完整、规范的技术体系，生产出来的产品质量差，达不到国际同类产品的水平。需要加大科技投入，加强一线生产技术队伍建设，普及适用花卉技术，建立和完善标准化生产技术体系。

3. 相关企业少，没有形成完整的产业链，从业人员素质整体偏低

北京的花卉生产迅速发展，市场逐步完善，随之反映出相关辅助行业需要起步，如，盆花生产和种球种苗生产、设施生产需要大量的优良基质，北京市每年仅生产盆花需要约基质 25 万立方米，而且不同的花卉需要不同的配备比例。现在很多企业用的花卉基质是再生缓慢的泥炭资源大量从森林中挖取泥炭，会破坏森林资源和生态环境，造成新的水土流失。另外适宜盆花进入千家万户的环保农药、长效便捷花肥、植物生长调节剂、保鲜剂等产品种类少，针对性不强。

北京市花卉行业从业人员约 2 万人，其中生产领域的有 11150 人，大学以上学历的 320 人，占总人数的 2.9%；中专以上学历的 1427 人，占总人数的 12.8%。生产从业人员素质整体偏低，掌握科技知识和应用新技术的能力不强，难以胜任花卉行业这样技术含量较高的工作，影响产品质量和市场竞争力。

4. 信息不畅

尽管北京市是全国的信息中心，但相对于国外同行，花卉生产和市场之间信息沟通不及时，信息更新频率慢，可靠程度还有待于进一步提高。信息体系要为企业决策提供有效的服务，花卉市场价格和物流变化是非常快的，如果没有及时准确的信息，必然会误导企业生产，导致进销价格及物流的混乱，增加成本，带来损失。信息资源是关系到花卉业未来的战略性资源。北京现有的网络信息滞后造成企业决策的失误，致使资金和资源的浪费。

四、林木种苗业

（一）现状

全市共有种苗生产基地 2940 处，规模 24824.6 公顷。种子年生产能力 12.8 万公斤，优良穗条年生产能力 1400 万条（根），其中良种年生产能力 0.2 万公斤；苗木年产量可达到 7.65 亿株，基地供种率 42%，林木良种使用率 40%。种子供应能力不断加强，苗木生产稳步发展。

按苗圃性质分，国有苗圃 85 个，总面积 1840 公顷，苗木生产能力 6219 万株，占全市苗木总产量的 8%，其中林业系统苗圃 41 个，非林业系统苗圃 44 个；集体苗圃 444 个，总面积 7046 公顷，苗木生产能力 2.1 亿株，占全市苗木总产量的 27%；个体苗圃 2331 个，总面积 12710 公顷，苗木生产能力 4.4 亿株，占全市苗木总产量的 58%；股份制苗圃 76 个，

总面积 2404 公顷，苗木生产能力 5213 万株，占全市苗木总产量的 7%。

生态保护、环境建设在首都经济建设和社会发展中，占有举足轻重的地位。市委、市政府明确提出了建设林业三大体系（林业生态体系、林业产业体系和森林资源安全保障体系）、构筑三道绿色屏障（山区、平原和城市隔离地区），建设生态城市的发展规划。据测算，全市每年用苗量需 5000 万株以上，能否提供品种对路、质量优良、数量充足、价格平稳的种苗将是实现上述所有目标的关键。

（二）问题

1. 多数区县缺少独立的管理机构和专业执法队伍

各区县种苗管理和执法的主体虽已明确，但很多区县尚缺乏种苗管理专业队伍或人员。全市 13 个区县只有 4 个单独成立种苗站，占 31%，其他 9 个区县由林业科、林业站代管，由于人员少，任务重，造成种苗管理和执法不到位，力度不够。

2. 执法不到位，生产经营秩序不够规范，市场混乱

《种子法》实施缺乏地方法规及相关规定、办法等的支持，执行难度较大。一方面，林业局虽为林业行政主管部门，但由于历史和单位隶属等原因，对园林、公路、水利、农业等部门的苗木生产经营单位的执法和管理难度较大；另一方面，由于没有具体的规定，对社会上不遵守《种子法》的生产、经营者缺乏有效的约束力。另外，种苗无证生产经营的现象较为普遍，全市凭证经营者只占经营总数的 10%，特别是集体和个体经营者领证率更低，种苗市场混乱，合同欺诈、虚假宣传误导、未审先推、假劣种苗坑农害农事件时有发生。

3. 种子基地少，基地供种率和良种使用率低

北京市种子基地特别是林木良种繁育中心、良种基地、采种基地、母树林、种子园等数量少、规模小，全市只有 5 个，总面积 534.9 公顷，占全市种苗生产总面积的 2%。供应量只为 12.8 万公斤种子和 600 万条优良穗条，基地供种率只为 20%，种子的供应渠道主要靠外地，质量和数量无法保障，种子供应渠道不畅，严重影响了造林进度和质量。由于良种基地规模小，供应能力低，种子加工、贮藏设施少，良种价格倒挂，造成造林良种化程度低，良种使用率低，仅为 40%。

4. 宏观调控和引导能力弱，不能完全适应林业建设发展的需要

主要表现在，种苗供应与造林需求的衔接问题仍未得到很好的解决，一方面造林任务下达晚，使种苗难于超前准备，另一方面服务体系不健全，缺乏信息引导，使种苗的生产存在盲目性，结构不合理，导致种苗结构性过剩。目前，北京市苗圃 2.4 万公顷，育苗面积过大，已接近全市耕地面积（25 万公顷）的 1/10。北京市近几年每年的苗木需求量为 1 亿株左右，而 2004 年的总产苗量已是 7.65 亿株，远远超出了苗木市场的承载能力。另外，苗木结构不合理，市场开拓不力，个别树种苗木大量积压，打击了农民的育苗积极性，种苗产业发展陷入困境；苗圃多，尤其是小型苗圃多，育苗地分散，致使规模化、产业化、标准化经营难以形成。

5. 质检站建设慢，林木种苗质检工作落后

市种苗站现有的一些仪器设备已经相当陈旧，影响了种子苗木质检工作的正常进行。

目前，市级质检站正在筹建中，各区县质检站还未建立，质检工作难于开展，造成对种子苗木质量缺乏跟踪评价，造林苗木质量不能保证，严重影响了造林质量。

五、蜂业

（一）现状

北京地处我国南北交界处，既有热带亲缘植物，又有东北寒冷地带亲缘植物，加上地形复杂，具有十分丰富的蜜源条件。京郊有草场10万公顷、有林面积36万公顷、果树、蔬菜生产基地发展迅速、大田农作物种类繁多、山野花草丰富多彩。各种植物、农作物花期相互交错，基本上是一年三季有花，加上发展中的保护地果蔬生产，将逐步实现宏、微观结合的四季有花。随着退耕还林面积的增大，蜂业活动阵地将更加广阔。据中国农业科学院蜜蜂研究所专家的调查估算，北京自然资源可承载蜜蜂50万群，这为京郊发展养蜂提供了可靠的资源保证。相对于目前全市饲养的15万群蜜蜂，发展空间很大。

目前，全市建立养蜂专业合作组织28个，养蜂户达6500户，饲养蜜蜂15万群，年产蜂蜜450万公斤，王浆3.5万公斤，蜂蜜、王浆产量均达历史最高水平；蜂胶、花粉、蜂蜡等蜂产品产量大幅度增长；涌现了100多个养蜂龙头大户，养蜂量均在100~250群，年收入在3万~14万元。全市山区养蜂14.2万群，有养蜂户5600户，养蜂万元户1051户，山区养蜂群数占全市养蜂数量的95%。

京郊养蜂业的蓬勃发展和庞大的蜂产品市场，带动了蜂产品加工业的繁荣。目前全市蜂产品加工贸易企业200多家，蜂产品年加工产值超过4亿元，出口创汇0.25亿美元。根据对北京市2002年蜂产品流向调查表明，北京市蜂产品年销量达12400吨，其中蜂蜜11000吨、蜂王浆580吨、花粉400吨、蜂胶60吨、其他蜂产品350吨。

据统计，2002年，全市蜂产品销售额达2亿元，其中，蜂蜜销售额达8300万元、蜂王浆8470万元、花粉800万元、蜂胶1570万元、其他蜂产品975万元。从销售分布看，北京市场销售1亿元、外埠市场2905万元、出口创汇800万美元。以上计算的仅仅是蜂产品的粗加工销售额，如果加上蜂产品加工成蜂制品（如北京蜂王精等精制品）的销售额，应当超过10亿元。

北京不仅具有发展养蜂的优越条件，又有较大的蜜蜂产品市场。北京是一个潜力很大的蜜蜂产品市场。而京郊蜂农生产的蜂产品远远不能满足国内外市场的需要，首都的一些蜂业公司、加工厂和外贸企业，还需要大量从外埠调集蜜蜂产品，所以京郊蜂业发展具有可靠的市场保证；加上首都蜂业科研力量十分雄厚，也为京郊蜂业发展提供了强有力的技术支撑。所以说，京郊蜂业可成为农业经济新的增长点，发展前景十分广阔。

（二）问题

1. 对蜂业总体认识不充分

社会上还没有充分认识到京郊蜂业是致富农业、健康农业、创汇农业和生态农业的统一体。政府没有把蜂业作为促进农业高产、优质、高效的一项重要措施来抓，从而导致蜂业没有稳定、明显的扶持政策，没有专项事业发展经费。

2. 对蜜源植物资源没有做到依法保护和合理开发利用

据专家考证，0.3 公顷山场的植被至少可饲养 1~2 群蜜蜂，以最低 1 群计算，北京市还可发展 50 万群蜂，现在仅有 15 万群，如按每户饲养 30 群规模计算，还可增加养蜂户 1 万多个，正常年景每户可增加年收入 3000~9000 元，全市可增加蜂蜜 1300 万公斤，王浆 120 万公斤，花粉 50 万公斤。按批发价计算，可增加收入 1.2 亿元，这是一项新的空中农业，相当于新增加 0.7 万 ~1.4 万公顷大田作物的产值。

3. 区域发展不平衡

昌平区养蜂由 1999 年的 1 万多群猛增到 2002 年的 4 万群，该区流村镇养蜂 1.5 万群，是全市养蜂最多的乡镇，比平谷、密云整个区县还多。该区崔村镇下八家村养蜂 3500 群，成为京郊养蜂第一村，比一般平原区县还多。调查结果表明，养蜂业在各村中发展极其不平衡。瓦庙村、边庄子村养蜂户数量占全村总户数 20% 以上，东灰岭村、两班各庄村的养蜂户总数占全村总户数均不到 3 %，长操村仅为 1.7%。

4. 养蜂生产规模小，技术落后

不论是与国外蜂场相比，还是与国内发达地区相比，京郊蜂场规模都比较小。如美国加利福尼亚州汉斯蜂场是全美第二大蜂场，养蜂在 12000~15000 群；我国云南弥勒县的弥勒蜂场养蜂 2000 群，而北京最大的蜂场仅 175 群，一般蜂场 20~50 群。就机械化程度看，美国凯思蜂场的 3000 群蜜蜂，仅 3 人负责运蜂、管蜂、摇蜜，有 120 框横卧式摇蜜机等大型养蜂设备，一次可摇蜜 120 框，摇蜜 14500 公斤，该蜂场年产封盖蜜 20 多万磅，年售蜂群 4000 群，为农业授粉投入 2000 多群，全场年收入 15 万美元，而北京还是 20 世纪 60 年代的红框式摇蜜机，一个蜂场年收益 1 万多元，最多也就 10 多万元。另外，京郊蜂农生产品种单一，主要以蜂蜜为主，利用优良蜜蜂品种少，先进的养蜂技术应用不普及，造成单产不高，蜂蜜平均单产仅 35 公斤，王浆仅 0.25 公斤，而且产品存贮手段落后，严重影响产品质量。

六、速丰林产业

（一）现状

北京市发展速生丰产林按照"生态优先、景观优美、产业优化、高质高效"的原则，结合农村种植结构调整和国家三北防护林建设工程、"五河十路"绿色通道工程、治沙造林工程、农田林网更新改造等林业重点工程，大力开展了速生林建设。从 2001~2003 年大兴、通州、顺义、朝阳、海淀、丰台、平谷、密云、怀柔、延庆、昌平 11 个区县 90 多个乡镇，营造速生丰产林 19143 公顷，植树 1200 多万株。

速生丰产林建设按照适地适树和速生、丰产、优质、稳定的原则，坚持以经济效益为核心，规模发展、集约化经营，坚持高质量建设，严把造林地选择、整地、栽植、管护各个环节。在树种选择上，以杨树为主，主要栽植的是 107 杨、108 杨、中林 46 杨、沙兰杨、意大利 214 杨和廊坊杨 1 号、2 号、3 号等速生、优良品种。造林密度多采样 3 米 ×4 米、3 米 ×5 米、4 米 ×6 米、5 米 ×6 米株行距栽植。加强栽后土、肥、水管理，并及时对树木进行修枝，使树干圆满、通直、无枝条、尖削度低，提高材质。全市近年来发展的速生丰产林成活率高、生长旺盛，每亩年增长蓄积量达到了 1.5 立方米左右。

速生丰产林建设以兴林富民为宗旨，遵循市场经济规律，坚持深化营林机制改革，放开搞活建设机制，为加快速生丰产林建设，市林业局根据国家和市的有关部门规定，制定了速生丰产林管理的有关部门政策，允许投资者按照经营目的、培育目标进行采伐，消除了农民心中"只许造，不许砍"的后顾之忧，良好的政策调动了个人、集体、企业等社会各界营造速生丰产林建设的积极性，农民成为速生丰产林建设主题，投资参与面积已占 90% 以上，总结形成了"集体加农户""公司加农户"等建设发展模式。通州区永乐店镇把发展速生丰产林作为本镇的农业主导产业来抓，制定了营造速生林免农业税，给予一定苗木补助的政策，积极推行承包、租赁、合建等方式，采取 2 米 × 2 米 × 25 米小垛垄（两行一带）的小株距大行距的造林方式，行间种植农作物。从 2000 年开始发展速生丰产林，截至 2003 年营造速生丰产林 0.4 万公顷，其中，2002~2003 年发展面积 0.2 万公顷，成为全市发展速生丰产林最快、面积最大的乡镇。

（二）问题

1. 培育目标不明确，造林与加工利用脱节

由于速生丰产林基地建设与加工利用脱节，导致有林无价，影响了林农的营林积极性。

2. 资金投入不足，经营管理措施难以到位

由于造林资金不能足额到位，实际造林与计划造林存在差距，已完成的造林基地由于资金投入不足，经营管理措施难以到位，不少林分达不到速生丰产标准。

3. 树种单一、纯林多、林地隐患重重

目前，北京市已营造的速生丰产林大多为纯林，如大面积的杨树纯林、松树纯林等，这些基地林结构简单、稳定性差，许多林地还存在连作栽培现象，导致立地质量下降、地力衰退。

4. 木材加工产品科技含量低，精深加工不够

木材加工产品品种单调；高附加值的新型复合产品少，建筑结构用木质材料产品开发不够；木材加工和高效利用的龙头企业没有形成。

第二十一章 北京林业产业的发展思路与对策

一、森林旅游业

（一）发展思路

北京的森林生态旅游业，必须以保护生态环境为前提，以森林旅游资源为基础，以森林公园、自然保护区为依托，以市场为导向，以调整产业结构为动力，坚持可持续发展战略，认真贯彻生态、生活和旅游三兼顾，环境、景观、设施建设三同时和生态、社会、经济三大效益相统一的原则，把京郊森林生态旅游的景区景点建设成为优美、清新、宁静、明快的休闲旅游好去处，使北京的森林生态旅游业能够持续、快速、健康发展。为此，必须坚持以下原则：①坚持建设首都城市型林业原则。根据北京城市的性质和发展要求，充分发挥首都的优势和条件，搞好北京的林业建设。②坚持林业可持续发展原则。积极植树造林，发展林业；加强防护体系建设，严格保护林地；科学开发和利用森林资源。③坚持林业生态环境和自然景观的完整性和一致性。④坚持统一规划、合理布局，分期实施、逐步形成规模。⑤因地制宜，突出山林的个性和特色，防止雷同、重复、浪费。⑥面向市场、面向社会，引入竞争机制，坚持国家、地方、部门、集体和个人一起上的原则，综合开发，滚动发展。

根据北京丰富的森林生态旅游资源和良好的区位优势，结合国内外旅游市场需求不断增长的好势头，抓紧发展建设，把森林生态旅游业建成北京郊区经济发展的支柱产业之一。

2010年，立足目前基础，加大对现有森林公园的规范化管理和建设，重点续建和开发一批景观特色突出、区位优势好、品位高的森林公园和森林旅游区。如西山国家森林公园、蟒山国家森林公园、鹫峰国家森林公园、大兴古桑国家森林公园、云蒙山国家森林公园、大杨山国家森林公园、潮白河森林公园、八达岭森林公园、北宫森林公园、霞云岭森林公园。再建30个重点森林公园和森林旅游区，总面积达8万公顷，年接待量300万人次，总收入3亿元。

到2020年，力争森林公园和森林旅游区总数达到100个，总面积达14万公顷，年接待量500万人次，总收入5亿元。

（二）对策

1. 提高认识，加强领导

从国际大都市生态旅游的发展趋势看，生态旅游不论是旅游人数，还是旅游收入都在旅游体系中占据越来越重要的地位。当前，中国已经加入世贸组织，京郊森林生态旅游业遇到了千载难逢的好机遇，各级政府要切实提高认识，加强领导，把发展森林生态旅游业列入议程，建立健全组织机构，精心策划森林生态旅游的景区景点建设和管理，要制定相应的优惠政策，进行有力的引导和扶持，保证京郊森林生态旅游业健康、快速发展。

2. 抓紧制定全市森林生态旅游发展规划

请市政府组织有关方面的专业人员，在周密细致的调查研究的基础上，编制出一个京郊森林生态旅游业的总体规划。这个规划，既要有理论性、科学性，又要有可操作性，使其成为京郊森林生态旅游业发展建设和经营管理的指导性文件，主要内容应包括指导全局的总体布局规划和根据不同山区、不同特色制定的景区、景点建设规划，要各具特色，防止雷同和重复；有基础设施和服务设施规划、生态环境保护和组织管理规划等等。规划文件一旦获得通过批准，就要认真贯彻实施。

3. 加强法制建设，加大执法力度

京郊森林生态旅游必须做到依法开发建设，依法保护环境，依法经营管理，逐步提高法制化程度。

我国有关保护生态环境、加强旅游管理的法律法规有《中华人民共和国宪法》《中华人民共和国环境保护法》《中华人民共和国森林法》《野生动物保护法》和《森林公园管理办法》等。京郊森林生态旅游业，除适用上述法律、法规外，还要由北京市人大或市政府制定颁布一个加强森林生态旅游建设和管理的法规或条例。做到有法可依，有法必依，执法必严，使京郊森林生态旅游业走向法制化轨道，促进京郊旅游业持续、快速、健康发展。

4. 加强管理，提高质量

首先要加强旅游资源开发利用中的保护与管理，处理好保护与开发的关系；协调处理好各方面的经济利益；要采用科技手段，对旅游区的环境影响进行监测、评价，确定生态环境和旅游资源的承受力，为保护和管理提供科学依据；要加大环保宣传力度，使森林生态旅游者和开发者自觉保护生态旅游资源。同时要加强旅游的活动管理，维护好旅游秩序，有关部门要制定并健全环境保护和生态保护方面的管理办法和条例，建立严密的组织机构，配备合格人员加强管理，这些管理应包括对游人的管理，对治安的管理，对安全的管理，对环境卫生的管理，对服务摊点的管理，对导游服务的管理，对交通秩序的管理和对娱乐服务的管理等等，要明确具体的管理标准，严格管理，不断提高京郊旅游业的建设和服务质量，走依法保护生态旅游资源的道路。

5. 多方筹资，引资共建

森林公园和景点建设同林业生产相结合。按照林业可持续发展的要求，近年来，部分国有林场和集体、个体有林单位利用自有资金和林业生产经费把林业生产同森林公园建设相结合，收到较好效果。为切实做好风景林资源培育，突出园区特色，提高观赏价值，计划将有限的资金合理配置，有效利用，加大投入，加强森林公园、自然保护区和旅游景点的建设。

扩大对外合作、招商引资的力度。京郊森林生态旅游业在接待服务、娱乐配套等基础

设施建设方面，广泛联合，对外引资占总投资额的50%以上。根据森林生态旅游业发展的实际，引资共建将成为各森林公园和森林旅游区加强自身建设的重要举措。

二、果业

（一）发展思路

果业发展的指导思想：区域特色化，发展规模化，品种多样化，品质绿色化，观光精品化。

发展目标是：使北京市果树业在率先基本实现现代化的基础上，真正成为郊区区（县）稳定的、具有可持续发展能力的支柱产业；并具体达到"六个一"（或双一、双十、千、万），即优质果率增加一倍，产值翻一番；现代化果园10个，生态效益贡献率提高10个百分点；观光果园1000个；果农人均收益达到10000元。

果业发展战略方针是：特色、精品、个性、安全。

果业发展战略布局：点（区域名特优品种群）、线（旅游观光果业）、面（优势树种八大产业带）结合，产、学、研、管并举。

果业发展战略途径：以果业的经济效应、生态效应、旅游休闲效应（即"三个效应"），实现果业的高标准生产能力、高水平生活品位、高质量生态环境（即"三个功能"），进而提升果业的经济性（对农业生产的贡献率）、生态性（对生态环境建设的贡献率）、生活性（对市民生活质量提高的贡献率）（即"三性"），使北京市果品业生产真正由"数量扩张型"转变为"质量效益型"。

战略重点：着眼于可持续发展的角度，北京市果业工作的重点是实施"3+6"工程，即推行产业升级工程："三园建设"，包括名优果品园建设、精品高效园建设、观光休闲园建设；"三大体系"，包括专业化产业经营体系、安全无公害标准化生产技术体系、技术推广和信息服务体系；"三项工程"，名特优新品种换代工程、果品采后升值处理工程、果业组织化机制创新工程。研究六大可持续发展工程技术：种质创新工程、绿色/有机果品生产技术应用工程、现代化果业示范工程、果业市场化体系建设工程、人文/社区果业发展工程和果业信息平台构建工程。

（二）对策

1. 科技支撑

针对北京郊区果树生产发展的需要和存在的问题，需要以下成熟技术作为技术支撑：

（1）适宜北京郊区生态条件下栽培的优质果树名、优、新品种。

（2）优质、高效、安全果品标准化生产技术。

（3）以提高果品质量为目的的果树栽培技术。

（4）果品采后贮藏、保鲜和加工技术。

（5）果品营销体系建设。

（6）果品生产质量安全管理体系。

目前已有的实用技术成果有如下几个方面：

（1）已经拥有一批果树名、特、优、新品种。

（2）部分树种高光效树形的整形修剪技术已经取得经验。

（3）果树辅助授粉（壁蜂和授粉机辅助授粉）与疏花疏果配套技术。

（4）果实套袋及配套管理技术。

（5）果树行间生草和树盘覆草技术。

（6）土壤与树体营养诊断与平衡施肥技术。

（7）果树栽培和工程节水灌溉技术。

（8）安全与绿色果品生产的病虫害防治技术。

2. 技术人才支撑体系

"以人为本"，科技创新和产业化的主体是科技人员、企业家及农民技术人员。与全国其他省市、包括果业大省相比，北京市拥有强大的果业发展的技术力量和人才队伍；除北京市农林科学院林业果树研究所、北京农学院、北京市农业技术职业学院等市属科研院所和大专院校外，中国农业大学、中国农业科学院、中国林业科学研究院乃至中国科学院等中央在京科研院所和大专院校在很大程度上也为北京市果业的发展贡献和继续贡献力量。

3. 基础设施保障

果品生产是一个前期投入较高的高效经济种植业，而北京的山区面积较大、立地条件相对较差、自然灾害虽零星但比较频繁；且市政府实施的退耕还林、防沙治沙工程和城市生态环境建设，其中约90%以上以果树为主。因此，果园基础设施的前期投入就非常重要和必要。为保证果业持续的高效益及果农的收益，应做到：

（1）各级政府制定具体的政策和措施，按照现代果树生产的要求，设立专项资金保证新建果园水利、道路、机井等基础设施的配套。

（2）对可显著提高果园大规模生产效率的机械、机具，或适宜减轻劳动强度、提高生产效率的小型、户用的果园机械、机具，政府从资金上予以示范性或鼓励性的补贴和扶持。

（3）对规划区内主导产业树种，能够明显调节市场供应期、且商品化生产后效益较高的设施果树生产，予以补贴性的扶持。

果品采后处理（含贮藏和加工）和流通，既是使果品增加附加值的主要手段，对我国和北京市而言，又是平抑目前果品、尤其是大宗果品相对过剩的重要途径。

（1）政府应制定相应的政策，鼓励和引导涉果企业或果品加工企业进驻北京（区县）并消化北京产果品，在可能的范围内，予以土地、税费等方面的优惠和支持。

（2）虽然采后处理和流通业应该是最适宜市场化运作的领域，但因北京市果品采后处理和流通业尚处于起步阶段，没有或很少有专业人员涉足该领域；因此，从扶持和尽快使其走向市场化的角度，政府可在前期设立专项资金，采用补贴或借贷等形式建立采后处理、特别是贮藏设施。各区（县）应根据区域性主导产业发展的要求，建立1~2个高标准、现代化、具有一定规模的冷藏库或冷藏气调库，使北京市果品采后处理总量提高5~10个百分点。

（3）政府以政策引导、吸引企业参与，在全市重点扶持5~10个主营果品包装运输的企业，按照WTO标准要求，运作北京市产果品的出口和外销。

4. 财政投入保障

改革开放以来的实践已经充分证明，中国经济的发展和产业的起步，一靠政策，二靠科技，三靠投入。随着社会主义市场经济的深入发展，投入的保障及其高效使用，对经济发展的重要性越来越大。因此，无论是基地、观光休闲园、果园基本设施、采后贮藏设施的建设等生产性投入，还是新品种引选、关键技术研发、信息平台和专业化经营体系建立等技术性投入，实现果树产业跨越式的升级以及稳定可持续的发展，无疑在很大程度上将有赖于资金的投入与保障，包括果业生产、基地建立投入、科技支撑项目和技术性投入、果品采后处理投入和观光果业投入。

5. 机制与体制保障

果树不同于一年生粮食作物，其具有多年生、最佳经济效益期长、前期投入后期回报等特点。如果承包制实施不好，或者实行临时性的短期承包，就会导致果农掠夺式生产的现象；或者由于承包期短，导致宜果区农民不愿发展果树的现象。因此，必须在机制和体制上给予保障：

（1）坚定不移地实行土地承包 30 年不变制度，各山区区县可根据实际，对荒山、退耕还林地实行承包期 50 年不变的制度。

（2）树立法制观念，认真履行土地承包合同法。

（3）引导农民在土地承包期内，发展果树等当地适宜的高效经济作物。

（4）解除果农的后顾之忧，调动果农发展果树产业的积极性。

科技创新是果树产业化的动力，北京要在国内外果品市场上占有一席之地，必须持续不断地进行科技创新。作为理念先进、管理高效、调控能力相对较强的北京市和各区（县）政府，应尽早制定相关政策，设立专项资金，发挥在京高校和科研院所的高科技与人才优势，积极支持与鼓励科技创新。一方面，突出加强北京各区县主导果树产业优势的科技创新；另一方面，突出重点、集中资金，认真做好果树产业化项目研发的整合工作，以"3+6"工程为科技创新中心，大力推进北京市果业现代化的进程。

三、花卉业

（一）发展思路

花卉产业是以满足城乡生态环境建设和全面建设小康社会为目标，以市场为导向，以质量为核心，以科技为动力，以持续高效发展为前提，提高科技含量，发挥区位和资源优势，拓展市场空间，进而发展成为集经济、社会、生态效益于一体的现代高效产业。

北京花卉产业的发展以建设生态城市，美化城乡景观；发展花卉文化，丰富人们物质精神生活；提高效益，发展郊区经济为目标。为城乡生态环境建设、美化生活提供足够的花卉品种和数量，实现规模化、专业化、现代化生产，产业逐步融入国际市场。

北京花卉产业的发展定位为四个中心，即：盆花和种苗生产中心；花卉新品种培育、生产技术研发和信息咨询中心；北方新优花木示范推广中心；花卉文化宣传和物流中心。

具体分 3 个阶段实施。2003~2007 年奥运会前为第一阶段：花卉生产面积达到 6000 公顷（8

万~10万亩），产值达到11亿元。切花产量1.4亿支；盆花6000万盆；花卉种球种苗1500万粒（株）；干燥花1400万支；花灌木1.5亿株；草坪1200万平方米。2008~2010年为第二阶段：调整、优化升级阶段。2011~2020年为第三阶段：花卉生产面积稳定在6667公顷（10万亩）左右，产值16亿元。花卉主导产品实现标准化生产，有品牌和特色产品，培育出一批具有自主知识产权的花卉品种。从2003年至2020年，北京花卉产业总体发展趋势为：快速增长—优化升级—稳步发展。

（二）对策

1. 划分产区

根据北京花卉产业发展基础，发挥首都资源、科技和区位优势，将北京花卉产业规划为七大产区，形成各具特色的专业化、规模化、现代化的生产区域。

（1）中高档盆花和花卉种苗生产区。以昌平小汤山、丰台花乡、大兴榆垡、顺义三高、朝阳王四营等地区为中心。其优势是：技术力量雄厚，研发能力强，设施先进，规模大且集中连片，产品质量高。拟建成20个优质高效中高档盆花生产基地，3~4个优质花卉种苗基地。

（2）花卉集散物流区。以丰台、朝阳为中心，其优势是：种花历史悠久，花卉基地、公司聚集，设施齐全，花农经验丰富，同时距机场、车站、消费群体近，交通便利。

（3）北方新优花木生产区。以顺义、昌平、大兴、通州、房山平原重点地区为中心，形成有规模、有特色、高质量的花灌木生产基地。

（4）鲜切花、干燥花生产区。以昌平、大兴、通州、平谷为中心，鲜切花以出口和特色品种为主，干燥花建原材料生产基地。

（5）种球生产及花卉越夏基地。以延庆、怀柔、密云、门头沟、平谷山区为中心，利用山区夏季凉爽的气候优势，进行球根花卉种球生产和不耐热花卉的越夏栽培，并利用北京科研和设施优势，开展球根花卉采后处理研发工作。

（6）花坛花卉生产区。以丰台、通州为中心，其优势是离市区近，产品主要供应城市园林公共绿地美化，是花坛花卉生产和集中地。

（7）草坪草生产区。以通州、大兴、顺义为中心。

2. 建设配套服务体系

根据北京市花卉产业的现状，及其在整个国家花卉产业中的地位，北京市的花卉产业应致力于建设：

（1）全国花卉物流中心。

（2）全国花卉新品种种苗繁育中心。

（3）中国北方新优园林苗木示范推广中心。

3. 建设流通体系

2008年，建成了通畅的连接花卉生产区和消费群体的流通体系，市区花卉超市和花店均匀分布，10余个大型批发市场环绕在四环与五环之间，形成本市花卉流通圈。重点建设1~2个环境优美，服务一流，集观光、休闲、购物为一体的大型花卉市场。每个卫星城建一个 2000 平方米以上的花卉批发市场。

四、林木种苗业

（一）发展思路

北京林木种苗产业建设立足本市绿化美化用苗，着眼整个北方苗木市场，挖掘本市种质资源，加强林木良种基地建设。以北方国家级林木种苗示范基地和林木良种基地为龙头，建设一批骨干苗圃，增加名特优新树种、乡土树种、抗逆性树种和速生丰产树种等种苗生产，培育种苗市场，带动周边地区产业结构的调整。

完善部省合建的林木良种繁育中心，加强良种基地和采种基地建设。近郊区县以发展城市绿化美化用苗及花卉为主；远郊区县山区以发展生态建设工程用苗为主，半山区以发展大规格常绿树苗木、干果苗木和乡土树种苗木为主，平原以发展果苗、速生树种苗木、特色阔叶树种苗木、花灌木为主。建立一支林木种苗科技支撑队伍和良种推广体系，建立一批种苗科研基地和良种示范点，加快科技成果转化和良种推广应用，提高林木种苗的科技含量，提高林木良种使用率。采取原地保存、异地保存等方式，陆续建立林木种质资源保存处 69 个，规模 12.46 万公顷。加强和完善林木种苗信息、市场、配套加工等项目建设。

2010 年，完善和改扩建良繁中心及种子基地 40 处，年产种子 153.5 万公斤，优良穗条 1300 万条（根）；扶持 21 个重点苗圃，建立 10 个名、特、优、新苗木生产基地，年产各类苗木 3.6 亿株，Ⅰ级苗供应率达到 90%；建立健全 1 个市级、13 个区（县）级林木种苗质量监督检验站，使苗木受检率 80%，种子受检率 100%。

到 2020 年完成如下目标：使种苗体系更加规范、完善，使整体水平达到或接近世界发达林业国家水平，使Ⅰ级苗供应率达到 95%，苗木自给率达到 95%，林木良种使用率 80%，使苗木受检率达到 90%。

（二）对策

（1）加大科研投入，提高优良种苗培育和开发力度，建立全国优良种苗繁育中心。

（2）规范种苗市场，大力推广良种，大幅度提高良种的市场占有率。

（3）规范种苗生产技术体系，全面保证种苗质量。

（4）加强林木种苗法律法规建设，切实做到"有法可依，有法必依"。

五、蜂业

（一）发展思路

京郊山区蜂业发展方向应以市场为导向，以科技为手段，以质量为生命，以效益为中心，以产业化为途径，为人类健康和蜂农效益服务，向率先基本实现蜂业现代化方向迈进。

蜂业现代化可以概括为生产工具和条件现代化、生产技术现代化和生产组织管理现代化三个方面。蜂业现代化是用现代化工业装备蜂业、现代科学技术武装蜂业、现代管理方法经营蜂业、经济发展与生产环境优化协同，健全有效的蜂业服务体系，使蜂业在形态上成为科学化、集约化、市场化和社会化的蜂业。具体表现为生产目标是通过商品交换来最大限度地满足人类生活对蜂产品的需求；生产方式是专业化、区域化、规模化、社会化和组织化；蜂群产出率高和劳动生产率高、生产作业机械化等。

定性指标体系："七化"即饲养规模化（基地化）、品种良种化、蜂具标准化、生产机械化、产品无公害化、管理科学化、服务社会化。

定量指标体系（到 2010 年）：①建立基地（含养殖基地和加工基地）。大力扶持、发展 1000 群以上大型养蜂基地和年产值 5000 万元以上的龙头企业。②建立良种场。使蜜蜂品种优良率先达 50% 以上。③全市饲养蜜蜂 20 万群。④全市蜂蜜单产达 70 公斤／群，总产 700 万公斤；王浆单产 0.5 公斤／群，总产 5 万公斤。⑤带动 3000 户蜂农致富奔小康。⑥组建北京蜂业集团，实现蜂产品养殖、加工、销售一条龙工程，养蜂产值 8000 万元，加工产值 4 亿元，出口创汇 800 万美元。⑦建成蜂产品销售连锁商店 100 家。

（二）对策

1. 加强领导，改变观念，制定法规，增加投入，逐步率先基本实现蜂业现代化

各级政府及领导应从战略的高度、发展的角度对待养蜂业，充分认识到养蜂在帮助农民脱贫致富、解决农村剩余劳动力、蜜蜂为农作物和果树授粉增产以及蜂产品的天然保健美容作用和出口创汇等方面的作用，并把对养蜂业的领导与管理真正摆上议事日程，制定养蜂管理条例和优惠政策，提供资金投入，建立规模化蜂场，解决蜜蜂良种、蜂具蜂药、贮运周转设备和自动化分蜜机械等。

2. 强化服务和管理，建立蜂业发展的保健机制

主要是五个方面的保障体系：一是政府支持保障体系；二是组织保障体系；三是科技保障体系；四是法律与人身财产保障体系；五是建立市场保障体系。

3. 改变经营方式，提高技术水平

在蜂业科研和技术推广上，要加大投入力度，不断提高科研的广度和深度；同时多层次、全方位、有的放矢的加强宣传，注意进行蜂授粉专业知识的普及教育，树立起蜂授粉是现代化大农业实现优质高产的最佳途径的观念。

在生产形式上，由传统型（小而全，以蜜为主）向综合型转变，以综合效益和规模效益来抗衡自然风险和市场风险，从而大幅度增加效益。在生产环节上，由粗放经营（产量低、质量差、效益少）向集约经营转变。在各个环节采用先进技术，达到高产优质高效。在生产方式上，由大转地向定转结合的饲养方式转变。养蜂是自然再生产与经济再生产交织的生产过程，既受社会与经济环境的制约，又受天气、蜜源植物等自然因素的影响，应当提倡定转结合的饲养方式。

4. 支持建立基地，扶持加工销售龙头，组建集团，实现蜂业产业化，以蜂业产业化促进蜂业现代化的尽快实现

支持建立一批优质无公害蜂产品基地。拟发展 425 个养蜂场，其中 50 群以上的有 400 个，500 群以上的蜂场 20 个，千群以上的蜂场 5 个，推广生产优质无公害蜂产品。基地建设做到有计划、有步骤、有目标，集中人力、物力、财力，同时引进优种蜂王，配套先进蜂具，推广高效蜂药，应用先进饲养方法，确保生产无公害乃至有机优质蜂产品，也为出口优质蜂产品打下良好的基础。养蜂基地具体布局见表 21-1：

表 21-1　养蜂基地具体布局

区县	规模		
	50~500 群	500~1000 群	1000 群以上
昌　平	100	6	2
房　山	80	6	1
密　云	45	2	1
延　庆	55	3	1
门头沟	50	2	
平　谷	25	1	
怀　柔	21		
海　淀	12		
大　兴	1		
石景山	3		
顺　义	8		
合　计	400	20	5

扶持加工销售基地和蜂业集团建设（含蜜蜂授粉集团）。主要以龙头企业为主。蜂业现代化建设的关键就是龙头企业，龙头企业应有较强的经济实力和管理水平，因为它一头连着千变万化的市场，一头连着千家万户的蜂农。政府应将扶持龙头企业当作率先基本实现蜂业现代化的首要工作来抓，坚持名、特、优、新的原则，或改造或创新或嫁接，尤其在技术改造、产品更新等方面给予帮助，使其上规模、上档次、上水平，创出真正的名牌产品；企业要在各类蜂产品综合开发、提高质量、增加市场竞争力、增加生产能力和产品安全性控制等方面加大力度，成为真正的龙头企业，更好地发挥辐射带动作用。

建立北京市蜂业研究中心。进一步加强养蜂生产和蜂产品加工技术的研究，提高蜂产品的市场竞争力。一是在养蜂生产上，对蜜蜂饲养新技术、蜜蜂良种、蜂病防治、蜜源预报、新型蜂具等系列先进养蜂技术进行研制、推广；二是在产品加工上，重点突破蜂王浆制剂的应用、蜂花粉的破壁、蜂胶产品的水溶性和复方蜂胶产品等产品研制开发；三是建立优质无公害产品质量监控中心和安全产品体系，加大蜂业高新技术试验力度，加强科研力量，充实科技队伍，配备先进仪器，搞好蜂产品、蜂制品的质量监控和安全体系以及技术改造、更新换代和新产品的研制、开发、中试、推广工作。

六、速丰林产业

（一）发展思路

速生丰产林产业要根据北京的资源和生态特点、市场需求，结合北京的人才科学技术优势、信息优势、交通优势，以及其他有利条件，以调整产品结构，增加林农收人，提高企业效益为重点，进行高技术含量、高附加值产品生产技术的集成，为形成科技含量高、专业化的林业产业体系提供技术支撑。

（二）对策

1. 加快杨树等速生丰产用材林基地建设

重点抓好定向培育技术研究。针对各类工业用材林，围绕定向、优质、稳定和高效的目标，系统深入地开展遗传控制（适地适树种、无性系）、立地控制、密度控制及经营措施对各类工业用材林产量和质量（材性）的影响的研究，为各类工业用材林定向培育模式的优化提供理论依据和技术体系。定向培育,发展速生丰产用材林是非常重要和必要的。同时,北京还拥有发展速生丰产用材林建设的有利条件：①有发展速生丰产用材林适宜的自然地理条件。②有大面积发展速生丰产林的土地资源。③有发展速生丰产林的技术水平和管理经验。④有 0.1 万公顷的优良种苗基地作保证，可以保证发展 4.4 万公顷速生丰产林用苗。

2. 开发高附加值新型复合产品

以木结构建筑规范和各种工程木产品的生产和实验标准为依据，针对建筑结构要求的特点,开发相应的高附加值新产品,重点开发高附加值的新型复合产品,如单板层积材(LVL)、定向结构板（OSB）、木条状定成材（PSL）等。在西方发达国家，建筑及房屋装修所用木材一般占木材消耗总量的 30%~50%。随着我国经济建设及改革开放步伐逐渐加快，人民生活水平逐年提高。无论是各项重点工程开工建设,还是城市化进程发展和房地产业的迅猛发展,无一不构成对结构用木材的急剧需求。将高新技术将逐渐引入速生丰产林的生产过程中，以改造传统技术, 提高木材加工生产的技术水平, 使产品产量、质量以及原材料和能源的节约,产生质的飞跃。研究重点主要包括以下几个方面：①生产工艺方面。深入、系统地研究单板层积材、定向刨花板等的生产工艺规律（研究过程中可以借鉴国外成熟的工艺技术），以提高产品质量和科技含量。②生产设备方面。先进的生产设备是生产优质产品的保证，是将先进工艺转化为生产力的必需途径,必须重视先进生成设备的引进与开发。③产品应用方面。产品是速生丰产林工业发展的根本动力，主要受市场的需求以及资源和科技进步决定，未来的发展主要取决于市场的需求趋势。现在看来，我国的家具业，室内的装修、装饰业以及未来的木质房屋建筑业是拉动我国木材加工工业发展的主流。

3. 打造龙头企业

以现有骨干企业为依托，以资本和技术为纽带，组建若干大型建材、木业、家具企业集团。实力雄厚、辐射面广、带动力强的林业企业、集团和公司是带动千家万户走向国内外市场的龙头。对于那些符合林业产业政策，有发展潜力的企业，政府要在政策、资金、科技成果转让等方面予以倾斜和扶持，通过资产重组，培植龙头企业，形成具有国际竞争力的、跨地区的大型企业集团。要引导龙头企业创名牌，以品牌拓展市场、占领市场，以品牌塑造龙头企业形象。

第二十二章 北京林业产业现有的关键技术

新中国成立以来，特别是改革开放以来，北京市的林业科研、技术推广和科研管理机构围绕主要林业产业，积极开展林业科研试验、技术推广和科学普及，在林业科技工作得到加强的同时，有力地促进了林业产业的发展。"九五""十五"期间，北京林业科技工作紧密围绕林业生态环境建设和绿色产业发展的难点、重点，组织开展科研、推广和试验示范区建设。仅"九五"期间，市林业局组织实施市级以上科技成果推广项目43项，实施局级推广项目101项次。每年科技成果的推广应用面积在6万公顷以上，年经济效益5000万元以上。随着生产的发展、科技水平的提高和技术的不断创新完善，北京市林业科技实力明显增强，科技对林业产业发展的支撑作用日益凸显。一大批先进实用的林业科技成果涌现出来，将这些成果有机结合、组装配套，形成了系列技术模式，取得了较好的生态、经济和社会效益。

一、优良品种的恢复、选育和引进

（一）优良果树品种的恢复、选育和引进

1. 地方名特优品种恢复与发展

北京有众多传统名特优果树品种。北京市各级业务部门通力合作进行了重点调查、恢复和利用。如房山北车营村的名产大拳杏、蜜坨罗杏、白桃杏、大巴达杏等，芽接万余株，使其恢复生产；对海淀区北安河特产玉巴达杏、房山南尚乐的泡泡红大枣和朝阳区郎家园枣等，进行技术指导并扶植其恢复，为保护地方名优资源、恢复这些名优果品昔日光彩起到了重要作用。

2. 果树良种选育和引进

建国初期，北京果树以农家品种居多。几十年来，经过广大科技人员不断引种、选种、育种，果树品种得到更新。桃、苹果、梨、葡萄、杏、板栗、核桃等主要干鲜果树拥有大批优良品种。先后培育审定了50余个具有自主知识产权的果树新品种，包括30个桃（油桃、蟠桃、罐装黄桃）品种，9个葡萄品种，2个草莓新品种，7个板栗品种和1个核桃品种等。苹果除由日本引入的着色系富士苹果秋富Ⅰ、长富Ⅱ、工藤富士等品种外，还陆续引进王林、新乔纳金等早中熟优良品种。桃树已有早、中、晚熟配套的优良品种和蟠桃、油桃。梨树除鸭梨、雪花梨外，近年来由日本和韩国引进黄金梨、新世纪、黄冠、丰水、绿宝石等一批优良品种，以及早酥、砀山酥、金花梨等品种，并在各区县推广应用。核桃引进了数个外

埠早实优良品种。此外,樱桃、枣等树种已引入一大批名优新品种。北京市引进国内外果树(葡萄、李、枣、桃、杏、苹果、梨等)品种 331 个,新发展鲜果的优种率达到了 100%,既丰富了北京地区的果树资源,优化了品种结构,又丰富了首都果品市场,为北京市果树产业升级奠定了坚实基础。

3. 种质资源收集及种质创新

目前,已收集桃、草莓、杏、核桃、葡萄、梨、苹果等树种种质资源 2000 余份,近几年应用生物技术创新种质研究已取得显著成果,为果树新品种选育提供了有力保障。

(二)优良花卉的引种试验与推广

1. 切花月季引种及丰产栽培技术研究与推广

从美国引进切花月季 52 个品种,根据花型、枝叶、抗逆性及市场需求等要素,筛选出适合北京地区栽培的 5 个色系、25 个优良品种,提出丰产栽培的综合配套技术,累计繁殖种苗 40 万株,生产切花 300 多万枝。

2. 切花及观叶植物快速繁育技术推广

1994 年,引进国内外优新月季切花品种 50 个,观叶植物品种 26 个,进行栽培试验;建立了库容 130 立方米的保鲜库;完善了组培设施和技术,当年生产种苗 7.5 万株。同时,大兴县苗圃、朝阳区林业站的大叶花烛优良品种引进和组培速繁、香石竹种苗工厂化生产技术也都取得明显效果。

3. 广玉兰引种、驯化试验研究

从浙江、苏州、南京等地引种进行多点栽植试验。在北京地区庭院楼前向阳处露地栽植成功,为北京增添了一种常绿阔叶树。

(三)林木良种的引进、选育和推广

针对北京市山区造林树种仅限于油松、侧柏等,平原只有加杨、柳树、榆树、槐树的状况,为使树种多样化,从 20 世纪 50 年代中期开始,陆续引进四五十种主要针阔叶树。1958 年引进华北落叶松育苗和造林,70 年代在 6 个山区县和国有林场先后推广落叶松造林,保存面积 1.2 万公顷。在山区成片栽植云杉。在前山风景地区、重点栽植华山松、樟子松、白皮松、长白赤松等。70 年代先后引进群众杨、北京杨 8000 号、沙兰杨、I-214 杨、中林 46 杨、山海关杨等品种,用于平原和沙荒地区造林。引进铅笔柏、雪松、水杉和火炬树等。80 年代从南方引种龙柏、洒金柏、香柏等。90 年代引进广玉兰、杂交马褂木、二乔玉兰等。

1991 年,实施林业部"毛白杨优树快速繁殖技术推广——多圃系列育苗技术"项目,使砧木圃、根繁圃、采穗圃和繁殖圃配套,保持了良种的优良性状,加快了繁殖速度。同时引进毛白杨优良无性系鲁毛 50、南毛新等 13 个系号,在大东流苗圃进行一条鞭嫁接,建立育苗基地 14.5 公顷。

1992 年初,引进刺槐新品种鲁刺和豫刺优良无性系。从河南孟县林科所引进豫刺 8062、8017、8026、8033、8048、8059 等 6 个无性系细根段 1 万根,在大东流苗圃通过催芽移植育苗。从山东定陶县引进鲁 9、鲁 7、鲁 78、鲁 102、胶东、超 1 等 15 个无性系一年生苗,在大东流苗圃截干栽根育苗。到 1995 年,共收集毛白杨、刺槐、柳树、臭椿、皂角、欧美杨、侧柏、

圆柏等优良树种的群体、家系、优良无性系合计 259 件，营造试验示范林 13.33 公顷。

北京市种苗站与中国林科院合作，通过开展项目"毛白杨多功能型优良品种选育研究"，为北京市选育出毛白杨 351 号、9807 号、37 号、34 号、9832 号、2012 号、304 号和 1012 号等 8 个优良无性系。该项目 1998 年通过北京市科委组织的成果鉴定，成果为国际先进。

圆柏是原产中国的观赏树种，种质资源丰富，但群体内绿化效果差异悬殊。本研究采用群体编译分析，制订数量、形质综合的选择标准。市种苗站与北京农林科学院合作，选育出京桧 10-3、6-2、13-1、1-4、22-1、9-1、4-1 等 7 个优良无性系。目前，已在北京 7 个区县和辽宁、安徽等地共推广应用 5 万株。

通过与江苏省林业科学研究所合作，通过引种，筛选出金丝垂柳 J841、J842 两个优良无性系，共推广无性系 60 多万株，种条 300 多万根，先后推广到北京、河北、江苏、宁夏、广东等 8 个省、自治区、直辖市的 20 多个区、县。

据不完全统计，从 1999 年到 2004 年，我市从国内外共引进树种及品种近 180 个，苗木 22 余万株，接穗 20 余万根，种子 3000 多公斤。从引进的产地看，85% 以上为国外引种，从国内引进的只有 20 几个。从引进树种的类别来看，有观赏类、抗逆类、生态造林类及速生用材类等，其中以观赏型树种为主，约为 150 种，超过引进总量的 80%，其中彩叶植物又是近几年引种的核心，共引进约 100 种。

国外进口主要集中在美国、荷兰、比利时、德国、法国，树种主要有美国红栌、北美红枫、北方红栎、槭树、七叶树；蓝星沙地柏、金柏、扁柏；三角叶杨、刺槐、香槐等。国内引种主要是来自西北的柠条、花棒、沙棘等沙生抗旱植物及少量观赏树种。

（四）蜜蜂良种的引进和选育

1. 引进繁育推广喀意良种蜂王

为了推广"蜂蜜王浆优质双高产技术"，确保全市更多的蜂农受益，向首都市场及国际市场提供营养丰富、纯天然、高质量的蜜蜂产品，引进优质喀意杂交种蜂王，在京郊普遍推广，不仅提高了北京蜜蜂种源水平，遏制由于缺少新品种引进造成的蜂种退化趋势，而且大幅度地增加了蜂群单产，减少蜜蜂饲养管理难度，从而使广大蜂农夺得蜂蜜王浆双高产。

喀意良种蜂王是由欧洲的喀尼阿兰纯种蜜蜂和意大利的纯种蜜蜂通过杂交繁育、筛选选育、再选育，性能相对稳定的杂交蜂种品系。该蜂种既有喀尼阿兰蜂的抗寒性，善于利用零星蜜源，节省饲料的优点又有意大利蜂的繁育力强、容易维持大群、采集力强的优点，能较好地适应北京地区的气候特点和蜜源条件。

1994 年，北京市引进喀意杂交蜂王，不仅充实提高了原有种蜂场的蜂种，而且对市级养蜂基地进行了重点改良，同时初步建立了优质蜂种推广体系，同时、重点充实提高了平谷种蜂场，该蜂场目前已成为我市喀意良种专业育种场。

2. 市级养蜂基地蜂场的引种改良

确立了房山区佛子庄乡、昌平区高崖口乡、延庆县大庄科乡等 4 个市级养蜂基地的 80 个蜂场为重点引种改良蜂场。增强了种群素质，增加了蜂蜜王浆产量，同时使基地范围内的蜂种优势得以巩固。

2004 年全市蜜蜂饲养量达 15.5 万群,蜂蜜产量超过 600 万公斤,蜂蜜单产 37 公斤,蜂王浆产量 5.6 万公斤,蜂蜜、王浆总产及单产均创历史最高记录。养蜂总产值 8000 多万元,特别是涌现的 2200 户养蜂万元户中,人部分都引进过喀意良种蜂王,蜂农从技术推广、蜂种改良中取得了显著的经济效益。

(五)速生丰产林树种的选育与引进

杨树是我国北方的主要造林树种,由于它早期生长快,无性繁殖容易,能够实现无性系育种;造林成活率高。杨树木材具有多种用途,适用范围广。因此,杨树是北京市速生丰产林的主要造林树种。

1. 三倍体毛白杨

优质速生丰产林树种是林业产业快速发展和健康发展的基础。三倍体毛白杨新品种的培育成功,填补了我国短周期森林工业用材,尤其是纸浆材品种的空缺,1998 年获得国家科技进步二等奖,是国家林业部重点推广的科技成果。

三倍体新品种是通过对我国优良的乡土树种毛白杨进行遗传改良获得的,其遗传组成仍以毛白杨为主,因此其适生范围和生活习性与普通毛白杨并无太大差异,新品种为阳性树种,喜光照,以土层深厚肥沃、湿润的壤土或沙壤土生长最快。

三倍体毛白杨新品种生长迅速,轮伐期短,概括起来就是:

(1)生长快,栽培周期短。1 年生的苗木生长高度可达 4~6 米,地径 4 厘米左右。5 年采伐时,树高 30 米左右,单株胸径一般在 20~30 厘米左右,单株材积 0.2~0.3 立方米。5 年可轮伐,5 年生时每亩蓄积量可达 20~30 立方米,超过二倍体毛白杨的 2~3 倍。适于短周期工业用材,尤其是纸浆林建设。

(2)三倍体毛白杨无论是抗弯、抗拉能力,还是抗压、抗剪能力,都远优于普通毛白杨,且纤维素含量高,长度长,4 年生时纤维长度平均为 1.09 毫米,且分布集中,0.5~1.5 毫米的纤维占总纤维量的 96%~100%,长宽比 40 以上,壁腔比 0.4 以下。制造木浆、水浆得率为 92%~94%,其木浆质量可替代进口的高级木浆,完全可满足较大张力,强韧性和往返折叠的高质量要求,用于新闻纸和书刊纸,还可用于纤维板等工业用材林的建设,也可用于胶合板用材林的建设。

(3)抗病虫害。三倍体毛白杨新品种对杨树叶锈病,褐斑病和煤污病基本免疫,对天牛也有较强的抗性。

(4)抗旱。土壤含水量在 12%~23% 即可,并能抵御零下 15~20℃ 的恶劣气候,生命力顽强,在荒山、荒坡、贫土中都可栽种。

2. 欧美杨 107 杨

欧美杨无性系,雌株,是意大利杨树研究所 1974 年登记注册的无性系,其母本来自美国伊利诺斯州的美洲黑杨,其编号为 "55—071";其父本来自意大利中部的欧洲黑杨,编号为 "165—014"。于 1984 年引进我国,依照系统选育程序进行引种和区域化试验,1990 年选育成功,并通过国家 "七五" 科技攻关鉴定,定为我国工业用材林优良品种。1993 年荣获林业部科技进步二等奖，1996年荣获国家科技进步三等奖，之后又多次被列为国家林业局重点推广项目。此品种已通过国家级品种认定，并在我国已进行植物新品种登记。

早期速生是欧美杨107杨主要生物学特性，在华北地区试验地中欧美杨107杨年胸径一般生长量3~4.5厘米，高生长3~4米，超过1~214杨130%，超过中林46杨60%左右。在长江以北、淮河以南欧美杨107杨平均生长量超过1~69杨40%~60%。

欧美杨107杨属于窄冠欧美杨，主干通直，分枝角度小，主干与侧枝角度小于45°，侧枝较细，优良干形和冠形增加主干出材率。欧美杨107杨的木材基本密度、纤维长度、1% NaOH抽提物及综纤维素产量，均优于对照I-214杨，材质好，适宜用作工业原材料树种。另外，欧美杨107杨易繁殖，抗逆性和抗病虫害性都较强，是优良的速生丰产林树种。

3. 环保杨

新品种环保杨属于雄株优良无性系，春季不会结籽飞絮，不会散发大量花粉，是名副其实的绿色环保型杨树新品种。此树种是经过北京林业大学、北京市农林科学院等5家单位的30多名科技人员长达16年的联合攻关，选育成功的。除不飞絮不飞粉外，环保杨新品种还具有一系列优良特性：

（1）速生丰产。1年生苗胸径2厘米、苗高3米以上，当年即可出圃，可作为常规造林用苗，造林成活率95%以上，2年生苗胸径4厘米、苗高5米以上，达到了城乡绿化用苗的大苗规格。造林8~10年时胸径可达20~25厘米、树高12~16米，材积0.2~0.3立方米，达到了胶合板材原料的规格。

（2）树形高大美观。新品种的通直度为Ⅰ、Ⅱ级，比普通毛白杨提高两个等级，侧枝细小，分布均匀，顶端优势强，主干突出，树干圆满，尖削度小，树冠较窄，是培育胶合板材的理想品种。

（3）抗病虫害能力强。基本上没有树干水泡型溃疡病，在无蚕桑业发展的地方没有天牛危害，抗叶锈病和叶斑病的能力比易县毛白杨提高50%以上。

（4）材质优良。基本密度为每立方厘米0.38~0.41克，抗弯强度和抗弯弹性模量比普通毛白杨提高11%~65%，纤维长度1.16毫米，木材纹理通直，颜色白，无湿心材，旋切不起毛，既适合作胶合板材，也适合培育成建筑材。

经过多点、多年研究和推广表明，环保杨新品种适合于我国北方地区的北京、天津、河北、河南、山东、山西、陕西等省（直辖市）推广是当前黄河中下游平原城乡园林绿化、农田林网、绿色通道工程、速生丰产林建设最理想的树种之一。

4. 欧美杨108杨

此品种是意大利罗马农林中心选育出欧美杨天然杂种，保存者为意大利杨树研究所，雌株。1984年引入我国。按系统选育程序与方法进行杨树工业用材林新品种选育，经过16年选育于2000年在我国进行"九五"科技攻关鉴定，确定为我国杨树纸浆材新品种。该品种在2001年荣获由科技部等四部委颁发的"杨树纸浆材新品种定向选育"优秀科技成果奖，2002年荣获中国林学会学术奖——梁希奖。该品种列入国家林业局科技重点推广成果和通过国家品种认定，在我国已进行植物新品种登记。

5. NE222 号杨

欧美杨无性系，雌株。是由美国东北林业试验站培育成功，1958 年意大利杨树研究所获此插穗并栽植，1980 年引进我国。该无性系生长迅速，窄冠、干直、易繁殖，是华北地区更替 I-214 杨和沙兰杨最理想树种。经引种试验证明，6 年生材积生长量可高于 I-214 杨的 125.1%，造林成活率也可提高 20%。此外，该树种比较抗虫，材性测定各项指标均优于 I-214 杨。是我国华北地区杨树工业用材林优良品种。该品种 1990 年通过国家"七五"科技攻关鉴定，1992 年列为国家级科技成果重点推广计划项目，1993 年荣获林业部科技进步二等奖，1996 年荣获国家科技进步三等奖。

6. 毛白杨

北京市种苗站与中国林科院合作，通过开展项目"毛白杨多功能型优良品种选育研究"，为北京市选育出毛白杨 351 号、9807 号、37 号、34 号、9832 号、2012 号、304 号和 1012 号等 8 个优良无性系。该项目 1998 年通过北京市科委组织的成果鉴定，成果为国际先进。

二、科学生产技术

（一）果树优质高效栽培配套技术

1. 果树平衡施肥技术

果树平衡施肥技术是在测土配方施肥基础上开发的一项新的施肥技术。本技术以系统工程的原理和方法为指导，以微机和先进的分析仪器为手段，以果树自身对外界环境和管理措施的反映为依据，在研制特定优质高产果树群体养分动态模型的基础上，通过田间取样化验分析，对果树进行营养诊断，查明影响进一步提高品质和产量的主要限制因子，由计算机提供解决方案，指导施肥。在果树必需的营养元素中，缺什么补什么，缺多少补多少，既定量又定性，使果树体内养分状态达到或接近养分动态模型标准值，从而有效地促进和保持果树体内各种营养元素之间的正常比例关系，达到营养平衡，克服因元素不足或过量诱发的生长不协调。此技术可以最大限度的克服施肥管理的盲目性，明显提高单产和品质，而且可以提高树体的抗病、抗逆能力。

2. 果树节水灌溉技术

北京市的水资源匮乏，已成为制约果业生产发展的重要因子。通过有关部门研究、总结，摸索出了根据果树需水规律进行节水灌溉的技术体系。主要根据果树在生长期内各个物候期的需水要求及当时的土壤含水量确定灌水时间，根据各个物候期内的降水量和土壤的水分状况确定灌水次数，依果树的种类、品种和砧木特性、树龄大小以及土质、气候条件不同确定灌水定额。灌水方式包括穴贮肥水加覆膜技术、渗灌、滴灌、喷灌和集雨窖灌。

3. 果树高光效树形与修剪技术

良好的树冠通风透光状况是减少病害发生的重要因素之一，同时也是实现优质果品生产的根本保证。苹果和梨等仁果类果树适宜的树形主要采用单层主干形（倒伞形）、纺锤形、细长纺锤形和疏散分层形。桃、李、杏、甜樱桃等核果类果树。主要采用自然开心形、Y 字形、纺锤形和疏散分层形。葡萄采用篱架栽培。

4. 花果管理配套技术

（1）疏花疏果技术：即根据树种、品种、树势及当年的花果量因树定产、按枝定量，适时对果树进行疏花疏果，是确保果树连年优质高产的有效措施。

（2）果实套袋及配套管理技术：将幼果套于特制的果实袋内，在生长期内进行保护的技术措施，主要应用于苹果、梨、桃、葡萄等果树树种。果实套袋能有效地防止病虫、鸟食、兽害和日灼、风、雹等灾害；改善果实着色程度；防止果面污染，提高果实外观光洁度；减少摘果时果实破损，增强贮藏运输性能；减少用药次数和农药残留，降低生产成本，提高果实品质，达到无公害果品的要求。目前，果实套袋技术已经作为建设安全无公害果品基地、加强管理、实现精品果品生产的重要措施在北京果树生产中大力推广。

5. 果树行间生草和树盘覆草技术

果园行间生草和树盘覆草技术是借鉴果树生产先进国家如美国、日本、新西兰、荷兰等半个多世纪以来一直采用的果园生草制，在果园行间播种禾本科、豆科绿肥，割草后就地覆盖或采用麦秸、稻草、杂草等有机物覆盖果树树盘，使果园土壤中有机质含量提高到5%~7%，由此促进果品产量、质量和效益的改善。此外，据昌平林业局调查，覆盖果园每年每公顷节水 141.6 吨，中耕除草省工 70% 以上。

随着技术的不断创新、集成和整合，使果树生产由粗放管理逐步转变为集约管理，加速了传统果树生产向现代果树生产的转型，见图 22-1。

（二）果树设施栽培技术

随着果树生产的发展，一些常规的栽培模式因生产水平的提高正在经历巨大的变革，由粗放管理走向集约经营是必然的发展的趋势。到目前为止，桃、油桃、葡萄、杏、李、草莓等季节性供应特点强、果实贮藏困难的果树品种都实现了保护地丰产栽培，上市时间与露地栽培大大不同，真正达到了高产、优质、高效，这些技术正日臻完善。北京市果树设施栽培绝大多数为促成栽培，效益高，近几年发展速度快，范围广，是目前林业产业的一个新的增长点，为广大果农脱贫致富开辟了很好的途径。2002 年底全市设施果树栽培面积达到 11447.3 亩，平均亩收入万元以上。

目前，北京市果树设施栽培主要采用日光温室和塑料大棚形式。日光温室中以微拱式塑料薄膜日光温室应用最多，在山地果区，农户利用梯田或山坡作后墙建造温室，不仅节省建棚投资，而且保温性能好。技术关键包括：

1. 环境因子调控

（1）温度和湿度。对需冷量较大的品种在 11 月下旬果树落叶后扣棚，采取保冷（白天盖草苫，夜间打开）的方法，一般 1 个月后可基本满足需冷量要求。日光温室内地温一般滞后于气温，多在扣棚升温前 20~30 天覆盖无色或黑色地膜，使地温升高。温室内湿度较大，一般气温低时湿度大，气温高时湿度小。为降低湿度，可采用地表覆盖地膜，减少灌水等方法。

（2）光照。温室内光照一般为自然光照的 60%~70%，多通过采用透光率好的无滴膜覆盖，室内墙壁刷成白色、挂反光幕、地面铺反光膜等充分利用室内散射光，必要时人工补充光照。

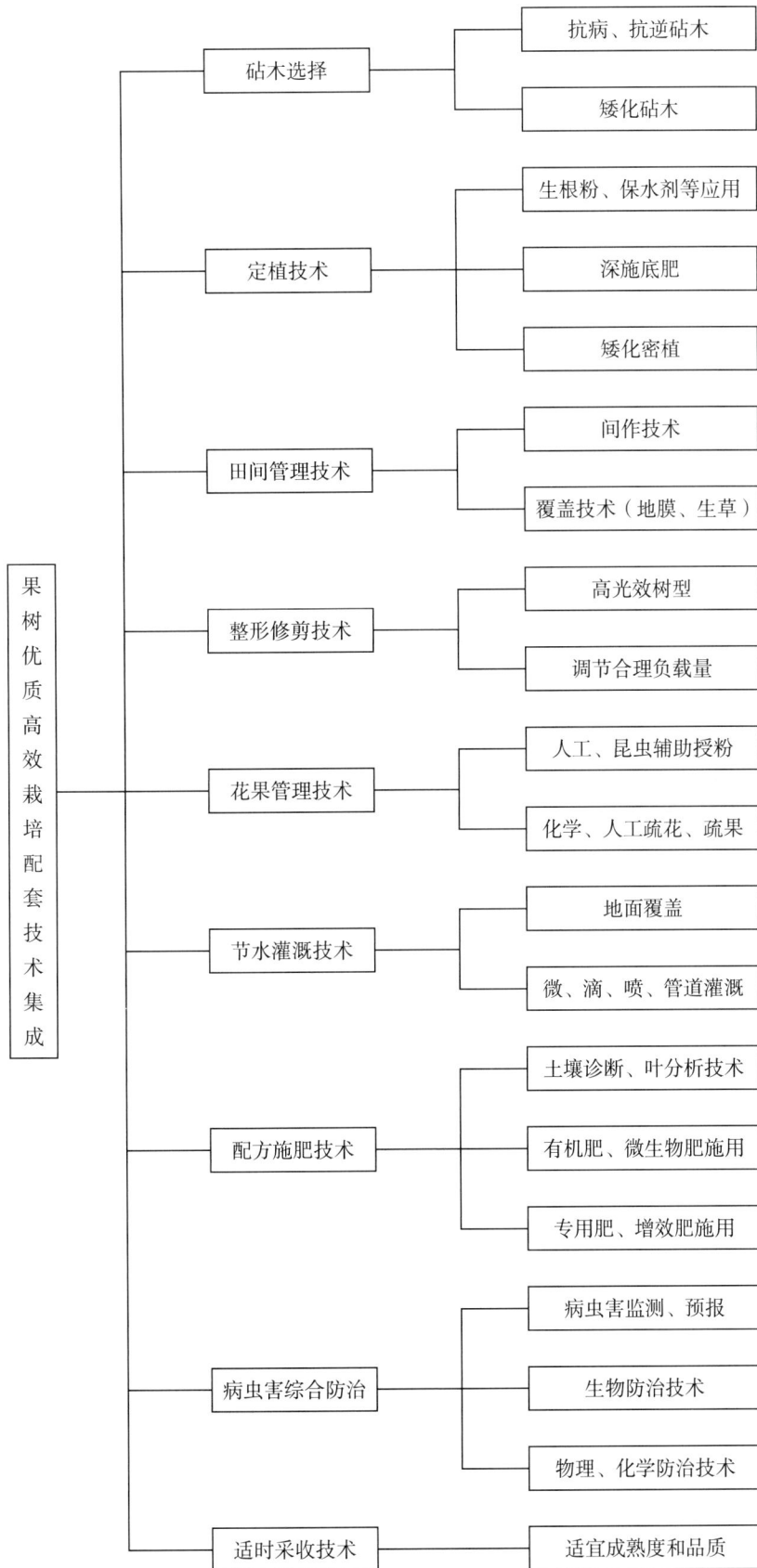

图 22-1 果树优质高效栽培配套技术集成

（3）CO_2 浓度。温室内 CO_2 浓度比室外低，为生产优质果，多通过施用 CO_2 气肥，增施充分腐熟的有机肥等方法，提高棚室内 CO_2 浓度，以提高光合效率。

2. 品种选择

选择品种遵循以下原则：即早熟性状好、需冷量少、品质优良、花期抗寒性强和白花授粉坐果率高。设施栽培没有昆虫传粉，加之设施内相对湿度高，要尽可能选择花粉量大、自花授粉坐果率高的品种，并注意配置好授粉树种和用壁蜂传粉。

（三）鲜切花插花泥生产技术开发

在我国鲜切花插花泥不能生产而基本靠进口的情况下，北京市环境优美服务公司的科技人员进行试验生产，获得成功。1993 年该项目被列入林业部和市科委的中试项目。截至1995 年，生产鲜切花插花泥能力达到 30 万块以上，一级品率达 80% 以上，并在第三届全国花卉博览会上获奖。但由于原材料的不稳定和缺乏必要的设备，而未能形成工厂化生产能力。

（四）蜜蜂授粉技术

蜜蜂是理想的授粉者，主要表现在：形体的特殊性、授粉的专一性、生活的群居性、食料的贮存性、饲养的运移性和人工的训练性。通过蜜蜂为果树授粉提高了果树坐果率，提高了果品产量和质量；节约了人工授粉用工，同时还解决了人工授粉对花朵雌、雄蕊成熟期控制不准，树梢、冠内人工授粉操作困难等问题。北京市大兴团河农场 440 亩国光苹果用蜜蜂授粉，当年总产量达 19 万公斤，比使用前五年的平均年产量 12.7 万公斤增产 6.3 万公斤，增长 49.6%。

利用蜜蜂授粉的关键技术包括准备量足质优的授粉蜂群，根据不同果树花蜜和花粉对蜜蜂的吸引力强弱适时将蜂群运进果园，合理放置蜂群即授粉蜂群在果园里的放置应充分考虑蜂群与果树距离，以提高蜜蜂授粉效果，另外要选择良好的放蜂环境，尽量将蜂群放置在地势高而干燥、通风良好、巢门向阳、清洁卫生的地方。为了加强蜜蜂对授粉果树采集的专一性，或为了克服蜜蜂对某些果树不太喜欢采集的缺陷，可以饲喂带有这种果树花香的糖浆，对授粉蜜蜂进行训练，诱导蜜蜂的天赋行为，按照人们所要求的方式进行采集授粉活动。

（五）蜂蜜、王浆高产优质综合配套技术

针对北京地区养蜂生产现状，根据北京的气候特征，蜜粉源植物的分布和泌蜜规律，进行全面分析，结合蜜蜂的生物学特性，总结推出了适合北京地区的蜂蜜王浆高产优质综合配套技术。

主要内容是：①强群越冬，防治蜂螨技术；②加强春季管理，做好春繁技术；③组织强群采蜜产浆技术；④实施小转地放蜂技术；⑤预防、控制分蜂热，保持强群技术；⑥选育优质蜂群技术；⑦王浆高产技术。

该项综合配套技术，结合北京地区的气候、蜜源等特点，选择喀意杂交种和浆蜂夺取蜂蜜王浆高产技术具有创新特色。该项综合配套技术系统化、规范化、科学化，处于国内领先水平。

目前，该技术在京郊七个区县进行推广，供应大量的高产蜂具和高效蜂药，努力为蜂农做好产前、产中、产后服务。由于做了大量积极有效的技术扩大工作，该技术产生了显著的经济效益和社会效益，使北京养蜂业蓬勃发展，走在全国的前列。全市蜂蜜、王浆单产和总产量稳步增长。其中，蜂蜜单产由 1993 年的 15.7 公斤增到 28.6 公斤，增产幅度为 81.3%；蜂王浆由 1993 年的 0.12 公斤 / 群增加到 0.2 公斤 / 群，增产幅度为 74%；生产蜂蜜 521 万公斤，蜂王浆 3.35 万公斤，创总产值 5700 万元。全市涌现出了一大批养蜂发家致富者，仅养蜂万元户就近 200 户。其中，1994 年 190 户，1995 年 221 户，1996 年 225 户。1996 年养蜂收入最高户达 11.3 万元。养蜂已成为农民致富奔小康的好途径。该项技术的推广应用，由于蜜蜂为果树、蔬菜、西瓜等农作物授粉增产，创社会效益 5 亿元。

（六）营养钵育苗造林技术与无病毒苗木组培速繁工厂化生产

自 20 世纪 70 年代开始，在学习外地经验的基础上，研究改进制钵工序、土壤消毒、种子处理和苗期管理等一系列技术。育苗成本低，不占耕地，幼苗期为 60~70 天，当年造林成活率可达 94%，70 年代在山区造林广泛采用。该技术后来加以改进，把营养钵改为营养袋和轻基质，培育 1~2 年生小苗用于造林，增强抗旱力。1991~1995 年，全市每年容器育苗约 3000 万个，造林成活率达 92%。

1994 年，该项目经林业部上报，被列入国家星火科技计划，由大兴县苗圃实施。3 年累计繁殖脱毒苗木 115 万株，结合"苹果脱毒苗栽培示范推广"项目，建立配套的苹果良种脱毒苗原种圃 0.6 公顷、采穗圃 1 公顷、繁殖圃 10 公顷。并在顺义、密云、平谷和市农场局建立了无病毒苹果苗木繁育基地，促进了果品生产向无毒、矮化、密植方向发展。

三、林产品开发利用技术

（一）干、鲜果品深加工

果品不仅含有大量维生素以及钾、镁等有机盐类，还含有多糖、果酸、类黄酮等有益成分，是人体生命活动不可缺少的营养物质。果品加工制品，由于营养丰富，味道鲜美，便于贮藏与食用，深受人们喜爱。因此，果品加工业的发展，对促进果品种植业的健康发展，增加农民收入，出口创汇，推动加工原料、加工设备，以及包装工业的发展，都有着十分重要的意义。

随着北京果品生产的发展，科研与生产部门联手，通过系列综合技术的组装配套，将果品贮藏保鲜、食品加工技术结合起来，运用高新技术有效地解决了苹果、梨、葡萄、桃、杏、板栗、核桃等产后贮藏保鲜和加工过程中出现的色变、霉变、软化、腐烂等关键技术难题，形成了适合于不同果品的加工贮藏保鲜及处理流程等系列配套技术，建立了葡萄酒酿造、果汁、核桃乳、果脯、板栗系列产品等生产加工工艺，拓展了果品加工的途径，扩大了果品加工的用途。

这些技术适合于技术密集和劳动密集型企业，符合我国的国情，是国外发达国家难以竞争的优势产业。可以充分利用我国的自然资源优势和人力资源优势，提高果品加工产品的出口创汇能力。既可增加农民收入，也能扩大城市就业，具有良好的社会经济效益。根据市场的发展需求，科企紧密结合，将形成定点生产基地，实现当前国家推行"企业＋基地＋农户"的经营模式，产品将能开拓欧美国家的新市场。

（二）蜂产品研究与开发

1. 北京巢蜜的研究与开发

巢蜜是贮存在蜜蜂巢房里的成熟蜂蜜，全部自然封盖。北京巢蜜的研究与开发，对巢蜜的生产、保存、成分等作了较系统的研究和分析。

该项成果主要内容包括6项技术：①高产强壮蜂群的饲养技术；②选择丰富优质蜜源技术；③应用特殊配套工具技术；④选择良好的生产环境技术；⑤绝对纯天然巢蜜的生产技术；⑥防治巢虫技术。

该项技术成功地解决了以往巢蜜生产必须切割，易遭破损，易受污染，不易贮存和运输以及含有石蜡类的杂质等缺陷。实现了六个方面的重大突破：变双面巢蜜为单面巢蜜；变切割巢蜜为自然单块巢蜜；变普通巢蜜生产必须用巢础为不用巢础；变蜂蜡石蜡混合型巢蜜为纯蜂蜡巢蜜；变不易运输、少量运输为运输十分方便、可大量运输；变普通巢蜜仅仅是巢蜜必须包装为既是巢蜜又是载体物且无须包装。其产品标准重量是50克左右，含还原糖80%以上，酶值10以上，酸度3.8左右，费氏反应为负，水份18%以下，且杀虫脒、抗生素未检出。各项指标均优于普通蜂蜜的标准。通过北京市卫生防疫站检测，颁发了卫生质量鉴定证书，荣获中国农业博览会银质奖和中国林业博览会优秀产品奖，还通过中国国家专利局鉴定，取得国家专利证书。

该项目不仅适用于北京地区，而且在全国乃至国外的一些地方也是适用的。自1995年研究成功以来，共生产巢蜜21万块，为广大蜂农增加收入63万元，增加产值200多万元，增加利税80多万元。随着国内外市场的逐步扩大，该成果将会取得巨大的经济效益和社会效益。

2. 花粉开发利用技术

花粉开发利用技术，是对蜜蜂花粉形态、成分、生物效用、临床及加工工艺全面研究的成果。动物实验证明，食用蜂花粉是安全的，能明显地降低高脂血症大鼠的血清胆固醇、甘油三酯、β-脂蛋白的水平。明显地提高大鼠血清高密度脂蛋白胆固醇（HDL）的含量。能降低小鼠血清过氧化脂质的含量。能提高动物急、慢性高原耐缺氧能力。通过临床验证，蜂花粉治疗高胆固醇血症有效率为100%；高甘油三脂有效率为84%；提高高密度脂蛋白含量有效率为100%。能有效预防高山反应，增强耐缺氧能力。军队在海拔4500~5380米的喀拉昆仑和唐古拉山用花粉预防战士高山反应，花粉组无高山反应者为75.6%，对照组为25%。说明花粉有明显降低高山反应的效果。

蜂花粉在45℃下干燥，酶系统不被破坏；通过低温间歇冷冻，杀灭虫卵效果良好；适宜保存温度为6~7℃。

蜂花粉研究成果已在全国广泛推广应用。生产原花粉从无到有，仅1993~1995年，总新增产量达 1060 万公斤，新增产值 3.34 亿元；同时，在系统研究的基础上，已生产出降脂胶囊、聚花宝参芪花粉片、花粉磷脂、舒仲花粉、王浆花粉精、华林花粉等系列花粉保健制品，产值达 10 亿元，新增利税 5868 万元。花粉开发有益于人类健康；而且大量生产花粉，增加效益。

（三）软质木材密实化技术

木材是人类应用最多、最基本的原材料。我国目前以至今后天然林的木材采伐量将会越来越少，取而代之的是速生丰产人工林。这些木材存在着一个共同的特点就是材质软、密度低、加工工艺性差。利用本技术，经过药液浸渍处理后制造的表面压密材，密度大、强度高、表面性能好、尺寸稳定、不变形、不开裂，可广泛应用于建筑、家具、室内装饰等行业。据国家统计局资料介绍，1999 年房屋施工面积 4.05 亿平方米，城镇新建住宅面积 3.66 亿平方米，随着安居工程的扩大、人民生活水平的提高以及新奥运，新北京的建设，人工林软质木材表面密实化产品，国内市场十分巨大。

本技术的特点是：

（1）浸渍处理使用的合成树脂采用新的配方与合成工艺，树脂分子量分布均匀，浸渍效果好，渗透均匀。

（2）采用新方法进行药液调制和浸渍处理，可克服木材颜色深，药液处理不均匀的弱点，同时采用高温，大压强热压工艺，克服了木材表面不平整的问题。

（3）在药液配方中加入阻燃剂、防腐剂，使得处理后的木材具有防火、防腐、防水、不开裂、不变形、尺寸稳定等特点。

（4）在热压时，采用不锈钢抛光垫板代替普通垫板进行热压成型，得到的制品表面光洁、明亮，可以不用油漆直接使用，如地板、台面板等。产品多样化，应用范围广。

（5）由于木材浸渍酚醛树脂，所以热压前可以在木材表面直接贴上三聚氰胺浸渍纸贴面材料、薄木等装饰材料，然后通过热压工艺进行热压，即达到了表面压缩目的又起到了装饰作用，使普通木材变成优质木材。这一处理方法，不但节约了珍贵优质木材资源，而且还创造了更大的经济效益和社会效益。

（6）综合评价：人工林软质木材（杨木、杉木等）经过药液浸渍处理后，进行表面压密化加工，得到表面压密材。该木材具有尺寸稳定、不变形、不开裂，防火、防水、防腐功能，表面硬度高、耐磨性能好、适应性广。该产品对人、畜无危害、对环境无污染，可以做地板、装饰材料、台面板、家具等制品。表面压密材本身有贴面的和不贴面的两种，可以根据用户需要自由选择，也可以根据市场需要选择生产方向，由于表面压密材产品的表面，光洁明亮，因此可以省掉油漆工序。

（四）科技木技术

随着我国天然林木资源的锐减，速生人工林逐渐成为了木材利用的主要对象。据国家林业局的统计资料表明，2001 年，我国人工林面积已达到 4666.7 万公顷，居世界第一位。然而随着人工林树木的快速生长，其木材质量也相对降低。因此，怎样利用现代高科技技术，提高速生人工林木材的附加值，就成了木材工作者普遍关心的问题。在这种情况下，一种以速生人工林木材（如杨木）作为基材，采用电脑模拟设计而成的新型材种，即科技木便应运而生。科技木是以普通木材为原料，经过高科技手段制造出的，仿真甚至优于各种天然珍贵树种木材的全木质新型装饰材料。它既保持了天然木材的属性，又赋予木材以新的内涵。科技木产品有:科技木饰面板、科技木地板、科技木装饰线条等。和天然林木材相比，科技木具有以下优点：

（1）色彩丰富，种类繁多。科技木产品经电脑设计，可以生产出天然木材不具备的颜色及纹理，色泽更鲜亮，纹理立体感更强，图案更具动感及活力。可以充分满足人们需求多样化的选择和个性化消费心理的实现。

（2）保留木材特色，部分性能更好。科技木以天然木材为原料，在其制造过程中，没有改变天然原木的基本性能，完全保留了木材隔热、绝缘、调温、调湿等所有的自然属性。而且，科技木的密度及静曲强度等物理性能均优于其原材料天然木材，且具有防腐、防蛀、耐潮、易于加工等优点。同时，还可以根据不同的需求加工成不同的幅面尺寸，克服了天然木材径级方面的局限性。

（3）产品利用率高。科技木没有虫孔、节疤、色变等天然木材固有的自然缺陷，是一种几乎没有任何缺憾的装饰材料，同时其纹理与色泽均具有一定的规律性，因而在装饰过程中很好地避免了如天然木制品因纹理、色泽差异而产生的难以拼接的烦恼，可使消费者充分利用所购买的每一寸材料。

（4）绿色环保产品。科技木产品的诞生，是对日渐稀少的天然林资源的绝佳代替。既满足了人们对不同树种装饰效果及用量的需求，又使珍贵的森林资源得以延续。同时，科技木生产过程中使用 E1 型环保胶，产品全部达到 GB18580—2001 标准要求，是环保的绿色产品。

在国外，科技木产品已被人们接受并作为高档产品而出现。意大利是世界上科技木开发较早的国家之一。在日本，用科技木制作的木制彩色地板，由于打破了原来阴沉凝重的格调，使家居充满了轻松、活泼与动感，因而，受到广大消费者的青睐。

由于科技木既可仿真那些日渐稀少且价格昂贵的天然珍稀树种，又可以在天然木原有纹理的基础上创造出各种更具艺术感，甚至自然界中没有的美丽图案，因而在崇尚个性化消费的今天，科技木的问世，必将成为室内装饰材料的时尚选择。

（五）木材染色技术

随着社会进步和物质生活水平的提高，人们对木材及其制品的要求越来越高。现代的木材制品，除了传统的坚固耐用，满足结构上的物理力学性能以外，美观、时尚、颜色多变，是人们对木制品提出的新的要求。木材染色技术就是在这样的背景下发展起来的一种实用技术。木材染色技术是将染料与木材发生化学或物理化学结合，使木材具有一定坚牢色泽的加工过程，是提高木材表面质量，改善木材视觉特性和提高木材附加值的重要技术手段。通过木材染色，可以将低质木材变成高级木材，或者仿制成名贵木材，满足人们对色彩多样性的要求，不仅使木材产品外表色彩优美、纹理清晰悦目，还能增加其装饰效果，提高木材产品的附加值。木材染色技术是实现速生人工林木材高效利用，提高木材附加值的重要手段之一。由于北京房地产、家具行业以及装修装饰行业发展迅速，因此，业内专家和相关企业都对木材染色技术的市场发展前景十分看好。

木材染色技术主要包括以下技术关键：

（1）木材漂白技术。通过木材漂白，可以消除木材浓淡色差、除掉各种污染、使材色变淡和改变不良材色的作用，是木材染色处理和透明涂饰处理的重要工序。

（2）木材染色用染料研制。木材染料的品种多，结构复杂，需要工具不同木材特性选择不同的木材染料。木材工业中常用的水溶性有机染料有直接染料、酸性染料、碱性染料和活性染料等。

（3）染色方法选择。木材染色方法有多种，视染色材的用途而定。通常使用的有单板染色和实木染色等。单板染色就是采用浸渍处理对单板和薄木均匀染色的方法，单板厚度通常为0.2~1毫米。实木染色是对方材或原木进行的染色处理，染色材主要用作刨切薄木，或制作高档家具。由于实木厚度大，靠木材本身的渗透很难达到均匀渗透，因此通常采用高温、真空加压等方法改善染色效果。

四、病虫害防治技术

（一）安全与绿色果品生产的病虫害防治技术

即以农业防治为基础，根据果树病虫害发生、发展的规律，合理运用化学防治、生物防治和物理防治等措施，经济、安全、有效地控制病虫害，达到高产、稳产、优质的目的。技术要点为：

1. 植物检疫

在引进苗木、接穗、插条、种子等繁殖材料及从外地采购水果时，一定要进行检疫，绝不允许检疫性病虫害传入。

2. 农业防治

一是要选择无病虫害苗木。定植前要确保苗木无病虫为害，以免造成后患。二是搞好果园卫生。主要包括冬季清园消毒、果园深耕、树干涂白、挖除病株残余，以消灭来年病虫害发生基数。三是优选抗病虫品种。不同树种和品种对病虫害的抗性不同，因此可以通过选种、引种、育种方法获得抗病虫品种。四是加强栽培管理。通过合理修剪调整树体的营养分配，促进树体的生长发育，改善通风透光善，增强树体的抗病虫能力。

3. 生物防治

生物防治的主要内容是利用天敌治虫。捕食性天敌种类很多，如瓢虫、草蛉、胡蜂、蜘蛛和捕食螨等，抑制害虫作用十分明显。

4. 物理及机械防治

热处理是防治多种病害的有效方法，如用50℃的温水浸桃苗10分钟，可以消灭桃黄化病毒。在害虫防治中，可以利用人工或简单器械捕杀有群集性或假死性的害虫，如天牛、金龟子等；利用害虫的趋性，诱集其加以消灭。如采用频振式杀虫灯，可降低果园成虫基数，减少农药用量。

5. 应用低毒低残留化学农药防治技术

只有在病虫害达到防治指标时，才能根据《绿色食品农药使用准则》，有条件地使用有机农药进行化学防治。使用化学防治时注意两方面，一是药剂使用原则，主要包括：①禁止使用剧毒、高毒、高残留农药和致畸、致癌、致突变农药；②提倡使用生物源农药（苏云金杆菌、井冈霉素等）和矿物源农药（波尔多液、石硫合剂等）；③提倡使用新型高效、低毒、低残留农药。二是要科学合理使用农药，主要包括：①加强病虫害的预测预报，有针对性地适时用药，未达到防治指标或益虫与害虫比例合理的情况下不使用农药；②根据天敌发生特点，合理选择农药种类、施用时间和施用方法，保护天敌；③注意不同作用机理农药的交替使用和合理混用，以延缓病菌和害虫产生抗药性，提高防治效果；④严格按照规定的浓度、每年使用次数和安全间隔期要求施用，施药均匀周到。

此外，北京在吸收外地经验的基础上，研制成厚壁塑料管道，将管道定位铺设在地下，将药液输送到果树附近，用药泵加压带动多只喷枪同时喷药，即果园管道喷药技术。此项技术可以提高果园喷药速度，减轻劳动强度，降低成本。

（二）生态友好型农药的研究与应用

化学农药的广泛使用，在保障高产和稳产方面发挥了巨大的作用。然而传统化学农药的长期使用导致害虫产生的抗药性迫使人们加大用药剂量，引起越来越严重的环境问题。如土壤、农产品中农药残留逐年增加，危害人、畜安全等。因此，寻求和开发对人类健康和生态环境安全的新型农药越来越迫切。

1. 高效、低毒植物源、矿物源农药的研究与应用

植物是生物活性化合物的天然宝库，其产生的次生代谢产物超过 40 万种。其中的大多数化学物质如萜烯类、生物碱、类黄酮、甾体、酚类、独特的氨基酸和多糖等均具有杀虫和抗菌活性。

植物源农药是从植物中提取有杀虫或抗菌作用的活性物质，直接或间接加工合成的新型农药。由于该类农药具有在环境中生物降解快，对人畜及非靶标生物毒性低，害虫不易产生抗性等优点，所以该类农药的研究开发和应用已经成为当前农药和植保界研究的热门课题。

（1）植物源杀虫剂。①楝科植物。楝科植物是杀虫植物中较多的种类。苦楝和川楝中的川楝素是杀虫的主要成分，属于四环三萜类化合物。经毒理学研究，川楝素对昆虫主要为胃毒活性，并能降低神经组织乙酰胆碱的含量，可作为神经传导阻塞剂。目前，川楝素杀虫剂的开发已经逐步进入了商业化的轨道。②豆科鱼藤属植物。豆科鱼藤属植物鱼藤的根皮中含有一种植物杀虫剂的活性物质鱼藤酮。目前我国已经生产出了多种鱼藤制剂，同时国外的鱼藤产品也开始在我国进行登记试验。③卫矛科植物。卫矛科植物中最主要的杀虫植物是南蛇藤属苦皮藤和雷公藤属植物。在苦皮藤的根皮、种子中含有一种杀虫活性物质苦皮藤素。近年来，苦皮藤杀虫机理的研究取得了较大的进展。有些苦皮藤素杀虫剂已经走上了商业化的轨道。

（2）植物源杀菌剂。目前植物源杀菌剂的研究相对于植物源杀虫剂而言要少得多。但

是从植物中寻找抑菌活性物质仍然是近几年来开发、研制新型杀菌剂的热点之一。从银杏中分离出对植物病原菌有很高活性的化合物，经结构鉴定、人工模拟合成，成功开发出"绿帝"农用杀菌剂系列产品；另外，采用人工模拟技术合成的一种农用杀菌剂银泰，田间对5种植物病害的药效试验证明，该杀菌剂对苹果腐烂病、苹果轮纹病均具有良好的防治效果，且优于常用的杀菌剂。

（3）矿物源农药。生产中应用广泛的是波尔多液和石硫合剂，具有低毒的特点。

2. 性引诱剂的研究与应用

近年来，发展利用昆虫生理生化特性和行为学特点作为害虫防治的一种新技术日益受到重视，其中性信息素的研究较为突出。具体应用在以下几个方面：

（1）虫情预测。由于性信息素测报诱捕器具有灵敏、专一性强、使用方便和成本低廉等优点。使得其在害虫测报上广泛应用。具体可应用于害虫的发生期预测，发生量预测以及分布区域调查等。

（2）害虫防治。①大量诱捕法：在田间大量设置性信息素诱捕器诱杀雄虫，导致雌雄比例严重失调，减少雌雄的交配行为，降低子代种群密度。②交配干扰法：是在弥漫性信息素的环境中，雄虫丧失对雌虫的定向能力。这种交配几率的降低导致下一代种群密度降低，该法对非迁飞性而寄主范围较狭窄的昆虫有效。③性信息素与其他生物农药联用技术：利用性信息素诱捕器引诱雄蛾，使被引诱雄蛾沾染病毒原生动物或化学不育剂后仍返回田间，导致整个种群产生流行病或子代不育，降低种群密度。

（三）虫害生物防治技术

林木虫害生物防治就是利用寄生性、捕食性天敌和病原微生物防治害虫的方法。具体的防治方法可分为3类：①以菌治虫。利用寄生昆虫体上的真菌、细菌、病毒治虫，如白僵菌等。②以虫治虫。利用寄生或捕食性的昆虫、蜘蛛类来治虫，如寄生蜂、寄生蝇、瓢虫等。③以鸟治虫。利用食虫鸟类抑制害虫发生，如灰喜鹊、啄木鸟等。由于生物防治具有无污染、无公害、保护环境、专一性和可持续等优点，因而受到普遍重视和积极的推广应用。

北京市于1984年首次对西山林场的侧柏释放管氏肿腿蜂防治双条杉天牛，放蜂前侧柏林分的被害率达8.9%，释放肿腿蜂后的寄生率达65.3%。截至2004年，我市利用肿腿蜂防治双条杉天牛面积已达20万亩次。

近年，北京市又陆续推出了周氏啮小蜂、平腹小蜂、舞毒蛾病毒等林业生物天敌产品，应用于全市的林木和果树病虫害防治之中。其中，周氏啮小蜂应用于美国白蛾的防治；平腹小蜂用于平谷区和怀柔区的大桃产区，防治果树蝽象等；舞毒蛾病毒应用于防治杨树食叶害虫。

为了保护首都的生态环境，尤其是保护全市林区的自然环境，我市已经注意尽量减少化学农药的用量，注重推广、扩大使用生物天敌防治的面积，同时在防治中尽量应用灭幼脲、除虫脲等激素类药剂，BT乳剂等微生物制剂，以及性诱剂等生物制剂。

1. 管氏肿腿蜂繁育及应用技术

（1）蜂种采集与复壮。在自然的天牛危害的柏树林中，剖开危害木段，采集自然界中的肿腿蜂蜂种。在室内饲养的肿腿蜂释放于自然界中天牛危害木上，待其产卵发育成蛹或者成蜂后，剖开木段采集。

（2）繁蜂方法。饲养繁殖肿腿蜂时，可向繁蜂单位索取蜂种，或在当地采集，繁蜂寄主当地取材或向发生虫害较多的地方购买，北方寄主以青杨天牛，双条杉天牛幼虫最佳，大袋蛾幼虫次之，寄主如出现创伤或死亡都不能用来繁蜂。接蜂方法：在8~9月份采集寄主，提倡指形管内放入一头寄主，管内放蜂量多少，视寄主大小而确定，一般对体型小、上腭不发达的寄主，如青杨天牛，双条杉天牛幼虫，每管内放一头雌蜂；对体型大、上腭发达的寄主，如桃红颈天牛、大袋蛾幼虫、每管内放 3~4 头雌蜂。人工大量繁蜂，在冬季及早春季节，从经济效益考虑，应提倡群体繁蜂，在指形管内放入 6~9 头青杨天牛，用画笔接上 9~12 头雌蜂放入管内，即虫蜂比例为 1：1.5 为宜。用棉塞将管口塞紧，把接好蜂的指形管放进塑料筐内。把接好的蜂筐整齐排列放在繁蜂架上。具体管理办法，北方在冬季、早春繁蜂，适温范围为 22~30℃，蜂室内所需最适湿度为 60%~70%。每天早晚开灭菌灯，杀菌防治污染。经统计，用青杨天牛幼虫作繁殖寄主，平均接蜂率为 85%~98%，羽化率达 90% 以上，每条幼虫可繁殖子代蜂 10~18 条。

子代蜂出齐后，如果不再继续繁殖，而外界条件又不适宜放蜂的情况下，为延长其寿命，保持产卵能力，就必须进行低温冷藏。低温冷藏最好控制在 5~10℃，经 3 个月贮存，雌蜂保持 80% 成活率，到林间释放仍能收到良好的防治效果。

（3）放蜂方法、时间、蜂量、方式。

① 放蜂时间：亩放蜂量 1500~2000 头，在北京近郊林区最适宜的放蜂时间为 5 月下旬或 6 月上旬，寄生率达 62%~71%，此时期放蜂在林区可繁衍子代蜂 3~4 代，一天中 8：00~17：00 均可以放蜂。严禁雨天上山放蜂，放蜂后保持 2~3 天无雨，有利于当代雌蜂自由寻找寄主，可提高寄生率。

② 放蜂量：在生产中大面积推广应用，应该在虫情调查基础上视被害率高低或虫孔密度酌定蜂量，考虑肿腿蜂的损失情况，一般要求害虫与蜂的比例为 1：4~5。因双条杉天牛幼虫危害期比较隐蔽，虫口密度调查比较困难，投入工本费很高，生产中防治宜按林木被害率高低来酌定放蜂量。放蜂时，把指型管棉塞拔出，将指型管挂在枝干上，让蜂自由扩散寻找寄主寄生。

③ 放蜂方式：一般多采用 15~20 米处的距离布点，亩布点 2~3 个，此方法简便实用，能收到较理想的防治效果。

2. 周氏啮小蜂繁育及应用技术要点

（1）蜂种来源及保存技术。蜂种可在美国白蛾各代蛹期，野外采集白蛾蛹带回室内饲养，以得到周氏啮小蜂的成蜂用来作为蜂种，或者由繁蜂单位提供。当成蜂羽化后，对其进行鉴定，确定为周氏啮小蜂方能利用。由于周氏啮小蜂是以老熟幼虫在白蛾蛹内越冬，蜂种保存以棉花为包裹物、在低温 3~4℃条件下保存的效果最好。

（2）繁蜂寄主的准备和替代寄主的筛选。筛选出了替代寄主 1 号、2 号、槐树尺蠖等作为优良的繁蜂替代寄主。其中 2 号来源广泛，容易大量得到，而且保存也比较容易，只要将其散放于 –5~0℃左右，可保存 1 年，供常年繁蜂使用。

（3）替代寄主的处理和接蜂技术。替代寄主 2 号经过适当处理后，出蜂率达 70%~80%。夏蛹一般不易寄生，但经低温处理后，出蜂率达 52.5%。规模繁蜂时，应选取替代寄主 2 号的越冬蛹为繁蜂寄主，并做好接蜂前的处理工作。

（4）周氏啮小蜂的利用。在放蜂防治美国白蛾酌定放蜂量时，首先应统计放蜂地区美国白蛾的发生量，可随机剪几个网幕，统计每个网幕的幼虫数量，算出网幕平均幼虫数量（X），然后统计放蜂地区的网幕数（米），由此计算出该放蜂地区的美国白蛾发生量（X_m）。考虑到自然界中有多种不利因子影响小蜂的防治效果，实际放蜂时放蜂比例为 5∶1（蜂∶虫），这样放蜂地区的放蜂量为 $5X_m$。在白蛾世代重叠情况下放蜂，应在老熟幼虫高峰期和化蛹盛期各放蜂 1~2 次。

放蜂方法：根据测定周氏啮小蜂成虫水平飞行距离一次可达 45 米，高飞行一次可达 35~40 米，具有较强的飞翔能力。因此，放蜂时应选在晴天，上午 10 时以后，下午 5 时以前，放蜂布点距离为 40~50 米左右。每点放蜂 1 万 ~3 万头。（视害虫数量决定蜂量）。放蜂时将培育好的瓶装蜂，打开瓶塞，放在平稳的地方，让蜂由瓶中自由飞出，寻找寄主，放蜂完毕后将瓶收回再用。

3. 平腹小蜂繁育及应用技术要点

（1）蜂种采集。①挂卵诱集法：在广州已经推广平腹小蜂防治荔蝽的地区，6~8 月间，把预备的蓖麻卵卡挂在荔枝叶背面，诱集平腹小蜂寄生。挂出后一个星期回收，放在蜂箱内置于自然环境下发育。②采集荔蝽卵：在 4~5 月之间，把自然界中的荔蝽卵采回发育，观察有无被平腹小蜂寄生的荔蝽卵，把被寄生的卵块移入繁蜂箱，使其发育出蜂。

（2）繁蜂规程。第一步：蚕卵的处理：要选择优质柞蚕蛹，在其羽化一天后，摘取蛾子腹部，剖洗卵粒。最好新剖的卵粒及时接蜂，如果要保存，需要将卵粒用夹水层法保存在 –15℃的冰柜里。第二步：对蜂箱进行彻底消毒灭菌，可以用次氯酸钠溶液搽洗蜂箱，再用紫外线灯照射 24 小时。提前一天把繁蜂室的温湿度、光照调好，温度为 25~28℃，湿度为 70%~80%。第三步：充分保证蜂种雌雄交尾，光线适当，光照度为 95 时，亲本交尾后产雌率高，并要为蜂准备好蜂蜜水提供营养。第四步：待蜂种交尾后，将粘好的卵卡放入繁蜂箱内，使蜂产卵，每次放蜂种两天产卵所需的卵量。第五步：两天后，将已寄生的卵卡拿出，往繁蜂箱内放入新的卵卡。已寄生的卵卡放在相同环境内发育，在老熟幼虫期放入 0~5℃、相对湿度 70% 环境内储存。第六步：20 天后，蜂种产卵量下降，需更换蜂种。

将要放蜂时，计划好时间，将储存的蜂拿出加温，25℃、相对湿度 75%，十二三天，到后蛹期就可准备放蜂。

（3）放蜂方法。北京地区根据蝽象的为害时期，在 5 月下旬和 7 月下旬重点放两次蜂。放蜂时需使蜂卵相遇，天气晴好，一棵树以 5 头蝽象为害为例，需释放 200 头平腹小蜂。如果在 5 月下旬预备放三次蜂，放蜂比例为 2∶2∶1，分两次的放蜂比例为 2∶1，每批放出的间隔时间为 8~10 天。在田间，将接近羽化的卵卡挂在树的中心部位的树枝上。

4.昆虫病毒复制技术

昆虫病毒是引起昆虫致病和死亡的重要病原体。20 世纪 70 年代开始，在提倡害虫生物防治的带动下，科学工作者重视昆虫病毒资源的开发，大力开展应用昆虫病毒防治农林害虫的研究，并取得了可喜的成果，舞毒蛾病毒和杨扇舟蛾病毒就是其中的佼佼者。

随着昆虫病毒种类的不断发现和对昆虫病毒病的深入研究，西方一些发达国家围绕着病毒杀虫剂的生产和应用问题开展了一系列卓有成效的研究，诸如人工饲料连续饲育寄主昆虫、活体增殖病毒技术、生产工艺机械化、病毒杀虫剂标准化等。

病毒杀虫剂的生产方法主要有两种。一是利用人工半合成饲料或天然饲料大量饲养昆虫增殖病毒，经加工制成杀虫剂。如舞毒蛾、棉铃虫等，已采用人工半合成饲料大批量饲养幼虫增殖病毒；杨扇舟蛾、春尺蠖等均采用天然饲料饲养饲养幼虫增殖病毒。北京林业生物防治研究推广中心利用一种人工半合成饲料，在室内可常年批量饲养舞毒蛾，为工厂化生产系列病毒杀虫剂提供了保证。二是利用组织培养昆虫细胞增殖病毒。目前，国内已将昆虫细胞用于工程病毒表达医用蛋白和工程病毒杀虫剂的研究。而利用昆虫细胞系大量增殖病毒作为农用杀虫剂，由于生产成本太高，国内外还处在探索性的研究阶段。如何降低培养细胞生产病毒的成本，提高病毒的单位产量和毒力，仍然是一个没有解决的问题。进入 90 年代，在剂型研制上有了很大的进展。目前病毒杀虫剂的剂型有可湿性粉剂、乳剂、乳悬剂、水悬剂等。

（1）舞毒蛾核型多角体病毒。舞毒蛾核型多角体病毒（LdNPV）是一种对舞毒蛾特效的生物杀虫剂，施用后可以在昆虫种群中水平扩散和垂直传播，持续控制舞毒蛾种群，使其种群密度较长期保持低水平。而且这种生物杀虫剂对环境、人体和动物无不良影响（图 22-2）。

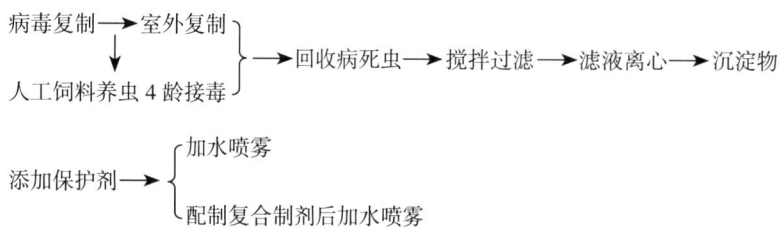

图 22-2 舞毒蛾核型多角体病毒（LdNPV）生产工艺流程

舞毒蛾核型多角体病毒（LdNPV）的病理特征，病毒感染幼虫后，初期外部病症不明显，后期行动迟缓，食欲减少，体色变为褐色，死亡的幼虫柔软地悬挂着成倒"V"型，有光泽；表皮非常脆弱,轻轻一碰就会破裂,流出褐色有臭味的液体。一般虫子濒死前,表现很不安宁,常爬到养虫器具的顶部或植物的顶部，地面不易见到病死虫，所以又称其为"树顶病"。

为确保舞毒蛾核型多角体病毒（LdNPV）制剂的防治效果，根据大田试验的实践经验，必须要贯彻以下使用技术要点：

① 施药量：单纯使用 LdNPV 制剂用量为 2.5×10^{10}~5.0×10^{10}/ 亩。LdNPV 制剂与低浓度

化学农药混合使用时可极大的提高防治效果。

②施药方法：在使用 LdNPV 制剂时的加水量应视喷雾方式及作物种类而异，一般以能均匀湿润作物为原则。

③施药时期：3 龄前幼虫，最好为 1~2 龄幼虫。

④施药时间：最适施药时间为傍晚。

⑤施药方式：背负式或单管喷雾器或超低容量喷雾均可。

⑥制剂保存：在常温下阴凉干燥处或 4~5℃的冰箱可保存 1 年，切忌暴晒。

（2）杨扇舟蛾颗粒体病毒。杨扇舟蛾颗粒体病毒（CAGV）是一种对杨扇舟蛾特效的生物杀虫剂，施用后可以在昆虫种群中水平扩散和垂直传播，持续控制杨扇舟蛾种群，使其种群密度较长期保持低水平。而且这种生物杀虫剂对环境、人体和动物无不良影响。

颗粒体病毒和核型多角体病毒相似，也具有包涵体和病毒粒子。颗粒体病毒感染寄主细胞后，幼虫和 NPV 颇为相似。如食欲减退，行动迟缓，腹部肿胀，刚死幼虫头部下垂，口腔内外吐出黏稠液体。杨扇舟蛾颗粒体病毒生产工艺流程同舞毒蛾核型多角体病毒生产工艺流程。

（四）蜜蜂白垩病防治技术

蜜蜂白垩病（Chalkbrood，俗称"石灰质"病）是由蜜蜂子囊球菌引起的一种顽固性蜜蜂幼虫真菌传染病。1991 年 6 月，刺槐花期后，北京地区发生该病；1992 年，该病即在北京地区大流行。

1. 发病症状

蜜蜂白垩病使老熟幼虫或封盖幼虫死亡，尤其以封盖幼虫死亡普遍。幼虫侵染初期，虫体变软肿胀；后期，虫体失水缩水，呈坚硬状态。幼虫死亡初期，呈苍白色；以后逐渐呈灰色直至黑色。再后，尸体干枯，变成一块质地疏松的似白垩状物质，封盖被工蜂咬开，虫尸表面长满白色菌丝，工蜂清除尸体后留下空巢房。病情严重的蜂群，在巢门前可见被工蜂清理的死蛹残体。

对染病幼虫体内的蜜蜂球囊菌的发育过程进行研究表明，白垩病致死蜜蜂的原因是菌体孢子在幼虫消化道内萌发、繁殖，形成菌丝，再进一步刺破消化道壁而致死幼虫并使虫尸呈白垩状。

2. 蜜蜂白垩病在北京地区发病的特点

（1）病原体活性、传染性极强。蜜蜂球囊菌子囊孢子在干燥状态下可存活 15 年之久，对许多药物都具抗性，生存能力极强，蔓延迅速、广泛。

（2）发病较有季节性、渐进性、敏感性等特点，传播途径有两种：一种是群内传播，主要是通过被真菌孢子污染的饲料、巢脾、幼虫尸体进行传播；一种是群外传播，主要是通过空气、水源、蜜粉源、病蜂及被污染的蜂具进行传播。因此危害面广，影响严重。

3. 防治措施

（1）加强蜂群饲养管理。饲养强群，尽量缩紧蜂数，使蜂多于脾，增强蜂群抗御病害的能力。培育抗病力强的蜂种，选育抗病力强的蜂王，淘汰易染病的蜂王。保持巢内饲料足质优。尤其是春繁使尽可能用人工花粉饲喂。勿用来路不明的饲料，更不能喂发霉变质或带病菌的饲料。确保巢内干燥洁净。

（2）选择良好的放蜂环境。要尽量选择地势高而干燥、通风良好清洁卫生的放蜂场地，切忌在长期潮湿、低洼积水、杂乱不洁的环境下放蜂。

（3）做好各项消毒工作。用 0.2% 的克白甲喷洒消毒放蜂场地和库房；用 0.3% 的克白甲或者 5% 的高锰酸钾喷洒洗涤蜂箱等各种蜂具；用 0.4% 的克白甲喷洒巢脾，进行消毒；用 0.3% 的克白甲对花粉提前一周喷洒消毒；花粉脾须经硫磺密闭熏蒸 24 小时；早春繁殖开始时，结合换脾换箱，用 0.4% 的克白甲直接喷洒 1~2 次蜜蜂。

（4）采取药物饲喂预防。在蜜蜂繁殖期补喂饲料时，每公斤糖浆加入 3 克（一包）的克白甲进行饲喂预防，效果很好。

（5）加强蜜蜂检疫工作，杜绝外来染病蜂群进入北京。

对于已发病的蜂群，必须采取一定的措施甚至采用药物进行治疗。具体、治疗措施如下：

（1）采取隔离措施，避免传染他群。检查蜂群时，一旦发现白垩病的症状，就要将发病蜂群撤离蜂场，以免传染本场其他蜂群。

（2）密集群势，清洁场地。把患病缝群合并，适当缩脾紧蜂，密集蜂量，并加以药物治疗；同时将脱在蜂箱巢门前的病尸集中焚烧，对场地要勤打扫勤消毒，保持蜂场清洁卫生。

（3）挑出病虫死尸，焚烧深埋。对于发病初期、病情较轻的蜂群，可用镊子挑出病虫死尸，集中起来，焚烧深埋，减少传染源。

（4）换箱换脾，处理病脾。对于重病蜂群，首先更换消毒过的蜂箱，同时将所有患病幼虫脾和发霉的粉蜜脾全部撤出，另换清洁无病的巢脾供王产卵，供蜂贮存粉蜜。换下的病脾要尽快用硫黄熏蒸处理，硫黄用量以每 10 框巢脾在完全密闭状况下燃烧 5 克为宜。

（5）使用克白甲，实行喷喂结合，尽快恢复健康。将克白甲溶于 500 毫升 30~35℃ 的温水中，混合搅拌均匀，用喷雾器喷洒蜂体和子脾，以蜂体和脾面湿润为宜。每包 3 克白甲可供 40~50 脾蜜蜂使用，重病群以 4 天为一疗程，连续 3 个疗程即可使病治愈。轻度病群一般以 8~12 天为一个疗程，连续 2 个疗程即可。若将原药稀释 1000 毫升，可采用饲喂形式。对于患病蜂群，配合断子治疗，收效更好。

第二十三章　北京林业产业发展的关键技术

一、适宜北京现代林业发展的种质创新和新品种选育

（一）特异果树资源收集与评价

种质资源研究是果树育种研究的基础和核心，未来的育种竞争实质上是资源与技术的竞争。近年来，由于果品种植和流通的国际化，国际上对果树种质资源的搜集、利用越来越重视。因此，要使果树育种不断有新的突破，必须掌握优异的原始资源材料，引进和收集特色种质资源，内容包括：

（1）收集和评价特异果树资源，建设北京特色果树树种优异种质资源圃。

（2）引进和筛选适宜北京生态条件生长的果树砧木。

（3）针对北京地区自然环境和果树生长对环境条件要求的特点，深入开展仁果类（苹果和梨等），核果类（桃、杏、李、樱桃），浆果类（葡萄、草莓和树莓等），干果类（柿、扁桃和榛子等）及有发展潜力的特异果树新品种的引种工作，并进行评价和利用。

（二）果树种质创新和新品种选育

通过实生和芽变选种，及通过常规杂交、分子辅助、转基因等手段，开展提高果树果实品质和抗性（抗病虫和抗逆境）种质创新的研究，主要包括以下几方面的内容：

1. 实生选种与芽变选种

许多果树树种原产我国，在我国有相当长的栽培历史，而且历史上许多树种多年来均采用实生繁殖（如板栗和核桃）。经过筛选后，目前虽然选出了若干板栗、核桃优良品种（品系），同时也应用筛选出的优良品种进行了实生树改接，但是生产上仍有大约50%的板栗树是实生树，90%以上的核桃树是实生树。一些树种历史上虽然采用嫁接繁殖，但常常是被选出的优系不出村（户）而形成了众多的地方农家品种（品系）。因此，进一步开展调查和筛选生产上需要的优质品种和特异品系工作十分必要。另外，虽然果树优良品种的优良性状经过无性繁殖相对保持稳定，但是，由于其多年在露地栽培条件下容易受到辐射等外界条件的影响，自然条件下果树芽容易发生突变，这也为果树芽变选种提供了良好条件。

2. 杂交育种（包括远缘杂交育种）

常规杂交育种工作仍是解决当前生产上急需品种的主要途径。应该进一步加大以提高果品质量和抗性为目的的果树杂交育种的研究力度。同时，近几年利用胚培养、体细胞工程育种和转基因等生物技术辅助育种取得了较大的进展和成效，已经选育出了一批优良品

种（品系）。应用分子生物学技术开展杂交苗早期鉴定工作也取得了明显进展，应该继续加大以上领域的研究工作力度，以便提高育种效率，为生产提供更优的新品种。

果树育种目标应以选育优质、丰产、抗病、耐贮运、适宜加工品种及培育抗性砧木为主要目标，具体到某一树种的育种目标应根据不同果树树种的特点和市场的需要制定。

（三）花卉种质创新与新品种选育

利用诱变、倍性育种和基因工程等生物技术，结合航天育种技术等进行品种改良，同时与杂交育种和杂种优势利用相结合，提高性状控制效率、缩短育种年限、节约育种空间、加速新品种育种。

1. 乡土草坪草和地被植物品种的选育

北京是严重缺水城市，目前大量引种国外草坪草建植草坪的经验已经证明，"洋草"不适合北京。而作为北京乡土植被中的很多种类，如禾本科、莎草科、豆科、十字花科、菊科等野生地被和草坪植物几十种，都是较有希望的草种，均具有理想的坪用性状，可以作为草坪、地被植物加以开发利用。野生乡土地被、草坪草资源对当地的自然条件有着良好的适应性，对其进行合理的开发和利用，对北京市城市绿化的发展具有十分深远的意义。对野生观赏草种的生境特性研究、适应性机理、对利用野生资源进行城市绿化研究依然是一个空白。

2. 传统名贵花卉新种质创新技术研究

主要包括牡丹盆栽专用品种、专用切花品种的选育；菊花切花品种的选育；月季切花品种的培育等。北京是中国的首都，国际、国内活动频繁，花卉消费量巨大；同时，中国是众多世界名花的故乡，中华花卉文化底蕴深厚，对传统名花的种质创新和新品种的培育、应用，在形成具有中国自主知识产权的同时，宣传中华花卉文化、促进中国传统名花国际化方面具有不可估量的科学价值、时代意义和民族意义。

3. 野生花卉、宿根花卉的品种改良

野生花卉、宿根花卉的应用一方面可以丰富北京城市绿地的类型和绿化手法，另一方面通过品种改良和育种研究，可以充分发挥野生花卉优良种性，在干燥花、盆栽花卉、鲜切花等方面形成北京的特色。

4. 夏秋季开花绿化树种新品种的培育

北京市城市绿化树种的观赏价值主要体现在春季，从3月开始至5月底，具有较高观赏价值的开花树种较多，而夏季除月季、紫薇、合欢、木槿等少数种类可以观赏其花朵外，绝大多数植物种类对城市绿化美化的建设贡献体现在"绿荫"上，而秋季"北京红叶"景观驰名中外。因此，把以观花为主要目的的夏秋季绿化树种的培育作为重点定向培育方向之一，是实现北京"四季常绿，三季赏花"的重要保障和措施。

（四）抗螨高产蜂种的选育技术研究

蜜蜂蜂螨是多年困扰养蜂生产的顽疾。随着蜂群的发展，蜂螨越来越多，而蜂螨是以蜜蜂体液为营养的，这样就严重地影响了蜜蜂的健康和蜂群的发展，极大地限制了蜂产品的产量和质量的提高，阻碍了我市养蜂业的发展。为减轻螨害，几十年来，我国的蜜蜂保

护工作者已研制和筛选出多种治螨药物并收到了显著的防治效果。然而，药物防止无法根治蜂螨。加入 WTO 后，发达国家设立的种种非关税政策壁垒对我国蜂产品出口贸易造成了巨大冲击，最为突出的就是欧盟以氯霉素等抗生素超标为由禁止我国蜂蜜出口，目前已波及美、日等国。为了改变这种被动局面，根本解决方法是从蜜蜂品种自身的抗螨、抗药性入手，避免药物污染等问题，尽快培育出抗螨抗病蜂种，以确保蜂业生产健康稳定发展。

开展本研究的总体路线是以行为抗螨选育为主，对蜂群的有效抗螨能力、蜂螨及其所寄主的蜜蜂间的遗传相关性进行分析，确定蜂螨的主要种类、了解其分布状况以及同寄主的相互关系。通过组织多个蜂场承担中试（生产鉴定）任务，考察抗螨蜂种的抗螨及生产性能。研究内容包括：

1. 育种素材的选定

抗螨——蜂蜜高产育种主要考虑的是抗螨能力和蜂蜜产量，即主要考虑的是蜂群中的寄生率和蜂群的采集能力。鉴于在已知的西方蜜蜂育种素材中，螨的寄生率和蜂群的采集能力表现差异，有的蜂群表现出双优的特性，有的是螨的寄生率较低而采集能力稍差，有的则是采集能力强而螨的寄生率高。为使育成的新蜂种兼有抗螨能力和蜂蜜高产两大特点，在现有的技术条件下，只有通过培育抗螨品系的手段才有可能达到目的。

2. 行为抗螨的测定

（1）清洁行为。清洁行为是蜂群清除患病幼虫和蛹的能力。清洁行为强的蜂群可随时清除被蜂螨寄生的蜂蛹，有效控制蜂螨在蛹房里的寄生密度，从而降低蜂群中螨的寄生率。根据这一特点，我们在每年的 5~9 月蜂群繁殖期，通过人为杀死蜂蛹（用大头针扎死蜂盖蛹）后，统计蜂群清理死蛹的数目，评价清洁行为能力。

（2）清理行为。清理行为是蜂群清理成年蜂群体上的寄生的蜂螨的能力。蜂群一般靠咬伤或咬死蜂螨来减少蜂群中螨的寄生率。根据这一特点，我们在蜂群繁殖期，通过记录受试蜂群的自然落螨数和镜检蜂螨的受伤情况和数目，评价蜂群的清理行为能力。

（3）基因库的建立和种群的繁育和保存。以各地选育出的最佳抗螨蜂群为素材建立了基因库，在各蜂种内以混精人工授精的方式，为种群蜂王授精，繁育和保存抗螨蜂群及蜂蜜高产蜂群。同时还采用非冷冻保存法储存最佳蜂群的雄蜂精液，建立精子库。

（4）中试（生产鉴定）。组织多个蜂场承担培育蜂种的中试（生产鉴定）任务，通过向有关蜂场提供种王、正对照组蜂王，以当地意蜂为对照，考察抗螨蜂种在当地的抗螨及生产性能。

（五）适宜北京都市化建设林业树种（品种）的选育

绿化树种的选择和培育是城市绿化生态功能和城市多样化景观的基础，也是城市园林绿化水平的重要标志。随着首都城市现代化、国际化进程的迅速发展，城市建设需要更多的新优树种来改善、美化环境。北京市的城市特点决定了森林发展不再是单一功能的防护林、用材林、经济林或薪炭林，而必须具有多种功能。这就要求大多数森林在对其主导功能方面有所侧重的基础上发挥三种功能：第一是环境功能；第二是美化环境、风景游憩、休闲度假功能；第三是生产功能。树种选择要遵循"适地适树"原则、生物多样性原则和"以乡土树种为主，引种为辅"原则。

树种的选育工作应从常规选种育种入手，注重单株选优及芽变的选择，这也是世界上一些园艺水准较高国家培育新型植物品种的成功经验。例如原产我国的藤本植物地锦，在北京适应性极强，是垂直绿化的重要材料。引入国外后，经过多年人工选育，现已发展到60多个品种，适应性更加广泛，观赏性状也在不断提高。在利用常规育种手段的同时，积极引进高新技术，在细胞工程领域进行探索，开展转基因技术的应用研究，为进一步满足城市绿化要求，增强树种适应性进行有益的尝试。

1. 种质资源收集、保存、评价和利用

林木种质资源是林木遗传育种和发展林业生产的物质基础，是营林生产、林木良种选育、实现林木良种化和保持生物多样性的重要基础。合理地利用种质资源，为建立种子园、母树林、采种基地、良种基地提供材料来源，为加速林木遗传改良进程，提高林木良种使用率和基地供种率奠定坚实基础。为加快北京林业产业发展，收集针叶树种、阔叶树种、经济树种、灌木树种及外来树种，从中选育出适合北京生长的优良品种进行评价利用。

2. 优良乡土树种恢复及利用

有些乡土树种由于缺乏保护，又没有采取有效的恢复及扩繁措施，在北京逐渐消失乃至灭绝。而另外一些乡土树种由于种苗来源少，或其繁育技术没有过关，一直没有得到应有的重视，未能发挥它们的生态防护功能及优势。通过项目的实施，最终实现恢复、发展优良乡土树种，推进北京市林木良种选育和改良进程，确保林业重点工程造林优质种苗供应，实现质量标准化、造林良种化的目标。主要研究的技术包括：扦插技术研究、播种育苗技术研究、其他配套繁殖技术研究、种子贮藏方法研究、越冬方法研究等。

3. 外来树种评价及利用

做好外来树种的评价工作，观察引进外来树种的生长表现、适应性、侵害性、安全等级以及扩散能力，建立外来树种的评价体系，筛选优良的适宜北京地区推广的优良树种，发挥它们在造林绿化中的作用，同时也能为今后我市的引种提供科学指导，避免盲目引种造成更大的损失。

4. 容器育苗技术

采用树叶、树枝、秸秆等废料配置复合型基质，研究适合播种育苗、嫩枝扦插和硬枝扦插的3个无土轻基质容器育苗基质配方，实现无土轻基质网袋育苗基质生的国产化。

5. 采种基地"种子高产丰产技术"

（1）通过疏伐、抚育、病虫害防治等管理措施，增强采种亩树树势，促进母树生长发育，提高种子产量和质量，尽量消除结实大小年现象。同时，对母树周边的其他林分进行抚育管理，增强采种基地林分生态稳定性，确保采种林生态系统稳定。

（2）通过调查，筛选生长优良的单株，开展采种母树选优，提高采种基地种子产量和质量。

二、安全林产品生产关键技术研究

（一）无公害、绿色和有机果品生产关键技术的研究

随着我国农业发展进入新的阶段，农产品质量安全问题逐渐成为农业发展的一个主要矛盾。农药、兽药、饲料添加剂、动植物激素等农资的使用，为农业生产和农产品数量的增长发挥了积极的作用，与此同时也给农产品质量安全带来了隐患，加之环境污染等其他方面的原因，农产品污染问题也日渐突出。农产品因农药残留、兽药残留和其他有毒有害物质超标造成的餐桌污染和引发的中毒事件屡有发生。农产品安全问题的存在，不仅是我国农业和农村经济结构调整的严重障碍，也直接影响到我国农产品的出口和国际市场竞争力。北京市 2003 年对城市居民的调查结果显示，在选购农产品时考虑的首要因素就是安全无公害，有 43.7% 的被访者将其列为首要因素。而在城市居民今后消费农产品的趋势的调查中，有 92.6% 的被访者表示将更加注重安全、绿色和无公害。

农业部已于 2002 年 7 月发布了全面推进"无公害食品行动计划"的实施意见，目标就是要通过健全体系，完善制度，对农产品质量安全实施全过程的监管，有效改善和提高我国农产品质量安全水平，力争用 5 年左右时间，基本实现食用农产品无公害生产，保障消费安全，质量安全指标达到发达国家或地区的中等水平。

1. 无公害、绿色果品生产技术

无公害果品，是指有营养、无公害、无污染、食用安全的果品。目前的果品生产水平还不能做到生产全过程脱离污染、不用一点化学产品。只能要求通过园地选择、农药选择和先进技术的应用，把果品中有害于人体健康的残留物降到最低限度，使其符合国家无公害果品的卫生标准，从而保护消费者的健康。

而绿色果品是遵循可持续发展原则，按照特定生产方式生产，经专门机构认定，许可使用绿色食品标志商标的无污染的安全、优质果品。绿色食品的概念由我国政府最早提出，并根据我国的实际情况分为 A 级和 AA 级两个技术等级，A 级绿色食品允许限量使用限定的化学合成生产资料，AA 级绿色食品在生产过程中不允许使用任何化学合成物质并排斥转基因食品，与国际有机食品标准接轨。果品很容易受到有毒有害物质的污染，有毒有害物质主要来自生产环境、生产过程和贮运环节，绿色果品生产也主要从这 3 方面考虑，其中生产环节是主要部分，需要一套可行的技术体系做保障。

无公害、绿色果品生产关键技术应从如下几方面进行重点研究：

（1）果园主要病虫害发生规律研究。贯彻预防为主、综合防治的方针，以农业和物理防治为重点，提倡生物防治。研究果园主要病虫害发生规律，按照发生规律，做好病虫害预测预报和药效试验，提高防治效果。

（2）主要病虫害生物防治技术的研究。包括利用天敌防治、性诱剂防治及利用真菌、细菌、放射菌、病毒、线虫等有害微生物或其代谢产物进行综合防治的研究。

（3）有效防治果园主要病虫害的适宜植物源和矿物源农药的筛选。

（4）有效防治果园主要病虫害新型生物制剂的研制与开发。

（5）达到果品安全生产新型生物源肥料开发与应用。开发新型果品安全生产生物源肥料，既能保持或增加土壤肥力及土壤微生物活性，又不对果园环境和果实品质产生不良影响。

（6）安全果品标准化生产技术模式的开发与应用。从果树生长环境、果品生产过程到采后贮藏运输要形成严格的标准化程序。开发安全果品标准化生产技术模式，从基地选择、土肥水管理、使用、整形修剪及病虫害防治等各环节加强研究。

（7）果品采后无公害处理技术。

2. 有机果品生产技术体系研究

美国农业部对有机食品进行了定义：有机食品并非指食品本身，而是指生产过程。有机食品生产是一种有利于促进生态多样性、生物循环和土壤生物活性的生态型生产管理方式，在生产过程中使用尽可能少的非天然生产资料，生产技术能够恢复、保持、促进生态平衡，降低疾病发生率，节约水源，保护土壤不被破坏。因此，进行有机果品生产的主要特征是：通过增加土壤有机质含量、提高土壤生物活性维持长期的土壤肥力；利用相对不溶性的营养物质，通过土壤微生物分解间接提供营养；利用豆科植物等生物固氮以及有机物（植物残体、厩肥）的氮素循环提供氮素营养；杂草、病虫害防治主要依靠轮作、天敌、生物多样性、生草、抗性品种等，达到少用化学农药防治的目的；密切关注生产对环境的影响，保护野生动植物资源。由于有机果品生产在北京市尚处在起步和探索阶段，需要着重加强研究的领域除了应包括无公害、绿色果品生产涉及到的内容外，今后一定时期内应主要进行如下研究：

（1）研制有机果品生产的技术规范和标准。

（2）有机果品产地环境（包括水、土壤和空气等）指标的监测技术。

（3）适宜进行有机果品生产的品种的筛选。

（4）增加土壤有机质含量、提高土壤生物活性维持长期的土壤肥力的技术。

（二）环保型花卉产品的生产技术研究

1. 环保花卉产品生产技术环节控制技术研究

目前，我国花卉生产中存在着大量的能源浪费现象，肥料、化肥的无控制使用，在获得商品花卉产品的同时，对环境造成了极大的污染，生产者、花卉消费者的健康被长期忽视。伴随着人们环保意识的增强，花卉产品的安全生产、环保型花卉产品的生产将是我国花卉产业必须面对的挑战。因此，开展花卉栽培基质研究与开发、生物农药的研发、化肥施用种类与数量的控制研究、花卉产品药剂残留检测与控制研究等势在必行。

2. 环保型花卉标准指标体系及等级的研究

在充分调研中国花卉生产企业在花卉种植现状和正确认识花卉生产过程中对环境的影响的基础上，初步提出我国花卉环保指标体系。建立相应指标的数据库，划分适应中国环保花卉指标体系和等级。

（三）无铅高品质蜂胶生产技术研究

蜂胶是蜜蜂从胶源植物的芽苞或树干上采集的树脂，再混入其上颚腺分泌物和蜂蜡等形成的一种芳香味胶状固体。蜂胶含有 300 余种天然成分，由于各种成分中多种生物活性的协同作用，使蜂胶具有很强的抗菌、抗病毒、抗氧化、增强免疫、降血糖、降血脂、抗肿瘤等医疗保健功能。同时，蜂胶在用作食品防腐保鲜的抗氧化剂和防治畜禽疾病的饲料添加剂等方面也有很大作用。蜂胶对当今严重威胁人类健康的三大疾病心脑血管病、癌症、糖尿病具有较好的预防和治疗作用。许多国家早已形成开发应用的热潮，国际市场上的蜂胶原料一直供不应求。北京市胶源植物（杨树、松树等）种植面积广，蜂胶生产潜力大，但由于产胶蜂种未能推广，采胶工具落后，产品开发少，这一宝贵的资源一直未能很好开发。目前北京市 15 万群蜜蜂产胶只有 2 吨多（我国年蜂胶产量也仅有 250 吨），每群蜂产胶不到 15 克，并且，大部分只经简单加工后作为廉价原料出口，价格只及巴西产蜂胶的 1/5~1/4。而一些不合格的伪劣产品却趁机混迹市场。特别是近几年由于发达国家对我国含蜂蜜在内的有关农产品实行"绿色壁垒"，使蜂蜜出口严重受阻，这对北京市蜂业生产主要是以生产蜂蜜为主的产业结构形式迎来了特大的挑战，广大蜂农急需找到蜂产品原料生产的新的突破口，以增加收入成为我市蜂农新的收入增长点。

在世界范围内，对蜂胶进行广泛深入的研究主要在近三四十年，日本、德国、加拿大、巴西、新西兰、澳大利亚等国家曾不断掀起蜂胶应用热潮。不过，其主要集中在以蜂胶为原料应用上，如在崇尚天然食品的日本，人们把蜂胶提取液直接加入食物中，作防病、强身之用。由于蜂胶具有独特的医疗保健作用，并被许多国家广泛应用。目前，国际市场上蜂胶原料供不应求，巴西原料蜂胶价值高达 260 美元 / 公斤，我国蜂胶原料由于质量等原因只有 15 美元 / 公斤。

北京市传统的蜂胶生产方法比较落后，一方面，蜂胶一般不进行专业生产，大多取自蜂箱框梁和铁纱盖，其蜂胶含杂质多，铅等重金属含量也严重超标，对食用安全构成威胁；另一方面由于不进行高产蜂胶蜂种的选育，产量很低。因此，根据近年国内外对蜂胶原料的大量需求及目前蜂胶生产的现状，研制开发新型、高效的无污染采胶器，并选育高产蜂胶蜂种，将对提高蜂胶质量和产量、促进蜂业的良性发展具有重要意义。

三、优质林产品生产关键技术研究

（一）优质果品生产关键技术研究

随着果业的发展，良种在生产中的重要性日益突出。同时，人们越来越认识到只有良种良法配套，才能最大程度发挥优良品种的特性和优势。进行以提高果品质量为目的、与优良品种配套的果树栽培技术研究是提升首都果树生产水平的必由之路，主要技术环节包括：

（1）北京市主栽果树树种和品种适宜种植区域的区划。即根据"适地适树""适地适品种"的原则，充分发挥良种的特性，提高果实产量、品质和商品性能。

（2）优质树形和成龄大树树形改造技术。以提高树体光合利用效率、方便操作、节省用工、生产优质果品为目标，一方面要求研究机构提供树形改造生理生化理论依据，一方面建立示范果园，将成形技术及时推广。

（3）果树营养诊断与配方施肥技术。

（4）果树肥水混施技术研究。

（5）北京特色果树树种（品种）关键栽培技术的研究。

（6）果品及苗木质量安全标准的制定。

从苗木繁殖生产到果树栽培各个环节制定相应的技术标准体系，使果品安全生产尽快实现规范化、科学化。

（二）优质花卉、绿化苗木生产技术体系研究

（1）优质花卉、绿化苗木快速繁殖技术体系研究。包括：①木本花卉、绿化苗木的快速规模繁殖技术。②高档盆栽花卉组织快繁技术。③草坪草种繁殖生产技术。

（2）盆栽花卉商品化周年生产技术体系研究。包括：①专用栽培基质选择与配制研究。②环境因子与花期调控技术研究。③无土栽培技术及专用营养液研制。④温室生产病虫害防治技术研究。

（3）绿化苗木周年生产技术研究。包括：①工厂化育苗技术研究。②圃地管理技术体系研究。③露地栽培与设施栽培相结合的生产技术规程研究。

四、果品采后营销体系建设

果品采后营销体系建设是包括果品贮藏加工采后处理和流通为一体的，由规模化经营企业牵头，从栽培品种、栽培技术、病虫害防治、采收、采后处理、销售，到消费者消费全过程的科学、高效服务链体系建设。主要研究和建设内容有：

（一）果实采后处理

主要是引进国外先进的果实清洗、分级和包装设备，并进行消化和研制推广国产设备，使北京的果品能够得到最大程度的商品化处理。

（二）果品的贮运保鲜

在北京市果品营销市场体系建成后，果品的冷藏保鲜率应由现在的 5.2% 增加到 30% 以上。北京市果品的贮藏将以冷藏库、气调库、小型机械冷库为主。

（三）构建果品市场信息应用系统

针对市场信息基础薄弱，应用系统不健全的状况，当前重点是构建果品市场监测预警、市场与科技服务系统。主要是通过数据采集、分析、会商、发布等系统平台的建设，完成数据集成、警情确认和信息发布工作，实现对这些产品生产、需求、价格、进出口贸易等信息的动态监测预警，为政府决策提供依据，适时向公众发布信息，引导生产经营者及时采取措施规避市场风险。通过及时采集、处理、分析和发布市场供求与价格、实用技术等信息，为农户和企业服务，引导生产和经营。

五、特色林产品加工关键技术研究

（一）果品加工关键技术研究

果品加工包括干果和鲜果两方面的内容：

1. 干果加工关键技术

北京市山区面积 60% 以上，大部分地区土壤瘠薄干旱，板栗、核桃、仁用杏等作为抗旱耐瘠薄的经济林树种在山区有较广泛的分布，也在北京果树产业中占有重要地位，是带动山区农民致富奔小康的有效途径。近年，北京干果发展势头猛增，新种植面积达到 23.2 万亩，其中板栗发展面积达 15.9 万亩；核桃近 1.6 万亩，仁用杏突破 6 万亩。

从北京市生产果品的定位及其效益考虑，北京市果品加工将以干果为主。在政府规划或政策引导下，加工企业主要建立在干果集中生产区。为保证果农的增收和退耕还林的可持续性，政府应采取扶持政策，吸引企业或企业联合体从事干果加工，使北京市的干果，尤其是退耕还林后规模化增长的干果的加工率达到 90% 左右。

干果加工关键技术研究，主要针对干果产业发展中的一些问题，进行科技攻关，提升京郊干果产业水平，促进和带动干果产业的可持续发展。主要进行：

（1）板栗加工关键技术研究。板栗是怀柔区、密云县山区的支柱产业，产量较高，同时，随着大量板栗幼树逐步进入结果期和结果盛期，预计北京市板栗产量在未来的 10~15 年内将达到 4 万 ~7.5 万吨。我国板栗主要出口日本，近些年全国出口一直稳定 4 万吨左右，外销栗绝大部分产自北京和河北。由于栗仁加工过程中极易发生褐变，如何解决这一问题一直是困扰我国栗加工业的难题，这一点严重地影响了板栗深加工的开展，也是我国栗加工品长期未能打入国外市场的重要原因之一。开展板栗加工防褐变关键技术、无害护色技术及机理研究，开发板栗系列食品，对打开国际市场，提高板栗产品附加值具有重要意义。

（2）核桃、杏仁加工关键技术研究。核桃、仁用杏在北京郊区平谷、门头沟、房山等绝大多数郊区县都有较大规模的栽培，是北京传统的名特优干果，而且近年来，在北京山区农业结构调整过程中，核桃、仁用杏种植面积都在持续扩大。另外由于核桃、仁用杏营养价值极高，随着人们的生活质量不断提高，越来越注重饮食的营养保健功能，对核桃、仁用杏深加工产品产生了巨大的需求。如果我们不失时机的加大核桃、仁用杏深加工产品的研究力度，进行核桃、仁用杏深加工产品的开发，提高产品的附加值，对于形成北京郊区新的经济增长点有极大的推动作用，对京郊农民的脱贫致富极有好处。因此，有必要开展加工关键技术研究，推动产业发展，提升产业水平。

2. 鲜果贮藏保鲜及加工关键技术

鲜食果品包括大桃、梨、苹果、葡萄、樱桃、柿、杏、李、草莓等的供应具有明显的时令性，一方面由于集中上市导致生产相对过剩，一方面由于果品自身特性和贮藏技术手段的双重制约造成采后果品的大量损失及难以实现长期供应。因此，需要着力进行果品无公害防腐保鲜技术研究、精深加工及工艺技术研究，使果品长期保鲜、加工增值。

（二）干燥花生产技术体系研究

（1）适宜北京栽培生产的干燥花种类筛选、配套栽培技术研究。

（2）干燥花采收期、采后生理变化规律研究。

（3）干燥花脱水、染色等处理技术体系研究。

（三）鲜切花、种球采后生理、贮运技术研究

（1）鲜切花（包括切花、切叶、切枝）采收最佳时期研究，采后观赏性状及生理指标标化变化规律研究。

（2）鲜切花（包括切花、切叶、切枝）贮藏技术研究，不同材料贮藏温度、湿度、CO_2等气体浓度、配套设施等研究。

（3）球根花卉种球采收技术研究，不同种球质量鉴定、等级划分技术标准研究。

（4）种球贮藏技术及标准体系研究，包括常温贮藏技术、低温贮藏技术以及相应的标准体系研究。

（四）蜂胶黄酮的分离提取研究

蜂胶中有效成分的分离提取是蜂胶产品深加工和产业化发展的基础，目前蜂胶加工主要是把粗蜂胶通过除蜡、除杂、除铅等工序获得精致蜂胶，但对蜂胶功能成分黄酮类物质进行提取研究还很少涉及。该技术就是通过大孔径树脂来提取蜂胶中功能基料——总黄酮。

通过对蜂胶黄酮的提取来获得功能基料，使功能因子得到富集，蜂胶中所含的生物活性最强的黄酮在提取物中大大增多，为蜂胶类产品深加工奠定了基础。蜂胶黄酮由芦丁、杨梅酮、桑色素、槲皮素、茨菲醇、芹菜素、松属素、柯因、高良姜素和其他一些黄酮组成，其中最具活性的是芦丁、杨梅酮、桑色素、槲皮素、茨菲醇、芹菜素、松属素等。蜂胶黄酮提取物除了总黄酮含量提高外，其高活性黄酮在总黄酮中的比例也大大提高，从50%多提高到90%以上。蜂胶黄酮提取物可以成为开发功能产品很好的功能基料。

（五）森林资源剩余物综合利用技术

森林资源剩余物，主要包括帮助间伐材、小径材以及林木生长过程中产生的杂木、疏枝，由于气候因素而受损的林木，木材加工产生的剩余物，还有其他的木质资源剩余物等。针对北京市森林资源的特点和作用，结合国家高科技研究发展计划，通过优良的设计、优化工艺和采用适宜技术、新材料、新产品，改变加工方式，合理利用剩余资源，最大限度地提高资源、能源和原材料的利用率，积极促进资源的综合利用。

1. 生态垫关键技术研究

20世纪以来，固体废弃物的排放急剧增加，造成了很大的环境问题。据统计，中国1990年城市垃圾总产量为6900万吨，北京市则超过200万吨。随着我国经济的持续发展和人民生活水平的不断提高，城市生活垃圾的产量逐年增加，年均增长率接近9%。如何有效地处理这些城市垃圾，使之资源化、减量化和无害化（即"三化"），成为当前世界各国十分关注的课题。

固体废弃物中包括大量的废弃木材、纸张、毛纺织厂的废纤维等，这些废弃物经过无公害处理后，变废为宝，可以生产生态垫。这种生态垫的主要原料有植物纤维覆盖物、保水剂、黏合剂等组成。植物纤维覆盖物的原料是废弃的木质材料、废纸板、旧报纸、稻秸、芦苇、麦秸等废弃物，加工成不同细度的纤维后，与其他功能性营养物质混合，可形成植物种子生长所必需的初级生态环境。保水剂是辅助植物灌溉的"水库"，周围水分多时，它能吸收数倍于自己重量的水分，环境干燥时，它则会释放容留的水分。

这种"生态垫"，不仅原料来源广泛，森林采伐中的间伐材、枝丫材，木材加工剩余物、废弃物，树皮、灌木等木质纤维素基材料均可使用。而且还具有生物降解，改良土壤的作用，通过增加土壤有机质可吸收养分含量、提高土壤持水能力，可广泛用于沙地覆盖、山坡绿化、困难立地造林等。延庆玉渡山项目区引进马来西亚生态垫用作新修道路边坡的快速固定和绿化材料，结合乔、冠、草、藤等综合的植被恢复措施，在40°以上的陡坡地段累计铺设生态垫15万平方米，不仅取得了非常好的水土保持效果，而且绿化效果非常显著，林草植被的成活率都在95%以上。

2. 木材液化关键技术研究

北京市森林资源比较匮乏，全市共有林地面积1075万亩，人均占有蓄积量不足1立方米。同时，由于受到加工工艺和经济条件的限制，我国的木材产品精加工、深加工很少，仍有大量的木材未得到充分的利用，如大量的间伐材、森林抚育材、木材加工剩余物、灌木、农业剩余物等，造成了很大的资源浪费。这些材料的主要化学成分与普通木材类似，主要包括纤维素、半纤维素和木质素，因此如何开发利用这类资源，对于缓解木材供需矛盾、环境压力以及节约森林资源具有十分重要的意义。

木材液化是在一定条件下，将木质材料与苯酚、多元醇等多种溶剂反应，使木材转化为类似液体的黏稠状流体—液化木。通过液化方式将固态木材大分子降解成具有反应活性的液态小分子，转化成新的高分子材料，尤其是具有生物降解功能的高分子材料，是近年来木材综合利用技术新开辟的研究领域，具有广泛的应用前景。木材液化基本实现了木材的全利用，为解决我国人工林木材资源的充分利用提供了一条新途径。

木材液化技术应用领域广泛，加工工艺并不复杂，适合推广，产业化前景明晰。原料来源广泛，价格便宜，森林采伐中的枝丫、梢头、造材截头，抚育采伐的间伐材、次小薪材、残次林改造的非规格材，木材加工剩余物、树皮、灌木等木质纤维素基材料均可使用。利用木材的液化物可以制备成作多种树脂、模具、发泡材料和纤维、碳纤维等。这些产品具有生物分解性、光分解性，是环境材料。木材液化产物可制无论从生态、社会效益，还是从经济效益预测，木材液化技术都具有良好的市场潜力和市场推广前景。

总之，开发以木材废弃物为原料的木材液化关键技术研究，不但可以充分发挥我国的植物资源优势，开辟废弃植物纤维利用的新途径，提高木材的综合利用率，又充分利用了木材的可生物降解性，生产环境友好产品，可以较好地解决的环境污染问题。

（六）木质结构建筑材料关键技术研究

2003年我国国家建设部和国家质量监督检验检疫总局联合发布了"木结构工程施工质量验收规范（GB50206—2002）"和"木结构设计规范（GB50005—2003）"，并先后于2003年和2004年1月1日实施，为我国木结构建筑的建造提供了法定的文件。

结合北京林业的实际情况，一方面北京需要非常多的建筑材料，另一方面北京的木材十分有限，而人造板工业的原料主要是速生人工林、小径材、枝丫材、加工剩余物等。因此，应该大力发展建筑结构用单板层积材和木质资源的综合利用技术研究。

1. 强化单板层积材（LVL）制造技术

单板层积材（LVL），是用旋切之后单板，数层顺纹组坯，低压胶合面成的一种结构材料。由于全部顺纹组坯胶合，故又称为平行合板。在拼接前可对单板和各种缺陷，如节子、裂纹、腐朽等进行修补或去除。成板厚度一般可达到18~75毫米，长度可以不受限制，原木径级在250毫米左右的速生小径木和间伐材都可用来做单板层积材的原料。

由于单板层积材不受原木径级、长短和等级限制，它可以用径级较小，长度短而不能加工的原木，缺陷多但可以旋切的原木，通过剪切和接长的方法，生产出任意长度和大小的材料。其出材率比成材出材率高出一倍以上。

单板层积材（LVL）不仅保留了木材的天然特性，而且具有实木锯材没有的结构特点、强度变异性小、许用设计应力高、尺寸稳定性好。非常适于建筑上的承重结构场合，在建筑上单板层积材可制成长度超过20米的建筑构件，用于建筑托梁、内部墙壁支柱和门窗框、楼梯扶手等部件。另外，还可用于建筑内装修（铺地板、门窗材料）、家具、汽车和火车车厢板、集装箱板、体育器材底板（滑板、乒乓球拍板、保龄球地板）等，应用范围广泛。例如，杨木人工林由于密度小、材质较差、强度低、节子多，其实木不适宜做结构材，但是经过旋切、干燥、胶合、组坯、热压等加工成单板层积材，是一种优良的结构用材，可广泛用于建筑、家具、门窗等。

2. 定向刨花板（OSB）制造技术

随着北京市森林覆盖率的提高，林业间伐材、主伐剩余物以及其他木质资源剩余物的量越来越多，如何综合利用这些木质资源及其剩余物，使其创造更高的经济价值，从而促进北京林业产业的发展，是一个极其重要的问题。

北京森林资源贫乏，木材及其制品供需矛盾十分突出，因此，迫切需要通过综合利用，大力发展人造板和造纸工业以适应市场的需要。由于胶合板的发展受原材料的制约，纤维板又受到水资源的限制，因此，北京人造板工业的产品应优先发展刨花板（含定向刨花板）制造业等。另外，刨花板比中密度纤维板投资少、成本低并且节约能源，原料消耗少、污染小。发展刨花板更符合北京的经济发展实际（北京市水资源问题十分严峻）。定向刨花板是以杨树等速生人工林的木屑或枝丫材以及加工剩余物等制成的板材产品，在建筑中主要用于屋顶、墙壁和楼面覆盖层，而且可用于横隔墙和剪力墙的结构目的。有些特色产品专门用于护墙板及混凝土模件。定向刨花板还可以用作某些预制木制工字型搁栅的腹杆材料。

近年来，房地产开发投资连年上升，导致了庞大的建材市场和家具制造业对板材的需求越来越大。定向刨花板在建筑中主要用于屋顶、墙壁和楼面覆盖层，而且也可用在横隔墙和剪力墙的结构上。有些特色产品专门用于护墙板及混凝土模件。定向刨花板还可以用作某些预制木制工字型搁栅的腹杆材料。用在建筑方面可做地板材料、墙板材料、天花板和壁板等，以及厨房、壁橱的内部装饰材料。

此外，普通刨花板还可以用在火车、汽车、船舶和内部装修及包装等用途。刨花板作为家具部件可以利用单板、薄木片、浸渍纸、装饰纸等贴面，板边、板端可用木条或塑料等封边，或后成型封边，这些刨花板经过装饰处理后，可以用在各种家具的部件上。

六、森林旅游可持续发展研究与休闲观光果园发展模式

（一）森林旅游可持续发展研究

森林旅游业的可持续发展，取决于供方市场、需方市场和中间市场的协调发展。供方市场是森林旅游业的主营方面。为实现森林旅游的可持续发展，供方必须做到：

1. 要以市场为导向

首先做好森林旅游业的市场调查和评估，然后根据相关地区的经济发展状况，预测旅游市场的潜力，通过信息渠道，采取各种有效手段，开展讯传促销活动。

2. 要以资源优势为基础，科学开发利用

北京市郊区山地面积为 1.04 万平方公里，为全市总面积的 62%，山形地貌艳而多姿，山清水秀，不仅生态环境幽静，而且名胜古迹众多。要在全面深入地调查研究的基础上，对旅游资源进行科学的评估，制定出开发森林旅游、建设景区、景点的总体规划和设计方案。基本原则是要以保护山野资源、保护生态环境不受破坏为前提，以满足广大游人向往山野风光、渴望回归自然的愿望为目标，在建设风格上充分展现山川秀美的自然景色和独特的民俗民风。必要时适当增设一些人文景观，用以吸引游人。

3. 要以为广大游人服务为宗旨，搞好基础设施和服务体系建设

供方要进行民意调查，了解群众需求，因地制宜地完善旅游业的基础设施建设。要搞好综合服务，建立健全各项制度，培训工作人员，提高服务质量，保证游人安全。为更好吸引游客，还必须根据本地区的风土民情和景区、景点的特点，大力开发有乡土特色的旅游产品、纪念品。这些产品要具有休闲、观赏、科研、探险、生态绿地、娱乐参与等多种旅游功能。

需方市场是游人，游人是森林旅游业的主人。要详细调查客源的各种组成、条件和需求，一切从游客的需要出发，满足各种不同的需要，尽量多的吸入客源。

中间市场，是森林旅游业的保障体系。要以政策、资金、技术为依托，加强科学管理，推动森林旅游业的可持续发展（图 23-1）。

（二）休闲观光果园发展模式

林业作为一种自然资源，它不仅能为社会提供木材和林副产品，而且还具有多种功能，尤其在防止污染、保护和化环境方面具有突出作用。但是，目前世界各国林业资源正日趋减少，人类的生存环境正受到威胁。面对这种情况，各国的林业工作者正在积极努力，一方面采取措施大力保护森林，另一方面建立人工生态群落并结合林业环境开展旅游项目。林业观光园是 21 世纪生态园林绿化发展的方向，是一种新的园林形式。现代园林的发展方向是将园林和生态有机结合起来，即向生态园林方向发展，园林已开始从城市向城郊和乡村蔓延，真正朝着大地园林化的目标迈进。这种趋势可极大地促进园林绿化进程，对提高我国森林覆盖率，改善生态环境，保护我们赖以生存的地球具有重要意义。

20 世纪末，随着林业结构调整和招商引资力度加大，我国农村各地特别是城郊地区，出现了以满足都市居民休闲、观光、度假需要的"农家乐"，以一定面积的高科技林业示范

| 森林旅游
需求市场 | 森林旅游
供方市场 | 森林旅游
中间市场 |

周边城镇人口 — 市场定位评估

旅游信息渠道 — 宣传促销得力

休闲时间 — 市场潜力预测

经济水平 — 风景资源评估

交通通信条件 — 自然风景吸引力 — 坚持保护为主 — 政策保证

人文风景吸引力 — 科学改造管理 — 领导重视

挖掘资源潜力 — 当地群众拥护

特色鲜明 — 资金保证

技术保证

旅游资源吸引力 — 游憩项目吸引力 — 民意调查 — 旅游公司建设

因地制宜开发 — 交通条件改善

游憩设施完美

整体布局合理

六大要素配合

综合服务质量 — 规划制度健全

人员素质较高

安全保障

特色乡土产品 — 特色产品开发

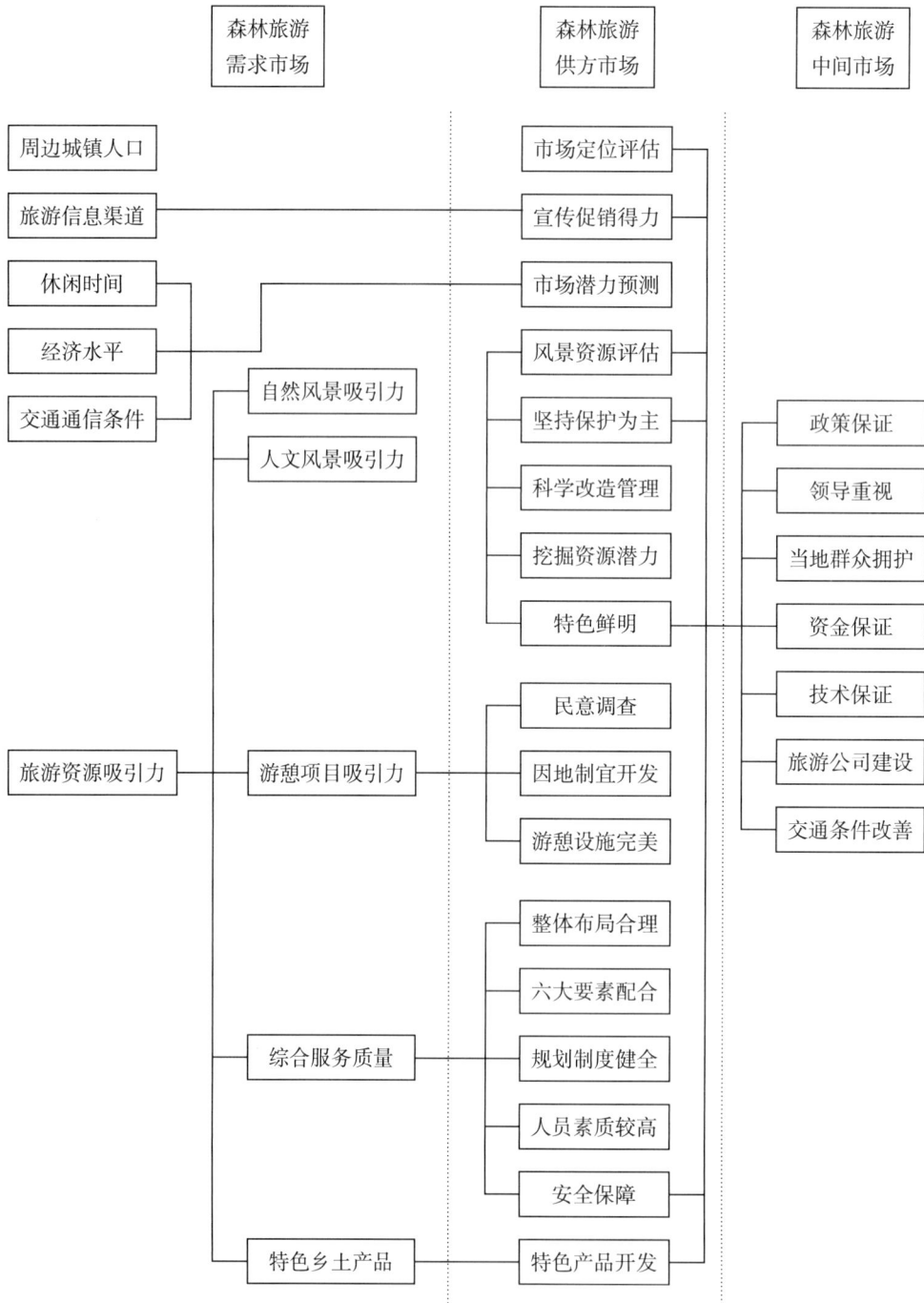

图 23-1 森林旅游业可持续发展研究框架

园区，在这些园区内大多栽植一些优良园艺品种和新潮花木，在绿化设计和道路规划方面，也效仿城市园林和风景区进行规划和建设。有的还设立了园林小品和其他娱乐设施，除了生产以外，还供人们参观游览，满足人们赏奇的愿望，这就是林业观光园的雏形。

林业观光园的由来是城镇居民面对日益恶化的生态环境，纷纷开始向往回归自然。如今，每逢周末和假日，城里人都不约而同地去寻找绿色空间和清新的娱乐场所，去领略感受大自然、从而获得长时间工作后的放松。由此，林业、园林与旅游部门很自然地结合起来，形成了独具特色的生态园林形式，可绿化城郊，调节市民心态，丰富居民的文化生活，提高人们热爱大自然，研究大自然的科学兴趣，也为中小学生社会实践提供了第二课堂。

休闲观光果园发展模式和类型：

1. 观光果园

以生产果品、时令采摘等为主营项目，让游人参与生产、管理和收获等活动，并可欣赏、购买、品尝国内生产的品种。

2. 休闲果园

把林业生产、林业产品销售以及旅游、休闲娱乐和园林结合在一起，在食宿、购物、会议、娱乐设施等方面都比较完善，注重人文资源和历史资源的开发，这是一种综合林业观光园。

3. 教育观光果园

既兼顾了果树生产，林业科普，又兼顾园林和旅游的园区。园内植物类别的先进性、代表性及形态特征和造型特点等不仅能给游园者以科普知识教育，而且能展示科学技术是第一生产力的实景。

七、林产品生产专家决策支持系统

信息化技术是21世纪高新技术应用于农林业生产的关键技术之一，近20年来在世界各国得以迅速发展。专家系统作为信息技术的一个重要组成部分，它是信息技术发展的突破口，对北京市林业发展有着深远的影响。信息技术和数字化建设给现代林业赋予了崭新的内涵，也给生产和管理带来了深远的影响，而这些又会使现代林业科技研究面临全新的课题。

专家决策支持系统是模拟专家解决某领域专门问题的程序系统，是利用计算机模拟人脑从事推理、规划、设计、思考和学习等思维活动，解决专家才能解决的复杂问题。专家系统所处理的问题一般是解决定性的带有经验性的问题，所以由专家系统所构筑的决策支持系统主要解决的是决策过程中的非结构问题。20世纪80年代末起，专家决策支持系统引起了世界发达国家的关注，到90年代初期，又有了进一步的发展，形成了以知识库系统或以专家系统支持的智能化的专家决策支持系统。近年来，随着地理信息系统的广泛应用，决策支持系统的研制向更深层次的方向发展。这些决策支持系统的涌现促进了农林业现代化的发展。

林产品生产专家支持系统的研究就是在国内外同类研究的基础上，以高产、优质、高效为目的，将高产经验和专家经验、模式化栽培及计算机模拟和人工智能的理论与方法等融合在一起，在大量的田间试验和生产示范的信息反馈基础上建立。系统由辅助功能、数据库管理、模拟与决策、多媒体系统、病虫害防治及经济效益分析等功能子系统组成。

第六篇 "数字首都林业"建设规划与发展战略

第二十四章 "数字首都林业"建设背景

首都北京是全国的政治、文化和国际交流中心,更加快了现代化国际大都市建设步伐,现代化林业是首都现代化建设的重要组成部分。2001 年 1 月,"数字首都林业"作为首都林业现代化建设的重要技术支撑和绿化林业行业信息化的总体战略目标正式提出。"数字首都林业"发展战略研究是要在全面分析"数字首都林业"建设现状的基础上,针对存在的问题和不足,根据"数字北京"和国家"数字林业"建设的总体目标,提出"数字首都林业"基本框架,并结合首都林业工作重点,制定森林资源管理和监测、林业政务、林业生态工程管理、林业产业服务、森林防火应急指挥、林业有害生物防治等重点业务领域应用的信息化建设的规划方案,为首都绿化和林业行业信息化建设提供科学指导。

一、国内外信息化技术迅速发展

随着以计算机技术、通信技术和网络技术为代表的现代信息技术的飞速发展,人类社会已从工业时代迈进信息时代,人们越来越重视信息技术对传统产业的改造以及对信息资源的开发和利用,信息化发展与应用水平的高低已经成为衡量一个国家、一个地区乃至一个行业综合实力的重要标志。

早在 1993 年我国就确立了"实施信息化工程、以信息化带动产业发展"的战略思路,并先后启动了金卡、金桥、金关等重大信息化建设工程。1996 年确立了国家信息化的内涵和体系,提出了信息化建设的方针和原则,制订了国家信息化"九五"发展规划。2000 年 10 月,提出以"信息化带动工业化,发挥后发优势,实现社会生产力的跨越式发展"的目标。2001 年 7 月,信息产业部公布了国家信息化指标构成方案,作为进行国家和地区信息化水平量化分析和管理的依据及手段。

"十五"期间,我国实施了五大信息化工程,包括信息资源开发工程、信息基础设施工程、信息化应用工程、电子商务工程、信息产品工程,极大促进了国民经济和社会信息化的进程。

二、数字北京和国家数字林业建设工程启动

数字地球的概念一经提出,立即引起了世界范围内的极大反响。1999 年 11 月第一届"数字地球"国际会议在北京召开,会上提出了"数字北京"建设的宏伟构想。经过几年的建设,北京城市信息化取得了辉煌的成就,信息化水平总指数居全国首位。从 2002 年起,北京市就将信息基础建设和重大政务信息化工程作为重大项目组织实施,同时设立信息化建设专项资金,统筹用于重大电子政务工程。在不断增加电子政务财政投入的同时,广开渠道,多方筹集政务信息化的建设资金,积极探索社会化的投资补偿机制。

数字地球为我国林业信息化提供了新的发展思路,"十五"期间,国家林业局启动了"数字林业"建设计划,并明确将"数字林业"建设作为国家林业重大科技发展项目和提高六大林业工程管理水平、全面推进林业建设可持续发展的重大举措。

数字林业是指在数字地球基本框架指导下,应用空间信息技术、计算机技术、网络技术、智能技术和可视化技术,把各种林业信息用地理坐标确定并连接起来,实现标准化规范化采集与更新数据,实现数据充分共享的过程。数字林业在数字地球框架下构建,也是数字地球的一部分,它的应用分布在不同的区域,渗透到不同的层面,与"数字区域""数字行业"等既具独立性又具交叉性。数字林业建设是林业信息化建设的目标,也是一个进程,是一项跨地域跨层次的知识交叉,是新观念、新思想、新理论和新技术的融合,是以计算机和网络为主体的多种技术在林业行业各领域和各业务环节的应用与普及。

第二十五章 "数字首都林业"建设的现状

一、建设现状

在首都信息化发展规划与国家"数字林业"标准体系的指导下，经过几年的建设，"数字首都林业"取得了显著的成绩，并已经在首都林业建设中发挥出重要作用。

（一）数字首都林业网络体系基本建成

2000年数字首都林业网络中心开始建设，到目前为止已经基本建成了比较完善的行业网络体系。网络中心局域网采用6类高性能线材布线和高速智能交换设备，网络主干带宽达到1000兆/秒，到桌面带宽达到100兆/秒，为行业信息交换和信息系统的应用奠定了良好的基础。

数字林业网络中心还实现了与远程单位的联网。通过租用电信光纤资源建立了与国家林业局的专用线路；市林业局与市、区县政府部门可以通过市政府专网联通；采用VPN技术解决了与郊区直属单位的联接问题。完善的行业网络体系保障了林业行业信息畅通，全系统实现了办公网络化、实时网上通信和信息交换。

网络拓扑结构如图25-1。

（二）行业综合数据库初具规模

通过不断的建设与整合，已初步建成了门类齐全、内容丰富的"首都林业综合数据库"，包括林业基础地理、林业资源、林业工程、林业产业、林业管理等多层次、多尺度、多时态的空间数据库和属性数据库，并形成了"数字首都林业综合信息平台"和"北京林业基础地理信息平台"两个基础应用平台。

1. 林业基础地理数据

基础地理信息数据是林业资源调查、造林规划设计、森林防火、病虫害防治等工作的基础，目前北京市林业局积累了丰富的基础地理数据，包括不同比例尺的等高线、交通、水系、行政区划、居民地等数据，多时相和多分辨率的航空、航天遥感数据。

2. 林业资源数据

在历次森林资源清查的基础上，积累了比较完整的森林资源基础数据，包括：一类森林资源清查、二类森林资源清查、土地利用类型、森林景观、湿地资源、野生动物资源、古树名木、荒漠化土地等空间属性数据。

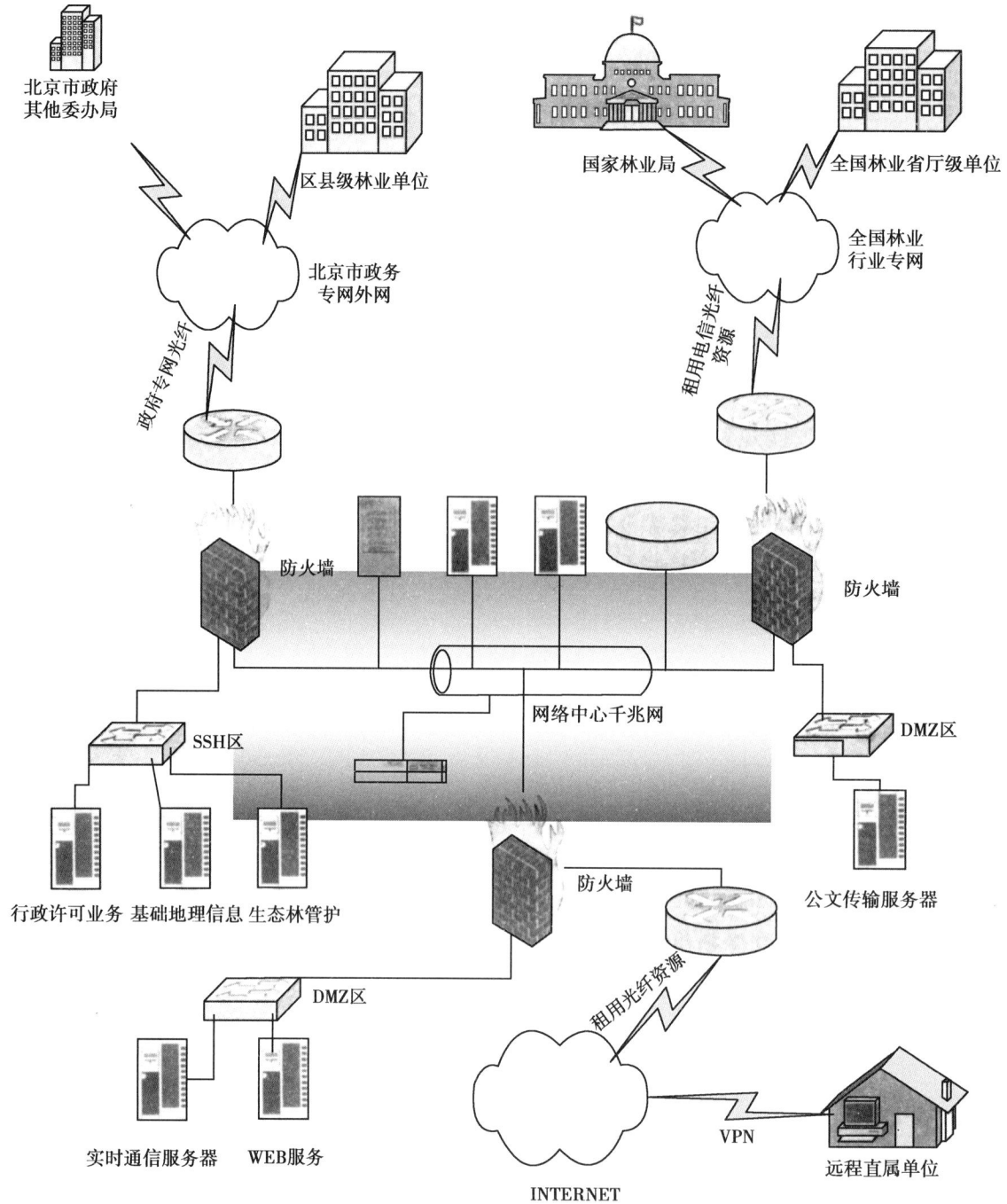

图 25-1 网络拓扑结构图

3. 林业工程数据

重点林业生态工程管理信息系统建设已经有了良好的开端,目前隔离地区绿化工程、绿色通道工程、治沙工程、森林防火相关数据库的建设已具备一定的规模,其中包括绿色通道工程、隔离地区、山区生态林管护、森林防火、京津风沙源等数据。

4. 林业产业数据

林业产业体系是首都林业建设"三大体系"之一,目前已经完成了林木种苗、花卉、果树、森林旅游等相关林业产业数据库建设。林木种苗产业中包括了林木种苗执法、林木种苗质量检验员、林木种苗企业、林木种子经营许可证、林木种子生产许可证等方面的信息；果树产业中包括产品供应、观光果园、标准化基地、果树产品、果品年度产量等信息。花卉产业中包括北京主要花卉、花卉插花种类、花卉管理机关、花卉公司、花卉市场、花卉生产情况、花卉新品种研究等信息。

5. 林业管理数据

管理类数据库是围绕林业各项管理业务而建立起来的一类综合数据库，主要包括文档、科技成果、行业标准、专家人才、法律法规、组织机构、人事管理等信息。这些数据库涉及多个应用部门，并建立起了较良好的数据库运行与维护机制，为各部门提高工作效率和管理水平发挥了重要作用。

（三）行业网站的服务功能日益显著

1997年北京市实施政府上网工程以来，"首都绿化林业政务网"几经改版升级，网站功能日趋完备、信息内容不断丰富，为公众提供各种林业信息服务，林业53项行政许可业务中部分业务实现了网上办理，网站已经成为政府部门与社会公众信息沟通的桥梁。

围绕服务林业产业发展，市林业局加快了产业信息化建设步伐，相继建成了北京林木种苗信息网、北京果树产业信息网、北京花卉信息网、北京森林旅游网、北京蜂产品销售网等网站，不少下属单位也相继建成了自己的网站，形成了林业产业服务的网站群。目前全系统共有不同业务类型的网站近20个，这些网站为社会提供多层次、全方位的政策、技术、商务等方面的信息服务，为林业产业和郊区经济的发展发挥了重要作用。

（四）信息化应用系统建设不断推进

1. 网上办公系统

2000年市林业局就开发建成了网上办公系统，并在全行业推行和使用。经过几年的不断升级完善，目前该系统已经实现了公文流转、信息简报和通知通告发布、个人办公管理、档案管理、资源管理等多项功能，大大提高了办公效率，推动了资源共享和电子政务的进程。实时交流功能作为重要的辅助办公手段在全行业得到广泛应用，并取得很好效果。

2. 网上行政许可办理系统

林业网上行政许可办理系统2004年初建设完成并投入使用，实现了林木采伐、林木移植和林地征用占用等林业行政许可业务的网上办理。申办者通过登陆林业门户网站或市电子政务在线服务平台即能足不出户完成许可事项办理并获得相关信息服务。林业网上行政许可办理系统的运行是北京林业电子政务进入实质性应用阶段的重要标志。

3. 古树名木信息管理系统

2002年北京市林业局建成了郊区古树名木信息管理系统，实现了对每一棵古树的树种、位置、生长情况、病虫害防治情况、地下土质、历史传说、历年养护状况、年度养护计划等方面信息的管理，为市、区两级林业主管部门对古树名木的管护提供了科学的技术手段。为林业执法、工程规划、工程建设等部门从事业务管理和决策活动提供了重要的辅助信息支持。

4. 森林资源信息管理系统

1998年全市开展了森林资源二类清查工作，并开始了森林资源的信息化管理，根据调查成果，建立起了森林资源数据库，包括全市1:25000小班分布图、行政区划（乡镇、村）数据、二类小班调查小班卡片数据等。利用地理信息技术，开发了具有数据处理、查询检索、统计分析、动态预测和信息发布等功能，并且实现了图形与属性数据的统一。下一步重点要通过森林资源数据与"北京林业基础地理信息平台"的整合，建立网络化的森林资源管理系统，全面掌握北京市森林资源现状与消长变化动态，分析森林资源变化与发展趋势，为制定全市的林业方针政策、编制各类林业发展规划、开展森林资源短周期监测等重要业务提供科学决策依据。

5. 森林防火辅助决策系统

为了充分利用信息化技术提高森林资源管护水平，提高对突发森林火情火警的反应能力，从1997年开始北京市森林防火辅助决策系统的开发建设，并在实际应用中不断升级完善。该系统利用森林植被图进行相关分类制作出森林可燃物分类图，利用气象因素的变化进行林火预警预报，在分析林分可燃物与气象因子间的关系的基础上划分森林火险等级、进行林火行为预报模拟；利用气象卫星遥感图片数据对林区进行热量和温度分析提供火险区划报告和火险区划图。系统还可以通过调用有关信息及时为扑救指挥提供决策服务，并能够对灾后的损失进行快速准确的评估，为今后的火灾预防提供预案。

6. "数字绿化带"信息系统

城市隔离地区绿化带建设工程是首都迈向国际化大都市的一项重大生态工程，该工程涉及地域广、工程时间紧、建设标准高。"数字绿化带"信息系统利用空间地理信息技术，将绿化隔离工程的背景资料、政策法规和正在实施的北京绿化隔离区沿线地域的飞机航拍照片及卫星遥感影像等各种数据收入，进行综合处理与分析，运用虚拟现实等技术，直观地展示工程规划和现状，大大提高了工程管理水平和决策分析水平，为工程建设的顺利实施发挥了重要作用。

（五）数字首都林业组织保障体系初步建立

1996年初市林业局成立了计算机信息中心，并成立了以局长为组长的信息化工作领导小组，2000年6月正式成立北京市林业信息中心，目前已初步建立起了一个设计全行业各部门、各单位的信息化建设的组织保障体系。

利用北京得天独厚的技术人才优势，除了建设局系统内部多层次的专业化信息化人才队伍外，北京市林业局与中国林科院、北京林业大学等科研单位和高等院校有着良好的科技与项目合作关系，2000年8月北京市政府与中国林科院签订了全面科技合作协定，使"数字首都林业"建设有了长期可靠稳定的技术支撑力量。

通过举办各种类型的培训活动，加大信息化知识与技术的推广应用，培训的内容除了计算机及网络知识外，还重点结合如"数字绿色通道工程""办公自动化系统的应用""果树产业信息网络管理""林政资源信息化管理""造林作业设计系统""森林资源二类清查信息化管理""信息报送系统应用""腾讯通RTX""防沙治沙信息系统"等业务信息系统的应用开展专题培训，提高了从业人员的信息技术应用水平和操作技能。

二、存在问题

由于"数字首都林业"建设起步较晚，与北京市其他行业信息化先进水平相比，还存在以下几个方面的问题和不足：

（一）网络建设有待进一步完善

目前，市林业局机关已经建有高标准的局域网，但是多数基层林场、苗圃、林业工作站等下属单位的计算机网络还不完善，信息传输效率低，特别是接入带宽已经形成的瓶颈在一定程度上制约了行业信息化应用系统的普及应用和林业信息化整体水平的提高。市林业信息中心的网络软硬件设施也需要满足不断增长的信息化应用需求进一步升级完善和提高水平。

（二）数字首都林业标准体系还未形成

"数字首都林业"是一个复杂的系统工程，其建设和发展必须严格遵守首都信息化建设标准体系的指导，同时也要在国家林业局"数字林业"的标准体系框架下根据首都北京林业的实际逐步建立起一套行之有效的标准体系。目前，"数字首都林业"标准化建设虽然已经起步，但是还没有形成完善的各类标准，主要问题存在3个方面，一是信息化标准不齐全，不能满足信息化建设和管理应用方面的需要，如数据资源共享标准就是目前急需完善的方面；二是有的标准还需要进一步细化，增强针对性和可操作性，如信息采集标准，目前虽然有了一个系统化的信息采集平台，但是面向各门类不同的需求，需要进一步制定更加细致的用户级标准规范；三是标准在执行过程中的强制性不够，还存在着不遵循整体标准规范而建设信息系统的情况。

（三）基础数据资源的建设和维护需要进一步加强

目前"数字首都林业"已经建立起了一批面向各业务的数据库系统，但是离业务的实际需求还有较大的差距，大部分业务还没有成熟的数据库支持，业务数据库还处于空白状态急需建设。有的已经建成数据库系统，也因为信息不丰富，更新维护不及时，导致用户的使用积极性不高，数据库功能不能充分发挥，急迫需要建立起有效的数据发布机制，明确数据维护责任，保障林业相关各类数据资源的完善、准确。

（四）信息共建共享的机制需要抓紧完善

目前"数字首都林业综合信息平台"已经建成并良好运行使用，但全系统信息资源开发建设还停留在较低的水平，有的还在单机环境下使用运行，数据库规模小且分散、冗余度大、标准不统一等情况还比较严重，导致各信息系统之间资源共享难、集成度低、效益差。有的单位还脱离"数字首都林业"整体规划和标准体系，擅自重复投资低效建设，需要全系统统一认识和步调，建立完善信息资源共建共享机制，主管部门加大资源整合力度，严格信息化新建项目的技术审批，大力推进政务信息资源的安全共享。

（五）应用系统建设需要进一步推进

一方面"数字首都林业"已经开发建设了办公自动化系统、网上行政许可办理系统、森林防火辅助决策系统等一批重要的业务应用系统，但是大量的与林业生产管理相结合的业务系统还未建设，目前迫切需要抓紧建设，如森林资源管理及动态监测系统等；另一方面，有的应用系统虽然已经开发建设并投入运行，但没有得到普及推广，或者系统的功能没有完全充分利用，影响了信息系统的作用的发挥。

（六）信息化安全保障体系急需完善

随着信息化应用在行业的日益普及和应用水平的不断提高，信息化安全保障日趋重要，目前在行业网络安全管理、数据资源安全管理方面还存在着一定的安全隐患。一方面需要加强信息系统的安全性评估，针对不同的应用确定科学的信息安全策略和安全保障措施，加大信息安全基础设施的投入。另一方面要建立严格的信息安全制度规范，提高全员信息安全意识和信息安全技能素质，建立完善可行的信息安全应急措施预案，提高系统抵抗灾害的能力，保障信息安全。

第二十六章 "数字首都林业"
建设原则与目标

一、指导思想

（一）坚持服务大局

"数字首都林业"要充分利用现代信息技术手段，实现首都林业管理的数字化、网络化、可视化、智能化，提高林业管理和决策水平。北京市委、市政府在《关于加快北京市林业发展的决定》中明确要求，到 2008 年全市林木覆盖率要达到 50%，森林覆盖率达到 36%。到 2020 年建成比较完备的高标准的林业生态体系、高效益的林业产业体系和高水平的森林资源安全保障体系。以信息化技术为核心的"数字首都林业"建设是信息化技术在林业行业的应用，它以提高首都林业管理水平、为社会和公众的服务水平和提高工作效率为目标，是首都林业现代化建设的有机组成部分和重要标志，也是实现北京林业发展战略目标的重要保证措施。

（二）力求科技创新

科技创新是一切事业发展的动力，更是林业信息化建设的本质要求，首都林业的地位和承担的任务决定了"数字首都林业"必须走科技创新之路。坚持科技创新就是林业信息化工作要坚持科技领先，不断创新。"数字首都林业"建设是一项崭新的工程，没有太多可借鉴的经验和做法，这就要求担负这项事业的人要牢固树立创新的意识，大胆开拓，做到思想创新、方法创新、技术创新。积极引进各种信息技术发展与应用的新思想、新技术、新方法，为林业的发展服务。既要坚持实事求是，又要坚持高起点、高标准、高要求，敢于推动"数字首都林业"走在全国同行业及首都电子政务的前列。

（三）保障安全稳定

林业信息化工作要保障信息网络的稳定可靠，要保障林业信息资源的准确安全。这是信息化建设的重要内容，也是作为首都信息化建设特殊地位的根本要求。信息化应用在首都林业建设和发展中起到的作用越大，应用信息化技术的人越多，信息安全保障就越突出和重要。要通过建设严密的信息安全技术保障体系和严格的信息安全责任管理制度加以保障。

二、建设原则

（一）整体性原则

"数字首都林业"是一项复杂的系统工程，同时又是"数字北京"和国家数字林业的有机组成部分。在系统的建设中要坚持科学规划严格遵循北京信息化区域性标准和国家林业信息化行业标准规范。只有这样，才能保障数据资源的共享和系统的开放性。

（二）适用性原则

"数字首都林业"建设以服务首都林业发展为目标，在确定数据库建设和应用系统开发中融入先进的技术和管理经验，充分考虑各业务的实际需求，并尽可能降低系统使用技术难度。同时，在系统设计中考虑到现有平台的实际情况和未来发展方向，考虑到业务的变化和机构的调整，系统在组织机构、人员属性、业务流程等方面的设计上采用灵活的实现方式，保障系统的适用性。

（三）先进性原则

"数字首都林业"是一个集遥感技术、地理信息技术、数据库等现代高新技术于一体的全数字化应用平台，数据的采集、传输、存储、可视化分析与决策都建立在安全、有效的"3S"技术和计算机、网络技术之上，在规划和设计中，要坚持高起点、高水准的要求。只有用最新的技术设计和开发各类应用系统，才能保障系统长效运行，最大限度地满足政府决策、资源管理、大众服务等多方面的需要，才能最大限度地发挥投资的效益。

（四）经济性原则

要充分利用数字北京的网络环境基础和数据资源基础，既要高标准规划，也要高效益建设，坚持统筹安排，突出重点，急用先行。既要注重建设，更要注重系统的应用推进。在遵循相关技术标准的前提下，促进信息化共建共享，充分利用已有信息化资源基础，避免不必要的重复投入，以最小的成本投入实现最大的效益产出。

（五）安全性原则

"数字首都林业"是"数字北京"的重要组成部分，是政务信息化建设的重要分支，信息安全有着特殊的重要性。信息安全保障是"数字首都林业"建设的重要环节，要严格执行相关政务信息安全规范，并制订网络级、系统级、应用级等不同层次的、灵活的安全措施。另外，出于系统安全考虑，对工程建设需要新增的硬件和软件，特别是针对涉及安全保密级别较高的信息系统，在符合标准的条件下优先使用国产设备和软件。

（六）易用性原则

在信息系统的建设中，特别对于一些面向普及型用户的信息系统，必须充分优先考虑系统的易用性，确保不同计算机应用水平的用户可以熟练地、快速地操作现有应用系统，要求系统的界面友好、操作简便。要针对不同的系统功能和用户级别，设计不同等级的技术门槛要求，利于系统的应用推广，同时也要考虑为系统管理员提供完善的系统管理工具，便于日常管理和系统维护。

三、建设目标

"数字首都林业"是首都绿化林业行业信息化建设的总体目标，也是行业信息化不断发展的进程，将随着整个社会信息化的发展前进。我们在"数字首都林业"现有发展基础上，将未来建设目标分为近期和中期两个阶段。

（一）近期目标

近期发展总体目标是：基本实现首都林业全行业信息化，构建起"数字首都林业"的基本框架，林业信息化的总体水平达到北京市的先进水平和全国林业行业领先水平。具体目标包括以下几个方面：

（1）建成运行"数字首都林业综合信息平台"，完善行业内部信息资源共建共享机制。

（2）建设运行首都绿化林业政务信息服务平台，基本实现办局机关行政管理的数字化、网络化。

（3）建成全面、动态反映北京生态环境和林业资源的林业空间信息基础数据库，完善和强化"北京林业基础地理信息平台"的功能，加大各业务专题的整合应用。

（4）建成比较完善的"数字首都林业"基本技术框架体系和功能应用体系。

（5）全面提高办局机关公务人员和行业技术、管理人员的信息化技能与素质。

（6）行业信息化总体水平达到北京市和全国林业行业的先进水平。

（二）中期目标

行业信息化基础建设和应用水平趋于完备和成熟；在具有国际先进水平的网络基础上，提供多门类、可视化和良好互操作性的"数字首都林业"信息服务；林业信息资源不仅在本行业同时也在全社会上得到广泛利用，成为"数字北京"和全国林业行业数字化建设的一个有机组成部分和重要的信息资源。

第二十七章　"数字首都林业"基本框架

　　"数字首都林业"以绿色北京以及首都环境安全为目标，通过北京市全体林业工作人员、广大的北京市民，在一个共同的信息平台上，建设首都，绿化首都。具体来说是在"数字北京"和国家"数字林业"建设框架的指导下，完成网络和基础设施建设。在标准规范、安全组织保障体系下，利用数据库技术、空间地理信息技术以及多媒体技术等，建设好首都林业综合数据库（基础数据库、资源数据库和政务数据库）和应用系统平台。在此基础上，结合首都林业的特点，开发各种首都林业应用系统，把"数字首都林业"建设成高效、标准、实用、领先的现代化综合系统，基本框架如图27-1。

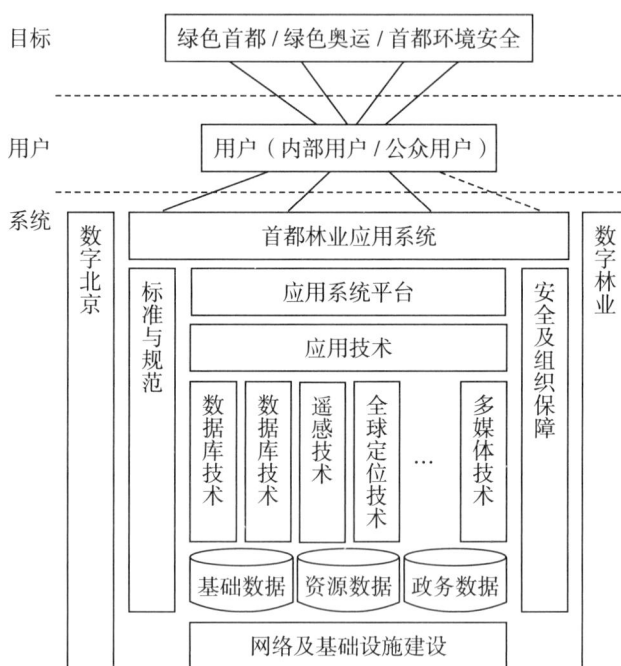

图 27-1　数字首都林业框架示意图

一、网络及基础设施建设

　　网络及基础设施建设主要包括网络环境、计算机硬件、操作系统等。计算机网络主要是实现服务器与终端或计算机之间的各种信息和数据传送，是"数字首都林业"的高速公路。在这条高速公路上，网络用户部分或全部地享受软件、硬件和数据资源，并在网络中各种资源互通，分工协作，以提高系统资源的利用率。在网络中，各用户可根据情况选择网内资源，以就近、快速处理，对综合性问题通过一定算法将任务分交给不同计算机，达到均衡使用网络资源，实现分布处理。按网络的分布和跨域来分，网络类型可分为：广域网 WAN（Wide Area Network）、局域网 LAN（Local Area Network）、都市网 MAN（Metropolitan Area Net-work）和互联网（Internetwork）。

　　根据北京市林业局的具体情况，网络环境和计算机硬件都比较完善，操作系统选用 Unix 或微软的 Windows 系统。

二、标准与规范建设

数据标准和规范从内容上包括数据空间框架构建、数据采集、数据管理、数据更新、数据维护、数据共享等标准与规范；按层次分为公共和专题应用标准与规范两个层次。

公共数据标准和规范是指公共数据主要指林业各职能部门的管理、决策所需的基础数据，包括基础地理数据、森林资源数据和相应的社会、经济数据等。

林业专题数据标准和规范是指包括森林防火、林政、有害生物监测、野生动植物保护、造林营林等各种专题内容包括空间数据采集、属性数据采集、文档数据采集、元数据采集等四类数据的标准与规范。

三、安全及组织保障

数字首都林业的安全及解决方案重要包括网络层安全、系统层安全、应用层安全、安全管理、组织保障等诸多方面。

四、应用技术

（一）数据库技术

当前数据库技术发展主要体现在如下几个方面：

1. 面向对象数据库技术

面向对象的数据库系统必须满足两个标准：它首先应该是一个数据库管理系统，并且是一个面向对象的系统，即在一个可能的范围内，它与当前的一批面向对象的程序设计语言一致。数字首都林业的空间数据和有关的数据本身就是对象，它在数据库中是以对象的形式进行管理的。

2. 分布式数据库技术

分布式数据库技术是分布式技术与数据库技术的结合，从概念上讲，分布式数据库是物理上分散在计算机网络各结点上，而逻辑上属于同一个系统的数据集合。它具有数据的分布性和数据库间的协调性两大特点。数字首都林业的数据库布局和管理就是一个典型的分布式数据库系统，如市级数据库和各区县级数据库以及相应的管理系统。应用好分布式数据库技术，对"数字首都林业"建设意义重大。

3. 空间数据库技术

空间数据库系统是描述、存储和处理空间数据及其属性数据的数据库系统。"数字首都林业"的空间地理信息有：遥感信息、基础地理信息、林业专题图信息等。这些信息的数据量非常大，常常是 T 级的形式出现。为了便于管理，这些信息都将存储在空间数据库中，这就要求我们有强大的空间数据管理能力。所以，空间数据库是随着地理信息系统的开发和应用而发展起来的新技术。

（二）地理信息技术

地球信息技术从理论上讲是解决地球信息问题，它的范围包括航天和航空获得的遥感数据、人工地面测绘得到的地理信息，通过地理信息技术，可以将这些海量数据存储在计算机中，方便检索、查询和进行相关的地理空间分析。"数字首都林业"需要在数据库和相关知识库的基础上定义和生成各种林业专用模型，如森林规划模型、灾害评价模型等；运用这些模型对地理数据进行有效分析，并把分析结果或是决策咨询建议以直观、清晰的形式输出。另外，从地理信息技术发展起来的地理信息系统软件是所有空间地理信息技术的基础平台，也是数字首都林业重要的应用平台，它是森林资源信息管理系统、森林防火应急指挥系统以及其他重要系统的基础和内核。

（三）遥感技术

随着航空与航天技术的发展，使得对地观测的空间分辨率从 80 米提高到 0.24 米，光谱分辨率从可见光波段扩展到远红外乃至微波波段，时间分辨率从 18 天缩短到 30 分钟，遥感技术的应用也日渐成熟。遥感技术在数字首都林业建设中将占有重要的地位，如森林资源监测、林火监测、森林有害生物防治等方面都用到了遥感技术，从低分辨率的 NOAA、MODIS 数据，到 30 米分辨率的 TM 影像数据、2.5 米分辨率的 SPOT 影像数据和 0.6 米分辨率的 Quickbirk 影像数据都在发挥重要作用。由于遥感技术在林业上的应用，使得人们实现了对林业空间信息六大属性的定量描述，即真实性、准确性、完整性、时效性、实时性和动态性。另外，航空摄影技术和雷达技术在林业上也得到了广泛的应用。

（四）全球定位技术

20 世纪 90 年代以来，卫星定位和导航技术与现代通信技术相结合，在空间定位技术方面引起了革命性的变化。用全球定位技术同时测定三维坐标的方法将测绘定位技术从陆地和近海扩展到整个海洋和外层空间，从静态扩展到动态，从单点定位扩展到局部与广域差分，从事后处理扩展到实时（准实时）定位与导航，绝对和相对精度可达米级、厘米级乃至亚毫米级，从而大大拓宽它的应用范围。目前，全球定位技术广泛应用于森林资源调查、造林设计与检查、病虫害调查、荒漠化普查、林火监测与评估、飞播与飞防作业导航等众多林业生产与管理的实践中，已经成为森林资源数据获取、更新的重要技术手段之一，并将给林业生产与管理带来一场深刻的技术革命。

（五）多媒体技术和虚拟现实技术

多媒体技术是对多媒体信息进行搜集、传递、加工和使用的一系列技术。多媒体信息有文字、图形、图像、动画、视频、音频等多种载体的信息，具有交互性、多样性和直观性，是森林资源信息管理人员的一种需求。

虚拟现实（Virtual Reality，VR）实质是一种先进的人和计算机之间的接口技术。在"数字首都林业"建设中，利用虚拟现实技术，计算机可以产生一个地区或森林的三维的、基于感知信息的临场环境，如森林景观、火场蔓延、植被演替等。其关键特点是基于感知信息的临场环境和交互，给林业规划与设计、分析与预测带来在三维上的真实感，提高准确性和直观性。

利用多媒体技术可使森林真实地再现在计算机中，虚拟现实世界，进行仿真模拟，辅助管理决策人员进行决策，在森林资源管理信息系统中要合理利用多媒体技术和虚拟现实技术。

五、数据库建设

首都林业数据库是"数字首都林业"建设的核心内容，位于整个"数字首都林业"体系的中心，目的是为"数字首都林业"的建设提供多源数据共享平台。其中基础地理信息数据库、森林资源数据库、遥感影像数据库、专题数据库、用户管理数据库及元数据数据库等的建立、空间数据的无缝链接等内容均在这上面实现。由于"数字首都林业"不仅有大量的属性数据，更重要的是有海量的空间数据，这两大类数据都需要有效管理。因此，数据库管理系统宜选用大型的 Oracle 数据库系列。

六、应用系统平台建设

应用系统平台是各个业务应用系统中提取的公共基础部分（功能、数据、技术、系统），是建设"数字首都林业"的前提。它是首都数字林业建设的首要内容，将直接影响和制约着应用系统与数据库的数据交流，关系到系统的运行效率。从技术成熟和技术服务方面考虑，GIS 软件系统选用 ERSI 公司的 ArcGIS 地理信息平台软件，如 ArcInfo 桌面系统 +AO、ArcIMS、ArcSDE、ArcSGIS 3D Analyst 模块、MapObjects 开发组件。

七、"数字首都林业"重点工程

（一）森林资源管理与动态监测信息化建设工程

森林资源动态监测管理系统以网络数据库软件和空间数据管理系统为平台，对北京市森林资源在森林生态系统、林分和景观尺度上的结构、类型、分布、面积、质量、数量、频度、森林健康、森林生长和环境因子等信息进行收集、整理和分析，形成能提供丰富和实时的森林资源信息，能通过网络广泛共享与传输、具有信息开放性的管理监测体系，实现森林资源信息的存储、检索和处理的自动化、规范化和系统化（见附件 7）。

（二）林业电子政务建设工程

通过信息技术手段，公开政务信息，提高内部办公效率、节约办公成本、优化办事程序。通过信息技术改造现有的政府部门形态，转变政府职能，改善为企业和市民提供服务的模式，最大程度地方便社会群体，推动社会生产力的发展和社会进步（见附件 8）。

（三）林业生态工程管理信息化建设工程

利用最新的 3S 技术及计算机网络技术，在完备基础地理数据库和林业资源数据库基础上，直接面向林业生态工程相关的各政府管理部门，用计算机辅助工程管理及决策，实现各政府管理部门的信息共享和协同办公，对项目进行科学审批、进展跟踪监测、评价验收、可视化管理等（见附件 9）。

（四）林业产业服务信息化建设工程

利用地理信息技术、网络及数据库技术，建立北京市林业产业服务信息系统，逐步完善数据采集机制，鼓励林业产业管理部门、龙头企业、产销协会等共同参与林业产业信息平台的建设与维护。通过信息化手段带动整个林业产业的管理和服务水平的提高，实现林业产业向数字化、科学化、规范化方向发展（见附件10）。

（五）森林防火应急指挥系统建设工程

利用地理信息、遥感、全球定位系统、网络、通讯及数据库技术，建立北京市森林防火应急指挥系统新模式，优化北京市森林防火管理机制和指挥流程配置，将市、区县各级的森林防火管理工作流与系统的信息流紧密结合，使北京市森林防火工作从传统经验型的定性管理向数字化、可视化、科学化、规范化方向发展，从而达到防灾、减灾、提高森林防火应急反应速度和应对能力，实现与北京市应急指挥系统和国家森林防火监测系统的对接，实现应急资源信息共享和协同调配（见附件11）。

（六）林业有害生物防治信息化建设工程

以3S及现代网络技术为基础，建立北京市林业有害生物监测、管理与数据处理平台系统，以及各区县林业有害生物监测与预警分平台系统，形成分布式林业有害生物监测网络体系，实现全市范围内林业有害生物的多尺度监测与管理，准实时监测与评估发生发展情况，实现各级森林病虫害管理部门的数据共享，建立起有效的林业有害生物监测预警体系、检疫御灾体系、防治减灾体系、应急反应体系，实现林业有害生物防治的标准化、规范化、科学化、法制化、信息化，促进森林健康成长（见附件12）。

第二十八章 "数字首都林业"信息安全措施

一、安全风险分析

要保证数字首都林业各系统能安全可靠的运行,必须全面分析数字首都林业网络、系统、数据和管理方面面临的所有威胁。这些威胁虽然有各种各样的存在形式,但其结果是一致的,都将导致对信息或资源的破坏。

表 28-1 从信息系统涉及安全的五个层面,综述了"数字首都林业"建设可能面临的安全威胁和风险:

表 28-1 "数字首都林业"建设可能面临的安全威胁和风险

安全层面	安全威胁与风险存在形式	安全威胁与风险描述
物理安全	机房毁坏	战争、自然灾害、意外事故造成机房毁坏,大部份设备损坏
	电磁泄漏	因机房和线路电磁泄漏,造成系统信息泄漏
	线路中断	因线路中断,造成系统不能正常工作
	电力中断	因电力检修、线路或设备故障造成电力中断
	设备毁坏	因盗窃、人为故意破坏,造成设备毁坏
	设备损坏	设备软、硬件故障,造成设备不能正常工作
	媒体损坏	因温度、湿度或其他原因,媒体不能正常使用
网络与系统安全	网络互联的安全隐患	互联网与政府专网互联而带来的越权访问、恶意攻击、病毒入侵等安全隐患
	搭线窃取的隐患	黑客或犯罪团体通过搭线和架设协议分析设备非法窃取系统信息
	病毒侵袭的隐患	病毒在系统内感染、传播和发作
	网页篡改的隐患	来自互联网的黑客对在线服务平台中各 Web 服务器的页面进行篡改
	操作系统安全隐患	操作系统安全漏洞、安全设置不当、安全级别低等,缺乏文件系统的保护和对操作的控制,让各种攻击有可乘之机
	数据库系统安全隐患	不能实时监控数据库系统的运行情况
	应用系统安全隐患	应用系统存在后门、因考虑不周出现安全漏洞等,可能出现非法访问
	恶意攻击和非法访问	DOS/DDOS 攻击、网页篡改、下载不怀好意的 Java、ActiveX 小程序等,对系统进行恶意攻击,或对系统进行非法访问
应用安全	身份假冒	关键业务系统被假冒身份者闯入
	非授权访问	关键业务系统被越权访问
	数据失泄密	数据在处理、传输、存储过程中,被窃取或非授权访问
	数据被修改	数据在处理、传输、存储过程中被修改和删除
	否认操作	为逃避责任而否认其操作行为

（续）

安全层面	安全威胁与风险存在形式	安全威胁与风险描述
安全管理	安全管理组织不健全	没有相应的安全管理组织，缺少安全管理人员编制，没有建立应急响应支援体系等
	缺乏安全管理手段	不能实时监控机房工作、网络连接和系统运行状态，不能及时发现已经发生的网络安全事件，不能追踪安全事件等
	人员安全意识淡薄	无意泄漏系统口令等系统操作信息，随意放置操作员卡，私自接入外网，私自拷贝窃取信息，私自安装程序，不按操作规程操作和越权操作，擅离岗位，没有交接手续等均会造成安全隐患
	管理制度不完善	缺乏相应的管理制度，人员分工和职责不明，没有监督、约束和奖惩机制，存在潜在的管理风险
	缺少标准规范	系统缺乏总体论证，没有或缺少相关的标准规范，各子系统各自为政，系统的互联性差，扩展性不强
	缺乏安全服务	人员缺少安全培训，系统从不进行安全评估和安全加固，系统故障不能及时恢复等

二、安全保障体系框架

在统一的分级防护安全策略指导下，我们将整个数字首都林业安全保障体系设计为基础设施安全、应用系统安全和安全管理保障三部分。根据"分域保护、分级保护"策略，制定相应安全措施。

通过建设数字首都林业基础设施安全措施、应用系统安全措施和安全管理保障措施，提供鉴别、访问控制、抗抵赖和数据机密性、完整性、可用性、可控性等安全服务，形成集防护、检测、响应、恢复于一体的安全防护体系，实现实体安全、应用安全、系统安全、网络安全、管理安全，以满足数字首都林业建设的安全需求。

（一）基础设施安全

1. 防火墙系统

在网络系统中，防火墙是一种非常有效的网络安全防护工具，用来隔离风险区域与安全区域的连接，仅让安全、核准了的信息进入，最大限度地阻止不希望的、未授权的通信进出被保护的网络。

为实现数字首都林业各安全域之间访问的合理控制，各安全域的边界都应该安装防火墙，并按不同安全要求实施相应的安全策略控制。

防火墙作为一个核心的关键安全设备，对性能、功能有较高的要求，选用防火墙具体功能要求如下：

防 TCP、UDP 等端口扫描：可以检测到对网络或内部主机的所有 TCP/UDP 扫描。

抗 DOS/DDOS 攻击：拒绝服务攻击（DOS）就是攻击者过多的占用共享资源，导致服务器超载或系统资源耗尽，而使其他用户无法享有服务或没有资源可用。防火墙通过控制、检测与报警机制，防止 DOS 黑客攻击。

可防御源路由攻击、IP碎片包攻击、SYN等多种攻击；可以检测到对网络或内部主机的多种拒绝服务攻击。

提供实时监控、审计和告警功能：提供对网络的实时监控，当发现攻击和危险代码时，防火墙可提供告警等功能。

2. 监控检测系统

数字首都林业各系统平台可能面临着大量黑客攻击、病毒侵袭以及内部人员破坏性操作的威胁，需要建立有效的网络安全监控检测手段。为了使数字首都林业各系统平台的安全风险处于可视和可控的状态，必须建立一个智能化的实时攻击识别和响应系统，管理和降低网络安全风险，保证网络安全防护能力能够不断增强。

网络监控检测系统由网络入侵检测系统、网络漏洞扫描系统、网站监测防篡改系统组成，它们均支持集中控制，安全管理员在安全控制台上能实时监控和检测网络或系统的活动状态，方便地对全网安全风险进行动态控制和有效管理。

（1）入侵检测系统。入侵检测系统由两部分组成：探测器和安全控制中心，这两部分分别安装在两台主机上。探测器负责截获网络上的数据流，进行实时的协议分析，实现安全规则。网络入侵检测系统应能满足以下要求：

① 能在网络环境下实现实时地分布协同地入侵检测，全面检测可能的入侵行为。能及时识别各种黑客攻击行为，发现攻击时，阻断弱化攻击行为、并能详细记录，生成入侵检测报告，及时向管理员报警。

② 能够按照管理者需要进行多个层次的扫描，按照特定的时间、广度和细度的需求配置多个扫描。

③ 能够支持大规模并行检测，能够方便地对大的网络同时执行多个检测。

④ 检测和扫描行为不能影响正常的网络连接服务和网络的效率。

⑤ 检测的特征库要全面并能够及时更新。

⑥ 安全检测策略可由用户自行设定，对检测强度和风险程度进行等级管理，用户可根据不同需求选择相应的检测策略。

能够帮助建立安全策略，具有详细的帮助数据库，帮助管理员实现网络的安全，并且制定实际的、可强制执行的网络安全策略。

（2）漏洞扫描系统。漏洞扫描系统主要定期或不定期是对网络和系统的安全漏洞进行检测，报告服务进程，提取对象信息，以及评测安全风险，提供安全建议和改进措施，帮助安全管理员控制可能发生的安全事件，最大可能地消除安全隐患。

网络漏洞扫描系统应能满足以下要求：

① 支持网络漏洞和系统漏洞扫描。

② 能进行灵活的策略配置。

③ 能动态的分析目标系统的安全脆弱性。

④ 具有多种形式的报表。

（3）网站监测防篡改系统。网站监测防篡改系统用于WEB网站的保护，它结合实时阻断、实时触发扫描和定时比较扫描等技术，采用贴近操作系统内核方式的控制技术，实现了对 WEB 文件内容的实时监控，发现问题能实时恢复，并提供友好的用户界面以便用户查看、使用，有效地保证了 WEB 文件的安全性和真实性，为网站提供实时自动的安全监护。

网站监测防篡改系统应能满足以下要求：

① 具有高效的住处扫描速率，不影响服务器工作。

② 具有自动阻断功能。

③ 具有自动监控和自动报警功能。

④ 具有集中发布和监控功能，使系统能区分合法更新和非法篡改。

⑤ 具有远程监控功能，方便安全管理员从远程监控被保护网站的信息。

⑥ 具有完备的日志管理和安全审计功能。

⑦ 安装简便，支持多种操作系统，能自动识别中 / 英文平台。

⑧ 支持多种发布系统。

具有扫描策略管理和更新管理功能。

3. 防病毒技术

网络病毒是目前信息化建设面临的比较普遍的安全问题之一，所以防病毒技术也是数字首都林业安全建设中不可回避的问题。

（1）病毒的实时监控、实时查杀。在可控网络范围内，需要有对病毒的实时监控和查杀功能。

（2）实现病毒隔离。发现病毒的机器应及时与网络断开链接，再进行杀毒处理。对无法查杀的病毒，软件要有隔离病毒文件的功能。

（3）染毒数据的恢复。杀毒软件应该充分考虑对查杀病毒后，对重要数据和系统文件的影响，不能因为杀毒而丢掉重要数据。对文件应有及时备份和恢复机制。

（4）定时升级病毒库。杀毒软件通常由杀毒引擎和病毒库两部分组成，病毒库的及时更新有利于防范新病毒，所以网络内需要有定时自动升级病毒库的机制，并需要通过与专业杀毒企业建立合作关系来作为后盾保障。

4. 容灾备份与恢复

对重要数据进行备份和可恢复操作是保障数字首都林业各系统平台在任何情况下正常运行的重要保证。主要措施和技术有：

（1）热机备份机制。热机备份机制通常用于特别重要的，需要实时服务的服务器，但其成本较高。备份主机需要和主机之间建立实时备份机制，一但主机发生状况，备份主机将替代主机工作。

（2）定时异机备份机制。定时异机备份机制对需要积累的重要数据，可以定期备份。定时备份可以通过数据差量冗余运算，指针备份等功能实现对数据定时复制，如出现状况，经过一定时间可以恢复。

（3）网络异地备份机制（包括异地备份）。网络异地备份比异机备份更加安全，使非常重要的数据在经历火灾、水灾、物理损毁等灾难后，全部或大部分数据都得以保存。

（二）应用系统安全

1. 身份识别技术

身份识别是指定用户向系统出示自己身份的证明过程，通常是获得系统服务所必需的第一道关卡。身份识别技术将在数字首都林业各应用系统建设中广泛使用。

目前常用的身份识别技术可以分为两大类：一类是基于密码技术的各种电子 ID 身份识别技术；另一类是基于生物特征识别的识别技术。鉴于基于密码技术的各种电子 ID 身份识别技术数字证书和密码都存在被人盗窃、拷贝、监听获取的可能性，一种有效的解决办法是：数字证书的载体可以采用特殊的、不易获取或复制的物理载体，用指纹、虹膜等安全性很高的生物特征取代安全性较差的口令。

2. 操作系统安全

针对不同操作系统的特点，其安全防范措施不一样。Windows 系统要多注意对册表的管理。对于 Windows 系统应该及时下载和安装系统补丁。所有操作系统都应注意设置操作系统密码 2.2.3 数据库系统安全。

数据库系统信息安全性依赖于两个层次：一层是数据库管理系统本身提供的用户名／口令字识别、视图、使用权限控制、审计等管理措施，另一层就是靠应用程序设置的控制管理。要实现数据资料的安全管理，可以重点从以下几个方面进行安全防范：

（1）用户分类。在进行数字首都林业数据建设时，对不同类型的数据用户授予不同的数据管理权限。一般将权限分为三类：数据库登录权限类、资源管理权限类和数据库管理员权限类。

有了数据库登录权限的用户才能进入数据库管理系统，才能使用数据库管理系统所提供的各类工具和实用程序。同时，数据库客体的主人可以授予这类用户以数据查询、建立视图等权限。这类用户只能查阅部分数据库信息，不能改动数据库中的任何数据。

具有资源管理权限的用户，除了拥有上一类的用户权限外，还有创建数据库表、索引等数据库客体的权限，可以在权限允许的范围内修改、查询数据库，还能将自己拥有的权限授予其他用户，可以申请审计。

具有数据库管理员权限的用户将具有数据库管理的一切权限，包括访问任何用户的任何数据，授予（或回收）用户的各种权限，创建各种数据库客体，完成数据库的整库备份、装入重组以及进行全系统的审计等工作。这类用户的工作是谨慎而带全局性的工作，只有极少数用户属于这种类型。

（2）数据分类。在进行数字首都林业相关数据分类设计时，针对同一类权限的用户，对数据库中数据管理和使用的范围又可能不同的特征，需要建立数据视图。管理员把某用户可查询的数据逻辑上归并起来，简称一个或多个视图，并赋予名称，再把该视图的查询权限授予该用户（也可以授予多个用户）。

（3）审计功能。在进行对数字首都林业数据库管理时，利用数据库审计功能用来监视各用户对数据库施加的动作。有两种方式的审计，即用户审计和系统审计。审计系统记下所有对自己表或视图进行访问的企图（包括成功的和不成功的）及每次操作的用户名、时间、操作代码等信息。这些信息一般都被记录在数据字典（系统表）之中，利用这些信息用户可以进行审计分析。系统审计由系统管理员进行，其审计内容主要是系统一级命令以及数据库客体的使用情况。

（4）数据库加密。在采取上述安全措施的时候，还不一定就能保证数据库系统安全，某些用户尤其是一些内部用户仍可能非法获取用户名、口令字，或利用其他方法越权使用数据库，甚至可以直接打开数据库文件来窃取或篡改信息。因此，有必要对数据库中存储的重要数据进行加密处理，以实现数据存储的安全保护。

（三）安全管理保障措施

1. 安全管理组织

为确保数字首都林业安全工作顺利开展，必须要有一个完整的安全管理组织体系。

（1）设立以信息化工作领导小组为核心的信息安全领导小组，针对业务特性，将信息安全责任分配到责任人。

（2）建立一支有各区县和下属单位业务系统技术人员参加的应急支援技术队伍，对应急情况进行支援，包括病毒防护、网络防护、关键数据修复、重大任务、突发情况下的支援等等。

（3）充分利用首都人才和技术优势，设立数字首都林业建设安全专家技术小组，负责安全咨询、重大问题的决策等。

（4）对技术人员，根据岗位性质，定期进行相关的安全知识培训。

（5）建立技术交流机制，加强与技术人员的交流和协作，及时通报和协调有关安全技术问题。

2. 行业信息安全标准体系

行业信息安全标准规范体系是支撑数字首都林业建设的必需手段，是市级、区级、各基层林业单位信息共享、业务协调所必须遵守的技术准则。行业信息安全标准规范体系的建设内容如：①信息安全保障体系技术框架；②安全互操作规范；③数据交换安全协议；④数据共享协议；⑤密码服务接口标准；⑥认证协议；⑦身份认证服务接口标准。

3. 安全规章制度

数字首都林业建设涉及面广、情况复杂，管理的制度化程度极大地影响着整个行业信息化建设的推进进度。因此，数字首都林业的建设、运行、维护、管理都要严格按制度执行，明确责任权力，规范操作，加强人员、设备的管理。因此，要从以下几个方面加强制度建设：

（1）制订数字首都林业安全管理办法。明确安全防护的范围、各类数据的安全保护等级、管理要求等。

（2）制订系统安全状况的定期评估制度。根据评估情况，制订安全策略并及时更新。

（3）制订机房管理制度。按安全防护等级要求实行分区控制，限制工作人员出入与己无关的区域。出入管理可采用证件识别或安装自动识别登记系统，采用磁卡、身份卡等手段，对人员进行识别、登记管理。

（4）制订各类操作规程和运行维护办法。操作规程要根据职责分离和多人负责的原则，各负其责，不能超越自己的管辖范围。对系统进行维护时，应采取数据保护措施，如数据备份等。维护时要首先经主管部门批准，并有安全管理人员在场，故障的原因、维护内容和维护前后的情况要详细记录。

（5）制订备份和恢复管理制度。明确备份策略和恢复机制等。

（6）制订异常、应急管理制度。系统在异常和紧急情况下，如何尽快恢复的措施，使损失减至最小。

（7）建立人员管理制度。明确安全管理人员的录取标准、录取程序、培训办法、职责、工作要求、操作权限等；对工作调动和离职人员要及时调整相应的授权。

（8）建立安全设备管理制度，明确各种设备使用和管理办法以及责任人。

（9）建立日志管理和审计管理制度。明确日志的内容、要求和审计的过程、报告等管理办法。

（10）建立技术文档及媒体管理制度。明确技术文档及媒体的借取、报废等的管理办法。

（11）建立操作系统、数据库等软件的安全管理制度。明确操作系统、数据库软件版本的管理、安全补丁的安装、安全配置等的管理办法。

4. 安全评估体系

数字首都林业建设中，在做好各项防范工作的同时，还须请专业网络安全评估公司对网络、计算机、系统安全，不定期做全面的评估，检查出安全隐患所在，及时进行安全整改和调整，并组织人员编写安全备案，并根据安全备案组织预演。

第二十九章 "数字首都林业"组织保障措施

"数字首都林业"建设除了应该有明确的目标、科学的技术路线和一套可行的规划方案以外，同时还必须有健全的组织体系和一套严密保障措施，以确保工作的健康开展和计划目标的顺利实现。保障措施主要包括统一的认识、健全的工作体系、良好的专业人才队伍、有效的工作机制、必要的资金投入等。

一、坚持和贯彻科学发展观的指导

"数字首都林业"建设是现代信息技术在首都绿化林业全行业各领域的推广和应用，由于该系统工程技术性强，设计绿化林业工作各业务和各环节，无论从信息化建设的总体规划，还是建设方案的具体实施，以至信息系统的运行应用，都要始终坚持科学的发展观为指导。"数字首都林业"能给各应用领域带来显著效益和作用的同时，也具备信息化发展的普遍规律，信息化的显著特点是虚拟性、可共享性和网络相互依存性。这就要求在推进"数字首都林业"建设工程中，要始终坚持全局"一盘棋"的思想和做法，强化科学规划和顶层设计，同时要保障规划和标准的严肃性，任何狭隘的各自为政的思想和做法都是十分有害的，都会造成资源和资金的巨大浪费。各级领导要加强对信息化工作的领导，在重点项目和关键环节上主要领导要亲自协调，既能体现统领全局，又能正确把握本单位横向及纵向与外部的关系，是体现电子政务建设为"一把手"工程的关键意义。

二、建立和健全信息化工作体系

"数字首都林业"的建设必须要依托于一个完善、有力的组织工作体系，要加强林业信息化工作领导小组对"数字首都林业"建设的领导，领导小组办公室（市林业信息中心）负责组织绿化行业信息系统建设工作。区县级林业局和直属单位要建立相应的信息化工作机构，负责本单位信息化建设的推进实施。

市林业信息化工作领导小组由办局领导"一把手"任组长，主管副局长和相关业务部门负责人组成，是"数字首都林业"建设的直接领导和决策机构，负责对"数字首都林业"总体规划的审议和决定，对涉及全局的信息化建设项目方案的决定，负责"数字首都林业"年度预算及执行情况的审议等。

信息化工作办公室（市林业信息中心）承担"数字首都林业"建设日常事务，负责贯彻上级要求结合基层需求起草各类相关规划、方案、标准等，并负责实施。市、区县及直属各单位信息化工作部门承担"数字首都林业"建设推进工作,全面负责并承担各类林业信息资源的采集、分类、存储、发布、利用等工作。

加强对"数字首都林业"建设的组织领导,加强对信息化项目协调、专家评审、实施监理、效益考核等方面的工作,保障项目各环节的顺利实施和衔接,充分贯彻信息化建设中的共享共建思想,避免一切不科学、不合理情况的发生。

三、注重建设优秀的专业人才队伍

高素质人才队伍建设是"数字首都林业"实施的基础保障,行业信息化建设目标最终要靠一支高素质的人才队伍去执行实现。人才队伍主要包括信息管理和信息技术两个方面的专业人才。目前北京市林业系统已经具备一定的人才技术基础,以市林业信息中心为龙头,有条件的单位开始配备相应的技术人员负责信息化建设相关工作,但还没有形成较完善的人才队伍体系,尤其直属单位的信息化技术力量薄弱,必须下决心予以改善。人才队伍的建设中,第一要加强已有自身人才队伍的培训,培养出更多的复合型人才;第二要适应人才社会化环境,加大力度从大学和社会引进高级专业技术人才和信息管理人才;第三是要发挥首都人才密集优势,根据实际情况采用灵活多样的人才聘任机制,充分利用兼(专)职人才队伍。

北京具有得天独厚的人才和科技优势,"数字首都林业"建设中要充分利用这些有效的智力资源,广泛开展与科研院所合作与共建。目前与中国林业科学研究院、北京林业大学、首都师范大学、北京市发展与计划改革委员会、北京市测绘研究院、北京市信息资源管理中心和相关部门之间已经建立了较良好的协议合作关系,但需要更进一步拓展合作的广度和深度,尊重各方面的积极性,发挥各自技术资源优势,为"数字首都林业"建设提供更加有力、持续的技术支持。

要将培训工作贯穿"数字首都林业"建设始终,针对不同的对象和不同的时期开展有效的技术知识培训是保障信息化应用的关键措施。在培训工作要重点抓好三个环节的工作,第一是要建立积极有效的培训机制,保障培训工作的长效性、协同性;第二是科学计划,实事求是地开展好培训工作,保障培训的针对性、实用性;第三要明确和落实培训的责任,各级领导要高度重视培训工作,要确定具体的部门、具体的人员负责执行培训计划的落实。

四、有效的工作机制

"数字首都林业"建设由于设计方面的广泛性和实施技术的复杂性,在工作推进过程中有的方面甚至会与传统的思想和做法发生矛盾,必须一开始就要通过建立有效的制度、规范、和机制予以保障工作的顺利进行。不论是该项工作的组织实施,还是对于每一个信息系统的建设和运行,都要具有严格的技术要求和制度规范,并随着信息化程度的发展,形成完善有效的制度规范体系。基本制度和机制应该包括信息化建设项目审批制度、网络运行管理制度、信息系统安全等级保护制度、信息保密制度、信息发布审核制度、信息资源共建共享责任机制、信息化建设及运行维护资金保障机制等。目前,"数字首都林业"制度规范体系及相关工作机制已经开始建设并在实际工作中实行应用，但是还没有形成较完善的体系，有的良好的制度和机制在执行过程中得不到有效的贯彻和坚持，需要进一步加强对制度机制执行行为的规范，同时健全相应效益评审和的责任追究机制。

五、稳定的资金投入

"数字首都林业"建设是首都绿化林业行业现代化建设的重要组成部分，是一项必要的行业基础性建设，同时也是政府部门为加强行政管理、提高政务服务水平的一项重要的应用消费性投资。所以一方面要通过增加基础投资加强各业务应用领域的信息化推进，同时也要保障已经建成运行的信息系统的运行维护的投入，从 2004 年起北京市政府已经将电子政务信息系统的运行维护投入列入财政专项预算予以保障。

要增进信息化建设的对外合作交流，广泛争取多渠道资金，加强"数字首都林业"基础建设。

要加强对行业信息化建设投资的审批和审核，注重投资效益，计划财务部门和信息化技术部门要强化管理力度，杜绝重复建设导致的浪费行为，并执行相应责任追究制度。

第七篇　北京林业发展保障体系

第三十章　北京林业发展保障体系的评述

从目前来看，北京林业发展的保障体系与全国其他省市相比处于较为领先的地位，在很大程度上保证和促进了北京林业的正常发展，在北京市生态环境建设、郊区农民生活水平提高、森林资源与生物多样性保护等方面发挥了重要的作用。

一、北京林业发展保障体系的现状

目前，北京林业发展保障体系是以行政为主要推动力，以资金投入为基础，以组织为保证的完整系统。它充分发挥了政府作为生态环境建设的主体作用，通过运用行政手段促进了森林资源的数量与质量的提高，而且其组织机构比较完整，林业建设投资力度较大，与其他省市相比，处于领先地位，其特点表现为：

1. 政策法规相对完善

近些年来，国家及北京市出台了一系列政策法规，这些法规在促进森林资源培育与管护、美化城市环境、提高林业科技水平、发展林业产业及生物多样性保护等方面起到了较好的作用，充分保障了城市林业的有序发展。自《中华人民共和国森林法》颁布实施以来，北京市先后制定了《北京市森林资源保护管理条例》《北京市郊区植树造林条例》《北京市实施〈野生动物保护法〉办法》和《北京市古树名木保护管理条例》等4项地方性法规和6项政府规章。这些法律、法规、规章明确了市、区、县林业行政主管部门的法律地位、法定职责，涉及植树造林、森林采伐与更新、护林防火等林业发展建设的各个方面，使首都林业建设管理做到了有法可依、有章可循，林业发展和管理走上依法兴林、依法治林的法制轨道。特别是《中共中央　国务院关于加快林业发展的决定》及中共北京市委、北京市人民政府《关于加快北京市林业发展的决定》的出台，在很大程度上指明了北京林业发展的方向，提升了林业在城市建设中的地位，并为城市林业进程中一系列问题的解决奠定了坚实的政策基础。

2. 资金投入维持了林业的发展

北京市的林业建设不但要发挥林业传统的生态、经济和社会三大效益，作为首都，还起着窗口林业和形象工程的重大作用。因此，北京林业的发展得到了国家、市、区县及乡镇等各个层次的重视。资金投入力度相比其他省市有着一定的优势，除了国家拨款以外，市、区县基本上能做到足额配套，并且在吸引社会资金投入方面也做出了一些有益的尝试。一些林业事业单位和林场也充分发挥各自的区位与资源优势，积极开展多种经营，在保证经营项目赢利的同时，还能提供资金支持林业建设。此外，目前逐步实施的北京市生态效益补偿机制也将为山区森林管护提供了资金支持，这些都拓宽了城市林业的资金来源渠道。并且由于各级政府的重视、从业人员素质较高以及社会监督有力，现有资金在使用过程中效率较高，效果也比较好。

3. 组织机构设置相对完整

组织机构的运行状况直接影响到林业发展的成效与水平。高效的组织机构应该是体系完善,运行顺畅、协调有力。当前北京林业的管理机构主要由市、区县及乡镇等几个层次构成。首都绿化委员会总体协调全市的绿化工作，市级林业局及区县林业局是管理机构体系的主体，乡镇级别的林业站是森林资源管护与林业管理的基层单位。这个体系组成完整，层次也较合理，在一定程度上保证了北京林业的正常运转，在城市绿化、森林资源培育与管护、林业政策实施及工程管理、科技研发等方面起到了应有的作用。

4. 人力资源水平高于国内其他地方

林业队伍是林业发展的人力资源保障，林业职工的数量与质量直接关系到林业主体的素质与水平。改革开放以来，特别是近几年，北京林业职工队伍及专业人才的数量及质量都有了迅速的提高，知识水平和专业素质相比而言较高。此外，管理部门对在岗职工每年都进行多种形式的培训，在日常工作与干部选拔中营造竞争机制，并且每年都从大专院校中吸纳新鲜血液，这些举措都较好的促进了北京林业人力资源保障的水平。例如昌平林业局机关及直属单位共有职工 80 多人，其中具有大学本科以上学历的就有 30 多人，并且举办多种层次的培训班，鼓励职工进修深造，每年都招收应届大学毕业生，拨出专门经费给新职工以课题支持，鼓励其结合实际生产尽快熟悉业务。这些措施都有效保障了人力资源的数量及质量，提高了北京林业的管理和服务水平。

5. 较高水平的科学技术保障

作为首都，北京是大专院校和国家级科研院所汇聚之地，也是各种人才和高新技术企业云集的地方，这为北京林业的发展提供了强大的智力支持和科技支撑。九五期间，北京市林业科技进步率为 33.02%，高于全国平均水平。1995 年以来，市林业局组织实施科研项目 74 项，推广 6 类 79 项科技成果，建立 10 个市级试验示范区。林业中的防火监测、引种与品种选优、病虫害防治等方面都充分应用了较为先进的技术，并且产生了较高的效益。同时，北京市林业局出台了《北京市林业局关于加强科技兴林的意见》等，建立健全了林业科研、推广和管理机构，积极开展林业科学试验，组织重点科研课题的研究、科研成果的论证与鉴定，进行应用研究和科技示范与推广，并积极组织科技教育和培训工作。这些都提高了北京林业科技水平，促进了北京林业的快速发展。

6. 宣教机制的作用有所体现

多年来，北京市林业局一直都比较重视北京林业的宣传和对社会公众的教育工作，充分利用电视、广播、报纸、杂志及网络等形式，结合义务植树日、世界防治荒漠化和干旱日、爱鸟周等重点活动，对城市环境的基本知识、北京市林业成果及重要性进行了广泛而细致的宣传；并针对性的出版刊物、印发宣传材料等形式提高市民的生态环境保护意识和知识素质。同时，利用国家机关较多的优势，持续开展了国家机关及北京市民的义务植树。这些宣传工作和相应措施产生了较好效果与社会反响，增强了社会公众参与义务植树、爱鸟护树、绿化城市、保护生物多样性等林业建设活动的积极性。

二、北京林业发展保障体系存在的问题分析

在北京林业发展过程中，虽然初步确立起了较为系统的林业保障体系，促进了北京林业的发展，但是，考虑到北京的首都地位、人们对林业生态的强烈需求以及创建宜居国际化大都市的目标，还存在许多有待完善和加强的方面。主要表现在：政策体系不系统，资金投入渠道单一，行政部门的市场意识不强，人力资源质量有待提高，林业科技发展总体水平与北京林业发展的要求不相称，宣教的广度和力度不够，整个保障体系运行的协调性欠缺，等等。这些在一定程度上限制了北京林业向着更高水平发展，影响了北京林业的国际化进程。为了建成高标准的生态环境体系、高效益的绿色产业体系、高水平的森林资源安全保障体系，必须完善提高北京林业的保障体系水平，促进北京林业快速健康发展。

1. 政策体系不系统，相关政策需要结合北京市的实际进行调整

现有的林业政策在生态环境建设、资源培育与管护等方面发挥了较大的作用，但在行业扶持和发挥市场作用方面还存在着一些不完善性。有关林业产权机制、林地流转、林业融资的相关政策不完善，限制了非公有制林业的发展，阻碍市场作用的发挥。有关林地开发、拍卖、租赁、承包、股份合作、流转、继承、抵押等的政策法规也无法保证投资者的利益，抑制了投资者的积极性。此外，对林业的扶持政策也不够，对果树产业、苗圃花卉产业在资金、信贷、税收等方面的优惠政策不够，无法有效的吸引社会资金进入林业行业，使得北京林业发展的资金与动力都不足。因此，现有的政策体系需要进一步调整，结合北京市的实际情况，充分发挥对林业的扶持作用和对市场机制运行的保障作用。

其次，政策的制定及实施应结合实际情况及政策主体、客体的利益。目前国家的一系列林业政策对于大部分地区特别是西部地区比较适用，但由于北京特殊的地位及特点，出现了一些不适应。北京土地资源稀缺而且寸土寸金，在进行林业生产过程中，由于涉及到多方利益关系，土地纠纷较多，生态建设难度很大，特别是在城市绿化、荒山治理、荒滩改造的过程中。此外，涉及到林地与农地的规划，林业与畜牧业的发展矛盾方面，也应该出台结合实际的政策法规，解决相关利益主体之间的矛盾，使林业与其他产业协调发展，互相促进。另外，还要制定不同地域造林地模式及投资标准，实现造林的工程化管理。

2. 所需资金存在缺口、投入渠道单一

作为首都，同时也是国际交流与合作的重要窗口，北京林业的发展要遵循高标准、高效益的原则，这对资金的投入也产生了较高的要求。几年来，虽然国家对林业的投入不断增加，市、区县、乡镇各级政府和部门对林业的投入也有较大幅度提高，但与其他行业相比，由于原来投入基数偏低，实际所需投入标准较高，很难满足实际需求。在目前北京林业过

程中，存在着较大的资金缺口，并且投资渠道主要是政府投入，比较单一，这阻碍了北京林业的可持续快速发展。

资金缺口主要体现在：①造林攻坚战的资金需要。目前，北京市所剩的需要绿化的荒山荒滩中，造林难度很大，而且对灌溉的要求很高，需要更多的投入。②管护费用缺口。随着有林地面积的增多和林业由造林向管护的转变，林木资源的管护任务变大、负担加重、要求更高，需要较多的资金，主要涉及到中幼龄林抚育、防火监测、病虫害防治等。③重点工程资金缺口。国家及北京市一系列的重点林业工程都存在着这个问题，工程标准与实际实施所需资金存在着较大的缺口。④国有生态型林场的投入缺口。目前对生态型林场仍实施差额拨款制度，这与这些林场承担的资源保护与生态建设任务的公益性质是不对称的，阻碍了林场的资源培育与管护水平，限制了其进一步的发展。⑤基层林业站的资金缺口。基层林业站在护林防火、病虫害防治、技术推广方面起着很大作用，然而其经费仍取决于乡镇财力，运转起来难度很大。这些资金缺口的形成主要是政府对林业的财政投入份额不足，并且缺乏制度性的、法律性的较为稳定的投资制度。

此外，现有投资大部分是政府投资，政府资金引资效果差，投资渠道单一。由于生态效益补偿机制尚未完善，再加上相关土地政策及林业政策的限制，无法建立起明晰的林业产权制度，使产出与效益得不到保障，从而抑制了社会投资林业的积极性，导致社会资金进入林业行业的动力不足。林业投资渠道单一，无法形成多渠道的社会投资投劳，共同进行林业建设的局面，阻碍了北京林业的进一步发展。

3. 组织机构体系亟需改革和完善，职能发挥不健全，市场意识不强

现有的北京林业组织机构体系基本上是比较完整的，运行效果也较明显，但在和林业的快速发展相比，其组织机构体系和职能发挥方面还存在着一些问题，主要体现在管理体系不协调、基层林业站建设薄弱和服务职能较差等方面，需要进一步理顺上下关系，健全政府职能。

首先，组织机构体系需要进一步完善。①城市绿化管理体系不协调。首都绿化委员会负责城市绿化整体工作，市园林局负责城市绿化，市林业局负责郊区绿化，从而造成管理机构、管理目标、管理职能上不统一，形成城里城外之分，分工分家的现象。②基层林业站管理体制薄弱。各乡镇林业站在资金、人事上受乡镇管理，在业务上受区县林业局指导。这些林业站在政策宣传、资源管护、林政执法、生产组织、科技推广和社会化服务方面起着十分重要的作用，然而其经费来源仍受乡镇财力的限制，发展资金不足，较低的、不稳定的收入水平使得林业站职工流动性很大，不能安心搞生产，专业素质无法保证，必须进行体制改革才能使基层林业站正常运转并充分发挥其作用。

其次，政府服务职能发挥不健全。现有的林业管理机构主要是把精力放在行业管理和工程组织方面，然而在技术支持、人才培训、筹资融资、信息咨询、市场开拓、经营管理等产业化服务方面支持不够，没有形成多经济成分、多渠道、多形式、多层次的服务及保障体系，在提供完善的社会化服务方面做的不够，没有充分发挥出社会化保障服务的职能，这也在一定程度上阻碍了北京林业的健康发展。

再次，行政色彩过浓，对市场作用不够重视。当前，林业在社会各经济部门中仍是计划色彩较浓的一个部门，林业宏观管理机关对林业的管理主要还是以行政命令手段为主，管理的内容也主要集中在指标、限额、投资的分配，林政执法检查等，而林地林权体制改革、投融资和税费改革、生态效益补偿机制建立等方面没有充分保障市场作用的发挥。对依靠市场自主发展的各类经济特别是非公有制经济成分、多种经营等林产工业缺乏有效的调控管理，造成这些部门产业发展的不稳定，间接影响了森林生态效益、社会效益的发挥。

4. 人力资源保障机制需要创新和发展

林业职工队伍的建设对于保障北京林业的跨越式发展起着举足轻重的作用。现有的北京林业人力资源水平同其他省市相比是比较高的，但无论是在数量和质量方面都不能满足北京市林业发展的需要，需要进一步提高水准才能满足北京林业发展的高标准、高水平与高效益。

首先，行业冗员较多。由于历史的原因，林业系统内仍存在一定比例的年龄较大的职工，文化素质较低，专业技术水平较差，无法适应当前林业快速发展的需要。其次，管理机构里特别是基层林业管理机构中的专业过硬、能够独挡一面的技术人才非常少，影响了行业管理水平及林业工程的实施。再次，管理机构对职工综合性的、系统性的培训力度不够，涉及到项目管理、专业技术方面的培训很少，从而限制了人力资源质量的提高。最后，林业行业人才流失现象较为严重。由于行业待遇不高，对人才吸引力差，造成队伍不稳定，中青年人才流失严重。这些都限制了林业行业人力资源数量与质量的提高，需要进一步完善人力资源保障机制，保证林业主体的高素质与高水准。

5. 林业科技发展总体水平与北京林业发展的要求不相称

现有北京市林业科技保障机制虽然在促进林业产业发展及资源管护等方面产生了一定的效果，但与首都北京林业发展的高标准和高要求，与首都科研机构密集的现实是十分不相称的。无论是在科技成果水平、与实际生产结合方面，还是在科技推广机制方面都需要进一步的发展。

① 科技成果总体水平不高。北京林业现有的科技成果数量与质量、成果档次不高，科技贡献率（33.02%）低于农业和畜牧业，只是略高于全国平均水平（31.20%），这不符合与首都城市林业的地位，也满足不了北京林业集约经营的现实。特别是在现代化的林业生态安全管护体系方面、在生物防治病虫害方面需要进一步发展。

② 科技与生产结合的紧密性程度不够。现有的科技推广主要是运用政府的行政手段，以林业项目为载体，从上至下的进行科技推广，推广项目较少，并且缺乏充分的实际调研，不能有效满足地方林业发展的需求，造成系统性、持续性、长期性不够，与生产结合的程度不够紧密。

③ 科技推广机制薄弱。在现有的林业职工队伍中，没有专门的林业技术推广人员。此外，由于林业生产的长周期性与公益性，再加上缺乏有力的政府扶持，使得市场科技媒介发育不健全，没有发挥出市场在林业科技推广与应用中的作用。这些因素使得强有力的科技推

广机制无法形成，科技成果不能迅速的进入生产领域，发挥不出应有的效益。

6. 宣传教育机制需要进一步改进

北京林业应是社会集体参与的社会林业，需要提高全体市民的生态环境意识，引导他们投资投劳，实现林业的可持续发展。而当前广大干部群众对林业与生态环境建设、与人类生存环境之间的关系及其重要性的认识还不高，参与林业不够，亟待加强对社会的宣传教育，进一步提高广大干部群众的生态意识、绿化意识和首都意识。从这个角度看，北京林业的宣教现状与林业在城市生态环境建设中的主体地位是不相称的。

（1）宣教广度不够。当前林业宣教的受众面太窄，媒体作用发挥不充分，宣教面没有铺开，没有起到对整个社会宣传教育的目的。

（2）宣教力度不够。当前对于北京林业的宣传教育，大多是一事一宣传，对于宣教手段的利用也是长期性、持续性不够，产生的效果不深刻、不长久，没有形成系统性的、持续性的宣教机制。

（3）内容零碎、形式单调。大多是针对特定事件的宣传，缺乏整体性的、长期性的、系统性的宣教内容规划。而且大多采用电视、报刊等传统传媒，对于网络及其他形式的宣教手段运用不够，形式较为单一。

（4）宣教主体单一。只是北京林业宣教主管机构在开展宣教工作，与环保机构与社团、环保人士等社会力量的合作不够，没有形成全社会共同参与的宣教机制。

综上所述，北京林业的保障体系已经基本确立，它是以行政为主要推动力，以资金投入为基础，以组织为保证的保障体系，主要通过行政手段的运用极大地促进森林资源的数量与质量的提高，发挥了政府作为生态环境建设主体的作用，在一定程度上推动了林业的发展。

但是，还应该看到，现有的北京市林业保障体系无论是在单个机制的完善方面，还是在整个体系的协调运行方面，都还需要进一步的发展。特别是和北京的首都地位、绿色奥运的举办、人们对林业生态的强烈需求以及创建一流的生态城市的需要相比，还存在许多不足，需要进一步结合北京实际，充分利用市场的力量建立完善、高效、各项机制协调发展、市场和政府作用充分发挥的保障体系。

第三十一章　国内外林业发展的
保障体系与经验启示

北京林业发展面临重要的发展机遇和关键的转折时期，如何建立北京林业的保障体系有待我们去研究。但国内外一些城市在林业发展保障体系的一些成功的经验和好的做法，值得我们借鉴和参考。因此我们应立足北京市的实际，借鉴其他城市的发展经验，取长补短，从政策法规、资金保障、组织机构、科学技术、人力资源、宣传教育等方面着手，建立起符合北京市自身特点、与其地位相适应、符合社会需求的林业发展保障体系。

一、国外林业发展保障体系概述

国外某些发达国家的林业经过多年的发展，已经形成了符合其国情、林情的发展保障体系，其先进的经验和做法，为北京林业保障体系的建立和完善提供了重要参考。

（一）政策法规保障

英国是对城市绿化实行法制最早的国家，1938 年就颁布了《绿带法》。该法规定：在伦敦市周围保留宽 13~24 公里的绿带，在此范围内不准建工厂和住宅。日本在 1962 年制定保护树木法；1973 年公布城市绿地保护法；日本城市绿地保护法令规定：工厂中的绿地应占厂区面积的 20%；医院绿地应占医院总面积的 20%~30%；学校绿地应占校园总面积的 20%~30%。新加坡要求所有的广场都要有 30%~40% 的绿地；新修建的道路必须要有 4 米宽的隔离带、2 米宽的侧方绿化带；次级的道路也要有 1.5 米宽的侧方绿化带。

（二）资金投入保障

美国政府长期以来比较注重加强对林业的投入。林业建设资金主要来源 3 个方面：一是造林补贴资金，来源于联邦政府和州政府两级财政预算拨款，每年大约 20 亿美元；二是更新造林信托资金，从木材产品的进口税中提取，每年约 3000 万美元；三是减免国有林固定财产税返还资金，每年大约 25 亿美元。政府对退耕还林也实行补贴政策。对纳入退耕还林规划的土地，政府每年补贴 600 美元 / 公顷，签订合同 10 年不变。

在税收方面，美国林业税包括 3 部分，即财产税、营业税和所得税。林业财产税由县级政府征收和所有。有 3 种表现形式：一是按单位林地面积，每年交纳一定数额的税金；二是按林地价值征收一定比例的税金；三是按林地和林木的共同价值征收一定比例的税金。营业税是州政府对林主销售立木征收的税种，约 10% 分成给联邦政府。它有两种表现形式：一种是按立木销售额的一定比例征税；另一种是按采伐立木的材积收取一定的税金。所得税是按林主的利润额以一定比例征收。它按累积税率计算，由联邦和州政府共享，为了鼓励造林，美国对造林费不超过一万美元的林主分 7 年扣除其造林费 10% 的所得税。

在造林补贴方面，德国政府给予补贴与赔偿金。德国为奖励农民植树造林，对再造林、更新、营造各种防护林者以补贴的形式发给造林费。对利用现有农用地造林，实行赔偿制度。赔偿金以养老金形式每年发放一次，每公顷最高赔偿 500 马克，若休耕地造林，每公顷只赔偿 120 马克。赔偿年限最长为 20 年。赔偿金由联邦政府与州政府共同承担，一般联邦政府承担 60%，州政府承担 40%。

（三）组织机构保障

美国联邦农业部内的林务局是专门管理林业的行政机构的。各州在农林厅内设林务处，林务处根据本州林业资源分布情况在各地设派出机构，县及县以下不设林业机构。美国林业机构的主要职能是负责向政府提供林业政策和立法方面的建议，管理和经营国有林、开展林业科学研究和对外合作交流，为私育林发展提供技术咨询和服务。此外，农业部下属的联合农家服务署及其派驻各州县的分支机构也兼有林业服务职能，由它主办的全美"林业奖励项目"就是通过向全美私有林提供补助资金，从而达到鼓励私有林发展的目的。

德国是一个联邦国家，各州具有较大的自主权。德国林业机构大致分为四级，即联邦农林部、州粮食农林部、地区（市）林业局、县林业局。地区、县林业局与同级政府无隶属关系，相对独立。德国联邦粮食农林部主要任务是处理总体农业政策制定的相关事物和与各部门的联络。德国联邦粮食农林部是联邦林业的主管部门。多数州的林业管理层次分为粮食农林部—林业管理局—林业局—林场 4 级；少数州未设林业管理局，为 3 级管理。在管理职能上，以州为基础。国有林业局接受上级林业机构的垂直领导，不受地方行政干预。县林业局下设林业站，是最基本的林业单位，但不属于林业管理机构。各林业局的主要职能是管理、经营国有林，对集体林、私有林进行咨询；对大私有林业主的私有林，由于其雇佣了技术人员，林业局则不参与其管理和经营的咨询。

（四）科学技术及人力资源保障

美国的林业科研机构大体分三类：一是联邦政府所属科研机构；二是有关林业大学；三是林产工业企业的科研机构。美国林业科研课题绝大部分直接来源于生产第一线，由生产者就生产中的某一问题委托科研机构研究，经费由生产者资助，科研与生产密切联系，因此，科研成果极易转化为生产力。

由于城市林业专业教育创建时间不长，因此，目前美国从事城市林业的管理和技术人员约有一半是林业和园艺专业的毕业生，其他均为园林设计、植物、法律等专业的毕业生。他们的业务素质较高，除了有大学毕业生，还有硕士、博士研究生。美国目前有 33 所大学的自然资源学院、农学院和林学系设置了城市林业专业，其教学计划除了有基础课、专业基础课，主要以林学系的课程为主，同时开设城市生态、城市土壤、城市气象、城市森林管理、城市树木管理等课程。

（五）宣传教育保障

德国的林业宣传教育工作开展的十分成功，每年4月9日是德国植树宣传日，积极向公众宣传森林的知识和林业法规是林业部门一项重要的职责和义务。德国的林业宣传活动形式多样、广泛深入、生动活泼，体现出知识性和趣味性完美的结合。不论是林业管理部门还是在自然保护区森林公园森林博物馆和森林学校都有免费向公众发放各种印刷精美的森林宣传资料，还建有各具特色的图文并茂的森林教育展览馆。思普瑞森林生物圈保护区和巴伐利亚州国家自然公园的森林教育展览馆，运用实物、图片、图画、模型、电视、计算机多媒体以及现代化的声光设备等，结合现场讲授和生动有趣的游戏，以朴素自然、寓教于乐的风格，向社会公众全方位展示森林的功能、森林与人的关系。

一些国家在发展城市林业时，群众组织和积极分子发挥了重要作用，也充分说明了政府对于林业的宣传教育深入人心。美国1986年有5900个支持发展城市林业的团体。洛杉矶市的1名城市林业积极分子，发起建立"树木之人"组织，负责当地的植树和树木管护工作。1984年为了支持召开奥林匹克运动会，植树100万株。前几年，这个组织致力于公路旁和山脚荒地的植树造林。设立了"树木节"，电视广播也定期播放城市林业科普知识。墨西哥科利马市于1963年成立了一个生态组织，宗旨是致力于改善正在恶化的城市环境。1985年这个组织出版了《植树指南》一书，目前他们正在推动科利马市的绿化。

二、国内林业发展保障体系概述

目前，国内很多城市正在围绕城市总体建设和经济发展的特点，探索多功能、多效益的城市林业发展道路，正在形成自身的特点。1995年底，广州市科委立项实施"广州市城市林业的现状调查与发展研究"，建立地理信息系统支持下城市森林资源管理和计算机决策系统，对2010年城市林业的建设远景进行了系统规划。1996年，《中山市城市林业发展规划》通过专家评估，设想到本世纪末，通过营造城市森林，改善投资环境和城市面貌。广东城市林业发展有了一个很好的开端，特别是珠江三角洲的几个城市，城市林业发展的势头很好，表现在四个方面：①认识上普遍重视；②行动上有得力措施；③经济上有坚强后盾；④思想上有明确目标。从市委、绿委、林业局直到城市居民，都十分重视城市林业的发展，把它看成是随着城市物质文明发展，城市居民进一步提出更高层次的精神文明需要。所以在珠江三角洲城市对发展林业舍得投入资金、土地、劳力，都有发展城市林业的宏伟蓝图。如珠海市要建成现代化、花园式的滨海城市；深圳市要建成现代工业出口基地的旅游城市；东莞市要建成绿化、美化、香化、净化、城乡一体的花园城市。深圳市在寸土寸金的情况下，绿化区占城建区面积的37.7%，城市绿化率42.9%，人均绿化37.9平方米，已建成公园12个，中山市在全市统一领导下搞了一个城市发展规划及城市森林旅游计划，投资有保证。市一级财政对林业拨款不少于300万元的水平，要求市区配套同样多，1990~1992年市镇两级是每年1000万元，1993~1994年为年投入500万元，为城市林业发展提供了经济保证。

三、经验与启示

（一）形成具有法律性的林业政策体系

首先，北京市林业发展应制定相关的法律、法规，逐步将北京市林业的规模、分布、质量和功能以及管护经营利用主要措施等纳入法制的范畴。将林业受益者应遵循的规则、效益补偿及维护、发展资金来源渠道纳入法制轨道，以确保城市林业有一个良好的社会环境。美国范围最广、影响最大的林业政策之一——林业奖励项目，就是由最高权力机构美国国会以法案立法的形式确定下来的，从而保证了这一政策的权威性和法律性。北京市应借鉴国外相关政策，完善北京市自己的林业政策，将相关政策进一步法律化、制度化。我们必须认识到，只有政策的连续稳定，才可以在最大程度上保证林业的稳定发展。其次，要加大执法力度，切实纠正园林绿化有法不依、执法不严、违法不究、以罚代法和以权代法的不良倾向。

（二）完善林业资金投入及使用机制

林业要发展，充足的资金是保障。除了政府稳定的投入外，还应通过减免林业税费、建立林业建设基金等方式多方筹集资金，以促进北京市林业的跨越式发展。

第一，北京市各级政府应加大林业的投入。鉴于林业事业的公益性，政府理所应当的担任林业发展的主体，保障林业资金的投入及使用。北京市虽然不是重点林区，但其属于林业的敏感地区，且大多数都是风景园林，管护任务十分重要，同时其发展林业的成本也远远高于其他省份。因此，北京市政府应加大林业的投入，并形成长效稳定的资金投入机制，每年从税收中划拨一定比例的资金用于林业发展。

第二，要逐步减免各种林业收费。美国私有林之所以呈现强劲的发展势头，其主要原因在于经营者有利可图。美国林业除了政府规定的几种林业税外，一律没有其他名义的收费。而北京市目前林业税费相对较高，严重挫伤了林农的生产积极性。建议第一步大幅度消减现有各种收费比例，第二步在条件成熟时，逐步取消各种收费。这样才能让林农真正得到实惠，以从根本上调动他们的生产积极性。

第三，建立北京市林业建设基金。为了把林业真正落实到实处，需要集思广益，疏通资金渠道，拓展外资利用，建立健全的资金筹措机制。调动全社会各种力量，多渠道筹集资金，建立林业建设基金，在国家规定用于城市建设和城市维护费用总额中，林业建设应占有一定份额。在环境保护基金中应设立城市森林经营基金专项。组织工厂、学校、机关、团体以及广大居民，以全民义务植树的形式开展植树造林，保证有充足的劳力投入，推动市区绿化。

（三）理顺多方关系，形成服务型的林业行政管理机构

发展林业要明确建立开展城市林业研究与实践的职责机构，吸纳公众意见，制订计划，需要统一认识、统一规划、理顺各方面的关系。在珠江三角洲，有些对城市林业发展虽然有共同的要求，但在部门分管及要求上却不一致，城建部门认为城市林业主要是园林部门的事，林业部门应退出城市抓郊区。因此，造成管理机构、管理目标、管理职

能上不统一。北京市应吸取这些教训，应充分认识到林业是一项复杂的生态与经济紧密结合的社会系统工程，需要多学科、多部门广泛合作，需要统一规划、互相协调，分工不能分家。

在林业管理机构的自身建设上，北京市应借鉴国外的成功经验，转变和强化林业政府机构的服务职能，补贴林业工作者，将最新的技术传播推广下去，真正做到"人民的公仆为人民"。在美国，无论林务局还是联合农家服务署这些与林农有关的政府机构，都没有采取行政命令的方式进行管理，而是通过为林主提供技术咨询和补贴，为林主发展林业提供服务。其服务过程中的重大事务，是由林主代表三人小组审核决定的，政府部门只是一个具体的执行者。有关政府现行的林业方针、政策全部印刷成图文并茂的小册，免费赠送公众，不存在保密问题。

（四）大力实施科技兴林战略

对于林业部门来讲，由于林木生长周期性以及自然力的独立作用，使林业科学技术的应用难度较大。增加科技投入，促进科技成果转化，是目前林业可持续发展的当务之急。要结合北京市的生态特点，选择合适的造林树种、林种、不同景观配置及其经营管理技术等，通过研究为北京市林业的发展提供科学依据，从而推动北京市林业不断发展和提高。因此应加大科研力度，举办各种培训班，传授林业技术。在林业发展中应用新技术，一是计算机技术，二是生物工程技术。用计算机管理林业，目前尚不普遍，仅有少数国家在使用。这些新技术在林业管理上的应用前景广阔，北京市林业工作者应给予极大重视。

（五）建立有效的人力资源开发机制

北京市林业建设缺乏专门的经营管理人才和科研队伍，因此必须加强人才培养和科研队伍建设。第一，要高度重视员工培训工作，加大人力资本投资力度。北京市可尝试在林业企业中建立人力资源开发基金，强化人力资源开发方面的投入机制，增加职工培训经费。第二，采用灵活多样的人力资源开发的方式与方法。建立以岗位培训为主导，职工学历教育、文化教育、思想政治教育和继续教育为辅导的多层次的人力资源开发机制。加强与科研机构、高等院校的合作，邀请有关的专家、学者和工程技术人员来给职工授课或作报告，或者选送有培养前途的干部、职工到各大专院校、科研所学习。第三，要建立长期有效的人力资源开发的动力机制。教育培训工作应与员工的考核、提升、晋级、调动等紧密结合起来。

（六）开展形式多样的宣传教育工作

林业工作是全社会的事业，只有社会公众能参与进来，自觉维护环境，林业才能得到长足的发展，因此，对于公众的宣传教育工作也就显得十分重要。首先，要加强生态教育，提高全民的绿化意识和生态道德素养。高度重视生态教育工作，从娃娃抓起，在中小学课程中开设环保课，让孩子们从小就明白花草树木对环境的重要性，孩子们会逐渐影响他们的父母乃至整个社会。第二，要继续大力开展全民植树活动。北京市要充分利用每年的植树节期间开展全民义务植树活动，让每个市民都参加到这项工程上来，增强市民的知绿、爱绿的意识。开展一些纪念林、纪念树的栽植活动，还有结婚纪念树、学生毕业纪念林以及某些重大节日纪念树的栽植。另外还可以通过社会的力量让市民自愿成立"文明护绿"、"社区护绿"等自愿工程，开展多样化植树护绿活动。此外，在大力开展宣传教育工作的同时，应着重注意其形式的多样性。林业宣传工作要进入森林、面向社会。林业宣传工作要走出困境，就要体现寓教于乐，把宣传基地办到林区去，自然保护区、森林公园、国营林场都要成为林业宣传工作的前沿阵地，要充分利用林区的森林资源特色，创办出更多面向社会公众的森林自然展示区。

综上所述，国内外的城市林业发展都为北京市的林业发展保障体系提供了有效的依据，我们应在充分吸取其他国家或城市的经验的基础上，立足于北京市的基本林情，去粗取优，建立适合北京市自身的林业发展保障体系。

第三十二章　北京林业发展保障体系
的目标与构建

一、北京林业发展保障体系的目标

按照北京林业发展的长远规划，到 2020 年，北京应建成功能完备的山区、平原、城市绿化隔离地区三道绿色生态屏障，形成城市青山环抱、市区森林环绕、郊区绿海田园的生态景观，实现强化森林系统功能，健全森林安全保障，提升林业产业效益，弘扬古都绿色文明的总体目标，为建设山川秀美、人与自然和谐、经济社会可持续发展的生态城市奠定基础。北京林业发展保障体系的建立是为保证这一目标实现而服务的，整个保障体系应该围绕这一目标来进行。北京林业发展保障体系自身的目标是：树立和落实科学发展观，建立以人力资源为根本，资金投入为基础，科技为动力，制度为保证，政策为引导、市场化运作，保障有力、运行高效的林业发展保障体系。努力为北京林业可持续发展和建立人与自然和谐相处的和谐社会创造有利条件和良好环境。

二、北京林业发展保障体系的构建

科学的保障体系必须是有层次、高效率、协调一致的有机整体，它的建立既要考虑保障的内容，也要考虑保障的机制。

（一）认识保障——通过宣传教育树立生态思维

思想决定行为，只有拥有正确的思想才可能有正确的行为和结果。无论是能决定北京林业发展方向和政策的各级政府官员，还是一般的北京民众，应该拥有科学的发展观和正确的生态思维。只有这样，政府官员的各项决策，包括各种项目的建设、资金投入的取向，政策的制定等才可能建立在可持续发展观的基础上，才可能促进林业的发展和生态的保护；北京民众才可能主动参与到环境的保护和林业生态建设中来。科学的发展观和生态思维的树立是一个长期的建设过程，通过运用宣传教育机制，形成从上至下、从政府到市民都树立起发展林业、保护生态和建设绿色北京的认识和观念，为发展北京林业和建设宜居北京提供观念上的保障。

（二）制度保障——完善政策法规构建保障措施的运行平台

制度是社会得以有序发展的基础保证。北京林业发展的制度保障是指北京林业发展的政策以及各项法律法规，它决定了人力、资金、科技等的运作程序、作用范围、运行效率等，是人力、资金、科技等运行的平台，同时，也是生态思维和科学发展观的事实体现。在以发挥生态效益为目标的北京林业发展过程中政府起着重要的作用，而政府也主要是通过政策和法律法规来指导林业的发展。政策和法律法规是否科学合理对北京林业的发展起着重要的作用，为保障体系具体措施的运行构建了框架（图 32-1）。

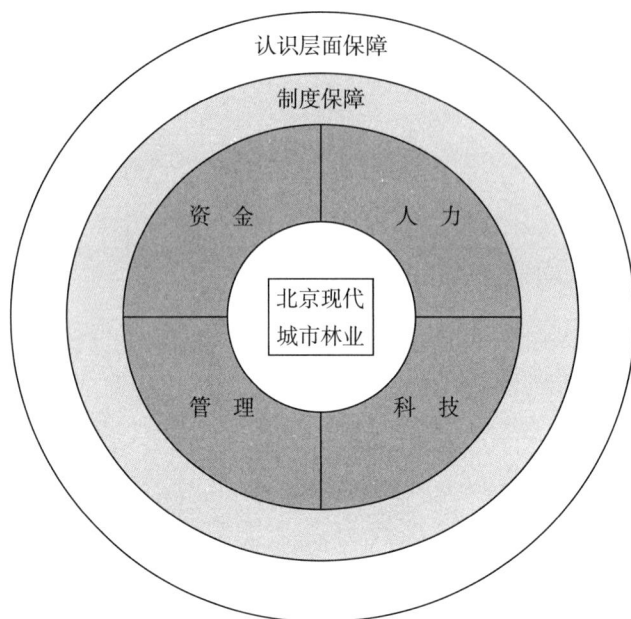

图 32-1 北京林业发展保障体系内容层次图

（三）措施保障——加强各项措施保障促进北京林业健康发展

这一层次主要包括保障林业可持续、高效发展的人力资源、科技投入、组织结构设置、国际化合作等运行机制或具体措施。

第三十三章 北京林业发展保障体系的核心内容

一、构建宣教机制，树立生态思维和科学发展观

通过宣传教育，培养全民的生态意识，是北京林业可持续发展的关键因素，也是建设"宜居北京"的重要条件。政府生态思维和科学发展观的确立，群众生态观念和参与意识的加强，都必须依靠一套系统的宣传教育机制来实现。

政府生态思维和科学发展观的确立，是科学制定各项发展政策，建立人与自然和谐发展的和谐社会的前提和基础，也是促进全民生态意识提高的重要保证。

北京林业是全民受益与全民投入相结合的林业，只有从政府到民众的全社会共同参与，才能带来林业的持续发展。宣教保障机制的目的就是引起全社会对林业的普遍关注，引导公众积极参与，提高全民的生态环境意识。要通过宣教机制的建立和运行，使社会公众的行动与宣教目的相一致，动员社会各界和更多的市民参与首都绿化，形成整个社会的共同参与的良好局面。

（一）构建多元化的宣教主体机制

北京林业宣教保障机制的主体由林业宣教管理机构、环保机构、社团及社会公众等组成。要充分发挥各个主体的作用，加强彼此间的交流与合作。

1. 强化管理机构的组织功能

林业宣教管理机构是北京市林业局宣传中心，主要负责宣教规划的制定、宣教活动的组织与协调、宣教交流合作的筹划等。要充分发挥宣教管理机构在北京林业宣教活动中的核心地位和组织协调作用。

2. 发挥环保机构与社团的网络优势

在北京林业宣教过程中，应与社会上的环保机构与社团展开广泛的合作，动员一切社会力量进行宣传教育，利用这些机构和社团的宣教经验与渠道，发挥其网络优势，使其也成为宣教的主体。

3. 增强公众自发宣传与自我教育

社会公众本身既是宣教的对象，也应成为宣教主体。公众应该通过自我学习，提高相关领域的知识水平，充分利用自身所具备的知识与能力进行自发的宣传，并用实际行动保

护生态环境，参与北京林业建设，实现自我教育与自发参与。要促使公众把实际情况及公众需求及时反馈给相关管理部门，使宣教主体与宣教对象有机地结合起来，使宣教更有效果、更具针对性。

（二）促进宣教内容的体系化

北京林业宣教内容要体系化，完整的内容体系应当包括规划宣教内容、常规宣教内容和特定宣教内容三部分。

1. 制订详细的宣教规划

宣教管理机构应注重宣教的系统性与长期性，把生态环境建设与北京林业宣教纳入系统轨道，每年制定系统的宣教计划和明确的宣教主题，保障宣教工作持续不断地对社会公众产生冲击作用。

2. 规范常规的宣传内容

常规宣教内容主要是针对林业行业管理与环境保护方面的政策法规、日常新闻、北京林业发展动态等，把北京林业发展进程中的点点滴滴渗透到百姓的日常生活中去。这部分宣教应规范进行，要有明确的宣教内容和特定的宣传形式，针对不同的内容开展宣教工作。

3. 强化特定宣传内容

特定宣教内容主要是针对特殊事件及活动，展开典型宣传，利用义务植树日、世界防治沙漠化及干旱日、爱鸟周、湿地日等特定活动及城市环境建设和北京林业发展中的典型任务及事件，有针对性地整合宣传内容，用各种形式展开主题性的宣传，产生特定的宣传效果。

（三）采用多样化的宣教形式

北京林业宣教应摆脱目前较为单一化的宣教形式，开辟多种宣教渠道，运用多种宣教手段。继续发挥电视、广播、报刊等传统媒体的作用，在保证宣教效果的同时，力求宣教内容新颖，宣教方式多样。充分利用网络这一新兴媒体宣教渠道，建立首都绿化宣传网，扩大影响，及时更新，充分发挥网络迅捷、受众面广的优势。在市内主要交通干线、公交车站、居民小区建立固定宣传栏并及时变化宣传内容，长期持续地对市民产生视觉冲击与潜移默化的影响，使之成为北京林业宣教的重要阵地。结合特定活动与事件，印发专门宣教材料，宣传相关知识，并号召全民参与，使生态环境保护与北京林业建设的观念深入人心。此外，还应开展主题性的展览，每年集中搞好两到三次，对相关热点与基础知识进行深入广泛的宣教，使百姓的关注点每年都有所集中，日积月累，形成系统、立体化、多类型的宣教体系（图33-1）。

（四）创新机制，吸引公众参与

建立城市生态环境规划和重点林业生态项目建设公示制度。凡是与北京林业生态环境有关的规划或重大林业生态建设项目等应向市民公示，特别是一些与居民生活相关、与城市长远发展相关的生态建设要举行听证会。公示制度和听证会制度的实行既可以在一定程度上保证项目决策的正确和顺利实施，也可以获取公众对生态和林业的认知，培养公众的生态参与意识。

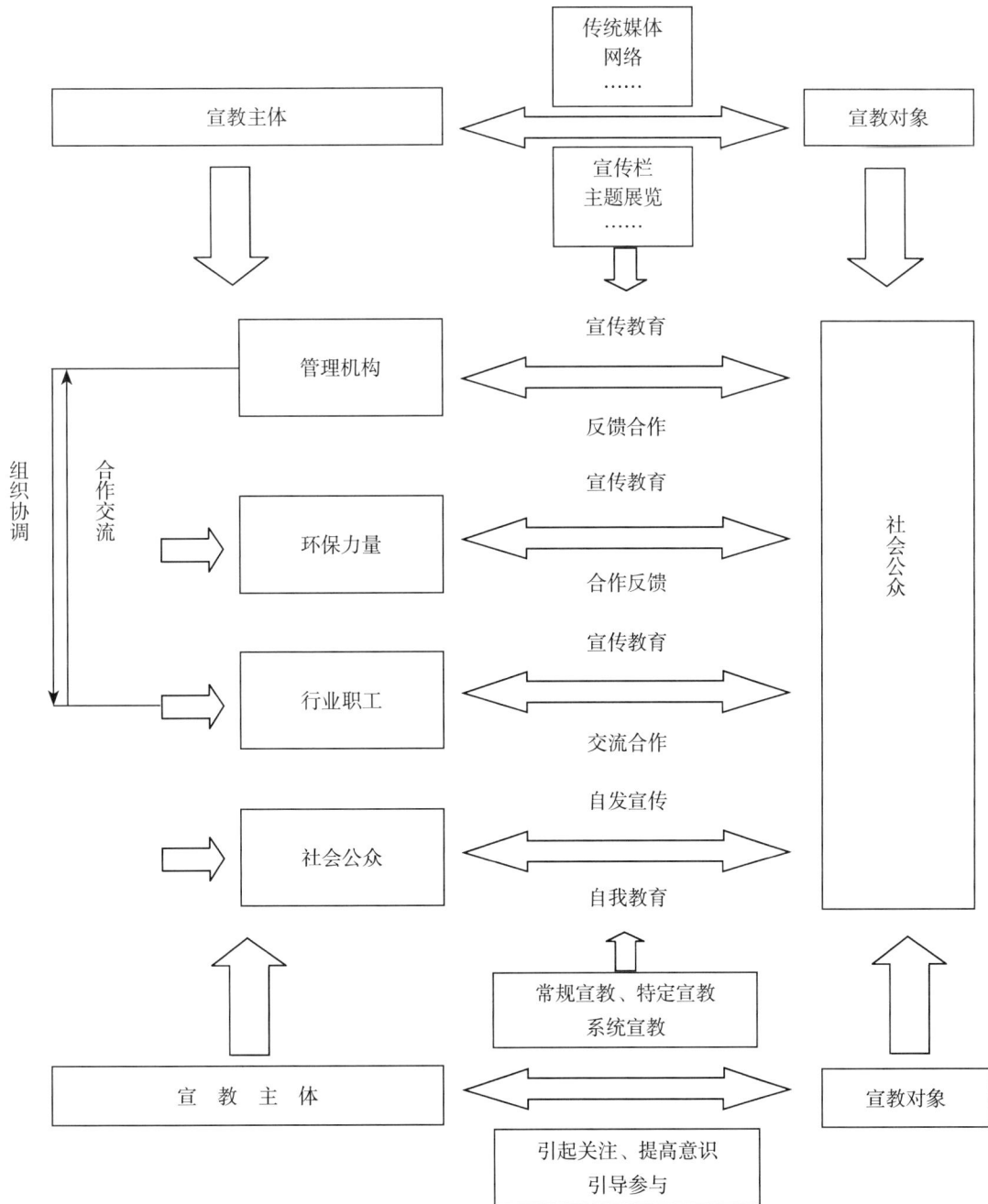

图 33-1　城市林业宣教机制示意图

二、完善政策法规，依法治林

系统与科学的林业政策与法规是对各利益主体之间关系的界定，是林业得以顺利发展的基础和前提，它为北京林业可持续发展的其他保障措施提供了框架和运行平台。

（一）构建北京现代林业法制体系

林业发展往往会受经济发展的影响而偏离可持续发展的轨道，因此，加强林业法制建设，推进林业各项活动依法进行，确保各项林业法令严格实施和执行，是推进生态城市建设的有力保障。

1. 完善林业产权制度

要大力深化林业体制改革，建立既适应社会主义市场经济体制要求，又符合林业自身特点的管理体制和运行机制。要根据林业的经济学特性，并按照有利于稳定山权、林权，有利于保护和发展森林资源的原则，稳步推进林业产权制度改革，使森林、林木和林地的所有者，依法享有所有权、使用权、经营权、收益权和处置权，完善森林资源资产的产权流转制度和保护私有林主和林农利益，充分调动全社会发展林业的积极性和创造性。根据"谁造谁有"的原则界定林木产权，国造林木形成资源性国有资产，民造林木形成民有资产。加强森林、林地、林木权属管理，明确权属关系，依法颁发林权证，依法维护林权所有者的合法权益。对权属清楚尚未核发林权证的，要尽快核发；对权属不清或有争议的，要尽快明晰，及时核发林权证。

2. 加快制定林业产权流转办法

根据林业自身的特点，在明确林地、林木权属的基础上，要积极鼓励和引导各种社会主体通过多种形式参与森林、林木与林地使用权的流转。进一步完善林业产权机制、林地流转和林业融资政策，在明确林地、林木权属的基础上，加快制定和完善有关林地开发、拍卖、租赁、承包、股份合作、流转、继承、抵押等程序的政策法规，逐步实现林业产权交易的法制化、规范化，充分保证投资者的利益，鼓励各种社会主体通过多种形式，积极参与森林、林木和林地使用权的合理流转。健全征用占用林地审核审批制度，依法实行林地用途管制。建立健全森林资源资产评价评估体系，制定和完善森林资源资产交易规则及操作规程，规范流转程序，加强流转管理，培育活立木市场，盘活森林资源资产，加速投资变现。

3. 调整林木采伐政策

现行采伐限额制度制约着商品林的发展。在当前北京林业发展中，不考虑所有制、林种以及树龄等客观条件的严格的采伐限额制度，大大制约了商品林的发展。目前的采伐制度不适应分类经营管理体制的管理模式，挫伤了林农及其他林业经营主体的积极性，严重影响了林业管理者的工作热情，尤其是不利于商品林的快速发展。加快实施分类经营管理，对公益林和商品林分别采取不同的管理体制和政策措施，对生态公益林采伐严格控制，对商品林采伐逐步适度放活。按照区域分类指导和林业分类经营的原则，对于重点生态公益林，禁止经营性采伐；对于一般生态公益林，实行限额采伐管理；对于商品林中的人工用材林，特别是由业主投资营造的速生丰产用材林和工业原料林，按市场需要自主采伐，实行备案制度。但采伐林木应该按照严格的经营规划和森林施业案实施，因地制宜地采用合理采伐方式，注意防止水土流失。

4. 发展非公有制林业

放手发展非公有制林业，积极培育新的林业经济增长点。关于非公有制林业的发展，不能仅仅是落实中央的决定，还要有自己明确的发展思路。鼓励跨所有制、跨行业、跨地区投资发展林业。农户、城镇居民、科技人员、私营企业主、境外投资者、企事业单位和机关团体的干部职工等，都可以单独或合伙参与林业开发，从事林业建设。切实落实"谁造谁有、合造共有"的政策，维护造林者的合法权益。统一税费政策、资源利用政策和投融资政策，为各种林业经营主体创造公平竞争的环境。

5. 健全和完善林业投资及资源保护等法规条例体系

要以法规形式规范林业投资，理清财政拨款的来源、去向和使用范围，做到资金来源有据，去向有依，使用有理。完善森林资源保护与林地保护等方面的法制建设，提高林业法制教育水平，规范和加强林业执法工作。根据北京市作为古都名城的特点，进一步完善和加强在城市绿化建设、古树名木保护管理和园林保护管理等方面的立法工作。

（二）制订切合实际的区域林业政策

进行区域性立法。根据北京市的实际，对生态建设、景观服务、保护区及湿地建设等制定地方性法规。同时，由于北京地形多样，不同区县的立地条件有很大差异，要针对不同区县的不同条件，制定不同地域造林的模式及投资标准，实行造林的工程化管理。由于北京市不同地区的营林成本及经济发展水平存在很大的不同，山区与平原造林和管护方面存在着较大的差异，这就要求在补助标准和补助方式的确定上要根据不同的情况和条件，区别对待，建立适应地区实际状况的补助标准、补助方式以及林业验收方式。目前，在林业验收政策等方面，存在规定过细的问题，虽然详细化的规定更具操作性，但在具体执行过程中却极易出现与各区县的不同现实条件不相适应的问题。就是同一个地区，林木的生长状况也会受到不同立地条件的影响，因此，不能将所有林木和所有地区都按照统一的标准进行验收，标准的制定要适当考虑不同地区的现实条件，保持适当的灵活性与弹性。

（三）提高执法水平

加强执法队伍建设。进一步建立健全林业法制机构，理顺林业执法管理体制。加强林业公安和林政稽查等队伍建设，积极解决编制和经费来源问题，重视野生动植物保护机构和队伍建设。维护基层林业站的稳定，深化林业站管理体制改革，强化其执法监管的地位和作用。加强行政执法人员培训，坚持资格认证持证上岗，提高依法行政和执法监管水平。

加大执法力度。进一步开展执法和组织专项检查，对乱砍滥伐、超限额采伐、毁林开垦、乱占林地、乱捕乱猎野生动物、侵犯林业经营者合法权益等违法行为，要依法严厉查处。严格森林和野生动植物资源保护管理，确保森林资源安全。加强林业执法监管体系，实行执法责任制和执法过错追究制，进一步规范执法行为，提高执法水平。加强林业法制教育和生态道德教育，加大社会宣传力度，为执法人员依法办事创造良好的社会氛围和执法环境。

三、加强人力资源管理与开发，人才强林

大力开发人力资源，已成为世界各国政府的共识。在我国，无论是从资源存量看，还是从资本积累能力看，都无法满足新世纪经济发展的目标要求，因此，在未来经济增长起到决定作用的将是人力资源。北京市要构建现代城市林业，必须要提高劳动力素质和规范

劳动力行为，合理有效地开发林业部门的人力资源，强化管理，探索出一套符合北京林业发展的人力资源保障机制。

林业从业人员的主动性、积极性和创造性的调动与发挥，直接决定着林业部门的创新能力，并最终决定着城市林业的建设和发展。北京现代城市林业的构建，首先要树立"以人为本"的管理思想，高度重视人力资源的开发管理，充分挖掘人的积极性和创造性。"以人为本"的管理不是以管人为主的管理，而是以人的充分发展和满足人的需求为主、从内心调动人的积极性的管理。林业部门要逐步改变传统的以物及物化的人为核心的管理模式，树立以人为中心的新的管理理念，在北京市现代城市林业发展的体系下采取一系列措施，把人的能力的培养和积极性的发挥放在头等重要的位置，关心人、尊重人，满足人的合理需求，以调动人的积极性，这样才能激发广大职工的积极性和创造性，为北京的城市林业发展做贡献。

（一）创新人力资源增值机制

在目前的北京市林业职工队伍中，特别是基层林业部门，专业过硬、能够独挡一面的技术人才数量较少，极大地影响了行业管理水平及林业工程的实施，而教育培训是人力资源开发的重要途径。教育培训应具有知识效应和非知识效应。在培训中要注重培训内容的针对性、实用性和应用性，培训形式的灵活性和多样性，培训时间的长期性和速成性。

在内容上，北京市林业教育培训应实施以新知识、新理论、新技术、新方法等内容为主，使职工通过培训，了解和掌握林业发展的前沿并将其应用于生产实际，使知识转化为生产力。重要的是要通过各类培训,使林业从业人员的思想认识统一到林业跨越式发展战略上来，把实际工作与新世纪林业发展建设相结合。

在方法上，考虑到培训对象均为在职的林业从业人员，在时间安排上应以短期为主，也可长、短结合，还可按培训内容分阶段完成。教学形式应灵活、多样，可采用集中上课、个别指导、现场教学、讨论交流、案例分析、角色扮演等方式，以适应不同职工的不同情况和要求。

在手段上，北京市林业教育培训应充分发挥现代教育技术手段的作用。利用广播、电视、计算机、网络等现代教育技术，既可进行集中学习，也可分散教学，甚至是个别化教学。还可利用高质量的教育节目或教学软件，实现教育资源共享。这样既解决了课程问题，也解决了培训基地师资力量不足、素质不高和培训对象数量大、层次多等现实问题。

（二）建立有效的激励机制

传统林业人事管理所采取的激励方式，基本上以物质激励为主，激励手段单一，远远不能适应北京市现代林业发展的需要。因此，要建立符合北京林业发展的有效的激励机制。首先，要建立有效的人员配置机制。要根据北京林业发展的目标和任务，按照量才使用、用人所长的原则，对员工进行合理配置和组合。其次，要建立合理的报酬机制。通过收入分配制度的改革，奖勤罚懒，奖优罚劣，调动广大员工的积极性和创造性。员工的工资以按劳分配为主，完善以岗位工资制为主要形式的内部分配制度，实行竞争上岗，按岗定薪，岗易薪易,形成职工工资能增能减的运行机制。还可以借鉴国外的经验,实行内部职工持股、技术要素参与分配等方式,把按劳分配与按生产要素分配结合起来,使员工的利益与林业企业利益紧密结合起来。第三,要建立有效的考核机制。对林业工人要进行技术考核、知识考试和实际操作考试。对普通员工、工程技术人员和领导人员要进行德、能、勤、绩的全面考核,激励员工提高工作效率。

（三）优化人员结构

由于历史原因,北京市林业系统内仍存在一定比例的年龄较大,文化素质较低,专业技术水平较差,无法适应当前林业快速发展需要的职工。因此,对现存的冗余职工进行分流是北京林业发展的必由之路。进行冗余职工分流,必将有效地激活用工机制,推动员工有序流动,优化人力资源配置,增强员工的竞争意识和危机意识,提高员工队伍整体素质,增强部门的生存能力和竞争能力。北京市林业系统职工分流除了借鉴其他行业国有企业的职工分流经验外,还可以根据北京市林业的实际情况,鼓励林业工作者加入到护林队伍中去。既解决冗余职工再就业问题,又增强北京市护林防火力量。

（四）培养专业化的城市林业人才

北京市的城市林业发展,必须依赖专业的城市林业研究人员及其专业知识。由于城市林业的发展时间不长,目前还没有专门培养从事城市林业研究的人才的学科。因此,北京市应充分利用位于北京市的国家林业重点高等院校,与中国林业科学研究院、北京林业大学等科研院所合作设立城市林业专业,并开设城市林业的有关课程,使园林、林学以及城市规划专业的学生都能了解城市林业的内容,培养大专以上的专门人才。

总体上来看,北京林业的发展要以人为基础,培养从事城市林业的专业人才,对冗余职工进行分流,对在职职工进行岗位培训,完善激励制度,最终形成健全的人力资源保障机制,促进北京林业发展。

四、构建科技创新和推广机制,科技兴林

科技成果的应用是当前林业科技工作的迫切和首要任务,同时也是科学技术是第一生产力的重要体现。在建设北京林业过程中,要充分发挥首都优势,用好中央在京单位与科研院所的人才、科技等资源,加强林业科技基础研究、应用研究和高新技术开发,加大林业新科技引进和推广力度。以科技创新提高林业生态建设的质量和水平,以先进技术提升林业产业建设的规模与效益,实施科教兴林、人才强林战略,推动林业可持续发展。

（一）加强适用技术的研发,提高林业科技总体支撑水平

1. 确保科技投入,提高科研能力

林业科技的发展必须以投入为前提,要充分调动各方面的积极因素,逐步形成多元化投入体系:以政府投入为主体、企业投入为补充、金融信贷和风险投资为支撑的科技投融资体系。

首先,各级财政要切实加大科技投入。林业是一个公益性的基础行业,其性质决定了

林业科技主要依靠政府财政投入，保证林业科技的持续发展。林业主管部门应继续加强对重点科研机构的财政资金支持，选择若干重大科研项目，通过招标形式吸引全社会力量参与攻关。

其次，推动企业对科技创新的投入。在市场经济条件下，充分利用市场机制，鼓励以经济效益为主的林业企业大幅度增加研究开发资金，发展林业产业高新技术。引导高科技公司进入林业高新技术研发领域，实行资金与技术的有机结合。

第三，采取积极措施，继续建立和完善新的投融资机制和激励机制，特别是适合高新技术产业发展的风险投资机制、保险机制、科技信贷机制和信用评估机制，使资本市场成为科技发展的强有力支撑。要帮助企业获得技术创新资源，减少创新风险。建立健全面向国内外企业的技术创新支撑体系，为企业的发展提供宽松的环境和优质服务，增加创新系统的活力。

第四，提高科技攻关资金使用效率。对于科技攻关资金的使用，在项目审批前，申请单位和个人要有详细的预算计划，在项目进行过程中，要严格遵守资金使用制度，项目完成后，要进行严格的审核，做到事前、事中、事后全方位资金监控，以充分利用有限的林业科研资金。

2. 需求定研发，产学研相结合

要根据制约当前林业发展的技术瓶颈，以专题项目研究为主要方式，加强产学研相结合，促进和鼓励院校、研究机构和企业共同组建技术创新联合体，密切科学技术、经济发展与生态改善的关系。建立以企业为主体，科研院校广泛参与、利益共享、风险共担的多层次、多领域的产学研合作机制。以林业技术开发研究中心、林业人才工作站等多种形式，积极吸引各类优秀人才尤其是具有创新精神和能力的青年科技人才进入林业部门，投身林业的技术创新活动，使他们在林业技术创新这个大舞台上充分发挥创新潜能。

3. 建立有效激励机制，增强研发动力支持

技术创新离不开制度创新。要加快建立有利于科技人才成长和作用发挥的培养和激励机制。充分发挥各层次、各单位人员进行技术创新的积极性和主动性，是提高技术创新能力的根本所在。要使科技人员的创新成果和价值得到充分体现，千方百计调动科技人员的积极性，把他们的创新能力尽可能释放出来。要进一步建立健全有利于技术创新的法律法规体系，制定《林业急需技术创新条例》，加强政策导向，为推进企业技术创新活动创造良好的法律环境。面向市场，建立新型的应用型科研成果评价机制。改变传统的科研成果评价方法，对应用型科研成果要以投入市场后带来的经济效益为主要评价标准，并以此作为奖励及职称评定的依据。

在相同的外部环境下，能否持续创新，首先取决于能否构造一套诱发创新的激励机制。不同单位和个体的需求是有差异的，因此，需要采取分类激励办法。

（1）对林业内部各职能部门负责人、生产经营单位负责人的激励机制。充分授权，建立"垂直流动"升迁制度，适当提拔重用，精神鼓励和物质鼓励结合。他们如能在部门内部岗位上实现个人的事业心，就会乐于配合林业整体的创新努力。

（2）对研究开发人员的激励机制。要保障研究开发人员获得等量于个人贡献的个人收益。要承认研究开发人员对个人创造的知识性资产的所有权，要承认职务研究开发成果应由个人与单位"共同占有"。这既是保障研究开发人员获得等量于个人贡献的个人收益的基础，也是体现个人贡献差异的一个尺度。要对研究开发人员进行继续教育投资，因为个人拥有的知识量代表着研究开发人员个人拥有的资本量。迫于生存竞争的压力和发展的欲望，研究开发人员必然会更多地关心自己的知识更新与积累。

（3）对一般林业职工的激励机制。要让他们看到参与技术创新后个人有可能得到的新增利益。否则，他就会对创新持消极态度，甚至会产生抵触情绪。对职工，要使其获得与个人贡献等量的个人收益，公平地获得升迁机会。

（二）建立健全林业科技推广网络和中介服务组织

1. 建立高效的科技推广队伍

林业推广不仅仅是推广机构的事，还应该有全社会的共同参与。是否有一支高效敬业的科技推广队伍，是关系到能否推动全民参与，以科技为动力发展林业的关键问题。科技推广队伍要围绕北京市林业局林业建设的总体思路和工作重点，做好推广项目和资金的整合。

（1）强化队伍建设，提高推广工作质量。推广人员必须强化自身建设，注意学习和借鉴先进经验，丰富知识，丰富阅历，全面提高专业技能和服务水平。要注意对科技推广人员的培训工作，不断提高科技人员的业务水平和创新能力。只有这样，才能及时地对先进、适用、成熟的成果进行推广应用，把先进适用的科技成果交到林业基层建设部门和林农手中，发挥直接效益。

（2）加强科技推广队伍中的人才引进与交流，为技术推广工作的持续有效开展提供优良的人力资源保障。

（3）通过各种途径增强对科技推广工作的人力、物力、财力支持。在政策和机制上要进行创新和突破，切实处理好科技人员、林业建设单位和广大林农的共同利益关系。要充分调动广大林业建设主体的创新积极性和科技人员的推广积极性，通过建立长效机制——利益共同体，将二者的利益结合起来。鼓励科技人员主动到林业建设主战场去工作，创造和实现价值，推动科技成果转化为生产力，使无形的科技与有形的商品捆绑在一起，实现其真正的市场价值。

2. 完善多渠道的科技推广体系

市场经济条件下林业科技的推广，一方面要加大经济扶持力度，另一方面要运用技术手段突破技术推广难关。主要方法有：

（1）建立科技示范基地，以点带面，促进科技推广。在摸索大面积推广适用技术的同时，优选推广技术，在重点工程建设中有选择地建立一批科技兴林示范基地、示范点和示范区，形成科技推广与示范网络，发挥辐射带动效应，逐步强化社会对科学技术应用的热情，激发应用科学技术的自觉性，扩大科技成果覆盖面。

（2）建立北京市林业系统网络信息平台，加快林业科技推广速度。知识经济时代，信息网络成为人们获取科技的重要手段，建立林业科技推广信息服务网络，提供技术信息及有关专家信息，可大大加快技术推广的速度和力度。对新技术、新产品推广应通过网络信息平台和各级推广网络以及技术服务体系进行广泛的宣传、指导，促进新技术和新产品的应用。

（3）采取多样化的林业科技推广组织形式。强化推广部门、科研院校、林农等服务体系的建设，积极推广科技特派员制度等新型的成果转化形式，开展林业实用技术"进乡入户、上山入林"，为林业与农村经济发展、农民增收发挥作用。科技要进入实体，利用科技部门的技术优势，鼓励科技推广人员和科研人员进行技术承包，实行责权利挂钩，支持各级科技部门或个人办技术实体或以技术入股的方式开办股份联合体，减少中间环节，避免科研与生产脱节。

林业科技推广网络的完善是科技推广应用的基础。必须健全和完善科技推广网络，各区县、乡（镇）林业部门应有专人负责林业科技和技术推广工作，科研部门、科技推广单位与生产企业单位要采取多种形式紧密合作，使科研与生产、科技推广、技术开发与经济建设逐步做到更加有机地融合和协调，实现科研、生产、技术推广与经济发展一体化。

3. 充分发挥科技中介的作用

要抓好各类林业科技中介机构与技术市场的建设工作。林业科技中介机构的建立可以有效降低创业风险，加速科技成果产业化，促进产业结构优化升级和经济健康发展。

大力发展以生产力促进中心为代表的各类技术服务机构、技术交易机构、技术经纪机构、技术评估机构等中介服务组织，逐步实现中介机构的组织网络化、功能社会化、服务产业化。同时，推进科技数据库、重大技术需求信息库和科技网络等基础设施建设，建立起开放的科技协作服务网络和科技信息网络。林业科技中介机构应主要面向社会开展技术扩散、成果转化、科技评估、创新资源配置、创新决策和管理咨询等内容的服务，其组成可由林业部门、产业界与科研院校联合组建，主要进行林业产业中关键技术和共性技术的系统集成和工程化研究、传统生产工艺的改造、国外先进适用技术的消化吸收和创新及咨询服务、技术培训等。

（三）构建科技普及机制

北京林业的发展需要全体市民的支持，也要让全体市民受益，要提高社会公众的环保、林业科技意识。因此，科技普及工作也是科技保障机制中重要的一环，直接关系到科技保障机制整体水平的高低。要广泛开展林业科技普及工作，向公众传播相关科技知识，宣传环保思想，激发全民生态意识，不断提高公众科学文化素养。

1. 重视科普工作，加大经费支持

林业科技主管部门要高度重视，把科普工作提到议事日程上来，按照总体发展目标和要求制订科普规划和计划，并将其纳入林业中长期发展规划。通过政策引导、加强管理和增加投入等多种措施，以青少年为工作重点，切实加强和改善对科普工作的领导。

要拨出专项资金支持和资助林业科普活动，为林业科普这项公益事业提供财力保证，并逐步增加对科普工作的投入，大力支持科技场馆等科普设施的建设。

2．加强科普媒介建设

要建立高效的林业科普知识传播机制，重视科普媒介建设，营造科普宣传的浓厚氛围，使林业科普工作深入人心。

要建立专门的林业科普基地，并在综合性科普基地中建立林业科普分基地，注重使用多媒体技术，加大实物展览比例，从交互式操作、趣味实验和游戏中吸引青少年积极主动参与，增强趣味性，寓教于乐。

加强林业科普基地宣传，在充分展示科普基地资源的基础上，将各类科普基地联合起来，设置科普旅游专线，让公众特别是青少年主动选择科普旅游线路，并带动家长参与进来，促进整个社会大众科学素养的提高。

定期开展林业科普周、环保科技节等活动，并将其纳入到"全国科技周""北京科技周"中去，扩大公众影响。采取主题展览、游园会、公共讲座、开放实验室、知识竞赛、科技辩论会等方式，积极开展林业科技普及工作。

要充分发挥报刊、图书、广播、电视、互联网等大众传媒的作用与优势，开展林业科技普及宣传报道，编写面向公众的科普材料，渲染浓郁的林业科普氛围。

3．重视校园、社区科普工作

在林业科技普及工作中，要以青少年科普工作为重点，大力开展日常性、群众性的科普活动。以校园、社区等为重要工作场所，积极开展林业科普进校园，环保科普进社区活动。

开展林业科普进校园活动，创建多媒体校园科普教室，建立林业科普兴趣小组，成立校园科普志愿者队伍，组织开展形式多样、寓教于乐的科普活动，普及林业科学知识，倡导环保科学的生活方式。

积极创建林业科普文明社区、科普文明家庭、科普文明个人活动，并通过科普画廊、板报、科普知识讲座，科普研讨会等形式向居民宣传环保知识和创建绿色人居环境的知识，坚持以人为本，创建绿色家园。

4．发挥社会力量，鼓励社会参与

林业主管部门应加强与相关科技组织、科学团体及非政府组织的合作，进一步发挥这些组织已经形成的渠道和工作优势，共同开展林业科技普及工作。大力提倡和鼓励多渠道、多形式、灵活多变的科普资金投入，并从政策和法律上真正保护投资者的利益。

五、科学管理，提高管理效益和水平

（一）实行分类经营，科学管理

北京市要建设成为国际化大都市，必须在发展经济的同时，加快以林业为主的城市生态环境建设，按照生态优先的原则，构筑北京社会经济可持续发展的绿色屏障。同时要以森林旅游业发展为龙头，积极发展特色林果产业、观光游憩林业等绿色产业，充分发挥森林的多种效益，促进地方经济发展，增加农民收入，实现北京森林生态、经济与社会效益的协调统一。因此，北京林业的发展目标呈现出多重性和层次性，既要形成城市青山环抱、市区森林环绕、郊区绿海田园的生态景观，又要有较强的森林系统功能和健全的森林安全保障，同时，还应有比较发达的林业产业体系。北京林业发展目标的多重性和层次性决定了北京林业应继续深化林业分类经营改革，加强林业资源管理，根据森林主导功能，将森林划分为生态公益林和商品林，分别采取相应的管理体制、经营机制和政策措施。在明确各级政府责任的前提下，根据财权事权相一致原则，科学划分重点生态公益林和一般生态公益林。生态公益林按照公益事业进行管理，以各级政府投资为主，吸引社会力量共同参与建设。生态公益林由同级政府批准公布，落实财政补助资金。商品林按照基础产业进行管理，主要由市场配置资源，政府给予必要的扶持。生态公益林和商品林的经营均应按照严格的经营规划和森林施业案实施。

按照分类经营的要求，改革国有林业场圃经营管理体制，促进国有林业场圃的改革改制，逐步分离目前由场圃承担的社会职能。多方筹措资金，妥善解决国有场圃在职职工和离退休人员的社会保障问题。

（二）提高林业职能部门管理水平

1. 完善目标管理责任制，提高管理效率

林业的健康发展，除了要协调林业与其他行业部门的关系外，还必须强化林业各职能部门之间的关系，加强自身建设，提高管理水平。

首先，要明确各职能机构职责，坚持和完善目标管理责任制，充分发挥职能部门的作用，切实保护森林资源。市、区（县）、乡镇、村委会层层签订《森林资源管理目标责任状》和《森林防火责任状》，做到层层抓落实，事事有人管，将管护工作落到实处。划定森林防火责任区，实行部门和单位领导负责制。成立护林队伍，在天然林分布的周边村庄招聘农村青年为护林员，采取分片包干、责任到人的方法，对封山育林区和封山护林区进行保护管理，组建林业森林消防队，防患于未然。

其次，优化行政手段，提高行政效率。对于林业的发展，林业管理部门使用行政手段是必要的，但是，这种行政手段的运用必须科学规范，必须建立相应的责任制度，管理部门要对行政手段使用的效果负责。由于森林具有生长周期长，毁坏容易，恢复和建设困难的特点，科学决策对于林业发展至关重要。因此，对于林业发展的重大问题的决策应进行科学的论证，并建立科学合理的决策程序，保持行政行为及经济政策具有较高的透明度和稳定性，提高政府决策的科学性、民主性，实行依法治林。同时，完善林业基层组织，提高林业各级管理部门人员素质，保证政令畅通，提高行政效率。

第三，要建立健全干部行政监察和考核机制。加强生态建设任务的干部任期目标责任制度和领导干部政绩考核制度建设，将林业建设和生态保护任务落实到日常工作和具体项目中，强化监督机制，以便确保生态林业建设任务的顺利进行与完成。要把建设"绿色城市"作为各级党政领导的主要工作目标之一予以定期检查和考核。政府要实现对林地的宏观调控，建立最佳的用地结构，保证林地充分合理利用，坚决制止乱占滥用林地。

2. 加强现代化信息管理

在知识经济时代，林业管理的信息化已成为林业现代化管理的重要标志。目前林业行

业信息化水平较低，林业管理信息系统尚未形成，不同程度地影响了林业管理效率、水平和质量的进一步提高。林业信息化管理系统的建立主要应通过健全林业信息网络体系，以林业管理和服务功能为中心，实现林业管理信息服务的现代化。

（1）建立林业政务管理系统，推进电子政务。建立全市林业政务信息系统，组成立体、方便、灵活、高效、保密、安全的全市林业行政机关办公、指挥、调度、决策服务体系，实现森林资源管理、林政管理、林业基金管理、木材运输检查等方面的信息化，改善林业政务，提高服务水平。

（2）建立信息服务管理系统。运用网络技术、计算机技术和林业现代化管理手段，建立市、区（县）、乡镇三级林业地理信息系统，实现林业资源地图和表格数据的综合查询、检索、统计及更新，建立包括文字、图像、声音、视频信号在内的多媒体高速数字信息网络，实现纵横互通、上下联动的数据交换和信息共享。利用现代化信息工具对林业工程建设实施动态监测和管理，重点针对森林资源与环境监测、森林灾害监测和林业辅助决策等开发全市统一的信息平台，进行数字化信息采集、管理和分析，建立起包括空间地理信息、规划信息等各类信息的林业基础反馈数据库，在此基础上建立起林业工程和森林资源建设规划、城市林业发展规划、森林生态环境建设规划等专题数据库，进而建立起管理网络系统，实现全市林业管理的数字化、信息化和现代化。信息服务管理系统的建立，将强化信息资源和信息发布功能，全方位开展信息服务，真正体现信息资源的巨大价值。通过林业管理信息化，可实现管理制度严密高效，反应快速。

六、建立以公共财政支出为主的资金支撑体系

北京林业要发展，资金保障是基础。一个有效的林业资金保障应该形成制度性、法律性的投资机制，以保证长效的政府资金投入。政府还应扩展筹资渠道，吸引多方资金进入林业，做到全社会办林业。同时建立有效的资金监管机制，提高资金使用效率。

（一）加大政府资金投入力度，形成长期稳定的资金投入机制

林业具有生产周期长，见效慢，经营风险大，市场竞争力弱的特点，生产单位自身的经济效益受社会效益和生态效益的制约。这些特点决定了政府应作为林业的主要投资者，生产性投入不足部分由各级政府补偿解决。北京的城市林业也同样如此，其产生的生态效益和社会效益远远大于经济效益。因此，从中央到地方的各级政府都应加大对北京林业的投资力度，并形成制度性、法律性的投资机制。

1. 加大投入力度，弥补资金缺口

目前，北京林业发展的资金投入主要存在造林补助不足、管护费用过少、重点工程投入标准太低、缺少对生态型林场和基层林业站的补助等问题；而这些方面充足的资金投入是北京林业发展的前提和基础，因此，政府应加大投资力度，将投资的重点放在弥补这些资金缺口上。

第一，根据实际情况增加造林补助。北京市平原地带的造林任务已基本完成，剩余的造林任务多处于山区，造林难度更大，任务更为艰巨，增加造林补助势在必行。首先要提

高山区造林补助标准，尽量使用优质树种及高新技术手段保证成活。其次要加大平原绿化的投入，使全市林木绿化率达到 50% 以上。

第二，增加工程造林资金。虽然政府对林业的投入大部分均为工程造林补助资金，但实施的标准过低，无法满足正常需要。解决这一问题，政府首先要提高工程造林补助资金。根据造林的实际需求来确定造林资金，如将使用爆破造林，选用大径树，引渠上山等必要的开支应列入补助范围，以保证造林的高成活率。其次，应给予林业部门一定的资金自主权。林业工程的季节性强，与上级资金下拨的时间周期不一致，灵活拨款有助于工程的开展。最后，在资金下放的同时，必须建立配套的资金监督机制，真正做到"用好钱""慎用钱"。

第三，提高营林的管护费用。政府对林业的投资中，工程造林投资占了相当大的比重，虽然营林管护投资也在逐年加大，但还远远不够。提高营林的管护经费，首先，要加大管护经费投入力度，不能再出现只种不管的现象；其次，每年的营林管护费用要按时全部到位；再次，应设立专项资金及专门的会计科目，以保证专款专用；最后，要增加管护机构经费，提高管护人员的工资，使越来越多的人愿意投身到护林队伍中来。

第四，加强对生态型林场的资金投入。目前，北京市林业局给予林场差额拨款，林场其余的支出完全靠项目拨款和自筹。当前的林场依靠旅游及其他一些产业项目还可以维持自身的发展，但每年的造林任务重，开支得不到完全的补助。因此，应给生态型林场增加一定的资金投入。首先，要加大资金投入力度，建立扶持国有林场的专项基金，建立健全有关的规章制度，做到资金专款专用。其次，资金应重点用于危房改造、交通、通信、通电、饮水等基础设施建设，以及发展符合市场需求的多种经营项目。另外，在水电的使用方面应给予一定的优惠政策，以便于开渠引水灌溉。

第五，在资金上扶持基层林业站的正常运转。乡镇林业工作站的业务多属社会公益性事业，只有投入，没有产出。只有依靠政府投入，加强管理，才能确保林业站工作的顺利进行。首先，要继续加强对林业站的资金投入，稳定投资渠道。同时应当明确，解决林业站建设资金问题，关键在于地方的积极性和重视程度。林业站建好了，森林资源管住了，林业发展了，将来受益的首先就是当地。其次，要加强资金管理，专款专用。

第六，继续大力开展义务植树。义务植树运动也是绿化北京的一支力量，同时，大力发展义务植树，是弥补资金不足情况下增加林业建设的有效途径。今后还应把义务植树大力开展下去，可以采取以下几种措施：对于城市的行政企事业单位，应采取划拨义务植树基地的办法，每年按规定分配造林任务，实行科学管理，包栽、包活、包管理、包成林，并由当地林业部门负责监督、实施；对于适龄的个体经营者和城镇居民采取收缴造林费或直接征收生态税的办法；广大农村群众可以组成乡村集体林场，或采取划拨责任山，多种形式承包，长期租赁，荒山拍卖等方式，实行谁造谁有，使广大林农在造林上得到收益。

2. 形成制度性、法律性的稳定的投资数量与投资方式

目前的林业发展资金是从国家的大预算中安排，没有专项资金保证林业的发展，造成了每年的投资不稳定，而且对林业的投入也远远低于其他部门。针对这种情况，首先，政府应设立林业发展的专项资金，其数量要与国民经济增长比例相协调、与其他行业的投入相协调，并且要紧密结合实际需要，根据实际情况进行调整。其次，要设置相关的投资科目，除造林经费外，管护、宣传教育经费等都应设置相关的专门投资科目，以利于各项工作的开展。对于公益性林业，特别是山区从事营林生产和森林管护的农民提供资金补偿，加大财政转移支付力度，减免税费负担。总的来说，就是要保证林业长效的制度性、法律性的投资机制，只有这样林业才能真正的稳步发展，北京市才能真正成为一个绿色北京。

（二）多渠道筹集资金

林业是一个极具社会效益和公益效益的行业，林业在建设社会生态屏障和净化其他行业发展所造成的污染上起到了非常重要的作用。而国家财力有限，不可能给予林业过多的投资，因此，我们应通过完善生态效益补偿制度，努力争取外部投资，鼓励各投资主体进入林业，鼓励林业企业上市融资，征收森林生态税及发行绿色彩票等方式，倡导全社会办林业，多渠道筹集林业发展资金。

1. 努力争取外部投资

北京市林业要进一步发展，除了自身投入外，积极吸引国际组织、外国政府、国外财团对林业建设的投资，引进国际项目，吸引社会捐赠也是林业筹资的重要举措。第一，应积极引入外资，吸引国外投资者进入商品林市场。投资的形式可以采取独资、合资、合作、租赁等，投资的领域可以自由选择，确保林业资本的保值增值。第二，引进国际合作项目。北京市应积极与国外政府及非政府组织联系，争取在北京进行更多的国际合作项目，既引进了国外的资金，又吸收了国外先进的技术和管理手段。第三，广泛宣传林业的重要性，筹集社会捐赠资金，尤其是国际上的非政府组织的捐资。

2. 鼓励各种社会投资主体跨所有制、跨行业、跨地区投资发展林业

由于林业投资的周期一般较长，资金转换慢，限制了许多短期投资者进入，所以首先应进一步明晰产权制度和林地流转制度，建立活立木交易市场。林业主管部门在为林业投资者提供一系列优惠政策的同时，也要培育起规范的林业要素交易市场。其次，还应在投融资机制、林业的生产经营等方面改革出台优惠政策，对林业项目投资及有关的各种税收给予各种优惠，才可能吸引社会各界投资办林业，多元化投入发展林业经济。第三，应积极采取措施，鼓励社会各界人士参与认养绿地、森林等活动。

3. 支持林业企业上市融资

建立科学的林业资本运作机制。林业企业上市融资是解决资金不足的重要途径之一，各级政府应通过各种优惠政策，加大中小企业产权制度改革力度，对产业龙头企业进行分离重组，建立以优势骨干企业为核心、以品牌为龙头、以资本为纽带、专业协作配套的企业集团。鼓励林业企业通过联营、合并、兼并、重组等多种方式建立大型林业企业集团公司，提高企业的综合能力，使其具备上市条件，提高林业企业的融资能力。

总之，林业的投入要形成多渠道、多层次、多形式的综合投入体系。在加大政府投资的基础上，努力争取外资，鼓励多投资主体进入林业行业，倡导林业企业上市融资，征收生态税，发行绿色彩票，多渠道地吸引资金，全社会共同参与，增加林业投资。

（三）提高资金使用效率

在加大政府投资，广开筹资渠道的基础上，提高资金使用效率，做到"慎用钱"。要做好林业资金专项管理，建立一整套资金监督机制，加强林业资金使用的监督力度，专款专用，杜绝一切违法行为的发生。

1. 做好林业资金的专项管理

林业资金的投入相对其他行业来讲是较少的，因此，在使用上更要做到专项管理，专款专用。从政府层面讲，重点工程的资金投入要按时到位，并根据林业自身的发展特点调整资金下发时间，保证工程在最适宜的时间开工。从基层建设单位来讲，要把加强资金管理纳入加强工程管理中，集中核算统一管理，做到按规划设计、按设计施工、按项目投资、按效益考核。要建立健全的工程管理、技术规程、质量保证、检查验收制度，确保工程资金按规定用途使用，提高资金使用效益。

2. 建立资金监督机制，加强林业资金使用的监督力度

林业本身具有生产周期长、布局广的特点和规律，要在国家宏观政策的指导下，建立健全符合林业实际的资金管理监督机制，加强林业资金使用的监督力度，用法律规范行为，从源头上杜绝违法违规行为的产生。针对林业项目资金管理中存在的问题，应抓好以下几方面的建设：一是健全林业基本建设程序管理制度，建立一套既符合国家基本建设管理程序又切合林业建设实际的林业资金建设管理制度；二是健全林业项目资金稽查制度，将稽查工作制度化，建立健全的违规责任制度。

通过对林业资金的专项管理，专款专用，将有限的林业资金用在刀刃上，并在法律上建立资金监督机制，避免违规挪用占用林业资金的行为发生，才能充分、高效地利用资金。

（四）建立林业融资服务体系

林业融资服务体系建立的关键就是要建立活立木交易市场管理体系。这个体系应该包括管理机构体系和管理制度体系。管理机构管理和参与市场活动，行使计量、定价、税收职能；管理制度包括交易程序、交易规则、管理办法。这样才能使活立木交易市场逐步走向规范化、制度化，成为有秩序的活立木市场。活立木市场的建立要遵循以下原则：①依法转让林木所有权和林地使用权；②促进活立木经营主体多元化；③做好活立木转让的管理服务工作。此外，要实施森林保险制度。只有对森林实行强制保险，才能使林业生产者解除后顾之忧，一旦发生森林灾害，损失后可以得到保险赔付，从而使营林者有能力弥补损失，恢复森林资源。基于目前林业，尤其是营林业资金缺短的现状，国家应对森林保险采取扶持政策，允许林业采用贴息贷款交纳保险费和国家财政支付部分保险费。

总的来说，资金保障机制的建立是林业发展的原动力。林业资金保障机制的基础是政府加大对林业的投入，并将政府的投入法制化，确保林业资金的长效投入。在此基础上，还应鼓励扩大林业融资渠道，不单纯依靠政府资金，多渠道综合性地吸纳各方资金，做到全社会办林业，将林业的生态和社会效益发挥到最大。此外，资金监督机制是资金保障的有力后盾，只有将资金使用方法规范化、法制化，才能使资金使用效率最大化。

七、加强森林资源安全保障体系建设

加快首都林业数字信息化建设，健全森林资源监测体系。建立以专业数据库为基础的林业信息平台，推动北京数字林业建设。重点建立北京森林资源动态监测体系，强化网络基础设施、数字林业标准体系、信息网络平台建设，为北京林业发展提供数字信息支撑与服务。

加强森林资源管护能力建设。进一步加强森林病虫害防治、森林防火和林业公安基础设施建设，健全北京森林安全监测、预警与应急机制。

加强森林病虫害防治工作。认真贯彻"预防为主，综合治理"的方针，强化森林有害生物监测预警、检疫御灾、控制减灾等森林病虫害防治体系建设。不断提高森林病虫害监测预警和防治水平，积极推进生物防治，加强森林病虫害检疫工作，严防危险性森林病虫害入侵。加强森林防火工作。进一步完善森林防火行政领导负责制和部门分工负责制，加强森林防火基础设施建设，建设完备的森林防火预警和监控系统，强化森林防火机构和队伍建设，增强对森林火灾的预防、控制和扑救能力，最大限度地减少森林火灾的发生。

加强森林公安队伍和装备建设，扩增森林公安机构和警力，依法严厉打击各类涉林违法犯罪行为。加强野生动植物保护和林地、林木管理，加强古树名木保护和管理。

第三十四章 保障体系亟需突破的重要环节

一、改革林业管理体制，强化组织保障

（一）整合组织管理机构，统一绿化管理体系

从城市发展的历史看，城市的建设是以破坏森林开始的。随着城市规模的扩展，森林面积不断减少，城市居民由此也面临一系列的环境问题。近几十年来，随着人们生活水平的提高，人们又开始把森林引入城市、创造人与自然和谐共处的活动。北京要建成山川秀美、人与自然和谐、经济社会可持续发展的生态宜居城市，不仅需要增加城区植被，做到绿化美化，也需要北京郊区林业的快速健康发展，城区绿化与郊区林业共同构成完整的北京林业生态体系。

目前，北京林业分为城区绿化和郊区林业两块，实行部门管理，由北京市林业局和北京市园林局共同管理。这种分割式的部门管理，在职责较为明确、城区绿化任务较重、郊区林业发展空间较大的情况下，绿化工作可以较为平稳的发展，部门间冲突较少。而经过北京绿化工作者多年的辛勤努力，北京绿化工作已经有了长足进步，正面临一个重要的转折。城区绿化已开始走出城区，走向郊区的绿化、美化，走向郊区大片风景区、绿地的开发建设，同时，城区居民也对城市森林产生了强烈需求，特别是城市隔离地的建设收到较好的效果，森林也开始走入城区。两部门的工作职责开始发生模糊，趋向融合，在现实中也容易出现有利益争抢、有责任推卸的问题。2003年林业局和园林局曾联合下发《北京市园林局北京市林业局关于2003年北京城市铁路绿化带及景区建设管理工作的通知》，两家单位共同对城市铁路绿化带和景区建设负责。以及北京市政府曾经下发《北京市人民政府办公厅关于在城市建设中加强树木保护的紧急通知》，要求"园林、林业部门对申报伐移树木的要严格把关……同时要加强审批后的监督检查……各级园林、林业部门和城管门要切实加强城市建设中树木保护的执法监督……远郊区县也要加强建设中的树木保护工作，具体工作由市林业局负责"等。这种共同负责的要求，也可能出现都负责无人具体负责的情况。这种状况长期持续下去会在一定程度上人为隔裂北京市生态建设和绿化工作的统一性，阻碍了北京市绿化工作的顺利进行。

在首绿委没有和林业局合并之前，在城市绿化问题上首绿委在中间起到了一定的协调作用。在最近的机构改革中，林业局和绿化委（办）由分设改为合署办公。合署办公有利于统筹地区绿化工作，有助于政策和行动上的统一和一致，但合并后的首绿委工作

基本限于林业局的工作范围之内，绿化委（办）在与园林局的关系上，缺乏相应的明确的政策规定。因此，有必要协调好林业局、绿化委（办）、园林局的关系。根据城市绿化的特点，应赋予绿化委（办）更大的权利、责任和义务，统一规划和管理北京市城区和郊区的绿化工作。

为了加快北京市林业生态建设，保护已有的绿化成果，应加强北京市林业局和园林局的协调与配合，逐步整合两个局，在适当的时机成立统一机构，承担全市绿化和林业行政管理工作，统一规划城市绿化和郊区林业发展，减少城区内外绿化过程中的矛盾和不协调现象，形成统一的绿化和林业投资体系、规范管理体系和综合执法体系。

（二）协调与水利、环保等部门关系

北京城市生态环境的改善是一个系统工程，需要环保、林业、水利、园林等多个部门通力协作和配合。在有关影响北京生态环境的各种重大项目决策中，建立各部门互通信息和相互参与机制，充分听取各方面意见，保证决策的科学性和整体生态环境的改善。在创建人与自然和谐相处的城市生态环境中，林业起着至关重要的作用，应保证林业部门在重大生态环境建设项目中的参与权和决策权，充分发挥森林在生态建设中的主体作用。同时，林业部门在森林资源保护和建设中，应协调好与环保、园林、水利等部门关系，努力取得各方面支持，以促进林业的快速健康发展。特别是林业用水方面，林业用水短缺和高成本是制约林业发展的重要问题之一，根据林业用水量大、成本高以及效益不容易体现的特点，在林业部门自身加强节水技术研发和推广的基础上，在市委市政府的协调下，争取水利主管部门的配合与支持，使其在保证城市生活用水的基础上，给林业生态用水提供保障，促进首都生态环境的整体改善。

（三）加强基层林业站建设

1. 基层林业站建设的滞后影响了林业建设的效率和效果

北京市各区县的乡（镇）基层林业站建设在近几年虽然得到一定程度的加强，但还远不能适应现代林业发展的需求。随着现代城市林业的建设，基层林业站现状与林业建设的繁重任务存在着越来越突出的矛盾。机构不完善、工作职责不清、人员不稳、人才欠缺，经费不足等等，直接影响到林业建设的效率和效果，制约了其作为基层林业行政主管单位应有作用的发挥。由于基层林业站的薄弱和缺位，造成市和区县林业局的很多工作计划实施和落实渠道不畅，区县林业局也不能及时地了解基层林业建设现状。而且，区县林业局的很多工作都是围绕着事无巨细的事务性工作，从而没有足够的时间和精力进行宏观指导、调控和监督。

2. 明确林业站权属职责，实行垂直管理

在进一步的改革中，鉴于乡镇林业站所担负的行政职能越来越重，建议将其定为全额拨款事业单位由区县林业主管部门垂直领导，并按山区 4~6 人、平原 2~4 人进行定编。对个别生产任务重，生态林管护面积较大的乡镇可适当增加编制；生产任务较轻，生态林管护面积较小的乡镇还可以几个乡镇共同设置工作站。在加强机构队伍建设的同时，逐步加强林业站的基础设施建设，确保乡镇林业工作站真正发挥"组织、管理、指导、服务"的职能，

同时使转化后的林业站人员素质和人员稳定性能够得到有力保障。同时，在林业站权责分明的基础上，构建新型的林业行政管理体系，完善市一区（县）一乡镇三级行政管理体系，合理划分管理权限，提高各级林业主管部门的管理能力，调动其积极性，最终形成市林业局抓规划、策划、调研、服务、监督，区（县）林业局和乡镇林业站负责具体执行的格局。建立市一区（县）一乡镇三级管理信息系统，实现全市生态环境管理的信息化。

二、转变政府职能，充分发挥市场机制作用

（一）转变政府职能，建立服务型林业行政管理机构

就全国而言，林业在社会各经济部门中仍是计划色彩较浓的一个部门，从国家林业主管部门到林业的基层管理部门，对林业的管理更多的是习惯于采用以行政命令手段为主，管理的内容也主要集中在指标、限额、投资分配、林政执法检查等。在这种大的行业背景下，北京林业的发展也同样沿袭了林业部门计划色彩较浓的特点，不论是林业重点工程的推进，还是一些政策的出台、实施也都呈现出行政手段频繁使用的特征，林业管理部门成为了林业生态建设的主体，从林业发展规划制定、资金投入、人员安排、营林生产、检查验收、资源管护、林产品产出等，都有林业管理部门的参与，而各种社会力量成为被动的被带动的对象。借鉴国外林业发达国家的经验和遵从市场经济的规律，林业管理部门不应是林业生态建设的"运动员""主力军"，而应该是"裁判员"和"服务员"，由过去什么都做、什么都管的行政管理职能转变为服务型职能，应主要在政策制定、科技研究推广，技术咨询、教育培训方面、林业市场培育等方面发挥更大作用。目前林业主管部门的职能转变主要是彻底摆脱传统计划经济的束缚，把政府职能转到经济调节、市场监管、社会管理和公共服务上来。其转变的原则是按市场经济的要求，充分发挥市场调节和社会中介的作用。当前，应重点在以下几个方面转变职能：由微观的直接管理转向宏观的间接管理转变，从主要运用行政手段向主要依靠经济手段、法律手段和必要的行政手段；从指令性计划转向指导性计划转变；公共事务服务由行政系统向全社会服务转变，由松散型向制度化、规范化转变。

（二）减少计划色彩，充分发挥市场机制作用

长期以来，北京林业是一种政府主导型林业，这和我国长期的计划体制和北京作为首都的特殊地位有关。这种管理模式便于集中有限的社会资源进行林业生态建设，在一定程度上促进了北京林业的发展。但这种模式，对依靠市场自主发展的各类经济、公众参与等缺乏有效的激励和调控，使这些林业发展主体的积极性始终难以得到充分发挥，间接影响了森林生态效益、社会效益的发挥和林业持续快速发展。在市场经济不断确立和市场观念逐渐渗透到社会各个角落的今天，扩大市场机制的使用范围，利用市场机制的来调节行为主体的活动已经成为一种主流的管理手段。减少行政计划，充分发挥市场机制作用，吸引社会参与北京林业是北京林业管理部门面临的重要课题。

北京林业的发展在发挥政府作用的前提下，有必要充分发挥市场机制的作用。扩大市场机制作用，促进市场机制和政府作用的结合，既有利于节省公共资源使用，同时也有利

于促进保障机制的稳定性和持久性。例如，对于景观资源的开发利用，可以在政府政策引导扶持下，在相关地方生物、生态保护条例固化的基础上，由政府制定规划，具体商业主体承担开发。从林业区域的角度来考虑，可以根据林业发展区域性质来考虑政府作用和市场机制的结合，建立不同区域下不同的保障机制。对于山区林业发展应建立政府作用和市场利益驱动相结合的保障体系；对于城市社区林业的发展应以社区为中心，保障机制主要是社区管理，推动和实施公益林和绿地领养制度；对于兼有商业性质的林业区应建立政府指导下以市场机制调节为主的保障体系；对于重点公益林业区的林业发展应该主要通过政府投入机制为保障，保证森林资源的恢复和增长，同时也可以进行适当的资源开发利用。

从资金方面，由于北京林业的发展坚持生态优先的原则，因此，政府的资金投入是必不可少的，但是政府的参与程度和资金投入数量往往却取决于政府的阶段性目标和资金实力，随着政府工作重点的转移可能会导致林业发展的不稳定，而且单纯依靠政府的力量也不可能解决北京林业发展的所有问题。因此，有必要通过各种税收优惠、造林补助等方式等各种措施吸引社会力量投入林业。

实施森林资产化管理，把林业生态资源纳入市场化运作，促进社会参与和生态文明的进步。

三、满足林业生态用地，提供基础保障

在"生态优先"发展理念指引下，要保障北京生态建设和发展，土地是首先要解决的关键问题之一。作为首都，在土地资源的规划和政策上，应本着科学发展观，实事求是的精神，倾斜政策，优先保障。

（一）北京林业用地资源紧张

根据 2002 年北京土地利用现状调查，全市土地总面积为 1641054.88 公顷，其中耕地占 19.36%，园地占 7.02%，林地占 41.06%，牧草地占 0.13%，居民点及工矿用地占 15.12%，交通用地占 0.51%，水域占 4.79%，未利用地占 12.02%。根据分析，从净化大气污染需求、防治土壤污染、水污染防治、城市"热岛效应"等因素分析和计算，北京市域林木和森林覆盖率要从 2010 年的 53% 和 37%，提高到 2020 年的 55% 和 40%，才能基本满足北京城市发展的需求，若仅从森林对净化大气污染的需求看，目前北京所需的阔叶林和针叶林覆盖率为 71.77%。但由于北京经济的快速发展，城市化进程加速，流动人口急剧增加，各行业对土地的需求较为迫切，造成人地矛盾问题突出。因此，林业生态用地的非常紧张，在一定程度上成为制约林业缓解生态环境问题的关键因素。

（二）林业用地亟需优先保障

生态环境状况是国际一流大都市的重要品牌。国际一流大都市形象不仅是面积、人口、经济及其他社会指标的综合，同时，适宜居住环境是都市形象的重要依据。北京作为我国的首都，其生态环境的改善具有重要的意义，它关系着北京居民的舒适和健康，同时也是国际形象的窗口，国内其他城市生态建设的榜样。

生态需求已成为北京居民的第一需求。全面建设小康社会，实现生产发展、生活富裕、生态良好的文明发展道路的宏伟目标，呼唤着林业必须有一个大发展，呼唤着林业承担生态建设的重任。首都北京作为政治文化的中心，其生态环境质量备受关注。

林业生态用地具有优先保障权。《关于加快北京市林业发展的决定》中明确指出"生态优先"的发展理念，在落实到具体林业生态工程的建设时，其用地也应体现优先满足权。众所周知，生态环境与农业生产相比较，粮食等生活物资具有可搬运性，而生态环境只能依赖自身的建设来"自给自足"，从北京具体情况看，北京粮食生产不可能满足自身的需求，但可通过周边地区及至全国的供应得以满足。另外，北京水资源极度紧缺，单位面积粮食生产消耗大量的水资源，而单位面积森林对水分的消耗远低于粮食的生产。进一步从农业用地与林业用地、其他基础设施建筑用地的比较看，林业用地与农业用地具有可逆性，可把林业用地看作农业用地的储备地，而基础设施建筑用地要恢复成农业用地，较为困难，可逆性差。最后，从北京农业用地的现实看，不具灌溉条件的耕地有75333.33公顷，粮食产量低，若用作发展林木，无论从生态效益、经济效益都比种粮食好，因此，作为首都，在土地资源的规划和政策上，应本着科学发展观，实事求是的精神，倾斜政策，优先保障。

（三）强化林业用地保障政策法规

林业用地的保障需要从两方面进行解决，一方面保护好现有的林地，另一方面，更为重要的是要进一步深化土地使用制度的改革管理，强化政策法规。

（1）深化土地使用制度改革，制定林业用地保障政策。土地使用制度的改革，是整个国民经济发展和经济体制改革的重要内容之一，同时要认识到全国区域发展的不平衡性，突出重点，分区制定政策。针对北京而言，要充分认识到国际化一流大都市对生态环境建设要求的重要性，必须把林业土地改革放在重要的位置，从全局的角度出发，针对北京生态环境现状，把环境建设摆放到重要位置，制定北京林地保障办法，优先保障林业用地。

（2）加强林业用地的保护，健全管理责任制。近几年来，北京市各级政府认真贯彻党中央、国务院一系列改善生态环境、发展林业、保护森林的方针政策，尤其是1998年的《国务院关于保护森林资源制止毁林开垦和乱占林地的通知》，2002年的《中国可持续发展林业战略》和2003年《中共中央 国务院关于加快林业发展的决定》等文件的精神，加速推进林业生态体系建设，全市林地流失的势头得到较有效的遏制，林地总量稳步增长。但是，在林地保护工作中还存在一些值得注意的问题，如部分地方对林地保护缺少有力的监管措施，对滥占乱用林地的违法行为打击不力，对征占用林地的审核把关不严，恢复森林植被的措施落实不到位。

为合法有序地加强林地资源的保护、利用和管理，促进生态建设和经济社会可持续发展，建立基本林业用地保护办法，为林业用地的保护提供切实可行的政策支持。要求地方各级政府把林地放在重要的位置，强化土地行政执法，高度重视林地保护工作，遵循与土地总体规划、水土保持规划相协调的原则，编制林地利用和保护规划，对林业用地进行分类管理，认真划分出基本林业用地、缓冲林业用地、一般林业用地。同时，强化政策保障，一方面扩大宣传，人人参与林地保护，另一方面，把保护林地作为保护和发展森林资源任期目标责任制的重要内容，纳入地方各级领导干部政绩考核，严明奖惩，责任到人，做到切实加大林地保护管理力度。

四、创新资金投入机制，实现持续发展

（一）完善落实生态效益补偿制度

对发挥生态防护效益的公益林，由于严格限制对其经济开发利用或只允许严格控制下的弱度利用，造林成本不能得到补偿，难以从投资、经营该类森林资源中获取利润。因此，要建立有效的、合理的森林生态效益补偿机制，不能因生态建设和环境保护而给地区经济发展和群众生活造成不利影响。北京市森林生态效益补偿制度已经制定并逐步实施，但补偿方式、途径和管理需要在实践中逐步完善。

首先，补偿标准确定要科学化。对生态公益林进行补偿的目的是为了避免森林经营者或所有者因生态公益林建设需要而不能经营利用原有的森林资源而所带来的损失给予经济上的弥补，使之消除破坏森林资源的经济动力，达到保护森林资源和环境的目的。因此，从理论上讲，要确保森林经营者或所有者不因生态公益林建设而降低其当期和未来可预期的经济收入。关于补多少的问题，目前的补偿思路是按照机会成本补偿，通过全面调查，获取北京市郊区林农对森林的经济依赖程度，即按现行经营利用方式，林农每年从森林经营中所获得的经济效益，或生态公益林建设的投入成本作为生态公益林补偿的最低标准。并根据筹资能力大小，按照分步实施，重点突出的原则，先划定少数具有重要生态意义的区域进行严格管理，并给予较高标准的补偿（其补偿标准应大于或等于按现行经营利用方式，林农每年从森林经营中所获得的经济效益），以期起到示范作用。从中长期来看，应通过采用市场替代、意愿调查和能值分析方法，获得森林生态效益价值大小的数据，并在考虑社会对某一森林生态功能利用率的基础上进行修正，以此作为森林生态效益补偿的标准。在现阶段，各级政府（主要是指中央政府）应该是森林生态效益补偿资金的提供者，即生态效益的主要购买者。我国的森林生态效益补偿标准（5元/亩）过于单一化，没有充分考虑不同地区的差异。作为北京市来说，可以根据北京市的实际情况，引入竞争机制，根据各区县的社会、经济和环境条件确定补偿标准，使补偿标准尽可能地接近于进行生态保护所支付的机会成本。

其次，补偿途径要多元化。森林生态效益具有外部性、复合性和交叉性等特点，其具体的表现形式具有多样性，森林生态效益的受益主体和受益方式也具有多样性。因此，森林生态效益的补偿途径也应相应的多元化。通过国家森林生态效益补偿基金补偿，只是森林生态效益补偿的一种途径之一。在当前国家财政相对紧张的情况下，完全依靠国家财政补偿难以达到理想的补偿效果，应积极拓展其他有效的补偿途径。目前中国森林生态效益补偿资金的来源主要是中央预算内拨款，北京市应该充分利用多年的造林成果，探索多元化的资金筹措渠道，如建立林权证交易市场、征收生态税和公共捐款等。美国、巴西和哥斯

达黎加是三个成功地实施了生态效益补偿政策的国家。经验表明，政府虽然是生态效益的主要购买者，但竞争机制依然可以在生态效益补偿政策的实施过程中发挥重要的作用，北京市政府可以利用经济激励手段和市场手段来促进生态效益的提高。在实施森林生态效益补偿政策时应引入市场机制，开展一些利用市场手段提高生态效益的试点工作。

最后，补偿基金管理应法律化。虽然，《森林法》修正案中明确规定："国家设立森林生态效益补偿基金……森林生态效益补偿基金必须专款专用，不得挪作他用。"但从目前各地所实行的森林生态效益补偿制度来看，都是以《办法》或《条例》的形式来实施的，对于在森林生态效益补偿基金筹集、使用管理过程中出现的违法行为，缺乏明确具体处罚规定和应有的威慑力。因此，我们认为国家应尽快以法律的形式对森林生态效益补偿基金的筹集、使用和管理加以规范，从法律上保证森林生态效益补偿制度的顺利实施，促进我国生态环境建设的发展。在国家法律没有出台之前，北京市应发挥首都的龙头作用，积极制订北京市关于森林生态效益补偿制度的地方性法规，在法规的高度上保证森林生态效益补偿基金的专款专用。

（二）先行一步，征收森林生态税

由于外部性导致企业的微观资源配置不符合全社会的宏观配置要求，解决外部性的方法就要着眼于弥合企业的个别成本、个别收益与社会成本和社会收益之间的差额，使企业能在合理的价格机制下进行生产决策。税收补贴制度的设计思路是，政府向产生外部不经济和无偿享用外部经济的企业征税，税额相当于其个别成本与社会成本的差额。政府向产生外部经济及遭受外部不经济的企业实行补贴，其补贴额相当于它们的个别收益与社会收益的差额。

森林生态税具有征收的强制性、规范性、效率性、可监督性等优点，当然，与任何事物一样森林生态税也有其自身的局限。税属于法律的范畴，其立项必须经过我国的最高权力机关——全国人民代表大会的严格审批，其立项程序规范而严谨，同时要协调方方面面的利益。其次，税率的确定要建立在森林生态效益的技术标准上，而我国目前类似 ISO 的森林生态质量的技术标准体系尚未形成。另外，税款通常由国家统一支配，一般不采取专款专用的原则，但也不排斥将森林生态税确立为具有相当部分专款专用税种的可能性。总体而言，完善意义上的森林生态税制是需要在较长时间内确立的。北京市作为首都，其各方面的建设理应走在全国的前列，将森林生态税纳入北京市税收体制，为北京市的森林生态建设提供良好的资金保障。

关于森林生态税的纳税人方面，从理论上讲，为了保护森林生态环境，抑制或减少对森林生态系统的破坏，森林生态税就必须把所有享受森林生态效益的单位和个人，以及对森林生态环境造成破坏的单位和个人作为纳税人。但实践中，纳税人的选择必须充分考虑其他重要的因素，如税款是否便于征收、合理负担原则、征管费用最少原则等。首先，森林生态环境受益者应是纳税人，水电、水利部门，用水单位和个人，旅游部门，凡开采、加工、消费生物化石能源的单位和个人，引起碳气体排放的单位和个人都应缴纳森林生态税。其次，森林生态资源消耗者也应是纳税人。凡从事林产品采伐、买卖、加工的单位和个人以及占用、征用、荒弃林业用地的单位和个人均应视为森林生态税的纳税人。

关于森林生态税的征收管理和使用，我们认为在北京市森林生态税应该作为地方税种，由北京市税务部门征收管理，所得收入，属专项基金，纳入同级财政预算管理，由县以上财政部门将分成部分定期转拨各级金库。森林生态税所得收入应实行专款专用，大部分应返还给提供森林生态效益的生产经营单位，主要用于森林培育、管护和林政管理开支、野生动物保护开支等。剩余部分，可参照育林基金的分配办法，实行由省级林业主管部门统一核算，分级使用和管理的体制。

（三）尝试发行绿色彩票

彩票事业是发展社会公益事业的"彩色"银行，彩票事业具有寓资于乐，聚财有道，取之于民，用之于民，取之不尽，用之不竭的优势。需要资金资助的公益事业，特别是需要长期大量资金支持的关系全社会生产、生活环境的绿色森林，运用发行彩票筹集资金是完全必要的，并且可行的。生态建设不能完全依靠国家投资，要积极发动全社会的力量，彩票的发行具有巨大的社会效应，彩票本身的偶然获利性将驱使人们主动地去购买。北京市可以试点运行发行绿色彩票。绿色彩票可以按照体彩和福彩的发行惯例，所筹的资金，除上交国家税收和以资金形式返还消费者及部分成本外，其余的全部用于国土绿化、建设生态工程，专款专用；同时，审计、财税、林业、监察等部门要依法监督检查，保证用好所筹集的资金。鉴于森林生长周期长，且经济效益回报率低的实际情况，应鼓励买彩票中大奖、特奖者，本着自愿互利原则，拿出大部分奖金以独资或股份制形式投资生态工程建设，所创经济效益按股份分成。需注意的是，绿色彩票在发行之前就要吸取福彩、体彩的经验教训，在如何发行、资金分配比例、资金管理、资金用途等提出一系列计划，走上健康发展的道路。

总之，林业的投入要形成多渠道，多层次，多形式的综合投入体系。在加大政府投资的基础上，努力争取外资，鼓励多投资主体进入林业行业，倡导林业企业上市融资，征收生态税，发行绿色彩票，多渠道地吸引资金，全社会共同参与，增加林业资金。

五、整合各保障因素，提高保障体系的整体功能

系统论中著名的木桶效应告诉我们：如果把系统比喻成一个用一块块长短不一宽窄不同的木板箍起来的木桶，则每一块板代表了一个子系统。北京林业发展保障体系同样是一个大的系统，它由人力资源、资金投入、政策、科技、组织、宣传教育等多个子系统所组成。每一个子系统的运行状况，直接决定了大系统的运行效率和结果。因此，要充分重视各子系统的协调与配合。

（一）避免出现木桶短板效应和疏板效应

木桶原理认为，木桶的装水水平只能达到最短的那块板所确定的水平。这告诉我们系统论的一个道理：子系统薄弱，将会影响和制约着总系统的水平的发挥。北京林业发展保障体系中尽管各种保障因素的重要程度不同，但每一部分都是林业发展保障体系中一个不可缺失的组成部分，一旦某部分缺失或保障水平不高必将影响到整个保障体系的效果。在保

障体系的运行过程中，需要落实好每一层面的每一项保障措施。有人认为在北京林业发展中，国际合作保障并不重要，不太重视与其他国家和地区以及国际组织的合作。其实，通过国际合作，可以充分利用国内外两个市场、两种资源，弥补资金投入不足的问题，同时，通过引进国外的资源、良种、技术和管理经验，可以极大地增强北京林业发展的保障水平，提升北京林业的国际化水平。

在不断增强和提升每一层次保障因素水平的同时，还应注意各保障层次以及各层次保障因素之间的协调和配合，使各个保障因素之间形成合力，而不至于相互干扰和抵触。这也就是降低木桶原理中的疏板效应。因为在尽管木桶中各块板的水平都达到了最优，但板块之间有缝隙，木桶的水平也不能升高。也就是，如果各个子系统的配合不好，也影响着总系统的水平。因此，在北京林业发展保障体系的设计和运行过程中，既要注意提升各个保障层次和各个方面的保障能力，同样，也要使各个保障层和保障因子之间充分耦合，使之统一和协调。

（二）强化木桶宽板，提升保障水平

在一个木桶中，不仅各个木板长短不一，而且各个木板的宽度也不尽相同。较宽的木板将在木桶中起着重要的作用，一旦这些木板缺失或高度不够必将大大降低木桶盛水的效果。因此，对于这些木板一定给予足够的重视。在北京林业发展的保障体系中，尽管每一保障因子不可缺失，但所起的保障作用确实存在差异。我们认为，在整个保障体系中，人是根本，资金投入是基础，科技是动力，制度是保证。这些保障因子应是整个保障系统中较宽的木板。人的素质高低和积极性发挥的好坏，影响到物质条件的使用，影响到科技、政策、资金、宣传等保障因素的效果的发挥；而资金投入是北京林业发展的基础，特别是面临奥运会的召开以及北京首都和国际大都市的形象和地位，决定了北京林业的发展需要大量的资金投入来保障。"巧妇难为无米之炊"，没有合理的资金投入保障，人们利益的引导、政策的落实、科技的提升、宣传教育的推动等将会成为空中楼阁。同样科技是北京林业发展的推动力，只有高科技的运用，才会有北京林业的高速发展。而制度是其他保障因素充分发挥作用的保证。按照制度经济学的观点："人不过是一条拴绳子的狗。"绳子的长度决定了人获得资源的数量，而制度就是那条"拴狗的绳子"。同样，人力资源的发挥、科技作用的大小、资金使用效率的高低等这些保障北京林业发展的因素是在制度框架下进行的，其中，政策适应性、法律法规的完善和科学性、体制的顺畅以及管理制度的合理性等其为其他保障因子提供了运作平台，影响其他保障因子的运行效果，从而影响北京林业的发展。人、资金、科技、制度在北京林业发展的保障体系中相对与其他保障因素而言更为重要，必须做好这些方面的工作。特别是在保障资源有限的情况下，更应该重视这些方面的保障。

参考文献
REFERENCE

1. 胡锦涛.坚定不移沿着中国特色社会主义道路前进 为全面建成小康社会而奋斗——在中国共产党第十八次全国代表大会上的报告.北京：人民出版社，2012.

2. 白登忠，邓西平，黄明丽.水分在植物体内的传输与调控.西北植物学报.2003，23（9）：1637~1643.

3. 包永平，周宇.立体方形整地造林效果研究.防护林科技，2004（5）.

4. 鲍甫成，王正.杨木和杉木木材表面性质的研究.林业科学，2004，40（1）.

5. 北京林业志编委会.北京林业志.北京：中国林业出版社，1993.

6. 北京市规划委员会国土环保处.北京国土资源.北京：北京科学技术出版社，1988.

7. 北京市科学技术协会.首都圈自然灾害与减灾对策.北京：气象出版社，1992.

8. 北京市农业资源与区划图集编辑组.北京市农业资源与区划图集.北京：测绘出版社，1988.

9. 北京市水利局.北京水旱灾害.北京：中国水利电力出版社，1999.

10. 北京统计年鉴.北京：中国统计出版社，2003.

11. 蔡春菊，彭镇华，王成.城市森林价值与效益的研究.世界林业研究，2004，17（3）：17~20.

12. 蔡强国，王贵平.黄土高原小流域侵蚀产沙过程与模拟.北京：北京科学出版社，1999.

13. 蔡为茂，许国强.福建省永安林业（集团）股份有限公司飞速发展的经验与建议［J］林业经济，2000，（1）：72~76.

14. 蔡玉梅，萧林，苏东袭.北京市城乡交错带土地利用调控对策.资源开发与市场，2004，20（3）：208~210.

15. 陈根长.关于林业政策调整和机制转轨问题.林业经济，2000，（1）.

16. 陈俊愉.面临挑战和机遇的中国花卉业.中国工程科学，2002，（10）：17~25.

17. 陈美高.建设城市林业生态初探.林业经济问题，1994，（1）：58~60.

18. 陈兴鹏.河西走廊绿洲生态经济系统良性循环的水资源问题.中国沙漠，2000，20（1）：90~94.

19. 陈义华.数学模型.重庆：重庆大学出版社，1995.

20. 陈紫兰.城市园林的困境与出路——兼论上海的城市园林.中国园林，1999，15（3）：37~39.

21. 陈自新，苏雪痕，刘少宗，等.北京城市园林绿化生态效益的研究.中国园林，1998，14（1）：57~60.

22. 成都科技大学.工程水文及水利计算.北京：水利出版社，1981.

23. 丛日春，李吉跃.试论城市林业在我国城市发展中的地位.北京林业大学学报，1997，19（2）：1~10.

24. 戴天兴.城市环境生态学.北京：中国建材工业出版社，2002.

25. 邓红兵.流域生态学——新学科、新思想、新途径.应用生态学报,1998,9（4）：443~449.

26. 董智勇.中国森林史资料汇编.长春：吉林新闻出版社,1993.

27. 董智勇.中国生态林业理论与实践.北京：科学技术出版社,1994.

28. 段淑怀,周玉喜.利用3S技术进行北京市土壤侵蚀调查.北京水利,2000,（3）：15~16.

29. 樊自立.干旱区水资源开发及合理利用的几个问题.干旱区研究,2000,（3）：6~11.

30. 范月娇,江晓波.空间信息技术支持下的三峡库区土地利用时空变化分析.资源科学,2002,24（5）：75~80.

31. 范志平,余新晓.水源保护林定向恢复与经营模式.土壤侵蚀与水土保持学报.1999,6（5）：113~119.

32. 范志平,曾德慧,沈慧,杜晓军.水源保护林永续经营模式.辽宁林业科技.1999,5：6~9.

33. 方精云,刘国华,徐高龄.中国陆地生态系统的碳库.见：王庚臣等主编.温室气体浓度和排放监测及相关过程.北京：中国环境科学出版社,1996.

34. 冯尚友.水资源持续利用与管理导论.北京：科学出版社,2000.

35. 高宝.建立我国森林资源管理网络化信息系统的架构设计.林业调查规划,2002,12,27（4）：25~29.

36. 高发全译.美国城市林业未来的研究方向和重点.世界林业动态,2003,（21）,4.

37. 高健,王成,吴泽民.城市不同土地类型小气候状况及对人体舒适度的影响.中国城市林业,2004,2（2）：41~48.

38. 高俊平,姜伟贤.中国花卉科技二十年.北京：科学出版社,2000.

39. 高俊平,姜伟贤.中国花卉科技进展（1998-2001）.北京：中国农业出版社,2001.

40. 高峻等.上海城市绿化景观格局的分析研究.中国园林,2000,（1）：53~56.

41. 高兆蔚.林业生态环境建设成效评价指标体系的研究.华东森林经理,2003,17（1）：24~28.

42. 耿继光,邹运鼎,毕守东.地理统计学表达的麦二叉蚜及蚜茧蜂空间格局特征.应用生态学报,2002,13（10）：1307~1310.

43. 国家林业局.2004中国林业发展报告.北京：中国林业出版社,2004.

44. 国家林业局.2005中国森林资源报告.北京：中国林业出版社,2005.

45. 国家林业局.林业经济统计资料汇编.北京：中国林业出版社,2003.

46. 国家林业局.中国林业统计年鉴.北京：中国林业出版社,2004.

47. 韩翠萍,张占宏.浅乌兰察布盟后山地区喷播造林技术.内蒙古林业科技,2002.

48. 贺庆棠.中国森林气象学.北京：中国林业出版社,2001.

49. 侯元兆.国外林业行政机构现状及演变趋势.世界林业研究,1998,1：1~6.

50. 胡鞍钢.中国大传略.杭州：浙江人民出版社,2003.

51. 胡大源.处在经济发展与环境改善之间的政府政策选择.国际经济评论,1998（3~4）.

52. 胡丽萍.城市森林与城市绿化可持续发展.现代城市研究,2002,2：14~16.

53. 胡林,郑大玮,李敏.草坪在21世纪首都绿化中的作用和地位.见：21世纪的首都绿化.北京：中国林业出版社,1999.

54. 黄鹤羽.资源效用型林业研究.北京：中国林业出版社,1994.

55. 黄厚福,方俊,刘万金.河滩造林栽培技术研究.四川林业科技,1994,15（2）：57~60.

56. 黄庆丰.对发展我国城市林业的几点思考.林业资源管理,1998,（3）：47~49.

57. 黄闯泉,戴均华,刘源望.21世纪林业高新技术产业化发展展望.科技进步与对策,2002,（4）：53~54.

58. 霍亚贞 . 北京自然地理 . 北京：北京师范学院出版社，1989.

59. 加入 WTO 后中国花卉产业形式与发展战略研讨会组委会 . 中国花卉（Ⅱ）. 昆明：云南美术出版社，2002.

60. 贾宝全 . 干旱区生态用水的概念和分类——以新疆为例 . 干旱区地理，1998，21（2）：8~12.

61. 贾宝全 . 新骊生态用水量的初步估计 . 生态学报，2000，29（2）：243~250.

62. 江泽慧 . 加快城市森林建设，走生态化城市发展道路 . 中国城市林业，2003，1（1）：1~8.

63. 江泽慧 . 在全国林业教育培训工作会议上的讲话［J］. 林业情况通报，2001，（17）：3~5.

64. 江泽慧 . 在中国花卉协会成立二十周年纪念大会上的讲话 . 中国花卉园艺，2005，（5）：13~16.

65. 江泽慧等 . 中国现代林业 . 北京：中国林业出版社，1999.

66. 姜启源 . 数学模型 . 北京：高等教育出版社，1987.

67. 焦芳婵，毛雪，李润植 . 植物抗逆性的基因工程改良 . 世界农业，2001，5（总265）：38~39.

68. 鞠洪波 . 国家重大林业生态工程监测与评价技术研究 . 西北林学院学报，2003，18（1）：56~58.

69. 瞿伦强 . 论成都的环境用水和水生态蛛境建设 . 四川环境，1997，16（1）：51~55.

70. 兰支远 . 美国林业发展现状［J］. 世界林业，1996（4）.

71. 雷加富 . 全国森林培育实用技术指南 . 北京：中国环境科学出版社，2001.

72. 李宝银 . 福建省林业现代化评价指标体系的研究 . 福建林业科技，2004，31（增1）：45~49.

73. 李锋，王如松 .2003，城市绿地系统的生态服务功能评价、规划与预测研究——以扬州市为例 . 生态学报，23（9）：1929~1936.

74. 李军，邹志荣，程瑞锋 . 农业专家系统及其在园艺业中的研究与应用 . 陕西农业科学，2002（11）：22~25.

75. 李克让，王绍强，曹明奎 . 中国植被和土壤碳贮量 . 中国科学（D 辑），2003，33（1）：72~80.

76. 李立清，李燕凌 . 对我国林业资本市场的观察和思考 . 林业经济，2000，3：52~55.

77. 李丽娟 . 海滦河流域河流系统生态环境需水量计算 . 地理学报，2000.

78. 李令跃 . 试论水资源合理配置和承载能力与可持续发展之间的关系 . 水科学进展，2000，11（3）：307~313.

79. 李敏 . 现代城市绿地系统规划 . 北京：中国建筑工业出版社，2002.

80. 李敏 . 城市绿地系统与人居环境规划 . 北京：中国建筑工业出版社，1999.

81. 李永夫，罗安程 . 植物源农药的研究和应用进展 . 科技通报，2003，19（5）：434~438.

82. 李育才 . 面向 21 世纪的中国林业发展战略 . 北京：中国林业出版社，1996.

83. 梁秀珂 . 抗旱保水新材料 - 科瀚固体水 . 中国林业，2000，5：36.

84. 廖凤林 . 城市园林绿化中的花粉污染 . 城市环境与城市生态，1991，4（2）：21~25.

85. 林剑峰 . 试论林业可持续发展及其政策保障体系［J］. 北京林业大学学报，2001，（9）.

86. 刘昌明 . 土壤—作物—大气界面水分过程与节水调控 . 北京：科学出版社，1999.

87. 刘昌明 . 水量转换——试验与计算分析 . 北京：科学出版社，1988.

88. 刘昌明 . 中国 21 世纪水问题方略 . 北京：科学出版社，2001.

89. 刘奉觉 . 杨树水分生理研究 . 北京：北京农业大学出版社，1992.

90. 刘江 . 全国生态环境建设规划 . 北京：中华工商联合出版社，1999.

91. 刘菊荣，孙海义 . 论城市林业的发展趋势［J］. 林业科技，1997，（7）.

92. 刘君良，王玉秋 . 酚醛树脂处理杨木、杉木尺寸稳定性分析 . 木材工业，2004，（6）.

93. 刘立民，刘明 . 绿量——城市绿化评估的新概念 . 中国园林，2000，16（5）：32~34.

94. 刘仁义，刘南 . 基于 GIS 技术的水利防灾信息系统研究 . 自然灾害学报，2002，11（1）：62~67.

95. 刘仁义，刘南.基于互联网 GIS（WebGIS）的环境灾害信息系统研究.自然灾害学报，2002，11（2）：14~19.

96. 刘森茂.关于城市林业的几点认识.林业经济问题，1999，（5）：40~43.

97. 刘世荣，温光远.中国森林生态系统水文生态功能规律.北京：中国林业出版社，1996.

98. 刘文兆.小流域水分行为、生态效应及其优化调控研究方面的若干问题.地球科学进展，2000，15（5）：541~544.

99. 刘晓霞.关于石质山爆破造林技术的研究.牡丹江师范学院学报：自然科学版，2003（4）：59~60.

100. 刘肖骢.我国城市绿地系统的效益及期发展对策——以北京市为例.现代城市研究，2001，（6）：33~35.

101. 卢现祥.西方新制度经济学.北京：中国发展出版社，1996.

102. 吕妙儿.城市绿地监测遥感应用.中国园林.2000，（5）：41.

103. 罗小荷，陈义刚，吴自华.高新技术在林业中的应用展望.福建林业科技，2003，（1）：70~74.

104. 马雪华.在杉木林和马尾松林中雨水的养分淋溶作用.生态学报，1989，9（1）：15~20.

105. 马忠良.中国森林的变迁.北京：中国林业出版社，1996.

106. 梅方权.当代农业信息科学技术的发展与中国的对策.计算机与农业，2003（1）：4~7.

107. 穆兴民.论水土保持在解决中国水问题中的战略地位.水土保持通报，1999，19（3）：1~5.

108. 潘宏阳.我国森林病虫害预防工作存在的问题与对策.中国森林病虫，2002，（1）：42~47.

109. 彭晓春，李明光，陈新庚.生态城市的内涵.现代城市研究，2001，（6）：30~32.

110. 彭镇华，江泽慧.中国森林生态网络体系建设研究.应用生态学报，1999，10（1）：99~103.

111. 彭镇华，江泽慧.中国森林生态网络系统工程.应用生态学报，1999，（1）：6~10.

112. 彭镇华，江泽慧.开发巨大空间效益——再论中国森林生态网络系统工程.中国城市林业，2005，（1）：1~4.

113. 彭镇华，王成.俄罗斯、挪威、芬兰和瑞典的城市森林建设.中国花卉园艺，2002，9：26~28.

114. 彭镇华，王成.河流沿线土地利用对策的研究.应用生态学报，2002，（4）：6~8.

115. 彭镇华，王成.论城市森林的评价指标.中国城市林业，2003，1（3）：4~9.

116. 彭镇华，尤传楷.城市林业与合肥市城市经济林建设的探讨.国土绿化，1993，3：29~30.

117. 彭镇华.中国森林生态网络体系建设.北京：中国林业出版社，2002.

118. 彭镇华.上海现代城市森林发展研究.北京：中国林业出版社，2003.

119. 彭镇华.中国城市森林.北京：中国林业出版社，2003.

120. 彭镇华.上海现代城市森林发展.北京：中国林业出版社，2003.

121. 彭镇华.中国城市森林.北京：中国林业出版社，2003.

122. 彭镇华.中国森林生态网络体系建设.北京：中国林业出版社，2003.

123. 钱正英.中国可持续发展水资源战略研究综合报告及各专题报告.北京：中国水利电力出版社，2001.

124. 秦其明，曹五丰，陈杉.ArcView 地理信息系统实用教程［M］.北京：北京大学出版社，2001.

125. 曲耀光.黑河流域水资源承载力分析计算与对策.中国沙漠，2000.

126. 任致远.关于城市经营的几个观点.现代城市研究，2002，1：2~6.

127. 沈国舫.尊重自然规律，建设生态环境.中国水土保持科学，2003，1（1）：3~4.

128. 沈国舫.21 世纪——中国绿化的新纪元及首都绿化的新高地.见：绿化委员会办公室等编.21 世纪的首都绿化.北京：中国林业出版社，1999.

129. 沈国舫.生态环境建设与水资源保护利用.生态环境与保护，2001，（1）.

130. 沈国舫.森林培育学.北京：中国林业出版社，2001.

131. 沈国舫.中国林业如何走向21世纪.北京：中国林业出版社，1995.

132. 沈守云，李伟进，范亚民，等.南宁青秀山绿地绿量评价.中南林学院学报，2003，23（5）：88~91.

133. 沈文星.明确产权关系是深化林业经营管理体制改革的关键.林业资源管理.1999（1）.

134. 施昆山等.当代世界林业.北京：中国林业出版社，2001.

135. 石进朝.华北石质山区一种新的造林方法——爆破造林.绿化与生活，1998，（5）：10.

136. 史培军，宫鹏，李晓兵.土地利用/覆盖变化研究的方法与实践.北京：科技出版社，2000.

137. 宋新山.中西部地区可持续发展中的水资源环境问题.环境与开发，2000，15（2）：1~4.

138. 宋秀杰，郑希伟.北京市生态环境现状及生态保护发展战略探讨.环境保护，2001，3：30~32.

139. 宋永昌.城市森林研究中心的几个问题.中国城市林业，2004，2（1）：4~9.

140. 孙冰，廖绍波，杜惠生.中山市城市森林次生植被的群落学研究.中国城市林业，2004，2（3）：26~29.

141. 孙阁，张增.哲杉木植被小流域产流特征研究.北京林业大学学报，1989，11（2）：55~62.

142. 孙鹏森，马履一，王华田.北京市水源保护林体系的基本格局与发展思路.环境保护，2003，1：29~33.

143. 索鹏，赵贺冲，朱俊茹.盐碱地造林技术.河业林业，2002（2）：18~18.

144. 汤才，黄德超.基于GIS的湿地松粉蚧预测预报信息系统的研究.生态学报，2000，20（增刊）：122~125.

145. 陶希东.西部干旱区水资源利用与生态环境重建研究.干旱区资源与环境，2001，15（1）：18~22.

146. 汪静萍，潘理中.水科学研究进展.水科学进展，1999，10（1）：95~99.

147. 王斌瑞等.黄土高原径流林业.北京：中国林业出版社，1996.

148. 王成，蔡春菊，陶康华.城市森林的概念、范围及其研究.世界林业研究，2004，17（2）：23~27.

149. 王成，贾宝全，彭镇华.赤峰市林业建设的实践及相关问题探讨.干旱区资源与环境，2004，18（2）：96~101.

150. 王成，彭镇华，陶康华.中国城市森林的特点及发展思考.生态学杂志，2004，23（3）：88~92.

151. 王成，彭镇华.关于城镇绿地增加生物多样性的思考.城市发展研究，2004，3：32~36.

152. 王成.澳大利亚城市森林建设考察记.中国城市林业，2003，1（2）：62~65.

153. 王成.近自然的设计和管护——建设高效和谐的城市森林.中国城市林业，2003，1（1）：44~47.

154. 王劲峰，柏延臣，朱彩英.地理信息系统空间分析能力探讨.中国图象图形学报，2001，6（9）：849~853.

155. 王礼先.植被生态建设与生态用水——以西北地区为例.水土保持研究，2000，7（3）：5~7.

156. 王礼先.北京山区荒溪分类与危险区制图.山地研究，1996，13（4）：34~39.

157. 王磐岩.风景园林科技"十五"计划及2015年发展规划.中国园林，2000，（2）：39~30.

158. 王淑芬，陈亮，张真.马尾松毛虫防治决策专家系统.林业科学，1992，28（1）：31~38.

159. 王思远，张增祥，周全斌等.遥感与GIS支持下的中国森林植被动态变化分析.资源科学，2002，24（5）：64~69.

160. 王松霈.走向21世纪的生态经济管理.北京：中国环境科学出版社，1997.

161. 王维家，董小梅.论我国林地保护制度.林业资源管理，2003，（4）：8~10.

162. 王伟，洪安东．基于ArcGIS的黄山市森林防火指挥地理信息系统．第六届ArcGIS暨ERDAS中国用户大会论文集，2004.

163. 王小青，郭莉．竹木复合强化单板层积材制备工艺的研究．木材工业，2005.

164. 王晓燕，王晓峰，汪清平，等．北京密云水库小流域非点源污染负荷估算．地理科学，2004，24（2）：227~231.

165. 王雁，吴丹．荷兰观赏植物生产环保项目．世界林业研究，2005，18（2）：73~77.

166. 王雁，彭镇华，王成．21世纪国内外城市林业发展趋势．林业科学研究，2003，16（6）：748~753.

167. 王正军，张爱兵，程家安．基于GIS的种群动态的时空分析与模拟研究的方法进展．生态学报，2002，22（1）：104~110.

168. 王志宝．森林与环境——中国高级专家研讨会文集．北京：中国林业出版社，1993.

169. 邬伦，刘瑜，张晶，等．地理信息系统——原理、方法和应用［M］．北京：科学出版社，2002，294~296.

170. 吴泽民，黄成林，白林波，等．合肥城市森林结构分析研究．林业科学，2002，38（4）：7~13.

171. 武红敢，陈政英．基于"3S"和网络技术的森林病虫害监测与管理系统［J］．世界林业研究，2004，17（4）：32~36.

172. 武强．论水文生态学主要问题及研究方法．水文地质工程地质，2001，（2）：69~72.

173. 肖洪浪．中国水情．北京：开明出版社，2000.

174. 肖化顺．森林资源监测中林业3S技术的应用现状与展望［J］．林业资源管理，2004（2）：53~58.

175. 谢金生，徐秋生，曹建华．区域可持续林业评价指标体系及评价标准的研究．江西农业大学学报，1999，21（3）：443~446.

176. 谢左章，刘燕堂，粟娟．"林带＋林区＋园林"——广州城市森林的总体布局与构建．中国城市林业，2004，2（3）：12~16.

177. 徐波，郭竹梅，钟继涛．北京城市环境建设的新课题-北京市绿化隔离地区绿地总体规划研究．中国园林，2001，4：67~69.

178. 许文兴，陈建明，陈金明．林业企业技术创新的客观性分析［J］．林业经济问题2000，20（4）：210~213.

179. 阎水玉，王祥荣．城市河流在城市生态建设中的意义和应用方法．城市环境与城市生态，1999，12（6）：36~38.

180. 颜昌远．水惠京华——北京水利五十年．北京：中国水利电力出版社，1999.

181. 扬州水利学校．水文水利计算．北京：水利水电出版社，1979.

182. 杨存建，陈德清，魏一鸣．遥感和GIS在森林病虫害监测管理中的应用模式．灾害学，1999，14（1）：6~10.

183. 杨光．试论植被恢复生态学的理论基础及其在黄土高原植被重建中的指导作用．水土保持研究，2001，（2）：133~135.

184. 杨振锋，丛佩华，马智勇．无公害果品生产的具体要求与关键技术．北方园艺，2004，（1）：30~31.

185. 叶克林，王金林．人工林杨树木材的加工利用．木材工业，2003，17（1）.

186. 义鸣放．世界花卉产业现状及反展趋势．世界林业研究，1997，10（5）：41~48.

187. 于志民，王礼先．水源涵养林效益研究．北京：中国林业出版社，1999.

188. 余小萱．可持续发展与城市绿化．见：21世纪的首都绿化．北京：中国林业出版社，1999.

189. 余新晓．张志强，陈丽华，等．森林生态水文．北京：中国林业出版社，2004.

190. 郁梦德.空气污染与植物叶片中污染物含量的关系.北京:中国环境科学,1981.

191. 张承中.环境管理的原理和方法.北京:中国环境科学出版社,2001.

192. 张国盛.干旱、半干旱地区乔灌木树种耐旱性及林地水分动态研究进展.中国沙漠,2000,20(4):363~368.

193. 张建锋,宋玉民.盐碱地改良利用与造林技术.东北林业大学学报,2002,30(6):124~129.

194. 张建锋,房义福,宋玉民.GIS在森林景观监测方面的应用.浙江林业科技,2000,20(6):50~52.

195. 张建国.现代林业论.北京:中国林业出版社,1996.

196. 张健,宫渊波,陈林武,等.最佳防护效益森林覆盖率定量探讨.林业科学,1996,32(4):317~324.

197. 张启翔.中国观赏园艺研究进展.北京:中国林业出版社,2004.

198. 张寿全.21世纪首都水问题的对策与建议.科技月报,2000,(9):37~40.

199. 张小罗,周训芳.森林生态效益补偿机制与公民环境权保护[J].林业经济问题,2003,(10).

200. 赵晓英,孙成权.恢复生态学及其发展.地球科学进展,1998,13(5):474~480.

201. 中国城市森林论坛组委会.中国城市森林正在崛起——兼论城市森林建设的理论和实践.中国城市林业,2005,3(1):8~13.

202. 中国工程院"21世纪中国可持续发展水资源战略研究"项目组.中国可持续发展水资源战略研究综合报告.中国工程科学,2000,2(8):1~17.

203. 中国可持续发展林业战略研究项目组.中国可持续发展林业战略研究·战略卷.北京:中国林业出版社,2003.

204. 中国可持续发展林业战略研究项目组.中国可持续发展林业战略研究.北京:中国林业出版社,2002.

205. 中国可持续发展林业战略研究项目组.中国可持续发展林业战略研究森林问题卷.北京:中国林业出版社,2003.

206. 中国可持续发展林业战略研究项目组.中国可持续发展林业战略研究总论.北京:中国林业出版社,2002.

207. 中国气象局.中国21世纪议程——中国21世纪人口、环境与发展白皮书.北京:中国环境科学出版社,1994.

208. 周冰冰.北京市森林资源价值.北京:中国林业出版社,2000.

209. 周光益.尖峰岭热带山地雨林天然更新林产流特征研究.林业科学研究,1993,6(1)70~75.

210. 周生贤.中国林业的历史性转变.北京:中国林业出版社,2002.

211. 朱芳,董雁云.阴山北麓风蚀沙化区喷播造林技术中间试验.内蒙古林业科技,2001(2):6~8.

212. 祝宁,王成,等.哈尔滨市瞬时热力场空间格局分析.应用生态学报,2003,14(11):1955~1958.

213. 邹望坤.论南方林业大省中的林业产业体系建设[J].林业工作研究,2000,(9):47~51.

214. Bosch J M, Hewlett J D.A review of catchment experiments to determine the effect of vegetation change on water yield and evapotranspiration. Journal of Hydrology, 1982, 55: 3~22.

215. Forman R T T, eds. Land Mosaics——The ecology of landscape and regions, Cambridge University Press. New York, USA, 1995.

216. Gobster P H. Urban Savanna: reuniting ecological preference and function. Reastoration and Management Notes, 1994, 12(1): 64~71.

217. Gorden A Bradley. Urban Forestry Landscapes. University of Washington Press. Seattle and London,

1995.

218. Grey G W, Deneke F J. Urban forestry. New York: John Wiley & Sons, Inc. 1978.

219. John Wiley and Sons, etc. Urban Soil in Landscape Design. Inc. New York, 1997.

220. Liu Junliang. Surface Hardening and Evaluation on the Plantation Softwood. 22nd session international poplar commission. November, 2004.

221. R W Miller. Urban foretry: planning and managing urban greenspaces. New Jersey: Prentice-Hall, Inc, 1997.

222. Schabel H G. Urban forest in Germany. Journal of Arboriculture, 1980, 6 (11): 281~286.

223. William M C. Remote sensing in forest health protection [M]. USA, 2001.

附 录
APPENDIX

附件 1

在《北京林业发展战略研究与规划》项目评审会上的讲话

中国林业科学研究院首席科学家、中国林学会理事长　江泽慧

尊敬的牛有成副市长，各位院士、专家，同志们：

由北京市人民政府和中国林业科学研究院共同组织开展的《北京林业发展战略研究与规划》项目，在北京市人民政府的高度重视下，项目组专家经过二年时间的辛勤工作，共同努力，项目研究已取得重要进展。这一项目既是新时期北京市林业发展、绿色奥运、生态城市建设的重要选题，同时也是我国现代林业尤其是城市林业研究的重要内容。今天，很高兴邀请到各位院士专家和主管部门领导参加项目成果审定会，听取各位专家和领导的宝贵意见。

近年来，北京市经济社会发展很快，城市化水平不断提高，以森林植被为主体的生态环境建设已成为人们普遍关注的问题，特别是北京市委、市政府明确提出了实现"新北京、新奥运"和率先基本实现现代化战略目标，对新时期全市林业建设提出了更高的要求。

2004 年 2 月 12 日，在首都绿化委员会第 23 次全体会议上，王岐山市长强调指出，绿化造林工作作为实现首都经济社会全面、协调、可持续发展的重大举措，关乎北京工作大局。要求把林业工作放在首都工作的重要位置，作为城市基础设施建设的重要组成部分，进一步加大工作力度，推动首都绿化美化建设再上新台阶，努力改善首都生态环境和城市面貌，为实现"新北京、新奥运"和率先基本实现现代化战略目标而做出更大贡献。在会上，许多领导对首都林业建设和绿化工作给予充分肯定，我也结合首都林业的特点，对北京市林业发展提出了几点建议。王市长对我所提的做好北京林业工作建议的十分重视，并明确表示，要加强与中国林科院的合作，做好北京林业发展和生态建设的战略研究和中长期规划工作。

在国家林业局和北京市有关部门的大力支持下，由中国林科院牵头，联合北京林业大学、北京市林业勘察设计院、北京市农林科学院林业果树研究所、北京市林业局信息中心、北京市环境科学研究院，并会同北京市林业局等单位的专家共同组成了得力的项目研究组。在中国林科院首席科学家彭镇华研究员和北京林业大学校长尹伟伦教授的精心组织和具体指导下，项目组全体成员全力投入，通力合作，协同攻关，圆满地完成了项目预期研究和

规划编制任务。

在时间紧、任务重的情况下，为了高水平的完成项目研究任务，在项目实施过程中，项目专家分两次于2004年4月17~18日对北京市昌平、延庆、怀柔、密云、平谷、顺义等北部地区进行了考察，5月15~16日对北京市第二道绿化隔离地区（朝阳）、大兴、房山、丰台、门头沟等南部地区进行了实地调研，7月29日又专门对通州温榆河、北运河、凉水河等水岸绿化进行了专题调研。共历时5天，考察了全市11个区县的林业建设和生态状况。在项目研究工程中，项目组先后召开了21次由项目组和北京市相关部门的研究、管理层面人员参加的课题协调会、研讨会、统稿会、汇报会，在项目研究阶段性成果基础上研究形成的《北京林业发展战略研究与规划》文本，也广泛征询了北京林业部门及相关部门的意见和建议。

在北京市人民政府和国家林业局的直接关心、指导下，在项目领导小组和项目专家领导小组的领导下，经过中国林科院、北京林业大学和北京市相关研究机构的项目参研人员的攻关研究，在近一年半的时间里，针对北京首都林业、绿色奥运、生态城市建设的需求，配合《北京城市总体规划》修编的要求，对北京市林业发展进行了深入和系统的研究，取得了重要进展，形成了一个比较系统、科学、完整的研究报告，并在此基础上研究形成了《北京市林业发展总体规划》。在此，我代表项目领导小组向项目组研究人员辛勤而富有成效的研究工作表示感谢！同时，在项目实施过程中北京市政府的有关部门给予了大力支持，特别是北京市林业局的有关领导和同志，为本课题的组织、协调做了大量周到、细致的工作，保证了项目的顺利进行。在这里，我代表项目领导小组对他们卓有成效的组织、协调工作一并表示感谢！

"北京林业发展战略研究与规划"项目经过近二年的研究，取得了重要的阶段性研究成果，在北京林业发展理念、总体规划、林业重点工程规划、林业生态建设的关键技术、林业产业发展的关键技术、数字林业建设、保障体系等方面都有所创新、有所突破，研究成果在北京市城市总规修编、土地规划、加快北京市林业发展的决定等重要决策中得到应用、获得好评。

在这里需要强调指出的是，项目研究成果在《北京城市总体规划》修编中已发挥了积极作用，做出了重要贡献。2004年4月初，我参加了《北京城市总体规划》修编工作会议。这次修编是继1993年后的一次重要修编工作，从中央领导到北京市委、市政府，都对北京的历史文化名城保护、交通、城市安全以及生态等专题规划的修编给予了高度重视。项目组积极参加了"总规修编"工作，结合"北京林业发展战略及规划"研究工作和阶段性研究成果，在参与其中的生态规划修编中，充分考虑到北京不同于其他城市的特点，特别是反映出北京作为三朝古都和中国皇家园林代表的特殊地位，充分考虑北京天然林和湿地等生态系统的生物多样性保护，考虑林地、绿地、土地等的生态承载力，考虑城市绿化建设与城市林业建设等重大城市生态建设问题。本项目根据详细分析研究确定的林业发展指标，以及提出的"三林三绿三网"的林业建设构架，得到了规划委员会的吸纳和采用。项目研究成果在《北京城市总体规划》修编中的吸纳和运用，为北京林业发展和生态建设创造了更为有利的条件，拓宽了更大的发展空间。

各位院士、专家，各位领导：

通过这次项目研究成果的评审，广泛听取各位院士专家和相关部门领导的意见、建议，项目组将围绕"新北京、新奥运"提出的"绿色奥运" 目标和北京市林业发展和生态城市建设"十一五"规划编制的具体要求，在进一步加大现有研究成果的运用力度的同时，继续深化后续研究，力争使项目研究取得更大的成果。

"北京林业发展战略研究和规划"作为一个把理论与实践紧密结合的探索性研究，涉及部门多、范围广，政策性强，研究难度较大。我相信，有国家发改委、国家科技部、国家林业局等部门和领导的支持和指导，有北京市人民政府的鼎力支持，有项目组全体参研人员的通力合作，"北京林业发展战略研究和规划"一定能够实现预期研究目标，为新时期的北京林业发展、生态城市建设和绿色奥运的成功举办发挥更大作用，做出更大的贡献！

附件2

在《北京林业发展战略研究与规划》项目评审会上的讲话

北京市副市长　牛有成

尊敬的江泽慧院长、尊敬的各位院士、各位专家:

大家好!

上午听了会以后,我觉得有种"醉氧"的感觉,就是信息量、知识量太大了。对我来说,这也是一个学习的过程。我非常感谢中央各部委、各位院士和专家对北京工作的关心和支持!

项目课题组在中国林科院江院长的率领下,各位院士专家通力合作在近两年的时间里搞了这个规划,应该说是对北京林业进行了一个全面的"体检",同时又是一个准确的"把脉",最后又有针对性的开出了"药方"。我听了很受启发、很受教育,我们原来一些非理性的认识,现在都能提高到理性认识上了。实际上原来我们也做了一些事情,有些珠子,但是不是珍珠不敢说,这次给串起来了成为项链,像一个艺术品。这对我们北京下一步的发展来说,不仅是林业的发展,对北京经济、社会的发展都将会起到重要的作用。在此,我代表市委市政府向所有参与这个《战略研究与规划》编制的同志、专家、领导表示衷心的感谢!

下面我简单的说几点感受:

第一,我觉得今天"编制的是规划,转变的是观念"。不光是从事林业的,今天我们市政府的相关部门都来了,这对我们的观念是一次很大的转变,就是进一步牢固的树立了可持续发展的理念,特别是"建设绿色北京,构筑生态城市"这个理念,在我们脑子里边进一步牢固的树立起来了。我觉得虽然编制的是规划但是转变的是我们的观念。这是我一个感受。

第二就是,今天"进行的是评审,提升的是境界"。今天我听了16位专家的评审,提升的是我们的境界。就是我们北京做工作必须要有一个首都的意识,你不要就北京说北京,当然对林业来说不是就林业说林业,对北京也不要就北京说北京。林业和水要相依,那么北京和周边要相结合,就北京说生态是办不好的。所以,我觉得今天进行的是评审但提升的是境界。各位院士、领导、专家确实站得高、看得远,一个从空间上来说,我们不局限于北京;再一个从时间上来说,不止看今天,近几年我们近期目标是奥运会,长远的还是"宜居城市"。

第三点感受就是"研究的是林业,学会的是生活"。我觉得今天,虽然我们研究的是林业,但是我有一个深深的感受,林业已经渗透到我们经济社会发展的各个领域,包括我们每个人。今天我觉得有一些班门弄斧,我感觉中华民族几千年延续到现在已经十三亿人,与咱们林业在我们整个民族的繁衍过程中的作用是分不开的，我们要想进一步提高生活质量，林业更应该放在它应有的位置，所以这个规划是非常必要。简单的说，现在要提高我们的生活质量、提高空气质量，制造负氧离子，这主要还是取决于林业，所以我觉得，虽然研究的是林业但实际上学会的是生活。

下一步，作为课题组来说应该进一步完善我们的成果。就像刚才李院士讲的，要把各位专家、院士的意见，进一步吸收到我们的规划当中来，我想对我们今天北京参加评审的各部门的同志也是一个学习的过程，我们要进一步提高认识，要从林业是人与自然和谐的基础这个角度来认识，要从林业是可持续发展的生态保障这个角度来认识，要从林业是构筑宜居城市的特殊元素这个角度来认识，我们应该从这三点进一步提高我们北京政府各职能部门的认识，把林业的发展溶入到我们各部门工作当中去，从不同的角度发展好我们北京的林业。

在这里我就不想再多说了，因为林业是一个基础。不管是水也好、生态也好，包括野生动物保护，包括现在的房地产，哪有树哪的房地产就好，价就高，这是最简单的说法。当然，也不能因为哪有树，我们就在那儿随便建房，两句话都要说。

咱们在编制过程中还提到产业，我也是非常赞成的。我深深体会到这几年我们山区农民的收入增长速度快于平原，其中重要的原因就是山区的生态、休闲、旅游观光，包括"农家乐"这种第三产业发展很快。而这个第三产业的依托就是林业。所以，应该说林业是可持续发展的生态保障。再有就是我们构筑宜居城市的特殊元素，国务院批复北京的总体规划就是宜居城市，那么宜居城市实际上都离不开生态，而生态都离不开林业，包括我们的呼吸离不开，包括我们的生活节奏，你要感到我们的生活有节奏。生活、工作节奏很快，得病的人也很多，如果我们多一些绿色，林业发展的更好一些，我觉得把握好生活节奏，人的健康可能又有一份保障。那么近期我们的奥运—绿色奥运，我觉得林业也是非常重要的。这是我讲的第二点就是完善我们的成果。

最后说一下，做为市政府来说，我们要运用好这个成果。一旦这个成果被专家修改完以后，通过了。我们北京政府的各部门就要认真的学习战略和规划，一定要学习好，把它掌握好；第二，就是我们要把它吸收到我们"十一五"规划当中，今天我们各部门都来了，特别是牵头的发改委也来了，一定要把这个规划吸收到我们"十一五"规划当中来，从城乡统筹的角度来把我们林业的发展贯彻下去。这是一个高水平的规划，刚才说的在国际上领先还是比较准确的。最后我们应该把确定的工程具体化，十五年一共 370 亿，我觉得北京各级政府十五年内拿出 370 亿来不是问题，但反过来这 370 亿所换回来的价值远远不止 370 亿。我刚才跟彭先生讲一定要把林业的生态功能价值在统计指标体系中体现出来，我们 2003 年请专家给我们测算，北京生态服务价值 3100 多亿，相当于我们当年 GDP 总值的 85%。原来我们统计的只是林业的直接经济价值，比如说木材多少钱一方，可它的固碳释氧、生态服务价值我们并没有认识。为什么说这一次是个学习呢？下一步我们在编制规划，包括我们在统计当中应该把生态服务价值作为我们林业的一个真正价值把它体现出来，这对于我们更自觉的去搞好我们的林业也是非常有利的。包括这里的资金投入和政策保障机制，我们下一步也要进一步的研究, 把它具体化, 把这一高水平的规划一定要转化成实实在在的成果, 那我们所有在座的人也将能享受到这个成果。

最后再次代表北京市委市政府对各位领导、院士, 及中央各部门对北京工作的关心和支持表示衷心的感谢!

谢谢!

附件 3

在《北京林业发展战略研究与规划》
项目评审会上的发言提纲

北京林业发展战略研究与规划

中国林业科学研究院　首席科学家　彭镇华

尊敬的各位领导、各位专家：

上午好！

建设绿色北京，构筑生态城市，加快首都现代林业发展，是北京市委、市政府以科学发展观为指导，贯彻党的十六大精神和《中共中央 国务院关于加快林业发展的决定》，实施可持续发展战略的重大决策，对举办绿色奥运，建设宜居城市，构建和谐社会，促进首都经济社会的全面、协调、可持续发展具有重要的现实意义和深远的历史意义。

新中国成立以来，北京林业取得了快速发展。特别是近年来，随着首都经济发展、社会进步和人民生活水平的提高，社会对加快林业发展、改善生态状况的要求更加迫切，林业在经济社会发展中的地位和作用更加突出。目前，全市三道绿色生态屏障基本形成，林业生态体系、产业体系和森林资源安全保障体系基本建成，生态环境质量明显改善，城市面貌显著改观，林业在首都经济社会发展中发挥着越来越重要的作用。

刚才，江泽慧院长和牛有成副市长对项目的研究意义和前期工作情况作了介绍。本项目分列定位与理念、发展指标、总体规划、生态建设关键技术、产业发展关键技术、数字林业和保障体系七个专题开展了研究，并结合北京市城市总体规划修编工作，编制了林业发展总体规划和重点工程建设规划。同时也就与林业相关的一些问题进行了探讨。由于时间关系，在这里我代表项目组主要介绍 8 个方面的内容：

1. 现状、潜力与发展构想
2. 指导思想与建设原则
3. 发展目标和总体布局
4. 林业重点工程
5. 林业生态建设的关键技术
6. 林业产业发展的关键技术
7. 数字林业建设
8. 北京林业发展保障体系

一、现状、潜力与发展构想

到 2004 年，北京市林业生态体系、产业体系和森林资源安全保障体系基本建成，三道绿色生态屏障（山区、平原、城市绿化隔离地区）基本形成。北京生态质量明显改善，环境面貌显著改观，林业在北京经济建设和社会发展中发挥了重要作用。

（一）林业现状

1. 资源概况

根据 2004 年北京市"十五"森林资源规划设计调查工作的最新成果，截至 2004 年 9 月底，北京市森林资源的现状如下：

（1）林木绿化率与森林覆盖率：北京市的林木绿化率（即林木覆盖率，下同）为49.99%，森林覆盖率为 35.47%。其中，山区林木绿化率为 67.85%，森林覆盖率为 46.55%；平原林木绿化率为 23.57%，森林覆盖率为 19.10%；规划市区森林覆盖率为 23.75%；四城区森林覆盖率 14.77%。

（2）林地面积：北京市林地总面积为 105.43 万公顷。其中，山区林地面积为 88.09 万公顷，平原地区林地面积为 17.34 万公顷。

与"九五"二类调查结果相比，北京市林木绿化率由 41.9% 增加到 49.99%，5 年增加8.09 个百分点；森林覆盖率由 30.65% 增加到 35.47%，5 年增加 4.82 个百分点。同时，城市绿化隔离地区建设、"五河十路"绿化、中幼林抚育等重点造林工程成效显著。山区绿色生态屏障建设步伐明显加快，林木绿化率为 67.85%，森林覆盖率为 46.55%，90% 以上的宜林荒山实现了造林绿化。生态公益林达到 75.11 万公顷，占林地总面积的 71.25%，生态林的比重比"九五"末增加了 7.06%，体现了北京市林业是以生态建设为主体的公益林业的定位。

2. 基本形势与存在问题

目前北京市可实施造林绿化的土地面积已经很小，但森林质量不高、生态功能低下的问题比较突出。因此，总体上北京林业建设进入了从"造林"向"管林"转变，从追求数量增长向注重质量提高转变的新阶段。森林经营必须以健康、多样性、近自然等世界林业发展的新理念为指导，提高林业建设水平。

目前林业存在的问题有：

（1）森林生态功能需要进一步提升：现有森林分布不均，结构不尽合理，林分质量不高，尤其人工林，大多为低矮的单层林结构，物种多样性低，空间利用不充分，导致森林生态功能未能充分发挥。

（2）森林资源总量需要进一步增加：北京市森林资源虽有较高的覆盖率，但森林资源呈现出山区多、平原少，城外多、城区少的格局，从满足城市生态环境改善需求而言，森林资源总量仍相对不足。

（3）森林资源管护现代化程度需要进一步加强：北京市目前森林火灾形势较为严峻，加强森林防火工作仍是一项重要任务。

（4）林业体制、机制需要进一步创新：应对目前林业税费、管理体制及相关政策机制进一步深化改革，创新林业机制。

（5）林业富民工程需要进一步拓展：随着北京旅游业的发展，在山区大力发展森林旅游产业和实施山区生态林补偿政策；在平原区，发展集观光、采摘、休闲于一体的生态旅游业，将有利于进一步拓展林业致富途径。

（6）绿地空间利用需要进一步优化：从建设生态城市的目标来看，北京城区应该加大生态用地比例，并提高现有绿地质量。

（二）林业发展需求分析

1. 生态环境需求

改善城市生态环境的需求：树木、森林能够减轻大气污染，修复污染土壤、水体，缓解热岛效应。这是北京市热场分析结果。

减轻山区水土流失的需求：这是北京市水土流失面积统计情况。

恢复湿地系统功能的需要：根据湿地资源调查统计，全市湿地面积（100公顷以上）约5万公顷，其中天然湿地3.5万公顷，人工湿地约1.5万公顷。

遏制本地风沙危害的需要：根据2004年沙化普查资料数据，北京市共有固定沙地54621公顷，这部分沙地基本上已经全部完成造林绿化，植被盖度也在逐年增加，但从潜在的威胁来看，这部分土地仍然需要进一步加强植被保育力度，防止扬沙危害。

2. 社会经济需求

（1）加快北京林业发展，是实现经济社会可持续发展的基本要求

（2）加快北京林业发展，是建设宜居城市的重要内容

（3）加快北京林业发展，是举办"绿色奥运"的必然要求

（4）加快北京林业发展，是弘扬森林文化的重要途径

（5）加快北京林业发展，有效发挥首都林业的窗口和示范作用

（三）发展条件

1. 发展潜力

（1）适宜的自然环境是北京林业发展的有利条件

（2）市民的生态需求是加快北京林业发展的强大动力

（3）经济的快速发展是北京林业发展的有力保障

（4）繁荣的森林旅游市场是加快北京林业发展的迫切需求

（5）发达的科技和教育为北京林业发展提供着重要支撑

（6）深厚的历史文化底蕴是北京林业发展的丰富内涵

（7）社会的积极参与为北京林业发展注入了巨大活力

（8）政府的高度重视是北京林业发展的重要保证

2. 限制因素

北京林业建设既有许多有利条件、发展机遇，也存在一些不利因素，面临着许多挑战。

（1）城市建设用地、农业用地与生态用地的矛盾：传统的城郊土地农业利用定位已经不

适应北京城市发展、人居环境、市场经济等对土地优化利用的要求，直接导致了农业用地、城市建设用地与生态用地的矛盾。一是需要以科学发展观为指导，从政策层面对土地利用结构进行更科学、灵活的调整。二是提高已有生态用地的利用效率，提高单位土地面积上的生态效益，向空间要生态。

（2）城市用水、农业用水与生态用水的矛盾：水资源的严重匮乏已成为制约北京林业可持续发展的一个重要瓶颈因素。目前北京市水资源分配首先是满足城市用水、农业用水，而对林业等生态建设用水很少考虑。一是对水资源进行科学调配，适当加大水资源投入的力度，二是研究和运用节水技术，使水资源与森林资源之间形成良性循环，共同为建设生态城市的目标服务。

（3）林业建设成本将越来越高：土地、人工等生产资料和劳动成本都相对较高。原有的相对优越的林业立地已经基本绿化完毕，剩余的都是一些条件极差的立地类型，因此，林业建设成本也相应偏高，这就加大了政府的财政负担。

（4）林业建设的技术难度将越来越大：要实现困难立地的绿化、提高森林生态系统功能和保障森林资源安全，除了有充足的资金保障以外，还必须加强科技支撑力度。

（5）林业生产主体及客体自身条件的限制。

（四）北京林业发展的战略构想

1. 国际大都市林业建设的启示

发达国家的大城市早在20世纪中叶就面临人口过度密集、环境严重污染、交通拥挤和住房困难等今天我们所面临的问题。经过长期的努力和实践，许多大城市的生态环境都有很大改善，在城市生态环境建设、管理和调控对策方面积累了许多成功的经验。

（1）世界国际化大都市发展的共同趋势为"对外进行区域联合，对内发展多中心城市体系"，这充分体现生态城市的发展理念。

（2）国际化大都市强调发展"近自然"的城市森林，强调空间布局的合理性，注重使用乡土树种和高大乔木。

（3）许多国际化大都市城市周围都保存有大面积森林，对城区环境改善环境起到了重要的作用。

2. 北京生态环境的历史变迁

从北京所处的地理位置来看，西北有太行山燕山依靠，左有潮白河、右有永定河，东南面向平原、大海，地理位置十分优越，是理想的建都之所，彰显了中国古代"左青龙、右白虎、前朱雀、后玄武"的人居生态文化。

与历史相比，人口规模不断增加，森林、湿地资源逐渐减少，环境污染问题越来越突出。

3. 北京林业发展的战略构想

基于上述对北京市生态环境和林业建设现状的综合分析，要建设国际一流现代化大都市，实现山川秀美、生态良好、人居和谐的生态城市的远景目标，就必须在发展思路、建设模式、宏观布局等方面进行超常规、前瞻性的战略思考。

首先，从区域尺度来看，北京的生态环境改善应该做好林水两方面的工作。在林的建设方面，西北山地要"林土相辅"。在现有森林的基础上，不仅要进一步绿化荒山，更要提高林分质量，发挥森林涵养水源、保水固土的作用。东南平原要"林水相依"，根据现有的森林格局、水体和土壤污染状况，结合产业结构调整，可考虑规划建设森林、湿地恢复工程，适当发展水产养殖、花卉种苗、林果、森林旅游等产业。

在水的建设方面，要走出"就污治污"的误区，走向"引、治、排结合"，盘活现有水系，再现昔日北京水乡风貌。

另外，从京津都市圈一体化发展趋势来看，本地区的林业生态建设布局必须突破行政区界，进行跨区域的整体规划。

二、指导思想与建设原则

（一）指导思想

在邓小平理论和"三个代表"重要思想的指引下，以科学发展观为指导，确立生态建设、生态安全、生态文明的总体战略，在北京生态城市建设中赋予林业以首要地位，在和谐社会建设中赋予林业以重要地位，在生态文明建设中赋予林业以基础地位，以"建设绿色北京，构筑生态城市"为基本理念，发展生态林业以保障生态安全，发展效益林业以满足多种需求，发展人文林业以弘扬绿色文明，使北京林业更好地服务于首都经济、社会的全面、协调、可持续发展。

（二）建设原则

（1）以人为本，服务首都。

（2）统一规划，突出重点。

（3）生态优先，效益兼顾。

（4）分类经营，协调发展。

（5）科教兴林，依法治林。

（6）政府主导，市场调节。

规划依据主要是《森林法》《城市规划法》《土地法》《环境保护法》《基本农田保护条例》《中共中央　国务院关于加快林业发展的决定》《关于加快北京林业发展的决定》《北京城市总体规划（2004~2020）》《绿色奥运行动计划》等。

三、发展目标和总体布局

（一）发展目标

1. 总体目标

经过不懈努力，到2020年，建成功能完备的山区、平原、城市绿化隔离地区三道绿色生态屏障，形成城市青山环抱、市区森林环绕、郊区绿海田园的生态景观，实现强化森林系统功能，健全森林安全保障，提升林业产业效益，弘扬古都绿色文明的总体目标，为建设山川秀美、人与自然和谐、经济社会可持续发展的生态城市奠定基础。

2. 发展指标

（1）指标选取依据。从水土资源承载力、土地利用变化、水资源开发利用、大气环境保护、水环境保护、人居环境优化、林业发展、生态安全、社会经济发展、人口变化等综合分析与考虑，确定了林木绿化率、森林覆盖率、自然保护区、森林公园、公益林面积等 5 项指标，作为林业发展控制指标。

（2）指标确定依据综合分析。本项目从土地资源承载力、水资源承载力、林业自身转化潜力、城市发展需求、净化大气污染需求、碳氧平衡需求、热环境调节需求、绿地的整体考虑等 8 个方面分析确定了发展指标。

（3）北京林业发展指标的确定。北京市目前的森林状况还不能满足建设国际化大都市和生态城市的要求，需要进一步提高森林质量，扩大森林资源数量。根据以上从各种角度进行的分析计算，并结合北京市 2004 年资源二类清查结果进行综合分析比较，确定各项指标合理值。

结果表明全市林木绿化率从 2004 年 9 月底的 49.99% 提高到 2020 年的 55%，森林覆盖率从 2004 年 9 月底的 35.47% 提高到 2020 年的 40% 是必要的，也是可能的。

（二）总体布局

1. 布局原则

（1）服务宜居城市，体现以人为本：北京市林业在定位上要突出服务型林业的特点，以北京城区为重点，协调全市 11 个新城、33 个中心镇进行整体规划，加快城市森林建设，为北京的人居环境改善和生态化城市建设服务。

（2）立足北京市域，兼顾周边省市：着眼整个京津地区，针对北京市域需求，突破行政边界，按照区域生态功能区划进行总体布局，并分区实施。

（3）统筹林水规划，构建生态网络：以大型水体、片林、森林公园和现有的森林、湿地等自然保护区为主体斑块依托，林水结合，构建城市森林生态网络体系。

（4）遵循因地制宜，突出本土特色：要建设以地带性森林植被为主体的森林生态体系，提高森林生态系统的稳定性和景观多样性，促进生物多样性保育。

（5）发挥比较优势，推动产业发展：要根据北京的地域特点、不同地区的比较优势及市场需求变化，确定合理的产业发展方向和规模，如结合旅游、观光等新兴产业发展特色林果、花卉等。

（6）传承历史文化，弘扬绿色文明：北京现代林业发展必须与北京古老的园林文化相结合，与文化古迹保护相结合，加强古树名木和各类名胜区森林的保护，大力发展以各类纪念林为代表的文化林建设。

2. 结构布局

基于北京现代林业发展"建设绿色北京，构筑生态城市"的建设思想和上述总体规划的基本原则，我们提出北京林业发展的森林资源总体规划结构布局：

——建立以山地森林、平原防护林、城区大型林地为主，片、带、网相连接的森林生态保障林体系，为北京生态环境的改善提供长期稳定的保障，满足北京城市可持续发展和改善人居环境的需要；

——形成以特色林果、森林旅游、花卉等优势产业为主，林农、林禽、林药等多种模式相配套的产业发展林体系，拓宽林业富民渠道，稳固生态保障林体系，促进北京包括林业在内的绿色产业发展；

——建设以城市古典园林、名胜古迹、古树名木、森林公园、各类纪念林等为主，人文与森林景观相结合的文化传承林体系，增强人们的环境保护意识，传承北京古都的历史文化，实现人与自然协调发展。

核心是：生态保障林体系，产业发展林体系，文化传承林体系。

3. 空间布局

从北京市的自然生境条件、环境质量状况、生态敏感区的分布、城市化程度、社会文化需求等方面进行城市生态分区，同时根据水系及道路交通系统的等级，对北京森林的功能进行定位，提出布局的建议和依据。

（1）布局依据

① 综合自然区划确定北京城市森林目标类型

② 综合环境质量区划确定防护林布局

污染状况、风沙危害、水患

③ 综合生态敏感区化确定生态保护林布局

生态敏感区主要有；城乡结合部、工矿区周边区、山地平原交错带、自然保护区、水体沿岸、公路干线两侧等。

④ 根据城市潜在发展态势预留生态建设空间

北部地区城市化发展迅速，而这一地区是北京地下水的主要补给区，不适宜大规模进行城市建设。

京东南地区适宜未来城市发展，而且可以沿水系、交通干线与河北、天津连为一体。在京东南地区大力优先建设森林公园、湿地公园等生态工程，对未来城市发展尤为必要。

⑤ 综合考虑社会、历史、文化、心理、美学等因素

（2）布局框架

以中国森林生态网络体系点、线、面布局理念为指导，按照"林网化 - 水网化"的林水结合规划理念，以城区为核心，以建设生态公益林为重点，全面整合山地森林、平原防护林和经果林、城区绿地、城镇村庄绿化等多种模式，建立山地森林为主，平原防护林相辅，五河十路绿色廊道相连，城镇村庄绿化镶嵌，"一城、两带、三网、多点"为一体的森林生态网络体系，实现森林资源空间布局上的均衡、合理配置。

① 一城：北京城近郊区的绿化，重点是两道隔离地区的绿化建设。

② 两带：燕山太行山山地森林生态建设带和京东南林水结合生态保障带。

③ 三网：平原地区的水系林网、道路林网和农田林网建设。

④ 多点：市域范围内的 14 个卫星城、33 个中心镇为主的城镇绿化建设。

规划建设的核心是"三区三绿三网三林"，具体可以表述为：

市域分三区——市区、平原区、山区，区域协调发展；

市区建三绿——绿岛镶嵌、绿廊相连、绿带环绕，绿中人居和谐；

平原造三网——水系林网、道路林网、农田林网，网中果茂粮丰；

山区育三林——水源涵养林、生态风景林、经济果木林，林中生物多样。

四、林业重点工程

为贯彻《中共北京市委市政府关于加快北京市林业发展的决定》，围绕建立完善的林业生态体系、发达的林业产业体系、健全的森林安全体系的目标，重点三大体系十二项工程，简称"3.12 工程"。

（一）工程规划

1. 城市森林工程规划。

2. 平原防护林与风沙治理工程规划。

3. 山区森林保育工程规划。

4. 湿地恢复与自然保护区建设工程规划。

5. 京东南生态保障带建设工程规划。

6. 城镇绿化工程规划。

7. 林果产业工程规划。

8. 森林旅游工程规划。

9. 花卉林木种苗工程规划。

10. 森林资源综合利用工程规划。

11. 森林防火工程规划。

12. 森林生物灾害防控工程规划。

（二）工程投资估算与效益分析

全市十二项重点建设工程总投资为 370.80 亿元，其中生态体系建设六项生态工程 156.56 亿元，产业体系建设四项工程 203.84 亿元，安全保障体系建设两项工程 10.40 亿元。

工程实施后，将产生巨大的生态、经济和社会效益。

五、林业生态建设的关键技术

（一）北京林业生态建设的关键技术成果集成

1. 树种选择技术。

2. 森林建植与可持续经营技术。

3. 特殊立地植被恢复技术。

4. 湿地保育技术。

5. 森林保护技术。

（二）北京林业生态建设重点研究的关键技术

结合北京生态环境现状和现有的林业生态建设技术成果，以及今后林业生态建设的发展规划，本着服务于本次规划的林业生态建设工程，促进实现"绿色奥运"和"宜居城市"的目标，今后在以下几个方面要进行重点研究。

1. 优良种质资源开发利用技术。
2. 景观生态林的优化配置与持续经营技术。
3. 困难立地造林技术。
4. 低效林分改造复壮技术。
5. 山区水土保持林体系高效空间配置与稳定林分结构调控技术。
6. 水源保护林体系高效空间配置及稳定林分结构调控技术。
7. 抗旱节水林业技术。
8. 森林保护技术。
9. 林木碳汇功能调控技术。
10. 自然保护区与湿地保育技术。
11. 生物多样性保护技术。
12. 高新技术的应用。

六、林业产业发展的关键技术

（一）现有的关键技术

1. 优良品种的恢复、选育和引进。
2. 科学生产技术。
3. 林产品开发利用技术。
4. 病虫害防治技术。

（二）需要继续加强研究的关键技术

1. 适宜北京现代林业发展的种质创新和新品种选育。
2. 安全林产品生产关键技术研究。
3. 优质林产品生产关键技术研究。
4. 果品采后营销体系建设。
5. 特色林产品加工关键技术研究。
6. 森林旅游可持续发展研究与休闲观光果园发展模式。
7. 林产品生产专家决策支持系统。

七、数字首都林业建设

"数字首都林业"是首都绿化林业行业信息化建设的总体目标，也是行业信息化的进程，将随着整个社会信息化的发展前进。本研究课题组认为"数字首都林业"在现有发展基础上，将未来建设分为近期和中期两个阶段进行。

（一）发展目标

1. 近期目标

基本实现首都林业全行业信息化，构建起"数字首都林业"的基本框架，林业信息化的总体水平达到北京市的先进水平和全国林业行业领先水平。

2. 中期目标

行业信息化基础建设和应用水平趋于完备和成熟；在具有国际先进水平的网络基础上，提供多门类、可视化和良好互操作性的"数字首都林业"信息服务；林业信息资源不仅在本行业同时也在全社会上得到广泛利用，成为"数字北京"和全国林业行业数字化建设的一个有机组成部分和重要的信息资源。

（二）重点信息系统建设

1. 森林资源管理与动态监测信息系统

2. 林业电子政务系统

3. 林业生态工程管理信息系统

4. 林业产业服务信息系统

5. 森林防火应急指挥系统

6. 林业有害生物防治信息系统

八、北京林业发展保障体系

北京林业发展保障体系已经基本确立，与全国其他省市相比处于较为领先的位置。但是，考虑到北京的首都地位、绿色奥运的举办、人们对林业生态的强烈需求以及创建宜居国际化大都市的目标，还存在许多有待完善和加强的方面。

北京林业发展保障体系要在三个层次上构建：认识保障——通过宣传教育树立生态思维；制度保障——以完善政策法规为基础，构建各项保障措施的运行平台；措施保障——完善和加强各项保障措施，促进北京林业持续健康发展。

（一）核心内容

1. 构建宣教机制，树立生态思维和科学发展观

2. 完善政策法规，依法治林

（1）构建林业法制体系；

（2）提高执法水平。

3. 加强人力资源管理与开发，人才强林

4. 构建科技创新和推广机制，科技兴林

5. 科学管理，提高管理效益和水平

（1）实行分类经营，科学管理；

（2）提高林业职能部门管理水平。

6. 建立以公共财政支出为主的资金支撑体系

7. 加强森林资源安全保障体系建设

（二）亟需突破的重要环节

1. 改革林业管理体制，强化组织保障

（1）协调组织管理机构，统一绿化管理体系

应发挥首都绿化委员会的作用，加强全市林业、农业、水利、园林、环保、城建等相关部门的协调与配合，做好全市绿化和林业工作，统一规划城市绿化和郊区林业发展，形成统一的绿化和林业投资体系、规范管理体系和综合执法体系。

（2）加强基层林业站建设

2. 转变政府职能，充分发挥市场机制作用

（1）转变政府职能，建立服务型林业行政管理机构

主要在政策制定、科技研究推广，技术咨询、教育培训方面、林业市场培育等方面发挥更大作用。

（2）减少计划色彩，充分发挥市场机制作用

对于山区林业发展应建立政府作用和市场利益驱动相结合的保障体系；对于城区林业的发展主要依靠政府规划和行政推动；

对于城市社区林业的发展应以社区为主，保障机制主要是社区管理，可推行公益林和绿地领养制度；

对于兼有商业性质的林业区应建立政府指导下以市场机制调节为主的保障体系；

对于重点公益林业区的林业发展应该主要通过政府投入机制为保障，保证森林资源的恢复和增长，同时也可以进行适当的资源开发利用。

充分发挥市场作用，通过各种税收优惠、造林补助等方式等各种措施吸引社会力量投入林业。

3. 满足林业生态用地，提供基础保障

在"生态优先"发展理念指引下，要保障北京市的生态建设和发展，土地是首先要解决的关键问题之一。

针对北京生态环境现状，把环境建设摆放到重要位置，制定北京林地保障办法，优先保障林业用地。

4. 创新资金投入机制，实现持续发展

（1）完善落实生态效益补偿制度

首先，补偿标准确定要科学化。

其次，补偿途径要多元化。

最后，补偿基金管理应法律化。

（2）先行一步，征收森林生态税

北京市作为首都，其各方面的建设理应走在全国的前列，将森林生态税纳入北京市税收体制，为北京市的森林生态建设提供良好的资金保障。

（3）借助绿色奥运，尝试发行绿色彩票

北京是一座古老的历史文化名城，又是一座新兴的现代化城市。我们相信，北京林业发展战略与规划建设的大力实施，必将在改善北京市生态环境的同时，也会为这座美丽而古老的城市注入新的生机，一定会使古老的北就变得更加璀璨夺目。

附件 4

《北京林业发展战略研究与规划》专家评审意见

2005 年 12 月 17 日，北京市人民政府、中国林业科学研究院邀请中国科学院、中国工程院有关院士、国务院研究室、国务院参事室、国家发改委、国家农发办、财政部、科技部、国家林业局等国家有关部门和单位的专家、领导，以及国际竹藤中心、中国林学会、中国花卉协会、北京林业大学、南京林业大学、安徽农业大学等科研院所的专家学者，对北京林业发展战略研究与规划项目进行了评审。评审委员会听取了研究汇报并审阅了规划文本，经讨论形成评审意见如下：

一、项目立足北京全市经济社会可持续发展全局，开展北京林业发展战略研究与规划，是贯彻党的十六届五中全会精神和《中共中央　国务院关于加快林业发展的决定》（以下简称《决定》）的重大举措；是北京办"绿色奥运"、建"宜居城市"与构建和谐社会的重要内容；在《北京城市总体规划》修编中发挥了积极作用，做出了重要贡献；对推动我国城市林业快速、健康发展具有重要示范带动作用。

二、项目结合北京新时期经济社会可持续发展对林业的新需求，创新性的提出了在北京生态城市建设中赋予林业以首要地位，在和谐社会建设中赋予林业以基础地位，在生态文明建设中赋予林业以重要地位；确立了"建设绿色北京，构筑生态城市"的基本理念；强调了发展生态林业以保障生态安全、发展效益林业以满足多种需求、发展人文林业以弘扬绿色文明的发展思路；综合分析了人口、资源、生态、环境、经济社会等因素，定量与定性相结合，确定了北京林业总体发展目标和阶段发展指标。在理论和方法上具有创新性。

三、首次在大都市层面上，按照《决定》精神和国家林业宏观发展战略思想，以北京市域为对象，运用点、线、面相结合的森林生态网络体系建设理论和林水结合的城市林业建设理念，提出了"一城二带三网多点"的北京林业建设布局，明确了"三林三网三绿"的建设构架，符合北京现状及未来发展的需求，对北京市林业资源的科学配置和林业可持续发展具有十分重要的意义，对我国的城市林业建设具有指导和示范价值。

四、项目研究了"数字首都林业"建设的框架、标准和技术方案，进一步完善了已有的林业电子政务、森林资源管理与动态监测、林业产业服务、森林灾害应急指挥等示范应用系统，在政务信息化、森林资源调查、重点工程管理等领域达到国际先进水平，提升了林业行业的管理水平和效率，为首都生态环境建设提供了重要的数字平台，对全国林业信息化建设及其应用具有重要的指导和示范作用。

五、在充分吸收北京林业发展战略研究成果的基础上，编制了《北京林业重点工程总体规划》。《规划》紧密结合北京实际确定了十二项重点林业工程，针对工程建设需求进行了林业生态和林业产业工程关键技术集成，形成了一套从资源培育到加工利用的技术支撑体系和配套技术。并从人力资源、资金投入、科技创新、制度政策等方面构建了北京林业发展保障体系。《规划》具有较强的科学性、前瞻性和可操作性。

评审委员会认为，《北京林业发展战略研究与规划》是一项理论与实践相结合、宏观与微观相结合的多学科交叉、涉及面广的系统性、综合性的研究项目，该项目取得的研究成果，在理论和实践上有创新、有发展，在以大都市为单元进行城市林业发展总体规划方面为国内首创，达到了国际领先水平。

评审委员会建议北京市委、市政府继续加强对林业工作的领导，在制定北京市"十一五"和中长期发展规划中充分吸纳项目研究成果，保障《规划》的实施，为全国城市林业的发展探索经验并做出示范。同时建议国家相关部门把北京城市林业建设纳入国家重点林业工程建设并作为城市林业建设示范区予以重点支持。

主任委员：

二〇〇五年十二月十七日

附件 5

《北京林业发展战略研究与规划》项目评审会
评审专家名单

序号	姓名	工作单位及职务（职称）	签名
1.	李文华	中国工程院院士、中国生态学会理事长	
2.	孟兆桢	中国工程院院士、北京林业大学教授	
3.	蒋有绪	中国科学院院士、中国林业科学研究院首席科学家	
4.	张齐生	中国工程院院士、浙江林学院校长、教授	
5.	宋湛谦	中国工程院院士、中国林业科学研究院首席科学家	
6.	段应碧	原中央财经领导小组办公室副主任、国家林业专家咨询委员会副主任	
7.	杨雍哲	国务院研究室原副主任、研究员	
8.	盛炜彤	国务院参事、中国林业科学研究院首席科学家	
9.	赵鸣骥	财政部农业司司长、高级经济师	
10.	王晓方	科技部这膛社司司长、高级工程师	
11.	张永利	国家林业局科学技术司司长、高级工程师	
12.	姚昌恬	国家林业局发展计划与资金管理司司长、高级工程师	
13.	魏殿生	国家林业局植树造林司司长、高级工程师	
14.	林　进	国家林业局森林资源管理司原巡视员、教授级高工	

（续）

序号	姓名	工作单位及职务（职称）	签名
15.	杜永胜	国家林业局森林公安局局长、高级工程师	
16.	卓榕生	国家林业局野生动物保扩司司长、高级工程师	
17.	陈建伟	国家林业局濒危特种进出口管理办公室主任、高级工程师	
18.	陈道东	国家林业局速生丰产林基地建设工程管理办公室总工程师	
19.	吴　斌	北京林业大学书记、教授	
20.	岳永德	国际竹藤中心常务副主任、教授	
21.	曹福亮	南京林业大学副校长、教授	
22.	刘世荣	中国林业科学研究院副院长、研究员	
23.	孟　平	中国林业科学研究林业研究所所长、研究员	
24.	马履一	北京林业大学研究生院常务副校长、教授	
25.	吴泽民	安徽农业大学教授	
26.	姜伟贤	中国花卉协会秘书长	
27.	尹发权	中国林学会副秘书长	
28.	林立群	北京市城市规划设计院总规划师	
29.	强　健	北京市园林局副局长	
30.	朱铁华	北京市规划委员会总体规划处副处长	

（续）

序号	姓名	工作单位及职务（职称）	签名
31.	张寿全	北京市水务局副局长	
32.	吴桂英	北京市发改委副主任	
33.	张贵忠	北京市农委副主任	
34.	张光连	北京市科委处长	
35.	韩永岐	北京市环保局副处长	
36.	张　维	北京市国土局副局长	
37.	宋希友	北京市首都绿化办、市林业局主任、局长	

附件 6

《北京林业发展战略研究与规划》项目主要完成人员名单

一、项目领导小组

组　长：江泽慧　国家林业局党组成员，中国林学会理事长
　　　　　　　　　中国林业科学研究院院长，首席科学家
　　　　　牛有成　北京市人民政府副市长
成　员：张守攻　中国林业科学研究院常务副院长
　　　　　宋希友　北京市林业局局长
　　　　　康德铭　北京市林业局副局长
　　　　　姚　莹　北京市规划委副主任
　　　　　吴桂英　北京市发展改革委副主任
　　　　　郭文杰　北京市财政局副局长
　　　　　杨伟光　北京市科委副主任
　　　　　郑　江　北京市环保局副局长
　　　　　郑西平　北京市园林局副局长
　　　　　李慷云　北京市农委委员
　　　　　孙国升　北京市水利局副局长
　　　　　李树祥　北京市国土房管局副局长
联系人：储富祥　中国林业科学研究院副院长，研究员
　　　　　费本华　中国林业科学研究院院长助理，研究员
　　　　　李晓华　国家林业局办公厅
　　　　　甘　敬　北京市林业局副局长，高级工程师

二、项目专家组

组　长：彭镇华　中国林业科学研究院首席科学家，教授
副组长：尹伟伦　北京林业大学校长，中国工程院院士
联系人：王　成　中国林业科学研究院，研究员
　　　　　薛　康　北京市林业勘察规划设计院，高级工程师

【专题一】北京林业发展定位与理念研究

组　　　长：李智勇　袁功英

主要参加人：樊宝敏　陈　勇　刘　燕　校建民

【专题二】北京林业发展指标研究

组　　　长：张志强　闫育梅

主要参加人：谢宝元　李湛东　王春英　张增杰　韩玉花　邢　星　陆贵巧

【专题三】北京林业发展总体规划与布局研究

组　　　长：王　成　甘　敬　薛　康

主要参加人：贾宝全　李卫兵　陶康华　郄光发　蔡春菊　李　勇　惠俊飞　孙朝晖

【专题四】北京林业生态建设的关键技术研究

组　　　长：范少辉　翟明普　孙启祥

主要参加人：孙建锋　张　群　吴南生

【专题五】北京林业产业发展的关键技术研究

组　　　长：李永芳　王玉柱

主要参加人：刘君良　王　雁　孙浩元　李卫兵　李振坚　黄安民　金荷仙

【专题六】"数字首都林业"建设规划与发展战略研究

组　　　长：李增元　张　旸

主要参加人：武红敢　薛　波　康小明　李春光　张茂霞　陈　著　吴发云　田永林

【专题七】北京林业发展保障体系研究

组　　　长：温亚力　李红勋　邱尔发

主要参加人：杜德斌　高　平　魏　巍　闻　速

附件 7

森林资源管理和动态监测信息化建设工程

一、现状和需求

1. 北京市森林资源管理和动态监测的现状

随着北京市经济的迅速发展和城市建设的扩大，带来了新的森林资源管理与动态监测方面的问题，也给北京市林业资源和环境保护的管理工作以及相关的重大社会、经济问题的决策提出了越来越高的要求。

长久以来，北京市林业局都是以传统的手工作业方式进行森林资源的清查工作，由于北京市的森林资源分布广泛、专业科技人员力量不足，清查工作量大，因而我局每五年一次的森林资源清查工作都要耗费大量的人力、物力和财力，这种森林资源保护和管理方式已经非常落后，无法适应首都林业现代化发展的需要。随着北京市的资源、环境、政治、文化等自然和人文方面的形象工程已经日渐迫切地摆在政府相关部门的面前。因而，应用新的技术、方法和手段，提高行政主管部门决策的科学化和民主化，提高北京市森林资源管理工作的规范化和自动化水平，是北京市各级人民政府、职能主管部门十分关切的问题。

加强森林资源的有效管理，提高森林资源的管理效率和水平，实现森林资源的短周期动态监测是首都林业现代化建设的重要内容。首都森林资源的管理要充分利用现代信息技术手段，全面提高管理水平和管理效率，及时准确地对森林资源动态变化进行监测，掌握森林资源的变化规律，实现森林资源管理的科学化合理化，以满足首都城市发展规划、城市综合管理以及环境科学监测的需要。

目前，森林资源的管理还主要以传统的人工森林资源调查与监测手段为主，虽然已经在个别地区、个别环节上利用了一些较先进的技术，但整体没有实质性突破，时效性较差。建立在传统技术和工作方式上的森林资源管理和动态监测，由于属于劳动密集型分散作业，工作标准规范的实现受人为因素的影响比较大，导致统计资料准确程度无法得到有效的控制，甚至出现统计资料严肃性得不到保障的情况，给管理部门和领导决策造成隐患。

森林资源管理和动态监测信息系统利用卫星影像结合地理信息技术，可以大大提高森林资源调查与监测的速度与准确性，并且可以融合办公功能，大大提高工作效率。森林资源管理和动态监测信息系统还可以为林业的其他信息化工作打好基础。林业系统内的防沙治沙、水源涵养、火灾预警、病虫害监测及防治也将逐步走向以"3S"集成为特点的信息管理系统，森林资源动态监测可以为这些工作打下良好的基础。传统的森林资源管理，是利用纸质表格和手工图来进行的。随着计算机应用和推广，部分管理人员开始利用小型资料表和手工图对林业资料进行管理，进而利用小型数据库或资料表，比如Access、VFoxPro、Excel 等资料表与 Arcview、Mapinfo 等工具进行图表离散式数据管理，从而实现对森林资源的计算机管理。然而，采用这些方法所产生的资料众多，资料统一难度大，且多数停留在使用计算机处理表格、手工制图（或小规模的图形处理）的层次，图表更新困难，提供决策的资料更新缓慢，不能满足现代森林资源管理和北京林业局对林业发展规划的要求。近年来，地理信息系统（GIS）在各个领域被广泛应用，大家就思考着将 GIS 系统的应用推广到林业的管理，即建立林业的地理信息系统系统。

地理信息系统（GIS）是建立在统一的地理坐标基础上的空间信息系统，它利用地学模型来分析空间数据，对地理环境与自然资源的信息进行管理，对其动态变化进行监测，从而实现对资源进行管理、规划和监测的目的。林业地理信息系统就是充分利用现代的地理信息技术，结合现有的林业规范和行业标准，对森林资源进行分析、规划、监测和管理。该系统可以把林业各类动态、静态的资料、相关的地理位置和视图结合起来，利用计算机、互联网、多媒体等技术进行森林资源资料的采集、存储、编辑、显示、转换、分析和输出，根据用户的需求方便快速地将这些信息形象生动地展示在用户面前，并形成成果资料。

森林资源管理和动态监测信息系统是一个复杂的大系统，它不仅具有一般人工系统所具有的目的性、等级性、整体性、动态性和协调性，还具有高价、随机、非线性和相悖性的特征。希望能提供全方位的准实时或实时的地面观测或处理森林资源信息的能力。因此，为了能够实现对森林资源的优化管理，实现林业的可持续发展，为森林资源管理和经营决策提供现代化手段，运用现代化的信息技术建立森林资源管理及动态监测信息系统具有重大的意义。

2. 基本需求

根据国内外政府部门对森林资源保护、建设和发展的需求，结合北京市林业实际情况，我们认为森林资源管理和监测信息化工程应满足以下几个方面的需求：

2.1　森林资源信息获取、处理和信息查询业务的需求

过去，北京市林业局对森林资源数据的获取和管理都是人工方式。这种方式难以对森林资源进行快速、有效、规范的管理，数据的获取异常困难，更无法对各类林业信息进行动态的分析，资料的更新周期也很长，数据的现实性得不到保证，全市辖区范围的森林资源分布状况的清查工作也要消耗掉大量的人力、物力和财力。这种手工管理方式对森林资源的管理工作带来了严重的障碍。因此，森林资源管理和动态监测信息化工程首先要解决森林资源信息的获取、处理、管理和查阅的问题。

2.2　森林资源动态监测、控制和管理工作的需求

由于人工作业基础上的森林资源信息迟滞性较大，因而无法进行实时的监控和管理，尤其是林业管理部门深深地感到经济快速发展的需要与落后的人工作业管理之间的矛盾日益突出。因而，北京市林业局迫切需要利用"3S"技术手段，快速获取森林资源的动态信息，形成对森林资源的实时性监控和管理，提高日常林业管理工作的自动化和规范化水平。

2.3　辅助政府部门决策的需求

森林资源管理和动态监测信息系统建设的一个重要目标就是为有关政府部门进行重大问题的决策提供准确的基础数据，尤其是涉及城市经济建设的各个职能管理部门，这些部

门经常要进行一些重要的决策工作，比如与林业工作相关的环境综合治理、环境保护、投资环境评价、地价评估与房地产开发、农田与林地改造、重大项目选址等等。

2.4 资源信息共享和信息交换的需求

森林资源管理和动态监测信息系统的最终目标是着眼于建立一个专业性较强的动态信息管理系统，按照统一的技术规范和标准化编码，实现同行业内和各行业间的信息共享和交换，并对社会、经济生活的变化和城市的发展做出全面的监控和及时的调整。

二、系统的目标及内容

1. 系统目标

（1）以北京市林业基础地理信息平台为基础，为森林资源规划设计调查及林业专题提供信息服务。

（2）实现全市以森林资源规划设计调查为主的各类原始资料及其成果资料的存储、检索和处理的自动化、规范化和系统化。

（3）系统包含森林资源地面调查资料和相关 GIS、遥感和 GPS 资料，产出相应动态信息，为森林资源管理、森林分类经营、采伐限额控制以及森林利用和保护提供准确、有效的统计信息。

（4）实现对属性数据和空间数据的并行处理，彻底改变现有系统图表分离、缺乏关联的局面。

（5）用户接口友好，使用方便，并具有较好的功能扩展性。

2. 系统内容

北京市森林资源动态监测信息系统是一个利用最新的地理信息系统、遥感、全球定位系统、数据库技术，结合地面调查，实现空间信息和属性信息的同步管理和更新的大型数据库应用系统。该系统集图形数据与属性数据操作于一体，使森林资源规划设计调查数据处理更加容易、统计分析结果更加准确可靠、产出形式更加丰富多彩。

森林资源管理与动态监测系统的内容主要包括如下几个方面：

2.1 森林资源管理

基本的地理信息系统功能，包括图形显示、图形编辑、图形数据输入与输出，属性数据输入与输出，图形数据与属性数据的相互查询，数据库查询等。

2.2 森林资源动态监测

森林资源调查：通过森林资源调查部门、林政资源管理部门、造林规划设计部门等多部门协同参与，及时汇总相关部门统计数据，实时反映森林资源的消长情况。

森林面积动态监测：通过对最新遥感数据的处理与分析，提取出当前的森林资源分布图，并与不同年份同一季相的遥感分类图像做叠置处理，就可得出该地区在一定年份内森林资源的变化情况。

森林蓄积量估计：通过建立各树种蓄积量增长模型，结合航空及卫星遥感技术，对森林资源的增长趋势和增长数量进行预测与评估，实现对森林资源总量的短周期监测。

三、总体框架

1. 系统结构

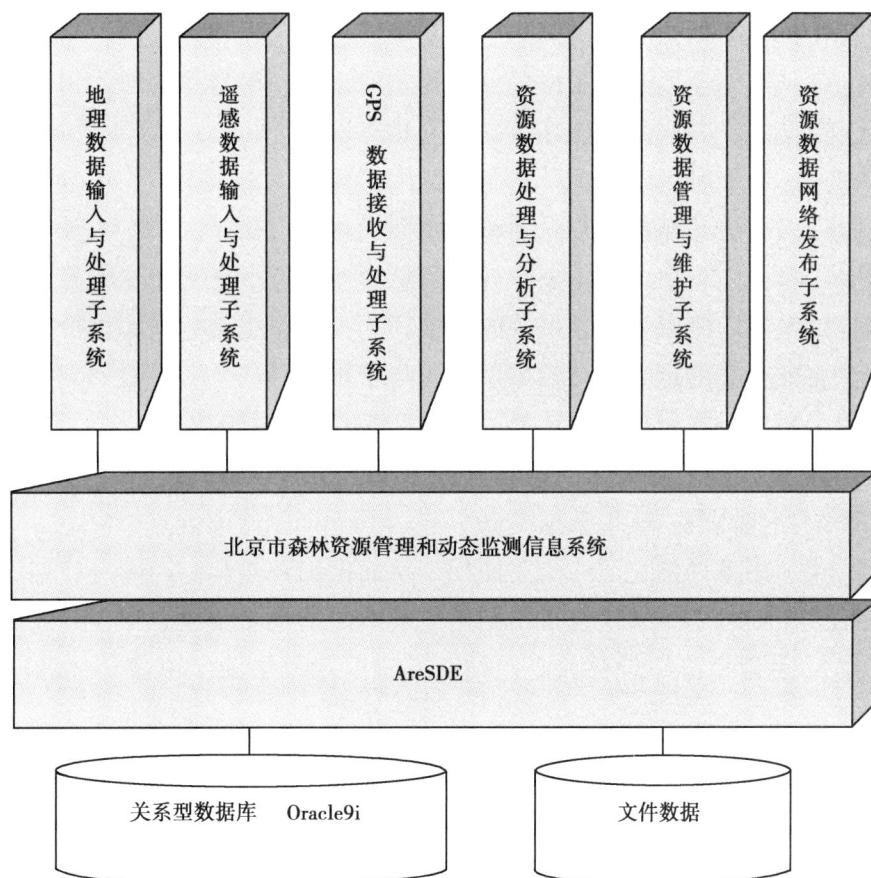

系统结构图

2. 系统功能

2.1　森林资源管理

本系统为关系型数据库系统与文件数据的混合体，属性数据和空间数据的存储、检索、处理和分析分别以关系型数据库管理系统和文件为基础完成。包括图形显示、图形编辑、图形数据输入与输出，属性数据输入与输出，图形数据与属性数据的相互查询，数据库查询等。具体功能如下：

① 材积公式定义：修改或输入新的材积公式。

② 生物量信息的采集和入库：结合具体生物量指标，来收集整理相关数据。

③ 材积公式参数适用区域定义：给材积公式参数指定适用区域。

④ 样木材积计算：按定义的材积公式和参数计算单株材积。

⑤ 样地蓄积计算：在计算单株材积的基础上，计算样地的各类蓄积。

⑥ 抽样统计：按抽样方法和给定的总体特征参数统计总体的各类型面积与蓄积，即计

算其面积和蓄积的抽样估计值。在这里，只需提供总体活立木蓄积估计值

⑦ 图形数据输入：使用手扶数字化仪器实现点、线、面等矢量格式的图形数据录入。

⑧ 图像数据录入：使用扫描仪实现栅格格式的图像录入。

⑨ 属性数据的录入与编辑。系统与后台 Oracle 数据库相连接实现数据库人工更新。

⑩ 图形数据的编辑：对点、线、面等空间对象进行编辑操作。

⑪ 无缝漫游：实现对全局或者图形局部进行实时浏览，漫游等操作。

⑫ 表图互查：实现空间对象与属性数据的互相查询。

⑬ 数据库查询：查询其属性满足一定条件的图形数据。

⑭ 面积平差：按官方公布的行政区面积对图面面积进行平差。

⑮ 蓄积平差：将样地子系统抽样统计得到的总体蓄积与小班调查总体蓄积进行比较，如果差值大于规定的范围，则以样地子系统的总蓄积为准，对小班数据库进行平差。

⑯ 报表统计：按报表的定义统计各类型面积与蓄积。

⑰ 成果输出：将成果打印输出或转换成 Excel 格式的文件输出。

⑱ 空间叠置分析：用来更新数据，通过同一小班不同时期的遥感数据互相叠加，从而可以得到林相图的变化情况，实现数据更新。

⑲ 缓冲区分析：用来评估灾区的受灾面积，从而做出补救和生产恢复计划。

⑳ 最短路径分析：可以用来快速找出到达受灾地区的最短路径。

㉑ 通视分析：可以用来布设林业监控站，通过特定算法给出覆盖全林区的又没有盲点地区的监控网点。

㉒ 数据转换：系统可以读取多种格式的图形数据，如 DXF 格式、Shapefile 格式、E00 格式、Coverage 格式、GPS 格式数据文件、遥感影像数据。

2.2 森林资源动态监测

该部分主要应用 ERDAS IMAGINE 遥感图像处理系统软件，实现主要功能如下：

2.2.1 数据输入 / 输出

支持多种图像以及矢量数据格式的输入和输出及双向转换，支持多种格式图像文件的直接调入。

2.2.2 数据浏览

图像、矢量数据、专题数据的显示、查询工具。还可以实现 GPS 实时连接：将 GPS 和 PC 终端的串口联结，则它们之间可以进行数据传输。

2.2.3 专业制图与输出

支持矢量的图例和注记，支持复合线形，批处理过程：支持同时处理多个文件的能力，将多个过程合并为一个处理链，设定处理时间。自动实现了多个文件的输入 / 输出。

2.2.4 投影变换

支持多种投影坐标系，实现遥感影像的无缝拼接与镶嵌。

2.2.5 图像库管理

图像库及图像信息管理，包括与矢量地图结合的图像库索引查询、管理和存取。

2.2.6　其他工具

图像配准工具、几何纠正工具、分类工具、基本的非监督分类工具等。

2.2.7　与 ESRI GeoDatabase 集成

ERDAS IMAGINE 支持 GeoDatabase，当前的 IMAGINE 可以访问下列数据：个人 Geodatabase、Enterprise Geodatabase、ArcIMS 客户。

3. 系统软硬件环境

3.1　系统软硬件环境

（1）硬件环境：应用服务器一台、数据服务器一台、PC 机若干、GPS 接收机若干。

（2）操作系统：Windows2000/Windows2003 Server/XP。

（3）后台数据库管理系统：Oracle9i。

（4）地理信息系统软件：ArcGIS9.0 Desktop、ArcSDE、ArcIMS。

（5）遥感影像处理软件：ERDAS IMAGINE。

（6）前台开发环境：VC++ 结合 ArcObject。

Oracle9i 是大型的数据库管理系统，它以关系表的形式提供物理存储，对数据库的空间数据和属性数据进行管理。Oracle9i 验证用户浏览或者修改数据的权限，为事务的处理提供了一个良好的事务处理环境，确保了数据的安全性和一致性。

ArcGIS9.0 该软件在世界 GIS 软件市场始终保持着全球第一的市场占有率。目前在国内 ArcGIS 也具有广泛的用户，用户已经达到 1800 多个，在 40 多个行业有成熟的合作伙伴。ArcGIS 9.0 桌面系统主要由三个既可独立运行又可协同操作的应用程序组成：Ar cm ap、ArcCatalog 和 ArcToolbox。在这三个拥有 Window 界面的应用环境中，我们可以很方便地完成从简至繁的各种 GIS 任务，包括制图，数据管理，地理分析，数据编辑维护和空间处理。

ArcSDE 是客户端和 Oracle9i 数据库管理系统沟通的桥梁。ArcSDE 为 Oracle9i 数据库管理系统解释空间数据，把客户端的请求转换为 Oracle 能够理解的 SQL 语句，使 Oracle 能够正确读写存储在数据库表中的几何图形数据。由于 ArcSDE 采用的是客户端 / 服务器体系结构，大量用户可以同时并发地对同一数据进行操作。

ArcIMS 是一个通过中心网络门户来发布 GIS 地图、数据和元数据的有效解决方案。使用 ArcIMS 构建的 GIS 网站允许任意数量的用户通过企业局域网或 Internet 进行访问。

3.2　系统应用体系结构

当前流行的应用体系结构主要有客户机 / 服务器（Client/Server，简称 C/S）模式和浏览器 / 服务器（Browser/Server，简称 B/S）模式，这两种模式各有利弊。考虑到不同层次用户的实际需要，我们将以客户机 / 服务器模式为主，构建应用系统，借助于 ArcIMS 软件来实现浏览器 / 服务器模式下的数据访问与浏览。

3.3　系统实施技术流程

森林资源管理和动态监测信息系统的总体技术路线是：在应用 ARCGIS9.0 软件和 ER-DAS IMAGE 遥感图像处理软件的基础之上，结合 ArcObjects 来完成整个系统的开发工作。

3.3.1 森林资源管理技术流程

ArcObjects 是 ESRI 公司 ArcGIS 家族中应用程序 Ar cm ap，ArcCatalog 和 ArcScene 的开发平台，它是基于 Microsoft COM 技术所构建的一系列 COM 组件集。它拥有 1800 多个组件，几百个具有良好文档说明的接口和数千个方法（Method），足以满足森林资源管理和动态监测信息系统建设的需要。

ArcCatalog 和 Ar cm ap 的基础是微软的组件对象模型（COM），COM 是创建组件和建立应用的编码标准。它允许将组件插入其他支持 COM 的应用中。由于 ArcGIS 是完全 COM 化的，对于需要对 ArcGIS 进行结构定制和功能扩展的高级开发人员来说，这非常具有吸引力。任何 COM 兼容的编程语言，如：Visual C++，delphi 或 Visual J++ 都能用来定制和扩展 ArcGIS。

在系统开发组织和监控管理方面充分利用先进的软件开发工具，结合瀑布模型和快速原型方法，将系统的开发过程划分为以下几个阶段：

（1）总体规划阶段——对项目进行调研、分析和规划，确定总体系统框架和总体方案。

（2）设计阶段——进行系统分析、概要设计和详细设计，完成空间数据库设计和数据库建设作业规范和质量控制方案。

（3）开发建设阶段——本阶段完成数据库系统的数据录入，数据库的建库。

（4）测试、验收和试运行阶段——对 GIS 空间数据库进行细致的测试和验收。

（5）培训阶段——试运行一段时间之后，对各个业务科室的业务管理人员进行专业化的 GIS 培训，达到初步使用的应用水平。

3.3.2 森林资源动态监测技术流程

根据北京林业实际工作的需要，采用 TM 和 SPOT 数据作为基本的遥感数据源，通过数据处理、信息提取和遥感技术、结合实地调查，完成北京市森林资源的动态监测工作。具体技术流程如下：

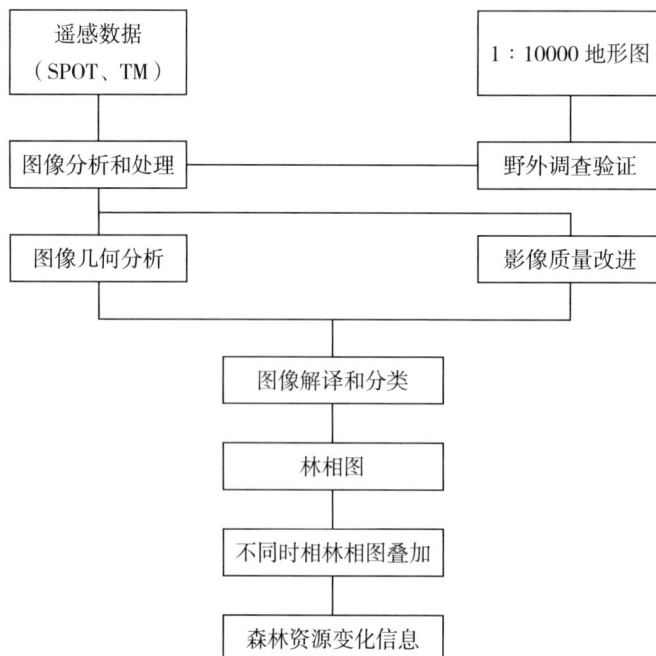

附件 8

林业电子政务建设工程

一、电子政务现状及需求

1. 国际国内情况

随着全球网络化和信息技术的飞速发展，发达国家都把建设"电子政府"看成新经济模式下提高综合国力的一项重要手段。近年来，我国政府也在大力推进电子政务，2003 年全球电子政务调查显示，中国电子政务成熟度为 26.4%，属于电子政务建设的起步阶段。

2. 建设现状

在政府号召下，市林业系统结合政府机制改革，运用现代信息技术手段，探索性地开展电子政务项目建设。电子政务逐渐成为首都绿化林业行业提高政府行政能力和衡量行业竞争力的重要标志，通过电子政务建设节约成本、高效办公、扩大为市民服务来树立林业部门的政府形象。

最近几年，各绿化林业部门都建立了的网站，实现了政务信息在网站上的发布和公开，企业和市民能够通过访问网站来了解林业部门的内部机构、行政职能、部门领导、联系方式等信息，还可以查阅林业重点工程项目投资情况和建设进度等内容。需要办理事务的，能通过网站查阅业务流程和一般办理时限等信息，可以在线下载和打印办事表格预先填写，减少上门办理次数，基本体现了全市电子政务建设的指导思想和要求。

通过建设办公自动化 OA 系统达到整合内部信息资源、加强信息交流、推动信息共享的目的。在改进办公流程的基础上，改善 OA 系统功能模块，进一步明确数据责任，实现信息的流转和转发，从分散式的单点信息交互，走向内部流程的协同办公。同时，其他网络办公应用系统也得到普及和推广，并取得很好的应用效果。

2004 年林业网上行政许可办理系统建设完成，该系统统一了各项林业行政审批业务的接口。申办者只要在林业门户网站上填写材料，并提供证明和经营资质，就可以办理林木采伐、林木移植、征占用林地等方面的业务。从申办人上门办理相关业务，变成坐在家中就能完成，林业网上行政许可办理系统的建成是林业电子政务建设进入实质性应用阶段的重要标志。

3. 林业电子政务建设需求

与成熟的电子政务模式还相比，林业电子政务目前的状况还不能满足服务群体对林业部门的要求和期望，还要从以下几个方面改进：

（1）进一步完善"互动式"信息服务，为企业、市民提供更加便捷的信息交互方式，为其他政府部门提供多种方式的信息共享接口。

（2）目前建设的林业电子政务项目没有引入客户关系管理（CRM）的概念，因此对服务群体提供的服务模式单一，未能实现以服务对象为中心的个性化、多样化服务，服务的可用度不高。达到成熟的电子政务模式，需要林业政府部门进一步在分析客户管理关系的基础上扩大服务广度、加强服务深度。

（3）整合现有信息资源，加强对业务流程梳理，通过信息化功能设计改善原业务流程中不合理部分，提高各信息化服务系统的可用度。

二、"数字首都林业"电子政务系统建设目标和内容

建立"廉洁、高效、节省、服务"型的林业政府部门是实施林业电子政务建设的根本目标。通过信息技术手段，公开政务信息，提高内部办公效率、节约办公成本、优化办事程序。通过信息技术改造现有的政府部门形态，转变政府职能，改善为企业和市民提供服务的模式，最大程度地方便社会群体，推动社会生产力的发展和社会进步。

数字首都林业电子政务建设内容丰富、情况复杂，但总的来说，应重点完善以下几个方面建设：

1. 行业网站和信息发布系统建设

建立统一的行业信息门户，通过行业网站的信息发布功能向社会公众公开林业部门的内部行政信息，宣传林业工作，接受社会监督。设立信息采集、审核、发布机制，保证林业行政工作的透明度，防止暗箱操作和腐败现象发生，向社会公众发布的内容应包括：

（1）林业部门的机构设置、职能职责、领导成员、公务信箱等。

（2）林业重点工程、重大项目的立项、投入、建设进度情况。

（3）林业财政投入运营情况。

（4）林业单位机构分流和公务员制度改革情况。

（5）林业重要文件、重大决策的起草过程。

（6）林业部门的统计信息。

2. 行业内部协同办公平台建设

建立内部协同办公平台，根本的思想是将林业不同部门和机构纳入统一平台考虑，增强部门间信息的流转和转发，促进部门间的协同办公。改变旧的工作方式，进行内部资源整合，去除不必要的工作环节、提高工作效率、优化工作流程。减少通过纸张形式的公文传递，通过网络交流信息，减少不必要的会议开销。实现上述目标，需要在网络基础设施、办公自动化、电视电话会议、数据库管理系统等项目上加强建设。

3. 行政许可办理系统系统建设

建设网上行政许可办理系统，对企业和市民等服务群体通过互联网提供行政许可服务。从单项流程服务转变成开展与服务群体的多种形式互动服务，开发多种门户接口，满足不同群体对个性化服务的要求。实现与上级部门、区县林业部门和林业基层单位的协同办公，实现资源的垂直整合，改进和提高公众服务系统的功能。

4. 政务信息安全系统建设

安全体系建设是保障林业政务安全运行的关键。通过对林业电子政务系统加强安全认证、电子印章、电子签名、防火墙、入侵监测等方面的建设保障林业政务信息安全。

三、"数字首都林业"电子政务建设总体框架

1. 发展过程设计

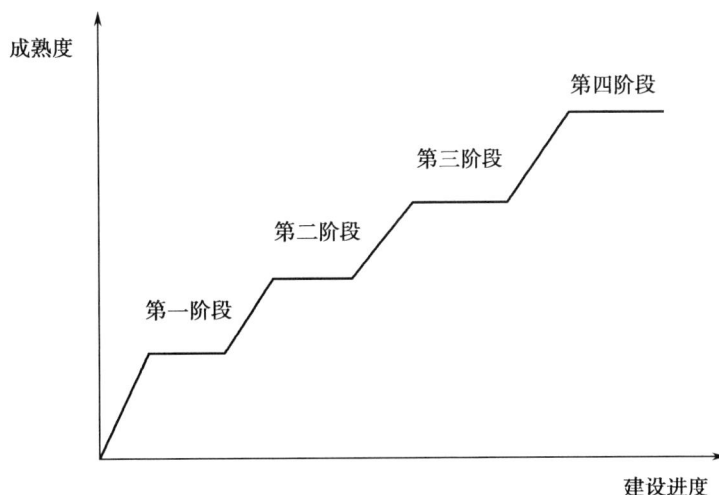

第一阶段：实现政务信息在网上的发布，开展一些以林业部门自身为中心的服务。

第二阶段：提供在线行政许可服务，将服务统一到林业行业的门户网站，开始提出要建设以企业和市民为中心的服务。

第三阶段：实现端到端的改造，开发不同应用接口，提供多种方式下的个性化服务，与服务对象实现在线信息互动。

第四阶段：引入 CRM 思想支撑林业电子政务建设，资源整合态势出现垂直变化，改造提高系统功能，增加可用度。加大林业电子政务系统培训、宣传，提高用户使用度。

结合实际的情况，数字首都林业电子政务建设已经具备了一定的基础，正处在第二阶段到第三阶段的过渡期。目前，已经实现了网上行政许可服务，服务方式由以林业政府部门为中心，向企业和市民为中心转变。下一阶段，要重点整合数字首都林业内部应用平台，实现不同系统端到端的改造，并探索性的为服务对象开发不同应用接口，提供多种形式服务。

2. 林业电子政务支撑体系和功能结构

上面的结构图，把数字首都林业电子政务建设分为四个层次：用户层、用户接口层、安全保障层、后台管理层。分别从这四个层次着手，开展林业电子政务项目建设，使建设目标更加明确。从整个数字首都林业电子政务支撑体系和功能结构考虑，有很多需要建设内容，但有几项基础性的应用和技术是要建设和完善的。

2.1　基础数据系统二次开发应用

（1）建设林业综合基础数据库，广泛采集林业产业、林业保护、林业工程类的数据，并对此类信息统计分析，产生有价值的数据结果提供查询。数据结构在设计上符合统一规范、并且为开发其他应用系统留有开发接口。

（2）建设林业地理信息系统，为电子政务系统提供有价值的信息来源。结合空间信息

```
               ┌──────┐  ┌──────┐  ┌──────┐  ┌──────┐
               │ 林业 │  │林业个体│  │ 社会 │  │ 其他 │
               │ 企业 │  │经营者 │  │ 公众 │  │ 机构 │
 用户层        └──┬───┘  └──┬───┘  └──┬───┘  └──┬───┘
 - - - - - - - - -│- - - - - │- - - - -│- - - - - │- - - - - -
                  ▼         ▼         ▼         ▼
      ┌──────┬──────┬──────┬──────┬──────┬──────┐
      │面对面│ 手机 │ 门户 │ 电话 │ 电子 │ 无线 │
      │服务  │ 短信 │ 网站 │      │ 邮件 │ 网络 │
 门户接口层└──────┴──────┴──────┴──────┴──────┴──────┘
 - - - - - - - - - - - - - - - - - - - - - - - - - - - -
         ┌──────┬──────────┬──────┬──────┐
         │ 安全 │电子印章  │ 防火墙│入侵监测│
         │ 认证 │电子签名  │      │      │
 安全保障层└──────┴──────────┴──────┴──────┘
 - - - - - - - - - - - - - - - - - - - - - - - - - - - -
   ┌──────┬──────┬──────┬──────┬──────┐
   │人工现场│工作流程│林业地理│林业综合│用户资料│
   │处理  │处理  │信息数据│共享数据│管理  │
 后台管理层└──────┴──────┴──────┴──────┴──────┘
```

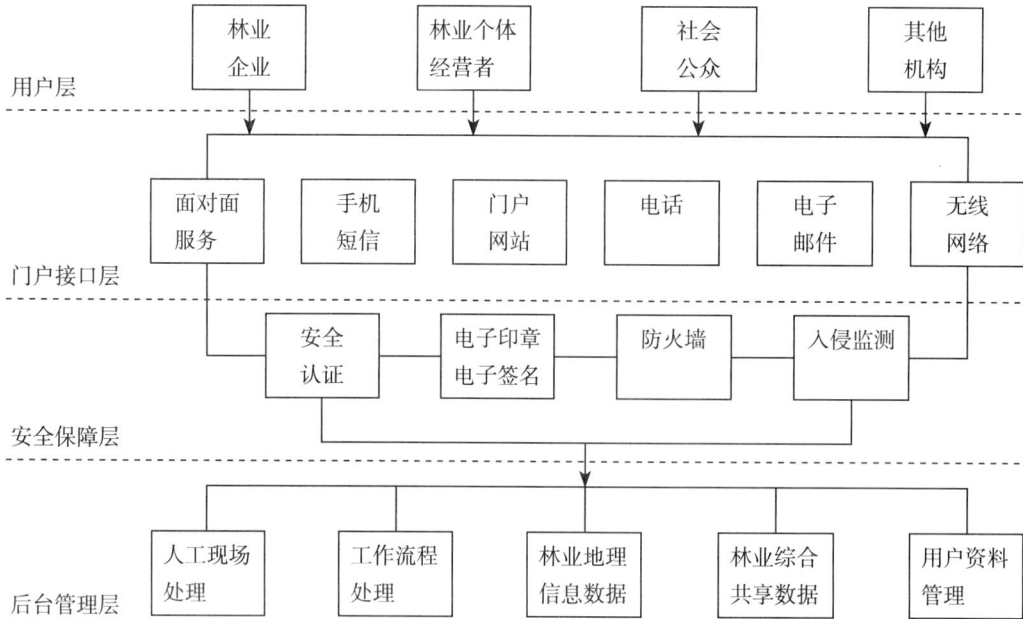

技术，在对数据进行二次开发的基础上，辅助解决林业执法和林业保护工作中的相关问题，对林业政策的制定也起到影响决策的作用。

　　2.2　建设工作流引擎

　　（1）工作流引擎能够从门户接口层接收数据，并将资料导入内部流程进行处理，资料在流程开始时接受审核，符合要求则进入下一步的处理，不符合要求的将返回资料，通知办理人。

　　（2）能够实现区县林业局、基层林业部门和市级公务人员在同一平台上协同办公，实现与其他机构和市级办公平台的协同工作。

　　（3）在规定时限内，资料和手续在内部部门、政府其他机构之间流转和转发，公务人员根据自身职责，完成分额内的事项处理，并转发给下一个流程节点。系统还要能够实现对流程的进度的控制和监督。

　　（4）用户能够在统一的门户网站上获取办理结果。

　　2.3　建设网络安全和认证系统

　　（1）在网络中添加防火墙、入侵检测、系统扫描等硬件和软件，保证网络系统的安全和稳定。

　　（2）对服务对象、系统使用者和系统维护人员作明确的安全等级划分，并根据不同的安全等级赋予不同的权限。

　　（3）通过 CA 认证、指纹验证、电子印章、电子签名等安全认证技术，保证系统用户的唯一确定性，确保政务信息在流转过程中的安全。

　　2.4　建立面向服务对象的多种信息交互途径

　　除行业网站外，建立诸如电子邮件、手机短信、无线网络等多种服务种类，满足不同服务对象对信息服务的需求，实现个性化服务。

2.5　建设服务对象关系管理系统

建立服务对象关系管理系统，将服务群体分成企业、经营个体、一般市民、其他机构等，在进行关系分析的基础上设计服务项目、服务内容和服务方式。为不同的服务对象提供不同的服务项目，以服务对象为中心，从横向、纵向全面考虑整合资源，在整合内部资源的基础上设计工作流程，最大程度地方便服务对象。

四、实施技术流程

开展数字首都林业建设，需要合理的规划、科学的管理。从总体技术流程上把握好项目建设规范，是每一个数字首都林业电子政务项目成功的保障。针对电子政务项目建设的特点，采用的一般技术流程如下：

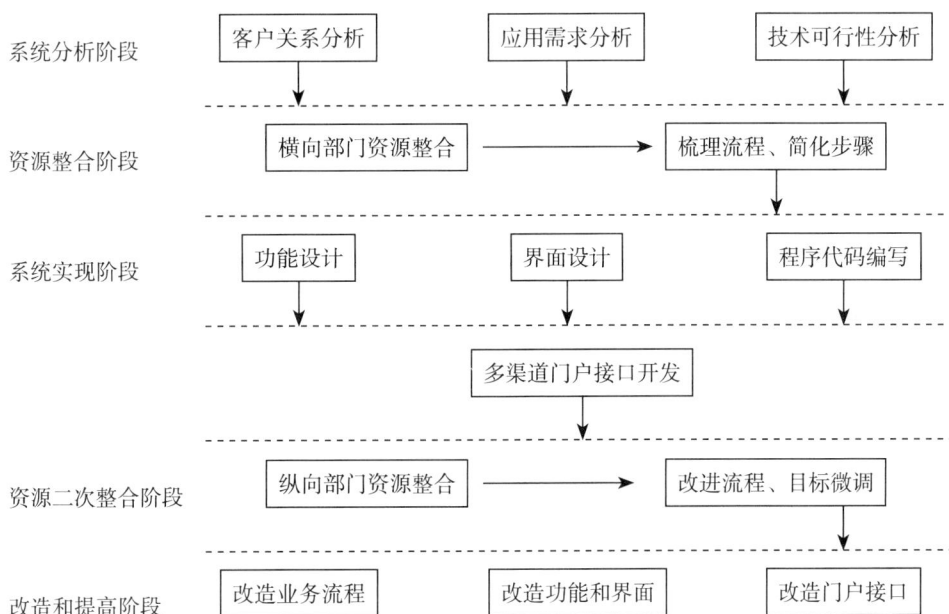

系统分析阶段	客户关系分析	应用需求分析	技术可行性分析
资源整合阶段	横向部门资源整合 →		梳理流程、简化步骤
系统实现阶段	功能设计	界面设计	程序代码编写
		多渠道门户接口开发	
资源二次整合阶段	纵向部门资源整合 →		改进流程、目标微调
改造和提高阶段	改造业务流程	改造功能和界面	改造门户接口

附件 9

林业生态工程管理信息化建设工程

一、林业生态工程管理现状及需求

林业生态建设在首都现代化建设中占有重要地位，北京市政府提出以大型林业生态工程建设来改善提高首都的生态环境质量实现建设绿色首都的发展要求。近年来逐步启动一大批林业生态工程，如城市隔离地区绿化带建设工程、"五河十路"绿色通道建设工程、卫星城小城镇建设造林绿化工程、防沙治沙工程、水源涵养林工程、水土保持林建设工程、山区景观再造工程、十大森林景区建设工程等。

目前部分林业生态工程已经开始实施，积累了大量的数据，建立了一些工程管理信息系统，如数字隔离地区绿化带工程管理系统、防沙治沙工程系统。但是这些数据和系统都是相互孤立，不能进行数据共享，也不能实现各政府管理部门的协同办公。随着林业生态工程项目的增多，项目建设速度的加快，对林业生态工程项目的管理提出了越来越高要求，现有的管理方式已经不能满足要求，主要是现在以下几个方面：

1. 各管理部门缺少统一的数据基础

启动这些大型的林业生态工程牵涉到市发改委、财政局、园林局、水利局、林业局等众多的政府部门，但是目前部门间缺乏协调、各种数据资源不能共享。这样致使在相同项目区的公共基础数据重复调查采集，不仅耗费大量的人力物力，而且不能保证数据的一致性，更重要的是相互影响的项目之间不能共享信息资源从而影响政府部门的决策管理。

2. 各管理部门缺少统一协同管理平台

目前林业生态工程项目相关的政府管理部门没有协同管理平台，对工程不能统一规划、统一实施和统一管理，各工程自为政，办公效率低，出现工程交叉重叠，重复投资建设。比如实际的工程造林面积由于不同项目的重复统计，数字出现成倍数的虚增长，使管理者难以客观评估工程项目的建设成效，更严重的是妨碍政策和职能部门对林业发展做出科学决策。如何协调各部门之间的关系，实现各种林业生态工程资源信息共享，达到高效率的协同办公是当前迫切需要解决的问题。

3. 对林业生态工程资料的管理问题

对工程资料的管理目前还没有一个完整的系统，大部分管理部门对林业生态工程项目资料（如图纸资料、技术资料、统计资料等）的管理仍然是传统的纸质档案袋式管理或者是运用计算机简单的存储管理。这种传统的管理方式难以对大量的工程资料进行有效规范的管理、方便快捷的查询检索，资料的及时更新得不到很好的保证。行政主管部门要查阅一份往年的工程项目资料、统计出一张特定的工程项目图表，需要花费大量的人力物力。档案袋式管理工程项目的尤其不科学之处在于难以对不同地理位置或不同年度的工程项目进行直观的对比分析，从而对科学地审批或追加项目造成很大的困难。

4. 林业生态工程监测评价及验收问题

目前的监测手段和方法不能及时准确地掌握林业生态工程区域，特别是天然林核心保护区及重点工程区域的变化情况，对工程的实施效果也没有相应的评价指标体系和方法。对工程验收时，仅依靠常规的调查统计手段很难保证各地上报数据的及时性和准确性。而通过利用两个时点的遥感数据，可大范围地获取工程实施进度和状态信息，并与地面样地调查相结合，对同地不同时点的和同时不同地点的各种变更情况进行对比分析、定性定量的验证，可以及时、全面、准确地反映林业生态工程区域的变化情况和趋势。

为了解决上述问题，政府管理部门迫切需要借助于地理信息系统（GIS）、遥感技术（RS）、全球定位系统（GPS）、数据库、虚拟现实、网络等先进的技术手段实现林业生态工程管理信息化，保证各政府部门资源共享、协同办公，提高林业生态工程项目管理工作的自动化、规范化和科学化水平。同时林业生态工程管理信息化也是"数字首都林业"的有机组成部分之一。

二、系统目标及内容

林业生态工程项目管理信息化工程是建立在完备的基础地理数据库和林业资源数据库基础上，直接面向林业生态工程相关的各政府管理部门，用计算机辅助工程管理及决策。通过全面分析，系统主要实现以下几个目标：

1. 实现各政府管理部门的信息共享和协同办公

林业生态工程管理信息化工程建立在"数字首都林业"基础平台上通过利用其已有的网络和各种数据资源，实现各政府管理部门间协调、信息共享、统一规划、统一实施和统一管理，提高工作效率。

2. 实现项目的科学审批

通过地理信息系统（GIS）、遥感技术（RS）、全球定位系统（GPS）高度集成特别是高精度的卫星观测途径，结合其他地面观测和实地调查手段来获得与工程实施相关的所有自然和社会的现状数据；然后利用计算机把这些现状数据和历史数据与目标相关的实用模型结合起来，在计算机网络系统里把真实的工程状态和进程进行模拟出来，从而使各个相关的实施和管理部门能够及时准确的把握工程区域内的情况及其相关现象，对林业生态工程项目进行科学的审批工作，以减少失误并提高决策的水平。

3. 实现林业生态工程项目的监测管理

利用计算机信息管理的一致性、准确性和全面性特征，对正在实施的工程进行动态的、全方位的审查监测，对工程资金、进度等进行监控，根据实际情况对工程进行调整，使得实施的工程管理能更有效的进行。

4. 实现林业生态工程项目的评价验收

系统能利用地理信息系统（GIS）、遥感技术（RS）、全球定位系统（GPS）技术并紧密结合实地考核，根据评价的指标体系对工程进行评价和检查验收，实现在计算机上辅助验收，使验收更加全面、方便快捷、科学准确。

5. 实现项目的可视化管理

系统能为决策部门提供直观可视的决策依据，为施工管理提供一个科学方便的可视化工具，以利于指导施工，及时发现问题和及时解决问题，提高工程管理水平。

三、系统总体框架

1. 系统数据流程

根据林业生态工程管理的业务分析得出其数据流程图，如下所示：

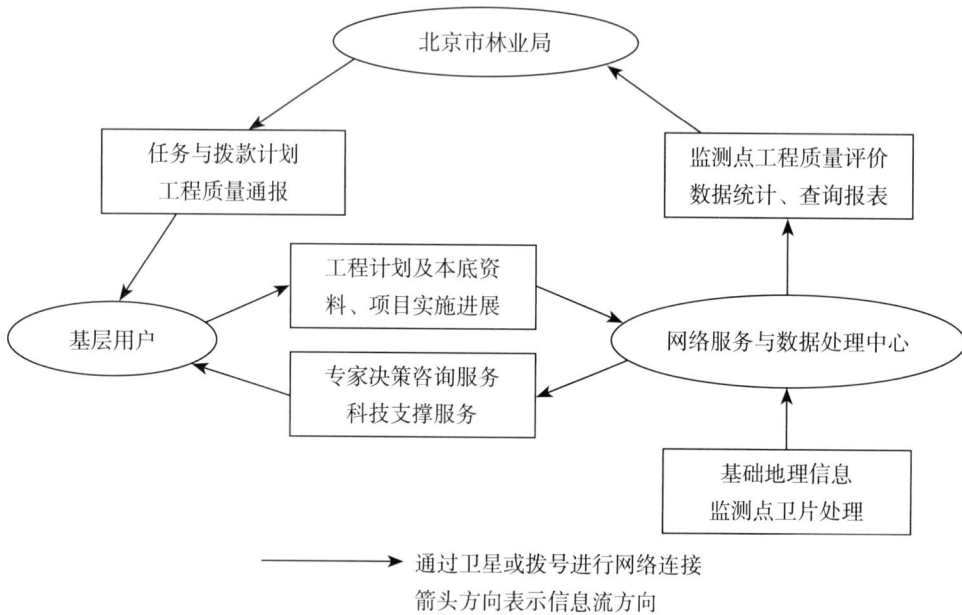

林业生态工程项目审批数据流程图

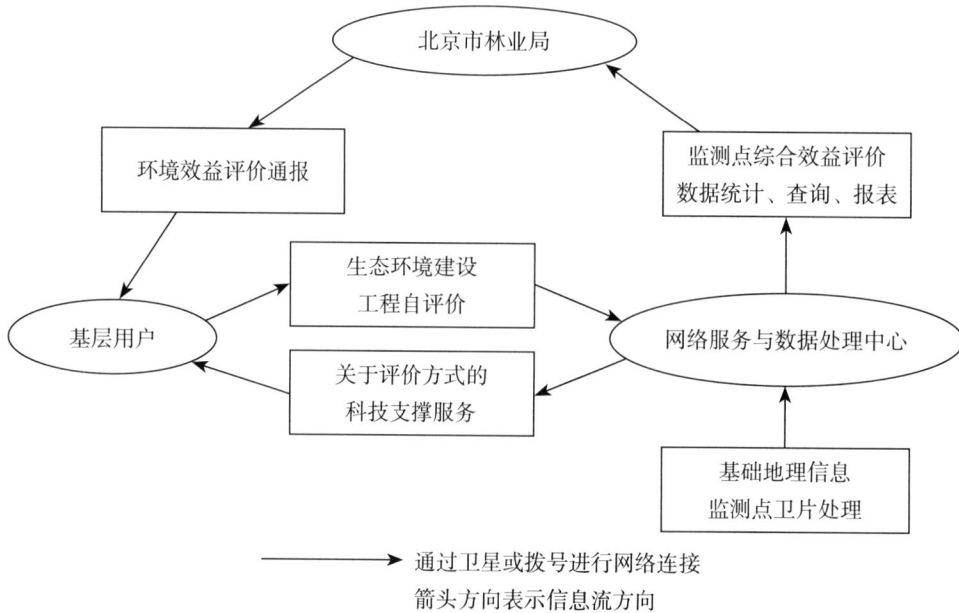

林业生态工程项目评价数据流程图

2. 系统功能结构

系统主要用于林业生态工程项目的管理，协助完成政府的行政职能。系统按政府部门审批项目、监测项目、验收项目的工作业务流程来设计，下图为林业生态工程项目管理信息化工程按行政管理职能划分的系统功能结构图。

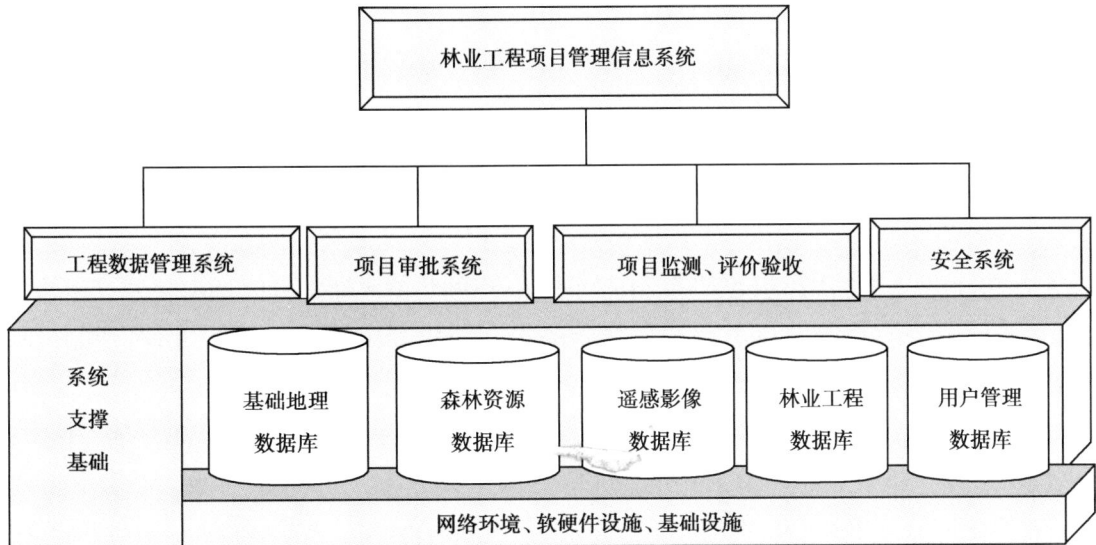

系统功能结构图

2.1　工程数据管理系统

（1）各相关政府管理部门通过网络，根据系统分配的权限对所有工程区的基础信息和工程项目数据的修改、增加、删除、查询等功能，实现信息共享和协同办公。

（2）林业资源的空间信息浏览与查询统计功能：系统数据管理部分不光要管理好属性数据库，而且更重要的是管理空间数据。系统能十分方便地浏览林业资源的分布情况，并且能按用户要求，查询统计特定类别的或处于特定地理位置的林业资源。

（3）林业生态工程的浏览与查询统计功能：系统可以方便地分年度，分季度，分行政区划等浏览工程项目的分布情况，对同一工程能够显示分析其不同年度的实施情况。

2.2　工程项目审批系统

（1）项目比较：现审批项目与数据库中大概相同地理位置或历史上同类项目的比较功能。在同一地理位置，历年来审批立项过哪些项目，它们的关系如何。同种类型的项目，历年来审批立项过哪些项目，它们的关系如何等。通过项目的时间上和空间上的对比，有利于政府管理部门进行下一步项目的审批工作。因此，系统能做到通过模糊地理位置和精确空间位置两种方式查询显示项目空间位置，又能通过模糊项目名称查询同类项目。

（2）虚拟现实三维模拟：对于现审批项目，根据它的空间位置，通过DTM（数字地形模型）技术和DEM（数字高程模型）技术直观地虚拟出所处的三维立体环境，比如可以直观地观察它所处的高程，坡度、坡向、水系环境、自然资源环境等等，而这些因素是审批林业生态工程项目所必须考虑的问题。

（3）审批报表、图件的输出：对于一个审批的项目，根据项目类型、规模等，按行政管理要求输出特定格式的报表或图表。

2.3　工程项目监测、评价验收系统

（1）工程项目的监测：与人工审核、监测项目相比，系统的一个突出特点是能节省大量的人力物力，实时地监测工程项目的进展及质量，还能在项目验收阶段，辅助实地验收，做到在计算机上验收项目。系统通过处理航空、航天等遥感影像结合 GIS 和 GPS，对工程的面积、空间地理位置和工程的整体效果等进行监测。

（2）评价验收：通过遥感和地面调查所获得工程相关的各种效益数据，结合评价指标体系对工程的各项效益进行科学评价验收。

（3）空间关系分析：包括对点、线求缓冲区，可以解决诸如：对于某一条特定的交通线路，在它两边 1 公里范围内，坡度小于 10° 的区域；空间量算功能，可以选取任意选取多边形，以确定它的面积、周长等信息。对项目实施的实际地块和项目规划地块进行空间叠置分析以监测项目的实施情况。

（4）虚拟现实三维模拟：系统通过三维技术和模型分析，可以直观地观察项目区周边的环境，也可以详细地观察项目开展情况。

2.4　系统安全

林业生态工程项目管理信息化工程是多用户、开放式的系统，但同时它是政府部门管理工程项目的系统，因而具有很高的安全要求，这里的安全包括物理上的、数据的、网络的多个方面。在用户管理方面使用两级用户认证，来提高用户认证的可靠性，防止非法用户的进入；建立完善的授权机制，为不同的用户提供适合的访问权限，使用户不能越权使用系统，以防机密数据的流失。

3. 软硬件环境

数据库服务器：戴尔公司的 PowerEdge 2600 服务器。

CPU：配置数量 2 个，主频 2.4G，二级缓存 512K，最大可扩充至 2 个。

内存：配置 2G 内存；可扩至 6GB。

硬盘：配置 2 *36GB，最大热插拔槽数拔 6。

硬盘控制卡：配置 RAID 卡，支持 RAID 0，1，5 等。

网卡：1000 兆网卡。

电源：冗余电源、冗余风扇。

其他：提供 8XDVD，软驱，机柜式。

应用系统服务器：戴尔公司的 Poweredge 1600SC 服务器。

客户端 PC：奔腾Ⅲ及其以上的普通 PC 机。

操作系统：服务器端采用 Windows 2000 Server 版，客户端采用 Windows 9x、Windows2000 Profession 版或 Windows XP。

地理信息系统软件：ESRI 公司的 ARCGIS 软件。

数据库管理系统软件：ORACLE 公司的 ORACLE 数据库管理系统。

开发工具：VC、DELPH、VB。

四、实施技术流程

林业生态工程管理信息系统的技术工作流程如下图所示：

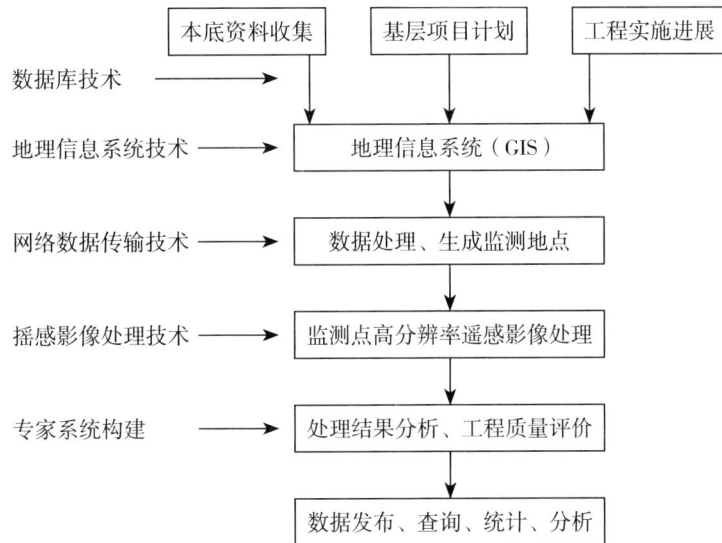

技术工作流程图

附件 10

林业产业服务信息化建设工程

一、现状及需求

1. 林业产业概况

改革开放以来，北京林业走上了多种经营、以副养林、全面发展林业经济的道路。范围涉及种植业、养殖业、加工业、旅游业等领域，果树、花卉、速生丰产林、林木种苗及森林旅游等产业形成并迅速发展，林业产业已逐步成为郊区经济发展的重要支柱产业。

森林旅游：1993 年首都林业系统提出"立足保护、适度开发、突出特色、引资共建"发展森林旅游事业。2003 年，各森林公园和森林旅游单位在基础设施改造、优化旅游路线上狠下工夫，森林旅游区开发到 23 个，接待国外游客 180 多万人次，带动郊区经济的发展。

果树产业：按照《北京市果品产业战略发展规划》要求持续健康发展。2004 年，果品产量 7.8 亿公斤，果品收入 18.1 亿元，分别比上年增长 3.6% 和 5.6%，再创历史新高。开放观光采摘果园达 400 余个，面积 22 万余亩，接待游人 335 万余人次，采摘收入突破亿元。全市设施果树总面积达 1.14 万亩，总收入 5667 万元。

花卉产业：北京的花卉生产历史悠久，辽金时期北京地区即有芍药、牡丹、荷花栽培。随着改革开放政策的不断深入，北京市人民生活水平得到提高，国际交往增多，旅游业日渐发展，人们对花卉的需求也越来越大，北京地区花木生产迅速恢复并稳步发展。

林木种苗产业：优质苗木是绿化造林工程建设快速、健康发展的基础。北京种苗业发展迅速，全市育苗面积由 2000 年的 10 万亩发展到 2003 年的 36 万亩，发展育苗点 2936 个。目前林木种苗业多元化、规模化、产业化生产基本形成，逐步成为京郊经济发展新的增长点。

蜂产业：近年来，京郊养蜂业发展迅速，培养了庞大的蜂产品市场，形成了繁荣的蜂产品加工业。

速生丰产林产业：北京结合农村种植结构的调整，三北防护林建设、绿色通道、防沙治沙、农田林网等林业重点工程，大力展开了速生丰产林建设，现有速生丰产林达到 28.5 万亩，林木蓄积量每年增长 1.5 万立方米。

2. 产业信息化建设概况

林业产业信息化工作是实现北京林业产业发展战略目标的重要保障，是保持林业产业持续、健康、快速发展的重要手段，是"数字首都林业"建设目标的重要内容。2001 年北京市林业局加快了林业产业信息化建设步伐，加强了林业产业服务信息化工作，开发建成了林业产业数据库、林业产业网站群等基础信息化工程。

林业产业数据库：包括果树产业数据库、花卉产业数据库、林木种苗数据库、森林旅游数据库等行业数据库。其中果树产业数据库包括果树品种数据、标准化生产基地数据、观光果园数据、果树生产标准数据、果品加工企业数据等；林木种苗数据库包括林木种苗企业数据、林木种苗证照管理数据、林木种苗质量检验人员数据、林木种苗生产管理数据等。这些专题数据库是服务北京林业产业发展的重要信息资源。

林业产业网站群：包括果树产业网、花卉产业网、林木种苗网、森林旅游网等行业专业网站。林业产业网站群利用网络信息传递速度快、交互性强的特点，设计了具有行业特色的专题栏目，提供相关政策、技术、市场等信息服务，是宣传林业产业的重要窗口，是林业产业管理部门、生产企业和消费者之间沟通的平台。

3. 问题和需求

林业产业从投入到产出的周期长，但投入后受益时间也长，在这样的情况下，生产者、投资者看到投资林业产业的良好收益的同时也对长期投资带来的风险产生顾虑。因此，提供及时林业产业信息，尤其是分析性、指导性的信息服务，对增强生产者和投资者的信心，扩大产业规模至关重要。虽然通过几年的林业产业信息化建设，积累了一定的信息资源，建立了面向社会信息沟通的渠道和信息服务的窗口，但是还存在着信息沟通不畅和信息质量不高的情况。

林业产业分为产前、产后、产中3个阶段。从林业种植业这条主线进行分析，产前阶段存在对种植品种选择、行业发展的趋势预测、对投资风险的分析等需求。产中阶段存在对种植品种的养护、病虫害防治、减少自然灾害、市场的预测等信息需求。产后阶段存在对交易信息发布的需求，这个阶段也是林产品加工的产前阶段的开始。因此，需要从林业产业产前、产中、产后3个阶段入手，解决数据收集、分析、共享、发布、利用等方面的信息服务。

二、目标及内容

利用地理信息技术、网络及数据库技术，建立北京市林业产业服务信息系统，完善数据采集机制，林业产业管理部门、龙头企业、产销协会等共同参与林业产业信息平台的建设与维护。通过信息化手段带动整个林业产业的管理和服务水平的提高，实现林业产业向数字化、科学化、规范化方向发展。

林业产业信息化建设的基本内容：①建立林业产业信息系统，实现信息的采集、整理、分析、发布的全程控制。②整合林业产业的信息资源，提高信息质量。③完善林业产业信息化规范标准，提高林业信息资源的管理和应用水平。

三、总体框架

林业产业信息平台的建设基于"数字首都林业"总体框架，根据林业产业发展的实际情况进行了细化，设计为以下基本框架。

1. 建立统一的安全保障体系

系统的运行根据不同的状况设计安全策略，以保障用户稳定安全的使用系统。根据不同情况需要考虑的安全策略不同。①根据运行环境设计安全策略。系统由于部署在不同的运行环境对安全技术的要求产生差异。例如林业产业统一对外发布系统需要部署在互联网

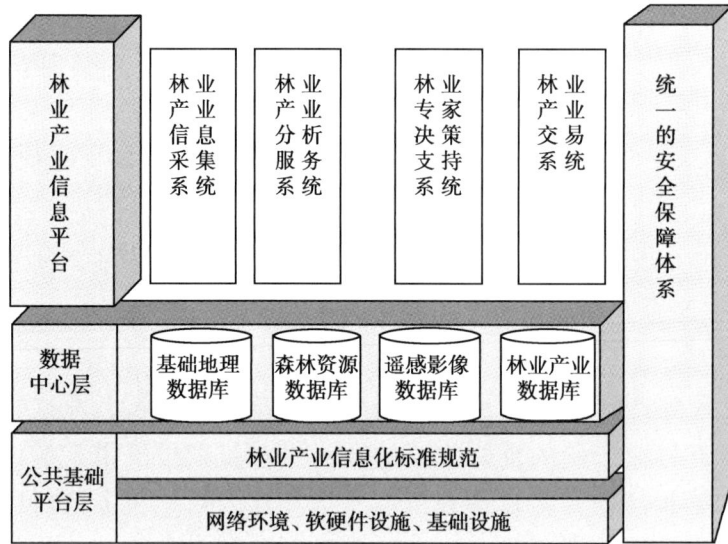

上，根据这一环境结合"数字首都林业"基础平台的特点设计方案。②根据使用对象设计安全策略。林业产业信息系统使用的范围较广，企业、政府、组织、个人都不同程度的使用该系统。由此可知，需要从整体考虑系统的安全性，建立统一的安全保障体系。

2. 完善林业产业数据库

在林业综合数据库的框架下建设专业数据库，开发林业产业数据库。该数据库包括果树产业数据库、花卉产业数据库、林木种苗数据库、森林旅游数据库等。采用数据层与表示层独立的结构，便于技术更新和功能的调整。

3. 建设林业产业信息化规范

加强林业产业信息化规范建设，在"数字首都林业"规范体系的基础上构架林业产业的信息化标准。包括产业行业生产规范、产业平台交易标准等。

4. 建立林业产业数据采集系统

数据是系统的核心，功能完善的系统缺乏数据将影响系统正常使用。建设林业产业数据采集系统，实现花卉、果树、种苗等产业数据的采集工作。决策支持系统和统一对外发布的系统提供数据支持。林业产业数据采集系统主要解决如下问题：

（1）格式化数据的采集。目前常见数据格式为非格式化数据，虽然这种数据在展现和书写上相对简单，但不利于数据的管理和关键信息的抽取。例如果树品种信息有严格、专业的数据项，将这些信息按照一定规律填写保存起来，可以满足复杂的统计查询需求。

（2）离线数据的采集。网络条件好的地方可以通过网络填写数据，但考虑到信息录入人员的网络环境、数据的复杂程度等因素，使用电子表格等常见方式满足数据更新的需求。例如苗木的出圃计划通常变化大、更新快、数据多，如果采用将填写好的数据一次导入可以节约数据录入的时间。

（3）网络数据的采集。目前互联网信息资源十分的丰富，需要搜索、查询、保存这些信息。引入数据抓取引擎定期对含有特殊关键字的网络信息进行检索，并把这些数据自动保存到林业产业的数据库中。

（4）具备传统的信息管理系统（IMS）的常用功能。如数据的添加、修改、查询、统计等。

5. 建立林业产业发布交易系统

5.1　生产布局动态信息的反映

通过数据采集系统的收集和分析服务系统的处理，通过信息网络及时发布各行业生产信息，并达到对林业产业的生产和经营的区域化布局的全面、及时、准确的反映。

5.2　市场行情信息的动态发布功能

准确、及时、动态的发布林业产业的市场行情信息包括果树、花卉、种苗方面的林业产品信息。使平台信息可以实现价格走势分析和行情预测等功能。

5.3　网上交易功能

支持严格用户资料审核和操作流程的记录；支持子系统的远程维护和使用记录；支持用户的个性化服务；支持各种供应信息和需求信息的自主录入发布；支持信息的自动匹配和推荐；支持供求双方的在线洽谈；支持电子邮件、视频、语音等方式的交流；实现查询、统计、报表等。

6. 建立林业产业分析服务系统

提供林业产业发展情况的分析功能，使用林业信息资源包括基础地理信息资源、遥感数据资源等，实现产业分布情况的规划和监测。通过地理信息技术和遥感技术摸清行业的分布情况，便于管理部门完成产业结构的调整和林业产业的宏观调控。该部分采用地理信息技术对林业产业的分布情况进行直观的展示，利用数据采集系统收集上来的数据完成各种林业产业专题图的生成。对数据采集系统、发布交易系统收集数据进行汇总统计，并以柱状图、饼状图、统计报表、透视表等形式提供分析服务。

7. 建立林业产业专家决策支持系统

林业产业专家决策支持系统是模拟专家解决某领域专门问题的程序系统，是利用计算机模拟人脑从事推理、规划、设计、思考和学习等思维活动，解决专家才能解决的复杂问题。林业产业专家决策支持系统以林产品生产专家支持子系统为主，是在国内外同类研究的基础上，以高产、优质、高效为目的，将高产经验和专家经营、模式化栽培及计算机模拟和人工智能的理论与方法等融合在一起，在大量的田间试验和生产示范的信息反馈基础上建立。

8. 软硬件环境

①数据库服务器：建议部署在办公内网中，可以使用公共的数据库服务器。

②外网应用服务器：建议使用单独的 PC 服务器，也考虑与其他应用系统集成在同一服务器。

③应用系统服务器：建议使用单独的 PC 服务器部署在办公内网中，可与其他应用系统集成在同一服务器。

④客户端 PC：奔腾Ⅲ及其以上的普通 PC 机。

⑤操作系统：服务器端采用网络操作系统，客户端采用有良好视窗界面的操作系统。

⑥数据库管理系统软件：采用主流的关系数据库软件，有良好的图形化管理界面，支

持数据仓库功能。

⑦ 开发技术：整个系统建议采用 J2EE 架构，采用 JAVA、EJB、SERVLET、JSP、XML 等 JAVA2 技术实现，使得系统可以得到较好的稳定性、高可靠性和扩展性，能够与其他的系统之间进行有效的数据沟通。

四、实施技术流程

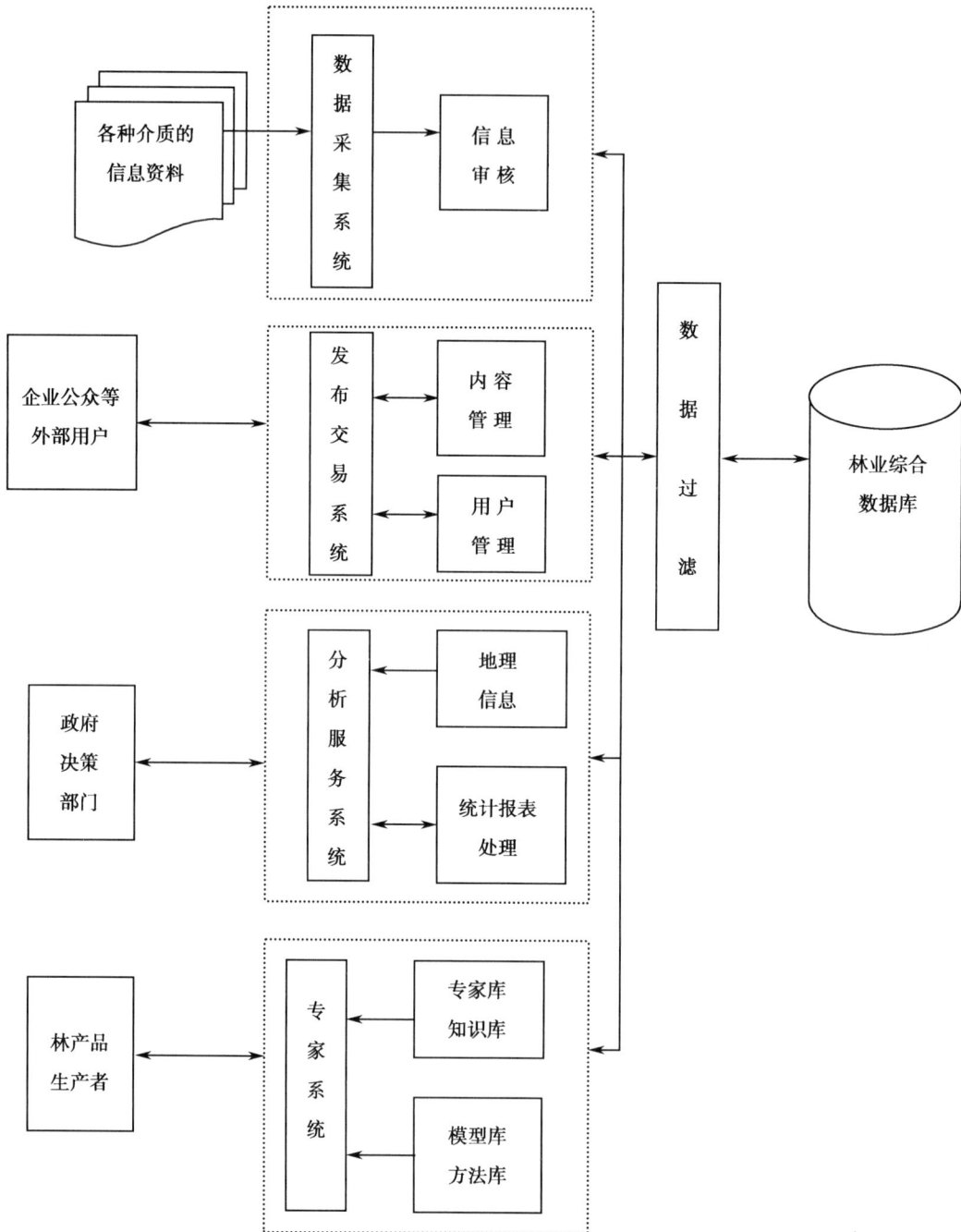

附件 11

森林防火应急指挥系统建设工程

一、现状和需求

1. 现状

多年来，北京市森林防火工作认真贯彻中央关于"隐患险于明火，防范胜于救灾，责任重于泰山"的指示精神，按照国务院《森林防火条例》和《北京市实施〈森林防火条例〉办法》的规定，以及森林防火行政领导负责制的五条标准，坚持"预防为主，积极消灭"的方针，实行依法治火，推进科学防火，努力实现正规化、专业化、现代化，全面提高对森林火灾的预防、控制和扑救能力，最大限度地减少森林火灾的发生及其损失。建立和完善了林火预测预报网、巡护监测网、林火阻隔网、指挥通讯网，推进扑火队伍专业化、扑火机具现代化（即"四网两化"），强化基础设施和林火防控手段，基本实现了林火的预测预报、接报警、扑火指挥手段的现代化。突出表现在 5 个方面：

（1）林火巡护监测系统建设：主要是加强了护林员、护林防火巡查队和瞭望队伍建设。已经登记在册的专职护林员有 5586 人。建立了乡镇、区县级森林防火巡查队 161 支，约1197 人。建成防火瞭望塔 89 座，野外无线图像监控设备 28 套，瞭望监测覆盖面达到 70%，重点林区初步实现自动监控。此外，还利用卫星监测林火，目前每天接收 7 颗卫星观测的北京地面图像 30 幅以上，成为我市监测林火的重要手段。在防火期内气象部门每天发布林区火险等级预报。通过多年努力，全市初步建成了高空监测、山头瞭望、地面巡逻组成的立体式林火监测体系，基本做到全方位防控森林火灾。

（2）森林防火交通通讯系统建设：建成了分别由 800 兆、400 兆、150 兆组成的一级、二级和三级无线通讯网，现有无线电台 1127 部，保证了林火监测网络间、火情报告渠道上、扑救指挥调度中的通讯畅通，实现了市与区县之间、区县与乡镇之间森林防火信息的全天候畅通。全市配备森林公安用车 92 辆，森林防火专用车辆 131 辆，基本保证了森林公安执法巡查和森林扑火调度运输的需要。

（3）林火阻隔系统建设：采取生物技术和工程措施相结合的方式，加强林火阻隔系统建设。在重点林区修建了防火公路 1400 公里，每年开设防火阻隔带 400 万米。目前，全市平均每公顷林地有防火隔离带 5.6 米。

（4）林火扑救系统建设：建成了北京市森林消防总队，有 33 支中队，每支中队 30 人，总人数 1010 人。总队设在市森林防火指挥部办公室，负责指导全市专业森林消防队伍的建设管理，做好森林火灾扑救的组织协调、指挥调度工作。7 个山区县建森林消防大队，各 3 支中队；其他 7 个区县各建 1~2 支中队。还组建了 16 支乡镇级专业森林消防队。森林消防队伍以属地管理为主，同时接受全市统一调动。每个中队建有房屋，配备扑火设施装备，储备防火物资。全市现有风力灭火机、灭火水枪等扑火器材设备 1.2 万台（件）。目前正在抓紧建立市级和山区县、市属国有林场等一批森林防火物资储存库。从 2002 年起，每年 3 月 1 日至 5 月 31 日，在高山、远山等地形复杂的地方发生较大面积森林火灾时，利用直升机吊桶吸水直接扑火，同时运送森林消防队员和扑火物资，辅助扑火作战。现已在山区修建了 14 个停机坪，确定了 16 个飞机取水点。

（5）森林防火指挥系统建设：现已建成市森林防火指挥中心和 10 个区县森林防火指挥室。2000 年初步开发建成了"北京市森林防火地理信息系统"，系统有火险等级预报、救火资源布局、林火时实监测、森林防火规划等功能，做到及早、及时的发现林火隐患、消除火灾隐患。

2. 存在的问题

由于森林防火指挥系统建设时间比较早，并且受当时资金和技术条件的限制，目前就整个森林防火应急指挥来说还存在很大的不足，主要表现如下：

（1）森林防火应急指挥基础设施建设需要加强，信息管理、更新手段还需提高。可燃物类型及载量分布需要普查和建库；需要开展新一轮的森林火灾区划工作；已建成的森林防火地理信息系统、空间数据库系统需要进步完善和升级；内部通讯指挥网络、林火监测网络、森林防火应急与市相关信息网络、与国家森林防火网络等联通互动需要进一步完善和提高。

（2）应急反应能力有待进一步提高。北京市防火指挥系统应急反应从火情监测到火情发现，从火情发现到分析调度，以及到现场指挥等都存在缺陷。另外，计算机网络也是提高应急反应速度的一个因素，而目前防火中心的网络情况不容乐观，主要表现为速度慢，设备老，有的计算机甚至访问不了信息中心的数据库。

（3）应急指挥信息化手段还比较落后，应急指挥渠道需要畅通。由于没有形成一套完善、科学的信息组织方法，加上信息处理手段落后，分析调度时间长、系统封闭等因素，造成目前北京市应急指挥能力不能适应现代森林防火应急反应的要求；

（4）存在死角、盲区。由于没有建立一个由指挥中心统一调度的立体监测网，造成监测区域的死角和盲区，或者是监测者的信息不能实时返回到指挥中心，造成指挥中心信息反馈滞后。

3. 需求

随着应用的需要不断提高，计算机网络技术、空间地理信息技术的不断发展，目前北京市森林防火信息管理系统还有许多需要扩展和完善之处，主要体现在以下几个方面：

（1）需要加强森林防火管理的网络化建设，包括市森林防火指挥中心纵向向上与国家森林防火指挥部，向下与区县级森林防火机构建立网络连接、横向与北京市气象部门建立网络连接，以便及时获取森林防火监测、预测预报、林火扑救资源等方面的信息。

（2）需要扩展森林防火指挥信息系统与北京市森林防火日常工作业务的紧密结合的有关功能，为森林防火日常管理提供有效的信息平台，提高森林防火的管理效率。

（3）需要建立市森林防火指挥信息系统与市级其他相关信息系统的信息共享及信息交换机制，使之做到信息共享，管理互动。

（4）需要不断加强市森林防火数据库的建设，做好全面、深入地细化工作。引入新的数据组织方法，如网格单元数据组织的思路，重新组织数据，以提高数据使用效率。

（5）需要扩充和完善森林防火管理的基础设施建设，提高林火监测、林火扑救资源等调度的综合能力。

（6）需要提高森林防火工作人员的业务水平和技术水平，将技术培训、技术交流在日常工作流程中得以实施。

4. 系统模式

北京市森林防火应急指挥系统是在北京市森林防火扑救指挥系统现状的基础上，通过找出存在的问题和原因，在全新的理念下，重新进行系统构架，整个模式见下图：

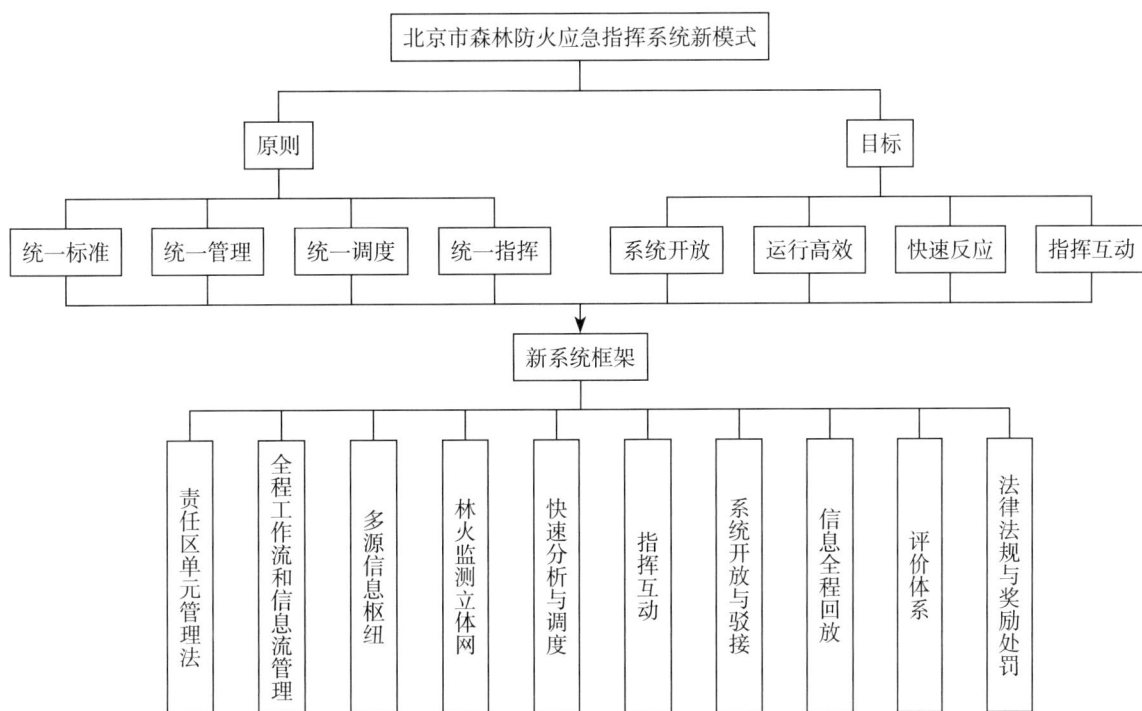

北京市森林防火应急指挥系统模式图

主要包括 10 个部分：

① 责任区单元管理法。

② 全程工作流和信息流管理法。

③ 多源信息枢纽。

④ 林火监测立体网。

⑤ 快速分析与调度。

⑥ 指挥互动。

⑦ 系统开放与驳接。

⑧ 信息全程回放。

⑨ 评价体系。

⑩ 法律法规与奖励处罚。

二、建设原则与目标

1. 原则

（1）统一标准：参考国家有关城市安全、城管、消防等方面的标准，将城市森林防火信息化建设纳入到国家以及同行建设的标准化轨道上来。

（2）统一管理：将行政管理、工作业务流程、指挥系统、各项相关技术集成为系统的一个环节或一个子系统来考虑，将管理事物对象化，统一工作流和信息流。

（3）统一调度：火情、人员、物质、设施等都要做到定位显示，现场指挥做到可视化，实现统一调度。

（4）统一指挥：实行逐级向上统一指挥，扑救队员服从现场扑救指挥部的统一指挥，现场扑救指挥部服从市林业局森林防火应急指挥中心的统一指挥，市林业局森林防火应急指挥中心服从市应急指挥中心的统一指挥。

2. 目标

（1）系统开放：系统能处理多种信息源、多种文件格式，能与其他系统进行数据交换和共享，能与市指挥中心进行系统驳接。

（2）运行高效：由于系统需处理大量日常业务信息，同时将全市的森林防火的工作流经分级处理汇集到市森林防火应急指挥中心，故需将系统建设成一个高效运行的系统。

（3）反应快速：由于突发事件的发生越来越频繁，情况也越来越复杂，故需将系统建成能应付突发事件的快速反应系统，做到系统层层响应，环环相扣，同时备有多种方案。

（4）指挥互动：能达到森林防火应急指挥中心与市应急指挥中心互动，森林防火应急指挥中心与现场指挥部互动（音、视频），野外防火队员 GPS 定位互动，空中飞行器监控互动，现场指挥部与野外防火队员对讲互动。

三、建设内容

根据北京市森林防火应急指挥系统新模式建设框架，将系统建设内容分解为几部分：

1. 防火责任区单元管理法

防火责任区单元是指护林员所管辖和巡逻的林地区域，以森林小班为基础，不跨行政乡界，作为森林防火的一级基本管理单元，向下可包含森林小班信息、防火专业调查信息和防火设施信息，向上可与行政区划、行政管理相结合。

防火责任区单元管理法是指以防火责任区为森林防火管理对象，将森林防火责任落实到人，如护林员。同时，防火责任区又作为森林防火数据组织的一级基本单元，由上至下编码，形成分级（层）的数据组织编码方式。通过现有的森林防火责任管理模式，将责任区层层落实到单位和个人。

2. 全程工作流和信息流管理

全程工作流与信息流管理指护林员每天在野外巡逻的定位信息、地面瞭望塔的监测信息能实时地传送到指挥中心。另外，巡逻记录、主管部门的工作记录以及应急指挥中心的工作日志等都能纪录下。因此，通过全程工作流和信息流的管理，应急指挥中心能全天候地指挥和部署全市森林防火工作和监控林区的火险情况。

3. 多源信息枢纽

多源信息枢纽包括信息采集、信息发布和信息处理3个部分。由于信息的来源不同和种类繁多，如遥感的、视频的、音频的等，这些信息的处理和发送具有很高的专业性和目的性，需要有一个专门的环节来处理这些事物，以提供质量高的、可靠的和可备份的数据和信息，为森林防火应急指挥系统的高速运转提供技术支持保障。

4. 林火监测立体网

林火监测立体网是森林防火应急指挥系统的一个重要环节，通过将空间地理信息技术的高度集成，建立一个由遥感、航空、地面瞭望塔监测和地面人工巡逻等形成的立体、实时林火监测网，以确保能在第一时间发现火情。

5. 快速分析与调度

快速分析包括林火预测预报、森林防火预案，其中包括基本情况分析、气象因素分析和林火行为分析；快速调度包括扑救队伍调度、物资调度和抢救调度。

6. 系统开放与驳接

系统开放与驳接是指森林防火应急指挥系统是市应急指挥系统的一个下属系统，对于一个大都市来说，一个应急事件的发生需要有各个部门的配合，要由市应急指挥中心统一协调和指挥，如城市消防、医疗救护等。所以，森林防火应急指挥系统必须是一个开放的系统，能与市指挥中心驳接，并能接受市应急指挥中心的统一调度和指挥。

7. 指挥互动

指挥互动是市森林防火应急指挥系统的一大特点，市森林防火应急指挥中心能与现场指挥部能通过视频互动，使指挥中心不仅能清楚地看到现场指挥的状况，同时又能洞察全局，与各山头的扑火队员通过GPS定位互动，及时地调整扑火方案，并把命令第一时间下达给各个现场指挥和扑救队员。

8. 信息全程回放

信息回放是由于系统具有完善的信息采集功能，它可将视频信息、音频信息等都以数字的方式记录下来。同时，系统还具备完善的日志功能，能将巡逻纪录、工作记录和各种工作日志存储下来。通过信息的回放，为事件调查、灾后损失评估以及工作总结提供了有利的资料和证据。

9. 评价体系

评价体系包括灾后损失评价、扑救成本评价和环境评价。另外，对于个人和部门的年度工作总结也可在评价体系中得以体现，对防火工作做出突出贡献的人或部门都可在系统中量化。对能按时完成工作量，及时发现火情并得以控制的人员可得到奖励和加分。通过评价体系的量化指标，可评出对森林防火有贡献的个人或集体。

10. 法律法规、制度与奖励处罚

在系统中通过加入规则的方式，使森林防火的法律法规和各种制度，以及奖励处罚案

例都可在工作流程中体现，如缺勤的、弄虚作假的都会给与相应的处罚。对事件的案情分析、案情报告等提供完整调查证据和法律依据。

四、系统功能分析

1. 系统组成

森林防火应急指挥系统按其功能分成信息获取与快速分析、森林火灾扑救及决策两部分组成，见下图所示。

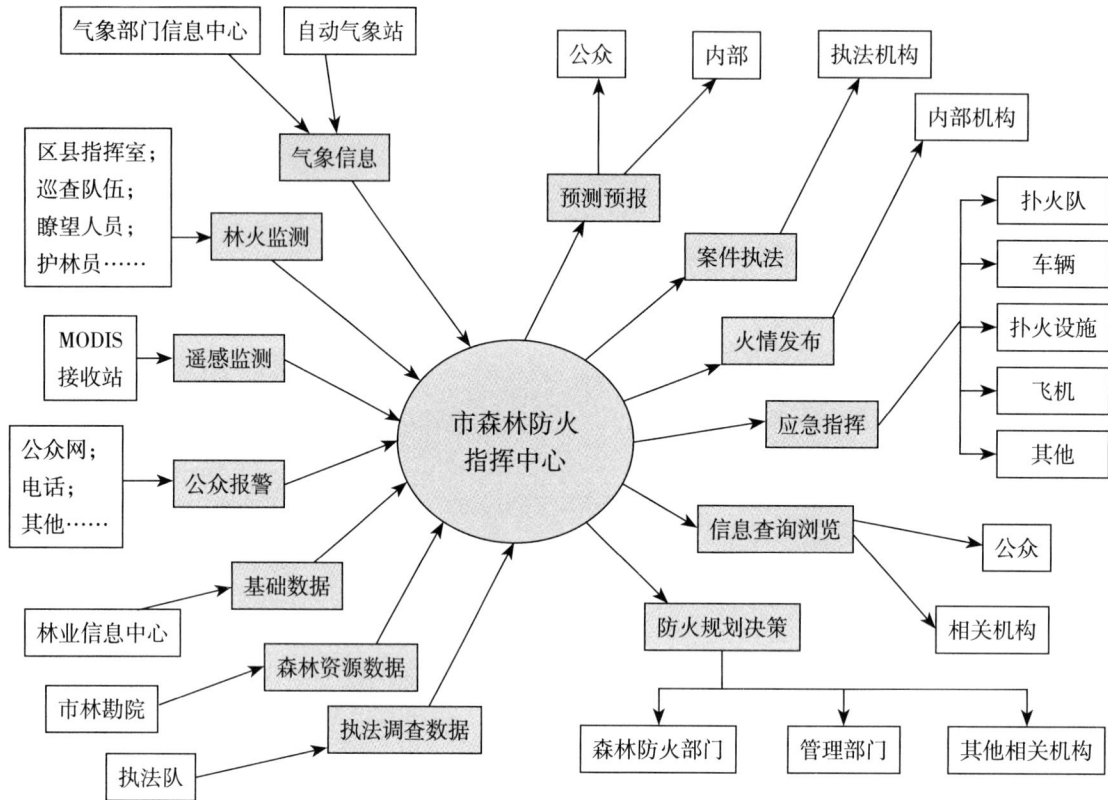

森林防火应急指挥系统组成图

1.1　信息获取和快速分析

① 森林防火专题分析。

② 林业基础数据分析。

③ 森林资源分析。

④ 林火监控信息分析。

⑤ 遥感监测信息分析。

⑥ 报警信息分析。

⑦ 气象数据分析。

1.2　森林火灾扑救及决策

① 林火预测预报。

② 火情发布。

③ 信息查询浏览。

④ 森林防火规划。

⑤ 实时扑火指挥。

⑥ 案件执法等。

2. 系统层次结构

森林防火应急指挥系统分五个层次：

① 核心层（相当于调度 / 网络 / 通讯 / 监控 / 数据 / 发布中心的集合）。

② 指挥中心层。

③ 通讯层（各种有线 / 无线通讯网络）。

④ 防火执行层（应急中 / 大 / 支队、应急指挥车、巡查对队、应急其他部门）。

防火相关层（报警人、报警单位、气象局、电话部门、林业相关机构等），见下图。

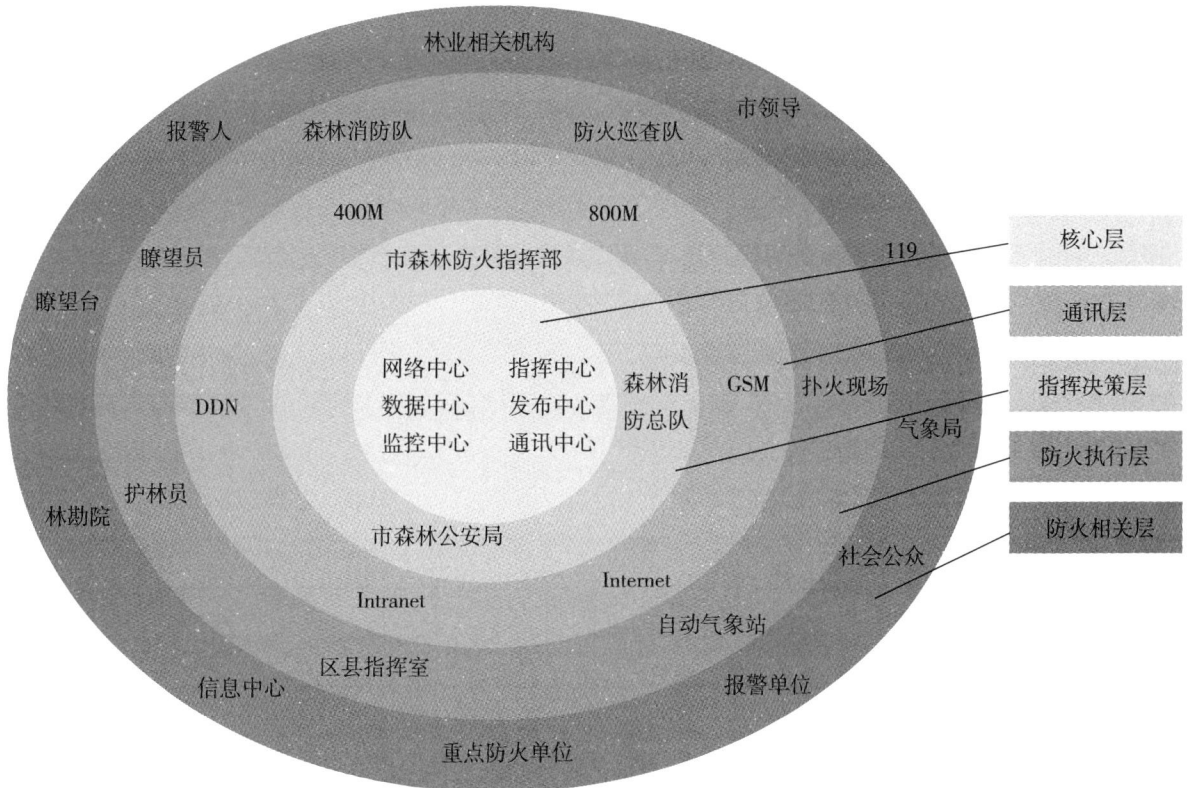

系统的层次结构

3. 系统功能

3.1　林火信息管理

包括以下几个方面的功能：

防火专题信息数据库建立。

防火专题信息动态管理、更新、维护功能。

防火专题信息空间、属性数据查询和检索功能。

防火专题信息统计、汇总、报表输出。

防火专题地图制作、显示、漫游、输出。

3.2　林火监测与预警

（1）与卫星遥感结合：将遥感影像与已有的各种专题地图进行匹配，将遥感影像与各种专题地图叠加在一起，也可以根据图像中火点的位置在地图上准确定位，并反映周边的资源和社会经济状况。由此可以判断造成灾害的可能性，以及造成灾害的后果。

（2）与 GPS 结合：进行森林火点、扑救队伍行动路线、观测点等地物地理坐标的 GPS 定位，并将 GPS 数据反映到系统之中，便于实时指挥和分析决策。

（3）现场报告与林火的定位：对于现场报告的模糊信息可以利用模糊查询的功能，对森林火灾的发生位置进行定位，或直接根据报告的经纬度数据或大地坐标数据，在电子地图上将林火定位，并将其他相关的数据显示给指挥者。

3.3　林火预测预报

火险等级预测预报：利用气象数据和相关的数据进行火险等级分析，并形成相应的火险等级分布图。

预防措施决策：系统随时提供火险等级分布图，并根据火险等级分布状况和其他相关专题（如林火预防的重点地带、人口密集区、多火源地带等）地图叠加，提供森林火灾预防措施分布图功能。

3.4　森林防火设施布局分析

（1）瞭望台、瞭望探头、山头观测的可视域、透视分析：利用 GIS 和瞭望台站网的分布特点，可计算出盲区（瞭望台不可见的山头地块）、定位区（可以利用不同瞭望台定位的地块）和不可定位区（只有一个瞭望台可见）。

（2）交通道路布设：根据目前的林道分布的现状和林火火险等级的分布图以及森林经营的要求，利用 GIS 设计出既有利于社会经济要求，又有利于林火快速扑救的林区交通道路的设计方案。

（3）防火隔离带的布设：利用 GIS 所表现的综合治理信息可以直观在地图上设计出经费节省、效果佳的防火隔离带。

（4）扑救资源设施布局分析：分析和显示预防扑救队伍、扑救设施的分布状况，对林火预防扑救的有效性进行分析。

3.5　历史火点统计分析

分析不同时间段、不同自然、气象、空间地域类型、不同原因林火发生受灾情况规律和特点，为森林火灾预防决策提供依据。

3.6　林火扑救指挥

利用森林防火辅助决策平台，在最短的时间内为森林防火决策者提供优化的林火扑救方案。

（1）移动目标的定位、地图轨迹显示。提供人员、车辆和飞机的动态位置信息，定位方式可采用自动间隔定位、被动定位以及人工定位等；市森林防火应急指挥中心可以直观地将人员、车辆和飞机的位置反映在电子地图上。并可根据连续获得的位置信息，形成人员、车辆和飞机的动态轨迹，并展现在电子地图上。

（2）火源快速定位、火场圈定。通过使用定位功能，可以对火源点进行快速定位。市森林防火应急指挥中心可以通过专线或指挥终端获得相应的定位信息，并将位置信息展现在电子地图上，实现火源快速定位。

（3）最佳路径选择及导航。基于前面所述的定位和轨迹显示功能，结合市森林防火应急指挥中心所拥有的电子地图，可以实现对前方扑救车队和人员的导航，指挥中心可以根据电子地图所显示的地理情况，选择最佳路径，引导车队及队员在最短时间内抵达火源地。

（4）火场图片或视频传输。前方扑救队员可以将火场图片或视频以数据格式发回到市森林防火应急指挥中心，直观展现火灾现场的实际情况。

（5）日常巡查管理。完成对瞭望哨以及护林巡查人、车辆的流动定位，并将定位信息直接反映到市森林防火应急指挥中心 GIS 系统上，监督巡查人员是否巡查到位，为日常管理工作中提供方便。

（6）移动目标紧急告警。手持 / 车载 / 机载终端设置紧急告警按钮，当人员、车辆或飞机发生紧急情况，需要救助时，可通过简单按钮操作发送遇险紧急告警信息，及时通知调度监控中心。将救援单位当前人员 / 车辆 / 飞机所处位置以及遇险性质显示在电子地图(GIS)上，以方便有关部门迅速实施救援和抢险工作。

（7）灾后过火面积测量。火灾过后，可在过火林地周围或沿过火林地连续定位，通过其快速定位并将位置信息直接传回到市森林防火应急指挥中心，可以实现对过火林地面积的量算，简洁方便，可节省大量人力、物力。

（8）历史回放。通过数据库中存储数据可以再现历史情况，实现轨迹回放，为各种分析提供科学依据。

3.7　火行为预测

根据火点定位加预测时间段分析和计算火场蔓延分布状况，并对过火面积、过火周边长度进行计算，从而为扑火力量的调配、派遣、扑火方式提供有效的决策。其中包括：林火蔓延速度计算、林火强度的分析、有效可燃物计算、林火的火焰高度计算、火场轮廓图导出等。

3.8　灾后损失评估和灾后处理

利用 GPS 在火烧现场边界的行进轨迹的坐标采集功能，直接转入到系统中，系统自动计算其火烧面积，并将火烧的迹地有关信息数据存入计算机中，便于以后的统计。根据森林火灾发生的范围和程度、现有的森林资源分布特点，计算火灾的面积和森林蓄积等各项损失功能。

3.9　森林防火管理、培训演练

建立森林防火管理工作流程：预测预报—发布浏览—林火监测—火情反馈—林火监测图

标绘—林火势态图制作—信息查询浏览全过程的工作模拟培训系统。

五、系统建设方案

1. 指挥互动基础设施建设

指挥互动是建立在一个统一信息互动平台之上的指挥系统，它由无线电台、微波通信、网络视频、短信等组成。它与快速分析与调度功能模块一起，可迅速作出林火扑救方案，并随时进行调整，见下图。

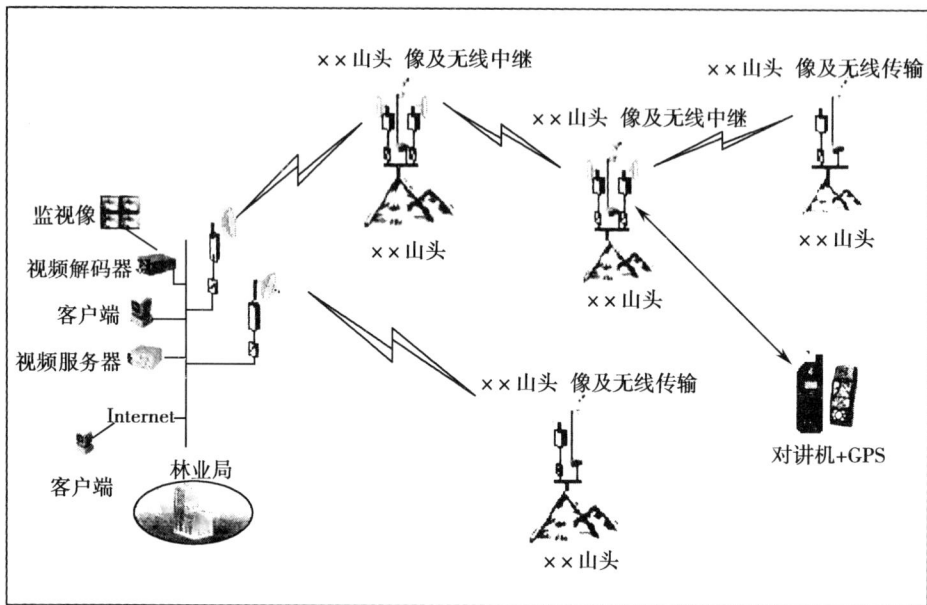

统一信息互动平台示意图

1.1　林火扑救技术路线

初发火位置确定→火行为模拟→设置隔离带→林火扑救兵力、机具部署→扑火行进路线的确定→利用 GPS 扑火队伍行进监控→林火扑救方案的评估。

1.2　林火扑救方案

采用人机对话、视频监控的交互方式，在最短的时间内为森林防火决策者提供优化的林火扑救方案，实现方式如下：

（1）最佳路径的确定。根据交通道路的分布情况、扑火队员的位置和要到达的目的地等信息，应急指挥系统的 GIS 功能模块可以自动计算出最佳的行进路线，次佳行进路线以及达到目的地所需的时间，为指挥员指挥队员行进提供决策支持。

（2）扑火资源的调派分析。调用和显示林火周边的林火扑救队伍、扑救设施，并根据林火发生、发展的状况，做好扑火队伍和资源的调派工作。

（3）GPS 定位实时互动。各扑火队伍在行进过程中，随时将 GPS 显示的坐标数据传至指挥中心的应急指挥系统中，从而在电子地图中反映各分队所处的位置，便于实时指挥。

2. 多源信息枢纽基础设施建设

多源信息枢纽所处理的信息源包括视频、电话、手机、对讲机等。各种信息通过信号采集，统一由信息传输服务器转发和存储，发至不同的目标用户使用。系统由前端的采集设备、信息处理和传输服务器、系统管理软件以及大容量的存储设备组成，见下图。

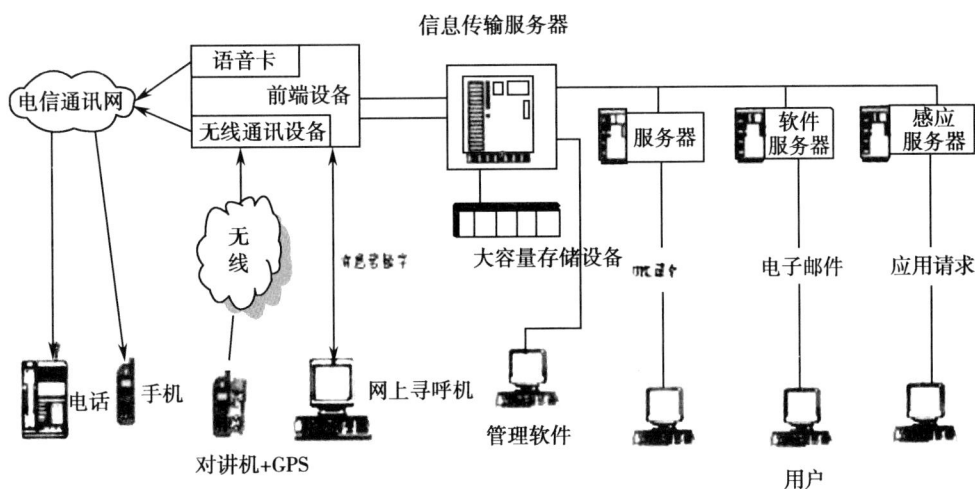

多源信息枢纽示意图

3. 监测立体网基础设施建设

林火监测立体网基础设施建设包括：

（1）遥感监测：遥感监测首先要建立遥感地面接收站，或从国家遥感中心购买数据，通过遥感数据分析，供森林防火实时监测和灾后评估使用。

（2）视频瞭望台：在主要林区设立瞭望台，安装视频监测器，将每日监控的数据传回指挥中心。

（3）航空监测：对巡逻的飞行器，可将监测报告实时传回指挥中心。

（4）地面巡逻：护林员、公众等可通过手机、电话、PDA等将火警报告给指挥中心，指挥中心可通过公众服务系统，设立报警电话。

（5）森林火险预报：通过火险报告，每日向公众报告外出森林防火预警。

（6）出警准备：指挥中心根据火情发生报警，迅速确定火点或火场位置，在最短的时间内出动森林消防队，并组织林业有关部门进行协助。有可能造成重大森林火灾的火情，及时向是市应急指挥中心报告。

4. 信息管理平台建设

信息管理平台是森林防火应急指挥系统的核心，它包括如下几个系统：

4.1　应急指挥互动系统

该系统为指挥中心总的指挥主界面，采用C/S构架方式，GPS定位显示，电子地图大屏幕显示，供领导指挥调度专用。

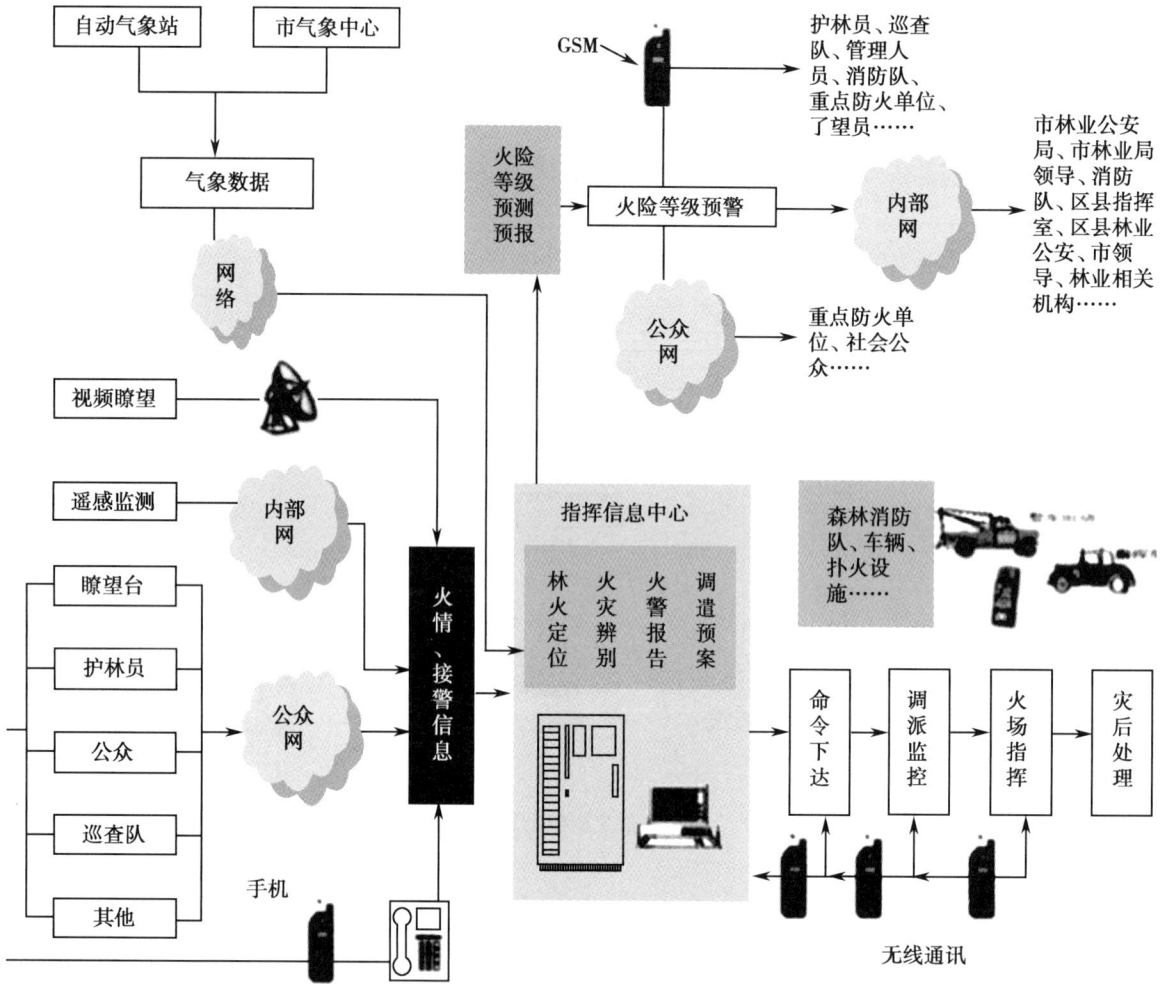

林火监测立体网示意图

4.2 快速分析与调度系统

该系统为指挥中心的辅助界面，采用 C/S 构架方式，与模型库等联接，供技术人员专用。

4.3 多源信息枢纽管理系统

该系统为指挥中心的辅助界面，采用 C/S 构架方式，信息处理，供技术人员专用。

4.4 信息查询与发布系统

该系统为指挥中心对外系统，采用 B/S 构架方式，供用户和公众查询。

4.5 全程信息回放系统

该系统为林业执法部门使用的系统，采用 C/S 构架方式，供事件调查人员使用。

4.6 工作流程信息管理系统

该系统专为各级工作人员考勤、值日、巡逻等信息记录用，采用 B/S 构架方式，可通过 PDA 等现代信息工具，向指挥中心提交数据和报告。

4.7 评价系统

该系统功能用作灾后评价和工作总结，采用 B/S 构架方式，为损失评估人员或部门专用。同时通过工作成绩量化，可作为各级工作人员的工作总结评比依据。

4.8　法律法规和奖励处罚系统

该系统为法律宣传，案例分析等用，采用 B/S 构架方式。

六、系统软硬件环境

1. 指挥互动基础设备

（1）移动微波通讯设备：进行视频的现场转播。

（2）GPS 定位与指挥中心联动设备。

（3）PDA 数据是实时传输设备。

2. 多源信息枢纽基础设备

（1）信息采集前端设备。

（2）信息处理与传输服务器。

（3）大容量存储设备。

（4）信息处理管理软件。

（5）应用服务器：web 服务器、邮件服务器和其他应用服务器。

3. 监测立体网基础设备

（1）遥感数据处理设备。

（2）野外视频监测信息传输设备。

（3）公众报警设备。

（4）火险预报公众发布设备：网络发布、电台发布和电视发布。

（5）航空监测通讯设备。

4. 信息管理平台基础设备

（1）硬件环境：服务器、大容量存储设备、大屏幕设备、通讯设备、切换设备等。

（2）操作系统：服务器端 Windows2003 Server/Unix，客户端 Windows 2000/xp。

（3）后台数据库管理系统：Oracle9i。

（4）应用平台软件：ArcGIS9.0、ArcSDE、ArcIMS。

（5）桌面地理信息软件：ViewGIS。

（6）应用开发软件。

C/S 结构应用软件：应急指挥互动系统、快速分析与调度系统、多源信息枢纽管理系统、全程信息回放系统。

B /S 结构应用软件：信息查询与发布系统、工作流程信息管理系统、评价系统、法律法规和奖励处罚系统。

七、系统总体技术框架

系统总体技术框架见下图。

北京市森林防火应急指挥系统技术框架

法律、制度
与奖励处罚
- 宣传与预防
- 责任制
- 案例分析
  - 行政处罚
  - 刑事处罚

评价体系
- 评价方法
- 评价标准
- 损失评价
- 成本评价
- 环境评价
- 工作总结

信息全程回放
- 火情发现回放
- 补救过程回放
- 指挥过程回放
- 记录回放

系统开放与驳接
- 与市指挥系统驳接
- 现场状况转播
- 现场指挥驳接

指挥互动
- 现场指挥互动
- 与市政指挥互动
- 与公众媒体互动

快速分析与调度
- 林火预测预报
- 森林防火预案
  - 基本信息分析
  - 气象因素分析
  - 林火行为分析
- 补救实施方案
  - 扑火队伍调度
  - 物资调度
  - 抢救调度

林火监测立体网
- 遥感监测
- 航空监测
- 地面巡逻
- 地面监控

多源信息枢纽
- 信息采集
  - 巡逻定位
  - 火点定位
  - 遥感信息
- 信息发布
  - 火警预报
- 信息处理
  - 通信信息处理
    - 通信记录
  - 视频信息处理
    - 视频记录
  - 文字信息处理
    - 值班记录

全程工作流和信息流管理
- 野外巡逻定位
  - 巡逻记录
- 主管部门
  - 工作记录
- 指挥中心
  - 工作日志

责任区管理法
- 行政和林业区划分编码
- 防火责任区划分编码
  - 基础底图
  - 林相图
  - 防火图

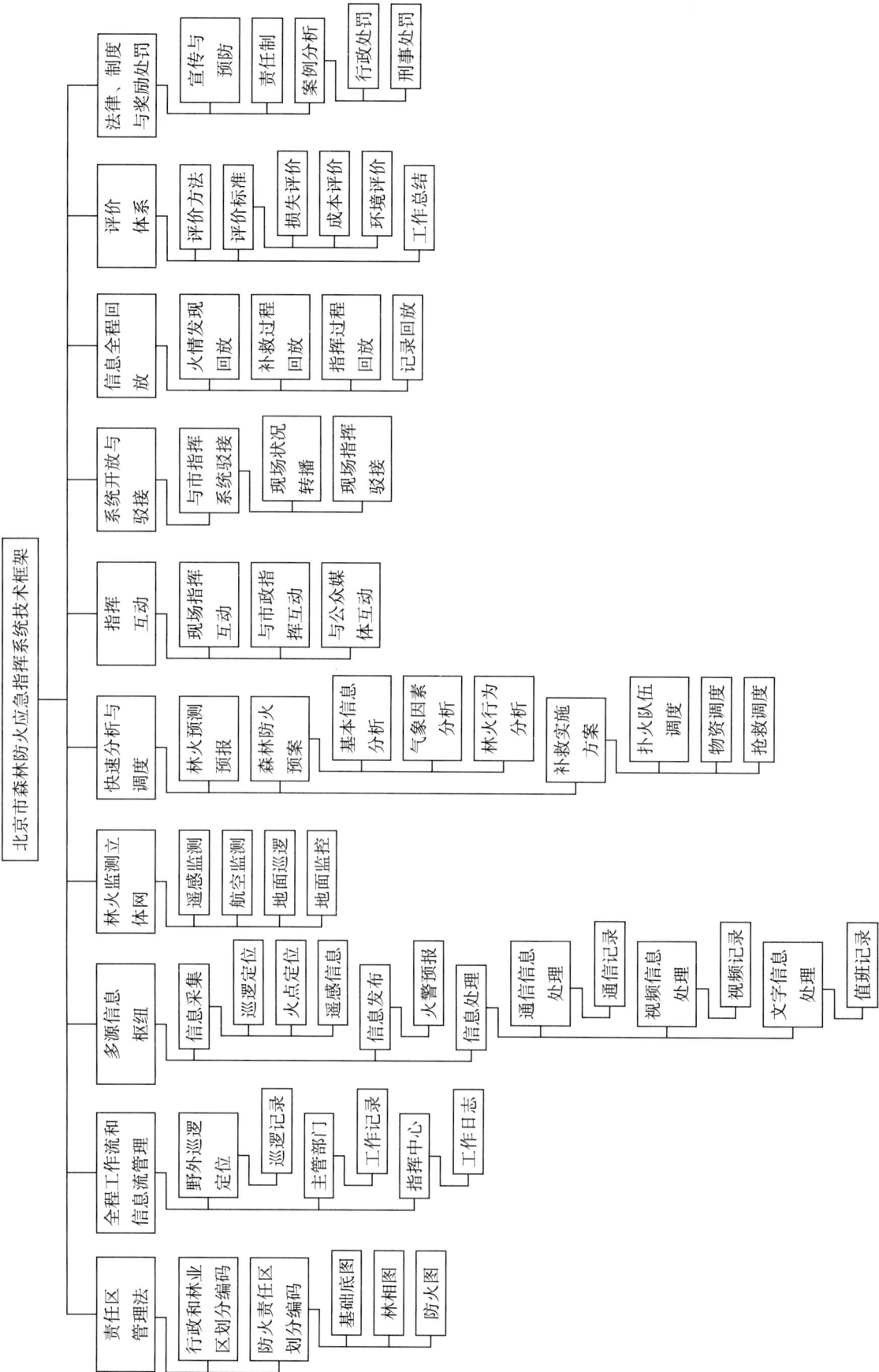

总体技术框架

附件 12

林业有害生物防治信息化建设工程

一、现状及其需求

1. 国内现状

1999 年国家林业局为了加强我国主要森林病虫害的监测预报工作，并为综合防治提供科学依据，开始分期分批地建设了 1000 个国家级森林病虫害中心测报点，以便及时了解和掌握各中心测报点及其所辖区域的主要森林病虫害发生情况、发展动态，进行区域性预报；这样国家可以结合各省面上的病虫情报告及气象等相关资料，开展全国主要森林病虫害的大区域中、长期趋势预报，为林业主管部门宏观决策提供依据；同时通过对主要森林病虫害的系统观测，正在不断积累基础资料，建立健全我国主要森林病虫害预测预报档案和数据库，为提高管理水平和实现规范化管理奠定基础。

目前，我国已初步建立起全国森林病虫害防治和检疫管理系统，即利用计算机网络技术、数据库技术开发完成了森林病虫害管理信息系统，将森林病虫害管理行业内国家、省、地（市）和县四级管理部门的计算机管理数据互连起来，实现网络中的资源共享，提高信息资源的利用，并应用软件可以对森林病虫害的发生情况、防治效果，进行可视化表示。

在农业病虫害、流行性疾病和其他自然灾害等相关领域都已广泛应用 GIS 技术，开展空间格局和时空动态变化的模拟分析，并建立了相应的空间信息系统，大大提高了管理的科学水平。现在，很多省份建立了森林病虫害的数据库管理系统，研究了一些主要病虫害的预测预报模型，甚至建立了病虫害管理系统平台。

近年来，国家林业局已明确提出了森林病虫害监测的"三个结合、三个转变"的战略思想，即在测报方法上，由传统的人工调查向高新技术监测和人工调查相结合，以高新技术为主的转变；在测报手段上，由传统统计分析向系统分析和计算机模拟相结合，以计算机模拟为主的转变；在测报结果上，由定性预报向定性和定量与定位预报相结合，以定量与定位为主的转变。

2. 国外现状

美国、加拿大等西方发达国家都建立了以遥感技术为主体的森林健康监测体系，它主要利用航空和地面样地调查相结合的方法，来监测和评估森林生态系统的健康状况，主要采集和处理三种类型的数据。一是现状监测，原来主要采用固定样地调查，现在遥感和地理信息系统发挥着重大作用；二是评估监测，主要估测森林健康变化的范围、程度和原因，现在的研究已经拓展到植物多样性、土壤、木材碎片等因素的分析；三是宏观生态系统监测，主要研究各种生态系统的组成。根据综合信息的处理，形成年度分析报告，并进入森林病虫害预警系统，指导病虫害的监测与防治。此外，西方国家已广泛建立了分虫种的森林病虫害辅助决策支持系统，实现了数据管理、分析的科学化和自动化。

3. 存在问题

国外自 20 世纪 80 年代就开始了基于遥感和 GIS 的森林病虫害监测、预警和管理系统的研究，并建立了一些主要病虫种的空间决策支持系统。我国学者也构建了松毛虫综合管理系统、黄淮海地区麦蚜预测预报系统、湿地松粉蚧预测预报信息系统、全国森林病虫害防治和检疫管理系统等众多应用系统，但仍存在以下问题，亟待改进。

国外自 20 世纪 80 年代就开始了基于遥感和 GIS 的森林病虫害监测、预警和管理系统的研究，并建立了一些主要病虫种的空间决策支持系统。我国学者也构建了松毛虫综合管理系统、黄淮海地区麦蚜预测预报系统、湿地松粉蚧预测预报信息系统、全国森林病虫害防治和检疫管理系统等众多应用系统，但仍存在以下问题，亟待改进。

3.1 监测手段单一且落后

目前县或乡作为我国森林病虫灾害或病虫情数据的直接采集单位，仍主要依靠人工地面调查，在少数中心测报点开始应用信息素技术，但由于经费、人力的局限，造成很难了解全局或宏观情况的被动局面。

3.2 宝贵的监测数据没有得到充分利用

大量的第一手监测数据沉睡在档案柜中，没有深入分析。

3.3 不能科学开展预测预报和辅助决策

虽然已有大量的预测预报模型，但它们多是建立在一般统计学方法基础上，主要关注的是种群随时间波动的规律，而不是在静态规律或静态格局间关系的基础上研究其时间推演，即空间分析，从而不能很好地实现准确定位预测。

3.4 无法实施监督和指导职能

下图展示了当前森林病虫害数据的流向是下级到上级，逐级汇总上报。在统计过程中，虽然可根据经验发现问题，但很难判断基层数据的准确性，在此基础上做出的决策也存在较大的不确定性。由于缺乏科学合理的监控手段，所以上级对下级管理部门的监督指导职能就名存实亡。因此我国现行的管理体制缺乏约束性，实际上县级的调查数据是各层决策的唯一依据。

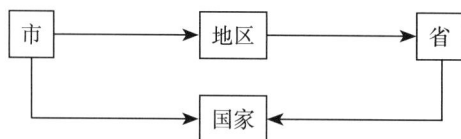

数据和信息流向图

3.5 数据缺乏统一的标准和规范

由于我国地域辽阔，各地森林病虫害情况千差万别。且随着社会和经济的发展，外来有害生物还在不断入侵。为此各地都制定和细化了各种病虫害的调查和管理办法，这就造成各地的数据标准和统计单元等相差甚远，数据也极不规范。

3.6 缺乏直观性和可视性

目前大量的数据资料都是以文字、图表等形式存储于纸质的介质上，信息呆板、枯燥，不能发挥应有作用。

3.7 管理的时效性较差

传统的信息交流和沟通形式如文件传送、电报、电话、传真等已不能适应病虫害管理的时代需求。虽然网络技术得到飞速发展，但森林病虫害的数据管理还离实时信息传播和共享等生产管理需求相差甚远。

4. 需求分析

4.1 多层次、多尺度、全方位的监测体系建设

林业有害生物监测与管理具有多尺度、多时态、世代性特点，这就需要根据不同病虫发生发展规律和危害性要求，建立适合不同有害生物调查、监测与管理的手段和方法。

4.2 管理与预警体系建设

国家、省、地（市）都担负着所辖范围内的监督、指导下级管理的职能，只有建立起高效的管理体系与灾害预警机制和方法，才能真正实现防范于未然，达到控灾、减灾的目标。

4.3 数据共享机制建设

森林病虫害的发生发展与周遍环境密切相关，因此实现基础病虫害数据的共享对于有效控制蔓延至关重要，也是建立预警体系的重要基础。

4.4 辅助决策与防治减灾体系建设

完备准确的基础数据、科学的分析手段，确保了分析决策的客观性与准确性。建立病虫害的防治决策系统，不仅可实现决策的科学性，还能规范化防治，维护森林生态系统健康。

坚持科学除治，实现林业有害生物可持续控制。从生态系统经营理念出发，结合实际，立足本地，综合研究防治技术，引进先进适用技术和生物制剂，大力推广无公害防治。

4.5 应急响应与防治法规体系建设

建立林业有害生物灾害应急响应机制，提高灾害预警防御和应急处理能力，进一步完善危险性林业有害生物突发事件应急预案，完善森林保护与防治法规体系，切实依法保护森林。

4.6 检疫御灾体系建设

加强产地检疫和复检工作，规范调运检疫签证程序，不断提高检疫检验能力和水平。强化执法能力建设，规范执法行为和办事程序，加大执法力度，严厉打击逃避检疫、违规检疫等违法违规行为，严防外来有害生物的传入，筑起防范林业有害生物危害和入侵的铜墙铁壁。

5. 工作基础

经过几十年的系统调查与观测，我市积累了丰富、翔实的病虫害基础数据，形成了较为完整的书面档案材料；同时还开展了大量研究，初步掌握了多种病虫害的发生、发展和演变规律；拥有了计算机、数码相机、显微镜等众多数据采集、分析与防治等仪器设备。但是信息化建设仍没起步。

二、目标与内容

1. 建设目标

以"3S"及现代网络技术为基础，建立北京市林业有害生物监测、管理与数据处理平台系统，以及各区县林业有害生物监测与预警分平台系统，形成分布式林业有害生物监测网络体系，

实现全市范围内林业有害生物的多尺度监测与管理，准实时监测与评估发生发展情况，实现各级森林病虫害管理部门的数据共享，建立起有效的林业有害生物监测预警体系、检疫御灾体系、防治减灾体系、应急反应体系，实现林业有害生物防治的标准化、规范化、科学化、法制化、信息化，促进森林健康成长。

2. 建设内容

2.1 林业有害生物的监测和预警体系

（1）基于信息素的性引诱监测技术系统。

（2）林业有害生物的远程监测技术系统。

（3）危险性林业有害生物的航空遥感监测技术系统。

（4）重大林业有害生物的宏观遥感监测技术系统。

（5）基于地面监测数据的（短期）预警和预测预报技术系统。

（6）重大林业有害生物的（中长期）预警和预测预报技术系统。

2.2 基于 GIS 的林业有害生物数据管理体系

（1）县级林业有害生物数据的管理技术系统。

（2）市级林业有害生物数据的管理技术系统。

2.3 检疫御灾体系

（1）检疫信息管理技术系统。

（2）风险评估与分析系统。

2.4 重大林业有害生物的辅助决策与防治减灾体系

（1）林业有害生物的远程诊断技术系统。

（2）重大林业有害生物的专家辅助决策技术系统。

2.5 GPS 辅助调查、监测与防治技术

（1）GPS 数据处理系统。

（2）GPS 辅助的航空监测与防治作业技术系统。

（3）GPS 辅助的航空智能喷洒技术系统。

三、总体框架

1. 结构与功能

1.1 数据流程

1.2 系统构架

1.3 主要功能

多尺度遥感监测

数据（检疫与防治）管理

数据显示

数据查询

数据上报

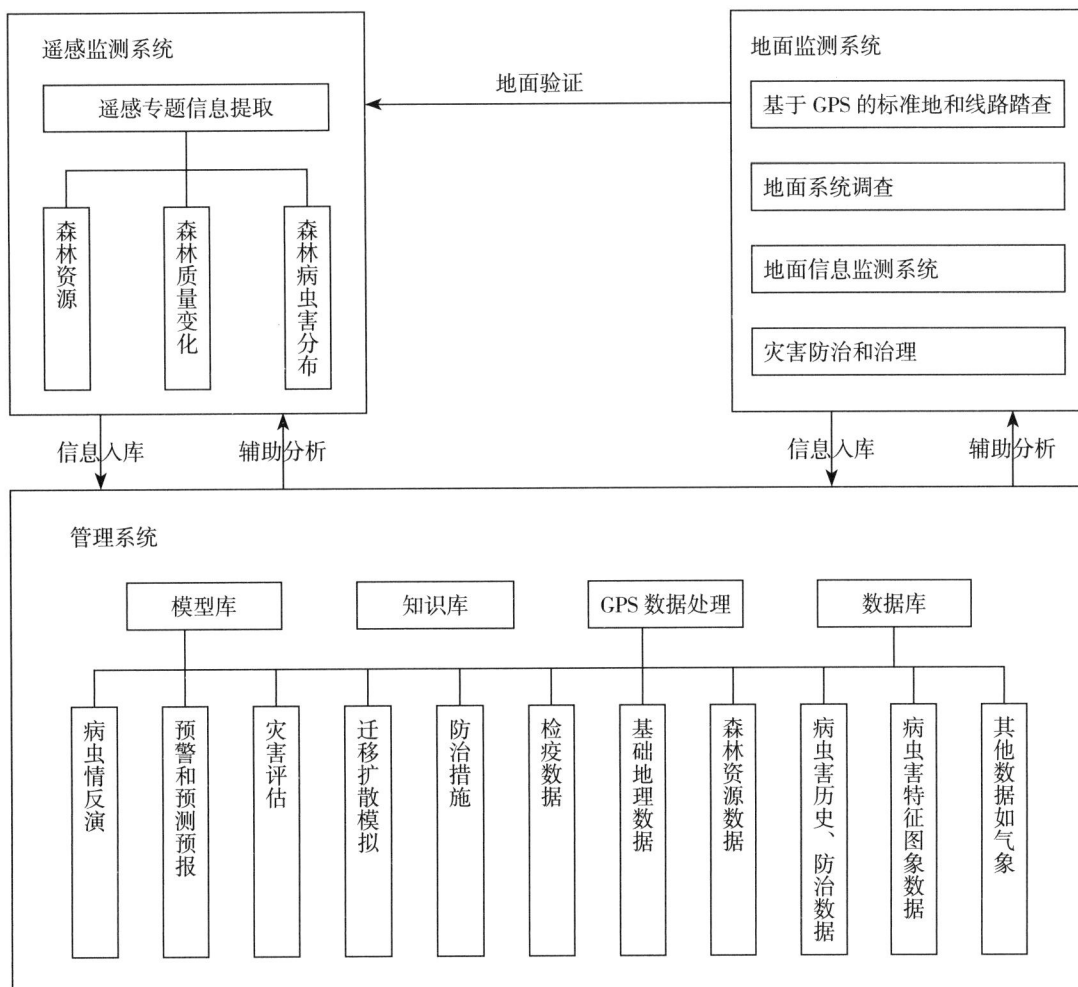

数据接收

统计分析

预警和预测预报

专家辅助决策

用户管理与安全认证

专题制图

信息发布

2. 软硬件环境

2.1 软件环境

① 操作系统：Windows 9x/2000/XP/Server 2003。

② 数据库系统：Oracle 9i /10g 企业版。

③ 数据库管理平台：ArcGIS 9（Engine，SDE，IMS，MO）。

④ 开发环境：Rational Rose/Power Design。

VS.NET 开发环境。

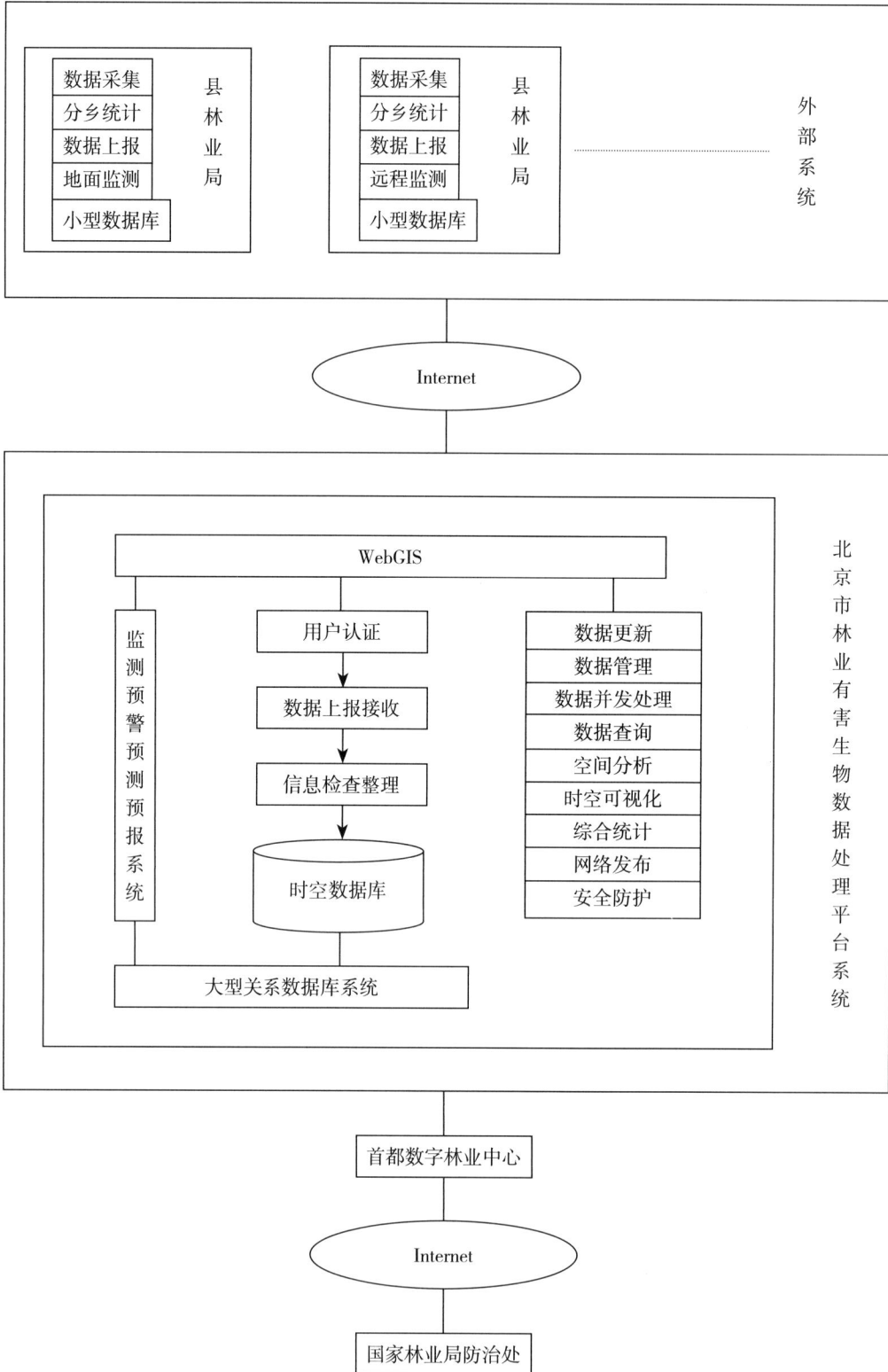

⑤ 图像处理系统平台：ERDAS。

2.2　硬件环境

① 数据库和网络设备。

② 数据获取设备。

③ 数据传送设备。

④ GPS 接收设备。

⑤ 航空监测设备。

3. 技术路线

3.1　制定项目建设方案

总体规划与设计。

技术规范与标准。

基础数据库建设。

应用系统开发。

3.2　技术流程

（1）地面监测技术系统。

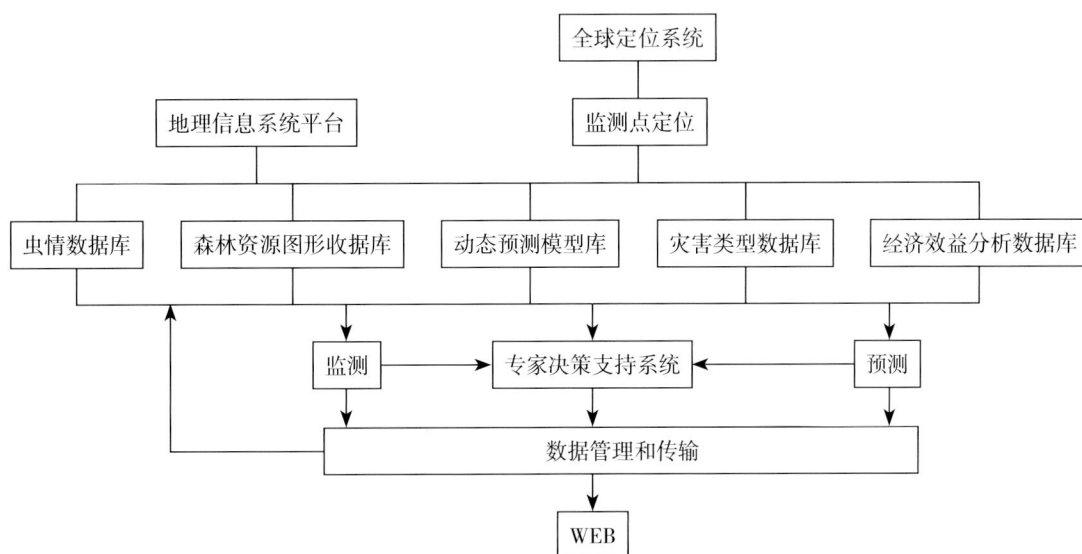

（2）远程监控技术系统。

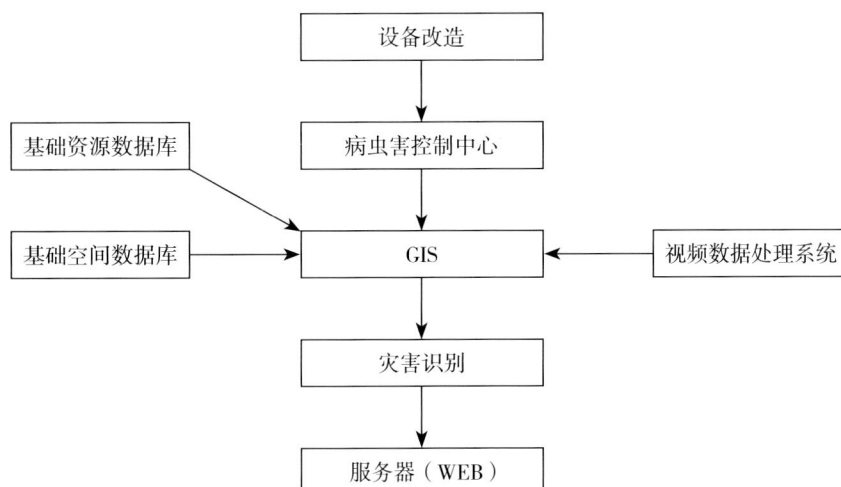

（3）航空监测技术系统。

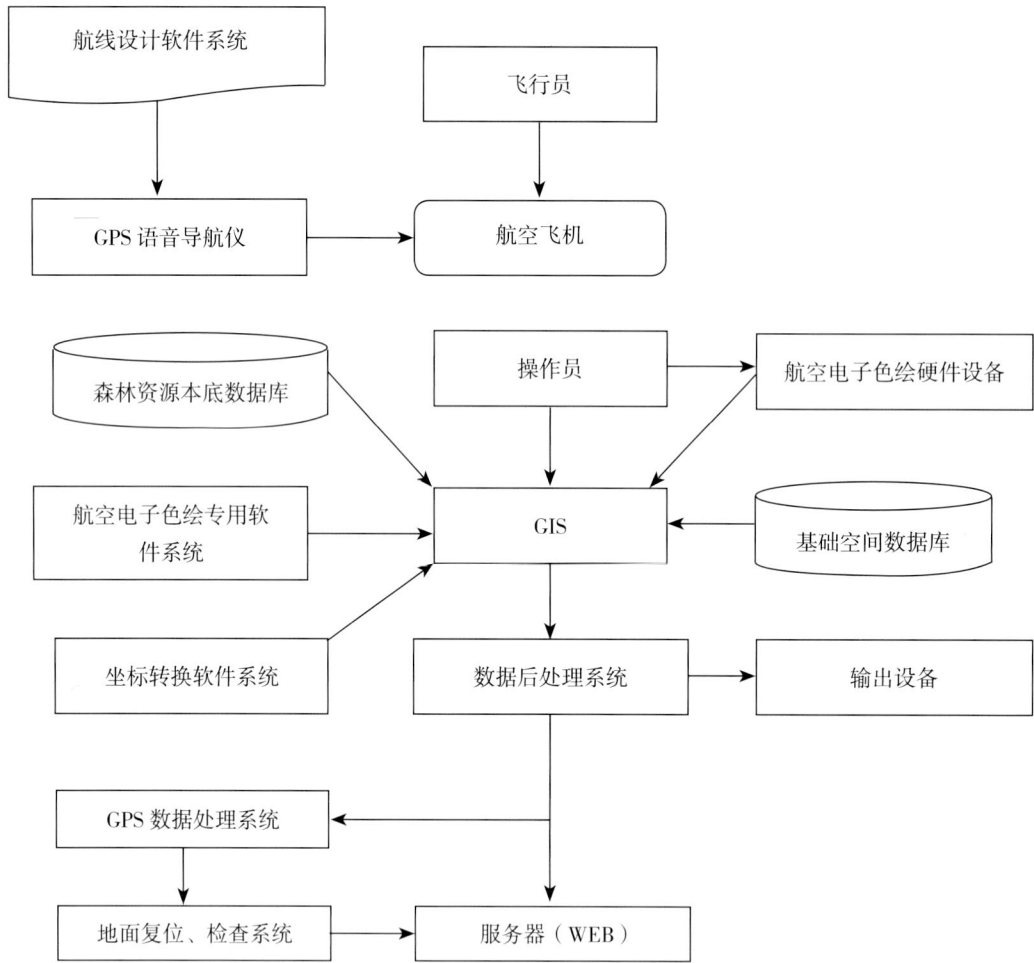

```
┌─────────────────┐              ┌─────────────────┐
│  航线设计软件系统  │              │     飞行员        │
└────────┬────────┘              └────────┬────────┘
         │                                │
         ▼                                ▼
┌─────────────────┐      ┌─────────────────┐
│  GPS 语音导航仪   │─────▶│    航空飞机       │
└─────────────────┘      └─────────────────┘
```

```
┌──────────────────┐     ┌──────────┐      ┌──────────────────┐
│  森林资源本底数据库  │     │   操作员   │─────▶│ 航空电子色绘硬件设备 │
└────────┬─────────┘     └────┬─────┘      └─────────┬────────┘
         │                    │                      │
┌──────────────┐             ▼                       ▼
│  航空电子色绘专用软 │──────▶┌──────────┐◀────────┌──────────────┐
│    件系统       │          │   GIS     │          │  基础空间数据库  │
└──────────────┘      ┌────▶└────┬─────┘          └──────────────┘
                      │          │
┌──────────────┐      │          ▼
│  坐标转换软件系统  │──────┘  ┌──────────────┐      ┌──────────┐
└──────────────┘             │  数据后处理系统  │─────▶│  输出设备   │
                             └──────┬───────┘      └──────────┘
                                    │
┌──────────────┐                    │
│ GPS 数据处理系统 │◀──────────────────┤
└──────┬───────┘                    │
       │                            ▼
┌──────────────────┐         ┌──────────────┐
│ 地面复位、检查系统  │────────▶│  服务器（WEB）  │
└──────────────────┘         └──────────────┘
```

（4）航天遥感监测技术系统。

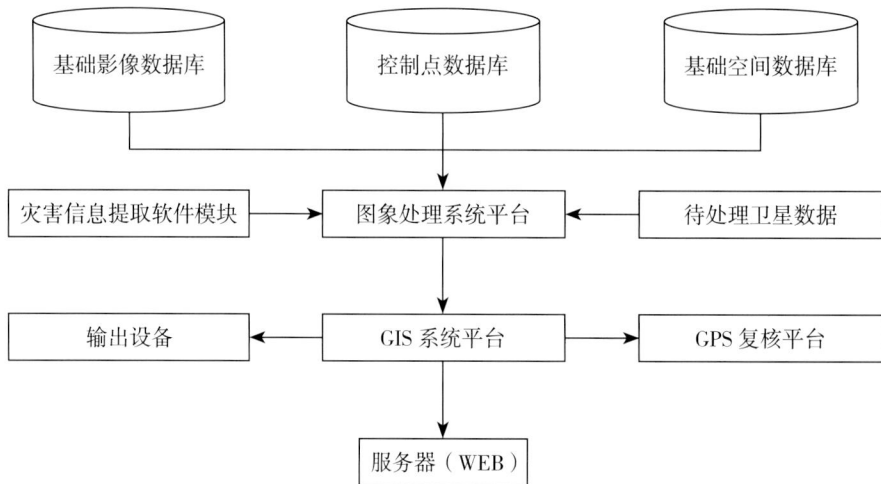

```
┌──────────────┐  ┌──────────────┐  ┌──────────────┐
│  基础影像数据库  │  │  控制点数据库   │  │  基础空间数据库  │
└──────┬───────┘  └──────┬───────┘  └──────┬───────┘
       │                 │                 │
       └─────────────────┼─────────────────┘
                         ▼
┌──────────────────┐ ┌──────────────┐ ┌──────────────┐
│  灾害信息提取软件模块 │▶│  图象处理系统平台 │◀│  待处理卫星数据  │
└──────────────────┘ └──────┬───────┘ └──────────────┘
                            │
┌──────────┐         ┌──────────────┐        ┌──────────────┐
│  输出设备   │◀────────│   GIS 系统平台  │───────▶│  GPS 复核平台   │
└──────────┘         └──────┬───────┘        └──────────────┘
                            │
                            ▼
                     ┌──────────────┐
                     │  服务器（WEB）  │
                     └──────────────┘
```

（5）数据管理与预测预报技术系统。

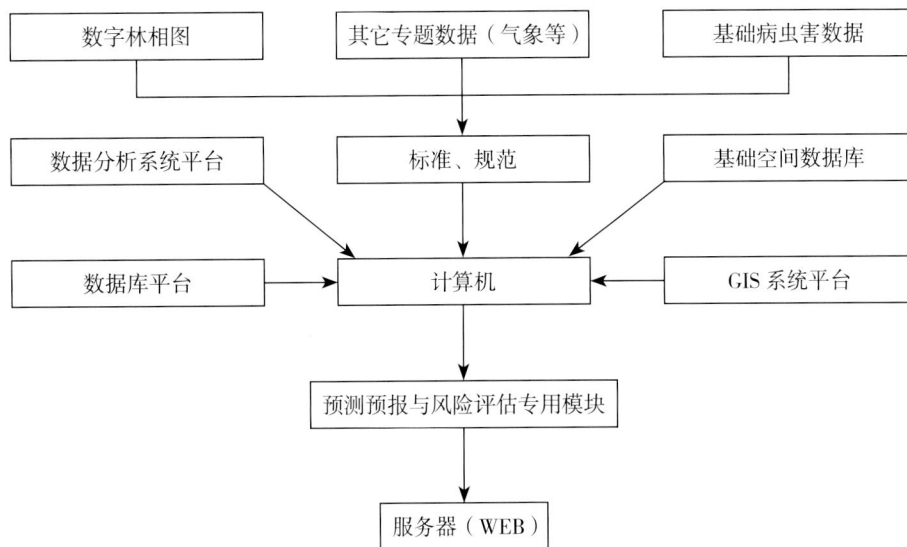

```
┌──────────┐   ┌──────────────────┐   ┌──────────────┐
│ 数字林相图 │   │ 其它专题数据（气象等）│   │ 基础病虫害数据 │
└────┬─────┘   └─────────┬────────┘   └──────┬───────┘
     └──────────┬────────┴────────────────────┘
                ↓
┌──────────────┐   ┌──────────┐   ┌──────────────┐
│ 数据分析系统平台 │   │ 标准、规范 │   │ 基础空间数据库 │
└──────┬───────┘   └────┬─────┘   └──────┬───────┘
       ↘               ↓              ↙
┌──────────┐      ┌──────────┐      ┌──────────┐
│ 数据库平台 │ ───→ │ 计算机    │ ←─── │ GIS 系统平台 │
└──────────┘      └────┬─────┘      └──────────┘
                       ↓
            ┌──────────────────────┐
            │ 预测预报与风险评估专用模块 │
            └──────────┬───────────┘
                       ↓
               ┌──────────────┐
               │ 服务器（WEB）  │
               └──────────────┘
```

（6）检疫信息管理系统。

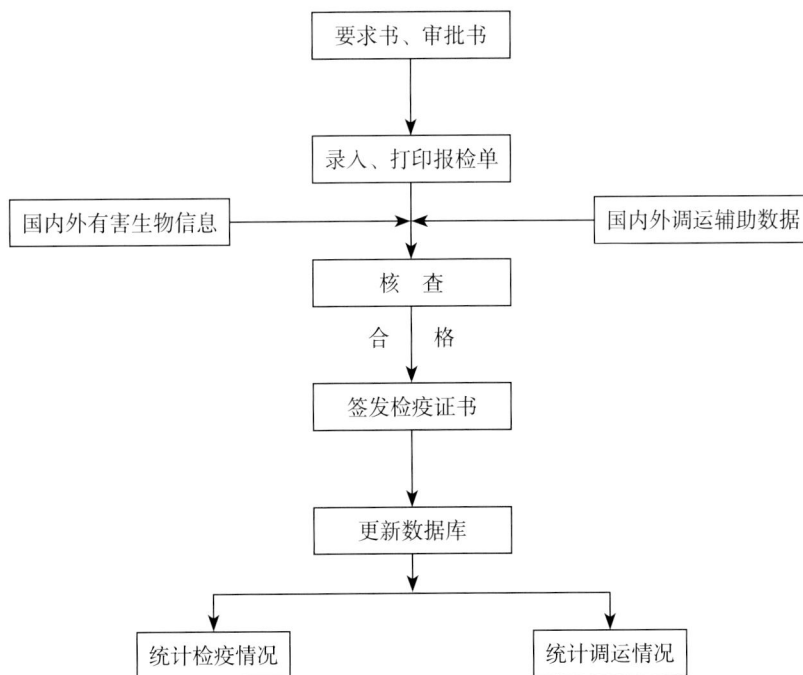

```
              ┌──────────────┐
              │ 要求书、审批书  │
              └──────┬───────┘
                     ↓
              ┌──────────────┐
              │ 录入、打印报检单 │
              └──────┬───────┘
┌──────────────┐    ↓    ┌──────────────┐
│ 国内外有害生物信息 │───→├←───│ 国内外调运辅助数据 │
└──────────────┘    ↓    └──────────────┘
              ┌──────────────┐
              │ 核　　查      │
              └──────┬───────┘
                 合　格 ↓
              ┌──────────────┐
              │ 签发检疫证书   │
              └──────┬───────┘
                     ↓
              ┌──────────────┐
              │ 更新数据库     │
              └──────┬───────┘
        ┌────────────┴────────────┐
        ↓                         ↓
┌──────────────┐          ┌──────────────┐
│ 统计检疫情况   │          │ 统计调运情况   │
└──────────────┘          └──────────────┘
```

（7）发生趋势分析与预警系统。

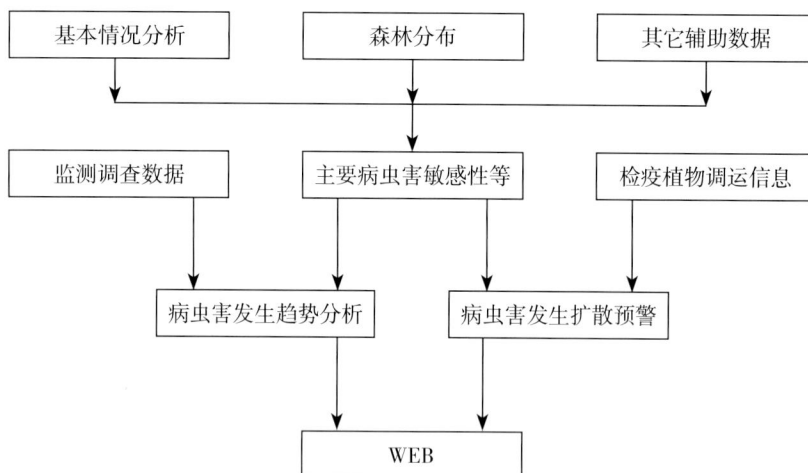

```
┌──────────────┐    ┌──────────────┐    ┌──────────────┐
│  基本情况分析  │    │   森林分布    │    │  其它辅助数据  │
└──────┬───────┘    └──────┬───────┘    └──────┬───────┘
       │                   │                   │
       └───────────────┐   │   ┌───────────────┘
                       ↓   ↓   ↓
┌──────────────┐    ┌──────────────┐    ┌──────────────┐
│  监测调查数据  │    │ 主要病虫害敏感性等 │  │ 检疫植物调运信息 │
└──────┬───────┘    └──────┬───────┘    └──────┬───────┘
       │                   │                   │
       └───────┐   ┌───────┘   ┌───────────────┘
               ↓   ↓           ↓
      ┌──────────────┐    ┌──────────────┐
      │ 病虫害发生趋势分析 │  │ 病虫害发生扩散预警 │
      └──────┬───────┘    └──────┬───────┘
             │                   │
             └────────┐ ┌────────┘
                      ↓ ↓
                ┌──────────────┐
                │     WEB      │
                └──────────────┘
```

（8）远程诊断系统。

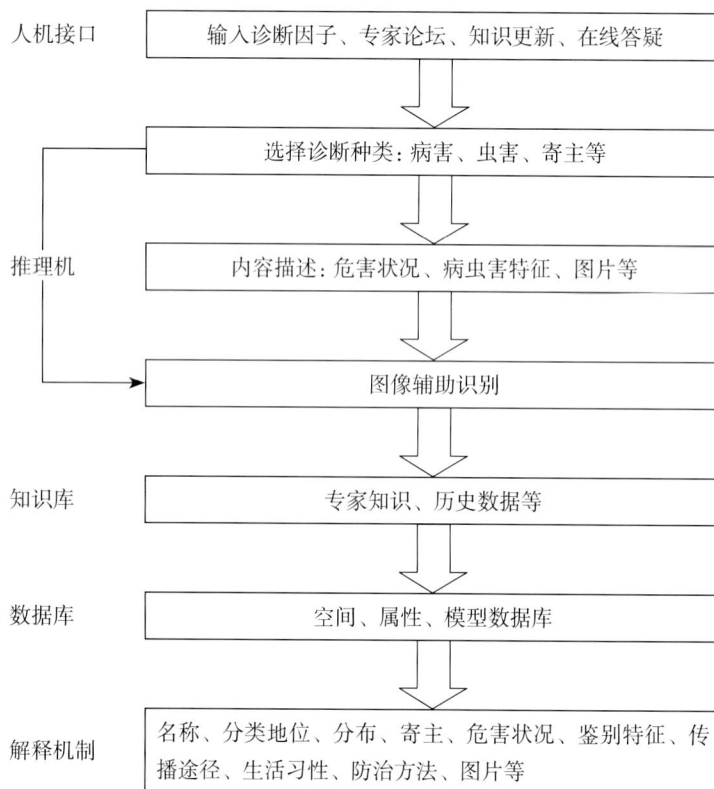

```
人机接口   ┌────────────────────────────────────────┐
          │ 输入诊断因子、专家论坛、知识更新、在线答疑 │
          └──────────────────┬─────────────────────┘
                             ↓
推理机  ┌─┐ ┌────────────────────────────────────────┐
        │ │ │      选择诊断种类：病害、虫害、寄主等      │
        │ │ └──────────────────┬─────────────────────┘
        │ │                    ↓
        │ │ ┌────────────────────────────────────────┐
        │ │ │   内容描述：危害状况、病虫害特征、图片等   │
        │ │ └──────────────────┬─────────────────────┘
        │ │                    ↓
        │ └→┌────────────────────────────────────────┐
        │   │             图像辅助识别               │
        │   └──────────────────┬─────────────────────┘
                             ↓
知识库    ┌────────────────────────────────────────┐
          │          专家知识、历史数据等           │
          └──────────────────┬─────────────────────┘
                             ↓
数据库    ┌────────────────────────────────────────┐
          │          空间、属性、模型数据库          │
          └──────────────────┬─────────────────────┘
                             ↓
解释机制  ┌────────────────────────────────────────┐
          │ 名称、分类地位、分布、寄主、危害状况、鉴别特征、传 │
          │ 播途径、生活习性、防治方法、图片等       │
          └────────────────────────────────────────┘
```

（9）系统集成与运行。

附　图
APPENDED FIGURE

附图 1　北京市 2002 年卫星影像图

附图 2　北京市地貌类型图

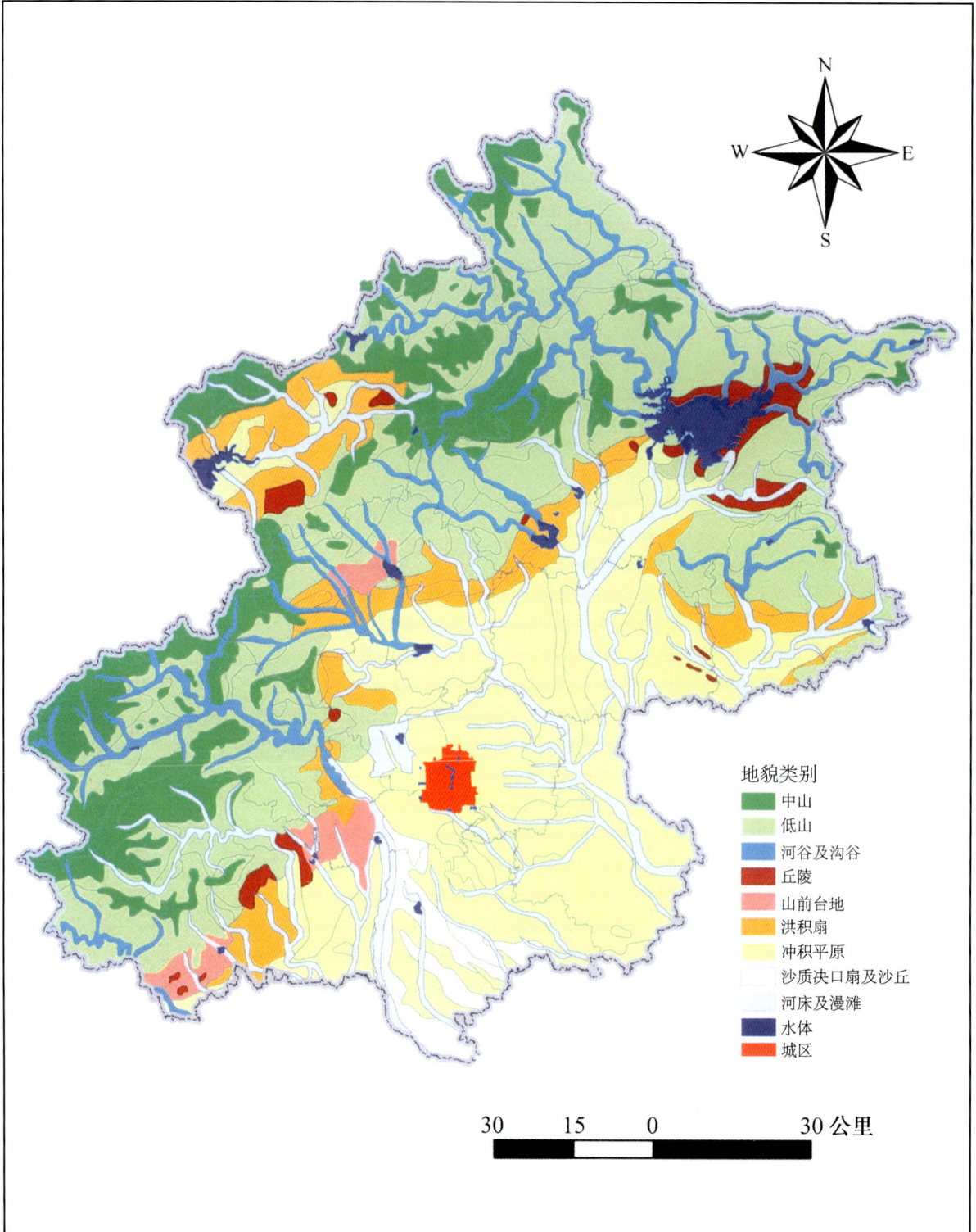

地貌类别

- 中山
- 低山
- 河谷及沟谷
- 丘陵
- 山前台地
- 洪积扇
- 冲积平原
- 沙质决口扇及沙丘
- 河床及漫滩
- 水体
- 城区

30　　15　　0　　　　30公里

附图 3 北京市地势图

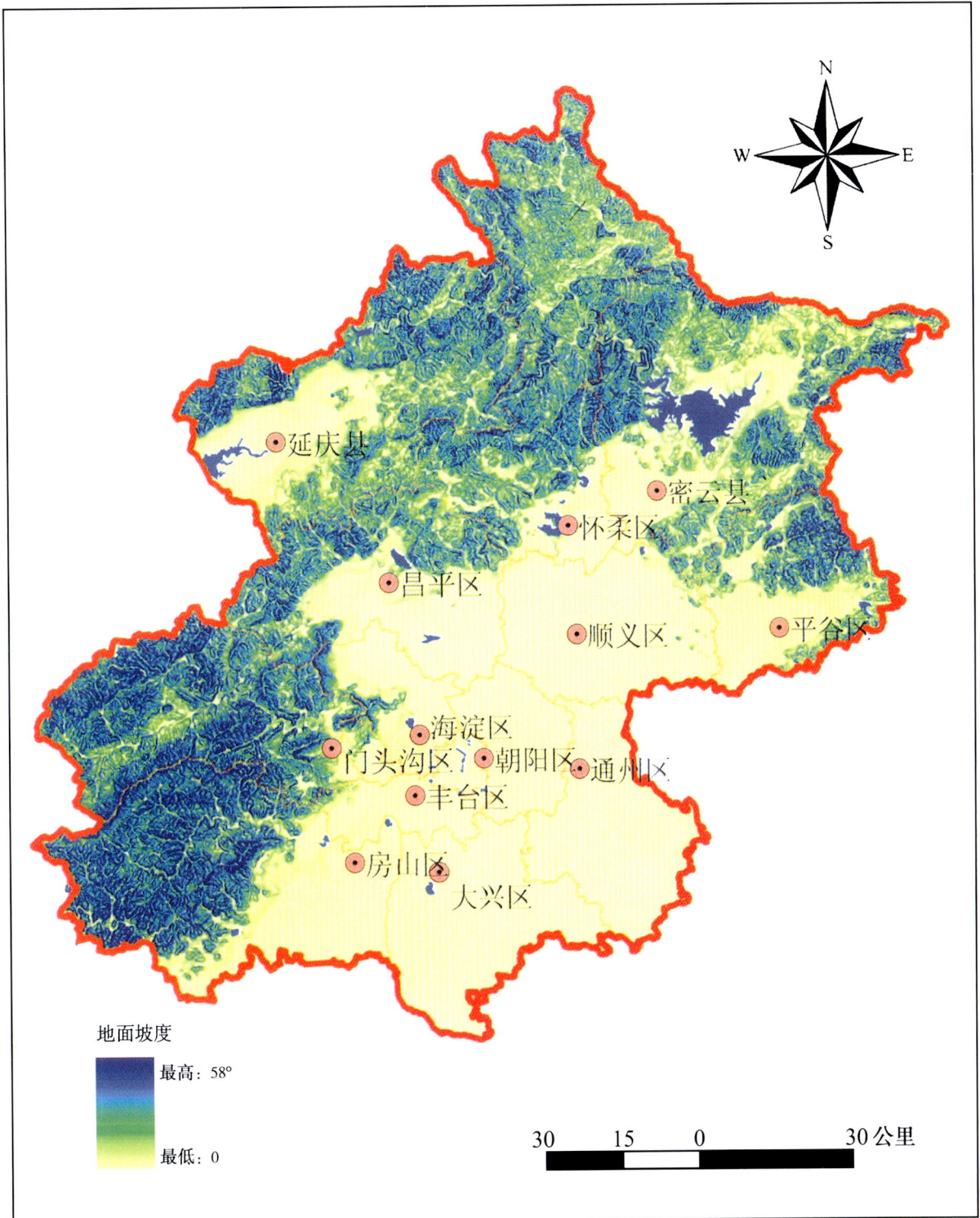

延庆县

密云县

怀柔区

昌平区

顺义区

平谷区

海淀区

门头沟区 朝阳区 通州区

丰台区

房山区

大兴区

地面坡度

最高：58°

最低：0

30 15 0 30公里

附图 4 北京市土壤类型图

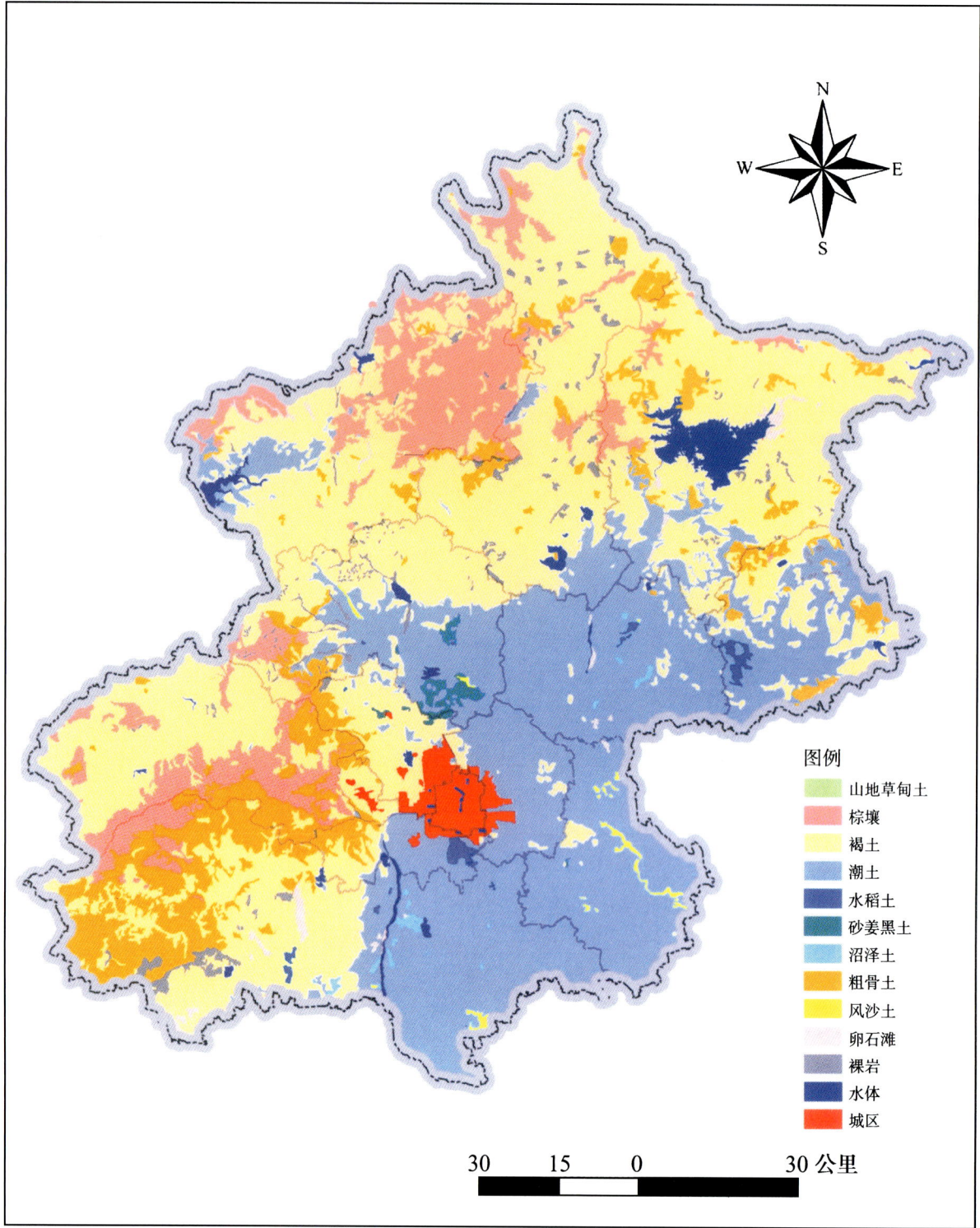

图例

- 山地草甸土
- 棕壤
- 褐土
- 潮土
- 水稻土
- 砂姜黑土
- 沼泽土
- 粗骨土
- 风沙土
- 卵石滩
- 裸岩
- 水体
- 城区

30　15　0　30公里

附图 5　北京市森林资源分布图

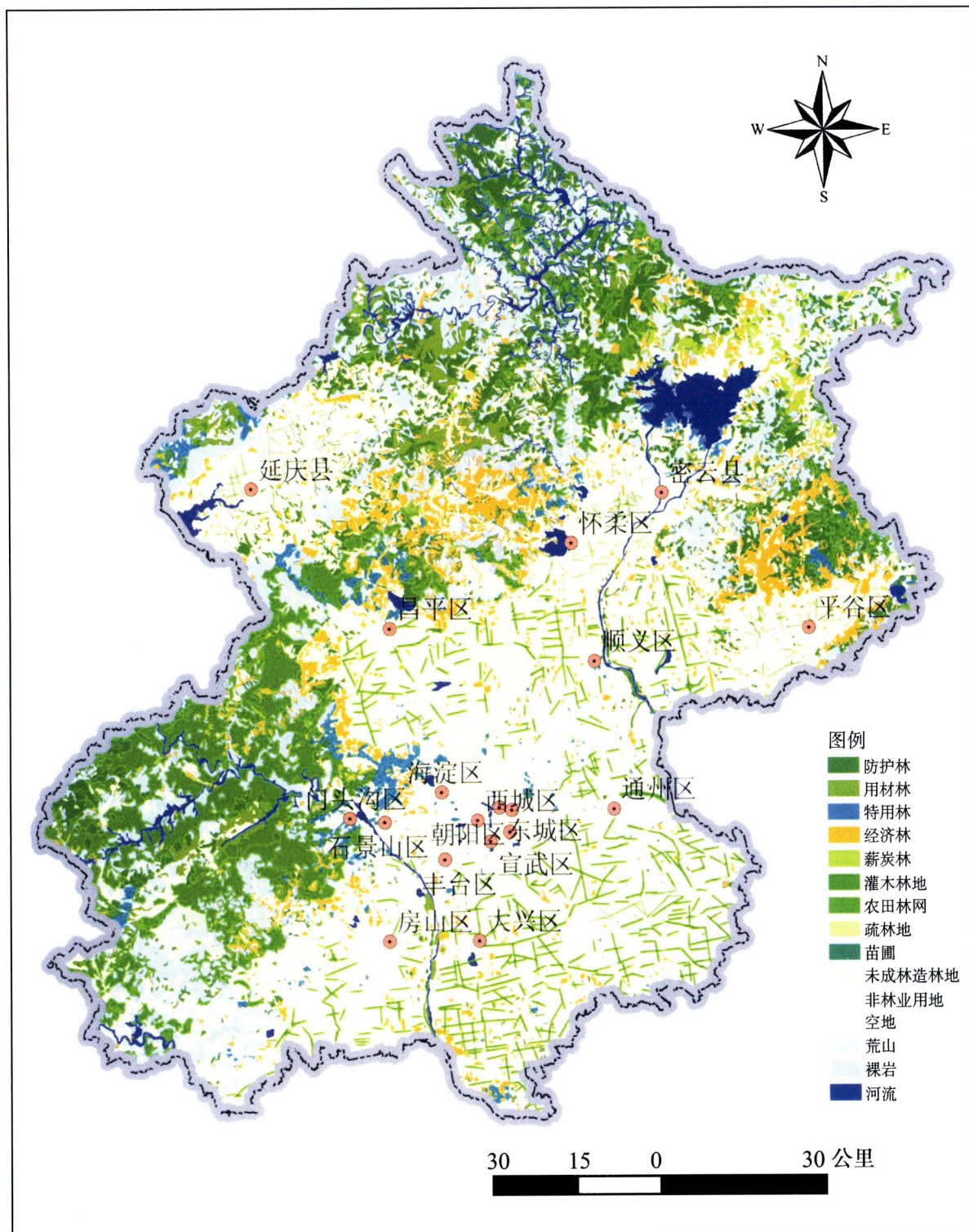

图例
- 防护林
- 用材林
- 特用林
- 经济林
- 薪炭林
- 灌木林地
- 农田林网
- 疏林地
- 苗圃
- 未成林造林地
- 非林业用地
- 空地
- 荒山
- 裸岩
- 河流

延庆县　密云县　怀柔区　昌平区　顺义区　平谷区　海淀区　通州区　门头沟区　西城区　石景山区　朝阳区　东城区　宣武区　丰台区　房山区　大兴区

30　15　0　30 公里

附图 6 北京市土地利用现状图

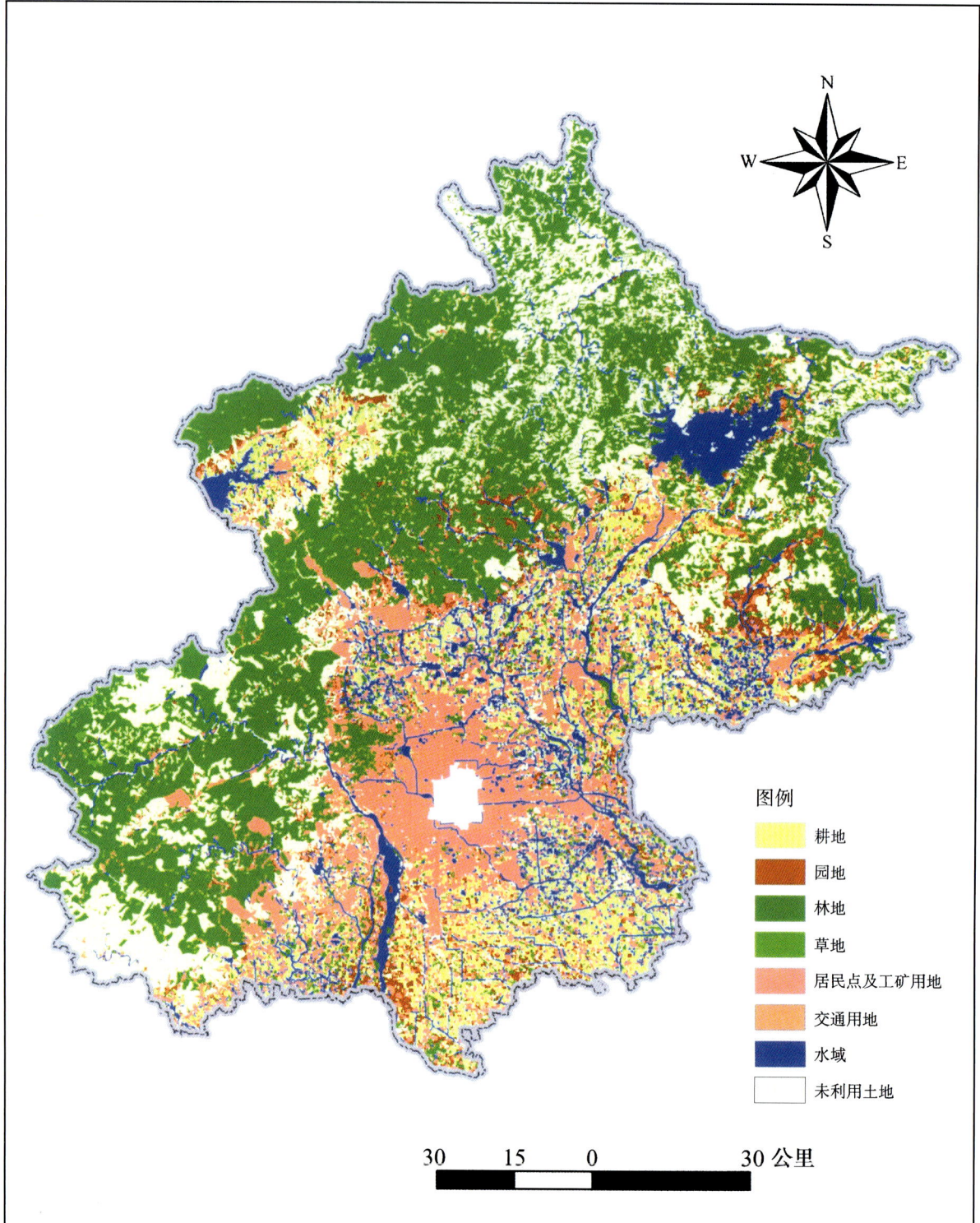

图例
- 耕地
- 园地
- 林地
- 草地
- 居民点及工矿用地
- 交通用地
- 水域
- 未利用土地

30 15 0 30 公里

附图7　北京市总体规划与布局示意图

一城
两带
三网
多点

图例

- 燕山太行山山地生态建设带
- 京东南林水结合生态保障带
- 城市绿化隔离带
- 水系林网
- 农田林网
- 道路林网
- 小城镇绿化
- 卫星城绿化

附图 8 北京市城市森林工程示意图

第二道城市绿化隔离地区绿化
五环与六环之间为主的
1650平方公里

第一道城市绿化隔离地区绿化
四环与五环之间为主的
240平方公里

五环路

六环路

附图 9　北京市平原防护林工程规划示意图

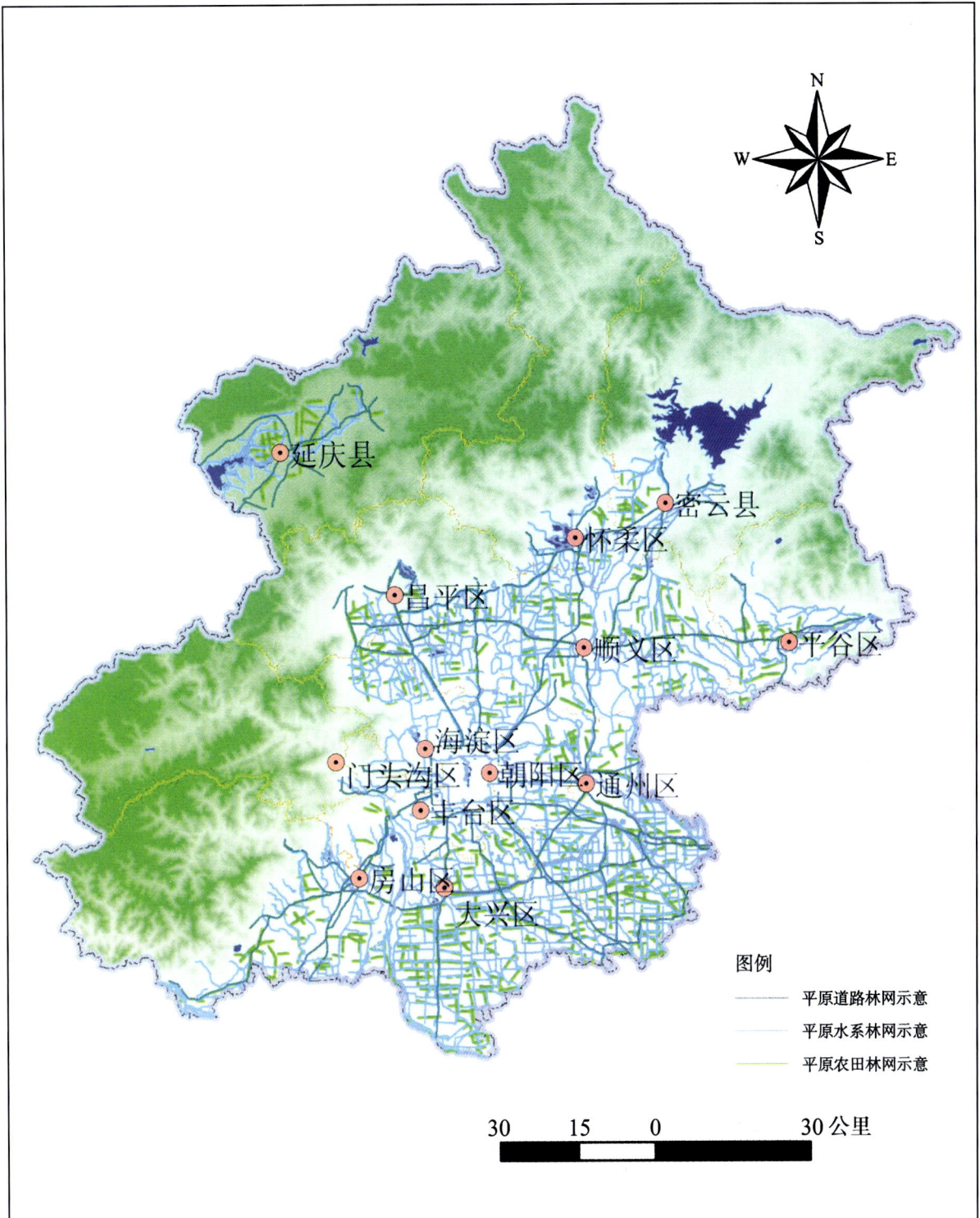

图中标注：

延庆县

密云县

怀柔区

昌平区

顺义区

平谷区

海淀区

门头沟区　朝阳区　通州区

丰台区

房山区

大兴区

图例

平原道路林网示意
平原水系林网示意
平原农田林网示意

30　　15　　0　　　　30公里

附图 10 北京市山区森林保育工程规划示意图

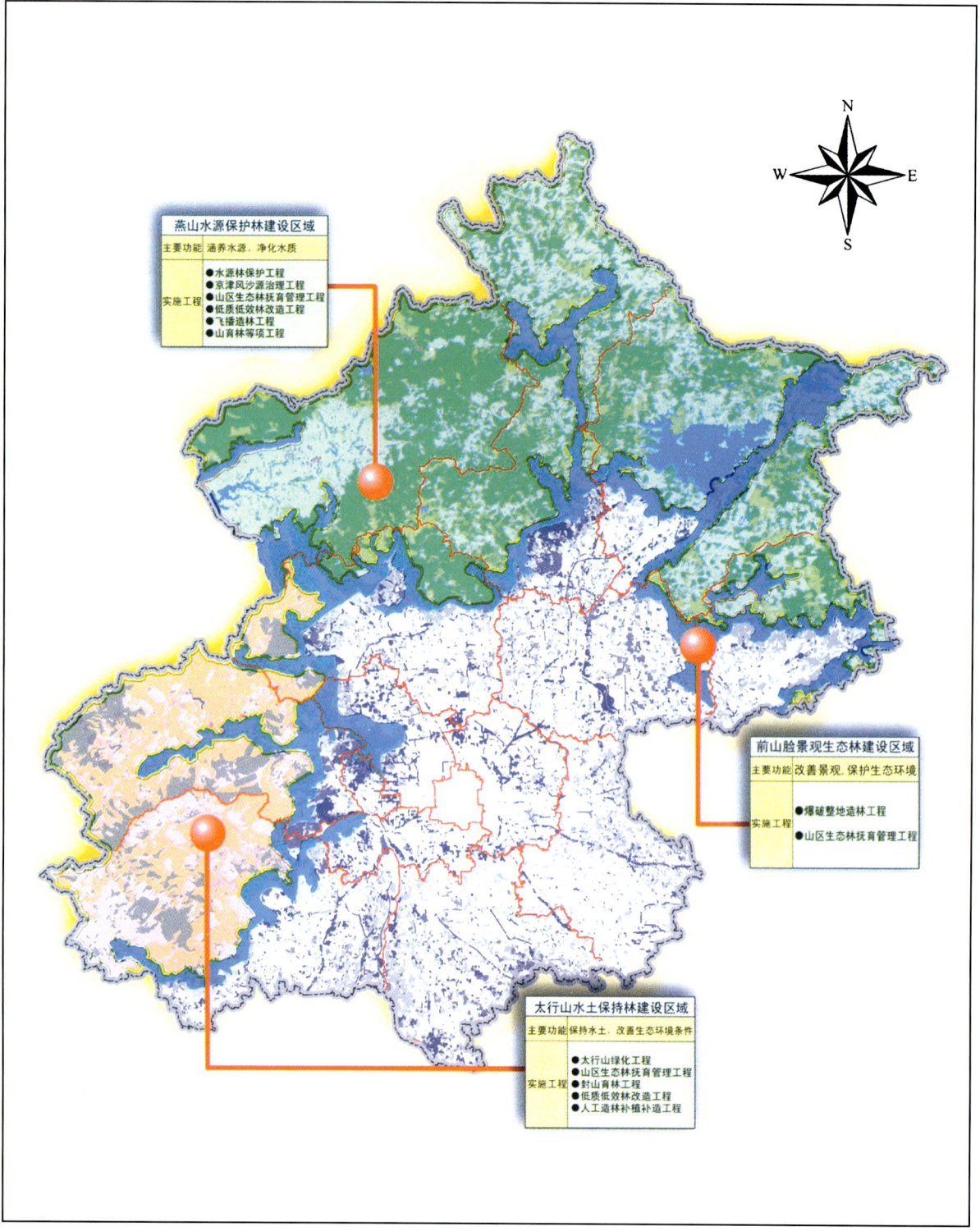

燕山水源保护林建设区域

主要功能 涵养水源，净化水质

实施工程
- 水源林保护工程
- 京津风沙源治理工程
- 山区生态林抚育管理工程
- 低质低效林改造工程
- 飞播造林工程
- 山育林等项工程

前山脸景观生态林建设区域

主要功能 改善景观，保护生态环境

实施工程
- 爆破整地造林工程
- 山区生态林抚育管理工程

太行山水土保持林建设区域

主要功能 保持水土，改善生态环境条件

实施工程
- 太行山绿化工程
- 山区生态林抚育管理工程
- 封山育林工程
- 低质低效林改造工程
- 人工造林补植补造工程

附图 11 北京市野生动植物和湿地保护工程规划示意图

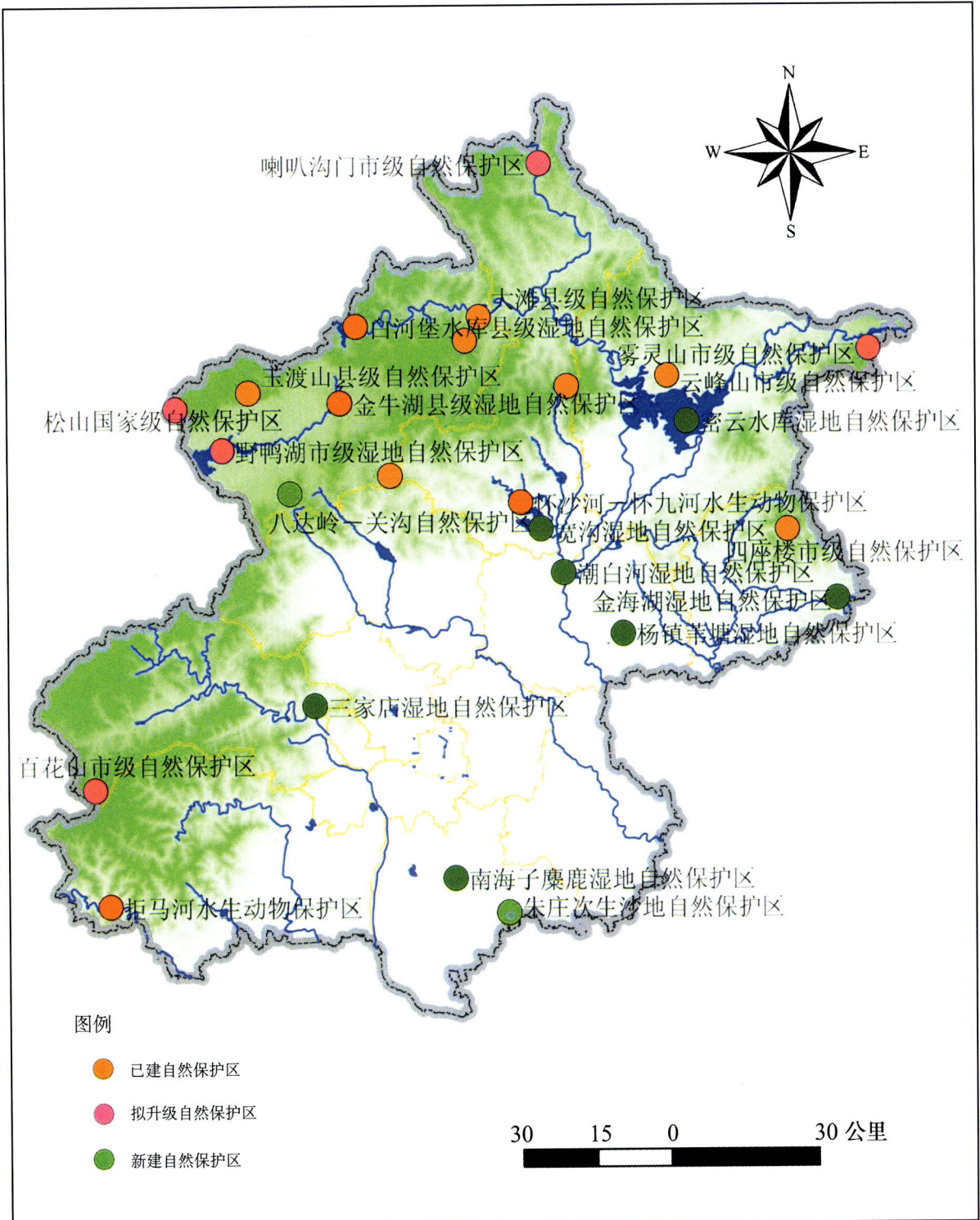

喇叭沟门市级自然保护区

大滩县级自然保护区

白河堡水库县级湿地自然保护区

雾灵山市级自然保护区

云峰山市级自然保护区

玉渡山县级自然保护区

金牛湖县级湿地自然保护区

密云水库湿地自然保护区

松山国家级自然保护区

野鸭湖市级湿地自然保护区

怀沙河—怀九河水生动物保护区

八达岭—关沟自然保护区

宽沟湿地自然保护区

四座楼市级自然保护区

潮白河湿地自然保护区

金海湖湿地自然保护区

杨镇莲花池湿地自然保护区

三家店湿地自然保护区

百花山市级自然保护区

南海子麋鹿湿地自然保护区

拒马河水生动物保护区

朱庄次生沙地自然保护区

图例

● 已建自然保护区

● 拟升级自然保护区

● 新建自然保护区

30　15　0　　　30 公里

附图 12 京东南生态保障建设工程规划示意图

图例

- 生态景观防护带
- 温地功能恢复区
- 生态经济防护带
- 经济林重点发展区

附图 13　北京市新城与村镇绿化工程规划示意图

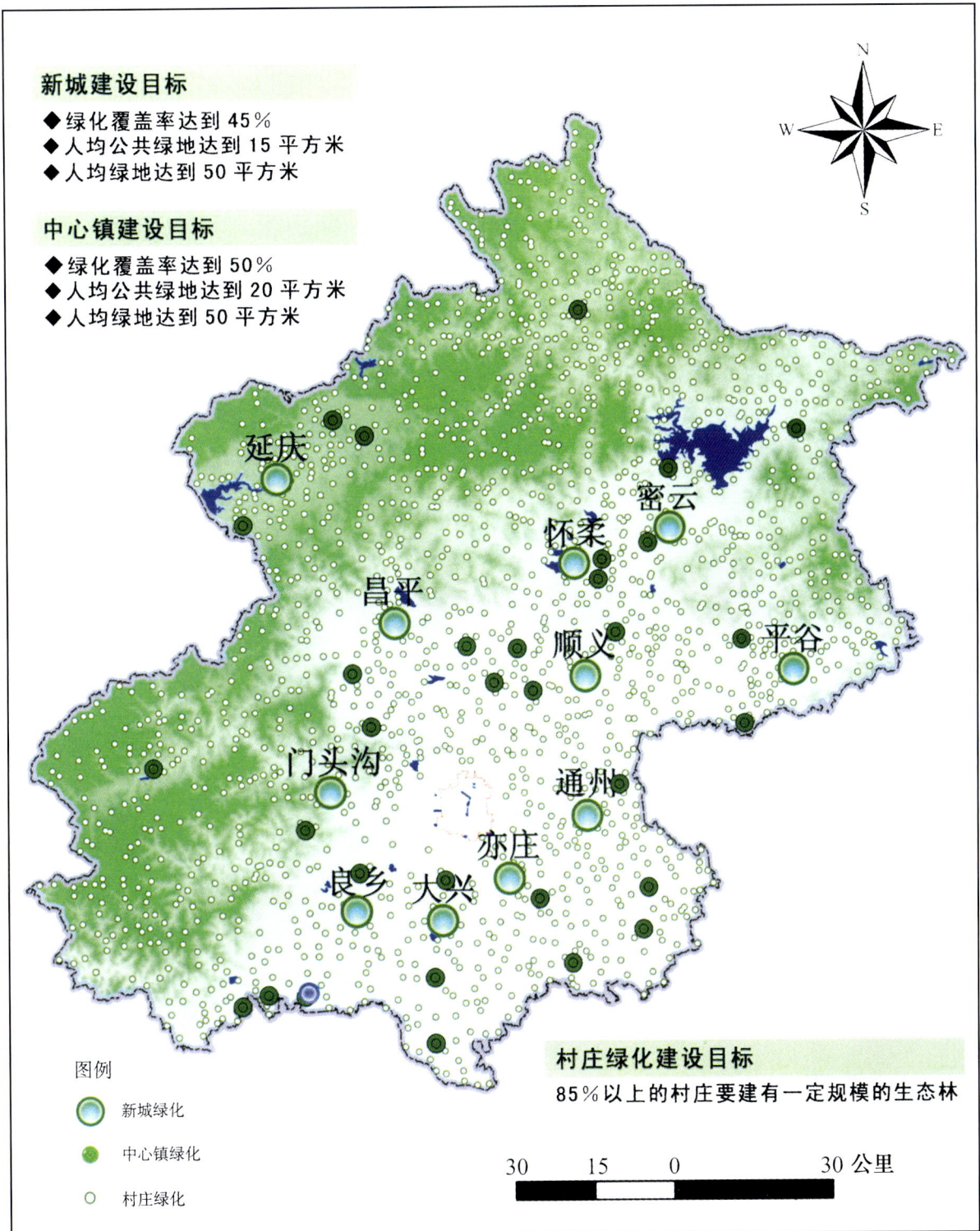

新城建设目标
◆ 绿化覆盖率达到 45%
◆ 人均公共绿地达到 15 平方米
◆ 人均绿地达到 50 平方米

中心镇建设目标
◆ 绿化覆盖率达到 50%
◆ 人均公共绿地达到 20 平方米
◆ 人均绿地达到 50 平方米

延庆
密云
怀柔
昌平
顺义
平谷
门头沟
通州
亦庄
良乡　大兴

村庄绿化建设目标
85% 以上的村庄要建有一定规模的生态林

图例
○ 新城绿化
○ 中心镇绿化
○ 村庄绿化

30　　15　　0　　　　30 公里

附图 14　北京市林果产业工程规划示意图

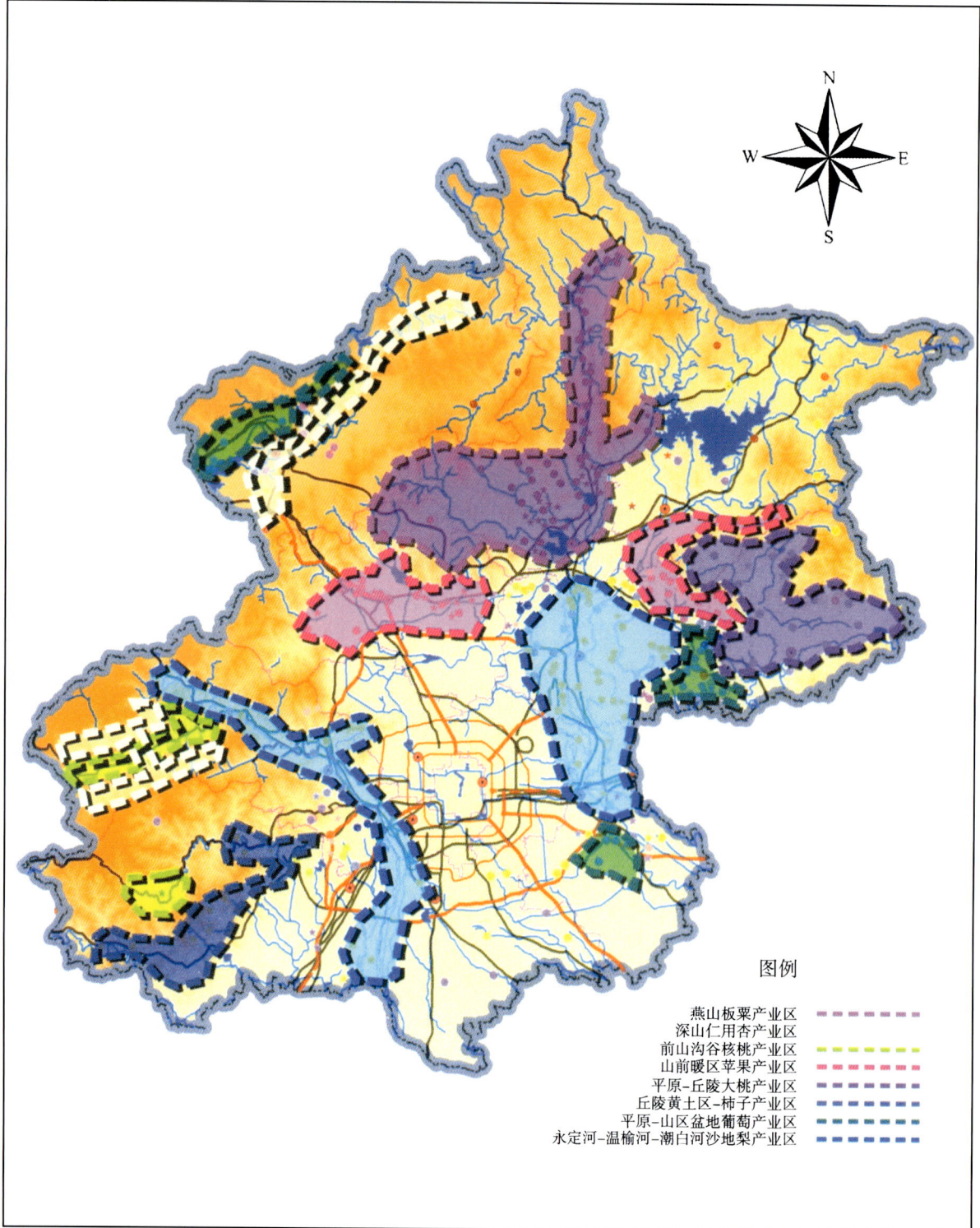

图例

燕山板栗产业区

深山仁用杏产业区

前山沟谷核桃产业区

山前暖区苹果产业区

平原-丘陵大桃产业区

丘陵黄土区-柿子产业区

平原-山区盆地葡萄产业区

永定河-温榆河-潮白河沙地梨产业区

附图 15　北京市森林旅游工程规划示意图

京丰公路

N
W　　E
S

京西北旅游分区

云蒙山国家级森林公园

京密公路

大杨山国家级森林公园

蟒山国家级森林公园

京东北旅游分区

八达岭高速公路

环西山公路

顺平公路

京西旅游分区

鹫峰国家级森林公园

小龙门国家级森林公园

潮白河森林公园

京兰公路

西山国家级森林公园

北宫森林公园

京东旅游分区

京西南旅游分区

霞云岭森林公园

上方山国家级森林公园

京南旅游分区

大兴古桑国家级森林公园

京石公路

京开公路

图例

重点工程位置

森林旅游线路

附图 16 北京市花卉产业工程规划示意图

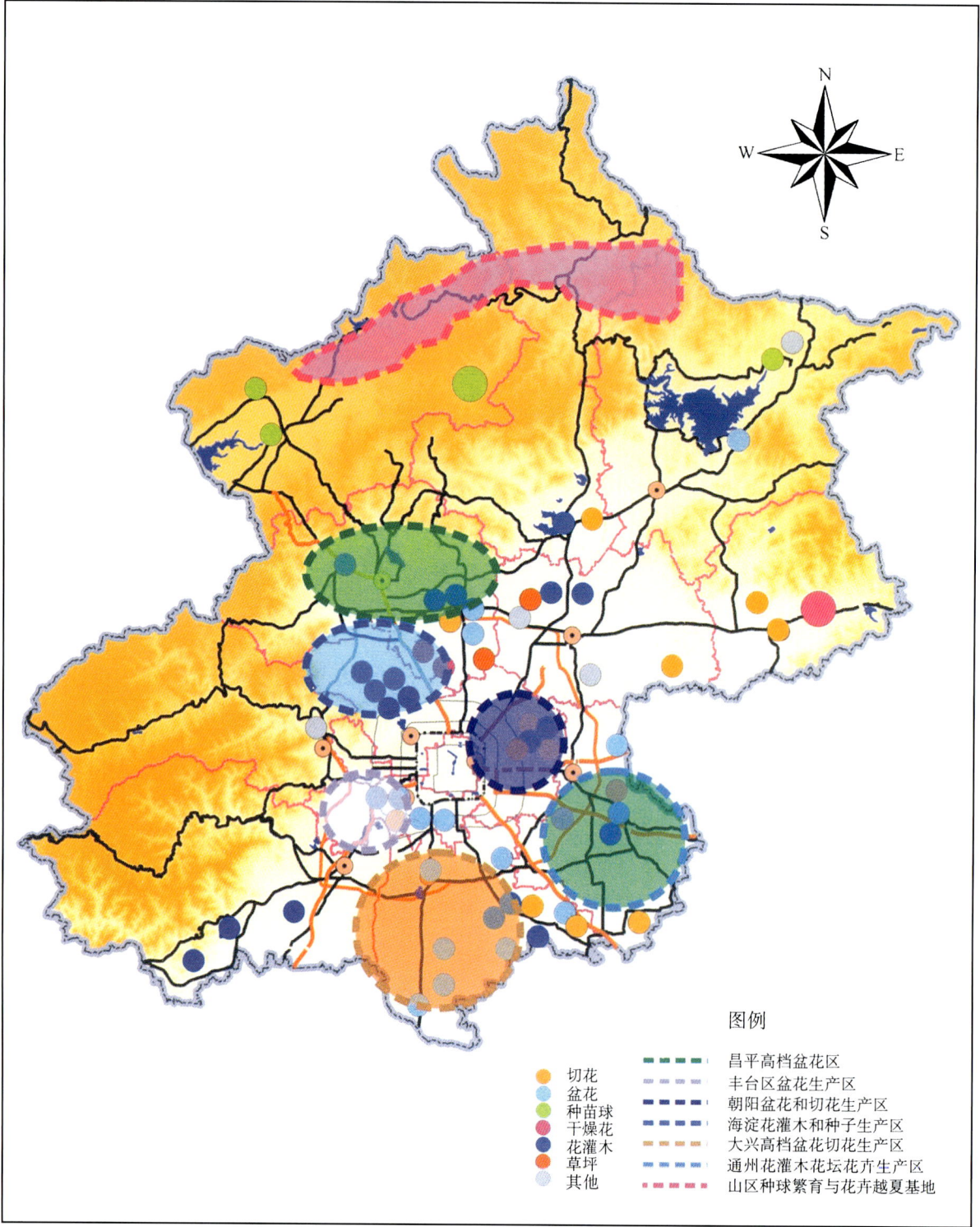

图例

- 切花
- 盆花
- 种苗球
- 干燥花
- 花灌木
- 草坪
- 其他

- 昌平高档盆花区
- 丰台区盆花生产区
- 朝阳盆花和切花生产区
- 海淀花灌木和种子生产区
- 大兴高档盆花切花生产区
- 通州花灌木花坛花卉生产区
- 山区种球繁育与花卉越夏基地

附图 17　北京市种苗产业工程规划示意图

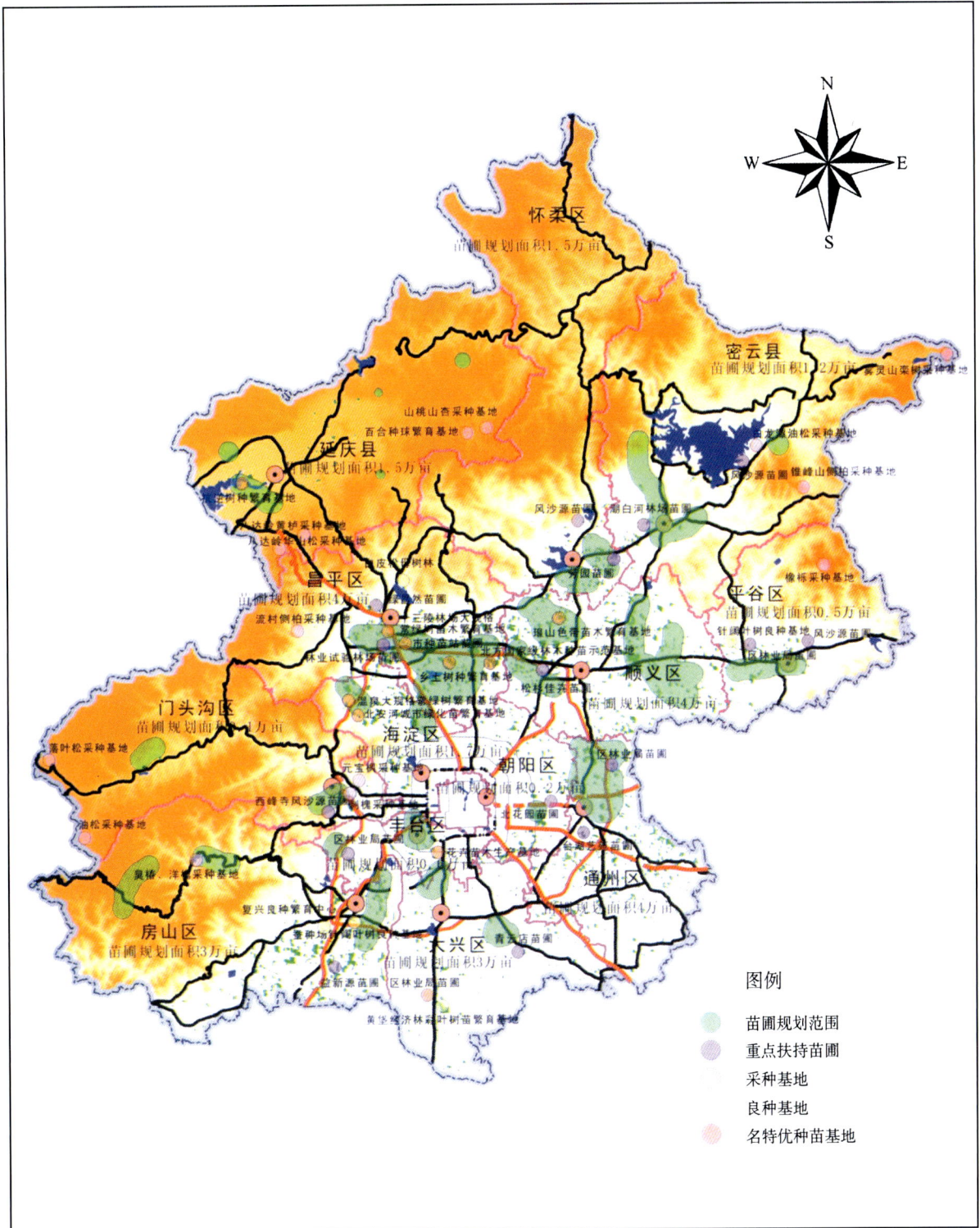

北京市种苗产业工程规划示意图

附图 18　北京市森林防火工程示意图

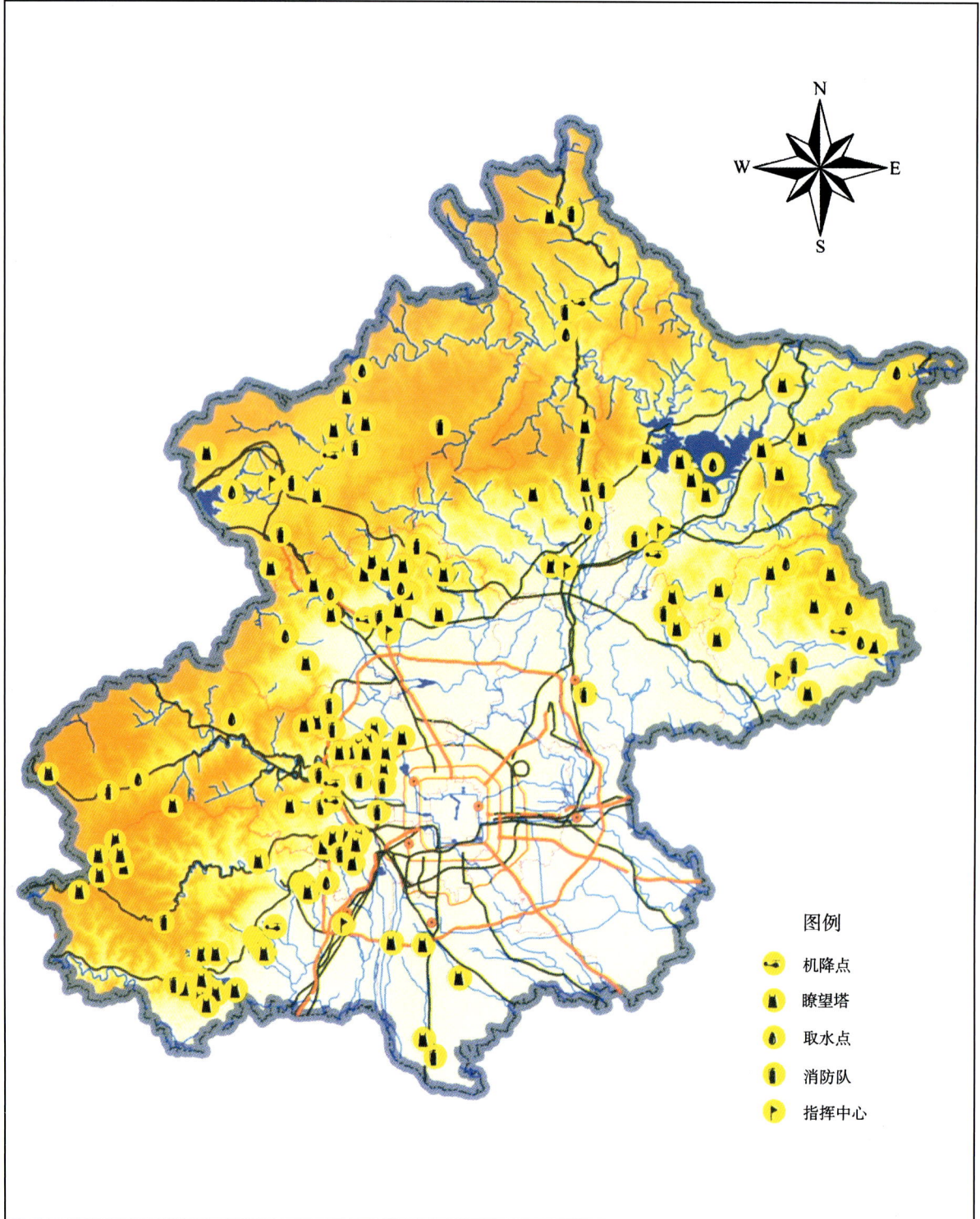

图例

- 机降点
- 瞭望塔
- 取水点
- 消防队
- 指挥中心

"十二五"国家重点图书出版规划项目——中国森林生态网络体系建设出版工程

▦ 内容简介

　　党的十八大把生态文明建设放在突出地位，将生态文明建设提高到一个前所未有的高度，并提出建设美丽中国的目标，通过大力加强生态建设，实现中华疆域山川秀美，让我们的家园林荫气爽、鸟语花香，清水常流、鱼跃草茂。

　　2002 年，在中央和国务院领导亲自指导下，中国林业科学研究院院长江泽慧教授主持《中国可持续发展林业战略研究》，从国家整体的角度和发展要求提出生态安全、生态建设、生态文明的"三生态"指导思想，成为制定国家林业发展战略的重要内容。国家科技部、国家林业局等部委组织以彭镇华教授为首的专家们开展了"中国森林生态网络体系工程建设"研究工作，并先后在全国选择 25 个省(自治区、直辖市)的 46 个试验点开展了试验示范研究,按照"点"(北京、上海、广州、成都、南京、扬州、唐山、合肥等)"线"(青藏铁路沿线，长江、黄河中下游沿线，林业血防工程及蝗虫防治等)"面"(江苏、浙江、安徽、湖南、福建、江西等地区)理论大框架，面对整个国土合理布局，针对我国林业发展存在的问题，直接面向与群众生产、生活，乃至生命密切相关的问题；将开发与治理相结合，及科研与生产相结合，摸索出一套科学的技术支撑体系和健全的管理服务体系,为有效解决"林业惠农""既治病又扶贫"等民生问题，优化城乡人居环境，提升国土资源的整治与利用水平，促进我国社会、经济与生态的持续健康协调发展提供了有力的科技支撑和决策支持。

　　"中国森林生态网络体系建设出版工程"是"中国森林生态网络体系工程建设"等系列研究的成果集成。按国家精品图书出版的要求，以打造国家精品图书，为生态文明建设提供科学的理论与实践。其内容包括系列研究中的中国森林生态网络体系理论，我国森林生态网络体系科学布局的框架、建设技术和综合评价体系，新的经验，重要的研究成果等。包含各研究区域森林生态网络体系建设实践，森林生态网络体系建设的理念、环境变迁、林业发展历程、森林生态网络建设的意义、可持续发展的重要思想、森林生态网络建设的目标、森林生态网络分区建设；森林生态网络体系建设的背景、经济社会条件与评价、气候、土壤、植被条件、森林资源评价、生态安全问题；森林生态网络体系建设总体规划、林业主体工程规划等内容。这些内容紧密联系我国实际，是国内首次以全国国土区域为单位，按照点、线、面的框架，从理论探索和实验研究两个方面，对区域森林生态网络体系建设的规划布局、支撑技术、评价标准、保障措施等进行深入的系统研究；同时立足国情林情，从可持续发展的角度，对我国林业生产力布局进行科学规划，是我国森林生态网络体系建设的重要理论和技术支撑，为圆几代林业人"黄河流碧水，赤地变青山"梦想，实现中华民族的大复兴。

作者简介

　　彭镇华教授，1964 年 7 月获苏联列宁格勒林业技术大学生物学副博士学位。现任中国林业科学研究院首席科学家、博士生导师。国家林业血防专家指导组主任，《湿地科学与管理》《中国城市林业》主编，《应用生态学报》《林业科学研究》副主编等。主要研究方向为林业生态工程、林业血防、城市森林、林木遗传育种等。主持完成"长江中下游低丘滩地综合治理与开发研究""中国森林生态网络体系建设研究""上海现代城市森林发展研究"等国家和地方的重大及各类科研项目 30 余项，现主持"十二五"国家科技支撑项目"林业血防安全屏障体系建设示范"。获国家科技进步一等奖 1 项，国家科技进步二等奖 2 项，省部级科技进步奖 5 项。出版专著 30 多部，在《Nature genetics》《BMC Plant Biology》等杂志发表学术论文 100 余篇。荣获首届梁希科技一等奖，2001 年被授予九五国家重点攻关计划突出贡献者，2002 年被授予"全国杰出专业人才"称号。2004 年被授予"全国十大英才"称号。